AF864774

SOLUCIÓN DE CONTROVERSIAS EN LOS TLC.
APORTES DEL DERECHO DE LA OMC

JULIÁN
TOLE MARTÍNEZ

SOLUCIÓN DE CONTROVERSIAS EN LOS TLC. APORTES DEL DERECHO DE LA OMC

UNIVERSIDAD EXTERNADO DE COLOMBIA

Tole Martínez, José Julián

Solución de controversias en los TLC. Aportes del Derecho de la OMC / Julián Tole Martínez. -- Bogotá : Universidad Externado de Colombia, 2014.

417 p. ; 24 cm.

Incluye bibliografía.

ISBN: 9789587721317

1. Tratados de libre comercio de Colombia 2. Tratados de libre comercio de Colombia -- América Latina 3. Tratados de libre comercio de Colombia -- Unión Europea 4. Tratados comerciales -- Colombia 5. Política comercial -- Colombia 6. Regulación del comercio exterior -- Colombia I. Universidad Externado de Colombia II Título

382.92 SCDD 21

Catalogación en la fuente -- Universidad Externado de Colombia. Biblioteca

Mayo de 2014

ISBN 978-958-772-131-7

© 2014, JULIÁN TOLE MARTÍNEZ
© 2014, UNIVERSIDAD EXTERNADO DE COLOMBIA
Calle 12 n.º 1-17 Este, Bogotá
Teléfono (57 1) 342 0288
publicaciones@uexternado.edu.co
www.uexternado.edu.co

Primera edición: junio de 2014

Diseño de cubierta: Departamento de Publicaciones
Composición: David Alba Salazar
Impresión y encuadernación: Xpress Estudio Gráfico y Digital S.A.
Tiraje: de 1 a 1.000 ejemplares

Impreso en Colombia
Printed in Colombia

Prohibida la reproducción o cita impresa o electrónica total o parcial de esta obra, sin autorización expresa y por escrito del Departamento de Publicaciones de la Universidad Externado de Colombia. Las opiniones expresadas en esta obra son responsabilidad del autor.

A mi familia,
por supuesto

CONTENIDO

AAE	Acuerdos de Asociación Económica
Acuerdo SMC	Acuerdo sobre Subvenciones y Medidas Compensatorias
ACE Chile-Mercosur	Acuerdo de Complementación Económica n.º 35 entre Chile y el Mercosur
ADPIC	Acuerdo sobre los Aspectos de los Derechos de Propiedad Intelectual relacionados con el Comercio
AGCS	Acuerdo General sobre el Comercio de Servicios
ACP	Grupo de países de África, Caribe y el Pacífico
ACR	Acuerdos Comerciales Regionales
ALCA	Acuerdo de Libre Comercio de las Américas
ALCCEU	Acuerdo de Libre Comercio entre Canadá y Estados Unidos
APPRI	Acuerdos para la Promoción y la Protección Recíproca de Inversiones
ASEAN	Asociación de Naciones del Sudeste Asiático
ATPA	Andean Trade Preference Act / Ley de Preferencias Andinas
BID	Banco Interamericano de Desarrollo
CAFTA-RD	Tratado de Libre Comercio entre la República Dominicana, Centroamérica y los Estados Unidos
CAN	Comunidad Andina de Naciones
CARICOM	Caribbean Community / Comunidad del Caribe
CECA	Comunidad Europea del Carbón y del Acero
CEEA	Comunidad Europea de la Energía Atómica
CELARE	Centro Latinoamericano para las Relaciones con Europa
CEPAL	Comisión Económica para América Latina y el Caribe
CIADI	Centro Internacional de Arreglo de Diferencias relativas a Inversiones
Cláusula de NMF	Cláusula de Nación Más Favorecida
CEE	Comunidad Económica Europea
CVDT	Convención de Viena sobre el Derecho de Tratados
DSB	Dispute Settlement Body
DSU	Dispute Settlement Understanding
ECOSOC	Consejo Económico y Social de Naciones Unidas
ESD	Entendimiento relativo a las normas y procedimientos por los que se rige la solución de diferencias de la OMC
FMI	Fondo Monetario Internacional

FTA	Free Trade Agreement
GATS	General Agreement on Trade in Services / Acuerdo General sobre el Comercio de Servicios
GATT	General Agreement on Tariff and Trade / Acuerdo General sobre Aranceles Aduaneros y Comercio
ICITO	Interim Commission for the International Trade Organization
INTAL	Instituto para la Integración de América Latina y el Caribe
Mercosur	Mercado Común del Sur
NAFTA	North American Free Trade Agreement
NWWP	New World Wine Producers / Grupo de Productores de Vino del Nuevo Mundo
OCDE	Organización para la Cooperación y el Desarrollo Económicos
OIC	Organización Internacional del Comercio
OMC	Organización Mundial del Comercio
ONU	Organización de las Naciones Unidas
OSD	Órgano de Solución de Controversias
PMA	Países Menos Adelantados
PTA	Preferential Trade Agreement
SGP	Sistema Generalizado de Preferencias Arancelarias
SICA	Sistema de Integración Centroamericano
TBI	Tratados Bilaterales de Inversión
TFUE	Tratado de Funcionamiento de la Unión Europea
TLC	Tratado de Libre Comercio
TLCAN	Tratado de Libre Comercio de América del Norte
TLC Colombia-EEUU	Tratado de Libre Comercio entre Colombia y los Estados Unidos
TLC Chile-EEUU	Tratado de Libre Comercio entre Chile y los Estados Unidos
TLC Panamá-EEUU	Tratado de Libre Comercio entre Panamá y los Estados Unidos
TLC Perú-EEUU	Tratado de Libre Comercio entre Perú y los Estados Unidos
TLC México-UE	Acuerdo de Asociación Económica entre México y la Unión Europea
TLC Chile-EU	Acuerdo de Asociación Económica entre Chile y la Unión Europea

TLC Andino-EU	Acuerdo Comercial entre Perú, Colombia y la Unión Europea
TRIPS	Trade Related Aspects of Intellectual Property Rights
UNCITRAL	Arbitraje de la Comisión de las Naciones Unidas de Derecho Mercantil Internacional
USTR	Office of the United States Trade Representative
WTO	World Trade Organization

Si presentar un libro es siempre algo agradable, escribir la presentación de un libro que recoge el trabajo de alguien a quien he venido siguiendo y orientando a lo largo de los años en que ha desarrollado su actividad investigativa hasta llegar al volumen que el lector tiene hoy en sus manos es aún más agradable. Por si ello fuera poco hay que recordar que el trabajo recibió la máxima calificación cuando fue presentado como tesis doctoral en la Universidad de Barcelona, lejos de la tierra natal de su autor. La tesis doctoral de JULIÁN TOLE MARTÍNEZ que ahora convertida en libro ve la luz se culminó en el Departamento de Derecho y Economía Internacionales de la Universidad de Barcelona, después de que su autor hubiera avanzado estudios sobre la materia en la propia Universidad Externado de Colombia y en la Universidad Nacional Autónoma de México.

Lo importante del trabajo es que llega en un momento en que el regionalismo económico mundial está en un punto álgido, porque el sistema multilateral de comercio, que nació con el Acuerdo General sobre Aranceles Aduaneros y Comercio en 1947 y se perfeccionó con la Organización Mundial del Comercio en 1995, ha entrado en crisis por la falta de culminación de la Ronda de Doha iniciada en 2001. Esta situación viene dando lugar a una proliferación de acuerdos comerciales regionales de diversa índole, en muchos de los cuales figuran como coprotagonistas, precisamente, los dos grandes actores comerciales mundiales sobre los que versa el análisis de JULIÁN TOLE MARTÍNEZ: la Unión Europea y los Estados Unidos. Esto significa que el libro sale a la luz en unas circunstancias críticas de transición del sistema regulatorio del comercio y las relaciones internacionales en el cual existe una amplia variedad de instrumentos internacionales de regulación de las ventajas comerciales con procedimientos propios para solución de conflictos y, por tanto, de posibles litigios entre Estados que forman o pueden formar parte simultánea o sucedáneamente de diferentes arreglos con diversos copartícipes que obligan a que los mecanismos de solución de diferencias se acoplen a las nuevas realidades.

Así, ha quedado lejos el momento en que las zonas de libre comercio o las uniones aduaneras eran una de las honrosas excepciones a la *Cláusula de la Nación más Favorecida* del GATT, luego incluida en la OMC, y que exige tratar a todos los partícipes en el sistema de idéntica forma. La *Cláusula de la Nación más Favorecida*, que era la piedra angular de la regulación multilateral del comercio internacional está hoy en crisis porque el trato especial y diferenciado que se otorga a los países en desarrollo, y la proliferación extraordinaria de acuerdos comerciales regionales de diverso alcance, se han convertido en la regla y han dejado de ser la excepción. En tal contexto, el sistema multilateral de comercio deja cada vez más espacio a estos acuerdos regionales o subregionales, entre ellos los estudiados por Julián Tole Martínez, que ocupan un lugar destacado.

La publicación de este libro llega, por ello, en un momento oportuno para el análisis de la cambiante realidad del comercio mundial, suponiendo además una aportación que estoy seguro será aprovechada por la academia y las autoridades colombianas, puesto que Colombia está implicada en el fenómeno de la regionalización comercial de una manera destacada. De hecho, desde 1961 Colombia entró a formar parte de la recién creada Asociación Latinoamericana de Libre Comercio –ALALC– que cubría la totalidad de países sudamericanos y México, y que luego se transformó en la Asociación Latinoamericana de Integración –ALADI– en 1980, cuando la ALALC no pudo avanzar según el modelo de integración y desmantelamiento arancelario del que se había dotado. Casi al mismo tiempo, Colombia formó parte de aquella integración que quiso profundizar en su cooperación a través de un tratado subregional Andino, concretado por el acuerdo de Cartagena de 1969, firmado por Bolivia, Colombia, Chile, Ecuador y Perú, hoy ejemplo de integración latinoamericana consolidada pese a las vicisitudes que ha tenido que experimentar con la entrada, primero, de Venezuela en 1973, la salida de Chile en 1976 y la posterior retirada de Venezuela cuando el presidente Chávez prefirió incorporarse al Mercosur, en un controvertido proceso. Colombia se apuntó también, desde su lanzamiento en la Cumbre de Miami de 1994, a la proyectada Área de Libre Comercio de las Ameritas –ALCA– que, impulsada por Estados Unidos, la OEA y el BID debía cubrir la totalidad de países democráticos de América y que fracasó tras la reunión de Buenos Aires de 1995. Pero esto no es todo. Colombia se ha involucrado fuertemente en la Alianza del Pacífico que agrupa de momento a cuatro países, muy fiables en su concepción del comercio y la economía internacional como factor de progreso: Colombia, Chile, Perú y México y que espera incluir próximamente en plenitud a Costa Rica y Panamá. Con esta tradición de rompimiento con la antigua política de la CEPAL de impulsar la sustitución de importaciones y con el deseo de abrir fronteras es lógico que el país haya suscrito acuerdos de libre comercio con Estados Unidos y con la Unión Europea.

En definitiva, el libro de Julián Tole Martínez es un magnifico instrumento para los estudiosos sobre la integración económica regional y una guía para que los negociadores colombianos, envueltos en la gestión de los acuerdos en que Colombia está involucrada en varias partes del mundo, tengan a mano un manual riguroso de cómo se resuelven las disputas en el foro multilateral de la OMC o las diferencias surgidas de alguno de los TLC entre Estados Unidos o la Unión Europea con Colombia y con los demás países latinoamericanos. Esta obra que el lector tiene en sus manos no es, pues, un simple ejercicio académico para la obtención de un título de doctor sino un estudio muy útil para entender cómo hay que abordar la solución de diferencias en un mundo caracterizado por zonas de libre comercio y uniones aduaneras al que Colombia se encuentra fuertemente integrado.

Francesc Granell Trías
Catedrático de la Organización Económica Internacional
de la Universidad de Barcelona; Director General Honorario de la
Comisión Europea y Académico de número de la Real Academia
de Ciencias Económicas y Financieras de España

PRÓLOGO

El intenso proceso de globalización económica en estas últimas décadas ha venido acompañado por la proliferación de acuerdos comerciales de carácter multilateral, regional y bilateral, que suelen prever, junto a sus preceptos sustantivos, mecanismos para la solución de las controversias. La doctrina ha venido prestando una especial atención al sistema de solución de diferencias de la OMC y a los mecanismos establecidos en el marco de ciertas organizaciones internacionales de integración económica regional. Ahora bien, otros mecanismos para la solución de controversias internacionales, como los previstos en múltiples Tratados de Libre Comercio –TLC– que se han venido celebrando desde los años noventa, han sido mucho menos analizados.

Este libro, que tengo el gusto de prologar, tiene el gran mérito de adentrarse en dicho último ámbito, pues realiza un análisis sistemático de los mecanismos de solución de controversias previstos en los TLC celebrados por los Estados Unidos y la Unión Europea con diversos países latinoamericanos. El autor trata de identificar y evaluar los "modelos" de solución de controversias que se vienen configurando en tales TLC, contrastándolos con los del sistema multilateral de comercio y otros referentes del Derecho internacional.

Esta obra es el fruto de una prolongada actividad de investigación del autor, que se inició en México, como investigador invitado del Instituto de Investigaciones Jurídicas de la UNAM, y culminó en la Universidad de Barcelona, donde defendió exitosamente en 2012 su tesis doctoral, que tuve la oportunidad de co-dirigir y que es la principal base del presente libro. Seguidamente, destacaré algunos de los aspectos que considero más relevantes de esta monografía.

El libro incluye, entre sus primeros pasajes, un interesante análisis sobre la noción de controversia manejada en diversos instrumentos que regulan las relaciones comerciales internacionales. El autor subraya la existencia de ciertas diferencias y ambigüedades en los elementos que configuran la noción de controversia en distintos instrumentos internacionales. Así, los TLC analizados en este libro emplean un concepto amplio de diferencia, que transita desde la *controversia de facto*, delimitada por la "medida comercial" u "otras cuestiones" que son objeto de la diferencia, hasta una *controversia de iure*, donde el "fundamento jurídico" o la norma concreta del tratado señalada en el mandato o en los términos de referencia define el alcance de la diferencia. El autor observa que la noción amplia del término "controversia" incorporada en los TLC celebrados por los Estados Unidos y la Unión Europea con países latinoamericanos no se limita a un tradicional ámbito *contencioso* o jurisdiccional, es decir, a estar en presencia de un desacuerdo causado por una acción u omisión de un Estado parte (demandado), que no ajusta su comportamiento al o los acuerdos, y otro Estado (reclamante), que estima que se ha ocasionado así una infracción del régimen jurídico que justifica recurrir a la decisión de un tercero imparcial dotado de jurisdicción. También se incluye dentro de esta noción un ámbito *político*, puesto que permite a las partes someter a consultas medidas en proyecto y, además, mantener su poder para negociar directamente una solución, incluso cuando ya se ha iniciado la etapa ante el panel o Grupo Especial. El autor también delibera acerca de los solapamientos o conflictos que pueden darse entre diversos mecanismos de solución de controversias, especialmente entre los previstos en los TLC y el del sistema de solución de diferencias de la OMC, que incluso se basa en una amplia noción de controversia, observando que pueden llegar a distintas aproximaciones sobre idénticas o muy parecidas cuestiones sustanciales y procedimentales. Como reconoce con detalle el autor, ello ya ha ocurrido en la práctica con algunas decisiones de órganos resolutorios multilaterales y del TLCAN que se han solapado o han sido contradictorias, por lo cual examina diversas cláusulas para la selección o exclusión de foro y otras fórmulas para tratar de solventar semejantes conflictos.

Teniendo en cuenta que los mecanismos para la solución de controversias establecidos en los TLC analizados por el autor se inspiran, en buena medida, en los que se han venido empleando, en diversas etapas, dentro del sistema multilateral de comercio, el libro incluye una interesante visión retrospectiva sobre la evolución del sistema del GATT de 1947 hasta el vigente de la OMC. Bajo el GATT de 1947 se fue gestando, paulatinamente, un peculiar mecanismo que durante varias décadas fue un destacado modelo para diferentes procedimientos de solución de controversias comerciales internacionales. La evolución de este régimen ha permitido que, con la creación de la OMC por los Acuerdos de Marrakech de 1994, se amplíen las materias abarcadas por el sistema multilateral de comercio, sumando al tradicional comercio de bienes, entre otros, el comercio de servicios, la protección de la propiedad intelectual, las medidas en materia de inversiones relacionadas con el comercio o las compras públicas. Ahora bien, para lograr esta expansión material fue necesario proveer al sistema multilateral de comercio durante la Ronda Uruguay de un marco institucional más estable, con una organización internacional dotada de personalidad jurídica y de una estructura institucional de naturaleza permanente y, al mismo tiempo, mejorar los mecanismos destinados a supervisar y garantizar el cumplimiento de sus distintos acuerdos mediante la transformación del procedimiento de solución de diferencias hacia un esquema mucho más *legalista* o *jurisdiccional*. Bajo este contexto, el autor emprende un estudio acerca de la *consolidación de la estructura institucional* del sistema multilateral de comercio y del *reforzamiento de su mecanismo de solución de diferencias* mediante el Entendimiento sobre Solución de Diferencias –ESD–, con el cual se busca un mayor respeto al Derecho de la OMC o, en otras palabras, se trata de garantizar una mayor previsibilidad del comportamiento de los Estados miembros.

Una vez sentadas las principales bases conceptuales y contextuales del estudio, el autor se sumerge en el análisis de los diversos esquemas de procedimientos de solución de controversias que se incorporan en los TLC estadounidenses y europeos con países latinoamericanos. Aunque se observan entre ellos algunas líneas o "modelos" comunes, cada mecanismo de cada acuerdo responde, por lo menos en parte, a las peculiares necesidades, objetivos e intereses de las partes signatarias. Precisamente por ello, los procedimientos de solución de controversias en los TLC son calificados por el autor como trajes hechos "a la medida", combinando diferentes técnicas, que suelen materializarse en mecanismos híbridos con soluciones que dependen del mutuo acuerdo de las partes contendientes o de la decisión de un grupo *ad hoc*, que en ocasiones tienen carácter vinculante.

También hay que destacar que el autor parte en su análisis de una idea: los TLC y especialmente sus mecanismos de solución de controversias no existen de forma *aislada*, sino que se influyen mutuamente y también reciben las influencias de otros instrumentos internacionales. Existen, sin duda, influencias o relaciones entre los múltiples mecanismos de solución de controversias que pueden generar algunas *sinergias* o también *afectar* y *alterar* la eficacia de los tratados que los regulan. Así, los TLC estadounidenses y europeos diseñan unos *nuevos modelos* de solución de controversias cuyos elementos fundamentales, que concreta cada instrumento, se ven influenciados, en buena parte, por la dilatada experiencia del sistema multilateral de comercio. Como bien subraya el autor, cada *modelo*, independientemente de que sea más cercano a la conciliación o al arbitraje internacional, tiene como finalidad garantizar el cumplimiento de los compromisos adquiridos por las partes signatarias y trata de proporcionar seguridad jurídica a las relaciones económicas a través de un conjunto de actuaciones, reglas y principios procesales. Es por esta razón que en esta monografía se ha realizado un importante trabajo de examen de las diferentes etapas (consultas, contenciosa y cumplimiento) de los denominados *modelo TLC estadounidense* y *modelo TLC europeo* de solución de controversias, que permite mostrar al lector de qué manera funcionan estos mecanismos, cuáles son sus propias singularidades y coincidencias, así como cuáles son sus dificultades o deficiencias como procedimientos destinados a resolver conflictos.

Considero, en suma, que estamos ante una valiosa y original obra, que realiza un estudio sistemático y profundo de los dos modelos de TLC antes mencionados, a la luz de los aportes del Derecho de la OMC, y de otras influencias y condicionantes del Derecho internacional público en la solución de controversias comerciales internacionales.

Xavier Fernández Pons
Profesor Titular de Derecho internacional
público de la Universidad de Barcelona

INTRODUCCIÓN

El comercio internacional es extraordinariamente dinámico e imprescindible para cualquier Estado que aspire a un desarrollo integral de su economía. Sin embargo, los Estados, al participar del comercio internacional, deben enfrentar una serie de retos y dificultades, sobre todo los efectos que generan las asimetrías en las relaciones economías y los años de experiencia y de preeminencia que tienen algunos Estados con un mayor protagonismo en la construcción de reglas y estructuras institucionales de un sistema del comercio internacional que, fundado en la liberalización económica, camina entre el régimen multilateral y los procesos de integración regional.

La inserción de los Estados en el comercio internacional se hace particularmente notoria con la proliferación de acuerdos internacionales cuya morfología varía desde aquellos que regulan las zonas de libre comercio, de los cuales se tiene noticia diariamente, hasta los acuerdos negociados multilateralmente bajo el auspicio de la Organización Mundial del Comercio (en adelante OMC). Independientemente de la forma que asuman estos instrumentos, todos comparten un propósito, dotar de *previsibilidad* y *seguridad jurídica* a los intercambios económicos. De ahí que las instituciones, los mecanismos de solución de controversias y en general las obligaciones o concesiones que los Estados establecen en los acuerdos internacionales dependerán del grado, de complejidad y amplitud de sus objetivos económicos, más exactamente de los intereses de su comercio internacional. Así, en relación a los mecanismos con que cada acuerdo cuenta para resolver las controversias, sean multilaterales, regionales o bilaterales, obedecen directamente al parámetro del esquema de regulación de los intercambios económicos al cual pertenecen. En este sentido, se pueden presentar diferentes modelos de mecanismos que van desde la integración de un grupo *ad hoc* o panel de arbitraje hasta el establecimiento de un tribunal permanente.

Sin importar el modelo que asuma el mecanismo de solución de controversias, este es sin duda uno de los elementos centrales de todo acuerdo comercial, en tanto no solo representa un instrumento procesal para resolver las diferencias que se presentan en la aplicación e interpretación de las obligaciones adquiridas por los Estados en el instrumento internacional, sino que también refuerzan el cumplimiento de las mismas y tratan de evitar que una controversia comercial se "politice", es decir, sea afectada por otras consideraciones que no sean las obligaciones comerciales asumidas en los acuerdos.

Otro aspecto para tener en cuenta es que los mecanismos de solución de controversias incorporados en cada acuerdo comercial se relacionan de manera *horizontal* en el marco del Derecho internacional económico, sin establecer una jerarquía entre ellos o un órgano de cierre que tenga la última palabra en la resolución de controversias en materia de comercio internacional. Es más, existen numerosas influencias o relaciones entre ellos que pueden generar algunas *sinergias*, o también *afectar* y *alterar* la eficacia de un acuerdo. Por ello, las normas y las decisiones de cada grupo *ad hoc* o panel de arbitraje, inclusive de un tribunal permanente, pueden no solo colisionar, sino también competir entre sí. De ahí el interés de este libro, de realizar un estudio comparativo y del grado de aproximación al sistema de solución de diferencias de la OMC de las diferentes etapas, actuaciones procesales y principios de los mecanismos de solución de controversias incorporados en los tratados de libre comercio celebrados por los Estados Unidos y por la Unión Europea con países latinoamericanos. Al mismo tiempo, sin olvidar determinar en este estudio la cercanía de los mencionados mecanismos a un enfoque *jurisdiccional* (con una solución *legalista* de las controversias) o a un enfoque *diplomático* (con una solución *política* de las controversias).

Este interés por contribuir en el entendimiento de los elementos más importantes de los mecanismos de solución de controversias es compartido por diversos autores latinoamericanos, como LACARTE-MURÓ Y GRANADOS, WITKER, SBERRO, LÓPEZ-AYLLÓN, VEGA CÁNOVAS, PIÉROLA, etc., y por otros autores como GANTZ, ABBOTT, MARCEAU, PAUWELYN, HENCKELS, DE MESTRAL, DAVEY, etc., quienes analizan las similitudes y discrepancias entre el mecanismo multilateral y los mecanismos regionales, o se refieren a algún mecanismo en un acuerdo regional para determinar el enfoque *jurisdiccional* o *diplomático* más próximo y sus posibles ventajas o dificultades respecto al mecanismo multilateral, o versan sobre la superposición o los conflictos entre estas jurisdicciones. Pese a esta abundante literatura se descubre que, salvo error u omisión, hasta la fecha no existe ningún estudio que se refiera específicamente a determinar las características de los modelos de solución de controversias diseñados por dos de las economías más importantes, la estadounidense y la europea, y que al mismo tiempo examine los aportes del sistema de solución de diferencias de la OMC en cada una de las etapas y actuaciones procesales de los mecanismos regulados en los tratados de libre comercio antes señalados. Así, este libro contribuye con nuevos elementos teóricos-procesales sobre la solución de controversias, lo que resulta un caso de estudio interesante, ya que al valorar dos modelos, que si bien únicamente en los mecanismos del Tratado de Libre Comercio de América del Norte se ha logrado un nivel de práctica moderadamente "relevante", permiten entender algunos aspectos de la evolución que ha venido experimentado el Derecho internacional económico, donde *circulan* e *interactúan* diversas normas, conceptos o instituciones jurídicas de numerosos instrumentos internacionales, provocando cambios que dinamizan las relaciones económicas sobre las cuales operan.

En definitiva, los mecanismos de solución de controversias constituyen una de estas instituciones jurídicas que crean una nueva perspectiva para resolver las complejidades en las relaciones económicas de una sociedad internacional cada vez más interdependiente y globalizada. Bien señala la propia OMC, que "[t]he best international agreement is not worth very much if its obligations cannot be enforced when one of the signatories fails to comply with such obligations"[1]. Esto explica la necesidad de un mecanismo de solución de controversias en los tratados de libre comercio celebrados por los Estados Unidos y por la Unión Europea con países latinoamericanos, que garantice que cuando surja una diferencia comercial estos Estados podrán disponer de un conjunto preestablecido de etapas y actuaciones procesales cuya aplicación permita adoptar una decisión que resuelva cualquier asunto relativo a la interpretación o aplicación de sus obligaciones comerciales.

Con el propósito de dar un tratamiento completo a las cuestiones antes planteadas, este libro se ha dividido en cuatro capítulos. En el primero, como un aspecto introductorio, se examinan los principales elementos de la noción de "controversia" en el marco del régimen jurídico de la OMC y de los tratados de libre comercio celebrados por los Estados Unidos y por la Unión Europea con países latinoamericanos, identificando el objeto, el tipo de reclamación prevista en los acuerdos bajo estudio y las limitaciones más importantes para activar el procedimiento de solución de controversias, entre ellas, las denominadas *cláusulas de exclusión del foro* o *cláusulas de selección del foro*.

Seguidamente, el Capítulo segundo se centra en una visión retrospectiva del Entendimiento de Solución de Diferencias de la OMC, lo que permite comprender de modo integral la *consolidación de la estructura institucional* y el *reforzamiento de su mecanismo de solución de diferencias* con el Acuerdo de Marrakech de 1994, y también se analizan las etapas y actuaciones procesales aplicables a las controversias relativas a la aplicación e interpretación de los "acuerdos abarcados" entre los Estados Miembros de esta organización internacional.

En el Capítulo tercero se valoran los procedimientos de solución de controversias que se prevén en los diferentes tratados de libre comercio de los Estados Unidos con algunos países latinoamericanos; más exactamente, se determina la estructura institucional y cada una de la etapas procesales del llamado *modelo*

---

1 World Trade Organization. *A Handbook on the WTO Dispute Settlement System*, a WTO Secretariat Publication, prepared for publication by the legal Affairs Division and the Appellate Body, Cambridge, Cambridge University Press, 2004, pp. 1.

TLC estadounidense de solución de controversias, que se elabora a partir de los mecanismos regulados en el Tratado de Libre Comercio de América del Norte de 1994 (en adelante TLCAN), el Tratado de Libre Comercio entre Chile y los Estados Unidos de 2004 (en adelante TLC Chile-EEUU), el Tratado de Libre Comercio entre la República Dominicana, Centroamérica y los Estados Unidos de 2004 (en adelante CAFTA-RD), el Tratado de Libre Comercio entre Perú y los Estados Unidos de 2009 (en adelante TLC Perú-EEUU), el Tratado de Libre Comercio entre Colombia y los Estados Unidos de 2012 (en adelante TLC Colombia-EEUU), y el Tratado de Libre Comercio entre Panamá y los Estados Unidos (en adelante TLC Panamá-EEUU) de 2012.

Finalmente, el Capítulo cuarto centra la atención en los procedimientos de solución de controversias incorporados en los diferentes tratados de libre comercio de la Unión Europea con algunos países latinoamericanos. En concreto, el Acuerdo de Asociación Económica entre la Unión Europea y México de 2000 (en adelante TLC México-UE), el Acuerdo de Asociación Económica entre la Unión Europea y Chile de 2005 (en adelante TLC Chile-UE), y el Acuerdo Comercial entre Perú, Colombia y la Unión Europea de 2012 (en adelante TLC Andino-UE), los cuales configuran el denominado *modelo TLC* europeo de solución de controversias. De cada uno de estos acuerdos se estudiará de manera específica la estructura institucional y la tipología de la solución de controversias, comparando sus etapas y actuaciones procesales tanto con el *modelo TLC* estadounidense como el sistema de solución de diferencias de la OMC.

Para la elaboración de este libro se han tenido en cuenta la investigación realizada por el autor en el Instituto de Investigaciones Jurídicas de la Universidad Nacional Autónoma de México, y la participación en eventos y en discusiones sobre los diez años de vigencia del TLCAN de 1994. En esta estancia de investigación, se llevaron a cabo entrevistas personales con diferentes profesores mexicanos (WITKER, CRUZ MIRAMONTES, etc.) que participaron en las negociaciones del TLCAN. Además, esta obra es parte del trabajo de investigación de tesis doctoral presentada para obtener el título de Doctor en Derecho por la Universidad de Barcelona, y muy especialmente es el resultado de las exigencias, la rigurosidad y la crítica constructiva de sus directores de tesis, el profesor FRANCECS GRANELL TRÍAS, especialista en temas de cooperación entre la Unión Europea y América Latina, y el profesor XAVIER FERNÁNDEZ PONS, experto en Derecho internacional público y en el estudio del sistema de solución de diferencias de la OMC.

Se ha realizado también una revisión exhaustiva de las principales fuentes bibliográficas, teniendo en cuenta los informes de los órganos resolutorios más relevantes sobre los mecanismos de solución de controversias multilaterales

(GATT-OMC) y de los indicados TLC estadounidenses y europeos. En cuanto a los análisis académicos y doctrinales, se ha puesto particular atención tanto en obras clásicas sobre la materia como en estudios más novedosos. Han ayudado igualmente las publicaciones compiladas por el Banco Interamericano de Desarrollo, el Banco Mundial, la OMC, la Comisión Económica para América Latina y el Caribe, la Comisión de Derecho Internacional, así como muchos artículos publicados en algunas revistas especializadas como el *Journal of World Trade*, el *Journal of International Economic Law*, el *American Journal of International Law*, el *Journal of International Arbitration*, el *European Journal of International Law*, la *Revista Española de Derecho Internacional*, la *Revista Electrónica de Estudios Internacionales* y la *Revista de Economía (Información Comercial Española)*, entre otras. Por último, se ha acudido a las publicaciones que recogen los instrumentos jurídicos multilaterales, páginas *Web* y publicaciones oficiales de la OMC, y los instrumentos jurídicos regionales, como los *Diarios Oficiales* de cada uno de los Estados partes en los TLC. Todas estas fuentes son detalladas en la bibliografía y notas de pie de página de este libro.

CAPÍTULO PRIMERO

Elementos que configuran las controversias en la OMC y en los TLC de Estados Unidos y de la Unión Europea con países latinoamericanos

En las últimas tres décadas, la manera más visible de manifestarse la inserción de los Estados en la economía internacional ha sido mediante la proliferación de acuerdos comerciales con una morfología muy disímil que varía desde los tratados de libre comercio (en adelante TLC) bilaterales o plurilaterales, de cuyas negociaciones hay informaciones diariamente, hasta las cada día más complejas negociaciones de acuerdos multilaterales auspiciados por la OMC. Una tendencia generalizada en estos instrumentos que regulan el comercio internacional es la inclusión de mecanismos para dirimir las diferencias que se presentan en la aplicación o interpretación de los textos acordados y que al mismo tiempo garantizan el cumplimiento de las obligaciones que en ellos se incorporan. Los procedimientos de solución de controversias en los acuerdos comerciales se caracterizan por su dinamismo y diversidad, pues cada mecanismo en cada acuerdo se diseña como un "traje a la medida", que en ocasiones incluso puede regular más de un mecanismo. Si se realiza un inventario de todo ese abanico de enfoques y matices que ofrece tal cantidad de mecanismos en los acuerdos comerciales, se observa que es una materia cuyo análisis no se puede realizar de una manera escueta debido a sus múltiples implicaciones y ramificaciones de todo orden. Por ello, resulta lógico que el punto de partida del examen de estas cuestiones sea delimitar la noción de controversia y sus elementos básicos.

El concepto "controversia" es anfibológico, así se evidencia en los diferentes acuerdos comerciales que admiten la posibilidad de celebrar consultas e iniciar el procedimiento de solución de controversias aunque no haya un "incumplimiento"[1], y otros permiten, en ciertos casos, que la medida que genera la controversia *no* se encuentre *vigente* o sea tan solo un "proyecto" de medida. Por ello, en este estudio la noción de "controversias" comprende el catálogo más amplio de elementos significativos que ofrecen, en primer lugar, los novedosos TLC celebrados entre los Estados Unidos o la Unión Europea con algunos países latinoamericanos y, segundo, el *Entendimiento relativo a las normas y procedimientos por los que se rige la Solución de Diferencias* (en adelante ESD) de la OMC; simultáneamente, para entender esta noción es necesario retomar algunas construcciones doctrinales comunes del Derecho internacional

1 Un ejemplo de controversias sin que exista un incumplimiento del Acuerdo son las situaciones que originan las "reclamaciones sin infracción", que se ocasionan por actos u omisiones, los cuales tienen como consecuencia la anulación o menoscabo de ventajas creadas directa o indirectamente por el acuerdo internacional, o comprometen el cumplimiento de alguno de los objetivos de dicho instrumento. Cfr. José Javier Villamarín. "El mecanismo de solución de diferencias en el sistema GATT/OMC. La práctica latinoamericana y la internacionalización del modelo", en *IV Seminario Internacional Anual y Acreditable "Integración y Cooperación Atlántico-Pacífico"*, Comunidad Andina, Rosario, Argentina, 2004, p. 5.

público, como son las definiciones de los profesores SERENI, DÍEZ DE VELASCO, MERRILLS, REMIRO BROTÓNS y MONTAÑÁ MORA, entre otros[2].

En términos generales tanto en el Derecho internacional público como Derecho internacional económico han utilizado indistintamente los vocablos "controversia" o "diferencia"; es más, al confrontar las versiones oficiales en español y en inglés del artículo 2.º párrafo 3 de la Carta de la Naciones Unidas se advierte el término "controversia" como equivalente de la voz inglesa *dispute*, cuestión que se repite en el texto de diversos acuerdos comerciales contemporáneos. De hecho, en el Acuerdo General sobre Aranceles Aduaneros y Comercio (en adelante GATT) de 1947 no se mencionan en ninguna de sus disposiciones las palabras controversia, diferencia ni disputa: solo contempla el mecanismo de consultas entre sus Partes Contratantes (art. XXII) para ser invocado por la Parte que alegue sufrir "anulación" o "menoscabo" de las ventajas obtenidas (art. XXIII). En los documentos oficiales del antiguo GATT se encuentra que la única alusión al término "diferencia" es para aclarar que se usa "con el mismo sentido que en otros organismos se atribuye a la palabra 'controversias'"[3].

En el régimen jurídico de la OMC, el mecanismo destinado a resolver las posibles disputas entre sus Miembros consta de un instrumento que incorpora la palabra "diferencia", y no controversia, como sinónimo oficial frente a la versión inglesa *Dispute Settlement Understanding*. Pese a esta elección del ESD de la OMC, en ninguna de sus normas se define qué es una diferencia, de ahí que sea necesario recurrir a algunas nociones de "diferencia internacional" en el Derecho internacional, como, por ejemplo, aquella empleada desde 1924 por

---

2 ANGELO SERENI. "Conflictti Internazionali", en *Diritto Internazionale*, vol. IV, Milano, Giuffrè, 1965, p. 1587; MANUEL DÍEZ DE VELASCO VALLEJO *Instituciones de Derecho Internacional Público*, 16.ª ed., Tecnos, 2007; JOHN GRAHAM MERRILS. *International Dispute Settlement*, Cambridge, Cambridge University Press, 5.ª ed., 2011; MIQUEL MONTAÑÁ MORA. *La OMC y el reforzamiento del sistema GATT. Una nueva era de la solución de diferencias comerciales*, Estudios de Ciencias Jurídicas, Madrid, McGraw-Hill, 1997; JOSÉ MANUEL SOBRINO HEREDIA. "Los procedimientos de solución de diferencias previstos en los acuerdos celebrados por la Comunidad Europea", en *Hacia un Nuevo Orden Internacional y Europeo. Estudios en homenaje al Prof. Díez de Velasco*, Madrid, 1993, p. 1221.

3 El término "diferencia", utilizado en la versión en español del "Entendimiento relativo a las Notificaciones, las Consultas, la Solución de Diferencias y la Vigilancia", se emplea con el mismo sentido que la palabra "controversias". Cfr. MIQUEL MONTAÑÁ MORA. *La OMC y el reforzamiento del sistema GATT...*, cit., p. 53. No obstante, en los TLC europeos y estadounidenses celebrados con algunos países latinoamericanos se utiliza únicamente la palabra "controversias". En este sentido, REYES DÍAZ explica que el concepto de "diferencia" que se utiliza en el ámbito de la OMC se tradujo de *dispute*, lo que hace que la traducción no sea la adecuada, porque debería ser disputa, no diferencia. Igualmente, este autor destaca que los conceptos controversia y diferencia, bien sea en el foro del TLC o de la OMC deben entenderse como "litigio", en tanto que la distinción es meramente gramatical. Cfr. CARLOS HUMBERTO REYES DÍAZ. *Comercio Internacional. Jurisdicción concurrente en materia de prácticas desleales*, México, Porrúa, 2007, p. 39.

la jurisprudencia del Tribunal Permanente de Justicia Internacional, que en el caso *Mavrommatis* en Palestina la define como:

> [...] un desacuerdo en un punto de Derecho o de hecho, una contradicción, una oposición de tesis jurídicas o de intereses entre dos personas o Estados[4].

Algunos autores iusinternacionalistas, entre ellos el profesor DÍEZ DE VELASCO, precisan el alcance de esta definición del Tribunal Permanente de Justicia Internacional, en tanto que limitan la diferencia internacional

> ... al momento en que se crea o aparece internacionalmente la diferencia, cabe decir que esta surge cuando un sujeto internacional hace valer ante otro una reclamación concreta basada en un incumplimiento de una obligación y la parte a la que va dirigida la rechaza[5].

Por tanto, para que exista una controversia en el ámbito internacional es necesario que al menos concurran los siguientes elementos: los *sujetos* de Derecho internacional o la presencia de partes identificas; el *objeto* o la existencia de un conflicto de intereses que se refieren no solo a cuestiones puramente jurídicas, sino también a cuestiones de hecho[6]; y la *exteriorización* o manifestación del conflicto, es decir, que la diferencia haya sido fijada por las partes mediante actos unilaterales, conversaciones directas o cualquier medio idóneo para identificar o delimitar el contenido de la misma[7].

Esta noción y elementos de la doctrina *iusinternacionalista*, aunque *prima facie* aparece ajustada al criterio de "controversia" en contexto de los acuerdos comerciales bajo estudio, resulta todavía insuficiente para determinar el ambiguo contenido de las controversias económicas internacionales ya que, como se mencionó anteriormente, los diferentes acuerdos comerciales no presuponen solamente, dentro del origen de la diferencia o tipos de reclamaciones, el "incumplimiento de una obligación" como ocurre en la clásica teoría de la

---

4 En el caso de las *concesiones Palestinas de Mavrommatis*, cfr. Tribunal Permanente de Justicia Internacional. Sentencia del 30 de agosto de 1924 (Grecia *vs.* Inglaterra), Publications de la Cour Permanente de Justice Internationale, *Recueil des Arrêts*, Série A, n.° 2, p. 11. Esta definición fue reiterada por la Corte Internacional de Justicia en el caso *Camerún Septentrional*, en el caso sobre la *Aplicabilidad de la obligación de arbitraje en virtud de la Sección 21 del Acuerdo del 26 de junio de 1947 relativo a la Sede de la* ONU, y en el caso *Timor Oriental*.

5 MANUEL DÍEZ DE VELASCO VALLEJO. *Instituciones de Derecho Internacional, Público*, cit., nota 3, p. 917.

6 ANTONIO REMIRO BROTÓNS; ROSA RIQUELME CORTADO, ESPERANZA ORIHUELA CALATAYUD *et al. Derecho Internacional Público*, Valencia, Tirant lo Blanch, 2007, p. 826.

7 En el caso *Frontera terrestre y marítima entre Camerún y Nigeria*, cfr. Corte Internacional de Justicia. Sentencia del 30 de junio de 1998 (Camerún *vs.* Nigeria), excepciones preliminares, p. 56. Disponible en [http://www.icj-cij.org/].

responsabilidad de los Estados por hechos internacionalmente ilícitos; además, incluyen otras reclamaciones que se producen por actos u omisiones que, sin ocasionar tal incumplimiento, representan la anulación o menoscabo de una norma emergente del acuerdo, es decir, en "reclamaciones sin infracción"[8].

Ante este panorama una *diferencia* surge cuando las partes están en desacuerdo acerca de la interpretación o aplicación al caso concreto de alguna o algunas de las normas del acuerdo comercial[9]. Este desacuerdo es causado por una acción u omisión de un Estado (demandado) que no ajusta su comportamiento al, o los acuerdos, y otro Estado (reclamante) que estima que se ha ocasionado así una ruptura del régimen jurídico[10]. Claro está, la acción u omisión del Estado demandado puede originase por la aplicación de una medida *vigente* o *en proyecto*, o *cualquier asunto* que afecte o pueda afectar el funcionamiento de un acuerdo, bien sea porque es *incompatible* o porque vulnera los contenidos jurídicos de los acuerdos (reclamaciones por una "violación"), o siendo *compatible* anula o menoscaba alguna de las ventajas resultantes del acuerdo (reclamaciones de "sin

---

8 Pese a que la regla general en materia de solución de diferencias en los acuerdos internacionales comerciales (bien sean multilaterales, plurilaterales o bilaterales) es que se originen por alegaciones de incumplimiento de una norma de estos instrumentos, o por la vulneración de un compromiso por parte de un país signatario. Desde el antiguo GATT de 1947 (en su artículo XXIII [1] [b]) se incluyó la posibilidad de que un Estado reclamara contra otro, que había sufrido *anulación o menoscabo* de sus beneficios comerciales como consecuencia de "[...] una medida, contraria o no a las disposiciones del presente Acuerdo". Cfr. ERNST-ULRICH PETERSMANN. "Violation Complaints and Non-Violation Complaints in Public International Trade Law", *German Yearbook of International Law*, vol. 34, 1991, pp. 175 a 229; ARMIN VON BOGDANDY. "The Non-Violation Procedure of Article XXII: 2 GATT – Its Operational Rationale", *Journal World Trade*, vol. 26, 4, 1992, pp. 95 a 111; PAR HALLSTRÖM. *The GATT Panels and the Formation of the International Trade Law*, Stockholm, Jurisförlaget, 1994, p. 175. Este supuesto regulado en el antiguo GATT de 1947, conocido como *non-violation complaint*, se reproduce en el marco del sistema de solución de diferencias de la OMC y en varios TLC celebrados por los Estados Unidos y por la Unión Europea con algunos países latinoamericanos.

9 En este sentido, el profesor ARANGIO RUIZ ha observado que "la noción de diferencia puede, en efecto, resultar sensiblemente diferente según el instrumento internacional considerado". Cfr. GAETANO ARANGIO RUIZ. "Controversie Internazionale", en *Enciclopedia del diritto*, vol. 10, Milano, 1962, p. 398.

10 La mayoría de las controversias en el Derecho internacional económico son *inter-estatales*, así los sujetos pasivo y activo en el mecanismo multilateral de la OMC como en los procedimientos de los TLC son los Estados signatarios, salvo algunas notorias excepciones donde pueden intervenir particulares (como en el mecanismo en materia de inversiones de los TLC). Por tanto, solamente los Estados miembros de la OMC pueden actuar en el procedimiento de solución de diferencias previsto en el ESD de la OMC, ya sea como partes o en calidad de terceros. Ni la Secretaría de la OMC, ni los Estados observadores, ni otras organizaciones internacionales, mucho menos los gobiernos regionales ni locales de Estados miembros pueden iniciar este mecanismo. Tampoco tienen acceso directo los particulares, ya sea las ONG, personas individuales o empresas, ni aun instituciones públicas de un Estado miembro, aun cuando suelen ser los más afectados frente a las posibles violaciones de las normas de la OMC por parte de otro Estado miembro, o tienen un mayor interés en que una medida sea retirada por ser contraria al derecho OMC. Cfr. EDWINI KESSIE. "Enhancing Security and Predictability for Private Business Operators under the Dispute Settlement System of the WTO", *Journal of World Trade*, vol. 34 n.º 6, 2000, pp. 1 y ss

infracción"), o *cualquier otra cuestión* que el Miembro reclamante juzgue que puede afectar el funcionamiento del acuerdo (reclamaciones de "situación").

La noción de "diferencia" en los acuerdos comerciales no se limita a un acto estrictamente *contencioso*, ya que permite a las partes contendientes mantener su poder político para negociar directamente una solución. En otras palabras, los mecanismos que resuelven las diferencias han sido concebidos para privilegiar el pronto arreglo entre las partes, de tal manera que es posible una solución previa, o incluso durante el proceso, ante el panel o Grupo Especial mediante un acuerdo entre las partes. Así se establece en el párrafo 7 del artículo 3.º del ESD de la OMC, que a la letra reza:

> El objetivo del mecanismo de solución de diferencias es hallar una solución positiva a las diferencias. Se debe dar siempre preferencia a una solución mutuamente aceptable para las partes en la diferencia y que esté en conformidad con los acuerdos abarcados.

Otro ejemplo de este aserto se encuentra en el párrafo 10 del artículo 3.º ibíd., que señala:

> Queda entendido que las solicitudes de conciliación y el recurso al procedimiento de solución de diferencias *no* deberán estar concebidos ni ser considerados como *actos contenciosos* y que, si surge una diferencia, todos los Miembros entablarán este procedimiento de buena fe y esforzándose por resolverla (cursiva fuera del texto).

Teniendo en cuenta las anteriores concreciones, para establecer el alcance de una controversia concreta que origina la activación de su mecanismo de solución, tanto en el régimen multilateral de la OMC como en los TLC estadounidenses y europeos, se debe, en primer lugar, definir el *objeto de la controversia* que da lugar al procedimiento, lo cual alude esencialmente a la interpretación y/o aplicación de las disposiciones de los acuerdos comerciales o sus instrumentos jurídicos abarcados; en segundo lugar, establecer el *tipo de reclamación* prevista en el acuerdo, esto es, analizar la medida contraria con las obligaciones del acuerdo, o cualquier cuestión que la parte reclamante considere que puede afectar el funcionamiento de los acuerdos, ya sean multilaterales o de los TLC; y en tercer lugar, descartar la existencia de *limitaciones para activar el procedimiento*; entre las limitaciones más importantes se encuentran las cláusulas de *exclusión del foro* o de *selección del foro*[11], que contienen las denominadas "normas de conflicto de jurisdicciones".

---

11 La *cláusula de selección del foro* es un instrumento jurídico del Derecho internacional que posibilita a los Estados signatarios alcanzar un equilibrio entre las cuestiones que puedan surgir en el marco del acuerdo y los sectores económicos en los que el mecanismo de solución de controversias es inoperante; puesto

I. OBJETO DE LA CONTROVERSIA

En primer lugar, para determinar la existencia de una controversia que dé lugar a la activación del procedimiento regulado en la OMC o en los TLC bajo estudio es necesario identificar el *objeto concreto de la controversia*, lo cual exige analizar si se presenta un conflicto de interpretación y/o aplicación del instrumento internacional. Como es bien sabido, los preceptos jurídicos de los acuerdos del régimen multilateral del comercio, y de los TLC estadounidenses y europeos establecen compromisos, derechos y obligaciones que deben ser cumplidos de buena fe por los sujetos a los que les resultan oponibles como una garantía del *principio pacta sunt servanda*[12]. Gracias a este principio y a la propia voluntad de los Estados, las normas y obligaciones internacionales nacen con la vocación de ser cumplidas de manera espontánea[13]. Empero, los acuerdos económicos no contienen *normas de mínimos* y, al igual que la mayoría de los preceptos jurídicos internacionales, difícilmente se pueden redactar de un modo que permita prever todas las contingencias y eventualidades de las relaciones económicas entre las partes signatarias. Ante esta realidad resulta previsible que ocurran conflictos sobre la naturaleza y el alcance de esos compromisos, derechos y obligaciones, y se hace forzosa la interpretación y aplicación de estos contenidos normativos en contextos específicos.

---

que, no todos los ámbitos pueden ser sometidos a un mismo procedimiento, algunas materias implican el ejercicio de la jurisdicción nacional, o tienen un procedimiento autónomo regulado por el acuerdo (arbitraje Estado-inversionista), o son competentes otros foros internacionales bilaterales, regionales (Tribunal Andino Justicia o Corte de Justicia Centroamericana) o multilaterales (OMC o CIADI).

12 El *principio de la buena fe* en el cumplimiento de las normas y de las obligaciones internacionales, o *pacta sunt servanda*, se encuentra universalmente reconocido por los instrumentos (art. 26 de las Convenciones de Viena de 1969 y de 1986, preámbulo y art. 2.2 de la Carta de Naciones Unidas, la Declaración sobre los Principios de Derecho Internacional referentes a las relaciones de amistad y cooperación entre Estados, etc.) y la jurisprudencia internacional (Tribunal Permanente de Justicia Internacional, en los casos *Cuestión de las comunidades greco-búlgaras* de 1930, *Trato de los nacionales polacos en el territorio de Dantzig* de 1932, *Zonas francas de la Alta Saboya y del País del Gex* de 1932, entre otras). Cfr. Publications de la Cour Permanente de Justice Internationale, *Recueil des Arrêts*, Serie B, n.º 17, Sentencia del 31 de julio de 1930 (Grecia *vs.* Bulgaria); Série A/B, n.º 44, Sentencia de 1932 (Polonia *vs.* Alemania); Série A/B, n.º 46, Sentencia del 7 de junio de1932 (Francia *vs.* Suiza).

13 En la práctica, el Derecho internacional tiene un alto índice de observancia espontánea, que para algún sector de la doctrina puede ser mayor que la del estándar medio de los Derechos estatales. Una de las razones para este cumplimiento es que el consentimiento de los destinatarios del Derecho internacional constituye el fundamento de sus obligaciones, por tanto, las reglas consentidas, se supone, responden a sus intereses. Cfr. EDMUNDO VARGAS CARREÑO. "¿Dónde encontrar el fundamento de la obligatoriedad del Derecho Internacional?", en M. RAMA-MONTALDO (dir.). *El Derecho internacional en un mundo en transformación, en homenaje al profesor Eduardo Jiménez de Aréchaga*, vol. 1, 1994, p. 99; ADOLFO MIAJA DE LA MUELA. "Nuevas realidades y teorías sobre la efectividad del Derecho Internacional", *Anuario de Derecho Internacional*, n.º 3, 1976, p. 3; LOUIS HENKIN. *International Law: Politics and Values*, Dordrecht, Boston y London, Martines Nijhoff Publishers, 1995.

El carácter acentuadamente "abierto" de los preceptos jurídicos del Derecho internacional económico, y concretamente del régimen multilateral del comercio, los TLC estadounidenses y europeos, también hace posible que algunos de sus órganos (comisiones, comités, Órgano de Apelación y los grupos especiales) elaboren y desarrollen un conjunto de normas en determinados ámbitos sustantivos de estos instrumentos internacionales; en estricto sentido, pueden establecer criterios o reglas específicas para solucionar el asunto que origina la controversia. Precisamente por ello se fijan, dentro del ámbito de aplicación de los mecanismos de solución de controversias sobre interpretación y aplicación, conceptos jurídicos que tienen un carácter "heterogéneo", que se refieren fundamentalmente a cualquier asunto, cuestión o medida que afecte o pueda afectar el funcionamiento adecuado de los acuerdos.

La *heterogeneidad normativa* del régimen multilateral del comercio y los TLC antes señalados, hace referencia esencialmente a tres aspectos: en el primero, el *objeto de la norma*, las materias que regulan estos acuerdos van desde ámbitos estrictamente comerciales y económicos hasta cuestiones políticas y de cooperación; en el segundo, los *sujetos destinatarios de la norma*, los Estados signatarios y sus instituciones representan otra novedad desde la Unión Europea como ente supranacional, los organismos de los acuerdos y en algunos eventos los propios particulares; y en el tercero, la *estructura de la norma*, podemos encontrar, dentro de estos acuerdos económicos, una amplia tipología normativa. Para el objeto de estudio son particularmente relevantes las normas de remisión o reenvío, las normas programáticas, las normas con estructura de principios, etc.

Tras estas concreciones, es necesario realizar un breve estudio sobre el *objeto* del procedimiento de solución de controversias en el régimen multilateral del comercio y los TLC de algunos países latinoamericanos con los Estados Unidos y con la Unión Europea, con la finalidad de establecer algunos aspectos que distinguen los conceptos *interpretación* y *aplicación* en estos regímenes jurídicos.

A. CONTROVERSIAS SOBRE INTERPRETACIÓN DEL RÉGIMEN JURÍDICO DE LA OMC Y DE LOS TLC DE LOS ESTADOS UNIDOS Y DE LA UNIÓN EUROPEA CON ALGUNOS PAÍSES LATINOAMERICANOS

La interpretación es una acción consustancial al proceso de aplicación de toda norma, y las disposiciones jurídicas del Derecho internacional económico no son una excepción. Así pues, antes de fijar las consecuencias jurídicas de cualquier precepto (internacional o interno) en el caso concreto es preciso encontrar el sentido, establecer el alcance o esclarecer las ambigüedades de la norma a aplicar.

La actividad interpretativa del Derecho "no consiste sólo, como ingenuamente se había dicho tantas veces, en esclarecer el sentido de la norma, en entenderla", sino que comprende un gran número de operaciones mentales recíprocamente entrelazadas de modo *inescindible*[14], de ahí que la interpretación de los tratados dé lugar a diferentes posiciones doctrinales en cuanto a los métodos y el alcance de esta actividad hermenéutica.

Un ejemplo de este aserto se encuentra en la *interpretación finalista*, que busca dar a la norma el sentido más acorde con el fin del instrumento internacional, de acuerdo con las circunstancias del momento y la necesidad social, mediante la utilización de los métodos interpretativos teleológico, sociológico y comparado. Otra concepción determina como objetivo fundamental del intérprete descifrar la verdadera *voluntad de compromiso* o *acuerdo entre las partes*; dentro de esta corriente doctrinaria se presenta la *interpretación objetivista*, la cual considera que esta voluntad se revela solo en el texto del Tratado, y para ello emplea los métodos interpretativos gramatical y lógico-sistemático; además, la *interpretación subjetiva*, en donde el texto del tratado es un elemento más en la identificación de la voluntad de las partes pues existen otros medios como los trabajos preparatorios, se vale de los métodos interpretativos histórico y práctico[15].

Ahora bien, el instrumento internacional más importante que regula la actividad interpretativa es la Convención de Viena sobre el Derecho de los Tratados de 1969 (en adelante Convención de Viena) y sus previsiones forman parte de las denominadas *normas consuetudinarias de Derecho internacional público*, por lo que cualquier panel las podría tomar en cuenta al momento de interpretar la normativa comercial multilateral o de los TLC. En efecto, se considera que las normas sobre interpretación de los Tratados de la Convención de Viena codifican las normas de Derecho internacional consuetudinario en la materia[16],

---

14 LUIS RECASENS SICHES. *Tratado General de Filosofía del Derecho*, 12.ª ed., México, Porrúa, 1997, p. 3.

15 Para profundizar sobre los métodos interpretativos en el Derecho internacional, cfr. CARLOS FERNÁNDEZ CASADEVANTE ROMANÍ. *La interpretación de las normas internacionales*, Pamplona, Aranzadi, 1996; MYRES MCDOUGAL; HAROLD LASWELL y JAMES MILLER. *The Interpretation of International Agreements and World Public Order: Principles of Content and Procedure*, Martinus Nijhoff Publishers, New Haven Press and Dordrecht, 1994; CÉSAR MOYANO BONILLA. *La interpretación de los Tratados internacionales*, Montevideo, MBA, 1985; PAUL REUTER. *Derecho internacional público*, 3.ª ed., Barcelona, Bosch, 1982; NACIONES UNIDAS. *Anuario de la Comisión de Derecho Internacional*, vol. II, Nueva York, 1966, pp. 239 a 247.

16 IAN MCTAGGART SINCLAIR. *The Vienna Convention on the Law of Treaties*, 2.ª ed., Manchester University Press, 1984; DOMINIQUE CARREAU; THIÉBAUT FLORY y PATRICK JUILLARD. *Droit International Économique*, 3.ª ed., Paris, Dalloz, 2007; MUSTAFA KAMIL YASSEEN. "L'interprétation des traités d'après la Convention de Vienne sur le Droit des Traités", en *Collected Courses of the Hague Academy of International Law*, vol. 151, *L'interprétation des traités d'après la convention de Vienne sur le droit des traités*, Martinus Nijhoff Publishers, 1976, pp. 1 y 48.

contemplados los artículos 31 sobre la "Regla general de interpretación", 32 relativo a los "Medios de interpretación complementarios" y 33 que regula la "Interpretación de tratados autenticados en dos o más idiomas". Estas reglas de la Convención de Viena tienen, en palabras del profesor REMIRO BROTÓNS, un carácter *dispositivo*, "[...] en la medida en que las partes de un tratado pueden regular su intención como tengan por conveniente"[17], de ahí que la Comisión de Derecho Internacional advierta que la interpretación de los tratados es "hasta cierto punto un arte y no una ciencia exacta"[18]. Por tanto, no es extraño el hecho de que en acuerdos internacionales particulares los órganos resolutorios o jurisdiccionales no apliquen algunas normas hermenéuticas generales, sino otras "especiales" previstas en el propio instrumento constitutivo que se desarrollan en la práctica[19].

El vigente régimen de la OMC establece en su artículo 3.1 del ESD que los Miembros "[...] afirman su adhesión a los principios de solución de diferencias aplicados hasta la fecha al amparo de los artículos XXII y XXIII del GATT de 1947 y al procedimiento desarrollado y modificado por el presente instrumento", precepto que podría confirmar la particular hermenéutica consolidada bajo el antiguo GATT. Adicionalmente, a pesar de que la jurisprudencia del antiguo GATT de 1947 no se haya referido expresamente a las normas de interpretación de la Convención de Viena[20], el Órgano de Apelación y de los Grupos Especiales de la OMC, fundados en el párrafo 2 del artículo 3.º del ESD de la OMC, realizan una remisión expresa a las "normas usuales de interpretación del Derecho internacional general", que se han convertido en una de las fuentes más ricas de orientación para determinar la interpretación de este sistema jurídico multilateral[21]. En este sentido, el Órgano

---

17 La Convención de Viena ha acogido la *interpretación objetiva* y *finalista*, pues concede tan solo un papel secundario a los elementos esenciales de la *interpretación subjetivista*, o sea, los incluye como un *medio de interpretación complementario*. Cfr. ANTONIO REMIRO BROTÓNS; ROSA RIQUELME CORTADO, ESPERANZA ORIHUELA CALATAYUD *et al. Derecho Internacional Público*..., cit., nota 7, p. 383.

18 NACIONES UNIDAS. *Anuario de la Comisión de Derecho Internacional*..., cit., nota 16, p. 240.

19 DENISE BINDSCHEDLER-ROBERT. "Le règlement des différends relatifs au Statut d'un Organisme international", *Recueil des Cours de l'Académie de Droit International*, vol. 124, 1968-II, p. 537.

20 PIERRE PESCATORE. "Drafting and analyzing decisions on Dispute Settlement", en P. PESCATORE; W. DAVEY y A. LOWENFELD. *Handbook of* GATT *Dispute Settlement*, New York, Transnational Juris Publications, 1991, p. 26.

21 Al respecto, el profesor FERNÁNDEZ PONS sostiene que "[l]a reiterada invocación por los órganos resolutorios de la OMC de los artículos de los tratados de la CVDT ha sido un 'catalizador' para cambiar algunas de la tradiciones hermenéuticas consolidadas bajo el GATT de 1947 y tratar de garantizar esa 'seguridad y previsibilidad' del sistema a la que alude el primer inciso del artículo 3.2 del ESD". Cfr. XAVIER FERNÁNDEZ PONS. *La* OMC *y el Derecho Internacional. Un estudio sobre el sistema de solución de diferencias de la* OMC *y las normas secundarias del Derecho internacional general*, Barcelona, Marcial Pons, 2006, p. 210.

de Apelación en el asunto *Estados Unidos-Pautas para la gasolina reformulada y convencional* subraya que la regla general de interpretación de los tratados del artículo 31 de la Convención de Viena "[...] se ha elevado a la condición de norma del derecho internacional consuetudinario o general", que los órganos resolutorios de la OMC están obligados a aplicar para aclarar los preceptos de los "acuerdos abarcados" (en inglés *covered agreements*), y, al mismo tiempo, el Órgano de Apelación señala que estas normas de la Convención de Viena "[...] son en cierta medida consecuencia del reconocimiento de que no debe leerse el *Acuerdo General* aislándolo clínicamente del derecho internacional público"[22]. Por esto, pese a que diferentes Miembros de la OMC, como los Estados Unidos, no son partes en la Convención de Viena, los paneles y el Órgano de Apelación aplican sus normas hermenéuticas en cumplimiento de su labor interpretativa.

No cabe duda de que esta labor de los órganos resolutorios, materializada en sus informes, constituye una de las principales fuentes del derecho de la OMC. Así se evidencia en el asunto *Japón-Impuestos sobre las bebidas alcohólicas*, al señalar que:

> [...] los informes adoptados de los Paneles son una parte importante del acervo del GATT. Los paneles posteriores suelen examinarlos. Estos informes crean expectativas legítimas en los miembros de la OMC y, por consiguiente, deben tenerse en cuenta cuando son pertinentes para una diferencia. Sin embargo, no son obligatorios sino para solucionar la diferencia específica entre las partes en litigio[23].

De acuerdo con esta interpretación, los informes realizados bajo el antiguo GATT son considerados como un "criterio de interpretación" o una "orientación interpretativa" para los futuros Grupos Especiales, que el propio Órgano de Apelación aclara no debe ser confundida con el efecto de *stare decisis*[24]. En otras palabras, en el sistema de solución de diferencias de la OMC no hay una norma

---

22 Informe del Órgano de Apelación, en el asunto *Estados Unidos-Pautas para la gasolina reformulada y convencional* (WT/DS2/AB/R), adoptado el 29 de abril de 1996, p. 19 a 21. En un segundo informe, el Órgano de Apelación reconoce que "[...] el artículo 32 de la Convención de Viena, en el que se aborda el papel de los medios de interpretación complementarios, se ha elevado también a la misma condición" de norma del Derecho internacional consuetudinario general. Cfr. Informe del Órgano de Apelación, en el asunto *Japón-Impuestos sobre las bebidas alcohólicas* (WT/DS8/AB/R, WT/DS10/AB/R, WT/DS11/AB/R), adoptado el 4 de octubre de 1996, p. 13.

23 Informe del Órgano de Apelación, en el asunto *Japón-Impuestos sobre las bebidas alcohólicas*, cit., p. 18.

24 Informe del Órgano de Apelación, en el asunto *Estados Unidos-Prohibición de las importaciones de determinados camarones y productos del camarón "Camarones"* (WT/DS58/AB/R), adoptado el 22 de octubre de 2001, párrafo 107. Esta posición se ha reiterado en el informe del Órgano de Apelación, asunto *Estados Unidos-Subvenciones al algodón americano "Upland"* (WT/DS267/AB/R), adoptado el 3 de marzo de 2005, párrafo 263.

según la cual las decisiones precedentes obliguen a los Grupos Especiales y al Órgano de Apelación en los casos subsiguientes, aunque aquellas contengan una cierta interpretación de las mismas disposiciones consideradas en el caso posterior. En la práctica se evidencia que estos órganos resolutorios han basado sus argumentos jurídicos en precedentes y en la amplia jurisprudencia ya creada.

Buena parte de la tradición hermenéutica sobre *customary rules of interpretation of international law*, consolidada por los órganos resolutorios de la OMC, es recogida expresamente en los TLC estadounidenses y europeos dentro del marco de las reglas de interpretación señaladas por la Convención de Viena, lo cual sin duda legitima el mecanismo de solución de controversias, y permite fijar el contenido y el alcance de cualquier precepto incluido en estos TLC desde los diferentes métodos interpretativos consolidados en la práctica del Derecho internacional general. Si bien cualquiera de los TLC en estudio puede incorporar normas alternativas de interpretación, el escenario más común es que estos acuerdos de manera explícita o implícitamente confirmen la aplicación de las normas de la Convención de Viena. En los TLC estadounidenses, por ejemplo, el artículo 102.2 del TLCAN dispone que: "[l]as Partes interpretarán y aplicarán las disposiciones de este Tratado a la luz de los objetivos establecidos en el párrafo 1 y de conformidad con las normas aplicables del derecho Internacional", que incluye los artículos 31 y 32 de la Convención de Viena[25].

En ese marco, la propia "jurisprudencia" del TLCAN interpreta, en el asunto *Aranceles aplicados por Canadá a ciertos productos agropecuarios originarios de Estados Unidos*, que "las reglas aplicables del derecho internacional incluyen [...] los artículos 31 y 32 de la *Convención de Viena sobre el Derecho de Tratados*

25 Se debe aclarar que en los TLC de los Estados Unidos no se incorporan de manera expresa las normas sobre interpretación de la Convención de Viena, puesto que no ha sido ratificada por este país; sin embargo, tanto en su jurisprudencia interna como en la internacional se reconoce la importancia de este instrumento y la aplicación en estas materias. Claro está, si bien es cierto la Convención de Viena sobre el Derecho de los Tratados ha sido ampliamente reconocida como la guía autorizada para el derecho internacional consuetudinario que rige la interpretación de los tratados, en los tribunales americanos este instrumento internacional ha tenido una recepción *mixta*, es decir, desde la entrada de este instrumento, en 1980, el Tribunal Supremo estadounidense nunca ha citado sus reglas de interpretación, ya que ha preferido confiar en la ley nacional y, concretamente, en los cánones comunes desarrollados por analogía con el Derecho contractual nacional. Por el contrario, muchos Tribunales Federales y Estatales inferiores han adoptado un enfoque internacionalista aplicando la Convención de Viena –como el derecho internacional consuetudinario–. Cfr. Evan Criddle. "The Vienna Convention on the Law of Treaties in U.S. Treaty Interpretation", *Virginia Journal of International Law*, vol. 44, n.º 2, 2004; Robert Dalton. "Vienna Convention on the Law of Treaties: Consequences for the United States", *American Society of International Law Proceedings*, 78 annual meeting, 1984, pp. 276 y 277; Herbert Briggs. "United States Ratification of the Vienna Treaty Conventions", *The American Journal of International Law*, vol. 73, n.º 3, julio de 1979, p. 472; Richard Gardiner. *Treaty Interpretation*, Oxford International Law Library, 2008.

de 1969, que son generalmente aceptados como reflejando del derecho internacional consuetudinario"[26]. Adicionalmente, en el asunto *Myers vs. Canadá* el Tribunal Arbitral ha señalado que:

> [e]l TLCAN establece directrices internas para su interpretación con una serie de disposiciones. En el contexto de una controversia Capítulo 11 [...] el artículo 102 (2) obliga a las Partes a [...] interpretar y aplicar las disposiciones del Acuerdo a la luz de los objetivos establecidos en el apartado 1 y de conformidad con las normas aplicables del derecho internacional. [...] Por otra parte, en el Capítulo 11 los árbitros están obligados por el artículo 113.11 a decidir las cuestiones en controversia, de conformidad con [el] Acuerdo y las reglas aplicables del derecho internacional'. De acuerdo con el artículo 1112.1, en caso de incompatibilidad entre el Capítulo 11 y otro capítulo del TLCAN, prevalece la de este último en la medida de la incompatibilidad[27].

Así, la principal norma consuetudinaria del Derecho internacional para la interpretación de los tratados no solo se aplica a los TLC estadounidenses, pues el TLC México-UE también señala en su Regla Modelo de Procedimiento n.º 34, que:

> [l]os paneles arbitrales interpretarán las disposiciones de los instrumentos jurídicos abarcados de conformidad con las reglas de derecho internacional público.

Igualmente, el artículo 187.3 del TLC Chile-UE determina que:

> [l]os grupos arbitrales interpretarán las disposiciones del presente Acuerdo de conformidad con las normas consuetudinarias de interpretación del Derecho internacional público, teniendo debidamente en cuenta el hecho de que las Partes deben aplicar el presente Acuerdo de buena fe y evitar la elusión de sus obligaciones.

Es aún más claro el TLC Andino-UE, al ordenar en su artículo 317 que:

> [c]ualquier grupo arbitral interpretará las disposiciones a las que se hace referencia en el artículo 299 de conformidad con las normas consuetudinarias de interpretación del Derecho Internacional Público incluidas en la Convención de Viena sobre el Derecho de los Tratados, hecha en Viena el 23 de mayo de 1969.

En este punto es necesario insistir en que el límite de aplicación de la Convención de Viena se encuentra en las reglas y experiencia hermenéutica del órgano

---

26 Informe final del Panel del TLCAN, en el asunto *Canadá-Aranceles aplicados a ciertos productos Agropecuarios originarios de Estados Unidos* (CDA-95-2008-01), adoptado el 2 de diciembre de 1996, párrafo 119.

27 NAFTA Chapter 11 Arbitral Tribunal, *SD Myers Inc vs. Government of Canada (Myers v Canada)*, Partial Award of 13 November 2000, paragraphs 196-200.

resolutorio de los TLC, de ahí que estas normas de interpretación del Derecho internacional general solamente sirven para aclarar las disposiciones vigentes de los acuerdos comerciales bajo estudio, esto es, constituyen un *criterio de interpretación*. Otro aspecto a remarcar es que los mecanismos de los TLC estadounidenses o europeos siguen en buena medida la práctica que ha consolidado la actividad hermenéutica de los órganos resolutorios de la OMC, en especial, respecto a la *regla general de interpretación*[28] y los *medios complementarios de interpretación*[29]. En otras palabras, los paneles recurrirán al artículo 31 de la Convención de Viena[30], que determina los siguientes criterios interpretativos: la *lectura de buena fe*[31]; el *sentido corriente de los términos del tratado*[32] (interpretación gramatical); la *utilización del contexto*[33] (interpretación lógico-sistemática), y la *compatibilidad y fin del tratado* (interpretación teleológica)[34].

---

28 La Comisión de Derecho Internacional al titular el artículo 31 "Regla general de interpretación", en singular, y al subrayar la conexión existente entre los párrafos 1 y 2, así como entre el párrafo 3 y los dos anteriores, se propuso indicar que la aplicación de los medios de interpretación que figuran en dicho artículo constituyen una sola operación combinada. De ahí que el artículo no lleve el título de "Reglas generales", en plural, dado que la Comisión deseaba subrayar que el proceso de interpretación constituye una unidad y que las disposiciones del artículo 31 forman una regla única con partes íntimamente ligadas entre sí. Cfr. NACIONES UNIDAS. *Anuario de la Comisión de Derecho Internacional...*, cit., nota 16, p. 241.

29 Como lo señala el profesor FERNÁNDEZ PONS "[...] los Grupos Especiales establecidos bajo el sistema GATT de 1947 tuvieron especial inclinación por la interpretación histórica, basándose frecuentemente en los trabajos preparatorios del GATT y de La Habana". El actual sistema de solución de diferencias de la OMC, aunque continúa utilizado este método de interpretación, ha señalado en su jurisprudencia que solamente serán esgrimidos como "medios complementarios de interpretación, en los términos del artículo 32 de la Convención de Viena". Cfr. XAVIER FERNÁNDEZ PONS. *La OMC y el Derecho Internacional. Un estudio sobre el sistema de solución de diferencias de la OMC...*, cit., nota 22, p. 213.

30 Ciertamente, la jurisprudencia del Órgano de Apelación y de los grupos especiales de la OMC orienta su actividad hermenéutica basada en el artículo 31 de la Convención de Viena, que estatuye: "Un tratado deberá interpretarse de buena fe conforme al sentido corriente que haya de atribuirse a los términos del tratado en el contexto de éstos y teniendo en cuenta su objeto y fin". Cfr. Informe del Grupo Especial, en el asunto *Estados Unidos-Artículos 301 a 310 de la Ley de Comercio de 1974* (WT/DS152/R), adoptado el 22 de diciembre de 1999, párrafo 7.22, entre otros.

31 En la práctica de la jurisprudencia de la OMC existen diferentes pronunciamientos a propósito de la lectura de buena fe; así, por ejemplo, tenemos el Informe del Grupo Especial, en el asunto *India-Protección mediante patente de los productos farmacéuticos y los productos químicos para la agricultura "Patentes"* (WT/DS50/R), adoptado el 5 de septiembre de 1997, párrafo 7.18.

32 En este sentido, el Órgano de Apelación ha señalado que "el artículo 31 de la Convención de Viena dispone que el texto del tratado constituye la base del proceso interpretativo: 'la interpretación se basará fundamentalmente en el texto del tratado'". Cfr. Informe del Órgano de Apelación, en el asunto *Japón-Impuestos sobre las bebidas alcohólicas* (WT/DS8/AB/R, WT/DS10/AB/R, WT/DS11/AB/R), adoptado el 4 de octubre de 1996, pp. 14 y 15

33 Informe del Órgano de Apelación, en el asunto *Estados Unidos-Medidas que afectan el servicio transfronterizo de servicios de juegos de azar y apuestas* (WT/DS285/AB/R), adoptado el 7 de abril de 2005, párrafo 196.

34 Si bien la jurisprudencia de la OMC ha utilizado en su actividad hermenéutica con mayor frecuencia la interpretación *gramatical* y *lógico-sistemática*, no podemos desconocer la importancia que ha tenido

Adicionalmente, en su actividad hermenéutica los paneles consideran que

> [...] si después de aplicar el artículo 31, el sentido del término sigue siendo ambiguo u oscuro, o conduce a un resultado manifiestamente absurdo o irrazonable, el artículo 32 permite que el intérprete de un tratado recurra a: [...] medios de interpretación complementarios, en particular a los trabajos preparatorios del tratado y a las circunstancias de su celebración[35].

Se trata, por consiguiente, de un método de interpretación *integrador*[36], para la solución de controversias en los TLC estadounidenses y europeos, que legitimará estas "zonas de libre comercio", en tanto que el órgano resolutorio podrá utilizar estas reglas hermenéuticas para procurar que estos TLC sean compatibles con la normativa de la OMC y el régimen jurídico internacional.

Resulta especialmente importante, en el contexto de las reglas de interpretación de la Convención de Viena, la letra c del artículo 31, en la que se establece: "Juntamente con el contexto, habrá de tenerse en cuenta: [...] c) toda forma pertinente de Derecho internacional aplicable en las relaciones entre las partes", lo cual, en el ámbito de la solución de controversias en los TLC estadounidenses y europeos puede resultar de difícil aplicación, dado que este precepto parece proveer un mandato amplio para examinar las distintas fuentes de Derecho internacional público[37].

---

en algunos casos la interpretación *teleológica*. Cfr. Informe del Órgano de Apelación, en el asunto *Canadá-Medidas que afectan a la exportación de aeronaves civiles* (WT/DS70/AB/R), adoptado el 2 de agosto de 1999, párrafos 35 y ss., pp. 104 a 111; Informe del Órgano de Apelación, en el asunto *Estados Unidos-Prohibición de las importaciones de determinados camarones y productos del camarón "Camarones"* (WT/DS58/AB/R), adoptado el 12 de octubre de 1998, párrafo 114; Informe del arbitraje, en el asunto *Canadá-créditos a la exportación y garantías de préstamos para las aeronaves regionales* (WT/DS222/ARB), adoptado el 17 de febrero de 2003, párrafos 3.11 y 3.13; Informe del Arbitraje, en el asunto *Estados Unidos-Trato fiscal aplicado a las "Empresas de Ventas en el Extranjero", Recurso de los Estados Unidos al Arbitraje previsto en el párrafo 6 del artículo 22 del* ESD *y el párrafo 11 del artículo 4 del Acuerdo* SMC (WT/DS108/ARB), adoptado el 30 de agosto de 2002 párrafo 5.51 y ss., entre otras decisiones.

35 Informe del Órgano de Apelación, en el asunto *Comunidades Europeas-Clasificación aduanera de determinado equipo informático* (WT/DS62/AB/R; WT/DS67/AB/R; WT/DS68/AB/R), adoptado el 5 de junio de 1998, párrafo 86.

36 Eric Canal-Forgues. "Sur l'interprétation dans de droit de l'OMC", *Revue Générale de Droit International Public*, n.° 2001/1, 1.er trim., 2001, p. 22 y ss.; Robert Howse. "Adjudicative legitimacy and treaty interpretation in International Trade Law", en J. H. Weiler. (ed.). *The EU, the WTO and the NAFTA*, Oxford University Press, 2000, p. 35 y ss.; Michael Lennard. "Navigating by the Stars: Interpreting the WTO Agreements", *Journal of International Economic Law*, vol. 5, 2002, pp. 17 a 89; Naciones Unidas. *Anuario de la Comisión de Derecho Internacional...*, cit., nota 16.

37 Gabrielle Marceau. "Conflicts of Norms and Conflicts of Jurisdictions: The Relationship between the WTO Agreement and MEAs and Other Treaties", *Journal of World Trade* vol. 35, n.° 6, 2001, p. 1087.

Después de estas consideraciones es posible llegar a una primera conclusión: la actividad hermenéutica en los procedimientos de solución de controversias de la OMC y de los TLC estadounidenses y europeos responde a las necesidades y finalidades propias de cada proceso de integración económica y, concretamente, a los compromisos u obligaciones jurídicas que, de manera voluntaria, los Estados signatarios de estos regímenes hacen con el proceso de liberalización comercial regional o multilateral, uno de los cuales es el deber de ofrecer *seguridad jurídica* a cada uno de los sujetos que participan en él. Esta seguridad jurídica se puede lograr a través de una cierta *homogeneidad interpretativa*[38] que se extiende a la aplicación de las normas de interpretación del Derecho internacional general. Así en ocasiones se aparte de las mismas, la reiterada utilización de los artículos sobre la interpretación de los tratados de la Convención de Viena ha legitimado el importante rol que desempeñan los órganos resolutorios en la solución de controversias[39].

B. CONTROVERSIAS SOBRE APLICACIÓN DEL RÉGIMEN JURÍDICO DE LA OMC Y DE LOS TLC DE LOS ESTADOS UNIDOS Y DE LA UNIÓN EUROPEA CON ALGUNOS PAÍSES LATINOAMERICANOS

La aplicación de una norma u obligación internacional exige determinar previamente su contenido. Esta labor resulta especialmente compleja en las disposiciones jurídicas de los instrumentos internacionales analizados debido a su carácter *multidimensional* (comercio, inversiones, servicios, cooperación, diálogo político, etc.) y la *heterogeneidad* de los preceptos que regulan estas materias, de ahí que para su aplicación requieran una atenta interpretación[40]. Por ende, el

---

38 Pese a que los *precedentes* no son jurídicamente vinculantes para los órganos resolutorios de la OMC en una controversia nueva. Según ESPINOSA SOTO, ello no significa que, por no ser obligatorios, puedan ser desestimados sin razón alguna, ya que el sistema de solución de diferencias de la OMC se nutre de un actuar que busca coherencia en las decisiones adoptadas para reforzar la certeza que el Derecho internacional procura como uno de sus principales fines. Cfr. ÁLVARO ESPINOSA SOTO. "Algunas reflexiones sobre la solución de diferencias en la Organización Mundial del Comercio", *Revista del Instituto de Estudios Internacionales de la Universidad de Chile*, n.º 162, 2009.

39 MITSOU MATSUSHITA. "Some Thoughts on the Appellate Body", en P. MACRORY; A. APPLETON y M. PLUMMER (eds.). *The World Trade Organization: Legal, Economic and Political Analysis*, New York, Springer, 2005, p. 1398.

40 Cualquier norma requiere ser interpretada antes de aplicarse; ahora bien, existen algunos casos donde la interpretación puede ser más simple y en otros más compleja. Un ejemplo de tal aserto se encuentra en las normas con estructura de *principio* (con un mayor margen de interpretación, en tanto constituyen mandatos de optimización que ordenan que algo sea realizado en la mayor medida posible, dentro de las posibilidades jurídicas existentes), en cambio las normas con estructura de reglas solo pueden ser cumplidas o no, es decir, si una regla es válida, entonces hay que hacer exactamente lo que ella exige (su

contenido de cada caso en concreto será el resultado de la operación interpretativa que realizan los Estados signatarios y los órganos del acuerdo (comisión, órgano de apelación y grupos especiales).

El régimen jurídico de la OMC y los TLC en estudio señalan, dentro del alcance del procedimiento de solución de controversias, la prevención o la resolución de diferencias originadas por cualquier *medida* contraria a las obligaciones del acuerdo[41], o por otro *asunto* que la parte reclamante considere que puede afectar el funcionamiento de estos acuerdos comerciales[42]. Ahora bien, como regla general todos los hechos y situaciones (*cualquier otro asunto* o *cuestión* que puede afectar el *funcionamiento del acuerdo*) deben ser examinados a la luz de las normas internacionales vigentes en el momento en que tuvieron lugar, como una garantía del *principio de la contemporaneidad*[43]. Pese a este límite temporal de las normas internacionales, se suscitan algunas alteraciones en relación con su ámbito de aplicación en el tiempo, en particular, en los mecanismos de solución de controversias de los TLC estadounidenses y europeos, donde encontramos tres tipos de medidas objeto del mecanismo de solución de controversias con diferente ámbito temporal: *vigentes*, *en proyecto* y *derogadas*.

El *principio de la contemporaneidad* establece que los procedimientos de los TLC bajo estudio se activan por cualquier medida vigente (que incluye las leyes, los reglamentos, los procedimientos, los requisitos o las prácticas) que haya sido adoptada por uno de los Estados signatarios, lo cual configura un mecanismo de

---

estructura es más simple y tienen un menor margen de interpretación y aplicación que los principios). Para profundizar en el tema, cfr. ROBERT ALEXY. *Teoría de los Derechos Fundamentales*, Madrid, Centro de Estudios Constitucionales, 1993, pp. 86 y 87; RONALD DWORKIN. *Los derechos en serio*, Barcelona, Ariel Derecho, 1997, p. 80 y ss.

41 Los TLC europeos cambian el término "medidas vigentes" de los TLC estadounidenses (arts. 20.4.1 del CAFTA-RD, 21.4.1 del TLC Perú-EEUU, 21.4.1 del TLC Colombia-EEUU y 20.4.1. del TLC Panamá-EEUU) por "medidas existentes" (art. 183.2 del TLC Chile-UE,); por su parte, el régimen jurídico de la OMC (arts. 3.3 y 4.2 del ESD) incorpora la expresión "medidas adoptadas", que se reproduce en los artículos 2006.1 del TLCAN, 22.4.1 del TLC Chile-EEUU y 299.1 del TLC Andino-UE.

42 El término "asunto" hace referencia a cualquier omisión que conlleve la violación o el incumplimiento de las obligaciones establecidas en los acuerdos comerciales. Estas omisiones son concretadas durante las consultas, de ahí que la jurisprudencia de la OMC, interprete que "[u]na de las finalidades de las consultas, con arreglo al párrafo 3 del artículo 4 del Acuerdo SMC, es 'dilucidar los hechos del caso' y cabe esperar que la información obtenida durante las consultas pueda permitir al reclamante circunscribir el alcance del asunto con respecto al cual solicita el establecimiento del grupo especial". Cfr. Informe del Grupo Especial, en el asunto *Brasil-Programa de financiación de las exportaciones para aeronaves* (WT/DS46/R), adoptado el 14 de abril de 1999, párrafo 7.9.

43 ANTONIO REMIRO BROTÓNS *et al. Derecho Internacional*..., cit., nota 7, p. 378. En efecto, el principio *tempus regit actus* implica que la norma vigente al momento de sucederse los hechos por ella previstos, es la que se aplica, aunque la norma haya sido derogada después.

naturaleza no *retroactiva*[44], que juzga actos celebrados y hechos acaecidos durante la vigencia de la medida (desde que entra en vigor hasta la fecha de su derogación). Una excepción que tiene la *regla de la irretroactividad* son los conflictos originados por medidas *derogadas*, es decir, cuando los actos o hechos ocurridos bajo la vigencia de una medida que posteriormente es derogada continúan produciendo todos o algunos de sus efectos, generando un incumplimiento de obligaciones o anulando o menoscabando beneficios comerciales regulados por el TLC[45].

Esta excepción crea una nueva regla en el ámbito de aplicación en el tiempo de las medidas sujetas al mecanismo de solución de diferencias de los TLC: la *regla de los efectos ultractivos*, que también se reconoce por la jurisprudencia de la OMC, al señalar:

> [...] no interpretamos que el párrafo 2 del artículo 4 del ESD impida a un Miembro formular representaciones sobre medidas cuya base legislativa ha *expirado* en los casos en que ese Miembro tiene razones para creer que esas medidas "afectan" todavía al funcionamiento de un acuerdo abarcado[46].

Siguiendo esta línea de argumentación, se puede concluir que, no obstante que la regla general de la norma aplicable en el procedimiento de solución de controversias sea una *medida vigente*, no existe un obstáculo de orden normativo para que por motivos razonables y objetivamente justificados se les dé a las mismas un "efecto ultractivo", en orden a que determinadas situaciones reguladas por medidas derogadas pueden tener repercusiones actuales o generar una controversia[47].

---

44 Respecto al concepto jurídico de retroactividad jurídica, cfr. José María Suárez Collía. *El Principio de irretroactividad de las normas jurídicas*, Madrid, Actas, 1994, p. 110; Francisco López Menudo. *El Principio de Irretroactividad en las normas jurídico-administrativas*, Sevilla, Instituto García Oviedo, Universidad de Sevilla, 1982, p. 368.

45 El profesor Remiro Brotóns señala que los Estados tienen "[...] una *libertad absoluta en la redacción de cláusulas* que regulan los límites temporales del Tratado. Por lo que se refiere al *efecto inicial*, pueden darle efectos plenamente retroactivos o, en el polo opuesto, excluir la aplicación del tratado a supuestos ocurridos después de su entrada en vigor pero antes de la fecha convenida". Claro está, para que opere la retroactividad son necesarias cláusulas expresas; a falta de ellas el Derecho Internacional (art. 28 de la Convención de Viena) presume la irretroactividad. Cfr. Antonio Remiro Brotóns *et al. Derecho Internacional...*, cit., nota 7, p. 378.

46 Informe del Órgano de Apelación, en el asunto *Estados Unidos-Subvenciones al algodón americano "Upland"* (WT/DS267/AB/R), adoptado el 3 de marzo de 2005, párrafo 263.

47 En efecto, el Órgano de Apelación reconoce que "[l]a única connotación temporal contenida en el sentido corriente de la expresión 'en litigio', como se utiliza en el párrafo 2 del artículo 6 del ESD, está expresada por su redacción en tiempo presente: las medidas deben estar 'en litigio' o, dicho de otra manera, 'en controversia', en el momento en que se presenta la solicitud. Evidentemente, no hay nada implícito en la expresión 'en litigio' que aclare si las medidas en litigio han de estar en vigor actual-

Finalmente encontramos las medidas en "proyecto" o *futuras* que únicamente podrán ser analizadas durante la etapa de consultas o de prevención de la controversia. Pero se debe aclarar que este tipo de medidas no originan una controversia, sino que suscitan los denominados "asuntos" o "cuestiones" que tienen por finalidad incluir un conjunto mucho más amplio de temas que podrían resultar en una controversia. Así pues, en algunos TLC puede preverse la posibilidad de celebrar consultas aunque no haya una "controversia" entre Estados sobre la interpretación o aplicación de una disposición. En este sentido, vale la pena adelantar que las consultas admiten estas medidas debido su carácter "elástico" y a sus objetivos de prevención, facilitación y resolución de la diferencia.

Además de las cuestiones temporales es necesario realizar un examen de la *norma* o *derecho aplicable* en los procedimientos de solución de controversias de estos TLC y de la OMC, que por regla general está constituida por el conjunto de disposiciones de sus instrumentos internacionales. Empero, ¿puede ser aplicada una norma que no figure en el texto del acuerdo? En los TLC tanto europeos como estadounidenses, y en la OMC, no existe, en principio, ningún límite a la facultad del órgano resolutorio para utilizar libremente los fundamentos presentados por cualquiera de las partes (*principio de la congruencia*), o desarrollar su propio razonamiento jurídico para apoyar sus opiniones y conclusiones sobre la controversia sometida a su consideración en el mandato o *terms of reference*. Este cuestionamiento es mucho más complejo de lo que a primera vista puede deducirse.

En el marco de la OMC, por ejemplo, existe un largo debate teórico acerca de la posibilidad de emplear *normas externas* al derecho de la OMC o *non-WTO Law*[48]. Sin embargo, a partir de la Decisión del 12 abril de 1989[49] los órganos

---

mente o si puede tratarse de medidas cuya base legislativa ha expirado". Cfr. Informe del Órgano de Apelación, en el asunto *Estados Unidos-Subvenciones al algodón americano "Upland"*, cit., párrafo 269, (en esta controversia la medida fiscal que es objeto de reclamación estaba vigente, pero la autoridad fiscal no tenía que aplicarla sino hasta finales del año siguiente al año que el Grupo Especial examinó la cuestión).

48 GABRIELLE MARCEAU. "A Call for coherence in International Law", *Journal of World Trade*, vol. 33, n.° 1, 1999, p. 120.

49 Como resultado de la Reunión ministerial celebrada en diciembre de 1988 en Montreal, las Partes Contratantes aprobaron la Decisión del 12 de abril de 1989 con el objetivo de mejor los procedimientos de solución de diferencias en el marco del GATT de 1947, uno de cuyos avances fue la incorporación de un mandato tipo. Para una mayor compresión de las mejoras incorporadas en la Decisión de 1989, cfr. MIQUEL MONTAÑÁ MORA. "A GATT with Teeth: Law win over Politics in the Resolution of International Trade Disputes", *Columbia Journal Transnational Law*, vol. 31, 1993, pp. 136 y ss.; ERNST-ULRICH PETERSMANN. "The Mid-Term Review Agreements of the Uruguay Round and the 1989 Improvements to the GATT Dispute Settlement Procedures", *German Yearbook International Law*, vol. 32, 1989, pp. 280

resolutorios de la OMC siguen un mandato tipo o *standard terms of reference*[50], interpretado en su jurisprudencia como la imposición de examinar el asunto "[...] a la luz de la disposiciones pertinentes del Acuerdo General", lo cual daría lugar, al derecho aplicable limitado a los denominados *four corners of GATT*[51]. Al mismo tiempo, es ya larga la práctica de la jurisprudencia de los Grupos Especiales que admiten tácitamente, en ciertos casos, que el Derecho internacional general puede justificar algunos incumplimientos del GATT de 1947 a título de contramedidas (como en el caso *Estados Unidos-Importaciones de azúcar de Nicaragua*)[52] y, posteriormente, la jurisprudencia del nuevo sistema de solución de diferencias de la OMC aplica algunas normas del Derecho internacional público (principalmente las reglas de interpretación de los tratados internacionales)[53], por medio de las cuales los órganos resolutorios logran tener en cuenta el denominado *non-WTO Law*. Existen otros ejemplos sobre la apli-

---

y ss.; WILLIAM DAVEY. "GATT Dispute Settlement: the Montreal Reforms", en RICHARD G. DEARDEN *et al. Living with Free Trade: Canada, The Free Trade Agreement and the GATT*, Institute for Research on Public Police-Centre for Trade Policy and Law, 1989, p. 167 y ss.

50 La profesora MARCEAU señala que los grupos especiales reciben un mandato en el que se contiene una primera especificación de las normas a aplicar al caso concreto. Cfr. GABRIELLE MARCEAU. "Conflicts of Norms and Conflicts of Jurisdictions...", cit., nota 38, p. 1103.

51 Durante la vigencia del antiguo GATT de 1947 la norma aplicable, tal como se interpretó por la jurisprudencia de los paneles se limitaba a los denominados *four corners of GATT*. Cfr., por ejemplo, el informe de Grupo Especial del GATT (Doc. L/5504 y C/M/174), en el asunto *Canadá-Aplicación de la ley sobre el examen de la inversión extranjera* (BISD 30S/151-182), adoptado el 7 de febrero de 1984, párrafos 1.4 y 51, donde por primera vez se utilizó esta expresión gráfica al señalar que: "[I]it be presumed that the Panel would be limited in its activities and findings to within the four corners of GATT". Asimismo, el Informe de Grupo Especial del GATT, en el asunto *Canadá-Medidas que afectan a las exportaciones de arenque y salmón sin elaborar* (BISD 35S/98), adoptado por el Consejo General el del GATT el 22 de marzo de 1988 (Doc. GATT L/6268 del 20 de noviembre de 1987), párrafo 5.3; Informe de Grupo Especial del GATT, en el asunto *Estados Unidos-Impuestos sobre el petróleo y sobre determinadas substancias importadas* (BISD 34S/136), adoptado por el Consejo General del GATT el 17 junio de 1987 (Doc. GATT L/6175, del 5 de junio de 1987), párrafo 5.2.6. Para profundizar en este tema, cfr. XAVIER FERNÁNDEZ PONS. "*La OMC y el Derecho Internacional* ..., cit., nota 22, pp. 120-122; JEAN-GABRIEL CASTEL. "The Uruguay Round and the Improvements to the GATT. Dispute Settlements Rules and Procedures", *International & Comparative Law Quarterly*, vol. 38, Cambridge, Cambridge University Press, 1989, pp. 834 a 849.

52 Informe del Grupo Especial, en el asunto *Estados Unidos-Importaciones de azúcar de Nicaragua* (IBDD 31S/74 y C/M/176), adoptado por el Consejo General del GATT el 13 de marzo de 1884. Doc. GATT L/5607, del 2 de marzo de 1984, párrafo 4.1.

53 El ESD de la OMC rompe, de alguna manera, con la lógica del "aislacionismo" que tradicionalmente imperaba en el antiguo GATT de 1947, ya que se incluyen algunos preceptos como el artículo 3.2 que incorpora las mal llamadas "normas usuales" de interpretación del Derecho internacional público reguladas en la Convención de Viena sobre el Derecho de los Tratados. Claro está, como bien lo destaca el profesor FERNÁNDEZ PONS: "... la remisión se hace, en principio, a unas concretas normas secundarias del Derecho internacional general, las normas sobre interpretación de las tratados, confirmando que éstas deberán ser aplicadas también para la interpretación de los acuerdos de la OMC". Cfr. XAVIER FERNÁNDEZ PONS. "*La OMC y el Derecho Internacional*..., cit., nota 22, p. 128.

cabilidad de diferentes acuerdos internacionales ajenos a la OMC a un asunto concreto, entre ellos:

– Asunto *Estados Unidos-Trato fiscal aplicado a las Empresas de Ventas en el extranjero*[54], en el cual se reclamó, por parte de las Comunidades Europeas, que las disposiciones del Código de rentas internas de los Estados Unidos contenían un trato especial para las empresas de ventas en el extranjero que suponían la concesión de subvenciones a la exportación que vulneraban el Acuerdo sobre Subvenciones y Medidas Compensatorias y el Acuerdo sobre la Agricultura de la OMC. Por otra parte, la defensa de los Estados Unidos alegó, entre otras cosas, que el foro competente para resolver esta controversia sobre temas fiscales consistía en otros mecanismos regulados en los *tratados bilaterales* sobre la materia, como en la *OCDE*. Ante estos argumentos, el Grupo Especial y el Órgano de Apelación interpretaron que el funcionamiento de los procedimientos de solución de diferencias de la OMC no se considera supeditado, a nivel procesal o sustantivo, a que los miembros recurran a otros procedimientos y alcancen una solución en otros foros[55].

– Asunto *Comunidades Europeas-Medidas que afectan a la importación de determinados productos avícolas*[56], en el cual Brasil reclamó que debía ser el único beneficiario del contingente arancelario aplicado por las Comunidades Europeas a la importación de carne de aves de corral congelada, basando sus pretensiones en las obligaciones asumidas en el *acuerdo bilateral*, denominado Acuerdo sobre Semillas Oleaginosas[57]. La contraparte fundamentó su defensa en que la Lista LXXX negociada bajo la Ronda Uruguay, como norma posterior sobre la misma materia, había derogado este acuerdo, que solamente era aplicable en la medida que sus previsiones fueran compatibles con las disposiciones de la OMC. Ahora bien, el Órgano de Apelación resolvió esta disputa argumentando que:

---

54 Informe del Órgano de Apelación, en el asunto *Estados Unidos-Trato fiscal aplicado a las "empresas de ventas en el extranjero" –párrafo 5 del artículo 21– CE* (WT/DS108/AB/R), adoptado el 14 de enero de 2002.

55 Informe del Órgano de Apelación, en el asunto *Estados Unidos-Trato fiscal aplicado a las "empresas de ventas en el extranjero"*, cit., párrafos 141 a 145. Agreement on Subsidies and Countervailing Measures, Marrakech Agreement Establishing the World Trade Organization, Annex 1A, Results of the Uruguay Round of Multilateral Trade Negotiations: the Legal Texts (1994), at 264.

56 Informe del Órgano de Apelación, en el asunto *Comunidades Europeas-Medidas que afectan a la importación de determinados productos avícolas* (WT/DS69/AB/R), adoptado el 13 de julio de 1998, párrafo 83.

57 Este acuerdo bilateral fue negociado por las Comunidades Europeas y el Brasil con arreglo al artículo XXVIII del GATT de 1947, como parte de la solución de la diferencia en el asunto *Comunidad Económica Europea-Primas y subvenciones abonadas a los productores y productos de semillas oleaginosas y proteínas conexas destinadas a la alimentación animal* (BISD 37S/86; y Doc. DS28/R), adoptado el 25 de enero de 1990 y el 31 de marzo de 1992.

> ... el Acuerdo sobre Semillas Oleaginosas no es un 'acuerdo abarcado' en el sentido de los artículos 1 y 2 del ESD, ni forma parte de las obligaciones multilaterales aceptadas por el Brasil y las Comunidades Europeas en aplicación del *Acuerdo sobre la* OMC [...]. Además, no forma parte de las 'decisiones, procedimientos y práctica consuetudinaria de las Partes Contratantes del GATT de 1947', por la que 'se regirá' la OMC en virtud de lo dispuesto en el párrafo 1 del artículo XVI del *Acuerdo sobre la* OMC. Esas 'decisiones, procedimientos y práctica consuetudinaria' sólo abarcan las adoptadas o seguidas por las partes contratantes del GATT de 1947 actuando *colectivamente*[58].

Utilizando estos argumentos, el órgano resolutorio elude el examen de cualquier conflicto entre los "acuerdos abarcados" y un acuerdo ajeno al régimen jurídico de la OMC. No obstante, se reconoció que el acuerdo bilateral

> [...] puede utilizarse como *medio complementario* de interpretación de la Lista LXXX con arreglo a lo establecido en el artículo 32 de la *Convención de Viena*, en cuanto es parte de los antecedentes históricos de las concesiones de las Comunidades Europeas respecto de la carne de aves de corral congelada[59].

– Asunto *Chile-Sistemas de bandas de precios*[60], en el cual la Argentina solicitó que el Grupo Especial llegara a la conclusión de que el Sistema de Bandas de Precios chileno –SBP– es incompatible con el párrafo 1 b) del artículo II del GATT de 1994 y el párrafo 2 del artículo 4 del Acuerdo sobre la Agricultura. En esta disputa ante la OMC las partes contendientes trataron de resolver algunas cuestiones de interpretación relacionadas con el Acuerdo sobre Agricultura en virtud del artículo 24 del *Acuerdo de Complementación Económica n.º 35 entre Chile y el Mercosur* (en adelante ACE Chile-Mercosur)[61]. En tal contexto, el Grupo Especial consideró que:

> [e]l artículo 31 de la Convención de Viena nos pide que tengamos en cuenta otros acuerdos internacionales para interpretar el párrafo 2 del artículo 4 del Acuerdo sobre la Agricultura, siempre que se reúnan determinados requisitos. Sin embargo, a nuestro modo de ver es evidente que el ACE Chile-Mercosur no reúne los requisitos de los

---

58 Informe del Órgano de Apelación, en el asunto *Comunidades Europeas-Medidas que afectan a la importación de determinados productos avícolas...*, cit., párrafos 79 y 80.

59 Ibíd., párrafo 83.

60 Informe del Grupo Especial, en el asunto *Chile-Sistema de bandas de precios y medidas de salvaguardia aplicados a determinados productos agrícolas* (WT/DS207/R) adoptado el 3 de mayo de 2002.

61 Este artículo señala que: "En la utilización del sistema de bandas de precios previsto en su legislación nacional relativa a la importación de mercaderías, la República de Chile se compromete, en el ámbito de este Acuerdo, a no incluir nuevos productos ni a modificar los mecanismos o aplicarlos de tal forma que signifique un deterioro de las condiciones de acceso para el Mercosur".

acuerdos a que se refiere el artículo 31 de la Convención de Viena. En primer lugar, el ACE Chile-Mercosur no es evidentemente un "acuerdo que se refiera al tratado y *haya sido concertado entre todas las partes con motivo de la celebración del tratado*", ni un "instrumento formulado por una o más partes con motivo de la celebración del tratado y *aceptado por las demás como instrumento referente al tratado*"[62].

Además, el Grupo Especial estableció que:

> [...] aun cuando tuviéramos que tomar en consideración de alguna manera el artículo 24 del ACE Chile-Mercosur para interpretar el párrafo 2 del artículo 4 del Acuerdo sobre la Agricultura, lo que no es el caso, no lograríamos ver cómo un simple compromiso de *statu quo* de Chile en relación con el Mercosur y sus miembros acerca de su SBP restaría valor a la posición de que el SBP chileno es una medida "del tipo de las que se ha prescrito se conviertan en derechos de aduana propiamente dichos" en el sentido del párrafo 2 del artículo 4 del Acuerdo sobre la Agricultura[63].

Las anteriores posiciones de la jurisprudencia no significan que en el régimen jurídico de la OMC se reconozca la *aplicación directa* de cualquier norma de Derecho internacional, ya que el mismo ESD de la OMC señala en diferentes preceptos que su *derecho* o *norma aplicable* se limita a los "acuerdos abarcados", un ejemplo de ello es el párrafo 1 del artículo 1.º, que dispone:

> [l]as normas y procedimientos del presente Entendimiento serán [...] aplicables a las consultas y solución de diferencias entre los Miembros relativas a sus derechos y obligaciones dimanantes de las disposiciones del Acuerdo por el que se establece la Organización Mundial del Comercio [...] y del presente Entendimiento tomados aisladamente o en combinación con cualquier otro de los acuerdos abarcados.

---

62 Informe del Grupo Especial, en el asunto *Chile-Sistema de bandas de precios y medidas de salvaguardia aplicados a determinados productos agrícolas...*, cit., párrafo 7.82. Adicionalmente, el órgano resolutorio sostiene que "si las políticas y los compromisos incluidos en el ACE Chile-Mercosur tienen que 'ajustarse' al Acuerdo sobre la OMC, nos resulta difícil ver cómo este instrumento puede ser un acuerdo 'acerca de la interpretación' o 'la aplicación' del Acuerdo sobre la OMC". Ibíd., párrafo 7.84

63 Informe del Grupo Especial, en el asunto *Chile-Sistema de bandas de precios y medidas de salvaguardia aplicados a determinados productos agrícolas...*, cit., párrafo 7.86. Existen otros casos importantes donde es posible constatar la posición de los órganos resolutorios de la OMC respecto a la utilización de normas ajenas a los "acuerdos abarcados", como el asunto *Argentina-Medidas que afectan a las importaciones de calzado, textiles, prendas de vestir y otros artículos* (WT/DS56/AB/R), adoptado el 27 de marzo de 1998; el Asunto *Canadá-Determinadas medidas que afectan a las publicaciones* (WT/DS31/AB/R), adoptado el 30 de junio de 1997 y el Asunto *Comunidades Europeas-Medidas que afectan a la carne y a los productos cárnicos "Hormonas"* (WT/DS26/AB/R-WT/DS48/AB/R), adoptado el 16 de enero de 1998.

Otros preceptos del ESD que regulan la *norma aplicable* son: el párrafo 4 del artículo 3.º del ESD de la OMC, que señala: "Las recomendaciones o resoluciones que formule el OSD tendrán por objeto lograr una solución satisfactoria de la cuestión, de conformidad con los derechos y las obligaciones dimanantes del presente Entendimiento y de los 'acuerdos abarcados'"; el párrafo 5 del artículo 3.º del ESD que dispone: "Todas las soluciones de los asuntos planteados formalmente con arreglo a las disposiciones en materia de consultas y solución de diferencias de los acuerdos abarcados, incluidos los laudos arbitrales, habrán de ser compatibles con dichos acuerdos..."; también, el párrafo 1 del artículo 7.º del ESD que determina: "El mandato de los grupos especiales será el siguiente [...] 'Examinar, a la luz de las disposiciones pertinentes (del acuerdo abarcado [de los acuerdos abarcados] que hayan invocado las partes en la diferencia), el asunto sometido al OSD por (nombre de la parte) en el documento [...] y formular conclusiones que ayuden al OSD a hacer las recomendaciones o dictar las resoluciones previstas en dicho acuerdo (dichos acuerdos)", y el párrafo 2 del artículo 7.º , que ordena: "Los grupos especiales considerarán las disposiciones del acuerdo o acuerdos abarcados que hayan invocado las partes en la diferencia", entre otras disposiciones que contribuyen a conformar y delimitar la *norma aplicable*.

Se tiene, por consiguiente, que la competencia *ratione materiae* de los órganos resolutorios de la OMC se restringe a las reclamaciones relativas al incumplimiento de alguna o algunas de las obligaciones dimanantes de los "acuerdos abarcados". En este sentido, el profesor FERNÁNDEZ PONS destaca que dado el

> [...] carácter voluntario de la jurisdicción internacional, cabe afirmar que los Miembros de la OMC han presentado su consentimiento *a priori* a la jurisdicción obligatoria de los Grupos Especiales y del Órgano de Apelación para que éstos resuelvan jurídicamente reclamaciones planteadas de conformidad con las disposiciones de los 'acuerdos abarcados', pero no cualquier otra reclamación internacional[64].

De ahí que la atribución de relevancia expresa a otras normas del Derecho internacional aparezca tan solo en un precepto que alude, como ya se apuntó en líneas anteriores, a los *criterios de interpretación* del derecho de la OMC (art. 3.º párrafo 2 del ESD)[65].

---

64 XAVIER FERNÁNDEZ PONS. "La OMC y el Derecho Internacional", cit., nota 22, p. 130.

65 También debemos mencionar el artículo 17.6 ii) del Código Antidumping, que incluye el término "práctica consuetudinaria" de las PARTES CONTRATANTES.

En este punto se deben diferenciar dos cuestiones que, no obstante ser complementarias, tienen diferente naturaleza jurídica: por una parte, la *jurisdicción* o el foro competente para solucionar una controversias[66], y por otra, el *derecho aplicable*. Para resolver estas cuestiones se encuentran dos posiciones de la doctrina claramente enfrentadas. En la primera, la posición dominante en la literatura especializada o tesis "restrictiva", que entiende como único *derecho aplicable* por los órganos resolutorios de la OMC las normas contenidas en los "acuerdos abarcados"[67]. Entre los autores con posiciones más restrictivas se encuentra el profesor KUYPER, quien señala que:

> [...] el carácter cerrado del sistema ha sido reforzado por las nuevas disposiciones del artículo 23 del ESD de la OMC. Este artículo enfatiza fuertemente que los Miembros de la OMC deben buscar reparación a las violaciones de obligaciones bajo la OMC y sus anexos sólo a través del sistema de solución de controversias del ESD y deben suspender concesiones u otras obligaciones sólo en concordancia con las normas del ESD[68].

En esta línea también encontramos al profesor TRACHTMAN, para quien el régimen jurídico de la OMC

> [...] does not countenance the possibility of directly applicable norms from out side the WTO system. [...] [N]o institution is an island: each exists in a boarder institutional setting [...]. However, the WTO generally isolates itself from much of the broader institutional setting of public international law. WTO dispute resolution panels and the Appellate Body are limited to the application of substantive WTO law and are not

66 La posición general de la literatura especializada en la OMC es de una *jurisdicción* o sistema de solución de diferencias *auto-contenido* que excluye a los demás foros internacionales; para profundizar en este tema, cfr. ERNST-ULRICH PETERSMANN. *The GATT/WTO Dispute Settlement System. International Law, International Organizations and Dispute Settlement*, London, the Hague & Boston, Kluwer Law International, 1997, pp. 131 a 134; JOEL TRACHTMAN. "The Domain of WTO Dispute Resolution", *Harvard International Law Journal*, vol. 40, spring, 1999, p. 333 y ss.; GABRIELLE MARCEAU. "A Call for coherence in International Law...", cit., nota 49, pp. 109-113; JOOST PAUWELYN. *Conflict of Norms in Public International Law. How WTO Law Relates to other Rules of International Law*, Cambridge Studies in International and Comparative Law, Cambridge, Cambridge University Press, Cambridge, 2003, p. 460.

67 Entre los autores más destacados que tienen una posición *restringida* sobre los límites de la norma aplicable del sistema de solución de diferencias de la OMC, encontramos a JOEL TRACHTMAN. "The Domain of WTO Dispute Resolution", cit., pp. 342 a 349: PIETER JAN KUYPER. "The Law of GATT as Special Field of International Law", *Netherland Yearbook of International Law*, vol. XXV, 1994, y GABRIELLE MARCEAU. "Conflicts of Norms and Conflicts of Jurisdictions", cit., nota 38, entre otros.

68 PIETER JAN KUYPER. "The Law of GATT as Special Field of International Law", cit., p. 251. En este sentido, ZAPATERO señala que del "[...] conjunto de disposiciones que contribuyen a conformar y delimitar la *norma aplicable* [...] es razonable deducir que algunos de ellos, al menos dificultan la incorporación y aplicación de otras normas de Derecho internacional en detrimento del derecho de la OMC". Cfr. PABLO ZAPATERO. *Derecho del Comercio Global*, Madrid, Civitas, 2003, p. 72.

authorized to apply general substantive international law or other conventional international law[69].

No obstante estas posiciones doctrinales restrictivas, es indiscutible que en la actualidad el sistema de solución de diferencias de la OMC, como concluye el profesor PAUWELYN, incorpora otras normas del Derecho internacional relevantes al caso más allá de los "acuerdos abarcados". En otras palabras, el hecho de que la *jurisdicción* de la OMC esté limitada a reclamaciones bajo los "acuerdos abarcados", no significa que el *derecho aplicable* por sus órganos resolutivos esté necesariamente limitado a estos instrumentos[70]. Esta interpretación es compartida por otros autores, como BARTELS, PALMETER y MAVROIDIS, quienes manifiestan que todas las fuentes y medios auxiliares contemplados en el párrafo 1 del artículo 38 del Estatuto de la Corte Internacional de Justicia son *fuentes potenciales* del *derecho aplicable* en la solución de controversias de la OMC[71]. Al respecto, el profesor BARTELS hace una diferencia entre los *preceptos materia de la disputa* y las *fuentes de derecho aplicables* a ella. Los derechos y obligaciones emanados de otras normas de Derecho internacional no pueden ser aplicados por los órganos resolutorios para resolver la controversia en el caso concreto, pero, su actividad hermenéutica de interpretación no se restringe exclusivamente a las disposiciones de los "acuerdos abarcados"[72].

Aunque resulte poco riguroso utilizar la expresión "fuentes del derecho" (para argumentar la existencia de unas fuentes diferentes a las del Derecho internacional), pues el régimen jurídico de la OMC no tiene como tal unas fuentes propias, algunos autores con enfoque "aperturista" han utilizado este término

---

69 JOEL TRACHTMAN. "The Domain of WTO Dispute Resolution", cit., nota 67, pp. 342, 347 y 348. En esta línea, la profesora MARCEAU, sostiene que "The WHO adjudicating bodies do not have a general international law jurisdiction: they can only examine whether WTO law has been violated. Thus the applicable law before WTO adjudicating bodies is only WTO law". Cfr. GABRIELLE MARCEAU. "Conflicts of Norms and Conflicts of Jurisdictions", cit., nota 38, p. 1116.

70 En esta línea, el profesor PAUWELYN señala que "[a]lthough a WTO panel has jurisdiction only over WTO claims, it should be recalled that some WTO rules [...] explicitly confirm and incorporate preexisting non-WTO treaty rules. These non-WTO rules have thereby become WTO rules that can be judicially enforced by a panel. Other WTO rules do not incorporate non-WTO rules but do refer to them explicitly. In this way these non-WTO rules can become part of a WTO claim (though not having been incorporated, they cannot be judicially enforced independently of other WTO rules). An example of 'incorporation' is the TRIPS Agreement, which assimilates, inter alias, provisions of the Bern, Paris, and Rome Conventions". Cfr. JOOST PAUWELYN. "The Role of Public International Law in the WTO: How Far Can We Go?", *American Journal of International Law*, vol. 95, n.° 3, 2001, pp. 554 a 560.

71 DAVID PALMETER y PETROS MAVROIDIS. "The WTO Legal System: Sources of Law", *American Journal of International Law*, vol. 92, n.° 3, JULIO de 1998, p. 399.

72 LORAND BARTELS. "Applicable Law in WTO Dispute Settlement Proceedings", *Journal of World Trade*, vol. 35, n.° 3, 2001, pp. 501 y 502.

en sentido amplio[73] para incluir dentro de ellas a los "acuerdos abarcados", los informes de los órganos resolutorios, la costumbre internacional, la doctrina, los principios generales del derecho y otros tratados internacionales o *non-WTO Law*. Ante esta posición "aperturista", la determinación de la *norma aplicable* se encuentra delimitada por:

Las normas *ad intra*, que son determinadas por: a. Las *alegaciones jurídicas de la parte reclamante* (básicamente son los preceptos jurídicos contenidos en el régimen multilateral del comercio o sus "acuerdos abarcados", señalados en el escrito de solicitud del panel y el mandato)[74]; b. Las *normas de la defensa invocadas por la parte demandada* (*non ultra petita*)[75]; c. Las *normas* "relevantes" o "pertinentes" *ratione materiae*, *ratione personae* y *ratione temporis* (el panel solo puede emplear aquellas normas que se aplican a los hechos y circunstancias del caso planteado, que hayan sido alegadas, ya sea por la parte reclamante o el demandado), y d. Las *normas de conflicto* al interior de régimen jurídico de la OMC[76].

Normas *ad extra*: cuando no se disponga de *normas de conflicto ad intra* de la OMC, o para conflictos entre las normas de la OMC y otras normas de derecho internacional se puede recurrir a las *normas de conflicto* del Derecho internacional general, así como las *normas de conflicto* que no formen parte de los acuerdos abarcados o *non-WTO Law*. Según PAUWELYN, al igual que el propio régimen jurídico de la OMC, su mecanismo de solución de diferencias no fue creado y no existe un vacío legal; es más, ningún tratado o su órgano jurisdiccional puede ser creado fuera del Derecho internacional[77].

---

73 PIERRE PESCATORE. "Drafting and analyzing decisions on Dispute Settlement", cit., nota 21, p. 8; DAVID PALMETER y PETROS C. MAVROIDIS. *Dispute Settlement in the World Trade Organization: Practice and Procedure*, 2.ª ed., Reino Unido, Cambridge University Press, 2004, pp. 35-60; WILLIAM DAVEY. "The WTO/GATT World Trading System: An overview", en P. PESCATORE; W. DAVEY y A. LOWENFELD (eds.). *Handbook of WTO/GATT Dispute Settlement*, vol. 1, Kluwer Law International, 1997, p. 18.

74 Artículos 6.2 y 7.1 del ESD de la OMC.

75 En el mecanismo de solución de diferencias del régimen multilateral del comercio tiene plena vigencia el *principio de la congruencia*, de ahí que se proscriban las decisiones de los órganos resolutorios *ultra petita* (más allá de lo pedido) o *extra petita* (otra cosa de lo pedido). Cfr. Informe del Órgano de Apelación, en el asunto *Chile-Sistema de bandas de precios y medidas de salvaguardia aplicados a determinados productos agrícolas* (WT/DS207/AB/R), adoptado el 23 de septiembre de 2002, párrafo 173 y 174.

76 El profesor PAUWELYN sostiene que cuando dos o más preceptos jurídicos se aplican a los hechos y circunstancias del caso y estas son contradictorias, un panel debe aplicar las normas de conflicto pertinentes. Así, por ejemplo, los conflictos entre el Acuerdo sobre la OMC y los acuerdos comerciales multilaterales (como el GATT, el AGCS, ADPIC y el ESD) debe ser resuelto a favor del Acuerdo de la OMC (art. XVI: 3). Cfr. JOOST PAUWELYN. "The Role of Public International Law in the WTO...", cit., nota 71, pp. 559-561.

77 Según el profesor PAUWELYN, el procedimiento de solución de diferencias de la OMC tiene una vigencia en el contexto más amplio de Derecho internacional antes y después de 1994. De hecho, el procedi-

En suma, desde las posiciones "aperturistas" se considera que el *derecho aplicable* por los órganos resolutorios de la OMC es, *prima facie*, cualquiera de las fuentes del Derecho internacional público. Por el contrario, los enfoques "restrictivos" parten de la premisa de la inserción de las normas de la OMC dentro del ordenamiento jurídico internacional; pero no cualquier norma puede ser tenida en cuenta como *derecho aplicable*, es decir, únicamente los derechos y obligaciones dimanantes de los "acuerdos abarcados" pueden constituir la norma aplicable por los Grupos Especiales y el Órgano de Apelación[78]. Cabe añadir que las dos posiciones reconocen que el Derecho internacional debe ser tenido en cuenta por los órganos resolutorios como una *fuente* más (tesis aperturista) del Derecho de la OMC o como *parámetros de interpretación* (tesis restrictiva).

Independientemente de qué posición es dominante en el régimen jurídico de la OMC, para solucionar el interrogante del contenido o grado de apertura del *derecho aplicable* en los TLC estadounidenses y europeos debemos examinar su marco normativo, que sirve para determinar si los paneles podrán o no aplicar normas externas a sus acuerdos. En el marco jurídico de estos TLC encontramos que se confirman los derechos y obligaciones existentes entre los TLC y los "acuerdos abarcados" de la OMC a través de llamadas *normas de remisión* que se refieren expresamente al Derecho de la OMC; también existen normas de otros instrumentos internacionales "a tener en cuenta" en la interpretación de estos acuerdos comerciales, y por último, normas de otros instrumentos internaciona-

---

miento "[...] is merely an instrument to enforce WTO covered agreements as they were created and necessarily continue to exist in the wider corpus of international law. It is not frozen into April 1994 law or limited to the four corners of WTO covered agreements (even if it is limited to enforcing claims under these agreements)". JOOST PAUWELYN. "The Role of Public International Law in the WTO", cit., p. 561. Los casos de LOCKERBIE ilustran perfectamente este punto. En ellos, la Corte Internacional de Justicia era competente para juzgar las reclamaciones de Libia solo en el marco del Convenio de Montreal; sin embargo, esto no impidió que también la Corte examinara otros instrumentos del Derecho internacional, en particular, la Resolución 748 invocada en defensa por el Reino Unido y los Estados Unidos, como parte del derecho aplicable. Cfr. Corte Internacional de Justicia, en el caso *Cuestiones relacionadas con la interpretación y la aplicación del Convenio de Montreal de 1971, planteadas de resultas del incidente aéreo de Lockerbie*, medidas provisionales (la Jamahiriya Árabe Libia *vs.* Estados Unidos), adoptado el 14 de abril de 1992, párrafo 42. Disponible en [http://www.icj-cij.org/].

78 GABRIELLE MARCEAU. "A Call for coherence in International Law", cit., nota 49, pp. 112-113. Así mismo, el profesor TRACHTMAN manifiesta que "[o]ne must recognize that dispute resolution is not simply a mechanism for neutral application of legislated rules but is itself a mechanism of legislation and of governance", por tanto, rebate la idea de que el sistema de solución de diferencias de la OMC sea una "Corte de jurisdicción general" competente para aplicar toda norma internacional aplicable. Para este autor, en el régimen multilateral del comercio no existe un mecanismo para integrar normas legales diversas en caso de conflicto, lo cual supone una "laguna procesal que tiene efectos sustantivos". De ahí que, TRACHTMAN concluya que: "... the law applicable in the WTO dispute resolution is a limited body". Cfr. JOEL TRACHTMAN. "The Domain of WTO Dispute Resolution", cit., nota 67, pp. 336, 338 y 341.

les *consideradas como "hechos"*. Así pues, parece razonable concluir que aunque el régimen jurídico de la OMC de los TLC estadounidenses o europeos no excluya o impida expresamente la utilización de otras normas del Derecho internacional al momento de resolver la controversia, en el diseño del *derecho aplicable* opera como, bien señala ZAPATERO, "[...] un *cuello de botella* que dificulta en la práctica la aplicación de estas normas"[79]. Pese a estas limitaciones del *derecho aplicable*, la propia jurisprudencia de la OMC ha rechazado la antigua autarquía jurídica del sistema GATT de 1947. En la actualidad el derecho de la OMC, como lo interpreta el Órgano de Apelación, no se lee "aislándolo clínicamente" del Derecho internacional[80]. Esta argumentación se aplica de manera más clara a los TLC, ya que entre sus "fuentes del derecho"[81] incluyen, además de los textos de estos TLC, la práctica, las normas y la jurisprudencia de la OMC.

Una vez analizado el *objeto de la controversia*, que se refiere a la interpretación y/o la aplicación de las disposiciones de los TLC, en las siguientes páginas se estudiarán las medidas o la cuestión que genera la controversia, esto es, definiremos los *tipos de reclamación* previstos en estos instrumentos internacionales.

II. TIPOS DE RECLAMACIONES O CAUSAS DE LAS CONTROVERSIAS EN EL RÉGIMEN JURÍDICO DE LA OMC Y DE LOS TLC DE LOS ESTADOS UNIDOS Y DE LA UNIÓN EUROPEA CON ALGUNOS PAÍSES LATINOAMERICANOS

El segundo elemento a considerar para determinar la existencia de una controversia es la *medida* o la *cuestión* que la genera, es decir, se debe establecer si el *tipo de reclamación* se encuentra previsto en los "acuerdos abarcados" de la OMC o en los TLC estadounidense o europeos. Desde el antiguo GATT de 1947, la tradición hermenéutica del sistema de solución de diferencias multilateral ha definido tres tipos de reclamaciones: la primera, reclamaciones por una "violación", cuando un Miembro no cumple con alguna de las obligaciones del régimen jurídico multilateral[82]; la segunda, reclamaciones "sin infracción"

79 PABLO ZAPATERO. *Derecho del Comercio Global*, cit., nota 69, p. 76.

80 Informe del Órgano de Apelación, en el asunto *Estados Unidos-Pautas para la gasolina reformulada y convencional* (WT/DS2/AB/R), adoptado el 29 de abril de 1996.

81 Se utiliza la expresión "fuentes del derecho", en el sentido que es empleada por PESCATORE, PALMETER, MAVROIDIS y DAVEY, es decir, para subrayar que los textos de los TLC no agotan las fuentes del derecho potencialmente aplicables.

82 ERNST-ULRICH PETERSMANN. *The GATT/WTO Dispute Settlement System...*, cit., nota 67, pp. 266-292. Existe una jurisprudencia de la OMC reiterada que subraya la *presunción* de anulación o menoscabo cuando hay un incumplimiento de las obligaciones incorporadas en los "acuerdos abarcados". Cfr. el

o *non-violation complaints*, cuando un Miembro aplica una medida que no es contraria a las disposiciones de dicho régimen, pero que, no obstante, anula o menoscaba alguna de las ventajas resultantes de alguno de sus "acuerdos abarcados"[83], y la tercera, reclamaciones de "situación", que abarcan cualquier otra cuestión que el Miembro reclamante juzgue que puede afectar el funcionamiento del sistema jurídico OMC[84].

Este carácter *abierto* de la tipología de las reclamaciones en la OMC[85] tiene como propósito fundamental someter al mecanismo del ESD todas las posibles diferencias que surjan respecto a la aplicación e interpretación de sus acuerdos, y con ello lograr que ningún Miembro pueda actuar unilateralmente, o recurrir a otro foro, para reparar el incumplimiento de sus obligaciones u otro tipo de anulación o menoscabo, o para disuadir a cualquier Miembro para que impida

---

Informe del Grupo Especial, en el asunto *Turquía-Restricciones a las importaciones de productos textiles y de prendas de vestir* (WT/DS34/R), adoptado el 31 de mayo de 1999, párrafos 9.204 y 9.206; el Informe del Órgano de Apelación, en el asunto *Japón-Impuestos sobre las bebidas alcohólicas* (WT/DS8/AB/R, WT/DS10/AB/R, WT/DS11/AB/R), adoptado el 4 de octubre de 1996, y el Informe del Órgano de Apelación, en el asunto *Comunidades Europeas-Régimen para la importación, venta y distribución de bananos "Banano III"* (WT/DS27/AB/R), adoptado el 9 de septiembre de 1997, párrafos 249 a 252, entre otros.

83 Pierre Pescatore. "The gatt Dispute Settlement Mechanism –Its Present Situation and Its Prospects", *Journal World Trade*, vol. 27, n.º 1, 1993; Thomas Cottier y Nadakavukaren Schefer. "Non-Violation Complaints in wto/GATT Dispute Settlement: Past, Present and Future", en Ernst-Ulrich Petersmann (ed.). *International Trade Law and the wto/GATT Settlement Dispute*, Kluwer Law International, 1997; Frieder Roessler y Petina Gappah. "A Re-Appraisal of Non-Violation Complaints under the wto Dispute Settlement Procedures", *The World Trade Organization: Legal, Economic and Political Analysis*, Springer, 2005.

84 Diferentes autores iusinternacionalistas definen "situación" como un momento inicial a la crisis internacional o previo al conflicto en el que no se ha producido aún, pero está en estado potencial o incluso latente. Cfr. Angelo Sereni. *Conflictti Internazionali...*, cit., nota 3, p. 1585; Manuel Díez de Velasco Vallejo. *Instituciones de Derecho Internacional, Público*, cit., nota 3, p. 916; Antonio Remiro Brotóns *et al. Derecho Internacional Público*, cit., nota 7. Ahora bien, en el ámbito del Derecho Internacional Económico, el supuesto contemplado en el XXIII [1] [c] del GATT de 1947 usualmente denominado con la expresión *situation complaint*, tiene un alcance indeterminado, en tanto que ni siquiera presume que la parte demandada haya aplicado una medida. Para los profesores Picone y Ligustro es una figura que se encuentra *desueta*, pues no hubo ninguna decisión sobre *situation complaint* en el antiguo GATT de 1947. De ahí que el profesor Fernández Pons piense que este tipo de reclamaciones se presenta fundamentalmente "[...] en supuestos de crisis o de cambios profundos en la economía de un país que pudieran afectar gravemente a sus relaciones comerciales". Cfr. Xavier Fernández Pons. *La OMC y el Derecho Internacional*, cit., nota 22, p. 294; Paolo Picone y Aldo Ligustro. *Diritto dell'Organizzazione Mondiale del Commercio*, Padova, Cedam, 2002, pp. 586-587.

85 Este carácter "omnicomprensivo" de la noción controversias en los mecanismos de solución de diferencias (del artículo 26 [1] y [2] del ESD de la OMC y los TLC europeos y estadounidenses) se debe a un fin último de los mismos: prevenir y resolver cualquier cuestión que pueda afectar el funcionamiento de los Acuerdos. Precisamente por ello, a estas cuestiones solo se les exige que tengan relación con la *interpretación* o la *aplicación* de los Acuerdos, o con la *consecución de sus objetivos*.

el logro de los objetivos de dichos acuerdos[86]. En esta línea, el profesor DÍEZ DE VELASCO señala que:

> [l]a continuidad de la existencia de las Organizaciones permite que se aborde en su seno no sólo *diferencias* en sentido estricto, sino también otras incidencias protagonizadas por los Estados, llámese "situaciones", "problemas" o "cuestiones" [...]. Esta posibilidad se utiliza con frecuencia para evitar que se llegue al estadio en que la pretensión de un Estado encuentre la oposición de otro, y en este sentido [...] la diferencias en las Organizaciones internacionales cubren tanto su solución como su *prevención* (cursiva fuera del texto)[87].

Al mismo tiempo, los procedimientos de solución de controversias de los TLC estadounidenses y europeos han incorporado esta tipología de las reclamaciones de la OMC o contienen algunas especificidades. En el caso de los TLC estadounidenses, encontramos que:

Primero. La regla general son las reclamaciones por "violación" de las obligaciones del acuerdo comercial. Vale la pena aclarar que en la actualidad la mayoría de los acuerdos comerciales no recurren al término "violación", sino a las expresiones "incumplimiento" de las obligaciones o comportamientos "incompatibles" con las mismas, cuya determinación depende de la interpretación y aplicación de sus diversos tipos (obligaciones de comportamiento, de resultado, de prevención, positivas, negativas, etc.). Ahora bien, en la jurisprudencia de la OMC se ha interpretado que la anulación o menoscabo es algo "inherente" al incumplimiento de las obligaciones incorporadas en los "acuerdos abarcados". Esta inferencia también es posible aplicarla a los TLC, pues se presume que las concesiones o los derechos comerciales regulados en estos acuerdos confieren potencialmente la posibilidad de un beneficio económico que se reduce o elimina con el incumplimiento o la medida incompatible con lo dispuesto en el TLC.

Segundo. También se incorporan las reclamaciones "sin infracción" cuando se considera que un Estado parte anula o menoscaba beneficios, concesiones u obligaciones que otro u otros Estados signatarios del acuerdo comercial razonablemente pudieron haber esperado recibir de la aplicación del tratado[88]. En la

---

86 Ciertamente, el artículo 3.3 del ESD de la OMC señala que "[e]s esencial para el funcionamiento eficaz de la OMC y para el mantenimiento de un equilibrio adecuado entre los derechos y obligaciones de los Miembros la pronta solución de las situaciones en las cuales un Miembro considere que cualesquiera ventajas resultantes para él directa o indirectamente de los acuerdos abarcados se hallan menoscabadas por medidas adoptadas por otro Miembro".

87 MANUEL DÍEZ DE VELASCO VALLEJO. *Instituciones de Derecho Internacional, Público*, cit., nota 3, p. 1001.

88 En todos los TLC estadounidenses se incluye la "anulación o menoscabo" como un tipo de reclamación; así, por ejemplo, los artículos 2004 del TLCAN, 22.2 del TLC Chile-EEUU, 20.2 del CAFTA-RD, 21.2 del TLC Perú-EEUU, 21.2 del TLC Colombia-EEUU y 20.2 del TLC Panamá-EEUU.

práctica del sistema de solución de diferencias de la OMC es muy poco frecuente este tipo de reclamación (en inglés, *non-violation complaints*), a tal punto que se considera como un "instrumento excepcional" (asunto *Japón-Medidas que afectan a las películas y el papel fotográfico*, párrafo 10.36), y aún más excepcionales serían en los mecanismos de los TLC. Además, se debe destacar que los TLC estadounidenses restringen los sectores en los que operan las reclamaciones por causa de una anulación o menoscabo de beneficios, concretamente, para los capítulos sobre trato nacional, acceso de bienes, reglas de origen administración aduanera, obstáculos técnicos al comercio, contratación pública, comercio transfronterizo de servicios y propiedad intelectual[89].

Tercero. Se reconocen las reclamaciones de "situación", originadas por cualquier otra cuestión que el Estado reclamante juzgue que puede afectar el funcionamiento del TLC. Entre estas cuestiones se encuentran las medidas en *proyecto* o *futuras* mediante las cuales, con el objeto de *prevenir* una controversia, las partes pueden acudir al mecanismo de consultas[90].

Por otro lado, los TLC europeos son más ambiguos al regular las reclamaciones que originan una controversia, pues se refieren a "cualquier cuestión o asunto" que surja de interpretación y aplicación. Según la jurisprudencia de la OMC, el término inglés *matter* contiene los vocablos "cuestión" o "asunto", que "[...] consta de dos elementos: las 'medidas' concretas y las 'reclamaciones' relativas a ellas; unas y otras deben ser identificadas adecuadamente en las solicitudes de establecimiento de un grupo especial"[91]. Adicionalmente, el ámbito de aplicación del procedimiento europeo no señala, al menos en forma expresa, que la medida en conflicto conlleve la *anulación o menoscabo* para la parte reclamante: se limita

---

89 La anulación o menoscabo de beneficios, concesiones u obligaciones no procede para todos los sectores regulados en los TLC, entre las áreas que con mayor frecuencia se excluyen, se pueden destacar las medidas antidumping y compensatorias, competencia y las medidas sanitarias y fitosanitarias. Claro está, cada TLC estadounidense define sus propias exclusiones de la cobertura; cfr., por ejemplo los artículos 2004 del TLCAN (Anexo), 22.2(c) del TLC Chile-EEUU, 20.2 (c) del CAFTA-RD, 21.2(c) del TLC PERÚ-EEUU, 21.2(c) del TLC COLOMBIA-EEUU y 20.2(c) del TLC PANAMÁ-EEUU (Anexo). Por otra parte, se debe destacar que en la OMC las *non-violations* tienen un régimen específico en el GATS y no se aplican en los TRIPS. Para profundizar en el tema cfr. MATTHEW STILWELL y ELISABETH TUERK. "Non-violation complaints and the TRIPS Agreement: Some considerations for WTO Members", en *Center for International Environmental Law*, Geneva, Switzerland, mayo de 2001; WERNER ZDOUC. "WTO dispute settlement practice relating to the gats", *Journal of International Economic Law*, vol. 2, n.° 2, 1999.

90 Artículos 2006.1 del TLCAN, 22.4.1 del TLC Chile-EEUU, 20.4.1 del CAFTA-RD, 21.4.1 del TLC Perú-EEUU, 21.4.1 del TLC Colombia-EEUU y 20.4.1. del TLC Panamá-EEUU.

91 Informe del Órgano de Apelación, en el asunto *Guatemala-Investigación antidumping sobre el cemento Portland procedente de México "Cemento I"* (WT/DS60/AB/R), adoptado el 2 de noviembre de 1998, párrafo 76. Claro está, la cuestión o el asunto queda plenamente identificado en el mandato; cfr. Informe del Órgano, en el asunto *Brasil-Medidas que afectan al coco desecado* (WT/DS22/AB/R), adoptado el 21 de febrero de 1997, p. 25.

a mencionar que las medidas son incompatibles con las obligaciones asumidas en conformidad con el TLC[92]. Esta ambigüedad conceptual de los TLC europeos se aclara de alguna manera en disposiciones posteriores que regulan las diferentes etapas del procedimiento unificado (etapa de consultas, contenciosa y de cumplimiento del laudo o informe final)[93]. Además, la omisión normativa de la *anulación o menoscabo*[94] no impide que esta se presuma en los casos de incumplimiento de las obligaciones contraídas en los acuerdos europeos.

Desde el GATT de 1947 ha existido una nutrida jurisprudencia de los Grupos Especiales respecto a la anulación o menoscabo (en inglés, *nullification or impairment*)[95]. Así, por ejemplo, en el asunto *Comunidad Económica Europea-Conservas de Frutas*, el Grupo Especial del GATT destaca:

> [...] that in past GATT practice it had been established that the upsetting of the competitive position of an imported product as a result of a subsequent domestic measure, which could not have reasonably been anticipated by the party bringing the complaint at the time of negotiation of a tariff concession on the imported product, would constitute nullification or impairment of the tariff concessions.

Es decir, define la anulación o menoscabo como:

> [...] where a complainant party's reasonable expectations concerning the respondent have been disappointed with consequent injury to its competitive position[96].

---

92 Artículos 182 del TLC Chile-UE, 41.2 de la Decisión n.° 2/2000 del Consejo Conjunto México-UE, 37.2 de la Decisión n.° 2/2001 del Consejo Conjunto México-UE, y 299.1 del TLC Andino-UE.

93 Los términos anulación o menoscabo solo se incorporan en el TLC Chile-UE y en el TLC Andino-UE, en la etapa de cumplimiento del laudo, para determinar si la suspensión de beneficios u obligaciones tiene un efecto equivalente.

94 Para profundizar en el concepto de anulación y menoscabo, cfr. FRIEDER ROESSLER. "The Concept of Nullification and Impairment in the Legal System of the World Trade Organization", en ERNST-ULRICH PETERSMANN (ed.). *International Trade Law and the GATT/WTO Dispute Settlement System*, Kluwer Law International, 1997.

95 El primer caso que examinó anulación o menoscabo generada por una "no-violación" de las normas del GATT fue en 1948 cuando el delegado de los estadounidense declaró que: "whether or not it is in conflict with the letter of these provisions, there can be no question, in the view of my Government, that this measure is a clear nullification of the benefits which the General Agreement seeks to provide". Cfr. Informe del Grupo de Trabajo del GATT, en el asunto *Cuba-Restricciones a la importación sobre los Textiles* (CP.2/W/13), adoptado el 13 de septiembre de 1948, p. 1. Sin embargo, el primer informe que contiene un pronunciamiento sobre el artículo XXIII:1 (b) fue en el asunto *Australia- Subsidio concedido al Sulfato de amonio* (BISD II/188, 192 y 193), adoptado el 3 de abril 1950, párrafo 12. Un estudio más amplio sobre el tema se encuentra en: ROBERT HUDEC. "The GATT Legal System: A Diplomat's Jurisprudence", *Journal of World Trade Law*, vol. 4, n.° 5, septiembre de 1970.

96 Informe del Grupo Especial del GATT, en el asunto *Comunidad Económica Europea-Conservas de Frutas. Ayudas concedidas a la producción de melocotones en lata, peras, cóctel de frutas en conserva y pasas* (Doc. GATT L/5778), adoptado el 20 de febrero de 1985, párrafos 55, 80.

Para el profesor MCGOVERN, esta noción de anulación o menoscabo

> [...] en que se funda el artículo XXIII [del GATT] es un parámetro insatisfactorio en el que basar decisiones legales, por lo que no sorprende que las partes, especialmente los paneles, hayan escogido otorgar mayor énfasis a [...] circunstancias de las que puede resultar un perjuicio, como falta de cumplimiento de las obligaciones del acuerdo[97].

Al margen de los problemas conceptuales, la misma práctica de la OMC determina que "[...] cuando un Miembro ha actuado de manera incompatible con un acuerdo abarcado, se presume que esa incompatibilidad anula o menoscaba ventajas resultantes para otros Miembros"[98]. De modo que existe como regla general la presunción de que toda violación de las normas del acuerdo tiene efectos desfavorables para otros Estados signatarios[99], de ahí que en los TLC estadounidenses y europeos, así como en el régimen jurídico de la OMC el Estado demandado tiene la carga de la prueba para desvirtuar esta presunción, es decir, deberá demostrar que su infracción no dio lugar a anulación o menoscabo[100]. Es verdad, sin embargo, que para las reclamaciones "sin infracción" (cuando un Estado demandado aplica una medida que no viola las disposiciones de los TLC) y reclamaciones de "situación" (cualquier otra cuestión que el Estado reclamante juzgue que afecta el funcionamiento del acuerdo) no se presume la anulación o menoscabo, de ahí que el Estado reclamante deba demostrar que existen efectos desfavorables.

En este tema se presenta una diferencia entre los TLC europeos y los TLC estadounidenses, ya que en las reclamaciones que originan el procedimiento de este último se regulan de manera expresa los conflictos respecto a una medida de otro Estado que, aunque *no sea incompatible* con el Tratado, puede *causar*

---

97 EDMOND MCGOVERN. "Dispute Settlement in the GATT-Adjudication or Negotiation?", en M. HILF; F. JACOBS y ERNST-ULRICH PETERSMANN (coord.). *The European Community and GATT*, Deventer, Kluwer Law and Taxation Publishers, 1986, p. 77.

98 Informe del Órgano de Apelación, en el asunto *Comunidades Europeas*-Subvenciones a la exportación de azúcar (WT/DS265/AB/R, WT/DS266/AB/R, WT/DS283/AB/R), adoptado el 28 de abril de 2005, párrafo 296. En este sentido, el artículo 3.8 del ESD de la OMC determina que "[e] n los casos de incumplimiento de las obligaciones contraídas en virtud de un acuerdo abarcado, se presume que la medida constituye un caso de anulación o menoscabo. Esto significa que normalmente existe la presunción de que toda trasgresión de las normas tiene efectos desfavorables para otros Miembros que sean partes en el acuerdo abarcado, y en tal caso corresponderá al Miembro contra el que se haya presentado la reclamación refutar la acusación".

99 Las pérdidas de comercio constituyen un claro ejemplo de "efectos desfavorables".

100 Informe del Órgano de Apelación, en el asunto *Comunidades Europeas-Régimen para la importación, venta y distribución de bananos "Banano III"* (WT/DS27/AB/R), adoptado el 9 de septiembre de 1997; Informe del Órgano de Apelación, en el asunto *Comunidades Europeas-Subvenciones a la exportación de azúcar...*, cit., párrafo 7.296, entre otros.

anulación o menoscabo de beneficios que razonablemente hubiera esperado obtener cualquiera de los Estados signatarios en determinadas materias. Se trata, por consiguiente, de una limitación deliberada al ámbito de aplicación de los TLC que, según el profesor VÁZQUEZ, se debe a que en los sectores donde opera la anulación o menoscabo resulta más fácil cuantificar los "beneficios razonablemente esperados"[101].

Hechas las anteriores concreciones se puede concluir que los tres eventos que legitiman el inicio de un procedimiento de solución de controversias (reclamaciones de "violación", reclamaciones "sin infracción" y reclamaciones de "situación") comprenden el catálogo más amplio posible de problemas que podrían surgir en marco de los TLC bajo estudio, y permiten que las instituciones desempeñen la función de mitigar las dificultades de la actividad hermenéutica –como los vacíos o lagunas jurídicas, las ambigüedades normativas, los conflictos normativos, entre otros–, que son una consecuencia directa de la aplicación de la norma internacional de carácter "abierto" y pueden dar lugar a una gran cantidad de imprevistos y problemas de interpretación[102]. La existencia de estas situaciones consideradas *latu sensu* como *diferencias* o *controversias*, en ocasiones cae por fuera de las construcciones dogmáticas que ha elaborado la literatura especializada del Derecho internacional público, lo cual hace que estos términos y la propia definición sea una hipótesis de trabajo compleja y en cierta manera imprecisa.

Una segunda conclusión es que los TLC analizados comprenden normas jurídicas de carácter *dinámico* y con una tipología de obligaciones variada: por un lado, se encuentran preceptos con una *estructura de reglas*[103] que definen áreas, objetivos,

---

101 FERNANDO VÁZQUEZ PANDO. *Aspectos jurídicos del Tratado de Libre Comercio de América del Norte*, México, Themis, Colección Ensayos Jurídicos, 1994, pp. 190 y ss. Los Tratados posteriores al TLCAN, amplían esta posibilidad para la anulación o menoscabo de beneficios reconocidos en el Capítulo Contratación pública.

102 Para el profesor GARRETT, las normas de carácter "abierto" en los instrumentos internacionales evita que los Estados Miembros sientan la necesidad de hacer una regulación exhaustiva, con los costos que implica prever todas las controversias que pudieran surgir entre ellos. Cfr. GEOFFREY GARRETT. "International Cooperation and Institutional Choice: The European Community's Internal MARKet", en *International Organization*, vol. 46, n.º 2, Cambridge, Cambridge University Press, 1992, pp. 533 a 560.

103 No se puede olvidar que esta estructura dinámica de las normas de los TLC, también conlleva una ruptura del carácter *unidimensional* –del comercio exclusivo de bienes– establecido por el artículo XXIV del antiguo sistema GATT de 1947. Hoy los TLC adquieren un nuevo carácter "multidimensional", que comprende, además del comercio de bienes y servicios, los flujos de inversión y financieros, así como otros temas específicos que promueven y protegen la expansión del capital, como son, entre otras, la protección de la propiedad intelectual, las inversiones, y las compras de gobierno. Este nuevo carácter, repercute, obviamente, no solo en los aspectos económicos relacionados con las exportaciones e importaciones de las partes signatarias, sino también y con gran impacto político, en las leyes estatales, correspondientes a temas que son esenciales para el conjunto de la economía, así como también en

procedimientos y plazos muy precisos para ser cumplidas, y por otro, estos instrumentos internacionales incluyen tipos normativos cuya aplicación e interpretación exige un mayor esfuerzo hermenéutico por parte de los órganos resolutorios, entre ellos encontramos las normas *programáticas*, cuyo cumplimiento se realiza según se vaya decidiendo en el ámbito de las competencias de los órganos de la estructura institucional de los TLC[104], y las normas *generales* y *principios*[105], que tienen una estructura mucho más abierta que las *reglas*, a través de los cuales cada uno de los Estados signatarios puede determinar su alcance de acuerdo con los pilares u objetivos de cada proceso de integración (que en el caso de los TLC europeos son la cooperación, el diálogo político y el liberalización comercial); es decir, podrán ampliar o complementar los contenidos normativos con nuevas actividades u obligaciones.

III. NORMA DE CONFLICTO DE JURISDICCIONES

El tercer elemento a tener en cuenta para determinar la existencia de una controversia son las *limitaciones para activar el procedimiento*, esto es, el análisis de la *norma de conflicto de jurisdicciones*[106], la cual puede contener una cláusula de *selección del foro* o una cláusula de *exclusión del foro*[107]. Este último elemento adquiere especial

---

la vida cotidiana de la sociedad en general, ya que los TLC, en últimas, *mercantilizan* la totalidad de la sociedad y, en particular, los agentes y los sectores económicos.

104 De hecho, los TLC regulan diversas materias respecto de las cuales se han establecido plazos precisos para su ampliación o complementación. Así, por ejemplo, en el comercio de bienes se persigue la liberación del universo de la nomenclatura mediante la eliminación de los aranceles y la implementación de medidas no arancelarias. Para ello se convinieron diferentes categorías de productos, según el ritmo de desgravación, y listas reducidas de excepciones en las áreas agrícolas y pesqueras. Desde el inicio de la aplicación del Acuerdo se han liberado la mayoría de los bienes y del comercio, siendo de diez años el período más largo de desgravación, contando con que al tercer año de aplicación del Acuerdo, se examina la viabilidad de profundizar las concesiones arancelarias y la posibilidad de incorporar los productos exceptuados.

105 Los principios son, en palabras del profesor ALEXY, "[...] normas que ordenan que algo se realice en la mayor medida posible, de acuerdo con las posibilidades fácticas y jurídicas. Como consecuencia, los principios son mandatos de optimización, que se caracterizan por el hecho de que pueden ser cumplidos en diferentes grados". Cfr. ROBERT ALEXY. *Tres escritos sobre los derechos fundamentales y la teoría de los principios*, CARLOS BERNAL PULIDO (trad. del alemán), Serie de Teoría Jurídica y Filosofía del Derecho n.° 28, Bogotá, Universidad Externado de Colombia, 2003, p. 95.

106 Para ZAPATERO los *conflictos entre jurisdicciones* internacionales pueden ocurrir entre las decisiones (actos) o en la jurisprudencia (actos reiterados) de los diversos procedimientos; además, para este autor existen tres tipos posibles de conflicto: a. Entre el contenido sustantivo de *un determinado acto* adoptado por un mecanismo de solución de diferencias con *un acto* de otro mecanismo; b. Entre el contenido sustantivo de un *acto específico* de un mecanismo de solución de diferencias con la *jurisprudencia* de otro, y c. Entre los contenidos sustantivos de *jurisprudencia* de diferentes mecanismos de solución de diferencias. Cfr. PABLO ZAPATERO. *Derecho del Comercio Global*, cit., nota 69, p. 381.

107 En la literatura especializada existen diferentes denominaciones para este tipo de normas: algunos las llaman *cláusulas de conflicto de jurisdicciones*, otros las conocen como *forum shopping*, o como *cláusulas*

relevancia en el actual contexto del Derecho internacional privado[108] y del Derecho internacional, cada vez más fragmentado, con un mayor número de acuerdos y de procedimientos para resolver diferencias[109]. Es en tal contexto que KWAK y MARCEAU advierten que los conflictos de jurisdicciones entre los diversos procedimientos de solución de controversias pueden, en determinadas circunstancias, llevar a dificultades relacionadas con el *forum shopping*, en especial, cuando las partes contendientes tienen la posibilidad de elegir entre dos órganos judiciales o entre dos jurisdicciones diferentes por los mismos hechos, bien sea accionándolos *en paralelo* o *en secuencia*[110]. Circunstancias que generan problemas en dos niveles: que dos foros reclamen o se atribuyan la "jurisdicción final" sobre el asunto, y que estos foros puedan llegar a soluciones *diferentes* o incluso a *resultados opuestos*.

La posibilidad de elegir foros o *forum shopping*[111], en términos del profesor SHANY, es una manifestación legítima de la autonomía de una parte, que contribuye a una mayor utilización de los sistemas judiciales, y además es un efecto del llamado fenómeno de la *fragmentación* del Derecho internacional que con frecuencia tiene diferentes puntos de encuentro o interacción, entre ellos el ámbito de la solución de controversias concurrentes, dando paso a la presencia

---

de selección del foro; además, también se encuentran las cláusulas de *exclusión de foro* o de *jurisdicción exclusiva*.

108 A modo de ejemplo cfr. LAWRENCE COLLINS; DAVID MCCLEAN, JONATHAN HARRIS *et al. Dicey, Morris & Collins on the Conflict of Laws*, 14.ª ed., London, Sweet & Maxwell, 2006; TAYLOR VON MEHREN. "Theory and Practice of Adjudicatory Authority in Private International Law: A Comparative Study of the Doctrine, Policies and Practices in Common- and Civil-Law Systems", en *Recueil des Cours / Collected Cours of the Hague Academic of International Law*, vol. 295, 2002; JAMES FAWCETT (ed.). *Declining Jurisdiction in Private International Law*, Oxford Monographs in Private International Law, 1995.

109 En la discusión de cuestiones de jurisdicción a menudo se utiliza de manera intercambiable los términos "conflicto" y "superposición". Así, por ejemplo, cfr. JOOST PAUWELYN. "Going Global or Regional or Both? Dispute settlement in the Southern African Development Community (SADC) and Overlaps with other Jurisdictions", *Minnesota Journal of Global Trade*, vol. 13, n.º 2, 2004, p. 231; KYUNG KWAK y GABRIELLE MARCEAU. "Overlaps and Conflicts of Jurisdiction between the WTO and RTAS", en L. BARTELS y F. ORTINO (eds.). *Regional Trade Agreements and the WTO Legal System*, New York, Oxford University Press, 2006, pp. 465 a 524; CAROLINE HENCKELS. "Overcoming Jurisdictional Isolationism at the WTO-FTA Nexus: A Potential Approach for the WTO", *The European Journal of International Law*, vol. 19, n.º 3, 2008.

110 KYUNG KWAK y GABRIELLE MARCEAU. "Overlaps and Conflicts of Jurisdiction Between the WTO and RTAS", cit., p. 467.

111 En este estudio se asume el concepto de *forum shopping* en sentido amplio, es decir, de acuerdo a la definición que encontramos en *Black's Law Dictionary*: "When a party attempts to have his action tried in a particular court or jurisdiction where he feels he will receive the most favourable judgment or verdict". Cfr. HENRY BLACK y BRYAN GARNER. *Black's Law Dictionary*, 9.ª ed, West Publishing, 2009.

de múltiples *procedimientos simultáneos* o *secuenciales*[112]. Existen otras lecturas del fenómeno, como la posición del profesor ZAPATERO, que entienden

> [...] la concurrencia de acuerdos internacionales así como la coordinación de sus respectivos procedimientos de solución de diferencias como un asunto complejo y, por ello, se hace difícil llegar a articular un compromiso jurídico definitivo sobre las *'pasarelas'* entre los sistemas jurídicos y jurisprudenciales[113].

Aún más crítica es la posición de GUILLAUME (expresidente de la Corte Internacional de Justicia) quien expresa su preocupación acerca de la posibilidad de que el *forum shopping* pueda dar lugar a un "mercado" impulsado por el deseo de competir entre los foros para ser el más "popular", que a su vez puede afectar negativamente a la calidad de las decisiones judiciales[114].

En ese marco, los Estados cuentan en la actualidad con un amplio panorama de opciones y alternativas para determinar el foro en donde pueden resolver una controversia comercial. Para hablar del *forum shopping* es necesario que se cumplan ciertas condiciones:

– Que las partes en conflicto se encuentren vinculadas por más de un régimen jurídico internacional o *ratione personae*;

– Que las normas de estos regímenes regulen la misma cuestión de fondo en controversia o, en otras palabras, que exista una identidad *ratione materiae*, y finalmente,

– Que estas normas existan o interactúen al mismo tiempo, es decir, que haya una superposición *ratione tempori*[115].

---

112 YUVAL SHANY. *The Competing Jurisdictions of International Courts and Tribunals*, International Courts and Tribunals Series, Oxford University Press, 2004, p. 230 y ss. De hecho, para algún sector de la literatura especializada del Derecho internacional el auge y superposición de tribunales internacionales es un *luxury problem*, ante todo bienvenido, ya que múltiples tribunales es mucho mejor que una ausencia total de los mismos. Cfr. ROSALYN HIGGINS. "A Babel of Judicial Voices? Ruminations from the Bench", *International and Comparative Law Quarterly*, vol. 55, 2006; PEMMARAJU SREENIVASA RAO. "Multiple International Judicial Forums: A Reflection of the Growing Strength of International Law or its Fragmentation?", *Michigan Journal of International Law*, vol. 25, 2004; SYMÉON KARAGIANNIS. *La Multiplication des Juridictions Internationales: Un Système Anarchique?*, Société Française pour le Droit International, 2003. Estos autores consideran que tener disponibles varios foros es una gran ventaja para los demandantes, y también garantiza que todos los elementos de las diferentes facetas o etapas de un conflicto sean realmente resueltas, como, por ejemplo, una disputa sobre la delimitación territorial en la Corte Internacional de Justicia –CIJ– y una restricción relacionada con el comercio en la OMC.

113 PABLO ZAPATERO. *Derecho del Comercio Global*, cit., nota 69, p. 231.

114 GILBERT GUILLAUME. "The Future of International Judicial Institutions", *International and Comparative Law Quarterly*, vol. 44, octubre de 1995, pp. 848 a 862; ÍD., "Advantages and Risks of Proliferation: A Blueprint for Action", *Journal of International Criminal Justice*, vol. 2, 2004, pp. 300 a 303.

115 Para profundizar en las condiciones que tiene el *forum shopping*, cfr. JOOST PAUWELYN y LUIZ

El criterio que requiere más reflexión para analizar la posibilidad del *forum shopping* entre el mecanismo de la OMC y los procedimientos de los TLC estadounidense y europeos es la *ratione materiae*, en tanto que podemos encontrar cualquiera de las siguientes situaciones:

– Que las disposiciones del TLC sean las *mismas* que las normas de los acuerdos de la OMC;

– Que las disposiciones del TLC sean *más* o *menos rigurosas* aunque se basen en normas multilaterales, estas últimas también conocidas como *OMC-plus*, y

– Que las disposiciones del TLC sean *independientes* de las normas de la OMC o que regulen el asunto desde otro punto de vista[116].

Dicho esto, un punto de partida lógico para determinar el alcance y las posibilidades del *forum shopping* es considerar los términos en que cada acuerdo regula estas *normas de conflicto de jurisdicciones*. Los TLC estadounidenses y europeos, por ejemplo, contienen disposiciones cuyo objeto es evitar conflictos de competencias mediante el control de la elección y el uso de los foros en una diferencia, de ahí que la regla general sea la incorporación de *cláusulas de selección del foro*. Esta cláusula se encuentra en los artículos 2005.1 del TLCAN; 22.3(1) del TLC Chile-EEU; 20.3(1) del CAFTA-RD; 21.3(1) del TLC Perú-EEUU, y 21.3(1) del TLC Colombia-EEUU, en los cuales se reproduce de manera análoga que:

> ... cualquier controversia que surja en relación con estos tratados y cualquier otro acuerdo de libre comercio al que las partes contendientes pertenezcan o el Acuerdo sobre la OMC, la Parte reclamante podrá elegir el foro para resolver la controversia.

Como se puede observar los TLC estadounidenses establecen una cláusula de carácter *uniforme*, redactada para no excluir ulteriores mecanismos de solución de diferencias que, al mismo tiempo, permite que las diferencias puedan resolverse mediante tres foros: el sistema de solución de diferencias de la OMC, el propio

---

Eduardo Salles. "Forum Shopping before International Tribunals: (Real) Concerns (Im) Possible Solutions", *Cornell International Law Journal*, vol. 42, 2009; Fernando Piérola y Gary Horlick. "Dispute Settlement in the WTO and in 'North-South' Agreements of the Americas: Considerations for the Choice of Forum", *Journal of World Trade*, vol. 41, n.º 5, 2007; Yuval Shany. *The Competing Jurisdictions of International Courts and Tribunals*, cit., nota 113; Joost Pauwelyn. "Going Global or Regional or Both? Dispute settlement", cit., nota 110, pp. 231-304.

116 La primera (*ratione personae*) y tercera (*ratione tempori*) condiciones se explican por sí mismas. Todos los Estados partes en un TLC estadounidense o europeo están vinculados por los Acuerdos de la OMC e interactúan al mismo tiempo. El segundo requisito (*ratione materia*) requiere más atención, pues depende de qué se entiende por la "misma controversia", ya sea *controversia de iure* o *controversia de facto*. Cfr. Fernando Piérola y Gary Horlick. "Dispute Settlement in the WTO and in 'North-South' Agreements of the Americas: Considerations for the Choice of Forum", cit.

mecanismo del acuerdo, y, en otros procedimientos, cualquier acuerdo en el que las partes en conflicto sean signatarias[117]. La cláusula de *selección del foro* en el TLCAN tiene algunas ambigüedades respecto a los demás TLC estadounidenses, ya que en el párrafo 2 del artículo 2005 se regula que las diferencias se resolverán "normalmente" en el marco del TLCAN cuando:

a. La parte demandada prefiere resolverla bajo el Capítulo XX, y

b. Los fundamentos invocables, tanto en el procedimiento de la OMC como del TLCAN, sean "sustancialmente equivalentes"[118].

A pesar de la ambigüedad en la redacción de la norma (concretamente en los enunciados "normalmente" y "sustancialmente equivalentes"), en la práctica la *cláusula de selección del foro* se está aplicando en aquellos casos en que el TLCAN no incorpora una cláusula especial *de exclusión del foro* que impida acudir al sistema de solución de diferencias de la OMC.

La *cláusula uniforme* en los TLC estadounidenses determina que la elección del foro únicamente corresponde a la parte reclamante, pues en su escrito presentado ante a la Comisión (cuando las partes no han logrado resolver el asunto por medio de las consultas) y, posteriormente, en su escrito que incorpora el *mandato* o los *términos de referencia*[119], se define el alcance o la naturaleza de la controversia, al identificar quién origina la controversia (parte demandada), al establecer qué provoca el incumplimiento de las obligaciones o la medida incompatible o qué anula beneficios (objeto de la controversia) y al seleccionar dónde se dirime la solución de la controversia (elección del foro)[120]. Lógicamente esta legitimación de la parte

---

117 Es necesario aclarar que el TLCAN en su artículo 2005.1 solamente regula las dos primeras vías o foros, es decir, los mecanismos del propio TLCAN y el sistema de solución de diferencias de la OMC. Cfr. AVELINO LEÓN STEFFENS. "La elección del foro en el Tratado de Libre Comercio de América del Norte y los resultados de la Ronda Uruguay del GATT", en SERGIO LÓPEZ AYLLÓN. *El futuro del Libre Comercio en el Continente Americano, análisis y perspectivas*, México, Universidad Nacional Autónoma de México –UNAM–, Instituto de Investigaciones Jurídicas, 1997, pp. 305 y ss.

118 Artículo 2005.2 del TLCAN.

119 El *mandato* o los *términos de referencia* tiene diferente efectos jurídicos: a. *Moviliza el aparato institucional* del procedimiento de solución de controversias (dado que ni el panel o grupo arbitral ni la Comisión pueden iniciar este procedimiento); b. *Delimita el alcance o naturaleza de la controversia*, es decir, define el *objeto* (la medida u otro asunto que origina la reclamación e indica las disposiciones del Tratado que considere aplicables) y *sujetos procesales* (determina quienes son la parte reclamante y la parte demandada), y c. *Radica la competencia* o la *vía procesal*, por la cual se resuelve la controversia.

120 Según el profesor WITKER, en el Derecho procesal general y en los mecanismos de solución de controversias el *factor objetivo* constituye uno de los criterios orientadores más importantes para atribuir la competencia. Cfr. JORGE WITKER. "Panorama general de solución de controversias en el comercio internacional contemporáneo", en JORGE WITKER (coord.). *Resolución de controversias comerciales en América del Norte*, México, Universidad Nacional Autónoma de México, Instituto de Investigaciones Jurídicas, 1997, p. 36.

reclamante solo procede para las controversias en los TLC bilaterales, dado que la regla varía cuando se trata acuerdos plurilaterales (como el TLCAN o CAFTA-RD)[121].

Adicionalmente, estas *cláusulas de selección del foro* de los TLC estadounidenses tienen una estructura de doble vía: "derecho-deber". Por un lado, otorga a la parte reclamante la posibilidad de elegir el foro que más le convenga para solucionar su controversia y, por otro, le impone una obligación (o cláusula de *exclusión de foros*), pues una vez se haya decidido por un foro no podrá acudir a otro u otros foros para resolver la misma controversia. Es importante aclarar que para efectos de aplicar estas cláusulas, las consultas en los procedimientos de solución de controversias de los TLC en estudio no son consideradas como una actuación contenciosa, por tanto, la posibilidad de elección del foro no finaliza hasta que la parte reclamante recurra a la Comisión[122] o solicite el establecimiento del panel[123].

Al igual que en los TLC estadounidenses, los TLC europeos incorporan la *cláusula de selección del foro*; por ejemplo, el párrafo 4 del artículo 189 del TLC Chile-UE señala que:

> [...] a) Si una Parte pretende reparar el incumplimiento de una obligación en virtud del Acuerdo de la OMC, deberá recurrir a las normas y procedimientos correspondientes del Acuerdo de la OMC, las cuales serán aplicables no obstante lo dispuesto en el presente Acuerdo.
>
> b) Si una Parte pretende reparar el incumplimiento de una obligación en virtud de esta Parte del Acuerdo, deberá recurrir a las normas y procedimientos del presente Título.

En esta cláusula del TLC Chile-UE[124] las partes en la controversia pueden elegir, de acuerdo con la fuente de la obligación que genera la disputa, tanto el proce-

---

121 En efecto, cuando una controversia se presenta en un TLC plurilateral los países demandantes deben realizar consultas con el fin de convenir un foro único. Si las partes no llegan a un acuerdo el procedimiento a seguir será según los términos del TLC. Cfr. artículo 2005.2 TLCAN.

122 Artículo 2005.6 del TLCAN. Para profundizar en el tema, cfr. RODRIGO OJADA DE KONING. "Solución de controversias conforme al artículo 2005 del TLCAN tras la Ronda Uruguay", en *Memoria del XIX Seminario Internacional de Derecho Internacional Privado y Comparado*, México, Universidad de Guanajuato, 1998, p. 277.

123 Artículos 22.3 (2) del TLC Chile-EEUU, 20.3 (2) del CAFTA-RD, 21.3 (2) del TLC Perú-EEUU y 21.3 (2) del TLC Colombia-EEUU.

124 Respecto a la posición chilena sobre la *cláusula de selección del foro*, el informe emitido por la Comisión de Relaciones Exteriores de Asuntos Interparlamentarios e Integración Latinoamericana de la Cámara de Diputados de Chile se señala: "[m]uchas de estas áreas son similares a las de la OMC. Son 'OMC compatibles' y en algunas áreas son simplemente 'reproducción de la OMC', en tanto son necesarias para el cumplimiento de lo acordado bilateralmente, que va más allá de la OMC". Cfr. Cámara de Diputados de Chile. "Informe de la Comisión de Relaciones Exteriores, Asuntos Interparlamentarios

dimiento de la OMC como el mecanismo de este TLC; asimismo, su elección se encuentra limitada por otra cláusula (la de *exclusión de foros*), de manera que, iniciado el procedimiento en uno de los foros, no se podrá recurrir al otro[125].

En cuanto al TLC México-UE este determina, en su párrafo 4 del artículo 47 de la Decisión n.º 2 de 2000 y en su párrafo 2 del artículo 43 de la Decisión n.º 2 de 2001 del TLC México-UE, que:

> El recurso a las disposiciones del procedimiento de solución de controversias establecido en este título será sin perjuicio de cualquier acción posible en el marco de la OMC, incluyendo la solicitud de un procedimiento de solución de controversias.

Estas *cláusulas de selección del foro* imponen, en principio, un límite a las partes en la controversia, pues una vez se haya escogido un foro o procedimiento no se podrá acudir a otro u otros. Desde la perspectiva chilena[126] y mexicana[127] esta "opción única y definitiva" parecería obvia y simple (tal como se establece en la mayoría de TLC estadounidenses), no obstante, fue preciso un importante esfuerzo en las negociaciones con la Unión Europea ya que en sus acuerdos previos, tradicionalmente, se mantienen abiertas todas las vías de solución de controversias de una manera alternativa y simultánea[128].

---

e Integración Latinoamericana de la Cámara de Diputados de Chile, sobre el proyecto de acuerdo aprobatorio del Acuerdo por el que se Establece una Asociación entre la República de Chile, por una parte, y la Comunidad Europea y sus Estados Miembros por la otra", *Boletín 3147-10*.

125 ANTONIO BLANC ALTEMIR. "El Acuerdo de Asociación entre la Unión Europea y Chile: algo más que un Tratado de Libre Comercio", en *Anuario de Derecho Internacional de la Universidad de Navarra*, vol. XX, 2004, pp. 35 a 110; CRISTIÁN DELPIANO LIRA. "La cláusula de exclusión de foros del Acuerdo de Asociación entre Chile y la Unión Europea en el mecanismo de solución de controversias de la OMC", *Revista Chilena de Derecho*, vol. 33, n.º 2, 2006, pp. 259 a 284.

126 El informe emitido por la Comisión de Relaciones Exteriores, Asuntos Interparlamentarios e Integración Latinoamericana de la Cámara de Diputados de Chile, a propósito de la regla de exclusión de foros subraya que: "[p]or primera vez en la Unión Europea aceptaron cierta lógica de opción única y definitiva. Pero en los temas que son propiamente OMC, se irá directamente a la OMC. En los temas que sean sustancialmente equivalentes a la OMC, se decidirá caso a caso si se lleva a lo bilateral o a la OMC. Los temas que sea solamente bilaterales van al acuerdo bilateral". Cfr. Cámara de Diputados de Chile. "Informe de la Comisión de Relaciones Exteriores", cit., nota 125, p. 43.

127 En este sentido, el profesor CRUZ MIRAMONTES apunta: "[...] tuvimos la oportunidad de manifestar inmediatamente nuestro rechazo a la pretensión de los europeos de manejar un mismo asunto al mismo tiempo en dos foros: en el de la OMC y en el que se estableciese en el TLCEU. Difícilmente entendimos en ese momento cómo es que solicitaban algo que constituía una aberración jurídica. [...] Nuestra opinión prevaleció; sin embargo, [...] no significó necesariamente que hayamos obtenido un éxito". Cfr. RODOLFO CRUZ MIRAMONTES. *Las Relaciones Comerciales Multilaterales de México y el Tratado de Libre Comercio con la Unión Europea*, México, Instituto de Investigaciones Jurídicas de la Universidad Nacional Autónoma de México, 2003, p. 196.

128 Por tanto, la Unión Europea en el contexto de los Acuerdos de Asociación Económica –AAE– suscritos tanto con México como con Chile, de cierta forma ha cedido a incorporar la regla de la K, dejando a

Sin lugar a dudas, la *cláusula de selección del foro* más clara y *legalista* se encuentra en el párrafo 2 del artículo 310 del TLC Andino-UE, que a la letra reza:

> Las controversias relativas a una misma medida que surjan en virtud de este Acuerdo y en virtud del Acuerdo sobre la OMC, podrán ser resueltas de conformidad con este Título o con el ESD a discreción de la Parte reclamante. No obstante, cuando una Parte haya solicitado el establecimiento de un grupo especial de conformidad con el artículo 6 del ESD o un grupo arbitral de conformidad con el artículo 303, dicha Parte no podrá iniciar otro procedimiento sobre la misma cuestión en el otro foro, excepto cuando el órgano competente en el foro escogido *no adopte una decisión sobre el fondo* de la cuestión por razones de procedimiento o jurisdicción (cursiva fuera de texto).

Esta cláusula contiene la obligación del Grupo Arbitral de *motivar* sus decisiones, es decir, demostrar y justificar ante las partes contendientes el carácter jurídico y no político de la resolución de la controversia. Para ello es necesario que la decisión cumpla con determinadas características como ser razonable, congruente y fundada en derecho, especialmente en los preceptos del TLC.

Adicionalmente, el artículo 310.3 del TLC Andino-UE establece:

> Las Partes entienden que dos o más controversias versan sobre una misma cuestión, cuando involucren a las mismas partes en la controversia, se refieran a la misma medida y versen sobre la misma violación sustancial.

Una novedad importante de este precepto es que admite un concepto amplio de diferencias, o *controversia de facto*, que se delimita en función de la "medida comercial" u "otras cuestiones" que son objeto de la diferencia, sin restringir esta noción al "fundamento jurídico" o norma concreta del instrumento señalada en el mandado o en los términos de referencia (una *controversia de iure*).

No cabe duda de que la efectividad de los mecanismos de solución de diferencias, así como sus deficiencias o lagunas normativas, tienen un papel esencial a la hora de elegir el foro[129]. Es por esto, que hechas las anteriores consideraciones acerca de la *cláusula de selección del foro*, en los siguientes apartados se examinarán algunos cuestionamientos sobre el grado de eficacia o las dificultades en la aplicación de esta norma de conflicto jurisdiccional regulada en la OMC y en los TLC estadounidenses y europeos.

---

un lado su tradición por el denominado *forum shopping* no excluyente en sus relaciones con terceros países.

129 David Gantz. "Dispute Settlement under the NAFTA and the WTO: Choice of Forum Opportunities and Risks for the NAFTA Parties", *American University International Law Review* vol. 14, n.º 4, 1999, p. 1101 y ss.

A. DIFICULTADES EN LA APLICACIÓN DE LA CLÁUSULA DE SELECCIÓN DEL FORO COMO NORMA DE CONFLICTO JURISDICCIONAL

A primera vista parecería que la estructura de la *cláusula de selección de foro* sería razonablemente eficaz para resolver los conflictos jurisdiccionales entre la OMC y los TLC estadounidenses y europeos dado que sus objetivos son prevenir procedimientos paralelos (*parallel proceedings*) y procedimientos sucesivos (*re-litigation*), no obstante, en la práctica se presentan diferentes problemas en su aplicación como norma de conflicto entre la jurisdicciones o foros en estudio. Dos cuestionamientos claves se destacan:

1. ALCANCE DEL CONCEPTO DE LA "MISMA CONTROVERSIA"

La primera limitación en la eficacia de la *cláusula de selección del foro* se encuentra en que solo se aplica a los procedimientos en relación con la "misma controversia". El alcance de esta limitación dependerá de cómo los Grupos Especiales y el Órgano de Apelación de la OMC o los paneles de los TLC estadounidenses o europeos interpreten el término "controversia". Para resolver estas cuestiones se parte de la distinción entre un concepto restrictivo o *controversia de iure*, que se define por el fundamento jurídico señalado en el mandado o los términos de referencia, y uno más amplio o *controversia de facto*, que se delimita en función de la medida comercial u otras cuestiones que son objeto de la diferencia. De modo que si alguno de los órganos resolutorios (ya sea de la OMC o de los TLC) interpreta el término controversia en un sentido restrictivo, la *cláusula de selección del foro* será ineficaz, puesto que los alegatos jurídicos de violación o incumplimiento de las obligaciones convencionales específicas no serán las mismas.

Desafortunadamente, la jurisprudencia de la OMC arroja muy poca luz respecto al predominio de cualquiera de los dos conceptos de controversia: *de facto* o *de iure*. Un ejemplo de este aserto se encuentra en el asunto *Brasil-Programa de financiación de la exportación para Aeronaves*, que para determinar si se habían celebrado consultas en relación con la "misma controversia" en dos asuntos, el órgano resolutorio de la OMC examinó si se trataba de la misma *práctica*[130].

---

130 El Grupo Especial señaló textualmente: "[...] consideramos que las consultas y la solicitud de establecimiento se relacionan fundamentalmente con la misma 'diferencia', porque se refieren esencialmente a la misma práctica, es decir, el pago de subvenciones a la exportación en el marco del PROEX". Cfr. Informe del Grupo Especial, en el asunto *Brasil-Programa de financiación de las exportaciones para aeronaves* (WT/DS46/R), adoptado el 14 de abril de 1999, párrafo 7.11

Bajo tal interpretación se puede inferir que para determinar en qué casos dos diferencias son las "mismas" es importante mirar más allá de si el asunto legal o los fundamentos jurídicos (*controversia de facto*) son idénticos, es decir, se aplica un concepto amplio de la *controversia de iure*.

Empero, en otras decisiones los órganos resolutorios de la OMC han cambiado su posición aplicando un enfoque legalista o restrictivo, como se puede observar en el asunto *India-Medidas que afectan al sector del automóvil*, donde el Grupo Especial incorporó a su interpretación la noción de *cosa juzgada* para determinar si la controversia en cuestión era la "misma" en comparación con un pronunciamiento anterior, específicamente, el asunto *India-Restricciones cuantitativas*[131]. El Grupo Especial precisó que:

> [...] para que el principio de *res judicata* sea de algún modo aplicable en la solución de diferencias en la OMC debe haber, como mínimo, una identidad fundamental entre el asunto anteriormente resuelto y el presentado al siguiente grupo especial. Esto exige que haya identidad tanto entre las medidas como entre las alegaciones relativas a ellas. También es imprescindible, a los efectos del principio de *res judicata*, la identidad de las partes[132].

Estas referencias mínimas fundadas en la *cosa juzgada*[133], definen el alcance del enunciado la "misma controversia" a partir de la identidad de las medidas concretas en litigio y los mismos fundamentos jurídicos, adoptando la noción de *controversia de iure*.

2. LA OMC COMO UN RÉGIMEN JURÍDICO "AUTORREFERENCIAL"

Una segunda limitación de la eficacia de la *cláusula de selección del foro* se encuentra en que difícilmente podrá ser aplicada por los órganos resolutorios de la OMC[134].

---

131 Informe del Grupo Especial, en el asunto *India-Restricciones cuantitativas a la importación de productos agrícolas, textiles e industriales* (WT/DS90/R), adoptado el 6 de abril de 1999.

132 Informe del Grupo Especial, en el asunto *India-Medidas que afectan al sector del automóvil* (WT/DS146/R), adoptado el 21 de diciembre de 2001, párrafo 7.66.

133 Ahora bien, el *Black's Law Dictionary* define *res judicata* o *cosa juzgada* como: "1. An issue that has been definitively settled by judicial decision. 2. An affirmative defense barring the same parties from litigating a second lawsuit on the same claim, or any other claim arising from the same transaction or series of transactions and that could have been –but was not– raised in the first suit. The three essential elements are (1) an earlier decision on the issue (2) a final judgment on the merits, and (3) the involvement of the same parties, or parties in privacy with the original parties". Cfr. HENRY BLACK y BRYAN GARNER. *Black's Law Dictionary*, cit., nota 112, pp. 1336 y 1337.

134 En este sentido, TRACHTMAN manifiesta que la voluntad de los negociadores del ESD no fue establecer una jurisdicción que pudiera aplicar cualquier norma como derecho sustantivo, sino solo el Derecho

En este punto, resulta útil la reflexión que el profesor ZAPATERO efectúa en torno a la denominada "teleología del sistema", o a los diferentes enunciados del ESD de la OMC que hacen referencia a los principios, fines y objetivos que deben guiar la administración de justicia del sistema de solución de diferencias de la OMC. Este autor deduce que la teleología en la solución de diferencias se puede dividir en *parámetros positivos* y *parámetros negativos*, los cuales se concretan en forma de:

– *Obligaciones positivas*, como, por ejemplo, la obligación de resolver de forma compatible con los "acuerdos abarcados" (art. 3.5), o la de preservar los derechos y obligaciones (art. 3.2), o la de mantener un equilibrio adecuado entre ellos (art. 3.3), y

– *Obligaciones negativas*, entre las cuales señala la obligación de no anular las ventajas resultantes de los "acuerdos abarcados" (art. 3.3), la de no obstaculizar la consecución de los objetivos (art. 3.5), o la de no aumentar o reducir los derechos y obligaciones (art. 3.2)[135].

Junto a este elenco de obligaciones dirigidas a reglar y delimitar el campo de acción de quienes resuelven las diferencias multilaterales se encuentra otro *parámetro positivo*, en el artículo 3.7 del ESD de la OMC, que establece como objetivo del mecanismo de solución de diferencias "conseguir la supresión de las medidas de que se trate si se constata que estas son incompatibles con las disposiciones de cualquiera de los acuerdos abarcados". Este enunciado tiene implicaciones concretas en el sistema de solución de las diferencias, pues el régimen jurídico de la OMC incorpora de manera directa y clara una obligación para los Grupos Especiales y el Órgano de Apelación: analizar si la medida de que se trata es *compatible* o *no* con los "acuerdos abarcados", excluyendo de este examen las medidas que sean incompatibles con disposiciones que no se encuentren en dichos acuerdos[136].

---

de la OMC. Adicionalmente, el autor considera que el tenor del ESD "[...] leaves no room for defenses based on another law", y que "[...] references to respect for the covered agreement, and consistency with the covered agreements and their objectives in Articles 3.4, 3.5, 3.7, 3.8, 19.1, 22.2 and 22.9 of the DSU would be absurd if other international law were applicable". Cfr. JOEL TRACHTMAN. "Jurisdiction in WTO dispute settlement", en R. YERXA y B. WILSON (eds.). *Key Issues in WTO Dispute Settlement: The First Ten Years*, Cambridge, Cambridge University Press, 2005, pp. 138 y 139.

135 PABLO ZAPATERO. *Derecho del Comercio Global*, cit., nota 69, pp. 63-64.

136 En la misma línea, en el artículo 7.° del ESD se establece el denominado "mandato de los grupos especiales", que a la letra reza: "Examinar, a la luz de las disposiciones pertinentes (del acuerdo abarcado [de los acuerdos abarcados] que hayan invocado las partes en la diferencia), el asunto sometido al OSD por (nombre de la parte) en el documento [...] y formular conclusiones que ayuden al OSD a hacer las recomendaciones o dictar las resoluciones previstas en dicho acuerdo (dichos acuerdos)". Otros ejemplos, además de las normas ya analizadas hasta aquí, son las normas de los artículos 7.2, 11 y 17.6 del ESD.

Sobre esta base jurídica se podría argumentar que la aplicación de la *cláusula de selección del foro* incorporada en los TLC excedería las funciones de los Grupos Especiales y el Órgano de Apelación de la OMC. De ahí que, como mínimo, resulte cuestionable plantear la posibilidad de que uno de estos órganos resolutivos multilateral decline su jurisdicción teniendo como fundamento jurídico de su decisión una norma del TLC[137]. Esta posición restrictiva del ESD es compartida por un amplio sector de la literatura especializada y por la propia jurisprudencia de la OMC, pues consideran que las controversias en materia comercial presentadas ante el régimen jurídico de la OMC serán resueltas *exclusivamente* por el mecanismo multilateral (art. 23 del ESD), con el objeto de preservar sus derechos y obligaciones, y de otorgar a este régimen la seguridad y previsibilidad necesarias[138].

En este sentido, la jurisprudencia de la OMC ha interpretado, en el asunto *Estados Unidos-Artículos 301 a 310 de la Ley de Comercio Exterior de 1974*, que:

> [e]l párrafo 1 del artículo 23 no sólo trata de casos concretos de infracción, sino que establece una obligación general de carácter doble. Primero, dispone que todos los Miembros 'recurrirán' al procedimiento multilateral establecido en el ESD cuando traten de que se repare una incompatibilidad con las normas de la OMC. [...] Esta prescripción, a la que se podría denominar "cláusula exclusiva para la solución de diferencias", es un importante elemento nuevo de los derechos y obligaciones que incumben a los Miembros con arreglo al ESD. Segundo, el párrafo 1 del artículo 23 también dispone que los Miembros, cuando recurran al sistema de solución de diferencias del ESD, "deberán acatar" las normas y procedimientos del ESD. Esta segunda obligación impuesta por el párrafo 1 del artículo 23 es de naturaleza confirmatoria: los Miembros, cuando recurran al ESD, han de acatar todas las normas y procedimientos del ESD[139].

---

137 Independientemente del enfoque que se asuma (*aperturista* o *restrictivo*), no se puede desconocer que las normas del ESD dificultan la incorporación y aplicación de otras normas de Derecho internacional, en particular de los TLC estadounidenses y europeos, puesto que "la operatividad práctica de las fuentes del Derecho internacional dentro del mecanismo de solución de diferencias de la OMC se ve influida o afectada por el modelo de *norma aplicable* que se le ha asignado". Cfr. PABLO ZAPATERO. *Derecho del Comercio Global*, cit., nota 69, p. 76.

138 En tal contexto, vale la pena recordar, que esta es una interpretación desde un enfoque restrictivo de la *norma aplicable* en la OMC, la cual entiende que el ESD discurre en todo su cuerpo normativo sobre la idea de que cualquier asunto sometido al conocimiento de un Grupo Especial o del Órgano de Apelación debe ser resuelto aplicando las disposiciones de los acuerdos abarcados, en principio, sin incluir en ellas disposiciones más amplias de Derecho internacional. Para entender mejor esta posición cfr. las referencias hechas en el Capítulo primero, en particular los análisis de JOEL TRACHTMAN. "The Domain of WTO Dispute Resolution", cit., nota 67, pp. 342-349; PIETER JAN KUYPER. "The Law of GATT as Special Field of International Law", cit., nota 68; GABRIELLE MARCEAU. "Conflicts of Norms and Conflicts of Jurisdictions", cit., nota 38; entre otros.

139 Informe del Grupo Especial, en el asunto *Estados Unidos-Artículos 301 a 310 de la Ley de Comercio Exterior* (WT/DS152/R), adoptado el 22 de diciembre de 1999, párrafo 7.43. Esta posición también

B. UNA PROPUESTA APERTURISTA PARA LA APLICACIÓN DE LA CLÁUSULA DE SELECCIÓN DEL FORO DE LOS TLC DE EEUU Y LA UE EN EL SISTEMA DE SOLUCIÓN DE DIFERENCIAS DE LA OMC

A pesar de que la jurisdicción de la OMC está limitada a reclamaciones bajo los "acuerdos abarcados", ello no significa que el "Derecho aplicable" por sus órganos resolutivos esté necesariamente limitado a esos instrumentos[140]. En tal sentido, el profesor PAUWELYN argumenta que:

> [t]he repeated references to "providing security and predictability to the multilateral trading system", preserving 'the rights and obligations of Members under the covered agreements' (DSU Art. 3.2), protecting the "benefits accruing to it directly or indirectly under the covered agreements," and maintaining the "proper balance between the rights and obligations of Members" (DSU Art. 3.3), as well as the panel function of assessing the "applicability of and conformity with the relevant covered agreements" (DSU, Art. 11), related to the jurisdiction or substantive mandate of WTO panels to judicially enforce only WTO covered agreements, not to the law that may be applied in doing so[141].

Como se observa, también existe un enfoque "aperturista" desde el cual el sistema de solución de diferencias de la OMC tendría una competencia implícita para decidir, finalmente, sobre qué normas y qué límites tiene realmente la jurisdicción[142].

---

es asumida por el Órgano de Apelación, así, por ejemplo, cfr. el asunto *México-Medidas fiscales sobre los refrescos y otras bebidas* (WT/DS308/AB/R), adoptado el 6 de marzo de 2006, párrafo 56.

140 En esta línea, el profesor PAUWELYN señala que "[a]lthough a WTO panel has jurisdiction only over WTO claims, it should be recalled that some WTO rules [...] explicitly confirm and incorporate pre-existing non-WTO treaty rules. These non-WTO rules have thereby become WTO rules that can be judicially enforced by a panel. Other WTO rules do not incorporate non-WTO rules but do refer to them explicitly. In this way these non-WTO rules can become part of a WTO claim (though not having been incorporated, they cannot be judicially enforced independently of other WTO rules). An example of 'incorporation' is the TRIPS Agreement, which assimilates, inter alia, provisions of the Bern, Paris, and Rome Conventions". Cfr. JOOST PAUWELYN. *"The Role of Public International Law in the WTO: How Far Can We Go*, cit., nota 71, pp. 554-550. cfr. ÍD., *Conflict of Norms in Public International*, cit., nota 67, p. 490.

141 JOOST PAUWELYN. "The Role of Public International Law in the WTO: How Far Can We Go?", cit., p. 561

142 Dentro de los estudios que desarrollan la tesis más *aperturista* del Derecho de la OMC, además de los de PAUWELYN podemos citar a PAOLO PICONE y ALDO LIGUSTRO. *Diritto dell'Organizzation Mondiale del Commercio*, cit., nota 85; LORAND BARTELS. "Applicable Law in WTO Dispute Settlement Proceedings,", cit., nota 73; PIERRE PESCATORE. "Drafting and analyzing decisions on Dispute Settlement", cit., nota 21; DAVID PALMETER y PETROS MAVROIDIS. *Dispute Settlement in the World Trade Organization. Practice and procedure*, cit., nota 75; WILLIAM DAVEY. "The WTO/GATT World Trading System: An overview", cit., nota 75, entre otros.

El Grupo Especial y el Órgano de Apelación obtendrían, bajo este enfoque, un cierto margen de acción para ejercer la jurisdicción sobre cualquier norma de Derecho internacional e incluso referirse a un posible conflicto con otro foro de solución de controversias. Este argumento ha sido aceptado de una manera limitada por el Órgano de Apelación, en el asunto *México-Medidas fiscales sobre los refrescos y otras medias*, al subrayar que:

> [...] los grupos especiales de la OMC tienen ciertas facultades que son inherentes a su función jurisdiccional. En particular los grupos especiales tienen el derecho de determinar si tienen competencia para entender en un determinado asunto, así como el ámbito de su competencia[143].

Claro está, el propio Órgano de Apelación descarta que estas facultades o margen de acción de quienes resuelven las diferencias en el marco del ESD sean "ilimitadas". En tal sentido, el asunto antes citado agrega que:

> [l]a decisión de un grupo especial de declinar el ejercicio de una jurisdicción que le ha sido válidamente conferida parecería entrañar la 'reducción' del derecho del Miembro reclamante de "trata[r] de reparar el incumplimiento de obligaciones" en el sentido del artículo 23 del ESD, y de promover una diferencia de conformidad con el párrafo 3 del artículo 3 del ESD. Esto no sería compatible con las obligaciones que corresponden a los grupos especiales en virtud del párrafo 2 del artículo 3 y del párrafo 2 del artículo 19 del ESD. Por tanto, no vemos motivo alguno para no coincidir con la declaración del Grupo Especial de que "no parece que los grupos especiales [de la OMC] puedan elegir libremente si ejercen o no su jurisdicción"[144].

Ante estas consideraciones, PAUWELYN señala que el sistema de solución de diferencias de la OMC no obliga a los Grupos Especiales y del Órgano de Apelación a considerar en su labor hermenéutica *exclusivamente* los "acuerdos abarcados"; su obligación va más allá: deberán tener en cuenta las disposiciones invocadas por las partes que formen parte de los "acuerdos abarcados" (art. 7.2 del ESD), sin establecer ninguna limitación a la facultad de poder revisar, interpretar, e incluso aplicar normas ajenas al Derecho OMC, como podría ser el caso de la *cláusula de selección* de foros de los TLC.

Desde luego que este razonamiento de PAUWELYN genera diferentes cuestionamientos y matices, incluso entre los autores que asumen una posición

---

143 Informe del Órgano de Apelación, en el asunto *México-Medidas fiscales sobre los refrescos y otras bebidas* (WT/DS308/AB/R), adoptado el 6 de marzo de 2006, párrafo 56.

144 Ibíd., párrafo 53.

"aperturista" del Derecho de la OMC. Por ejemplo, BARTELS está de acuerdo con que los órganos resolutorios puedan aplicar diversas *fuentes* de Derecho internacional en sus decisiones, aunque estas no se encuentren en los "acuerdos abarcados". Empero, delimita este margen de acción de la aplicación de la norma teniendo en cuenta el párrafo 2 del artículo 3 y el párrafo 2 del artículo 19 del ESD. En otras palabras, no pueden "entrañar el aumento o la reducción de los derechos y obligaciones establecidos en los acuerdos abarcados"[145].

Dicho lo anterior, se puede concluir que la OMC es en la práctica un régimen jurídico "autocontenido" o "autoreferencial", configurando, en palabras del profesor FERNÁNDEZ PONS, "circuitos jurídicos cerrados"[146], en tanto que otorgan un estrecho margen a sus órganos resolutorios con respecto a la norma aplicable debido, entre otras razones, al límite general que tienen respecto de la prohibición de aumentar o reducir los derechos y obligaciones establecidos en los "acuerdos abarcados". Esta posición es compartida por la doctrina mayoritaria, por ejemplo ZAPATERO subraya que el diseño del *Derecho aplicable* de la OMC opera como "[...] un *cuello de botella* que dificulta en la práctica la aplicación de estas normas"[147].

Pese a esta posición mayoritaria, no se debe olvidar el poder de decisión y las *facultades discrecionales* de los Grupos Especiales y particularmente del Órgano de Apelación, a los cuales, en definitiva les corresponderá en su función de interpretar y aplicar el "derecho" en el caso concreto. Esta naturaleza "autoreferencial" (en inglés, *self-contained regimes*), también trae consigo *una consecuencia de facto*: que el Órgano de Apelación se atribuye la "última palabra" en la solución de controversias surgidas en el régimen multilateral de la OMC y, en ocasiones, hasta en los TLC estadounidenses y europeo. Para profundizar en estas cuestiones, a continuación se examinará la *cláusula de exclusión del foro* regulada por el régimen jurídico de la OMC y en ámbitos específicos de los TLC, que sin duda limita la libertad de elección que tiene la parte reclamante.

C. CLÁUSULA DE EXCLUSIÓN DEL FORO

Aunque la mayoría de los acuerdos comerciales prevén diferentes *normas de conflicto entre jurisdicciones*, como la *cláusula de selección del foro* o la *cláusula de*

---

145 Desde esta perspectiva, BARTELS distingue entre la materia de la disputa y las fuentes de Derecho aplicables a ella, fundamentando esta distinción en el artículo 38 del Estatuto de la Corte Internacional de Justicia y la Convención de Naciones Unidas sobre Derecho del Mar. Cfr. LORAND BARTELS. "Applicable Law in WTO Dispute Settlement Proceedings, cit., nota 73, pp. 501 y 507.

146 XAVIER FERNÁNDEZ PONS. *La OMC y el Derecho Internacional*, cit., nota 22, p. 37.

147 PABLO ZAPATERO. *Derecho del Comercio Global*, cit., nota 69, p. 76.

exclusión del foro, que tratan de impedir la posible superposición o sucesión de estos foros[148], parece ineludible que el propio sistema de solución de diferencias de la OMC, y cada uno de los TLC estadounidenses y europeos contemplen un mecanismo que se convierte, parafraseando a ZAPATERO, en el "[...] *vértice jurisdiccional* de *su* particular pirámide jurídica"[149].

No es de extrañar, por tanto, que la OMC regule un procedimiento de solución de diferencias de naturaleza *cuasi-automática* y *obligatoria*. Esta naturaleza se puede comprobar en el párrafo 1 del artículo 23 del ESD, que contiene la *cláusula de exclusión del foro* a favor del mecanismo multilateral cuando se trate de cualquier asunto de interpretación o aplicación de su régimen jurídico[150], salvo en los casos de arbitraje autorizado por el ESD y bajo el control del Órgano de Solución de Deferencias[151]. Simplemente, con el hecho de que un Miembro

---

148 Hoy por hoy las relaciones entre los procedimientos de solución de controversias en el orden jurídico internacional no acostumbran crear estructuras de coordinación efectiva, ya sea de forma horizontal o verticalmente. En este sentido, JENNINGS comenta que "[t]here is no kind of structured relationship between most of them. There is not even the semblance of any kind of hierarchy or system. They have appeared as need or desire or ambitions promoted yet another one. In this particular respect, contemporary international law is just a disordered medley". Cfr. ROBERT JENNINGS. "The Judiciary, International and National, and the Development of International Law", *International and Comparative Law Quarterly* vol. 45, n.º 1, 1996. Para profundizar en estos temas, cfr. PABLO ZAPATERO. "Modern International Law and the Advent of Special Legal Systems", *Arizona Journal of International & Comparative Law*, vol. 23, n.º 1, 2005, p. 73; GEORGES ABI-SAAB. "The Proliferation of Adjudicatory Bodies: Dangers and Possible Answers, Implications of the Proliferation of International Adjudicatory Bodies for Dispute Resolution", *ASIL Bulletin: Educational Resources on International Law*, vol. 9, 1995, p. 21; JONATHAN CHARNEY. "Is the International Law Threatened by Multiple International Tribunals?", en *Recueil des Cours. Collected Courses of the Hague Academy of International Law*, t. 271, 1998, p. 129.

149 PABLO ZAPATERO. *Derecho del Comercio Global*, cit., nota 69, p. 382.

150 El artículo 23 del ESD materializa la intención de las partes de fortalecer el régimen multilateral del comercio, estableciendo la obligación a los Estados miembros de recurrir al mecanismo de solución de diferencias, lo cual ha sido interpretado por la jurisprudencia como una "cláusula exclusiva para la resolución de diferencias". Cfr. Informe del Grupo Especial, en el asunto *Estados Unidos-Artículos 301 a 310 de la Ley de Comercio Exterior de 1974* (WT/DS152/R), adoptado el 22 de diciembre de 1999, párrafo 7.43, regularmente destacado por la literatura especializada como uno de los cambios significativos introducidos por la Ronda Uruguay. Cfr. EDWINI KESSIE. "Enhancing Security and Predictability for Private Business Operators under the Dispute Settlement System of the WTO, cit., nota 11, 2000, p. 1.

151 En este caso, OLIVEIRA señala que "[...] the arbitral report, since it is issued within the WTO rules, could be enforced by the DSB. It remains to be seen what would be the treatment given to it in practice and if an arbitral report would have the same legal status as panel reports. [...] In addition, both TRIPS (art. 64) and the SPS Agreement (art. 11) expressly foresee the possibility of referring disputes to other international organizations or other means of peaceful settlement of disputes for claims based on their provisions". Cfr. BARBARA OLIVEIRA. "The Relation between WTO Law and Public International Law: The applicable law in Dispute Settlement at the WTO", en *University College London LLM Programme*, 2005, p. 9. Disponible en [http://ssrn.com/abstract=903052].

alegue que una medida ha generado un "[...] incumplimiento de obligaciones u otro tipo de anulación o menoscabo de las ventajas resultantes de los acuerdos abarcados, o un impedimento al logro de cualquiera de los objetivos de los acuerdos abarcados"[152], tiene derecho a iniciar el procedimiento, excluyendo así la competencia de cualquier otro foro o mecanismo para examinar las reclamaciones por violación del régimen de la OMC[153].

Otro ejemplo de la naturaleza *cuasi-automática* y *obligatoria* se encuentra en el párrafo 1 del artículo 2 del ESD, que reconoce al sistema de solución de diferencias de la OMC como un "elemento esencial para aportar seguridad y previsibilidad al sistema multilateral de comercio", y agrega que "[l]as recomendaciones y resoluciones del OSD no pueden entrañar el aumento o la reducción de los derechos y obligaciones establecidos en los acuerdos abarcados". Así, una consecuencia que podría extraerse de la norma transcrita es que cualquier decisión que declinara la jurisdicción del OSD, por hallarse en la hipótesis de la *cláusula de exclusión del foro*, podría acarrear la reducción de los derechos y obligaciones, dado que estos son determinados en los "acuerdos abarcados", y no en otras normas otras normas del Derecho internacional[154].

---

152 Artículo 23.1 del ESD de la OMC. También es importante señalar el párrafo 2 (a) del artículo 23 que prohíbe la *"determinación" unilateral* de cualquier infracción, anulación o menoscabo de ventajas o cumplimiento de uno de los objetivos de los acuerdos abarcados, excepto mediante el recurso a la solución de diferencias de conformidad con las normas. Como se puede observar, el régimen multilateral del comercio establece un sistema de solución de diferencias de *autoreferencia* que, según LIÑÁN NOGUERAS, "[...] continúa siendo un modelo con tendencia autónoma, manteniéndose implícitamente la no aplicación de un eventual recurso a los medios de solución de controversias externas a la OMC", de ahí que para este autor el mecanismo multilateral representa "[...] uno de los más notorios exponentes de las tendencias 'funcionalizadoras' de los sistemas de solución de controversias, esto es, de la tendencia a estructurar sistemas propios para un ámbito más o menos concreto de relaciones internacionales". Cfr. DIEGO JAVIER LIÑÁN NOGUERAS. "El Derecho Económico Internacional (II): El comercio Internacional", en MANUEL DÍEZ DE VELASCO VALLEJO. *Instituciones de Derecho Internacional Público*, cit., 2007, p. 634.

153 En efecto, un Miembro de la OMC tiene derecho a iniciar el procedimiento cuasi-*automáticamente*, no tiene la obligación de demostrar un interés económico específico o jurídico, ni presentar ninguna prueba de la repercusión en el comercio de la medida impugnada con el fin de iniciar el mecanismo de solución de diferencias (art. 3.8 del ESD). A este respecto, la profesora STEGER argumenta que el artículo 23 debe interpretarse en el sentido de que el ESD tiene "[...] not only *compulsory* jurisdiction over matters arising under the covered agreements, [but that] it also [has] *exclusive* jurisdiction over such matters". En consecuencia, una vez que se realice la solicitud de un grupo especial o del Órgano de Apelación, este órgano resolutorio se establece automáticamente y su fallo es jurídicamente vinculante para las partes. Cfr. DEBRA STEGER. "The Jurisdiction of the World Trade Organization", *American Society of International Law Proceeding*, vol. 98, 2004, pp. 142-143.

154 Este argumento se encuentra en el Informe del Órgano de Apelación, en el asunto *México-Medidas fiscales sobre los refrescos y otras medidas* (WT/DS308/AB/R), adoptado el 6 de marzo de 2006, párrafo 53. Adicionalmente, se debe tener en cuenta el artículo 2.4 del ESD, el cual señala que las recomendaciones o resoluciones del OSD "tendrán por objeto lograr una solución satisfactoria de la cuestión,

Ser el *vértice jurisdiccional* de *su* particular pirámide jurídica genera un nuevo matiz de complejidad, que se relaciona con las cuestiones de superposición o conflicto de jurisdicción y, en últimas, con el tema de la jerarquía de las normas de Derecho Internacional. De ahí que la *cláusula de exclusión del foro* de la OMC es, para el profesor TRACHTMAN, una asignación horizontal de la competencia[155], constituye una expresión de la importancia que los Miembros de la OMC dan su régimen jurídico. En ese orden de ideas, es posible ilustrar esta conclusión mediante el siguiente silogismo:

> *Si los mismos Estados son parte en los tratados A y B (que contienen normas u obligaciones similares, que interactúan y se reconocen recíprocamente) y en uno de estos instrumentos se establece que la prioridad o la exclusividad será la del mecanismo de solución de controversias del tratado A, entonces, estos Estados estarían, al mismo tiempo, expresando su decisión de favorecer la aplicación del tratado A sobre el B.*

Este silogismo tendría validez en cuanto a la aplicación de la *norma de conflicto entre jurisdicciones* de los TLC estadounidenses y europeos, pues aunque el régimen jurídico de la OMC legitima a sus Miembros para establecer los diferentes ACR (acuerdos preferenciales, de libre comercio, uniones aduaneras, entre otros), tal autorización, como ha interpretado la propia jurisprudencia de los órganos resolutorios de la OMC está condicionada por el artículo XXIV del GATT[156] y artículo V del GATS, y esto, solo, en la medida en que los ACR sean compatibles con el régimen jurídico de la OMC, los Miembros estarían legitimados a incorporar mecanismos propios de solución de controversias a fin de cumplir las normas de estos acuerdos[157]. A partir de este razonamiento, teóricamente el sistema de solución de diferencias de la OMC tendría una *prioridad o exclusividad* sobre los

---

de conformidad con los derechos y las obligaciones dimanantes del presente Entendimiento y de los acuerdos abarcados", de ahí que dichas resoluciones no deben anular ni menoscabar las ventajas resultantes de los acuerdos abarcados para ninguno de los miembros.

155 TRACHTMAN sugiere que hay tres tipos de repartos de la competencia básicos y relacionados: a. La asignación *horizontal* de competencia entre los Estados; b. La asignación *vertical* de competencias entre estados y organizaciones internacionales, y c. La asignación *horizontal* de competencias entre las organizaciones internacionales. Cfr. JOEL TRACHTMAN. "Institutional linkages: Transcending 'Trade and...'", *the American Journal of International Law*, vol. 96, n.° 1, 2002, p. 79.

156 Cfr., por ejemplo, el Informe del Órgano de Apelación, en el asunto *Turquía-Restricciones a las importaciones de productos textiles y de prendas vestir* WT/DS34/AB/R), adoptado el 22 de octubre de 1999, párrafo 58.

157 En esta línea, KWAK y MARCEAU subrayan que "[...] to the extent that an RTA is WTO-compatible, WTO Members also members of an RTA would be justified in using the RTA's internal dispute settlement mechanism in order to enforce the RTA norms". Cfr. KYUNG KWAK y GABRIELLE MARCEAU. "Overlaps and Conflicts of Jurisdiction between the WTO and RTAS", cit., nota 110.

mecanismos establecidos en los TLC bajo estudio. Para verificar la validez del silogismo antes planteado es necesario formular algunos cuestionamientos de la aplicación de la *cláusula de exclusión del foro*.

El anterior silogismo que en teoría fija, en términos de TRACHTMAN, una asignación *horizontal de la competencia*, también tendría diferentes complicaciones jurídicas que ponen en entre dicho la validez de la *prioridad o la exclusividad* de una jurisdicción sobre otra, ya que los TLC estadounidenses y europeos a la luz del Derecho internacional, como cualquier tratado, disfrutan del mismo *status* jurídico y son regímenes independientes a la OMC. De manera que en caso de presentarse una controversia entre Estados, que sean al mismo tiempo parte de la OMC y de un TLC, podrían activar cualquiera de sus mecanismos en forma paralela o sucedánea y, por tanto, dos foros y sus penales u órganos resolutivos tendrían competencia para reclamar la *jurisdicción final* sobre el asunto, con la posibilidad de que lleguen a diferentes, o incluso, decisiones contradictorias. En esta línea, KWAK y MARCEAU señalan que:

> [i]n the absence of any clear prescription, such a cumulative application of various dispute settlement mechanisms under different treaties leaves open the issue of ensuring coherence between the dispute settlement mechanism of an RTA and that of the WTO, to the extent that the same measure could be challenged in either forum. It should, however, also be remembered that the WTO recognizes the legitimacy of RTAS (with conditions)[158].

De igual manera otra complicación jurídica del silogismo planteado, que da *prioridad o exclusividad* al mecanismo de la OMC, se encuentra en el artículo 2005 del TLCAN, el cual incorpora determinadas *cláusulas especiales de exclusión del foro*, en caso de que la parte demandada "[...] solicite por escrito que el asunto se examine en los términos de este Tratado, la parte reclamante *podrá solo recurrir* en lo sucesivo y respecto de ese asunto, a los procedimientos de

---

158 Estos autores concluyen que los mecanismos de solución de controversias pueden ser utilizados para aplicar las disciplinas de los TLC, que a su vez deberán ser compatibles con el artículo XXIV del GATT y la OMC. Cfr. KYUNG KWAK y GABRIELLE MARCEAU. "Overlaps and Conflicts of Jurisdiction between the WTO and RTAS", cit., nota 99, pp. 5 y 6. Desde un punto de vista procesal, MARCEAU señala que sobre la base del artículo 23 del ESD y el *cuasi-automático* mecanismo multilateral de solución de diferencias, "[...] es muy dudoso que algún órgano jurisdiccional vaya a detener su proceso por la única razón que una disputa relacionada o aspectos de una misma disputa esté siendo examinada en otro foro, a menos que las partes decidan suspender el proceso ante la OMC". Cfr. GABRIELLE MARCEAU. "Conflicts of Norms and Conflict of Jurisdictions", cit., nota 38, p. 1124. Además, el autor afirma que la propia redacción del artículo 23 del ESD deja claro que el órgano jurisdiccional de la OMC tiene la autoridad e incluso la obligación de examinar reclamaciones de violación a las obligaciones de la OMC.

solución de controversias de este Tratado"[159]. Estas cláusulas rigen para los siguientes ámbitos:

– Sector agropecuario, y medidas sanitarias y fitosanitarias (Sección B del Capítulo VII,);

– Medidas relativas a normalización, concretamente, en las diferencias sobre estándares relativos a la protección de la vida o la salud humana, animal o vegetal, o del medio ambiente y, además, cuestiones de hecho relacionadas con el medio ambiente, la salud, la seguridad o la conservación, incluyendo las cuestiones científicas directamente relacionadas (Capítulo IX); y

– Tratados en materia ambiental y de conservación (art. 104);

El TLCAN contiene, además, una *cláusula general del foro exclusivo* que, de alguna manera, desvirtúa la libertad de elección del foro de la parte reclamante, en tanto que si la parte demandada solicitara por escrito que el asunto se examine conforme al tratado, su contraparte solamente podría recurrir en lo sucesivo, respecto de ese asunto, a los procedimientos de solución de controversias regulados en por el TLCAN.

Otro caso que evidencia las debilidades del silogismo planteado es el artículo 319.19 del TLC Andino-UE, que incluye la exclusión del foro sobre la misma cuestión "[...] excepto cuando el órgano competente en el foro escogido *no* adopte una decisión sobre el *fondo de la cuestión* por razones de procedimiento o jurisdicción", lo que significa que las partes en la controversia podrían iniciar un procedimiento en otro foro de no lograrse una solución motivada que sea razonable, congruente y fundada en derecho.

Por otro lado, también es posible encontrar un ejemplo que confirma la validez del silogismo planteado. Efectivamente en la *cláusula de exclusión del foro* del párrafo 4 del artículo 189 del TLC Chile-UE, se determina que:

> [a] menos que las Partes acuerden otra cosa, si una Parte pretende reparar el incumplimiento de una obligación en virtud de esta Parte del Acuerdo que sea en esencia equivalente a una obligación en virtud de la OMC, deberá recurrir a las normas y pro-

---

159 Artículo 2005.3 del TLCAN (cursiva fuera de texto). Ante estas complejidades de la norma de conflicto jurisdiccional, y a manera de crítica, se entiende que en el TLCAN las *cláusulas de foro exclusivo* no revelan, en principio, ninguna ventaja para los países latinoamericanos, concretamente para México, toda vez que limitan las posibilidades de que puedan acudir al mecanismo de la OMC en los temas más sensibles del comercio entre los países signatarios del acuerdo (entre otros, agricultura, medidas sanitarias y fitosanitarias, y medio ambiente,). Desde el punto de vista jurídico, todavía no está claro que estas cláusulas del TLCAN sean vinculantes para el sistema de solución de diferencias de la OMC. Es decir, nada impediría que una de las partes del tratado inicie el procedimiento ante los órganos resolutorios de la OMC, quienes a la hora de resolver cualquier diferencia entre Canadá, Estados Unidos y México, difícilmente aplicarían estas cláusulas sobre *exclusión de foro* del TLCAN.

> cedimientos correspondientes del Acuerdo de la OMC, que serán aplicables no obstante lo dispuesto en el presente Acuerdo[160].

Como se puede advertir, el TLC Chile-UE limita la libertad de selección del foro de la parte reclamante y dota al mecanismo multilateral de cierta "primacía" frente al mecanismo bilateral, siempre que se trate de una controversia donde exista "una obligación [...] que sea en esencia equivalente", "a menos que las partes acuerden otra cosa". Estos enunciados constituyen elementos jurídicos de condicionalidad, es decir, la prevalencia del ESD se ve limitada esencialmente por:

– La voluntad de las partes contendientes (quienes tienen un margen de acción para acordar resolver el asunto conforme al TLC Chile-UE, sin recurrir a la sistema de solución de diferencias de la OMC), y

– La naturaleza de las obligaciones en conflicto, que como ya hemos estudiado en apartados anteriores, la jurisprudencia de la OMC no ha logrado aclarar la ambigüedad de este tipo de enunciados –"en esencia equivalente"–[161].

Hechas las anteriores concreciones, en las siguientes líneas se estudiarán dos enfoques de la aplicación de la *cláusula de exclusión del foro* como norma de conflicto entre jurisdicciones.

1. ENTRE LAS POSICIONES RESTRICTIVAS Y APERTURISTAS DE LA APLICACIÓN DE LA CLÁUSULA DE EXCLUSIÓN DEL FORO

De la *cláusula de exclusión del foro* se pueden extraer dos cuestionamientos importantes que se presentan en las relaciones entre los procedimientos de solución de diferencias de la OMC y de los TLC en estudio: primero, ¿será suficiente con invocar la *norma de conflicto entre jurisdicciones* que determine el foro en los TLC estadounidenses o europeos para que un Grupo Especial o el Órgano de Apelación declinen su competencia o suspendan un procedimiento ante el foro de la OMC?, y segundo, ¿cómo puede el artículo 23 del ESD de la OMC y su proceso *casi-automático* ser compatible con la preferencia o, en algunas circunstancias, la exclusividad dada al mecanismo de solución de controversias de uno de estos TLC, cuando se trate de obligaciones que son similares en estos dos regímenes?

---

160 Artículo 189.4 (c) del TLC Chile-UE.

161 Desde la perspectiva de DELPIANO "[s]i bien no existe aún un criterio definido para entender cabalmente la expresión 'en esencia', seguramente habrá de entenderse como aquella medida que provocaría el mismo perjuicio, tanto en la normativa OMC como en la normativa del Acuerdo de Asociación. Cfr. CRISTIÁN DELPIANO LIRA. "La cláusula de exclusión de foros del Acuerdo de Asociación entre Chile y la Unión Europea en el mecanismo de solución de controversias de la OMC", cit., nota 126, p. 268.

Estos interrogantes no tienen una respuesta *única*, tan solo es posible aducir, desde un punto de vista estrictamente normativo, que el artículo 23 del ESD contiene una *cláusula específica* que excluye otras jurisdicciones para solucionar cualquier controversia sobre violaciones o incumplimiento del Derecho de la OMC[162]. En tal sentido el profesor FERNÁNDEZ PONS señala que "[...] no es fácil que una jurisdicción creada con el específico cometido de preservar los derechos y las obligaciones dimanantes de los acuerdos de la OMC llegue a aplicar [...] otras normas internacionales sobre las previsiones de los acuerdos abarcados"[163]. Asimismo, otro sector de la literatura especializada, particularmente MARCEAU, opina que:

> Article 23 of the DSU reflects the clear intention of WTO Members to ensure that WTO adjudicating bodies can always exercise exclusive jurisdiction on any WTO-related claim. The WTO forum is always a "convenient fórum" for any WTO grievance; in fact it seems to be the exclusive forum for WTO matters[164].

Tan es así que esta autora subraya que "[t]he WTO will thus often "attract" jurisdiction over disputes with (potential) trade effects even if such disputes could also be handled in fora other than that of the WTO"[165]. Igualmente, PAUWELYN entiende que:

> [m]uch like a vacuum cleaner *sucks up* its surrounding environment, the new, compulsory and fully automatic WTO dispute settlement system can suck up just about any dispute that is even tangentially related to trade. Any WTO Member has the full and automatic right to sue any other WTO Member about any alleged trade restriction[166].

---

162 Gran parte de la literatura especializada y la jurisprudencia de la OMC entiende que el artículo 23 del ESD busca que las controversias en materia comercial sean resueltas exclusivamente por la OMC, con el objeto de otorgar al régimen multilateral de comercio la seguridad y previsibilidad necesarias. En esta línea, KUYPER ha comentado que "[...] el carácter cerrado del sistema ha sido reforzado por las nuevas disposiciones del artículo 23 del ESD. Este artículo enfatiza fuertemente que los Miembros de la OMC deben buscar reparación a las violaciones de obligaciones bajo la OMC y sus anexos *solo* a través del sistema de solución de controversias del DSU y deben suspender concesiones u otras obligaciones solo en concordancia con las normas del DSU". Cfr. PIETER JAN KUYPER. "The Law of GATT as Special Field of International Law", cit., nota 68, p. 251.

163 XAVIER FERNÁNDEZ PONS. *La OMC y el Derecho Internacional. Un estudio sobre el sistema de solución de diferencias de la OMC...*, cit., nota 22, pp. 156 y ss.

164 KYUNG KWAK y GABRIELLE MARCEAU. "Overlaps and Conflicts of Jurisdiction between the WTO and RTAS", cit., nota 110, p. 8.

165 Ibíd., p. 3.

166 JOOST PAUWELYN. "'Opening-up' the WTO: What Does it Mean for China?", en *Duke Law Faculty Scholarship*, Paper 1591, 2006, p. 7. Disponible en [http://scholarship. law.duke.edu/faculty_scholarship/1591].

Tanto MARCEAU como PAUWELYN tienen la razón cuando señalan que la amplitud de la competencia del ESD de la OMC significa que es posible *attract* o *suck up* la jurisdicción sobre muchas controversias comerciales. Pero, esto no significa que la competencia del procedimiento del solución de diferencias de la OMC sea tan amplia como esta terminología podría sugerir, ya que el artículo 23 del ESD no puede prohibir a los órganos resolutorios establecidos por otros tratados conocer una controversia de su competencia o suspender un procedimiento sobre las reclamaciones derivadas de sus propias disposiciones que se ejecutan en paralelo o se solapan con las normas de la OMC[167]. El procedimiento de solución de diferencias de la OMC no está diseñado para ser el *único* foro. Se trata, por el contrario, de *jurisdicciones horizontales* que no están subordinadas entre sí, es por esto que la jurisprudencia o las decisiones de los órganos resolutorios de la OMC y del TLC pueden no solo *colisionar*, sino también *competir* entre sí[168]. No obstante esta observación jurídica, en la práctica parece poco probable que un Grupo Especial o el Órgano de Apelación de la OMC pueda negarse a ejercer su jurisdicción sobre una controversia basándose en la aplicación de una *cláusula de elección de foro*, incluso cuando la disputa pueda ser interpretada como "engañosa".

Por consiguiente, una primera respuesta es que parecería difícil o poco probable que en el futuro los órganos resolutorios declinaran o suspendieran el mecanismo multilateral para dar aplicación a las cláusulas de *selección del foro* o de *exclusión del foro* reguladas en los TLC bajo estudio. Incluir o no este tipo de cláusulas dentro de la norma aplicable y la competencia material de los Grupos Especiales o el Órgano de Apelación dependerá de qué enfoque prevalece más

---

167 Esta posición también es compartida por GRAEWERT, al señalar que si bien el artículo 23 del ESD prevé la competencia exclusiva de todas las controversias derivadas de los acuerdos abarcados de la OMC por el mecanismo de solución de diferencias de la OMC, sin embargo, "[...] the exclusive jurisdiction established in Article 23 of the DSU is certainly not comparable to the exclusive jurisdiction of a forum like the ECJ. Besides the possibility for parties to alternatively have recourse to arbitration and the provision that "specific rules and procedures on dispute settlement contained in the covered agreements" override the exclusive jurisdiction contained in Article 23 of the DSU, adjudicators can be confronted with a conflict of jurisdiction between the WTO DSM and other fora in several other ways, conflicts which cannot be resolved by the provisions of Article 23 of the DSU alone". Cfr. TIM GRAEWERT. "Conflicting Laws and Jurisdictions in the Dispute Settlement Process of Regional Trade Agreements and the WTO", *Contemporary Asia Arbitration Journal*, n.° 1, 2008, p. 293-294. Asimismo, SHANY observa que el "[...] Article 23 of the DSU does not explicitly preclude referring disputes about the "interpretation" of WTO-covered agreements to an external court or tribunal". Cfr. YUVAL SHANY. "The Competing Jurisdictions of International Courts and Tribunals", cit., nota 113, p. 184.

168 JONATHAN CHARNEY. "Is the International Law Threatened by Multiple International Tribunals,?", cit., nota 149, p. 129.

adelante, el *restrictivo* (que entiende como único *derecho aplicable* las normas contenidas en los acuerdos abarcados)[169] o el más *aperturista* (que no limita la facultad de los órganos resolutorios para revisar, interpretar, e incluso aplicar la costumbre internacional, la doctrina, los principios generales del derecho y otros tratados internacionales)[170].

Retomando el análisis de las posiciones de MARCEAU y PAUWELYN, en ellas se encuentran conclusiones diametralmente opuestas de acuerdo con el enfoque que cada uno asume. Por un lado, PAUWELYN sostiene enfáticamente que las cláusulas *de selección* o *exclusión del foro* de los TLC podrían ser aplicadas por los órganos resolutorios de la OMC, alegando que:

> [i]n the end, applying such clauses is nothing extraordinary. All that one would then be doing is giving effect to the explicit agreement between the disputing parties themselves [...] On the contrary, to not give effect to such FTA forum exclusion clauses would go against the sovereign will of the disputing parties, waste resources through duplication of proceedings and create unpredictable trading relations, potentially even conflicting rulings from different international fora[171].

Por otro, MARCEAU, completamente en desacuerdo con PAUWELYN, enfatiza que:

> If [forum selection clauses] exist in an RTA and reference to the WTO dispute settlement is addressed nothing seems to stop the WTO panel to proceed over a claim of WTO violation even if this would be contrary to the wording [of the] one RTA treaty[172].

---

169 Un buen ejemplo de una posición restrictiva es la del profesor TRACHTMAN, quien puntualiza que la jurisdicción de los órganos resolutorios de la OMC es limitada en cuanto a su competencia material y en cuanto al Derecho aplicable. Si bien admite que estos órganos multilaterales pueden atender por diferentes causas normas internacionales ajenas a los acuerdos abarcados, esto no significa que puedan justificar un incumplimiento de los mismos "aplicando" esas normas ajenas. Cfr. JOEL TRACHTMAN. "Jurisdiction in WTO dispute settlement", cit., nota 135, p. 135. En la misma línea cfr. GABRIELLE MARCEAU. "Conflicts of Norms and Conflict of Jurisdictions", cit., nota 38, p. 1082.

170 Ahora bien, algunos autores, partiendo de planteamientos más aperturistas, consideran que los órganos resolutorios de la OMC no pueden resolver hipotéticos conflictos entre los acuerdos abarcados y otras normas internacionales como si se tratara de una jurisdicción general. Así, por ejemplo, BARTELS observa que si bien el ESD no excluye la aplicación de normas internacionales ajenas al Derecho de la OMC, las previsiones de los artículos 3.2 y 19.2 del ESD operan como una norma de conflicto especial. Cfr. LORAND BARTELS. *Applicable Law in WTO Dispute Settlement Proceedings*, cit., nota 73, pp. 506-507.

171 JOOST PAUWELYN. "Choice of jurisdiction: WTO and regional dispute settlement mechanisms: Challenges, options and opportunities", en *International Centre for Trade and Sustainable Development –ICTSD–: dialogue on the "Mexico Soft Drinks dispute: Implications for regionalism and for trade and sustainable development"*, 2006, p. 6. Disponible en [http://www.ictsd.org/dlogue/2006-05-30/dialogue_materials/Joost_Pauwelyn_speaker_notes.pdf].

172 KYUNG KWAK y GABRIELLE MARCEAU. "Overlaps and Conflicts of Jurisdiction between the WTO and RTAS", cit., nota 110, p. 11.

Si bien el régimen jurídico de la OMC no excluye, de entrada, la aplicación de las *cláusulas de selección del foro* o *exclusión del foro*, sus previsiones y teleología sí limitan la aplicación de estas normas ajenas al Derecho de la OMC o *non-WTO Law*. Más exactamente, las normas del ESD de la OMC hacen que otras disposiciones internacionales solo sean relevantes para la solución de controversia en la medida que no vulneren los "acuerdos abarcados". Sin embargo, esto no impediría que los Grupos Especiales o el Órgano de Apelación, en el ejercicio de sus *facultades discrecionales*, pudieran resolver hipotéticos conflictos entre las previsiones de la OMC y los TLC bajo estudio, aplicando las *cláusulas de selección del foro* o *exclusión del foro* que son vinculantes para las partes en controversia.

Este punto de vista se enfrenta a diferentes obstáculos, en especial a la lógica jurídica de la solución de controversias del comercio internacional: ¿la resolución de un particular conflicto entre tratados dependerá del órgano que conoce del conflicto?, ¿de los limites que impone la norma aplicable para resolver el conflicto?, y ¿de cómo es interpretada y empleada la norma aplicable? Cualquier respuesta a estos cuestionamientos de los conflictos entre las jurisdicciones de la OMC y de los TLC estadounidenses y europeos, desde una visión realista, se dará caso por caso. Es más, según el profesor ZAPATERO, estas preguntas

> [...] no se resuelven, pues, con una respuesta unívoca sino con una respuesta *relativa* "en" y "desde" una *perspectiva*: la perspectiva de cada mecanismo de solución de diferencias o, si se prefiere, del régimen internacional en el que éste está inserto[173].

2. PROBLEMAS EN LA APLICACIÓN DE LA CLÁUSULA DE EXCLUSIÓN DEL FORO

Ante esta realidad de la *norma de conflicto entre jurisdicciones* vale la pena analizar tres problemáticas procesales, la primera, la aplicación del principio de la *cosa juzgada* o *res judicata* en el evento que se presenten procesos sucedáneos con decisiones diferentes o contradictorias; la segunda, la vigencia de la doctrina de la *cortesía* o las reglas de la *litisdependencia* que dan la posibilidad de *declinar la competencia* para evitar procedimientos simultáneos y posibles decisiones contradictorias, y la tercera, la viabilidad de la *renuncia* de la parte reclamante a su derecho de iniciar un procedimiento o de convocar al panel del foro multilateral, aludiendo la aplicación de una *cláusula de exclusión* contenida en uno de los TLC.

---

173 PABLO ZAPATERO. *Derecho del Comercio Global*, cit., nota 69, pp. 419 y 420.

a. EL PRINCIPIO DE LA COSA JUZGADA EN LOS CONFLICTOS ENTRE LOS PROCEDIMIENTOS DE LA OMC Y DE LOS TLC ESTADOUNIDENSES Y EUROPEOS

En cuanto a la primera problemática procesal, técnicamente es poco probable que se aplique el *principio de la cosa juzgada* en un conflicto jurisdiccional entre la OMC y los TLC bajo estudio. De hecho, los órganos resolutorios de la OMC solamente han utilizado este principio cuando la decisión anterior es de un Grupo Especial o del Órgano de Apelación de la OMC, teniendo en cuenta además que se trate de las mismas partes o *ratione personae*, las mismas medidas concretas en litigio y los mismos fundamentos jurídicos o *ratione materiae*. Tal como ocurrió en el asunto *India-Medidas que afectan al sector del automóvil*, donde el Grupo Especial incorporó a su interpretación la noción de *cosa juzgada* para determinar si la controversia en cuestión era la misma en comparación con el pronunciamiento anterior del asunto *India-Restricciones cuantitativas a la importación de productos agrícolas, textiles e industriales*. Concretamente, el Grupo Especial señaló que:

> [...] para que el principio de *res judicata* sea de algún modo aplicable en la solución de diferencias en la OMC debe haber, como mínimo, una identidad fundamental entre el asunto anteriormente resuelto y el presentado al siguiente grupo especial. Esto exige que haya identidad tanto entre las medidas como entre las alegaciones relativas a ellas. También es imprescindible, a los efectos del *principio de res judicata* o *cosa juzgada* la identidad de las partes[174].

Según DAVEY y SAPIR, incluso en ese caso se podría esperar que el Grupo Especial basara su decisión en el *principio de la finalidad* o utilizara la noción del *precedente* para resolver el caso[175]. A este respecto la jurisprudencia de la OMC ha reiterado que un determinado informe y su interpretación "generan expectativas legítimas para los Miembros"[176].

---

174 Informe del Grupo Especial, en el asunto *India-Medidas que afectan al sector del automóvil* (WT/DS146/R), adoptado el 21 de diciembre de 2001, párrafo 7.66.

175 Para ilustrar su aserto, DAVEY y SAPIR citan el Informe del Órgano de Apelación, en el asunto *Comunidades Europeas-Derechos antidumping sobre la importación de ropa de cama de algodón originario de la India, párrafo 5 del artículo 21* (WT/DS141/AB/RW), adoptado 8 de abril de 2003, párrafos 78-100. Cfr. WILLIAM DAVEY y ANDRÉ SAPIR. "The Soft Drinks Case: The WTO and Regional Agreements", *World Trade Review*, vol. 8, n.º 1, 2009, p. 14. Para profundizar en el tema del precedente en la jurisprudencia de la OMC, cfr. JOHN H. JACKSON. *Sovereignty, the WTO, and Changing Fundamentals of International Law*, Cambridge, Cambridge University Press, 2006, pp. 176 y ss.; ÍD., *The Jurisprudence of GATT & the WTO*, Cambridge, Cambridge University Press, 2002, pp. 125-129.

176 Informe del Órgano de Apelación, en el asunto *Japón-Impuestos sobre las bebidas alcohólicas* (WT/DS8/AB/R, WT/DS10/AB/R, WT/DS11/AB/R), adoptado el 4 de octubre de 1996; otro informe

La jurisprudencia de la OMC y gran parte de la literatura especializada consideran que las controversias en materia comercial presentadas ante el régimen jurídico de la OMC serán resueltas exclusivamente por el mecanismo multilateral (art. 23 del ESD)[177], con el objeto de preservar sus derechos y obligaciones, y de otorgar a este régimen de la seguridad jurídica y previsibilidad necesaria. Bajo esta lógica, a la decisión de un órgano *ajeno* al régimen multilateral del comercio que tenga por objeto interpretar las obligaciones contenidas en los "acuerdos abarcados" de la OMC no se le daría, en principio, ninguna "cortesía" o reconocimiento como a un asunto que ha hecho tránsito a *cosa juzgada*.

Sin embargo esta respuesta no está del todo acabada, ya que los conflictos entre el foro OMC y los foros TLC son más que un simple ejercicio teórico, como se demuestra en algunas diferencias, como los asuntos *México-Medidas fiscales sobre los refrescos y otras bebidas*, *Estados Unidos-Madera blanda*, *Argentina-Derechos antidumping definitivos sobre los pollos procedentes del Brasil*, *Brasil-Medidas que afectan la importación de neumáticos recauchutados*, entre otros. La complejidad de las relaciones entre el régimen jurídico de la OMC y los TLC en estudio exige mayores esfuerzos hermenéuticos frente a estos conflictos de jurisdicción donde los elementos que configuran el *principio de la cosa juzgada* son *casi idénticos*, particularmente cuando se trata de controversias en las que los fundamentos jurídicos de la decisión anterior de un procedimiento regulado en un TLC corresponden a disposiciones por referencia o *normas de remisión* al régimen jurídico de la OMC o son normas reproducidas literalmente de la OMC.

Aunque las disposiciones controvertidas sean idénticas, para DAVEY y SAPIR

> [...] the setting in which the cases arose would be different, and to the extent that proper interpretation requires consideration of context and of the object and purpose of the agreement, it is inevitable that the WTO agreement and the other agreement would not be identical in those respects. Thus, since the same interpretative result would not be inevitable, the claims could not be viewed as identical[178].

En esta misma línea, el profesor PAUWELYN, al analizar los asuntos *México-Medidas fiscales sobre los refrescos y otras bebidas* y *Estados Unidos-Madera blanda*,

---

trascendental para este tema es el asunto *Estados Unidos-Medidas antidumping definitivas sobre el acero inoxidable procedente de México* (WT/DS344/AB/R), adoptado el 30 de abril de 2008.

177 Informe del Grupo Especial, en el asunto *Comunidades Europeas-Medidas que afectan el comercio de embarcaciones comerciales* (WT/DS301/R), adoptado el 3 de septiembre de 2003; Informe del Grupo Especial, en el asunto *Estados Unidos-Artículos 301 a 310 de la Ley de Comercio de 1974* (WT/DS152/R), adoptado el 22 de diciembre de 1999.

178 WILLIAM DAVEY y ANDRÉ SAPIR. "The Soft Drinks Case: The WTO and Regional Agreements", cit., nota 176, p. 14.

reconoce que "[a]lthough clearly dealing with the same broader dispute on lumber or sweeteners, the different rulings out of NAFTA and/or the WTO are not, strictly speaking, in a relation of *res judicata*"[179]. Claro está, el mismo autor subraya que "[...] the absence of *res judicata* should not lead one tribunal to completely ignore the work of the other"[180]. Por tanto, también parece poco probable que pueda aplicarse el *principio de la cosa juzgada*, aunque las disposiciones controvertidas sean reproducidas literalmente en los dos foros.

Con todo, pese a la importancia de los órganos resolutorios de la OMC, en especial la función *de facto* que cumple el Órgano de Apelación como un "órgano de cierre" en la jurisdicción multilateral del comercio, no se debe perder de vista la existencia de una presunción de legalidad respecto a las decisiones de los paneles de los TLC, que se derivan directamente de los instrumentos internacionales que los han creado[181]. Desde esta perspectiva es acertada la interpretación del profesor PAUWELYN, cuando apunta que:

> [t]he reluctance of WTO panels and the Appellate Body to apply the principle of *res judicata* is difficult to understand. If the Appellate Body decides to apply judicial principles on burden of proof, good faith, and due process –on which nothing is explicitly said in the DSU– there is no reason for it to reject the principle of res judicata. The WTO reluctance to apply the principle of res judicata is all the more surprising because res judicata is only rarely triggered in international litigation[182].

Otro escenario para el *principio de la cosa juzgada* se presenta en la *jurisdicción* de los TLC, específicamente en las decisiones del panel en el marco del Acuerdo de Libre Comercio de Canadá con los Estados Unidos –ALCCEU– de 1989 y del TLCAN de 1994, en donde existen diferentes asuntos que aluden a las disposiciones del GATT de 1947 y de la OMC, incluso se apoyan o utilizan la interpretación hecha por los Grupos Especiales y el Órgano de Apelación de estas normas que,

---

179 JOOST PAUWELYN. "Adding Sweeteners to Softwood Lumber: The WTO-NAFTA 'Spaghetti Bowl' is Cooking", cit., nota 129, p. 4.

180 Ibíd., p. 5.

181 Aunque la decisión de los órganos resolutorios no tenga el mismo estatus que una disposición del tratado en virtud del Derecho internacional, la validez y fuerza vinculante de dicha decisión se deriva del Tratado constitutivo que define la competencia de cada uno de ellos. Por tanto, un Estado sujeto al mismo tiene la obligación convencional de darle cumplimiento. Cfr. International Court of Justice. Reports of judgments, in the *Certain Expenses of the United Nation*, advisory opinions and orders, Advisory opinion of 20 July 1962, p. 168.

182 Para PAUWELYN, esta situación podría cambiar "[...] if tribunals were willing to soften the three criteria for *res judicata* to apply. To do so they could borrow from common law notions such as 'issue estoppel' or civil law notions such as 'related actions'". Cfr. JOOST PAUWELYN. "Forum Shopping Before International Tribunals", cit., nota, 48, pp. 102-104.

además de considerarse como un *criterio auxiliar de interpretación*, en algunos casos han llegado a actuar como un *argumento de autoridad.* Es más, parece razonable afirmar que en ocasiones estas decisiones de los órganos resolutorios de la OMC han operado como un auténtico "precedente"[183]. Así, por ejemplo, en el asunto *Estados Unidos-Regulación de la Langosta*[184], el panel examinó la controversia en la interpretación de los artículos XI y III del GATT de 1947 (que se incorporan mediante *normas de remisión*, en los artículos 407 y 501 del ALCCEU). En este caso, el panel señala explícitamente que algunas decisiones de los Grupos Especiales del GATT constituyen *precedente*[185], y al mismo tiempo *modera* su interpretación al señalar que:

> [s]ome members of the Panel consider that the wording of GATT Articles III and XI provides the basic elements necessary to classify a measure. Nevertheless, they were of the opinion that, in addition to the GATT language, the interpretation given to these GATT Articles by the drafters of the Agreement and by Panel Reports provides *helpful comments* on the scope of Articles XI and III[186].

---

183 A pesar de que el *stare decisis* o *precedente* no se reconoce de manera explícita en los TLC estadounidenses, la tradición jurídica del *Common Law* impulsa a sus paneles a tener en cuenta las decisiones de los Grupos Especiales del antiguo GATT y de los órganos resolutorios de la OMC.

184 En estricto sentido, en este asunto la controversia se presenta entre dos posiciones: "Canada argued that the 1989 amendment is a border measure imposing a prohibition on imports of Canadian sub-sized lobsters and is therefore in violation of GATT Article XI. The United States argued that the 1989 amendment is rather an internal measure applied to the marketing and sale of sub-sized lobsters and is therefore subject to GATT Article III. Cfr. Informe final del Panel del TLCAN, en el asunto *Estados Unidos-Regulación de la Langosta* (USA 89-1807-01), adoptado el 25 de mayo 1990, párrafo 8.1.1.

185 En efecto, el panel examinó como precedentes: el Informe del Grupo Especial del GATT, asunto *Canadá-Aplicación de la Ley sobre el examen de la inversión extranjera* (IBDD 30S/151-182), adoptado el 7 de febrero de 1984; el Informe del Grupo Especial del GATT (L/4687), en el asunto *Comunidades Europeas-Programa de precios mínimos de importación, licencias y depósitos de garantía de determinadas frutas y hortalizas* (BISD 25S/68/107), adoptado el 18 de octubre de 1978, y el Informe del Grupo Especial del GATT (L/6309), en el asunto *Japón-Comercio de semiconductores* (BISD 35S/116-163), adoptado el 4 de mayo de 1988, y determinaron que "there is no GATT Panel precedent in which a complete prohibition on the sale, use or transportation of imported products, as is the 1989 amendment in regard to Canadian sub-sized lobsters, was held to fall within Article III". Cfr. Informe final del Panel del TLCAN, en el asunto *Estados Unidos-Regulación de la Langosta...*, cit., párrafo 8.3.3. Ahora bien, en decisiones posteriores el panel del ALCCEU matiza su posición respecto a la jurisprudencia del GATT como "precedente", al determinar que esta no le es vinculante, sino que constituye "panel opinion pursuant to GATT", es decir, como meras *"opiniones"*. Cfr. Informe final del Panel del TLCAN, en el asunto *Estados Unidos-Magnesio puro y aleación* (USA-92-1904-03), adoptado el 16 de agosto de 1993, p. 9.

186 Ibíd., párrafo 8.3.1 (cursiva fuera de texto). Otro caso donde podemos evidenciar la *interacción* a través de las normas de remisión en la jurisprudencia del ALCCEU es el asunto *Canadá-Requerimientos para el desembarco del salmón y del arenque de la costa del pacífico*, en el cual se analiza el conflicto de aplicación de los artículos XX (g) y XI del GATT, incorporados mediante las *normas de remisión*, en el artículo 407, y el artículo 1201 del ALCCEU. Es más, un miembro del panel llega a señalar que "[...]

Bajo este panorama, aunque no exista ningún informe de los paneles de los TLC que aplique el principio de la *cosa juzgada*, hay cierta probabilidad de que en el futuro se acuda a este principio para evitar decisiones sucedáneas que puedan ser diferentes o contradictorios con los informes de la jurisdicción de la OMC que resuelvan una "misma controversia".

b. LA DOCTRINA DE LA CORTESÍA JUDICIAL O LA LITISDEPENDENCIA COMO UN INSTRUMENTO QUE SOLUCIONA LA DUPLICIDAD DE PROCEDIMIENTOS ENTRE LA OMC Y LOS TLC

Respecto al segundo cuestionamiento, la posibilidad de procedimientos simultáneos respecto a un *mismo conflicto* parecería ser un tanto "irrelevante" si se tiene en cuenta la conclusión de la discusión en torno al principio de la *cosa juzgada*, ya que la decisión de cualquier foro anejo al sistema de solución de diferencias de la OMC no tendría ningún efecto en su jurisdicción[187]. La naturaleza *cuasi-automática* y la "teleología" que guía al mecanismo multilateral, donde se atribuye la jurisdicción exclusiva a sus órganos resolutorios[188], no permitirían en

---

did not believe that existing GATT rules or previous GATT decisions provide a clear basis for reaching a judgment in the present case as to whether the landing requirement constitutes a restriction within the meaning of Article XI:1, and was not prepared to make a decision on this issue. This member was of the view that the consistency of landing requirements with GATT rules raises conceptual issues that may deserve further consideration by the GATT Contracting Parties". Cfr. Informe final del Panel del TLCAN, en el asunto *Canadá-Requerimientos para el desembarco del salmón y del arenque de la costa del pacífico* (CDA-89-1807-01), adoptado el 18 de octubre de 1989, párrafo 6.14

187 En este sentido, MARCEAU y KWAK señalan que no existe ninguna norma que exija el agotamiento de un mecanismo de solución de diferencias antes de la iniciación de otro. Es más, "[t]here is a principle in general international law that obliges States to ensure that local remedies have been exhausted before bringing a claim on behalf of a national to international dispute settlement mechanisms, but many would argue that this doctrine does not apply under WTO law. In any case, the dispute settlement mechanism of a RTA does not provide for any 'local' remedy therefore it is difficult to consider that such a principle could be invoked to oblige a state to exhaust RTA remedies before going to the WTO". Cfr. KYUNG KWAK y GABRIELLE. MARCEAU. "Overlaps and Conflicts of Jurisdiction between the WTO and RTAS...", cit., nota 48, p. 479.

188 Claro está, algún sector de la literatura especializada se opone a este enfoque "restrictivo,"; así, por ejemplo, HENCKELS cree que "[...] the WTO tribunal's inherent judicial powers, like the inherent powers of international tribunals generally, 'cannot be precisely delineated' , inherent powers include the power to apply comity by declining to exercise jurisdiction in certain situations. [...] The DSU neither specifically authorizes nor appears to prohibit a panel to decline jurisdiction where the same dispute has been ruled upon by another tribunal or suspend proceedings on its own motion so that related proceedings can be heard in another forum, although it provides that a panel may suspend proceedings at the request of the complaining party [DSU, art. 12.12]. In relation to its own powers, the Appellate Body has said that it 'has broad authority to adopt procedural rules which do not conflict with any rules and procedures in the DSU or the covered agreements', meaning that these

principio aplicar las reglas de la *litisdependencia* o *lis alibi pendens*[189], que evitan una situación en la que concurren en diferentes procedimientos las mismas partes y la misma causa de forma simultánea, con la posible consecuencia de resoluciones contradictorias. En este sentido, el Grupo Especial en el asunto *México-Medidas fiscales sobre los refrescos y otras bebidas* llegó a la conclusión de que no tenía *facultades discrecionales* para decidir si ejercer o no su jurisdicción en un asunto que se le había sometido debidamente de acuerdo con el ESD, al interpretar que:

> [...] sólo puede decirse que hay facultades discrecionales cuando un órgano jurisdiccional tiene libertad para elegir entre varias opciones, todas ellas igualmente admisibles ante la ley. Parece que un grupo especial sólo tendría esa libertad en el marco del ESD si el reclamante no tuviera derecho a que un grupo especial decida un asunto que se le ha sometido debidamente[190].

El Órgano de Apelación, por el contrario, ha insistido en que el Grupo Especial tiene el *poder inherente* para pronunciarse sobre su propia competencia; en otras palabras,

---

provisions do not prohibit panels and the Appellate Body from suspending proceedings pending the outcome of a related dispute". Cfr. CAROLINE HENCKELS. "Overcoming Jurisdictional Isolationism at the WTO-FTA Nexus: A Potential Approach for the WTO", cit., nota 109, p. 593. En la misma línea, cfr. ANDREW MITCHELL. "The Legal Basis for Using Principles in WTO Disputes", *Journal of International Economic Law*, vol. 10, 2007, p. 835.

189 Las reglas de la *lis alibi pendens* en el Derecho internacional público resultan mucho más polémicas que el reconocimiento de la *cosa juzgada*. Para profundizar en estas discusiones, cfr. GILLES CUNIBERTI. "Parallel Litigation and Foreign Investment Dispute Settlement", en *ICSID Review Foreign Investment Law Journal*, vol. 21, 2006, p. 406; AUGUST REINISCH. "The Use and Limits of Res Judicata and Lis Pendens as Procedural Tools to Avoid Conflicting Dispute Settlement Outcomes", en *The Law & Practice of International Courts & tribunals*, vol. 3, 2004, p. 48; YUVAL SHANY. *The Competing Jurisdictions of International Courts and Tribunals*, cit., nota 113, p. 241. La mayoría de la literatura especializada considera que resulta difícil hablar de *litispendencia* entre dos mecanismos de solución de controversias contenido en dos tratados internacionales diferentes. Las partes podrán ser las mismas y el objeto en cuestión puede estar relacionado, pero, en términos de MARCEAU y KWAK "[...] legally speaking, in the WTO and the RTA, the applicable law would not be the same-certain specific defences may be available only in one treaty; or timelimits, procedural rights and remedies may differ". Cfr. KYUNG KWAK y GABRIELLE MARCEAU. "Overlaps and Conflicts of Jurisdiction between the WTO and RTAS", cit., nota 48, p. 481.

190 De ahí que el Grupo Especial entienda que si optara por no ejercer su jurisdicción en un asunto concreto, no estaría cumpliendo sus obligaciones. De manera más específica, no estaría cumpliendo su deber, contenido en el artículo 11 del ESD, de hacer "una evaluación objetiva del asunto que se le haya sometido, que incluya una evaluación objetiva de los hechos, de la aplicabilidad de los acuerdos abarcados pertinentes y de la conformidad con éstos y formular otras conclusiones que ayuden al OSD a hacer las recomendaciones o dictar las resoluciones previstas en los acuerdos abarcados...". Cfr. Informe del Grupo Especial, en el asunto *México-Medidas fiscales sobre los refrescos y otras bebidas* (WT/DS308/R), adoptado el 7 octubre de 2005, párrafo 7.7.

> [...] no pueden simplemente hacer caso omiso de cuestiones que afectan a la base de su jurisdicción, es decir, a su autoridad para examinar y resolver asuntos. Antes bien, los Grupos Especiales han de ocuparse de tales cuestiones, si es necesario por iniciativa propia, para cerciorarse de que están autorizados a continuar con sus actuaciones[191].

Así, la teoría de la *cortesía judicial* y las reglas de la *litisdependencia* pueden ser aplicadas por los órganos resolutorios de la OMC como un requisito previo fundamental del procedimiento.

Los paneles del TLCAN han recurrido a la doctrina de la *cortesía judicial* como una deferencia hacia el sistema de solución de diferencias de la OMC, de esta manera el foro evita que sus decisiones, en la medida de lo posible, generen un conflicto o una duplicación de esfuerzos[192]. Un ejemplo de ello se encuentra en el asunto *Investigación antidumping sobre las importaciones de jarabe de maíz de alta fructosa*, originario de los Estados Unidos de América (MEX-USA-98-1904-01). Pero no se puede perder de vista que la *cortesía judicial*, tal como señala SHANY, "not have the force of international law".

C. LA APLICACIÓN DE LA CLÁUSULA DE EXCLUSIÓN DE LOS TLC ESTADOUNIDENSES Y EUROPEOS EN EL SISTEMA DE SOLUCIÓN DE DIFERENCIAS DE LA OMC

El último cuestionamiento procesal también resulta interesante, ante la posibilidad de *renuncia* del foro multilateral en aplicación de la *cláusula de exclusión del foro*, pues se puede discutir si constituye o no una violación del artículo 23 del ESD de la OMC. Para poner este interrogante en términos prácticos, es posible plantear la hipótesis de si habría cambiado el resultado de los órganos resolutorios de la OMC en el asunto *México-Medidas fiscales sobre los refrescos y otras bebidas*, en el evento de que México hubiera solicitado declinar su jurisdicción al Grupo Especial para hacer cumplir o aplicar la *cláusula de exclusión del foro* del TLCAN[193]. Ante este hipotético escenario, y entre las diferentes posibilidades,

---

191 Informe del Órgano de Apelación, en el asunto *México-Medidas fiscales sobre los refrescos y otras bebidas* (WT/DS308/AB/R), adoptado el 6 de marzo de 2006, párrafo 36. Igualmente, cfr. el Informe del Órgano de Apelación, en el asunto *India-Protección mediante patente de los productos farmacéuticos y los productos químicos para la agricultura* (WT/DS50/AB/R), adoptado el 19 de diciembre de 1997, párrafo 94, y el Informe del Órgano de Apelación, en el asunto *Estados Unidos-Ley de 1916* (WT/DS136/AB/R), adoptado el 28 de agosto de 2000, párrafo 54.

192 YUVAL SHANY. *The Competing Jurisdictions of International Courts and Tribunals*, cit., nota 113, p. 262.

193 Así pues, para algunos autores el resultado del asunto *México-Medidas fiscales sobre los refrescos* podría haber sido diferente, si la defensa mexicana hubiera alegado la violación de la *cláusula de exclusión del foro*. En este sentido, HENCKELS puntualiza que "[i]t is arguable that, in Soft Drinks, had Mexico

es posible plantear dos caminos que podrían asumir los órganos resolutorios de la OMC:

– El *primero*, que el Grupo Especial o el Órgano de Apelación determinara que la *cláusula de exclusión del foro* del TLCAN constituye un *impedimento legal.* Algún sector de la literatura especializada entiende que no aplicar una *cláusula de exclusión del foro* podría constituir una violación al *principio de la buena fe*, alegando que sería un abuso de derecho permitir que un Miembro viole sus obligaciones internacionales[194]. Siendo el profesor PAUWELYN uno de los exponentes de esta perspectiva, se podría concluir que la jurisdicción de la OMC frente a una *cláusula de exclusión del foro* debería declararse incompetente para conocer de la controversia[195]. Es más, este autor manifiesta que "the Appellate Body also considered the clause and left the possibility open that similar clauses could constitute a 'legal impediment' for the WTO to rule on the merits of a case in the future"[196].

---

relied on the forum exclusion clause in NAFTA as a jurisdictional defence, this would have been a stronger argument than relying on the doctrine of comity, which has no basis in the relevant treaty texts". Cfr. CAROLINE HENCKELS. "Overcoming Jurisdictional Isolationism at the WTO-FTA Nexus: A Potential Approach for the WTO", cit., nota 110, p. 593. Otro buen ejemplo para el análisis de este cuestionamiento es el asunto *Argentina-Derechos antidumping definitivos sobre los pollos procedentes del Brasil*, en el cual es posible plantear qué pasaría si la disposición del Mercosur a que se refiere este asunto estuviera en vigor: ¿el Grupo Especial tendría que abstenerse de hacer un pronunciamiento sobre la reclamación del Brasil en la OMC?, o este órgano resolutorio podría conocer la reclamación del Brasil.

194 Algún sector de la literatura especializada entiende que no aplicar una *cláusula de exclusión del foro* podría constituir una violación al *principio de la buena fe*, alegando que sería un abuso de derecho permitir que un Miembro viole sus obligaciones internacionales. Para un mayor análisis del este principio cfr. MARION PANIZZON. *Good Faith in the Jurisprudence of the WTO: The Protection of Legitimate Expectations, Good Faith Interpretation and Fair Dispute Settlement*, Studies en International Trade Law, Portland, Hart Publishing, 2006; IAN BROWNLIE. *Principles of Public International Law*, 7.ª ed., Oxford, Oxford University Press, 2008, pp. 447 y 448; ANDREW MITCHELL. "Good Faith in WTO Dispute Settlement", *Melbourne Journal of International Law*, vol. 7, 2006, p. 358.

195 JOOST PAUWELYN. "How to Win a World Trade Organization Dispute Based on Non-World Trade Organization Law", cit., nota 51, pp. 1012-1013. Por el contrario MARCEAU y KWAK, que se oponen a esta posición de PAUWELYN, reconocen que un Estado puede ser obligado por su compromiso implícito de respetar una sentencia anterior y, por tanto, puede que tenga que abstenerse de recurrir a otro foro. Pero, al mismo tiempo, los Estados pueden obligarse por dos jurisdicciones diferentes de forma secuencial y esto ocurre a menudo en el Derecho internacional. Añadiendo que " [o]ne may argue that the general obligation of States to enforce their treaty obligations in good faith obliges them to use the most appropriate forum to settle their disputes or to use them in any sequence. However, if States have negotiated the possibility of referring disputes to various fora, it has to be assumed that they intended to retain the possibility of using such for a freely, yet in good faith". Cfr. KYUNG KWAK y GABRIELLE MARCEAU. "Overlaps and Conflicts of Jurisdiction between the WTO and RTAS", cit., nota 48, p. 478.

196 De hecho, PAUWELYN considera que: "[...] the best way to develop rules to address the novel problem of overlaps between international tribunals is through the inclusion of explicit conflict and overlap

– Todo lo contrario para la *segunda* posición, ya que el Grupo Especial o el Órgano de Apelación no pueden aplicar la *cláusula de exclusión del foro* de los TLC, al entender que el artículo 23 del ESD fue diseñado con el objetivo de fortalecer el régimen jurídico de la OMC, es decir, para promover el uso exclusivo de su sistema de solución de diferencias en las disputas sobre los derechos y obligaciones de los Miembros en el marco de los "acuerdos abarcados". En esa línea encontramos a KWAK y MARCEAU, quienes sostienen que:

> [i]n light of the quasi-automatic of the mechanism, once a dispute is initiated under the DSU, it is unlikely that a WTO panel would give much consideration to the defendant's request to halt the procedures just because similar or related procedures are being pursued under a regional arrangement[197].

Adicionalmente, según esta posición, todos los Miembros de la OMC tienen derecho a saber cómo se resuelven las disputas sobre cuestiones del régimen jurídico de la OMC, de ahí que permitir o alentar a los Miembros a solucionar estas controversias en otros foros donde el resto de los Miembros no tienen derecho a ser oídos, según DAVEY y SAPIR, parece un poco "imprudente". Para estos autores

> [...] give effect to a WTO Member's waiver of its right to invoke WTO dispute settlement also deprives other WTO Members of the third-party rights that they would otherwise enjoy. It is arguable that such a result should be possible only if approved in advance by the WTO Membership (e.g., through a waiver)[198].

---

clauses in the relevant treaties-that is, rules to which the parties themselves have explicitly agreed". Cfr. JOOST PAUWELYN. "Forum Shopping Before International Tribunals", cit., nota 48, pp. 90 y 93.

197 Estos autores van mucho más allá, pues en su opinión, aun cuando no sea práctico o útil para una de las partes del TLCAN duplicar en la OMC una controversia que debe ser manejada en el foro del tratado, no habría ningún impedimento legal en contra de tal posibilidad, ya que, legalmente hablando, el procedimiento del TLCAN y de la OMC serían diferentes teniendo en cuenta el "asunto" o el *objeto de la controversia* y la "norma aplicable". Cfr. KYUNG KWAK y GABRIELLE MARCEAU. "Overlaps and Conflicts of Jurisdiction between the WTO and RTAS", cit., nota 48, p. 469.

198 Según DAVEY y SAPIR, el artículo 23 del ESD se vería comprometido si las disputas sobre cuestiones de la OMC no se pudieran llevar ante su foro de solución de diferencias, donde todos los miembros de la OMC pueden participar. Es más, estos autores se inclinan hacia la posición de MARCEAU y KWAK, al subrayar que"[w]hile prior PTA (Preferential Trade Agreement) dispute settlement decisions on similar issues may be considered by the WTO Appellate Body and Panels, there should be no automatic deference. Indeed, why should one expect PTA dispute settlement systems which generally are more political and have no second-tier review, to produce superior decisions worthy of deference? Thus, given the multilateral interest and its superior dispute settlement system, the WTO should not automatically defer to decisions made by PTA dispute settlement systems on issues that also arise under WTO agreements and should not enforce provisions purporting to divest it of jurisdiction (absent a

Tras estas concreciones es posible llegar a una primera conclusión: existe una ineludible ambigüedad de los elementos que configuran la noción de controversia en esta *pluralidad de regímenes jurídicos*[199] de tendencia autónoma o independiente[200], los cuales normalmente interactúan de manera *horizontal* en el marco del Derecho internacional económico a menos que los propios instrumentos bajo estudio reconozcan expresamente la subordinación o la mayor jerarquía jurídica de otro régimen. Justamente, el funcionamiento de las relaciones entre el régimen jurídico de la OMC y los TLC pueden generar, según ZAPATERO, "perspectivas jurídicas divergentes respecto a una misma cuestión"[201] que no siempre pueden ser resueltas del todo por las *normas sobre conflictos* de tratados del Derecho internacional general[202].

WTO-approved waiver)". Cfr. WILLIAM DAVEY y ANDRÉ SAPIR. "The Soft Drinks Case: The WTO and Regional Agreements", cit., nota 176, pp. 16-17.

199 En la actualidad, el denominado "pluralismo jurídico" se encuentra presente en todo el Derecho internacional y se define, según ARNAUD, como "[...] the simultaneous existence-within a single legal order-of different rules of law applying to identical situations. In other words, when different rules can solve one case in various ways, we speak about pluralism. Pluralism can also be said when dealing with the co-existence of a plurality of different legal orders having links between them". Cfr. ANDRÉ-JEAN ARNAUD. "Legal Pluralism and the Building of Europe", en H. PETERSEN y H. ZAHLE (eds.). *Legal Polycentricity: Consequences of Pluralism in Law*, Dartmouth, 1995, p. 150. Para profundizar en el tema del pluralismo jurídico cfr. PAUL BERMAN. "Global Legal Pluralism", *Southern California Review*, vol. 80, 2007; SALLY SALLY. "Legal Pluralism", *Law and Society Review*, vol. 22, n.° 5, 1988; JOHN GRIFFITHS. "What is Legal Pluralism?", *Journal of Legal Pluralism and Unofficial Law*, vol. 24, n.° 5, 1986; BOAVENTURA DE SOUSA SANTOS. "Law: A Map of Misreading. Toward a Postmodern Conception of Law", *Journal of Law and Society*, vol. 14, n.° 3, 1987.

200 IGNAZ SEIDL-HOHENVELDERN. "Hierarchy of Treaties", en KLABBERS y R. LEFEBER (eds.). *Essays on the Law of the Treaties. A Collection in honour of Bert Vierlag*, London, Martinus Nijhoff Publisher, 1998, pp. 8 y 9, y 12 y 13. Para un mayor análisis sobre los elementos que determinan la autonomía o independencia de un régimen internacional, cfr. MAX SORENSEN. "Autonomous Legal Orders: Some Considerations Relating to a Systems Analysis of International Organizations in the World Legal Order", *International and Comparative Law Quarterly*, vol. 32, n.° 3, 1983, pp. 559 a 575.

201 En otras palabras, según el profesor ZAPATERO en las diferentes relaciones de la pluralidad de regímenes internacionales no se *observan*, en la práctica y de forma estricta, las normas generales sobre solución de conflictos de tratados (art. 30 de la Convención de Viena), debido a que "[e]l funcionamiento de estas relaciones tienen origen en las particulares políticas jurisdiccionales, legislativas (p. ej. diseño de la norma aplicable), hábitos y actitudes (colectivas e individuales) de los operadores legales que actúan en su seno y puede o no corresponder con las soluciones que prescribe la aplicación de las normas generales sobre conflictos de tratados". Cfr. PABLO ZAPATERO. *Derecho del Comercio Global*, cit., nota 69, pp. 410 y 411.

202 En este sentido, SINCLAIR señala que las normas generales sobre conflictos entre tratados del artículo 30 de la Convención de Viena no son "enteramente satisfactorias", ya que contienen un modelo simplificado que no responde de forma correcta a las actuales necesidades del orden jurídico internacional. Cfr. IAN MCTAGGART SINCLAIR. *The Vienna Convention on the Law of Treaties*, cit., nota 17, p. 98. Para profundizar en las discusiones en torno a la aplicación de las normas generales de conflicto, cfr. DONALD MCRAE. "The Contribution of International Trade Law to the Development of International Law", en *Recueil des Courses*, vol. 260, Academy of International Law, 1996, p. 177;

Consecuente con ello, cada acuerdo estadounidense y europeo examinado regula con mayor o menor claridad sus relaciones con el régimen jurídico de la OMC; sus mecanismos de solución de controversias normalmente tutelan de forma privilegiada su propio *Derecho*. La estructura institucional de los TLC estadounidenses y europeos, como en cualquier otro régimen internacional, se orienta a dar cumplimiento efectivo de sus propias disposiciones jurídicas[203]. Así se observa en la poca, pero discutida, jurisprudencia de los paneles de estos acuerdos, específicamente en el TLCAN[204].

Estas cuestiones tampoco han sido resueltas, hasta el momento, por el sistema de solución de diferencias de la OMC, ni existe una clara posición de sus órganos resolutorios sobre los diferentes problemas del *Derecho aplicable*, los conflictos de jurisdicciones o la propia noción de controversia. Por tanto, se trata de "soluciones jurídicas no definidas"[205] o "soluciones a medias", que no tienen una respuesta única en la práctica. De hecho, pueden tener respuestas diferentes dependiendo del régimen desde el que se realiza el análisis.

Frederick M. Abbott. "The North American Integration Regimen and its Implications for the World Trade System", en J. H. Weiler (ed.). *The EU, the WTO, and the NAFTA: towards a Common Caw of International Trade*, vol. IX/1, Collected courses of the Academy of European Law, Oxford University Press, 2000, p. 108; Axel Marschik. "Too much order? The Impact of Special Secondary Norm on the Unity and Efficacy of the International Legal System", *European Journal of International Law*, vol. 9, n.° 1, 1998, p. 238.

203 En este sentido, debemos recordar que una característica de los regímenes internacionales es la incorporación de *normas de adjudicación* que operan de forma segmentaria en el orden jurídico internacional. Dicho de otra manera, crean mecanismos de solución de controversia y un Derecho aplicable propio que multiplican de modo exponencial las relaciones y solapamientos entre los diferentes regímenes.

204 En términos de Morgan, "[...]It should be noted that there has been 32 cases among NAFTA parties in the WTO, compared to only 3 sate-state cases among these countries in the NAFTA forum". However, not surprisingly, under NAFTA Chapter 19 (Binational panels for Antidumping and Countervailing duties) there have been 58 disputes. Cfr. David Morgan. "Dispute Settlement under PTAS: Political or Legal?", *Legal Studies Research Paper n.° 341*, University of Melbourne Law School, 2007, p. 253. Asimismo, cfr. William Davey. "Dispute Settlement in the WTO and RTAS: A Comment", en L. Bartels y F. Ortino (eds.). *Regional Trade Agreements and the WTO Legal System*, New York, Oxford University Press, 2006, pp. 350 y 351.

205 En opinión del profesor Hudec, en ocasiones, en el Derecho internacional económico encontramos normas con *apariencia de soluciones jurídicas* en las que, en realidad, no se ha llegado a ninguna solución. De hecho, el autor señala que "[...][i]n the public law of international economic law-that is, the international law of trade agreements and the national law regulating private trade transactions-legal instruments are often created with a somewhat different purpose in mind. The international agreements in this area, like international agreements generally, are frequently documents which claim to solve problems, but in fact merely paper over conflicting national positions without resolving them. The normal way of doing this is to create legal documents embroidered with elegant ambiguities, but the same result can be achieved whenever governments simply declare divergent understandings about clear texts". Cfr. Robert Hudec. "International Economic Law: The Political Theatre Dimension", *University of Pennsylvania Journal of International economic Law*, vol. 17, n.° 1, 1996, p. 9.

De no resolverse esta *ambigüedad*, los mecanismos de solución de controversias de los TLC en estudio y de la OMC inevitablemente pueden o podrían llegar a aproximaciones diferentes sobre idénticas cuestiones sustanciales y procedimentales. Como de hecho ya ha ocurrido en algunas decisiones de los órganos resolutorios multilaterales y del TLCAN que se han solapado o han sido contradictorias; un ejemplo de ello son los asuntos sobre los *azúcares entre Estados vs. México* y la *madera entre Estados Unidos vs. Canada*.

Por último, es necesario señalar que el régimen jurídico de la OMC y de los TLC estadounidenses y europeos incorporan una noción amplia del término "controversia", que no se limita al ámbito *contencioso*, que exige estar en presencia de un desacuerdo causado por una acción u omisión de un Estado signatario (demandado) que no ajusta su comportamiento al o los acuerdos, y otro Estado (reclamante) que estima que se ha ocasionado así una ruptura del régimen jurídico que justifica recurrir a la decisión de un tercero imparcial dotado de jurisdicción. También se incluye dentro de esta noción un ámbito *político*, puesto que permite a las partes someter a consultas mediadas en proyecto y además mantener su poder para negociar directamente una solución, incluso cuando ya se ha iniciado la etapa ante el panel o Grupo Especial.

CAPÍTULO SEGUNDO

Del GATT a la OMC: aspectos esenciales del sistema de solución de diferencias

Tradicionalmente se han clasificado los esquemas de solución de diferencias comerciales entre los mecanismos que establecen un *sistema jurisdiccional* propiamente dicho, con un órgano resolutorio permanente que tiene la capacidad para interpretar y aplicar de manera uniforme el derecho, y los mecanismos que incorporan un *sistema diplomático* que no opera en cuerpos o tribunales preestablecidos, sino que en cada caso se buscan operadores calificados o un grupo *ad hoc* quien se encarga de interpretar y aplicar el instrumento internacional correspondiente. Sin embargo, estos procedimientos son mucho más complejos y dinámicos que dos simples categorías que se erigen sobre reglas *jurisdiccionales* (en inglés *rule-oriented*) o sobre negociaciones *diplomáticas* (en inglés *power-oriented*), pues cada mecanismo de solución de diferencias en cada acuerdo comercial es un "microcosmos"[1] que responde a las necesidades, objetivos e intereses de las partes signatarias, a pesar de la presencia de algunas líneas comunes o convergencias con los dos esquemas generales. De ahí que la premisa fundamental en este estudio sea que los procedimientos de solución de diferencias comerciales se diseñan "a la medida" combinando diferentes técnicas e instancias procesales, influenciados por diferentes fuentes jurídicas.

Estos mecanismos hechos "a la medida" desempeñan una función de garantes de la eficacia del acuerdo en términos de su impacto en el comercio o en los diferentes sectores económicos regulados, así como en la determinación y aplicación de la política económica al interior de los Estados que suscriben dichos acuerdos. En este sentido, los acuerdos comerciales que cuentan con procedimientos jurídicos efectivos de solución de controversias contribuyen a que los agentes económicos puedan tener un ambiente lo suficientemente predecible como para poder desarrollar sus actividades económicas a nivel internacional[2]. Al mismo tiempo, estos mecanismos cumplen la función de evitar que una controversia comercial se "politice", o que sea afectada por otras consideraciones no comerciales o económicas que, en ciertos casos, pueden agravar el asunto en discusión.

---

1 Julio Lacarte-Muró y Jaime Granados (ed.). *Solución de controversias comerciales inter-gubernamentales: enfoques multilaterales y regionales*, Buenos Aires, Banco Interamericano de Desarrollo –BID– e Instituto para la Integración de América Latina y el Caribe –INTAL–, 2004, p. 6.

2 John H. Jackson. *The World Trading System. Law and Policy of International Economic Relations*, 2.ª ed., Cambridge, 1999, p. 21. Cierta es la afirmación con que inicia el Manual relativo al Sistema de Solución de Diferencias de la OMC: "[t]he best international agreement is not worth very much if its obligations cannot be enforced when one of the signatories fails to comply with such obligations", y de ahí la necesidad de un mecanismo de solución de controversias que otorgue confianza y seguridad jurídica. Cfr. World Trade Organization. *A Handbook on the WTO Dispute Settlement System, a WTO Secretariat Publication, prepared for publication by the legal Affairs Division and the Appellate Body*, Cambridge, Cambridge University Press, 2004, p. 1

En el marco del GATT de 1947 fue justamente donde, de conformidad con el *principio de arreglo pacífico de controversias*, comenzó a gestarse poco a poco un peculiar mecanismo para la solución controversias que, durante más de medio siglo, se convirtió en modelo para los diferentes procedimientos en el comercio internacional, demostrando que los fenómenos económicos de la integración no son solo un problema de *simple unión* o de *liberalización económica*, sino que también comprenden, dentro de sus características, la *seguridad jurídica* y el *orden previsibl*e. Es bajo esta lógica que el GATT de 1947 creó un marco básico de normas para la reducción gradual de aranceles y otras barreras comerciales[3], que por más de medio siglo se configuró en un conjunto de preceptos jurídicos y obligaciones más amplias y detalladas, denominado *régimen multilateral del comercio*. La paulatina evolución de este régimen ha permitido que, con la creación de la OMC, se incluyan múltiples aspectos sobre el comercio internacional, abarcando el tradicional comercio de bienes y un buen número de sectores económicos en el ámbito de los servicios, la protección de la propiedad intelectual, las medidas en materias de inversiones relacionadas con el comercio, las compras públicas, etc.

Es claro que desde los inicios del antiguo GATT las Partes Contratantes demostraron un interés por extender el ámbito material de actuación y su régimen jurídico[4]. Para lograr esta expansión fue necesario proveer al sistema

---

3 A raíz del Crac de 1929 los Estados optaron por políticas proteccionistas que generaron una disminución sustancial de los intercambios comerciales. La aparición de estas políticas de "empobrecimiento del vecino" se materializó particularmente a través del incremento de los aranceles y depreciaciones competitivas de la moneda, con el propósito de desplazar la demanda agregada hacia los productos nacionales para aumentar la producción y el empleo nacional, y facilitar la recuperación económica. Para evitar la anterior situación, el diseño del *orden económico* de la posguerra, fundado en los Acuerdos de Bretton Woods, previó la constitución de una Organización Internacional de Comercio –OIC–, la cual sería sustituida en la práctica por el GATT de 1947, cuyo principal objetivo consistiría en procurar una paulatina liberalización comercial multilateral a través de la incorporación de la reciprocidad en las concesiones que cada país efectúa, y difundir cualquier concesión entre dos países al resto de los firmantes del acuerdo (cláusula de NMF). Cfr. AIDA LERMAN ALPERSTEIN. "La institucionalización del comercio mundial: del GATT a la OMC", *Comercio Exterior*, vol. 58, n.º 2, 2008, pp. 135-151; MARÍA ISABEL HEREDERO DE PABLOS. "La organización Mundial de Comercio frente al Acuerdo General sobre Aranceles y comercio", *Boletín Económico de Información Comercial Española –ICE–*, n.º 2691, 2001, pp. 13 a 20; BERNARD M. HOEKMAN y MICHEL M. KOSTECKI. *The political economy of the world trading system: from GATT to WTO*, New York, Oxford University Press, 1995. El *courpus iure* o Derecho del GATT de 1947 está compuesto por treinta y ocho artículos y por seis Códigos de Conducta: 1. Código sobre Licencias de Importación; 2. Código sobre Valoración Aduanera; 3. Código Antidumping; 4. Código sobre Subsidios y Derechos Compensatorios; 5. Código sobre Compras del Sector Público, y 6. Código sobre Obstáculos Técnicos al Comercio internacional.

4 Uno de los principales retos de las negociaciones para crear un nuevo régimen jurídico multilateral fue extender su cobertura a nuevos sectores (los servicios, las medidas ligadas a los derechos de propiedad intelectual, a las inversiones y el intento de incluir de manera global la agricultura) como respuesta a

multilateral del comercio, durante la Ronda Uruguay, de un marco institucional estable, con una organización internacional dotada de personalidad jurídica y de una estructura institucional de naturaleza permanente[5] y, al mismo tiempo, mejorar los mecanismos destinados a supervisar y garantizar el cumplimiento de sus distintos acuerdos, mediante la transformación del procedimiento de solución de diferencias tradicional hacia un esquema mucho más *legalista* o *jurisdiccional*[6]. Así, el período previo a la conclusión del Acuerdo de Marrakech de 1994 evidencia las bondades y desaciertos del sistema multilateral del comercio forjado a través de un acuerdo provisional o GATT de 1947. Para entender los cambios del procedimiento de solución de diferencias acordado durante la Ronda Uruguay es necesario analizar cómo funcionaba este mecanismo en sus orígenes y cómo evolucionó en el contexto del antiguo GATT[7]. Solo esta visión

---

la necesidad de regular las acciones frecuentemente contrapuestas de los Estados participantes en el comercio internacional. En otras palabras, se procura una cierta homogenización de las reglas juego de las participaciones estatales en el comercio mundial que permita una mayor seguridad a los agentes económicos. Cfr. ROBERT HUDEC. *Enforcing International Trade Law: The Evolution of the Modern GATT Legal System*, New Hampshire, Butterworth, 1993; ANTONIO ÁVILA ÁLVAREZ; JUAN ANTONIO CASTILLO URRUTIA y MIGUEL ÁNGEL DÍAZ MIER. *Regulación del Comercio Internacional tras la Ronda de Uruguay*, Madrid, Tecnos, 1994; GRANDNER PATTERSON y ELIZA PATTERSON. "The Objectives of the Uruguay Round", en J. M. FINGER y A. OLECHOWSKI. *The Uruguay Round. A handbook on the Multilateral Trade Negotiations*, Washington, The World Bank, 1987.

5 El GATT fue abierto a la firma el 30 de octubre de 1947, con vigencia a partir del 1.º de enero de 1948. No obstante, el acuerdo como tal nunca entró vigor de manera definitiva, ya que las Partes Contratantes decidieron aplicarlo de manera provisional por medio del llamado "Protocolo de Aplicación Provisional" de 1947, provisionalidad que se extendió hasta el 31 de diciembre de 1995. De ahí que para MONTAÑÁ MORA la creación de la OMC representa la transformación del antiguo GATT de organización internacional *de facto* a una organización internacional *de iure*, dispuesta de personalidad jurídica y de una estructura institucional de carácter permanente. Cfr. MIQUEL MONTAÑÁ MORA. *La OMC y el reforzamiento del sistema GATT...*, cit., nota 3, pp. 1 y 2. Cfr., igualmente, PAUL DEMARET. "Metamorphoses of the GATT: From the Havana Charter to the World Trade Organization", *Columbia Journal of Transnational Law*, vol. 34, 1996, pp. 123 y ss. La ausencia de un soporte institucional estable en el sistema GATT ha sido cuestionada particularmente por el profesor JACKSON en su obra *Restructuring the GATT System*, London, Council on Foreign Relations Press, 1990; cfr. también GILBERT R. WINHAM. "GATT and the International Trade Regime", *International Journal*, vol. XLV, 1990, p. 821; MIQUEL MONTAÑÁ MORA. *La OMC y el reforzamiento del sistema GATT...*, cit., p. 41.

6 Cfr., entre otros, ROBERT HUDEC. *Adjudication of International Trade Disputes*, Thames Essay, n.º 16, London, Trade Policy Research Centre, 1978; EDMOND MCGOVERN. "Dispute Settlement in the GATT-Adjudication or Negotiation?", cit., nota 98, p. 73; ERWIM P. EICHMANN. "Procedural Aspects of GATT Dispute Settlement: Moving towards Legalism", *International Tax & Business Lawyer*, vol. 8, 1990, p. 38; MIQUEL MONTAÑÁ MORA. "A GATT with Teeth...", cit., nota 50, p. 133.

7 Existe una vasta literatura especializada en el sistema GATT; no obstante, la obra indiscutida sobre el tema sigue siendo JOHN H. JACKSON. *World Trade and the Law of GATT. A legal Analysis on the General Agreement on Tariffs and Trade*, Indianapolis, Bobbs-Merrill Company, 1969. Así mismo, EDMOND MCGOVERN. *International Trade Regulation*, 3.ª ed., Exeter, Globefield Press, 1995; ROBERT HUDEC. *The GATT Legal System and World Trade Diplomacy*, Salem, Butterworth Legal Publishers, 1990; DOMINIQUE CARREAU, THIÉBAUT FLORY y PATRICK JUILLARD. *Droit International Économique*, cit., nota 17;

retrospectiva permitirá comprender de modo integral el ESD de la OMC, que logra una *consolidación de la estructura institucional* y un *reforzamiento de su mecanismo de solución de diferencias* con el Acuerdo de Marrakech de 1994.

I. CONSOLIDACIÓN DE LA ESTRUCTURA INSTITUCIONAL DE LA OMC Y SUS EFECTOS EN EL PROCEDIMIENTO DE SOLUCIÓN DE DIFERENCIAS

Al adquirir una estructura institucional estable con la aprobación del "Acuerdo por el que se establece la Organización Mundial del Comercio" se consolidó de diferentes maneras una nueva era en las relaciones comerciales internacionales, la era del *multilateralismo*[8], que debe ser entendido como el sistema de principios, reglas de juego e instituciones que tienen como objetivo desarrollar a escala global, disciplinas colectivas en el comercio internacional de bienes, de servicios y de otros sectores económicos en el marco de la OMC[9]. Esta conquista de estructura institucional estable iniciada en el antiguo sistema GATT no es producto del azar, ni de la voluntad exclusiva de las Partes Contratantes, por el contrario, es el resultado de cinco décadas de intensas deliberaciones, disputas y consensos en la comunidad internacional y, desde luego, de las propias necesidades del comercio internacional.

Así, por ejemplo, pese a que el GATT de 1947 estableció las reglas aplicables a una gran parte del comercio mundial, este instrumento internacional tiene un carácter *provisional* con una organización internacional *de facto*[10]. Esta especial circunstancia se debe a que de los más de 50 países asistentes a la Conferencia de la Habana (entre noviembre de 1947 y marzo de 1948), solamente 23 convi-

---

KENNETH DAM. *The GATT. Law and International Organization*, Chicago, University of Chicago Press, 1970; THIÉBAUT. *Le GATT, Droit International et Commerce Mondial*, Paris, LGDJ, 1968, entre otros.

8 El profesor FERNÁNDEZ ROZAS sostiene que "[...] después de la segunda guerra mundial y, más concretamente durante la guerra fría, el comercio mundial manifestó una realidad inequívoca: su elaboración en los centros de decisión política de EEUU a través del denominado unilateralismo en las relaciones económicas internacionales, tras la creación de la OMC ha aparecido una fuerte corriente multilateralista". Cfr. JOSÉ CARLOS FERNÁNDEZ ROZAS. *Sistema del Comercio Internacional*, Madrid, Civitas, 2001, p. 94.

9 Para profundizar en el concepto de "multilateralismo" cfr. CHARLES W. KEGLEY JR. y EUGENE WITTKOPF. *World Politics: Trends and Transformation*, 11.ª ed., New York, St. Martin's Press, 2007; BRUCE EDWARD MOON. *Dilemmas of International Trade. Dilemmas in Wold Politics*, Boulder, Westview Press, 1996, pp. 181 y 182, ANTONIO REMIRO BROTÓNS. "Universalismo, multilateralismo, regionalización y unilateralismo en el nuevo orden internacional", *Revista Española de Derecho Internacional*, vol. LI, n.° 1, 1999. .

10 JOHN H. JACKSON. *World Trade and the Law of GATT...*, cit., nota 213, pp. 43 a 52; MIGUEL ÁNGEL DÍAZ MIER. *Del GATT a la Organización Mundial del Comercio*, Madrid, Síntesis, 1996, pp. 19 a 24; DOMINIQUE CARREAU, THIÉBAUT FLORY y PATRICK JUILLARD. *Droit International Économique*, cit., nota 17; JACOB VINER. "Conflicts of Principle in Drafting a Trade Charter", *Foreign Affairs*, 25, 1947, pp. 612 a 628.

nieron en aceptar algunas de las normas comerciales estipuladas en el proyecto de Carta de la Organización Internacional del Comercio (en adelante OIC). En tal contexto, estos países consideraron durante la sesión de la Conferencia preparatoria de Nueva York que era necesario elaborar, a partir de los preceptos del borrador de la Carta, un acuerdo rápido y "provisional" para proteger el valor de las concesiones arancelarias que habían negociado; este conjunto de las normas comerciales y las concesiones arancelarias configuró el GATT (en inglés *General Agreement on Tariffs and Trade*), que entró en vigor en enero de 1948 cuando aún se seguía negociando la Carta de la OIC[11].

Paradójicamente la OIC surgió de una iniciativa del gobierno estadounidense, formulada en su informe *Proposals for Expansion of World Trade and Employment* de febrero de 1945[12], que por primera vez situó en la agenda pública mundial una propuesta técnica para crear un organismo especializado que redujera el proteccionismo comercial. Posteriormente este informe fue presentado ante el Consejo Económico y Social –ECOSOC– de las Naciones Unidas de una manera más detallada en la propuesta *Suggested Charter for an International Trade Organization of the United Nations*, que es uno de los antecedentes más importantes de la Conferencia de la Habana. Antes de finalizar esta Conferencia, los países participantes decidieron entre 1946 y 1947 realizar negociaciones durante las sesiones del Comité Preparatorio de la Conferencia (llevadas a cabo en Londres, Nueva York y Ginebra) con el objetivo de reducir y consolidar los aranceles aduaneros y los obstáculos al comercio, pues tras la finalización la Segunda Guerra Mundial esos países deseaban impulsar rápidamente la liberalización del comercio y empezar a eliminar obstáculos o medidas proteccionistas que seguían en vigor desde comienzos del decenio de 1930. Fue precisamente en ese contexto que durante el Gobierno del presidente ROOSEVELT (1933-1945), quien era una de las principales fuerzas impulsoras del proyecto, se generó la oposición más importante a la creación de la OIC en el seno del Congreso de los Estados Unidos[13]. Finalmente, en 1950 el Gobierno del presidente TRUMAN

---

11 Aunque la Carta de la OIC fue finalmente aprobada en la Conferencia de las Naciones Unidas sobre Comercio y Empleo, celebrada en La Habana en marzo de 1948, solo 23 países fueron miembros fundadores del GATT, oficialmente denominados "Partes Contratantes", y su ratificación por algunas legislaturas nacionales resultó imposible. No obstante, en 1955 se realizó un nuevo intento para crear una organización internacional (la Organización de Cooperación Comercial) y se adoptó el texto del instrumento constitutivo, pero este nunca entró en vigor. Cfr. GEORGE BRONZ. "An ITO: the Second Attempt", *Harvard Law Review*, vol. 69, n.º 3, 1956, p. 440 y ss.

12 Documento U.N. EPCT/CII/1-66, 1946.

13 Sin duda, el obstáculo más importante para la ratificación de La Carta de La Habana fueron los problemas internos entre el poder ejecutivo y legislativo estadounidenses, ya que bajo la *Reciprocal Trade Agreements Act* el gobierno estadounidense solamente contaba con la autorización del Congreso para

(1945-1953) anunció que no pediría al Congreso que ratificara la Carta de La Habana, lo que supuso prácticamente el fracaso de la OIC[14].

Ante esta realidad, una de las primeras tareas en los orígenes del antiguo GATT de 1947 fue cubrir el vacío dejado por la frustrada OIC, que debía haber constituido, junto con el Fondo Monetario Internacional –FMI– y el Banco Mundial, uno de los tres ejes de las relaciones económicas internacionales de la Posguerra[15]. El GATT, que solo estaba previsto como un Protocolo de Aplicación Provisional en el contexto de la mencionada organización (dentro del Capítulo IV de la Carta) para la reducción progresiva de obstáculos al comercio (por entonces principalmente aranceles), adquirió vida propia, y gracias a la práctica internacional y a las propias necesidades del comercio internacional fue posible que el sistema se fortaleciera con atributos característicos de una verdadera organización internacional[16].

---

celebrar acuerdos comerciales, pero no para constituir una organización internacional. Cfr. William Adams Brown. *The United States and the Restoration of World Trade: An Analysis and Appraisal of the ITO Charter and the General Agreement on Tariffs and Trade*, Washington, Brooking Institution, 1950. Para profundizar en las razones oficiales del Gobierno estadounidense para no ratificar la Carta de La Habana, cfr. Departamento de Estado de los Estados Unidos. *Analysis of the General Agreement on Tariffs and Trade*, Publicación 2983, Serie Política Comercial n.º 109, Washington D.C., 1947.

14 William Diebold. "The End of the ITO", en *Essays in International Finance*, n.º 16, New Jersey, Princeton University, 1952, p. 3 y ss.; Michel Rainelli. *L'Organisation Mondiale du Commerce*, Paris, La Découverte, 2004, p. 18. Existen en la literatura especializada diferentes explicaciones frente a la posición del Congreso estadounidense respecto a la no ratificación de la Carta de La Habana; al respecto cfr. Dominique Carreau, Thiébaut Flory y Patrick Juillard. *Droit International Économic*, cit., nota 17, p. 112; Mitsou Matsushita, Thomas Schoenbaum y Petros Mavroidis. *The World Trade Organization. Law, Practice, and Policy*, 2.ª ed., The Oxford International Law Library, Oxford University Press, 2006, pp. 1 y 2; Antonio Ávila Álvarez *et al.* "Regulación del comercio internacional tras la Ronda de Uruguay", cit., nota 210, pp. 36 a 38; Emmanuel Combe. *L'Organisation Mondiale du Commerce*, Paris, Armand Colin, 1999, p. 26; Virgile Pace. *L'Organisation Mondiale du Commerce et le renforcement de la réglementation juridique des échanges commerciaux*, Paris, Le Harmattan, 2000, pp. 36 y 38; Eduardo Ablin. "Del GATT a la OMC: La evolución del régimen multilateral del comercio y su comprensión", en *Guía Práctica del Comercio Exterior*, n.º 40, Buenos Aires, febrero 2006, p. 3.

15 Si bien es cierto que la intención original de La Carta de La Habana era crear una tercera institución que se ocupara de la esfera del comercio en la cooperación económica internacional y que viniera a añadirse a las dos "instituciones de *Bretton Woods*": el Banco Mundial y el Fondo Monetario Internacional, el proyecto de Carta era ambicioso, en tanto que los 106 artículos y 16 anexos regulaban disciplinas del comercio mundial y contenían también normas en materia de empleo, convenios sobre productos básicos, prácticas comerciales restrictivas, inversiones internacionales y servicios. Cfr. Miquel Montañá Mora. *La OMC y el reforzamiento del sistema GATT…*, cit., nota 3, p. 2 y ss.; Bhagirath Das. *The WTO and the Multilateral Trading System. Past, Present and Future*, Red del Tercer Mundo y Zed Books, 2004, pp. 15 y ss.

16 En la literatura especializada la naturaleza jurídica de la estructura institucional ha generado diferentes posturas y cuestionamientos. Así, por ejemplo, para el profesor Jackson, en teoría el acuerdo general del GATT no establece una "organización", aunque en la práctica el GATT operó como tal. Cfr. John H. Jackson, William Davey y Alan Sykes (eds.). *Legal Problems of International Economic Relations.*

Se tiene, por consiguiente, que las deliberaciones, las disputas y los consensos en la comunidad internacional para ratificar la Carta de la Habana[17] generaron soluciones pragmáticas que dotaron al GATT de una estructura institucional *de facto*. La primera solución tuvo como base jurídica el artículo XXV del GATT intitulado "Acción colectiva de las Partes Contratantes" que permitió a los representantes comerciales de los países transformar de modo progresivo sus reuniones periódicas o sesiones en una estructura orgánica "de mínimos", que el GATT de 1947 y la literatura especializada denominan las PARTES CONTRATANTES, es decir, la reunión plenaria de los Estados signatarios del GATT de 1947[18]. Sin embargo, este esquema preliminar carecía de un órgano de gestión y la provisionalidad del acuerdo amenazaba la viabilidad a largo plazo del sistema GATT.

Una vez se confirmó que la Carta de la OIC no entraría en vigor, emergió una segunda solución que convirtió a la Secretaría de la *Interim Commission for the*

Cases, Materials and Text on Legal Problems of International Economic Relations, 5.ª ed., Thomson West Publishers, 2008, p. 289. Por su parte, REMIRO BROTÓNS afirma que el GATT carecía de subjetividad internacional "[...] por su evidente incapacidad para sobrevivir a despecho de estándares y formas legales más elementales". Cfr. ANTONIO REMIRO BROTÓNS. "Pelagattos y Aristogattos de la Comunidad Europea ante el Reino de la OMC", *Gaceta Jurídica de la Comunidad Europea*, Serie D-26, 1996, pp. 17 y 18. Otro sector de la doctrina tiene opiniones más flexibles, entiende que las Partes Contratantes del GATT "crearon *de modo empírico*" una organización internacional, dada la progresiva institucionalización de la que se fueron dotando. Cfr. VIRGILE PACE. *L'Organisation Mondiale du Commerce*, cit., pp. 41 y 42; PETER VAN DEN BOSSCHE. *The Law and Policy of the World Trade Organization. Text, case and materials*, Cambridge, Cambridge University Press, 2005, pp. 81 y 82.

17 Además de los problemas internos entre el poder ejecutivo y legislativo estadounidenses, otro problema para la ratificación de La Carta de La Habana se encuentra en el artículo XXVI del GATT que exigió, para la entrada en vigencia del Acuerdo, la aceptación de los gobiernos enumerados en el Anexo H cuyos territorios representaran el 85% del comercio exterior total de los territorios de esos gobiernos. El plazo fijado por esta disposición expiró sin que se lograra tal aceptación. Cfr. ERNST-ULRICH PETERSMANN. "International Trade Law and the GATT/WTO Dispute Settlement System 1948-1996: an introduction", en *Studies in Transnational Economic Law*, vol. 11, La Haya, Kluwer Law International, 1997, p. 46.

18 Según el profesor ZAPATERO, en la práctica es designado con mayúsculas para diferenciarlo de las Partes Contratantes individualmente consideradas. Por otro lado, este mismo autor destaca que el artículo XXV del GATT "[...] abre muchas más opciones: de hecho, su generosa formulación lo convierte en la base jurídica ideal para conformar de modo progresivo una más amplia estructura institucional: los representantes de las Partes Contratantes se reunirán periódicamente 'para asegurar la ejecución de las disposiciones del presente Acuerdo que requieren una acción colectiva' y 'en general, para facilitar la aplicación del mismo y que se puedan alcanzar sus objetivos". Cfr. PABLO ZAPATERO. "La invención de los panels del GATT", *Revista de Economía*, Información Comercial Española –ICE–, n.º 843, julio-agosto de 2008, p. 91. Para el profesor JACKSON, con la aplicación de este artículo las Partes Contratantes superaron con inteligencia un escenario de absoluta anemia institucional. Cfr. JOHN H. JACKSON. *World Trade and the Law of GATT*..., cit., nota 213, pp. 59 a 65. Por su parte, el profesor NICHOLS sostiene que el GATT no constituía ni un tratado ni una organización internacional; razón por la cual las partes, en vez de Miembros o signatarios, se denominaron durante décadas "Partes Contratantes". Cfr. PHILLIP NICHOLS. "GATT Doctrine", *Virginia Journal of International Law*, vol. 36, n.º 2, 1996, p. 390.

International Trade Organization –ICITO–[19] en la Secretaría del GATT, con lo cual se emprendió la tarea estratégica de elaborar una estructura orgánica básica[20] que durante las siguientes décadas constituiría el motor institucional del sistema y sería el fundamento del Consejo de Representantes del GATT, creado en 1960. Después de fracasar el segundo proyecto de Carta en el noveno período de sesiones (entre octubre de 1954 y marzo de 1955), denominado *la Organización para la Cooperación Comercial* –OCC–[21], la única maniobra posible para la estabilidad institucional fue, en términos del profesor HUDEC, optar por un "desarrollo incremental lento"[22]. En otras palabras, se creó una secretaría y poco a poco se fueron incorporando grupos de trabajo y comités especializados para lograr que se desplegara la estructura organizativa del GATT.

Se puede concluir, entonces, que la sigla GATT constituye un singular régimen internacional que representó tanto al acuerdo internacional como a la organización internacional *de facto*, lo que denominan los profesores JACKSON y REMIRO BROTÓNS una "Organización sin organización"[23]. La construcción de esta estructura institucional ha sido calificada por algún sector de la literatura especializada como un "accidente histórico"[24] que se fue reforzando de forma progresiva, a pesar de sus graves "defectos de nacimiento", hasta convertirse en un régimen internacional relativamente exitoso[25]. De hecho, el progresivo

---

19 La ICITO fue un órgano interino subsidiario de Naciones Unidas (con sede hasta 1955 en el Palais des Nations de Ginebra), que se creó a la espera de una eventual ratificación de La Carta de La Habana.

20 ROBERT HUDEC. "The Role of the GATT Secretariat in the Evolution of the WTO Dispute Settlement Procedure", en ,J. BHAGWATI y ,M. HIRSCH (eds.). *The Uruguay Round and Beyond. Essays in Honour of Arthur Dunkel*, ,1998, p. 105; JOHN H. JACKSON. *The World Trading System. Law and Policy of International Economic Relations*, cit., nota 208, p. 37.

21 GEORGE BRONZ. "An ITO: the Second Attempt...", cit., nota 217, p. 440 y ss.; JOHN H. JACKSON. *World Trade and the Law of GATT...*, cit., nota 213, p. 51.

22 ROBERT HUDEC. *Enforcing International Trade Law...*, cit., nota 210, p. 364.

23 El profesor REMIRO BROTÓNS denomina al antiguo sistema GATT de 1947 como una "Organización sin organización" que en la práctica se consideraba una Organización Internacional, pero jurídicamente no tenía este estatus. Cfr. ANTONIO REMIRO BROTÓNS; ROSA RIQUELME CORTADO, ESPERANZA ORIHUELA CALATAYUD *et al. Derecho Internacional Público*, cit., nota 7, p. 1104; JOHN H. JACKSON, WILLIAM DAVEY y ALAN SYKES (eds.). *Legal Problems of International Economic Relations*, cit., nota 223, p. 289.

24 THIÉBAUT FLORY. *Le GATT, Droit International et Commerce Mondial*, cit., nota 213, pp. 4 y 5; GERARD CURZON y VICTORIA CURZON. "GATT: 'Traders' Club'", en R. COX y H. JACOBSON (eds.). *The Anatomy of Influence. Decision Making in International Organization*, Yale University Press, 1974, p. 31.

25 En este sentido el profesor ZAPATERO señala que "el GATT evoluciona hasta transformarse en una institución, sin serlo originariamente. Mientras, operará en precario (protocolo de Aplicación Provisional) durante casi medio siglo, capeando esta adversidad. [...] En cualquier caso, es evidente que el GATT tuvo carácter legal. La provisionalidad no cuestiona obviamente su carácter de instrumento jurídico internacional (art. 25 de la CVDT: aplicación provisional) sino la forma de hacer las cosas, dado que los parlamentos no participaron en este proceso de formación de una gran institución internacional a partir de este texto en aplicación provisional durante décadas. La legalidad del instrumento en cualquier caso

desarrollo institucional durante el período de vigencia del GATT de 1947 logró establecer un amplio elenco de órganos (principales y subsidiarios) a través de los cuales se cumplen las funciones establecidas en su acuerdo constitutivo.

A pesar de los "defectos de nacimiento" del GATT de 1947, este acuerdo faculta a cada Estado signatario para actuar conjuntamente y tomar decisiones por mayoría simple (excepto para decisiones específicas como el acceso de nuevos miembros o la concesión de dispensas a obligaciones del Tratado que requieran los dos tercios de los votos). Así se originó la estructura institucional del antiguo GATT que, inicialmente, constaba de un único órgano ejecutivo, denominado las PARTES CONTRATANTES, integrado por los representantes de los Estados signatarios quienes se reunían periódicamente en asamblea[26], y de un órgano administrativo, la Secretaría General, que con un Director General a la cabeza ejerce las tareas administrativas y de coordinación. Años más tarde, en 1954, fue creado un *Comité Inter-sesión* con el propósito de asegurar una continuidad durante los períodos en que no se reunía el órgano ejecutivo, y cuyas funciones consistieron en la resolución de las cuestiones urgentes, la preparación de la siguiente conferencia y la coordinación de las actividades de diversos grupos de trabajo. Posteriormente, en 1960, las PARTES CONTRATANTES crearon el Consejo de Representantes[27] que dirige y supervisa las tareas de los *órganos permanentes* (los comités varios, los comités de seguimiento de códigos y acuerdos de la Ronda de Tokio, el Comité de Comercio y Desarrollo y el Grupo Consultivo de los 18) y de los *órganos temporales* (grupos de trabajo, grupos de expertos).

Los esfuerzos realizados por el antiguo sistema GATT para consolidar su estructura institucional antes de la Ronda Uruguay resultaron, en algunos casos, insuficientes, y en otros, ineficaces para enfrentarse durante un largo período a muchos retos, especialmente bajo la Ronda de Tokio (1973-1979). Entre los inconvenientes más complejos en esta etapa de las relaciones comerciales multilaterales se encuentran los siguientes:

---

no puede ser cuestionada". Cfr. PABLO ZAPATERO. "La invención de los panels del GATT...", cit., nota 224, pp. 93 y 94.

26 FÉLIX VARELA PARACHE y MIGUEL ÁNGEL DÍAZ MIER. "Historia del GATT: desde sus orígenes a la situación actual", *Información Comercial Española* n.º 770, 1998, pp. 17 a 33.

27 El poder decisorio recae en última instancia en las Partes Contratantes, que se reúnen a nivel ministerial normalmente una vez al año para analizar, aprobar o rechazar el trabajo de los demás órganos, aunque puede convocarse a otras reuniones como, por ejemplo, el lanzamiento de una negociación. El Consejo se reúne más o menos mensualmente y examina solicitudes de países miembros (peticiones de información, consultas, exenciones, prórrogas, concesiones), y establece y conoce las tareas de los Comités y Grupos de Trabajo y de Expertos. Para profundizar en estas cuestiones, cfr. MIGUEL ÁNGEL DÍAZ MIER. "Del GATT a la Organización Mundial de Comercio", cit., nota 217.

– El éxito logrado por el GATT en sus primeras décadas en la reducción de los aranceles a niveles tan bajos[28], unido a una serie de recesiones económicas en el decenio de 1970 y en los primeros años de la década de los ochenta, incitó a los gobiernos a idear *otras formas de protección* o "neoproteccionismo" para los sectores que se enfrentaban con una mayor competencia extranjera[29].

– Las elevadas tasas de desempleo y los constantes cierres de fábricas en los inicios de los años setenta impulsaron a los gobiernos en Europa Occidental y América del Norte a tratar de *concertar con sus competidores Acuerdos Comerciales Regionales* de reparto del mercado y a emprender una carrera de subvenciones para mantener sus posiciones en el comercio (particularmente de productos agropecuarios), hechos que restaron de cierta forma credibilidad y efectividad del GATT[30].

– En el *sector de la agricultura* se presentaba gran parte de las debilidades del antiguo GATT, pues habían tenido escaso éxito los esfuerzos por liberalizar el comercio de productos agropecuarios debido a la ambigüedad y flexibilidad de las normas del acuerdo de este sector, lo cual llevó poco a poco a que la mayoría de los intercambios agrícolas escaparan a las reglas del sistema multilateral[31].

– El problema no se limitó al deterioro del clima de política comercial, también se sumó la *crisis petrolífera* que provocó la paralización de los trabajo de la Ronda de Tokio[32].

---

28 Para Martínez Coll, si bien es cierto que el GATT tenía un carácter provisional y un campo de acción limitado, también es indiscutible el éxito que ha tenido en el fomento y el logro de la liberalización de gran parte del comercio mundial durante 47 años. Las continuas reducciones de los aranceles contribuyeron a estimular durante los decenios de 1950 y 1960 el crecimiento del comercio mundial, que alcanzó tasas muy elevadas (alrededor del 8% anual por término medio), y el ímpetu de la liberalización del comercio contribuyó a que su crecimiento sobrepasara en todo momento el aumento de la producción durante la era del GATT, lo que demostraba la creciente capacidad de los países para comerciar entre sí y aprovechar los beneficios del comercio. La afluencia de nuevos Miembros, tras el derrumbe del modelo económico soviético, en las negociaciones de la Ronda Uruguay fue una prueba final del reconocimiento de que el régimen multilateral del comercio constituía un soporte del desarrollo y un instrumento de reforma económica y comercial. Cfr. Juan Carlos Martínez Coll. "Organismos Económicos Internacionales", en *La Economía de Mercado, virtudes e inconvenientes*, 2001. Disponible en [http://www.eumed.net/cursecon/16/index.htm].

29 Federico Steinberg Wechsler. "Recensión global y tentación proteccionista", *Revista de Economía*, Información Comercial Española –ICE–, n.º 851, 2009, pp. 67 a 76; Robert Carbaugh. *Economía internacional*, Cengage Learning Editores, 2009, pp. 150 y ss.

30 Miguel Ángel Díaz Mier. *Del GATT a la Organización Mundial del Comercio*, cit., nota 217, p. 37.

31 Miguel Ángel Díaz Mier. "La Ronda de Uruguay y la PAC", *Papeles de Economía*, n.º 50, 1994, p. 136; Romualdo Bermejo García. "El conflicto agrícola entre los Estados Unidos y la Unión Europea a la luz de la Ronda de Uruguay", *Revista de Instituciones Europeas*, vol. 22, n.º 3, 1995, pp. 796 y 977; Dominique Carreau, Thiébaut Flory y Patrick Juillard. "Chroniques de droit international économique", en *Annuaire Français de Droit International*, 1983, p. 578.

32 Javier García-Verdugo Sales. *Los mercados de futuros petrolíferos. Una revolución silenciosa en el sector energético*, Madrid, Librería UNED, 2000.

– La *ineficacia de algunos de los acuerdos* aprobados en la Ronda de Tokio[33], en los cuales se evidencia la necesidad de fortalecer el sistema y la urgencia de regular las "zonas grises" del GATT[34], habían generado de alguna manera ambigüedad en el cumplimiento de las obligaciones adquiridas y de los derechos incorporados bajo este acuerdo.

Lógicamente, los inconvenientes señalados y las carencias institucionales o "defectos de nacimiento" del régimen del GATT de 1947 repercutieron en su procedimiento de solución de diferencias, regulado en los artículos XXII y XXIII del GATT de 1947[35] y desarrollado consuetudinariamente por las PARTES CONTRATANTES.

---

33 En esta línea, el profesor HUDEC manifiesta que el deterioro de las condiciones económicas, sobre todo el primer déficit del comercio de mercancías de los Estados Unidos desde la Segunda Guerra Mundial en 1971 (que también propició el abandono de la convertibilidad del dólar en oro) fortaleció el interés del Congreso estadounidense en la política económica internacional, incluido el comercio. Un examen de las restricciones al comercio exterior realizado en el Congreso desencadenó una crítica generalizada a la "ineficacia" del GATT de 1947, en particular, los inconvenientes presentados para la constitución del grupo especial en las diferentes reclamaciones iniciadas por los Estados Unidos. Estos acontecimientos, unidos a la constante frustración por la falta de control de las políticas agrícolas y al creciente número de acuerdos preferenciales concertados por las Comunidades Europeas, llevaron a los Estados Unidos a propugnar el fortalecimiento de los procedimientos de solución de diferencias, incluidos los derechos de retorsión reforzados. Cfr. ROBERT HUDEC. *The GATT Legal System and World Trade Diplomacy*, cit., nota 213, p. 251; ROBERT HUDEC. *Enforcing International Trade Law...*, cit., nota 210; JOSÉ ANTONIO ALONSO. "Del GATT a la OMC: la nueva ordenación del Comercio Internacional", *Meridiano Ceri*, n.° 2, marzo de 1995, p. 21; THIÉBAUT FLORY. "L'évolution des régimes juridiques du GATT depuis les Accords Tokyo Round de 1979", *Journal du Droit International*, n.° 2, 1986, pp. 336-341; DONALD MCRAE y C. THAMES. "The GATT and Multilateral Treaty MARKing: The Tokyo Round", *American Journal International Law*, vol. 77, 1983, p. 51; GILBERT R. WINHAM. *International Trade and the Tokyo Round Negotiations*, Princeton-New York, Princeton University Press, 1986.

34 La literatura especializada emplea el concepto de las "zonas grises" para referirse a aquellas áreas donde se engloban todas las actuaciones que van en contra, de alguna manera, de los principios del GATT, pero que al mismo tiempo son aceptadas, puesto que no se consideran legales o ilegales. Normalmente, estas *zonas grises* (en inglés *Grey Area Mesures*) se limitan a prácticas proteccionistas no reguladas expresamente por el GATT; un claro ejemplo son los *acuerdos de autolimitación* o *Voluntary Export Restraint Agreements*. En este estudio se utiliza el término *zonas grises* en un sentido más general, es decir, para aludir a las ambigüedades del régimen que vulneran los principios del GATT y generan problemas de eficacia. Cfr. ERNST-ULRICH PETERSMANN. "Gray Area Trade Policy and the rule of Law", *Journal of World Trade*, 1988, pp. 23 y ss.; H. MOINUDDIM. "Gray Area Trade Policies", en Ch. DICKE, ERNST-ULRICH PETERSMANN *et al* (eds.). *Foreign Trade in the Present and a new International Economic Order; Progress and Undercurrents in a Public International Law*, n.° 4, Fribourg, 1988 p. 252; KENT JONES. "Voluntary Extort Restraints. Political Economy, History and the role of the GATT", *Journal of World Trade*, n.° 23, 1984, p. 125 y ss.

35 El precedente normativo de los artículos XXII y XXIII del GATT es el capítulo IV de la frustrada Carta de La Habana, que regulaba un detallado procedimiento de solución de diferencias en sus artículos 93, 94 y 95. Cfr. WILLIAM ADAMS BROWN. *The United States and the Restoration of World Trade*, cit., nota 220, pp. 227 y ss. En términos del profesor HUDEC, "[t]anto en sus aspectos de fondo como en los de forma, el Acuerdo General sobre Aranceles y Comercio se inspiró marcadamente en los acuerdos comerciales bilaterales de las décadas de 1920 y 1930, sobre todo en los acuerdos negociados por los Estados Unidos en el decenio posterior a 1935". Cfr. ROBERT HUDEC. *The GATT Legal System and World*

Este mecanismo consistía, en primer lugar, en la formulación por escrito de la Parte Contratante agraviada de una reclamación a las demás partes interesadas, con la posterior celebración de consultas formales bilaterales. En caso de que la controversia no se resolviera mediante este mecanismo diplomático, la Parte agraviada tenía la posibilidad de someterla a las PARTES CONTRATANTES o al Consejo del GATT, quienes debían investigar de manera expedita cualquier asunto que les fuera sometido y, según el caso, podían hacer las recomendaciones a las partes que consideraran interesadas o dictar una resolución sobre la cuestión. Además, si las PARTES CONTRATANTES consideraban que las circunstancias eran suficientemente graves tenían la potestad de autorizar a uno o varios Estados signatarios a que suspendieran, con respecto a otro u otros Estados signatarios, la aplicación de toda concesión o el cumplimiento de otra obligación resultante del Acuerdo General cuya suspensión estimaran justificada[36]. Por consiguiente la función de interpretación y aplicación de las disposiciones del GATT estaba en cabeza de las PARTES CONTRATANTES, las cuales decidían si la medida en controversia era compatible con el régimen multilateral, con la posibilidad de determinar las responsabilidades jurídicas y las "obligaciones secundarias"[37] de la parte que no cumpliera con las obligaciones contraídas en el GATT, o que aplicara una medida contraria o no a las disposiciones del mismo (reclamaciones de "violación", o reclamaciones "sin infracción")[38].

Al analizar el desarrollo histórico de este procedimiento de solución de diferencias se observa que pese a su exiguo articulado basado en la diplomacia comercial[39], el curioso proceso de desarrollo institucional del antiguo GATT difí-

---

Trade Diplomacy, cit., nota 213, p. 616. Segun DELPIANO "... el desarrollo posterior de estas normas nos permite afirmar que ya no se trataba de un conjunto de normas aisladas, sino de un sistema, que aunque rudimentario, fue mejorando a través de la práctica de los Estados en la aplicación de los artículos XXII y XXIII, coincidente con el propio desarrollo del GATT". Cfr. CRISTIÁN DELPIANO LIRA. "El mecanismo de solución de diferencias de la OMC. Un elemento de seguridad y previsibilidad en el sistema multilateral de comercio", *Revista de Derecho Universidad Católica del Norte*, Sección Ensayos, año 18, N.º 1, 2011, p. 216.

36 Tal como lo subraya el profesor PETERSMANN, pese al amplio poder de las Partes Contratantes para suspender las concesiones (art. XXIII.2 del GATT de 1947), fue utilizado solo una vez durante los 48 años de vigencia del GATT. En efecto, "in 1952, the Netherlands was authorized to take retaliatory trade restrictions vis-à-vis the US in response to a persistent infringement by that country of article XI" Cfr. ERNST-ULRICH PETERSMANN. "The GATT/WTO Dispute Settlement System. International Law, International Organizations and Dispute Settlement", cit., nota 67, p. 46.

37 ERNST-ULRICH PETERSMANN. "The Dispute System of the World Trade Organization and Evolution of the GATT Dispute Settlement System since 1948", *Common MARKet Law Review*, vol. 31, 1994, p. 1174.

38 Artículo XXIII.1 del GATT de 1947.

39 ROBERT HUDEC. "The GATT Legal System: A Diplomat's Jurisprudence...", cit., nota 96, p. 81. Con todas sus debilidades, el procedimiento de solución de diferencias del GATT de 1947 funcionó, en palabras del profesor MENGOZZI, relativamente bien, particularmente como mecanismo de "conciliación"

cilmente hubiera podido tener éxito sin ese mecanismo novedoso que de alguna manera hizo posible resolver sus diferencias. Desde esa perspectiva, cobra valor el Derecho internacional público que destaca la intervención formal de terceros en las diferencias como una tendencia generalizada a reducir las tensiones interestatales e incluso, a menudo, las resuelve. Es por esta razón que, haciendo de la necesidad virtud, las Partes Contratantes llevaron a cabo la práctica de crear "grupos de trabajo" para investigar las reclamaciones hasta 1952, cuando se inició la práctica consuetudinaria de los "grupos especiales". Si bien los grupos de trabajo resolvieron con éxito varias controversias, al intervenir los Estados en conflicto como juez y parte, con el apoyo de otros países, no siempre fue posible llegar a un acuerdo que solucionara la diferencia. Esta primera década del mecanismo del GATT el profesor CURZON la asemeja al funcionamiento de un club, en otras palabras, "las discusiones entre cuatro paredes, los intentos de conciliación en lugar de conflictos frontales en que se afirmaran derechos, los encuentros privados para 'aclarar las cosas' eran todas características de esta atmósfera de club"[40].

En efecto, durante la primera década del GATT de 1947 fueron presentadas cincuenta y tres reclamaciones, veinte diferencias se tramitaron ante "grupos de trabajo" compuestos de representantes nacionales que seguían las instrucciones de sus gobiernos y las restantes ante las PARTES CONTRATANTES en sus reuniones plenarias o en un comité de mediación[41]. En estos primeros años del GATT, cuando el número de Partes Contratantes era muy reducido y los países estaban adecuándose al escenario de posguerra en el campo de las relaciones internacionales, no había casi motivo para la creación de un sistema de solución de diferencias. De ahí que LACARTE y PIÉROLA señalen que:

> [...] en estas reuniones participaron las mismas personas que habían tenido a su cargo la negociación del GATT y, mientras la composición del GATT se mantuvo limitada, el sistema en realidad funcionó (como a veces se dijo) como un club selecto que resolvía los conflictos a su manera, aplicando una combinación de ingredientes técnicos, diplomáticos y políticos[42].

---

entre las Partes Contratantes. Para profundizar en el tema, cfr. PAOLO MENGOZZI. "The World Trade Organization Law: An analysis of its first practice", en PAOLO MENGOZZI (ed.). *International Trade Law on the 50th Anniversary of the Multilateral Trade System*, Milán Giuffré, 1999, pp. 3-51.

40 GERARD CURZON. *Multilateral Commercial Diplomacy: The General Agreement on Tariffs and Trade and Its Impact on National Commercial Policies and Techniques*, MICHAEL Joseph Books, 1965, pp. 52 y 53.

41 ROBERT HUDEC. *Enforcing International Trade Law...*, cit., nota 210, pp. 590 a 608; MIQUEL MONTAÑÁ MORA. *La OMC y el reforzamiento del sistema GATT...*, cit., nota 3, pp. 68 y ss.

42 JULIO LACARTE-MURÓ y FERNANDO PIÉROLA. "Estudio comparativo de los mecanismos de solución de diferencias del GATT y de la OMC: ¿qué se logró en la Ronda de Uruguay?", en JULIO LACARTE-MURÓ y JAIME GRANADOS (eds.). *Solución de controversias comerciales inter-gubernamentales...*, cit., p. 15.

El 14 de octubre de 1952, el Presidente de las PARTES CONTRATANTES decidió establecer por primera vez un *grupo ad hoc* integrado por representantes de seis Estados, quienes no tenían ningún interés en la controversia o en las reclamaciones realizadas por Dinamarca y Noruega (partes reclamantes) contra el sistema de subsidios familiares de Bélgica (parte demandada)[43]. Esta neutralidad sería el primer paso de los *grupos de trabajo* a los *grupos especiales*[44]. Posteriormente, en 1955, los grupos de trabajo fueron sustituidos definitivamente por un procedimiento ante un grupo de expertos, formalizado en el documento de la Secretaría *Considerations concerning Extended Use of Panels* que, de acuerdo con LONG, constituye uno de los elementos más originales y útiles para la solución de controversias[45].

Esta incorporación del Grupo Especial a la estructura institucional del procedimiento de solución de diferencias del GATT supuso cambiar de un enfoque basado estrictamente en la *negociación política*, a un enfoque más próximo al "jurisdiccional" o "legalista"[46], que se materializó en dos novedades: en primer lugar, ninguna de las partes en el conflicto participaba como miembro del Grupo de Especial. En particular se trataba de evitar que estos Estados que normalmente habían estado presentes en los grupos de trabajo (para garantizar que el resultado fuera políticamente aceptable) fueran juez y parte en el procedimiento, y en segundo lugar, aunque el Grupo Especial examinaba su proyecto de informe con cada una de las partes, era este panel el que realizaba las constataciones por sí mismo. No se invitaba a las partes a exponer oralmente sus argumentos, sino que estos los presentaban por escrito y posteriormente los miembros del Grupo Especial (y la Secretaría) examinaban minuciosamente los fundamentos jurídicos de los mismos. Se tiene por consiguiente que el informe

---

43 Informe del grupo de trabajo GATT/CP4/39, BISD II/188, adoptado el 3 de abril de 1950. Otro precedente jurisprudencial que marcó el tránsito de los grupos de trabajo al sistema de *paneles* fue el caso *Australian Subsidy on Admonium Sulphate*, mediante el cual cinco Miembros del grupo de trabajo discutieron el fondo del asunto, pero solo las terceras partes adoptaron esta vez la decisión final (EEUU, Noruega y el Reino Unido).

44 El 10 de noviembre de 1958 las Partes Contratantes adoptaron otro aspecto procesal fundamental para solución de controversias: los procedimientos sobre cuestiones que afecten a los intereses de cierto número de Partes Contratantes, que exigen la notificación o comunicación de la apertura de cualquier consulta en virtud del artículo XXII del GATT, con el propósito de evitar el bilateralismo del mecanismo de solución de diferencias y de conceder a las otras Partes Contratantes la posibilidad de sumarse a las consultas cuando consideren que tienen un *interés comercial sustancial* en la cuestión objeto de la controversia. Cfr. JULIO LACARTE-MURÓ y FERNANDO PIÉROLA. "Estudio comparativo de los mecanismos de solución de diferencias del GATT y de la OMC..., cit., nota 248, p. 15.

45 OLIVIER LONG. *Law and its limitations in the GATT Multilateral Trade System*, Kluwer Academic Publishers, 1985, p. 77.

46 Este cambio en la filosofía o enfoque tiene su mayor exponente en la obra del profesor JACKSON. *World Trade and the Law of GATT* (1969), en la cual se realiza la primera gran formalización de las reglas del GATT.

o la decisión final del Grupo Especial se fundaba en una evaluación objetiva de las reclamaciones y alegatos de las partes contendientes, y en su conformidad con el Acuerdo General[47]. Adicionalmente, para que este informe tuviera carácter obligatorio era necesario que las PARTES CONTRATANTES lo adoptaran por *consenso positivo* dentro de un período de tiempo razonable, con una prerrogativa para la parte "vencida", quien tenía la posibilidad de bloquear dicha decisión[48]. De ahí que la resolución de la diferencia no se imponía a las partes, sino que presentaba unas conclusiones en cuanto a la conformidad o no de las medidas objeto de la controversia y solo el órgano plenario tenía el poder de formular recomendaciones o de autorizar la suspensión de beneficios u otras obligaciones respecto a la parte cuyo comportamiento era considerado como violatorio del GATT de 1947. Ante estas características, CANAL-FORGUES califica la etapa ante el Grupo Especial como una "conciliación cuasi-judicial"[49].

En términos generales, el procedimiento de solución de diferencias del antiguo GATT funcionó con relativa normalidad hasta 1963, cuando se entró en un período de inactividad que duró más de una década[50]. Período que PETERSMANN describe como el "intento pragmático de acomodar el GATT a la

---

47 Para profundizar en el tema, cfr. ROBERT HUDEC. *Adjudication of International Trade Disputes*, cit., nota 212, p. 8 y ss.; ROBERT HUDEC. *The GATT Legal System and World Trade Diplomacy*, cit., nota 214, p. 148; JOHN H. JACKSON. "GATT as an Instrument for the Settlement of Trade Disputes", en *Proceedings of the American Society of International Law*, 61 Annual Meeting, 1967, p. 148; JULIA CHRISTINE BLISS. "GATT Dispute Settlement Reform in the Uruguay Round: Problems and Prospects", *Stanford Journal of International Law*, vol. 23, 1987, p. 38.

48 En la práctica los informes basados en el artículo XXII del GATT se adoptaban casi siempre, existiendo tan solo cuatro excepciones. Cfr. ERNST-ULRICH PETERSMANN. "The Dispute Settlement System...", cit., nota 244, p. 1192. Sin embargo, la *regla del consenso positivo* en la adopción de decisiones del Consejo General del GATT de 1947 dejó abierta la posibilidad de que cualquier Parte Contratante bloqueara la constitución de un panel o la adopción de su informe y, por tanto, dificultaba su normal funcionamiento. Cfr. ASIF QURESHI. *International Economic Law*, 2.ª ed., London, Sweet & Maxwell, 2007, p. 295

49 ERIC CANA-FORGUES. *L'Institution de la conciliation dans le cadre du GATT. Contribution à l'étude de la structuration d'un mécanisme de règlement des différends*, Bruxelles, Bruylant, 1993.

50 El período de inactividad se inició en 1963 a partir de la diferencia entre la Comunidad Europea y los Estados Unidos en el asunto *Acción al amparo del Artículo XXVIII con respecto a las aves de corral*, conocido como "la guerra de los pollos", y se reactivó hacia 1969 cuando los Estados Unidos impugnaron ciertos cargos por servicios estadísticos y administrativos de Italia (L/3279). Cfr. JULIO LACARTE-MURÓ y FERNANDO PIÉROLA. "Estudio comparativo de los mecanismos de solución de diferencias del GATT y de la OMC...", cit., p. 17. Esta inactividad no significó la ausencia total de avances o mejoras en la práctica del procedimiento de solución de diferencias, pues a partir del asunto *Recurso de Uruguay al artículo XXIII*, el grupo especial introdujo uno de los aspectos más significativos del mecanismo aún vigente en el sistema de la OMC: la presunción de anulación o menoscabo de ventajas cuando se compruebe la existencia de una violación del Acuerdo General del GATT. Cfr. Informe del Grupo Especial, en el caso *Recurso del Uruguay al artículo XXIII*, L/1923, adoptado el 16 de noviembre de 1962. Con este precedente jurisprudencial, se generalizó la práctica de que la carga de la prueba recae sobre la parte demandada, siempre que exista una violación *prima facie* de alguna disposición del GATT.

Comunidad Económica Europea y a la nueva mayoría de países en desarrollo"[51]. No obstante que siempre estuvo presente el debate entre los partidarios de una posición *legalista* con una preeminencia de los medios *jurisdiccionales* o *rule-oriented* y quienes defienden una posición *pragmática*, es decir, la necesidad de implementar mecanismos *diplomáticos* o *power-oriented*[52] para solucionar las diferencias, desde 1969 hasta 1979 se agudizaron a tal punto estas discusiones al interior del sistema GATT que se generó una incertidumbre en la aplicación práctica del mecanismo, de ahí que el profesor MONTAÑÁ considera que:

> [...] durante muchos años la imposibilidad de llegar a un acuerdo sobre cuál había de ser la función u objetivo del procedimiento, vino motivada por la pugna entre quienes defendían un mecanismo basado en la negociación política (básicamente, Comunidades Europeas y Japón) y quienes deseaban un procedimiento semejante a un proceso judicial (los Estados Unidos y los países en vías de desarrollo)[53].

La posición de las demás partes contratantes ante cuál debía ser el enfoque del mecanismo de solución de diferencias del GATT dependió básicamente de cuáles habían sido sus intereses políticos y comerciales en cada momento determinado[54].

A pesar de la inactividad y las tensiones sobre el enfoque de debía prevalecer en el mecanismo, la práctica fue poco a poco subsanando algunas insuficiencias del modelo institucional, con elementos consuetudinarios, que se formalizarían al finalizar la Ronda de Tokio[55]. En palabras del profesor ZAPATERO, "[e]l resultado, como es evidente, no cayó del cielo: fue el producto del esfuerzo, la

---

51 El decenio de 1960 se caracterizó por un acusado descenso de la actividad de solución de diferencias en el marco del GATT de 1947, originado entre otras razones por la constitución de la Comunidad Económica Europea en 1958 que obligó a sus miembros (anteriormente activos usuarios de los procedimientos del GATT) a expresarse con una sola voz en el GATT y a resolver las diferencias surgidas entre ellos, y por las peticiones particulares de los países en desarrollo para disponer de más libertad para apartarse de sus propias obligaciones en el marco del GATT. Al convertirse muchas antiguas colonias en naciones independientes, los países en desarrollo empezaron a constituir una fuerza poderosa en el GATT. Cfr. ERNST-ULRICH PETERSMANN. "The GATT/WTO Dispute Settlement System. International Law, International Organizations and Dispute Settlement", cit., nota 67, p. 84.

52 JOHN H. JACKSON. *The World Trading System*, cit., nota 208, pp. 112 y 113; OLIVIER LONG. *Law and its limitations in the GAT Multilateral Trade System*, cit., nota 251, p. 73.

53 MIQUEL MONTAÑÁ MORA. *La OMC y el reforzamiento del sistema GATT...*, cit., nota 3, p. 66. Para profundizar en el tema, cfr. ERNST-ULRICH PETERSMANN. "The EEC as a GATT Member-Legal Conflicts between GATT Law and European Community Law", en M. HILF, F. JACOBS G. y ERNST-ULRICH PETERSMANN (eds.). *The European Community and GATT*, Deventer, Kluwer Law and Taxation Publishers, 1986.

54 MIQUEL MONTAÑÁ MORA. "A GATT with Teeth...", cit., nota 50, pp. 131 a 133.

55 Sobre los resultados de la Ronda de Tokio en punto al procedimiento de solución de controversias cfr. THIÉBAUT FLORY. "L'évolution des régimes juridiques du GATT...", cit., nota 239, p. 230 y ss.; ROBERT HUDEC. "GATT Dispute Settlement after the Round Uruguay: An Unfinished Business", *Cornell International Law Journal*, vol. 13, 1980, p. 145 y ss, entre otros.

experimentación y el aprendizaje colectivo de un pequeño núcleo de políticos y profesionales especializados"[56]. Al finalizar la Ronda de Tokio se formalizó la práctica consuetudinaria, basada en los artículos XXII y XIII, en un mecanismo general[57] con una clara prevalencia de los métodos diplomáticos de negociación[58]. Por tanto, las discusiones acerca del enfoque que debería prevalecer fue parcialmente superado por la codificación del procedimiento de solución de diferencias en un instrumento denominado "Entendimiento relativo a las notificaciones, las consultas, la solución de diferencias y la vigilancia" (en adelante "Entendimiento del 79")[59], y su anexo, "Exposición acordada de la práctica consuetudinaria del GATT en materia de solución de diferencias".

El Entendimiento del 79 se complementó con un sinnúmero de disposiciones sobre solución de diferencias contenidas en diversos *Códigos* de la Ronda[60], que para algún sector de la literatura especializada[61] constituyen un punto de inflexión del mecanismo hacia posiciones cada vez más legalistas. Precisamente, para el profesor HUDEC el carácter obligatorio del Entendimiento de 1979 estableció las bases de una nueva cultura "jurisdiccional" del GATT, que exigía soluciones a sus diferencias fundadas en criterios técnicos, concretamente bajo el Derecho internacional económico, que a la postre daría forma al nuevo sistema de solución de diferencias de la OMC[62].

---

56 PABLO ZAPATERO. "La invención de los panels del GATT...", cit., nota 224, p. 95

57 La práctica consuetudinaria de las Partes Contratantes es codificada mediante el "Entendimiento relativo a la Notificaciones, las Consultas, la Solución de Diferencias y la Vigilancia" de 1979, y su anexo titulado "Exposición acordada de la práctica consuetudinaria del GATT en materia de solución de diferencias", mediante el cual se establece una descripción más precisa de la manera en que funciona el procedimiento de solución de diferencias.

58 EDMUND MCGOVERN. "Dispute Settlement in the GATT-Adjudication or Negotiation,?", cit., nota 98, pp. 73 y ss.

59 GATT, Doc IBDD, Suplem., n.° 26, 1980, pp. 229 y ss.

60 El profesor JACKSON destaca que a lo largo del articulado del GATT pueden encontrarse más de 30 preceptos jurídicos que prevén mecanismos para solucionar diversos tipos de diferencias. Cfr. JOHN H. JACKSON."GATT as an Instrument for the Settlement of Trade Disputes", cit., nota 253, p. 144; MIQUEL MONTAÑÁ MORA. "A GATT with Teeth...", cit., nota 50, p. 133.

61 En este sentido, el profesor MONTAÑÁ MORA afirma que "[...] [e]l que los grupos especiales debieran seguir un procedimiento determinado, garantizar la igualdad de las partes, realizar una investigación objetiva de los hechos y emitir un informe basado en el Derecho situaba a esta figura ya en las postrimerías de la Ronda de Tokio en la antesala de los mecanismos de solución de diferencias jurisdiccionales". Cfr. MIQUEL MONTAÑÁ MORA. *La OMC y el reforzamiento del sistema GATT...*, cit., nota 3, p. 78. A su vez, el profesor ZAPATERO destaca que "[a] partir de esta época, por tanto, el GATT dispone de un mecanismo cuyos procedimientos están regulados con suficiente precisión (Entendimiento del 79 y Códigos complementarios) y existe un creciente número de delegados, expertos y profesionales del GATT a favor de juridificar su actividad". Cfr. PABLO ZAPATERO. "La invención de los panels del GATT...", cit., nota 224, p. 102.

62 ROBERT HUDEC. *Adjudication of International Trade Disputes*, cit., nota 212, pp. 8 y ss.; WILLIAM DAVEY. "Dispute Settlement in GATT", *Fordham International Law Journal*, vol. 11, n.° 1, 1987, pp. 51 a 106.

Claro está, la codificación del procedimiento en el Entendimiento de 1979 también trajo consigo otro fenómeno denominado *fragmentación* o *diversificación*[63] de los mecanismos de solución de diferencias, pues en el marco de la Ronda de Tokio se incorporaron normas específicas en esta materia, que en algunos casos seguían el procedimiento general codificado en el Entendimiento de 1979 (p. ej., el acuerdo sobre valoración en aduana, obstáculos técnicos al comercio o contratación pública); otros códigos regularon procedimientos más completos y rigurosos (como el acuerdo sobre subvenciones y medidas compensatorias), y otros que no establecieron ninguna disposición específica sobre el tema (tal es el caso de los acuerdos sobre carne bovino, productos lácteos y licencias de importación). La fragmentación creó algunos riesgos o nuevas dificultades para el régimen multilateral del comercio, por ejemplo, una mayor complejidad del procedimiento general de solución de diferencias, la viabilidad del *forum shopping*, la diversificación de la "jurisprudencia" del GATT, etc.[64]. Otra cuestión negativa fue la imposibilidad de modificar mediante el Entendimiento de 1979[65], algunas cuestiones procesales cruciales para mejorar la eficacia del mecanismo de solución de diferencias como, por ejemplo, las disposiciones sobre el consenso necesario para convocar a un Grupo Especial, la adopción de su informe o la autorización para la aplicación de suspensión de concesiones u otras obligaciones dimanantes del GATT, etc.[66].

Estas cuestiones en materia de solución de diferencias, y otras carencias o necesidades del régimen multilateral del comercio llevaron a las Partes Contratantes, con los Estados Unidos como la figura más visible, a concertar una nueva ronda de negociaciones multilaterales, mucho más ambiciosa que las anteriores, durante la Reunión Ministerial celebrada en noviembre de 1982. Así pues, el primer paso para mejorar los efectos negativos del sistema codificado en la Ronda de Tokio fue la *Declaración Ministerial de 1982*[67], ya que se adoptaron

---

63 John H. Jackson."The Birth of the GATT-MTN System: A Constitutional Appraisal", en *Law & Policy in International Businesses*, vol. 12, 1980, p. 12; Thiébaut Flory. "Les accords du Tokyo Round du GATT et la réforme des procédures de règlement de différends dans le système commercial interétatique", *Revue General de Droit International Public*, n.° 2, abril-junio 1982, p. 236; Julia Christine Bliss. "GATT Dispute Settlement Reform in the Uruguay Round...", cit., nota 253, p. 41.

64 John H. Jackson."The Birth of the GATT-MTN System...", cit., p. 44.

65 Tal como señala el profesor Montañá Mora, mediante la Declaración Ministerial de 1982, "[...] las Partes Contratantes acordaron que el Entendimiento de 1979 constituiría el marco de referencia esencial para desarrollar los procedimientos de solución de diferencias, y que si bien no era necesario enmendarlo, sí era conveniente adoptar medidas para que el uso del mecanismo fuera más efectivo". Cfr. Miquel Montañá Mora. *La* OMC *y el reforzamiento del sistema* GATT..., cit., nota 3, p. 83.

66 John H. Jackson. "Dispute Settlement and the WTO. Emerging problems", *Journal of International Economic Law* vol. 1, n.° 3, 1998, p. 338.

67 Declaración Ministerial del 29 de noviembre de 1982, en GATT, IBDD, Suplem., n.° 29, 1983, pp. 9 y ss.

medidas más eficaces en los procedimientos de solución de diferencias, entre las cuales el profesor MONTAÑÁ MORA destaca el reforzamiento de la figura del Director General (a quien las Partes podrán solicitar sus buenos oficios para logra una conciliación confidencial); la mejora en el funcionamiento de los Grupos Especiales por medio de la previsión de medidas específicas, como la facultad del Director General de ampliar los plazos para la elección de sus miembros; el cubrimiento por el GATT de las costas de los expertos; la tarea de asistir a los grupos especiales en cabeza del Secretario, y el otorgamiento de un "período de gracia" a la Parte vencida antes de adoptar la Recomendación, para procurar un acuerdo negociado[68]. Aunque la Declaración Ministerial de 1982 tuvo solamente el efecto de una recomendación sin carácter vinculante, constituyó, sin embargo, un avance en la configuración de un mecanismo más legalista o judicial que paulatinamente se substrajo de consideraciones políticas tanto en la aprobación de los informes del Grupo Especial como en el logro de soluciones mutuamente satisfactorias.

Hasta ese momento las mejoras introducidas al procedimiento de solución de diferencias, consuetudinariamente o mediante instrumentos acordados por los Estados signatarios del Entendimiento de 1979, Declaración Ministerial de 1982, etc.[69], no habían sido suficientes para enfrentar los viejos cuestionamientos y los nuevos retos del comercio internacional en esta materia, entre otros: los altibajos proteccionistas entre las Partes Contratantes y su creciente número cada vez más heterogéneo (la progresiva incorporación desde 1960 de países con economías en vías de desarrollado, menos desarrolladas o emergentes); las controversias que enfrentaban a los Estados Unidos y a la Comunidad Europea[70]

---

68 MIQUEL MONTAÑÁ MORA. *La OMC y el reforzamiento del sistema GATT...*, cit., nota 3, p. 83. Asimismo, cfr. JULIO LACARTE-MURÓ y FERNANDO PIÉROLA. "Estudio comparativo de los mecanismos de solución de diferencias del GATT y de la OMC...", cit., nota 248, p. 18.

69 Antes de la Declaración de Punta del Este, las Partes Contratantes adoptaron una Decisión con el propósito de mejorar la rapidez de la constitución de los Grupos Especiales y su objetividad. Estas enmiendas al Entendimiento de 1979 se aplicarían a título experimental por un año. Cfr. Decisión del 30 de noviembre de 1984, en GATT, IBDD, Suplem., n.º 31, 1985, pp. 9 y 10; para profundizar en el análisis cfr. JULIA CHRISTINE BLISS. "GATT Dispute Settlement Reform in the Uruguay Round...", cit., nota 253, p. 42.

70 Para un amplio sector de la literatura especializada, los continuos bloqueos en la adopción de los informes de los Grupos Especiales, en los procedimientos en los que se enfrentaron Estados Unidos y la Comunidad Europea, pusieron en tela de juicio la credibilidad del sistema de solución de diferencias del GATT, de ahí que el reforzamiento de este mecanismo fuera una cuestión prioritaria, hasta el punto de depender la propia supervivencia del GATT como sistema normativo. Cfr. ROBERT HUDEC. "Transcending the Ostensible: Some Reflections on the Nature of Litigation between Governments", *Minnesota Law Review*, vol. 72, 1987, p. 215; JULIA CHRISTINE BLISS. "GATT Dispute Settlement Reform in the Uruguay Round...", cit., p. 31; I. GARCÍA BARCERO. "Trade Law, GATT and the Management of Trade Dispute between the US and EEC", *Year-book of European Law*, vol. 5, 1985, p. 149 y ss. En este sentido la profesora MANGAS MARTÍN señala que "la posición

y que condicionaban las posturas de sus gobiernos con respecto a los artículos XXII y XIII del GATT y el Entendimiento de 1979; la fuerte oposición de los países en vías de desarrollo, liderados por Brasil y la India, quienes cuestionaban las ventajas del procedimiento de solución de diferencias para proteger sus intereses y la liberalización de los servicios frente a la posición de los Estados Unidos partidario de la *liberalización total* de servicios financieros, seguros, telecomunicaciones y otros[71].

Fue por eso que las Partes Contratantes decidieron reunirse durante el período extraordinario de sesiones en la Conferencia de Ministros de Punta del Este (Uruguay) para dar apertura oficial a la nueva ronda mediante la Declaración del 20 de septiembre de 1986[72], y establecieron un *Comité de Negociaciones Comerciales*[73] con el mandato de mejorar y fortalecer los procedimientos relativos a la solución de diferencias[74], y crear una organización encargada de impulsar

---

norteamericana polarizó los temas importantes de la Ronda Uruguay utilizando una estrategia de división y hostilidad hacia la Unión Europea, en especial en la cuestión de las subvenciones agrícolas, a pesar de que la agricultura solo representa el 13 por 100 del comercio mundial. La táctica norteamericana consistió en distraer la atención de otros importantes capítulos en discusión (servicios, textiles, patentes, marcas, etc.) y conseguir el apoyo de un importante número de Estados (de América Latina y del Tercer Mundo) que obtienen una parte significativa de sus ingresos de las exportaciones agrarias. El doble estándar norteamericano (defensa del libre comercio fuera de EEUU y radical protección de su mercado, como lo prueban sus leyes *Buy American Acts*) provocó diversos conflictos comerciales entre Estados Unidos y la Comunidad Europea en estos años". Cfr. Araceli Mangas Martín. "Otras organizaciones internacionales de carácter universal. II: la organización mundial del comercio y las relaciones multilaterales comerciales", en Manuel Díez de Velasco Vallejo. *Las Organizaciones Internacionales*, 16.ª ed., Madrid, Tecnos, 2010, p. 480

71 Francisco Javier Prieto. "La internacionalización de los servicios: opciones y riesgos para América Latina", *Integración Latinoamericana*, 1986, pp. 24 a 32; Marta Muñoz Guarasa. "La internacionalización de los servicios en los países desarrollados", *Comercio Exterior* 55, n.º 8, 2005, p. 692.

72 Doc. GATT/1396, del 25 de septiembre de 1986.

73 Catorce grupos de la Ronda Uruguay mantuvieron negociaciones durante siete años, hasta que se firmó el Acta Final de la Ronda, el 15 de abril de 1994 en Marrakech. De estos grupos que iniciaron negociaciones en septiembre de 1986 (Punta del Este), uno se dedicó en exclusiva al mecanismo de solución de diferencias. Luego, en diciembre de 1988 se realizó la llamada "reunión a medio camino", donde se hizo el balance ministerial (Montreal); en abril de 1989 (Ginebra) se llegó a la conclusión del balance a mitad de período, para que en diciembre de 1990 (Bruselas) se celebrara la Reunión Ministerial de "clausura", que terminó en estancamiento. Fue solo hasta diciembre de 1991 (Ginebra) que se logró acabar el primer proyecto del Acta Final. En noviembre de 1992 continuaron las negociaciones (Washington), entre los Estados Unidos y las Comunidades Europeas logrando un avance decisivo en materia de agricultura (*Blair House*). Posteriormente, en julio de 1993 (Tokio), la *Cuadrilateral* logró un gran avance sobre acceso a los mercados en la Cumbre del G7. En diciembre de 1993 (Ginebra) finalizó la mayor parte de las negociaciones (aunque prosiguieron algunas conversaciones sobre acceso a los mercados). Finalmente, en abril de 1994 (Marrakech) se firmaron los Acuerdos, los cuales entraron en vigor en enero de 1995. Cfr. Terence P. Stewart y Christopher Callahan. *The GATT Uruguay Round: A Negotiating History (1986-1992), Dispute Settlement Mechanism*, Kluwer Law and Taxation Publishers, 1993.

74 Declaración Ministerial de Punta del Este sobre el inicio de las negociaciones de la Ronda Uruguay. Declaración del 20 de septiembre de 1986 (Secretaría del GATT, IBDD 33S/44).

y proteger la liberalización de los intercambios internacionales[75]. Precisamente por ello, la nueva organización instituida en la Ronda Uruguay cumple las funciones de constituir una estructura institucional con personalidad jurídica para administrar los acuerdos del sistema multilateral[76], establecer un foro permanente de negociaciones multilaterales entre sus Miembros[77], administrar el ESD y en general el nuevo sistema de solución de diferencias[78], conformar un mecanismo de examen de las políticas comerciales[79] y cooperar con otras organizaciones internacionales[80].

Para diseñar esta estructura institucional en las negociaciones de la Ronda Uruguay fue necesario que las Partes Contratantes tomaran conciencia de los beneficios, tanto individuales como colectivos, que genera a largo plazo el respeto de las "reglas de juego" en el comercio internacional, lo cual en cierta

---

75 Para el profesor ZAPATERO el hecho de que Estados Unidos considerara unilateralmente que determinadas prácticas comerciales de otros Estados eran "injustas" y creara sus propios procedimientos para combatirlas, al margen de la legalidad del GATT, es un elemento importante que forzó al resto de países a negociar concesiones comerciales en la Ronda Uruguay. Cfr. PABLO ZAPATERO. "La invención de los panels del GATT...", cit., nota 224, p. 103. En el mismo sentido, el profesor BHAGWATI señala que el *unilateralismo* estadounidense jugó un papel importante en los cambios del régimen multilateral del comercio producidos en los años ochenta. Cfr. al respecto JAGDISH BHAGWATI y HUGH PATRICK (eds.). *Aggressive Unilateralism: America's 301 Trade Policy and the World Trading System*, University of Michigan Press, 1990. Asimismo, en el documento *Dunkel* (que es el nombre con que se designa el borrador de Acta Final de la Ronda de Uruguay), que se presentó en diciembre de 1991, se denominaba "Organización Multilateral del Comercio", en lugar de Organización Mundial del Comercio, como lo establece el Acuerdo Final. Este nombre se adoptó a petición de la delegación norteamericana, que pretendía con esto evitar el debate *multilateralismo-unilateralismo*, el cual podría afectar la Sección 301 de la *US Trade Law* de 1974. Cfr. MIQUEL MONTAÑÁ MORA. *La OMC y el reforzamiento del sistema GATT...*, cit., nota 3, pp. 12 y 13.

76 El artículo III.1 del Acuerdo de la OMC, señala: "La OMC facilitará la aplicación, administración y funcionamiento del presente Acuerdo y de los Acuerdos Comerciales Multilaterales y favorecerá la consecución de sus objetivos, y constituirá también el marco para la aplicación, administración y funcionamiento de los Acuerdos Comerciales Plurilaterales".

77 El artículo III.2 del Acuerdo de la OMC, precisa que: "La OMC será el foro para las negociaciones entre sus Miembros acerca de sus relaciones comerciales multilaterales en asuntos tratados en el marco de los acuerdos incluidos en los Anexos del presente Acuerdo. La OMC podrá también servir de foro para ulteriores negociaciones entre sus Miembros acerca de sus relaciones comerciales multilaterales, y de marco para la aplicación de los resultados de esas negociaciones, según decida la Conferencia Ministerial".

78 El artículo III.3 del Acuerdo de la OMC, establece que: "La OMC administrará el Entendimiento relativo a las normas y procedimientos por los que se rige la solución de diferencias (ESD) que figura en el Anexo 2 del presente Acuerdo". Y el artículo III.4 del Acuerdo de la OMC señala: "La OMC administrará el Mecanismo de Examen de las Políticas Comerciales (denominado en adelante "MEPC") establecido en el Anexo 3 del presente Acuerdo".

79 Artículo III.4 del Acuerdo de la OMC.

80 Artículo III.5 del Acuerdo de la OMC. "Con el fin de lograr una mayor coherencia en la formulación de las políticas económicas a escala mundial, la OMC cooperará, según proceda, con el Fondo Monetario Internacional y con el Banco Internacional de Reconstrucción y Fomento y sus organismos conexos".

manera condujo a los resultados del llamado ESD[81], que superaron ampliamente las expectativas de los negociadores de la Ronda.

Un aspecto fundamental de cualquier organización internacional y su estructura institucional es, sin duda, contar con un sistema efectivo para resolver disputas, es decir, saber cuáles son las reglas, cuál es el significado o alcance y si se han roto en un caso concreto. Sin este sistema los instrumentos internacionales y su catálogo elaborado de los derechos y deberes no significan mucho. Por esto, una cuestión clave de la OMC es cómo garantizar el volumen y la importancia de los compromisos (derechos y deberes) resultantes de la Ronda Uruguay. Un mecanismo que resuelva las diferencias de todos y cada uno de los miembros, que asegure la aceptación de mayores obligaciones y la certeza del cumplimiento de las ventajas comerciales obtenidas por los participantes de las nuevas reglas multilaterales del comercio internacional, es un objetivo de primer orden. El diseño del sistema de solución de diferencias regulado en el ESD constituye un acierto importante para la OMC, pues trata no solo de resolver, o por lo menos reducir, el creciente número de controversias comerciales, sino que también de alguna manera reduce las tensiones político-económicas entre los numerosos y heterogéneos Miembros de esta organización.

No sorprende, por tanto, que los Miembros del nuevo régimen multilateral del comercio quisieran aprovechar la experiencia acumulada durante la vigencia del GATT de 1947. Un ejemplo de ello es el párrafo 1 del artículo XVI del Acuerdo sobre la OMC, que establece:

> *Salvo disposición en contrario en el presente Acuerdo o en los Acuerdos Comerciales Multilaterales, la OMC se regirá por las decisiones, procedimientos y práctica consuetudinaria de las Partes Contratantes del GATT de 1947 y los órganos establecidos en el marco del mismo* (cursiva fuera de texto).

Así mismo, el párrafo 1 del artículo 3.º del ESD de la OMC señala:

> Los Miembros afirman su adhesión a los principios de solución de diferencias aplicados hasta la fecha al amparo de los artículos XXII y XXIII del GATT de 1947 y al procedimiento desarrollado y modificado por el presente instrumento.

Tampoco resulta extraño, bajo este contexto, que pese a la influencia del GATT de 1947 en la construcción institucional y normativa de la OMC, el *corpus iuris* resultado de la Ronda Uruguay amplía e incluso difiere en muchas cuestiones

---

81 El Anexo 2 del Acuerdo de la OMC incorpora el ESD.

del antiguo GATT. Por ejemplo, la estructura institucional de la OMC va más allá de constituir una mera sustitución de su predecesor, se manifiesta como "algo nuevo" inherente a la actual sociedad internacional que se enmarca en una dinámica de la globalización. Es más, la estructura institucional consolida jurídicamente el tejido organizacional del sistema multilateral del comercio[82] en sus artículos IV y VI, a partir de tres pilares:

– Los órganos *políticos*, entre los cuales se encuentran la Conferencia Ministerial[83], el Consejo General, los consejos sectoriales, así como un gran número de comités y grupos de trabajo, cuyo propósito es debatir sobre las materias que son de su competencia y, en algunos eventos, adoptar decisiones vinculantes para los Miembros.

– Los órganos de *control* y *supervisión* sobre el cumplimiento del Derecho de la OMC, que se realiza desde dos ámbitos: un control político mediante el mecanismo de examen de políticas comerciales y un control jurídico a través del sistema de solución de diferencias[84], y

– El órgano *administrativo* o Secretaría, cuyas funciones se agrupan en tres aspectos: ofrecer apoyo de carácter técnico a los Miembros, desarrollar las investigaciones y elaborar los informes que los Miembros le encarguen, y constituir el medio por el que fluya la información entre los mismos[85].

---

82 Tal como advierte el profesor MONTAÑÁ, "[...] el establecimiento de una Organización Internacional encargada de administrar y supervisar los acuerdos aprobados durante la Ronda de Uruguay no era uno de los temas previstos en la Declaración de Punta del Este. No obstante, en un sistema como el GATT, caracterizado por el pragmatismo y la búsqueda de soluciones imaginativas sobre la marcha a problemas nuevos, ello constituye una sorpresa relativa". Cfr. MIQUEL MONTAÑÁ MORA. *La OMC y el reforzamiento del sistema GATT...*, cit., nota 3, pp. 39-40.

83 En la cúspide de la estructura institucional de la OMC se encuentra la Conferencia Ministerial, que debe reunirse como mínimo una vez cada dos años, cuyo principal cometido es convenir las directrices que marcarán el curso a seguir del resto de los órganos. Hasta la fecha se han celebrado nueve Conferencias Ministeriales (Singapur en diciembre de 1996, Ginebra en mayo de 1998, Seattle en diciembre de 1999, Doha en noviembre de 2001, Cancún en septiembre de 2003, Hong-Kong en diciembre de 2005, Ginebra en noviembre de 2009, Ginebra en diciembre de 2011 y Bali en diciembre de 2013). Cfr. DAVID LUFF. *Le Droit de l'Organisation Mondiale du Commerce. Analyse critique*, Bruxelles-Paris, Université Libre de Bruxelles, Collection de la Faculté de Droit, Bruylant-LGDJ, 2004; NICOLÁS LÓPEZ LÓPEZ. "Las negociaciones comerciales en la OMC", *Revista de Economía*, Información Comercial Española –ICE–, n.º 843, julio-agosto de 2008, pp. 74 a 78; JEAN-JACQUES REY y JULIE DUTRY. *Institutions Économiques Internationales*, Bruxelles, 2001.

84 ROMUALDO BERMEJO GARCÍA y LAURA SAN MARTÍN SÁNCHEZ DE MUNIAIN. "Del GATT a la Organización Mundial de Comercio. Análisis y perspectivas de futuro", *Anuario de Derecho Internacional*, n.º 12, 1996, p. 168; MANUEL DÍEZ DE VELASCO VALLEJO. *Instituciones de Derecho Internacional Público*, cit., nota 3.

85 El artículo VI del Acuerdo de la OMC regula la Secretaría como un órgano administrativo que proporciona coherencia institucional al régimen de comercio multilateral. Cfr. RÜDIGER WOLFRUM, PETER-TOBIAS STOLL y KAREN KASER (eds.). *WTO: Institutions and Dispute Settlements*, Max Planck Institute

En conclusión, la presencia de este conjunto de órganos de la OMC ha producido un impacto *estructural* en el Derecho internacional económico, ya que se diseña un modelo institucional único para gestionar los denominados "acuerdos abarcados" y particularmente el sistema de solución de diferencias, y también tiene un impacto *funcional*, pues pese a la débil autoridad política internacional superior a los Estados, los órganos del nuevo régimen multilateral contribuyen a un mayor grado de efectividad del Derecho de la OMC[86] y en general el Derecho internacional económico.

II. ALGUNOS FACTORES DEL REFORZAMIENTO DEL PROCEDIMIENTO DE SOLUCIÓN DE DIFERENCIAS DE LA OMC

A. LA CREACIÓN DEL ÓRGANO DE SOLUCIÓN DE CONTROVERSIAS Y DEL SISTEMA DE DOBLE INSTANCIA

El primer factor que vigoriza el procedimiento de solución de diferencias de la OMC es la creación del Órgano de Solución de Controversias (en adelante OSD)[87] cuyo objetivo esencial es asegurar el cumplimento del nuevo *corpus iuris*, que tras el Acuerdo de Marrakech de 1994 se ha tornado más detallado y preciso (a través de textos jurídicos más *extendidos*, como el ESD, declaraciones, lista de compromisos, protocolos, o de *instrumentos específicos*, como los acuerdos que regulan las prácticas comerciales en materia de bienes, servicios, etc.). Para lograr este objetivo el OSD cuenta con un mecanismo de doble instancia (el

---

for Comparative Public Law and International Law, Martinus Nijhoff Publishers, 2006, pp. 78 a 80; MARY FOOTER. *An Institutional and Normative Analysis of the World Trade Organization*, Martinus Nijhoff Publishers, 2006; DIEGO JAVIER LIÑÁN NOGUERAS. "El Derecho Económico Internacional (II): El comercio Internacional", en MANUEL DÍEZ DE VELASCO VALLEJO. *Instituciones de Derecho Internacional Público*, cit., p. 615.

86 Para profundizar en el tema de los efectos de las organizaciones internacionales, y en particular la OMC, en el Derecho internacional, cfr. JOHN H. JACKSON. *Sovereignty, the WTO, and Changing Fundamentals of International Law...*, cit., nota 176; ANNE KRUEGER (ed.). *The WTO as an international organization*, The University of Chicago Press, 1998; JAN KLABBERS. *An introduction to the International Institution Law*, Cambridge, Cambridge University Press, 2007; MANUEL DÍEZ DE VELASCO VALLEJO. *Las Organizaciones Internacionales*, cit.

87 Según LACARTE-MURO Y PIÉROLA, "... la creación del Órgano de Solución de Diferencias como el órgano máximo de la OMC encargado de administrar el ESD ha dado excelentes resultados. El hecho de que en su orden del día solo se incluyan temas relativos a la solución de diferencias garantiza que la atención se concentre exclusivamente en estos asuntos, y los miembros participan en animados –y a veces acalorados– debates que no solo son muy instructivos sino que, además, sirven para demostrar la creciente importancia que se le asigna a la adecuada solución de las diferencias y al funcionamiento del ESD propiamente dicho". Cfr. JULIO LACARTE-MURÓ y JAIME GRANADOS (eds.). *Solución de controversias comerciales inter-gubernamentales...*, cit., nota 207, p. 22.

Grupo Especial y el Órgano de Apelación) a cuya sombra opera un sistema de consultas[88]. Todo ello trae consigo un procedimiento más completo que tiene como uno de sus principales retos velar por la eficacia, la previsibilidad y la seguridad de su *corpus iuris*. Esto significa una labor que no solo viene aportando mayor estabilidad normativa (en la medida en que clarifica omisiones y ambigüedades en los textos jurídicos), sino que también está contribuyendo a una mayor *judicialización* de la solución de controversias comerciales[89]. De ahí que el OSD cumple diferentes funciones[90], tales como: *establecer Grupos Especiales*, cuando una de las Partes lo solicita de acuerdo con las normas del ESD de la OMC; *adoptar de forma automática los informes* de los grupos especiales y del Órgano de Apelación, salvo que el OSD decida por consenso lo contrario[91]; *vigilar la aplicación de las resoluciones* y *recomendaciones*, y *autorizar la suspensión de concesiones* y *otras obligaciones* en el marco de los "acuerdos abarcados".

Una novedad a subrayar de las anteriores funciones del OSD es la "automaticidad" en la adopción de sus decisiones frente a la antigua opción de bloqueo del GATT de 1947, es decir,

> *... se considerará que el OSD ha adoptado una decisión por consenso sobre un asunto sometido a su consideración cuando ningún Miembro presente en la reunión del OSD en que se adopte la decisión se oponga formalmente a ella* (cursiva fuera de texto)[92].

---

88 Existen, junto al mecanismo de doble instancia y de consultas, varios medios alternativos de solución de diferencias, como los buenos oficios, la mediación, la conciliación y el arbitraje, que constituyen procedimientos accesorios. Cfr. artículo 5.º del ESD de la OMC.

89 Al contrario del Entendimiento de 1979, aprobado durante la Ronda de Tokio, que supuso una ratificación de la preeminencia de los denominados enfoques diplomáticos en la solución de diferencias, el ESD de 1994 ha significado un paso adelante hacia el establecimiento de un procedimiento *jurisdiccional*. Cfr. MICHAEL K. YOUNG. "Dispute Resolution in the Uruguay Round: Lawyers Triumph over Diplomats", *The International Lawyers*, vol. 29, 1995, p. 389 y ss.; MIQUEL MONTAÑÁ MORA. "A GATT with Teeth...", cit., nota 50, p. 177; JUAN ANTONIO CASTILLO URRUTIA. "La judicialización de la Normativa Multilateral sobre Comercio Internacional", *Noticias de la Unión Europea*, n.º 129, octubre 1995, p. 39 y ss. En términos de HUDEC sorprende particularmente la aprobación de un procedimiento jurisdiccional por parte de la Comunidad Europea, que tradicionalmente había defendido la necesidad de resolver las diferencias mediante mecanismos diplomáticos. Cfr. ROBERT HUDEC. *The GATT Legal System and World Trade Diplomacy*, cit., nota 213, p. 47; ROY DENMAN. "International Trade Disputes Panel. Can GATT Resolve International Trade Dispute?", *American Society of International Law*, vol. 77, 1983, p. 287-288. En definitiva, se reorienta la forma en que resuelven los asuntos en controversia bajo el régimen multilateral del comercio y los *paneles* se ven obligados a modificar su anterior *lex artis diplomatica*.

90 Artículo 2.1 del ESD de la OMC.

91 El artículo 16.4 del ESD de la OMC señala que "el OSD decida por consenso no adoptar el informe". Este precepto es otra novedad del régimen jurídico de la OMC, pues crea el denominado "consenso negativo" que resulta mucho más avanzado que la fórmula de "consenso menos dos", la cual se rechazó en el Acuerdo de Medio plazo sobre la solución de diferencias. Para profundizar en el tema, cfr. ROBERT HUDEC. *Enforcing International Trade Law...*, cit., nota 210, p. 231.

92 Artículo 2.4 nota 1 del ESD de la OMC.

A simple vista pareciera que el avance se ha limitado a no requerir "unanimidad", pero aún se mantiene el *poder de veto*[93] de cualquier Miembro que se presente a la reunión del OSD y declare expresamente que no aprueba una decisión en particular. Esta opción del bloqueo (o la regla del consenso positivo) podrá ser modificada en los estadios claves del procedimiento de solución de diferencias regulado en el ESD, así por ejemplo:

– En la *formación de un panel o Grupo Especial*, el párrafo 1 del artículo 6.º del ESD ordena que "si la parte reclamante así lo pide, se establecerá un grupo especial [...] a menos que, en esa reunión, el OSD decida por consenso no establecer un grupo especial"[94].

– En la *adopción del informe del panel*, el párrafo 4 del artículo 16 del ESD establece que "[...] dentro de los 60 días siguientes a la fecha de distribución del informe de un grupo especial a los Miembros, el informe se adoptará en una reunión del OSD, a menos que una parte en la diferencia notifique formalmente a este su decisión de apelar o que el OSD decida por consenso no adoptar el informe", y si el informe fue apelado.

– En la *adopción del informe del Órgano de Apelación*, el artículo 17.14 del ESD señala que "[...] los informes del Órgano de Apelación serán adoptados por el OSD y aceptados sin condiciones por las partes en la diferencia salvo que el OSD decida por consenso no adoptar el informe del Órgano de Apelación en una plazo de treinta días contados a partir de su distribución a los Miembros".

– En la *autorización para suspender concesiones*, el artículo 22.6 del ESD determina que "[...] el OSD, previa petición, concederá autorización para suspender concesiones u otras obligaciones dentro de los treinta días siguientes a la expiración del plazo prudencial, a menos que decida por consenso desestimar la petición".

Como se observa, la nueva regla del *consenso negativo* en el procedimiento de solución de diferencias origina un cambio radical respecto al anterior sistema GATT, ya que salvo que *todos* los miembros del OSD estén en *contra* no hay lugar para ejercer el *derecho a veto*, lo cual significa "[...] una pérdida de poder de decisión

---

93 Para gran parte de la literatura especializada, el mayor problema práctico del procedimiento de solución de controversias del GATT de 1947 consistía en la necesidad de alcanzar un consenso del Consejo del GATT en dos momentos claves del mecanismo: primero, en el *establecimiento del Panel*, y segundo, en la *aprobación de su informe*. De esta manera, la parte "vencida", en última instancia, podría evitar que se convocara al panel o las consecuencias de su informe, al votar contra su aprobación. Por tanto, para el profesor JACKSON "[...] this blocking was deemed to be the most significant defect in the process". Cfr. JOHN H. JACKSON. *The World Trade Organization: Constitution and Jurisprudence*, Royal Institute of International Affairs, 1998, pp. 45 y 46.

94 ROBERT HUDEC. *Adjudication of International Trade Disputes...*, cit., nota 212.

por parte de los órganos políticos (antes el Consejo del GATT y los Consejos de los distintos acuerdos) a favor de los órganos jurisdiccionales (los Grupos Especiales y el Órgano de Apelación)"[95]. Este debilitamiento del papel de los órganos políticos tiene efectos directos en el esquema y naturaleza jurídica del sistema de solución de diferencias de la OMC, pues se acerca a una posición más *legalista* o *jurisdiccional*[96]. Sin embargo, esta progresiva formalización del mecanismo avanza sin renunciar a algunos elementos de la herencia diplomática como, por ejemplo, las disposiciones del ESD que promueven una solución negociada o "mutuamente aceptable" por las partes contendientes, o la exigencia de una "validación" de las decisiones de los órganos resolutorios por un órgano político, el OSD.

Otro aspecto que también contribuye a reforzar el mecanismo de solución de diferencias de la OMC es el establecimiento de un sistema de doble instancia para el ejercicio de su jurisdicción: como primera instancia los Grupos Especiales o tribunales *ad hoc* formados para solucionar una disputa concreta, y como segunda instancia, el Órgano de Apelación para resolver las cuestiones de derecho o interpretaciones de carácter jurídico formuladas en el informe del Grupo Especial[97].

---

95 MIQUEL MONTAÑÁ MORA. *La OMC y el reforzamiento del sistema GATT...*, cit., nota 3, p. 115; GEORGES ABI-SAAB. "The Appellate Body and Treaty Interpretation", en J. BOHANES, G. SACERDOTI y A. YANOVICH. *The WTO at ten: the contribution of the dispute settlement system*, Cambridge, Cambridge University Press, 2006, p. 455.

96 El nuevo mecanismo resultante, en palabras de SHELL, representa una contundente victoria de los legalistas en el debate sobre el modelo de solución de diferencias en libre comercio multilateral. Cfr. RICHARD SHELL. "Trade Legalism and International Relations Theory: An Analysis of the World Trade Organization", *Duke Law Journal*, vol. 44, 1995, p. 829 y 833; JULIA CHRISTINE BLISS. "GATT Dispute Settlement Reform in the Uruguay Round...", cit., nota 253, p. 31 y ss. La visión tradicional europea acerca de las controversias comerciales consistía que estas no podían solucionarse sobre una base meramente jurídica, poniendo el acento en el papel relativo de las normas multilaterales y su flexibilidad, por tanto, había una dimensión política que debía tomarse en consideración. Esta perspectiva significaba que la solución de controversias era una combinación de reglas y negociaciones, y en un sentido lato, esta era la perspectiva que prevalecía en el sistema del GATT de 1947. Para el profesor JANSEN el cambio hacia una posición *legalista* se explica, en gran parte, como respuesta a la política de Estados Unidos, que consistía en la adopción sistemática de medidas de represalias contra los países europeos, que no encontraban fundamento jurídico en el sistema GATT. Así, por ejemplo, el caso *Hormonas*, el cual tiene un significado histórico, por ser la primera vez (1987), en el sistema GATT, que Estados Unidos adoptó represalias. Estas medidas unilaterales fueron justificadas, por el gobierno norteamericano, en la ausencia de un sistema de solución de diferencias expedito y vinculante. Cfr. BERNHARD JANSEN. "El papel de la Unión Europea en la solución de diferencias comerciales en la OMC", en *la Organización Mundial del Comercio y el Regionalismo Europeo*, Madrid, Dykinson, 2001, p. 146.

97 El Órgano de Apelación, como regla general, tiene prohibido efectuar constataciones de hecho y reexaminar las constataciones de hecho efectuadas por los Grupos Especiales. Para profundizar en estos temas, cfr. GEORGES ABI-SAAB. "The Appellate Body and Treaty Interpretation", cit., nota 301; ALBERTO ÁLVAREZ-JIMÉNEZ. "The WTO Appellate Body decision-making process: A perfect model for international adjudication?", *Journal of International Economic Law*, vol. 12, n.º 2, Oxford, Oxford University Press, 2009. Una excepción a la regla anterior surge cuando una Sección del Órgano de

La primera instancia, sin duda, sigue las líneas generales ya establecidas por las decisiones, los procedimientos y la práctica consuetudinaria observada por las Partes Contratantes del GATT de 1947[98], pero para la segunda instancia no había un precedente, de ahí que en la Ronda Uruguay se asignó a sus negociadores la competencia de diseñar un nuevo órgano que, para un importante sector de la doctrina (JACKSON, ABI-SAAB, LACARTE-MURO Y PIÉROLA, MONTAÑÁ, etc.), significa uno de los *distintivos institucionales* de la OMC y la mayor innovación del procedimiento de solución de diferencias desde la creación del mecanismo del Grupo Especial en 1952[99], pues se garantiza la máxima calidad de los informes mediante la incorporación de un segundo filtro de carácter jurídico[100], cuyas actuaciones son de tipo confidencial, están prohibidas las comunicaciones *ex parte* y las opiniones expresadas a título individual en los informes del Órgano de Apelación son anónimas. Se restringe, además, la facultad del Órgano de Apelación para reenviar la causa al Grupo Especial y, por consiguiente, debe resolver toda apelación que se sustancie ante esta segunda instancia[101].

Apelación aclara los hechos sobre los que versa el informe del Grupo Especial, a través del extensísimo interrogatorio característico de la audiencia en la que intervienen ambas partes. Un ejemplo, donde la Sección discrepa de la evaluación que el Grupo Especial hizo de los *hechos* para llegar a sus constatación, es el asunto *Canadá-Determinadas Medidas que Afectan a las Publicaciones* (WT/DS31/AB/R), adoptado el 30 de junio de 1997.

98 El nuevo sistema de solución de diferencias de la OMC, al incorporar los *Grupos Especiales* o *paneles*, elimina definitivamente el recuerdo de los *grupos de trabajo* del antiguo GATT, que se preocupaban por los compromisos políticos, contaban dentro de sus miembros con representantes de la partes contendientes e implementaban técnicas diplomáticas. Por el contrario, los Grupos Especiales están compuestos por expertos independientes de las partes en la diferencia y se someten a un procedimiento previamente codificado (donde se garantiza el derecho de contradicción, el derecho de audiencia a favor de terceros, el cumplimiento de los términos procesales, la determinación imparcial de los hechos y derecho aplicable, etc.). Cfr. ROBERT HUDEC. "The GATT Legal System...", cit., nota 96, p. 80; OLIVIER LONG. *in the GAT Multilateral Trade System*, cit., nota 251, p. 77.

99 JOHN H. JACKSON. *World Trade and the Law of GATT...*, cit., nota 213, p. 125; GEORGES ABI-SAAB. "The Appellate Body and Treaty Interpretation", cit., nota 301; JULIO LACARTE-MURÓ y ,JAIME GRANADOS (eds.). *Solución de controversias comerciales inter-gubernamentales...*, cit., nota 207, p. 22; MIQUEL MONTAÑÁ MORA. "A GATT with Teeth...", cit., nota 50, p. 144.

100 La iniciativa en 1989 de crear una segunda instancia se debió a la propuesta de eliminar el bloqueo o la regla del consenso positivo para convocar el Grupo Especial. Al ser automática la primera instancia surgió el interrogante acerca de lo que podría ocurrir si el informe no contenía un razonamiento de calidad que perjudicara los intereses de las partes y la credibilidad del mismo sistema. Obviamente, el informe del panel debía aprobarse, pese a su contenido. Por esta razón fue preciso agregar la *instancia de revisión* en apelación de los informes de Grupos Especiales. Según VAN DEN BOSSCHE ese fue "el humilde origen del Órgano de Apelación". Cfr., PETER VAN DEN BOSSCHE. "The making of the 'World Trade Court': the origins and development of the Appellate Body of the World Trade Organization", en R. YERXA y B. WILSON (eds.). *Key issues in WTO dispute settlement-the first ten years*, Cambridge, Cambridge University Press, 2005, pp. 64 y 65.

101 Esta judicialización contribuye a fortalecer la posición o pretensiones de la parte demandante en términos políticos, pues un grupo de países posee, frente al demandado, un mayor poder de presión

El sistema de doble instancia codificado por el ESD de la OMC tiene una naturaleza *cuasi-judicial*, pues logra que las diferencias sean solucionadas estrictamente ajustadas a derecho, bajo principios y reglas procesales pre-definidas[102], con la prohibición a los órganos resolutorios de incrementar o disminuir los derechos y obligaciones contemplados en los "acuerdos abarcados". Esta naturaleza *cuasi-judicial* del mecanismo de la OMC, según EHLERMANN

> [...] is not a process that is entrusted in totality to an independent judicial branch. It would be wrong to qualify it as a purely judicial process. It is a quasi-judicial mechanism. It is a hybrid. And it will remain so for the foreseeable future[103].

Para autores como JACKSON, VAN DEN BOSSCHE y PAUWELYN, entre otros, pese a que los textos jurídicos de la OMC no emplearon la palabra "judicial" para referirse a las funciones del Órgano de Apelación o de los Grupos Especiales, además de designar el término "informe" al resultado de sus trabajos, evitando así las expresiones "fallo", "sentencia" o "laudo", los Grupos Especiales ejercen *funciones judiciales* y el Órgano de Apelación constituye un verdadero "Tribunal del Comercio Mundial", debido a su autoridad, al alcance de sus pronunciamientos y a que se instaura como un órgano "permanente" (art. 17.1 ESD)[104].

---

diplomática que un solo país, y también en términos jurídicos, en tanto que eventualmente se pueden agregar otros argumentos jurídicos en contra de la medida proteccionista cuestionada, y todas ellas deben de ser oídas por el Grupo Especial y por el Órgano de Apelación. Cfr. JULIANA SALLES ALMEIDA. "Una década de funcionamiento del sistema de solución de diferencias comerciales de la OMC: avances y desafíos", en *Serie Comercio Internacional* n.º 65, Comisión Económica para América Latina y el Caribe –CEPAL–, División de Comercio Internacional e Integración, Santiago de Chile, abril de 2006, p. 50; CHAD BOWN. "Developing Countries as Plaintiffs and Defendants in GATT/WTO Trade Disputes", *The World Economy*, Blackwell Publishing, vol. 27, n.º 1, 2004. Es preciso matizar que el problema de los *costos en recursos* o *capacidad técnica* de los países en desarrollo que utilizan el sistema de solución de diferencias de la OMC se trata de mitigar a través del *Advisory Center on WTO Law* –ACWL– o Centro de Asesoría Legal en Asuntos de la OMC. Para profundizar en este tema, cfr. KIM VAN DER BORGHT. "The Advisory Center on WTO Law: Advancing fairness and quality", *Journal of International Economic Law*, vol. 2, n.º 4, 1999, pp. 723 a 728; CHRISTINA L. DAVIS y SARAH BLODGETT BERMEO. "Who Files? Developing Country Participation in GATT/WTO Adjudication", *The Journal of Politic*, vol. 71, n.º 3, 2009, pp. 1033 a 1049; ROBERTO DI SENA JUNIOR. "Advisory Center on WTO Law for Mercosur Members: Bridging disparities through collective action", en *Centro de Estudios Interamericanos*. Disponible en [http://www.cei.ulaval.ca/fileadmin/cei/documents/Recherche_et_publications/Publications/ROBERTO_DiSennaJr_articleSP.pdf].

102 SOL PICCIOTTO. "The WTO's Appellate Body: legal formalism as a legitimation of global governance", en *School of Public Policy Working Paper Series*, n.º 14, London, University College, 2005.

103 CLAUS-DIETER EHLERMANN. "Experiences from the Appellate Body", en *Texas International Law Journal*, n.º 38, 2003, pp. 470.

104 PETER VAN DEN BOSSHE. "The making of the 'World Trade Court'...", cit., nota 306, p. 64. Igualmente, en términos de PAUWELYN, los órganos que componen el sistema de doble instancia de la OMC "[...] son tribunales judiciales en el sentido del derecho internacional", puesto que actúan con

En este sentido el profesor JACKSON subraya que "el Sistema de Solución de Diferencias [de la OMC] ha sido descrito como más importante y poderoso que cualquier otro tribunal internacional, aunque algunos reserven esa posición de privilegio a la Corte Internacional de Justicia"[105].

Independientemente de la posición que se asuma, no cabe duda que las funciones del sistema de doble instancia son actuaciones de adjudicación[106], con una consecuencia lógica: que tanto los Grupos Especiales como el Órgano de Apelación ejercen parte de la función jurisdiccional, y esta última se completa con la adopción forzosa y vinculante de sus decisiones, además del control posterior del estado de cumplimiento que es asumido por los propios Miembros de la OMC, constituidos como OSD.

Es precisamente por medio de este sistema de doble instancia que el OSD realiza una vigorosa labor interpretativa del régimen jurídico de la OMC, lo que hace que los informes de los Grupos Especiales y del Órgano de Apelación constituyan, después de los "acuerdos abarcados", una de las principales fuentes de derecho de la OMC. De hecho, la jurisprudencia de los órganos resolutorios de la OMC cumple un rol importante en la introducción de cambios en el procedimiento de solución de diferencias previsto en el ESD, tal como se evidencia en el asunto *Comunidades Europeas-Régimen para la importación, venta y distribución de bananos, "Bananos III"*, que permitió que las partes contendientes emplearan abogados privados en la defensa de sus derechos[107], o el asunto *Estados Unidos-Prohibición de importar ciertos camarones y sus productos* y el asunto *Comunidades Europeas-Medidas que afectan al amianto* que abrieron el procedimiento para la actuación de los *amicus curiae*[108].

---

independencia al redactar sus razonamientos conforme a derecho y, además, sus pronunciamientos en los informes son automáticamente adoptados por el OSD. Cfr. JOOST PAUWELYN. *Conflict of Norms in Public International Law...*, cit., nota 67, p. 442.

105 JOHN H. JACKSON. *Sovereignty, the WTO, and Changing Fundamentals of International Law...*, cit., nota 176, p. 135. En esta misma línea, ABI-SAAB concluye que el Órgano de Apelación "[...] sería una suerte de suprema corte de jurisdicción para controlar la interpretación en la aplicación del derecho" de la OMC. Cfr. GEORGES ABI-SAAB. "The WTO dispute settlement and general international law", en R. YERXA y B. WILSON (eds.). *Key issues in WTO dispute settlement-the first ten years*, Cambridge, Cambridge University Press, 2005, p. 10.

106 En términos de GRANDO, "... adjudication is a process through which a dispute between two or more parties is referred to a impartial third party (the adjudicator) who resolve the dispute by applying authoritative legal standards (the law) to the facts presented. One of the principal characteristics of adjudication is specific disputes are resolved on the basic previously set authoritative standards". Cfr. MICHELLE T. GRANDO. *Evidence, proof, and fact-finding in WTO dispute settlement*, Oxford University Press, 2009, p. 10.

107 Informe del Órgano de Apelación, en el asunto *Comunidades Europeas-Régimen para la importación, venta y distribución de bananos "Banano III"* (WT/DS27/AB/R), adoptado el 9 de septiembre de 1997.

108 Informe del Órgano de Apelación, en el asunto *Estados Unidos-Prohibición de las importaciones de determinados camarones y productos del camarón "Camarones"* (WT/DS58/AB/R), adoptado el 12 de

B. LA PREVISIBILIDAD DEL PROCEDIMIENTO DE SOLUCIÓN DE DIFERENCIAS DE LA OMC

El procedimiento de solución de diferencias se erige como uno de los instrumentos más relevantes para lograr la seguridad y previsibilidad del régimen jurídico de la OMC; así se reconoce en el párrafo 2 del artículo 3.º del ESD de la OMC, al señalar que:

> ... el sistema de solución de diferencias de la OMC constituye un elemento esencial para aportar seguridad y previsibilidad al sistema multilateral del comercio [...] [e]s esencial para el funcionamiento eficaz de la OMC y para el mantenimiento de un equilibrio adecuado entre los derechos y obligaciones de los Miembros la pronta solución de las situaciones en las cuales un Miembro considere que cualesquiera ventajas resultantes para él directa o indirectamente de los acuerdos abarcados se hallan menoscabadas por medidas adoptadas por otro Miembro.

Este objetivo del ESD es toda una novedad para la regulación multilateral del comercio, principalmente porque el antiguo mecanismo de solución de diferencias del GATT de 1947 gravitaba sobre un arreglo que recurría a instrumentos diplomáticos cuya finalidad no era "esclarecer" el derecho, sino encontrar una solución a través de la negociación política que conciliara los intereses de las partes en la diferencia, que en términos de HUDEC eran "decisiones legales amables, suaves y más oscuras"[109]. Tal como se evidencia en líneas anteriores, el problema de *previsibilidad* más significativo del GATT de 1947 se encuentra en sus mecanismos de solución de diferencias debido, entre otros, a la ausencia de plazos específicos en sus etapas y actuaciones procesales, y las dificultades en la aprobación e implementación de los

---

octubre de 1998 y el Informe del Órgano de Apelación, en el asunto *Comunidades Europeas-Medidas que afectan al amianto y a los productos que contienen amianto* (WT/DS135/AB/R), adoptado el 12 de marzo de 2001.

109 El profesor HUDEC explica que la preeminencia de los medios de solución políticos o diplomáticos en el antiguo sistema de solución de diferencias del GATT de 1947 se debía a "[...] la incierta percepción que esperaba a las obligaciones legales del GATT en las capitales, [pues] era importante no comprometer todo el prestigio del GATT con decisiones que los gobiernos bien podrían no ser capaces de cumplir [...] Las primeras decisiones del GATT se ajustaban por lo general a esta necesidad de unas decisiones legales amables, suaves y más oscuras, recurriendo al lenguaje de la diplomacia más que al del derecho. El arte consistía en sugerir las conclusiones necesarias con pinceladas impresionistas que, examinadas de cerca, nunca decían en el papel lo que todo el mundo sabía que significaban. La técnica era particularmente efectiva en contra de los juristas, dado que con estándares normales de análisis jurídico era imposible alcanzar una conclusión legal satisfactoria sobre lo que en realidad las decisiones significaban o requerían en realidad". Cfr. ROBERT HUDEC. "The Role of the GATT Secretariat in the Evolution of the WTO Dispute Settlement Procedure", cit., nota 226, p. 106.

informes de los Grupos Especiales[110]. En la práctica estas situaciones le generaron a las partes una dilación en la ejecución y/o el bloqueo de las resoluciones o informes del panel; es más, la regla general era que los asuntos sometidos al procedimiento pasaran mucho tiempo sin que se llegara a una solución concluyente.

Teniendo en cuenta estos problemas de previsibilidad o seguridad, el ESD de la OMC estableció un procedimiento más "estructurado", con etapas claramente definidas y con un efecto vinculante, pues su agotamiento previo es un requisito obligatorio para adoptar cualquier medida de compensación, suspensión de concesiones u otras obligaciones[111]. En ese sentido, el párrafo 1 del artículo 23 del ESD de la OMC señala que:

> [c]uando traten de reparar el incumplimiento de obligaciones u otro tipo de anulación o menoscabo de las ventajas resultantes de los acuerdos abarcados, o un impedimento al logro de cualquiera de los objetivos de los acuerdos abarcados, los Miembros recurrirán a las normas y procedimientos del presente Entendimiento, que deberán acatar.

Esta disposición del ESD de la OMC no solo incorpora casos concretos de infracción, sino que establece una obligación general de carácter doble: en primer lugar, dispone que todos los Miembros recurrirán al procedimiento multilateral cuando pretendan que se repare una incompatibilidad con las normas de la OMC, y bajo estas circunstancias deben recurrir al procedimiento establecido en el ESD con exclusión de cualquier otro mecanismo[112], prescripción que se denomina "cláusula de exclusión del foro" o "cláusula de jurisdicción exclusiva para la solución de diferencias"; en segundo

---

110 Jane Bradley A. "Implementing the Results of GATT Panel Proceedings: An Area for Uruguay Round Consideration", en Ernst-Ulrich Petersmann y M. Hilf (eds.). *The New GATT Round of Multilateral Trade Negotiations. Legal and Economic Problems*, Kluwer, 1988, p. 345 y ss.; Miquel Montañá Mora. "A GATT with Teeth...", cit., nota 50, p. 143.

111 Tan solo dos categorías de medidas comerciales unilaterales son permitidas en el régimen multilateral del comercio bajo determinas condiciones: la primera, las *medidas antidumping*, y la segunda, las *medidas compensatorias*. La obligación de los Miembros de no recurrir a medidas unilaterales tiene un amplio desarrollo jurisprudencial, así, por ejemplo, cfr. el Informe del Órgano de Apelación, en el asunto *Estados Unidos-Medidas aplicadas a la importación de determinados productos procedentes de las Comunidades Europeas* (WT/DS165/AB/R), adoptado el 11 de diciembre de 2000, párrafo 111, y el Informe del Grupo Especial, en el asunto *Estados Unidos-Artículos 301 a 310 de la Ley de Comercio Exterior* (WT/DS152/R), adoptado el 22 de diciembre de 1999, párrafo 7.35.

112 El régimen jurídico de la OMC regula en el ESD un procedimiento de solución de diferencias *unificado* como respuesta a las deficiencias provocadas por la fragmentación de procedimientos incorporados en el denominado "GATT à la carte" de la Ronda Tokio. Esta expresión ha sido utilizada por la literatura especializada, por ejemplo, Paul Demaret. "Metamorphoses of the GATT: From the Havana Charter to the World Trade Organization", cit., nota 211, p. 127; Miquel Montañá Mora. *La OMC y el reforzamiento del sistema GATT...*, cit., nota 3, entre muchos más. Ahora bien, es necesario aclarar que el ESD establece, en el Apéndice 2, algunos acuerdos que prevén normas o procedimientos de solución de diferencias específicos (como, p. ej., en textiles y vestidos, medidas sanitarias y fitosanitarias, servicios

lugar, el párrafo 1.º del artículo 23 del ESD también obliga a los Miembros, cuando recurran al sistema multilateral de solución de diferencias, a cumplir con todas las normas y los procedimientos del ESD, el cual se crea pensando esencialmente en evitar reacciones o medidas puramente unilaterales. Este reforzamiento del mecanismo ha reemplazado a muchos de los elementos "diplomáticos" que caracterizaban la solución de diferencias en el antiguo GATT, tales como los actuaciones y etapas procesales flexibles, el control total del procedimiento por las partes (incluida la posibilidad de rechazar los informes y recomendaciones) y las soluciones de avenencia (en lugar de situaciones de ganador-perdedor), además de la utilización restringida de técnicas jurídicas de interpretación de los tratados.

Otra cuestión donde se observa el aporte del procedimiento de solución de diferencias en la seguridad y previsibilidad del régimen jurídico de la OMC es la prolija transformación de cada una de las etapas de este mecanismo[113], que según el profesor MONTAÑÁ MORA tiene como resultado la configuración, como verdaderos "derechos subjetivos", de algunas de sus actuaciones procesales como, por ejemplo, el "derecho al establecimiento del panel" una vez terminada la etapa de consultas o el "derecho de intervención de terceros" durante las diferentes etapas del procedimiento[114]. Otros aspectos que refuerzan el procedimiento de solución de diferencias de la OMC son la obligación de *decidir en derecho* que tienen los Grupos Especiales[115] y el Órgano de Apelación[116], y el

financieros y transporte aéreo, entre otros) o algunas normas con actuaciones procesales adicionales, que en la práctica son simples variantes del procedimiento general de la OMC.

113 El nuevo diseño del procedimiento de solución de diferencias de la OMC tiene un carácter *experimental*, puesto que se pactó por las Partes que su funcionamiento sería revisado dentro de los cuatro años siguientes a su entrada en vigor. Cfr. MIQUEL MONTAÑÁ MORA. *La* OMC *y el reforzamiento del sistema* GATT..., cit., p. 107. El ESD de la OMC, a diferencia del Entendimiento de 1979 aprobado en la Ronda de Tokio, no otorga un interés especial en las técnicas diplomáticas de solución de diferencias, por el contrario, establece un procedimiento jurisdiccional. Cfr. JUAN ANTONIO CASTILLO URRUTIA. "La judicialización de la Normativa Multilateral sobre Comercio Internacional", cit., nota 295, pp. 834 y ss.; THIÉBAUT FLORY. "Les accords du Tokyo Round du GATT...", cit., nota 269; JULIA CHRISTINE BLISS. "GATT Dispute Settlement Reform in the Uruguay Round...", cit., nota 253, p. 41.

114 MIQUEL MONTAÑÁ MORA. *La* OMC *y el reforzamiento del sistema* GATT... cit., nota 3, p. 120. El ESD de la OMC señala en su artículo 6.1 que "[s]i la parte reclamante así lo pide, se establecerá un grupo especial [...]". Para profundizar en el *derecho al panel*, cfr. PABLO ZAPATERO. "La invención de los panels del GATT...", cit., nota 224.

115 En otras palabras, el panel está obligado por el ESD de la OMC, concretamente por su artículo 7.1 (a) a "[e]xaminar, a la luz de las disposiciones pertinentes (del acuerdo abarcado [de los acuerdos abarcados] que hayan invocado las partes en la diferencia), el asunto sometido al OSD por (nombre de la parte) en el documento y formular conclusiones que ayuden al OSD a hacer las recomendaciones o dictar las resoluciones previstas en dicho acuerdo (dichos acuerdos)".

116 El ESD de la OMC señala en su artículo 17.6 que "[l]a apelación tendrá únicamente por objeto las cuestiones de derecho tratadas en el informe del grupo especial y las interpretaciones jurídicas formuladas por éste".

límite material de resolver las diferencias de *acuerdo con los términos fijados por las partes*[117], lo que significa que se proscriben los informes *ultra petita* (más allá de lo pedido) y *extra petita* (objeto distinto a lo pretendido) garantizando la regla de la *congruencia*[118]. Sin duda, estos y otros rasgos jurisdiccionales del procedimientos regulado por el ESD de la OMC materializan el *principio del respeto al debido proceso*, el cual no se restringe al derecho a ser oído[119] o a la confidencialidad de los integrantes de Grupos Especiales[120], pues su ámbito de protección es mucho más amplio: de hecho, crea una mecanismo de *revisión* o *reexamen*[121] y se establece un sistema de doble instancia, que otorga a las partes contendientes la posibilidad de recurrir o debatir los informes de los Grupos Especiales ante el Órgano de Apelación[122].

Como se puede observar, el carácter evolutivo o "metamorfosis" que el sistema de solución de diferencias multilateral ha tenido desde su creación, con el antiguo protocolo provisional del GATT de 1947, le ha permitido llegar a un notable grado de institucionalización y previsibilidad de sus etapas procesales, que pasó de un método de consulta entre las partes afectadas a un sistema complejo que contiene normas y órganos propios[123], cuya finalidad es preser-

---

117 Artículos 7.1, 7.2 y 11 del ESD de la OMC.

118 El ESD de la OMC garantiza la *congruencia de los informes*; es decir, el informe del Grupo Especial debe coincidir con las peticiones formuladas por las partes en la diferencia, y de manera muy especial en lo que se refiere a las peticiones de la parte reclamante, puesto que, el grupo especial no puede otorgar en un informe ni más de lo pedido, ni algo distinto, ni mucho menos condenar por causa diferente a la invocada. Cfr. artículo 7.1, 11 y 17.6 del ESD de la OMC.

119 El ESD de la OMC protege el derecho a ser oído, tanto de las partes contendientes como de terceros. Así, por ejemplo, en su artículo 10.2 determina que "[t]odo Miembro que tenga un interés sustancial en un asunto sometido a un grupo especial y así lo haya notificado al OSD (denominado en el presente ESD 'tercero') tendrá oportunidad de ser oído por el grupo especial y de presentar a éste comunicaciones por escrito".

120 La confidencialidad es protegida en el artículo 14 del ESD de la OMC, cuando establece: "[...] 1. Las deliberaciones del grupo especial serán confidenciales; 2. Los informes de los grupos especiales se redactarán sin que se hallen presentes las partes en la diferencia, teniendo en cuenta la información proporcionada y las declaraciones formuladas; 3. Las opiniones que expresen en el informe del grupo especial los distintos integrantes de éste serán anónimas".

121 El ESD también garantiza el *principio del respeto al debido proceso* mediante un mecanismo de revisión, la denominada etapa intermedia de reexamen, la cual se encuentra prevista en el artículo 15.2, que dispone: "Dentro de un plazo fijado por él (el grupo especial), cualquiera de las partes podrá presentar por escrito una petición de que el grupo especial reexamine aspectos concretos del informe provisional antes de la distribución del informe definitivo a los Miembros".

122 El ESD de la OMC determina en su artículo 17.1: "[e]l OSD establecerá un Órgano Permanente de Apelación. El Órgano de Apelación entenderá en los recursos de apelación interpuestos contra las decisiones de los Grupos Especiales [...]"; este recurso procede exclusivamente sobre cuestiones jurídicas.

123 En palabras de DEMARET, no cabe duda de que el régimen multilateral del comercio ha sido objeto de una "metamorfosis" o de considerables cambios desde sus orígenes: lo que comenzó como un marco

var los derechos o beneficios comerciales de las partes en forma equitativa e imparcial ante los expertos en la materia. Así se logra un procedimiento *general* o *transversal* de solución de diferencias[124] que, dado el largo, y en ocasiones lento, desarrollo del sistema de solución de diferencias multilateral por más de medio siglo, los avances logrados en la Ronda Uruguay son "[...] lo máximo que cualquier observador racional, al tanto del contexto político imperante, podría haber esperado en ese momento particular"[125].

Esta "metamorfosis" del régimen jurídico de la OMC, la explica el profesor MONTAÑÁ MORA a través de un conjunto de principios, entre los que se encuentran[126]:

– El *principio de permanencia* como resultado de la creación de una organización internacional *de iure*, con una estructura institucional *permanente* e *inter-funcional*[127].

– *El principio de integridad* que se garantiza por medio de la imposición de la denominada técnica del "paquete único" frente al antiguo "GATT *à la carte*" de la Ronda Tokio[128]. Este carácter integrado de los acuerdos de OMC se evidencia en el párrafo 2 del artículo II del Acuerdo de la OMC que establece: "Los acuerdos y los instrumentos jurídicos conexos incluidos en los Anexos 1, 2 y 3 (denominados en adelante 'Acuerdos Comerciales Multilaterales') forman parte *integrante* del presente Acuerdo y son vinculantes para todos sus Miembros"

---

básico de normas para garantizar la reducción gradual de los aranceles y prohibir las barreras no arancelarias más abusivas, ha evolucionado hasta convertirse en un conjunto de normas y compromisos mucho más amplio y detallado, que comprende todos los aspectos relativos al comercio internacional de bienes, y que también abarca nuevos ámbitos como los servicios, la propiedad intelectual y las medidas en materia de inversiones relacionadas con el comercio. Cfr. PAUL DEMARET. "Metamorphoses of the GATT: From the Havana Charter to the World Trade Organization", cit., nota 211, p. 123 y ss.

124 En el mecanismo de solución de diferencias del ESD de la OMC se integran todas las reglas y procedimientos necesarios para asentar la competencia de una "instancia común" sobre las diferencias resultantes de Acuerdos contenidos disímiles, superando la diversificación de procedimientos de acuerdo con la materia en discusión del antiguo GATT de 1947 que llevaba a la fragmentación del proceso y discusión cuando este iba a ser utilizado. Cfr. KEVIN HARRIS. "The Post-Tokyo Round GATT Role in International Trade Dispute Settlement", *International Tax & Business Lawyer*, vol. 1, 1983, pp. 142 y 176; JOHN H. JACKSON."The Birth of the GATT-MTN System...", cit., nota 269, p. 12; THIÉBAUT FLORY. "Les accords du Tokyo Round du GATT...", cit., nota 269, p. 236.

125 JULIO LACARTE MURÓ y FERNANDO PIÉROLA. "Estudio comparativo de los mecanismos de solución de diferencias del GATT y de la OMC...", cit., nota 248, p. 20.

126 MIQUEL MONTAÑÁ MORA. *La OMC y el reforzamiento del sistema GATT...*, cit., nota 3, pp. 42 a 46.

127 La estructura institucional *inter-funcional* permite que a lo largo y ancho de la organización se desarrolle el trabajo coordinado, es decir, donde se suman las contribuciones de cada uno de los órganos y de las diferentes áreas para lograr los propósitos de la OMC. Cfr. artículos III.1 y III.2 del Acuerdo de la OMC.

128 El *principio de la integridad* o del "paquete único" se reconoce expresamente en el artículo II.2 del Acuerdo de la OMC.

(cursiva fuera de texto)[129]. Se trata, por tanto, de una garantía al núcleo duro de las obligaciones multilaterales que son exigibles a cada uno de los Miembros de la OMC. De hecho, quien tiene la calidad de Miembro se vincula de forma única con el régimen jurídico multilateral del comercio, con lo cual se respeta el equilibrio conseguido durante las negociaciones y se impide que los nuevos Miembros puedan escoger u obligarse solo respecto a algunos acuerdos o a la parte de ellos que les resulta más beneficiosa.

– El *principio de globalidad* que describe el fenómeno de la ampliación del *corpus* normativo de la OMC a nuevas disciplinas sustantivas (como los servicios o la propiedad intelectual), así como la profundización en la liberalización del comercio de mercancías[130].

– El *principio de conformidad de las legislaciones nacionales* por el cual se suprime la llamada "cláusula del abuelo"[131] mediante el párrafo 5 del artículo XVI del Acuerdo de la OMC. Este precepto elimina la permisibilidad que las Partes Contratantes tenían, en materia de comercio internacional, con legislaciones anteriores a la entrada en vigor del protocolo del GATT de 1947 y que fueran incompatibles con el mismo, de forma que con el nuevo régimen jurídico de la OMC se prohíbe a todos los Miembros formular reservas respecto de cualquier disposición del mencionado acuerdo.

Tras estas concreciones se puede concluir que el mecanismo de solución de diferencias previsto en el ESD de la OMC, además de su reforzamiento, constituye

---

129 Otro ejemplo de este principio se encuentra en el artículo XI del Acuerdo de la OMC, que exige, para tener la calidad de *Miembro original*, que "las Partes Contratantes del GATT de 1947 en la fecha de la entrada en vigor del presente Acuerdo, y las Comunidades Europeas, [...] acepten el presente Acuerdo y los Acuerdos Comerciales Multilaterales y para las cuales se anexen Listas de Concesiones y Compromisos al GATT de 1994, y para las cuales se anexen Listas de Compromisos Específicos al AGCS".

130 Esta expansión material se formaliza mediante diferentes *Acuerdos específicos* (como el Acuerdo sobre agricultura, textiles y vestidos, etc.), que también son objeto de un procedimiento de solución de diferencias. Cfr. CARLOS ESPÓSITO. *La Organización Mundial del Comercio y los Particulares*, Madrid, Dikinson, 1999, p. 47; DAVID LEEBRON. "An Overview of the Uruguay Round Results", *Columbia Journal of Trans-national Law*, vol. 34, n.º 1, 1995, pp. 11 a 36. La literatura especializada coincide en que la Ronda Uruguay, además de ampliar su ámbito material, esclarece y refuerza las reglas persistentes del GATT en varios ámbitos, como subvenciones, medidas compensatorias, y antidumping, entre otros. Cfr. RUFUS YERXA. "¿Adónde va la OMC? Reflexiones sobre los desafíos que enfrentará en el futuro el sistema multilateral del comercio", en JULIO LACARTE-MURÓ y JAIME GRANADOS (eds.). *Solución de controversias comerciales inter-gubernamentales...*, cit., nota 207, p. 33 a 36.

131 La "cláusula del abuelo", incorporada en el antiguo GATT de 1947, permitía a los países que eran Partes Contratantes originales o por adhesión no aplicar sus artículos del III al XXII en todo aquello que no fuera compatible con su legislación anterior a la entrada en vigencia del GATT. Cfr. LUIS CARDERERA SOLER. "La Organización Mundial del Comercio", *Boletín Económico de Información Comercial Española*, n.º extraordinario, 1994, p. 16 a 20; MIQUEL MONTAÑÁ MORA. *Las Comunidades Europeas y el sistema GATT-OMC*, Bellaterra, Institut Universitari d'Estudis Europeus, Universidad Autónoma de Barcelona, 1996.

un instrumento de primer orden para la *promoción del proceso de liberalización*, pues protege dicho proceso de cualquier injerencia de los lobbies o grupos de presión o de los propios Estados en el uso indiscriminado de mecanismos proteccionistas; igualmente cumple una *función política* clave, teniendo en cuenta que al recurrirse a una tercera instancia imparcial para adjudicar las diferencias se trata de evitar que un conflicto comercial se "politice" y se vea afectado por otras consideraciones no comerciales o jurídicas, que pueden eventualmente agravar la disputa.

Un aspecto final a destacar es el párrafo 7 del artículo 3.º del ESD de la OMC que establece como primer objetivo del procedimiento determinar una *solución positiva* a la controversia, es decir, eliminar la medida de que se trate una vez se demuestre que es incompatible con las disposiciones de cualquiera de los "acuerdos abarcados", lo cual descarta completamente la naturaleza *indemnizatoria* o *punitiva* de este mecanismo. Otra cuestión es el párrafo 10 del mismo artículo 3.º que establece "[...] el recurso al procedimiento de solución de diferencias no deberán estar concebidos ni ser considerados como actos contenciosos y que, si surge una diferencia, todos los Miembros entablarán este procedimiento de buena fe y esforzándose por resolverla". Ante este precepto se podría concluir que el procedimiento del ESD no tiene *prima facie* una naturaleza *contenciosa*, sino que busca restablecer el equilibrio de intereses, y asegurar el funcionamiento eficaz del régimen multilateral del comercio y la realización de sus objetivos[132]. Asimismo, en el párrafo 10 del artículo 3.º, al promover un procedimiento de solución de diferencias, se revalida la buena fe en aspirar a un arreglo de mutuo acuerdo o por medio del panel.

Empero, resulta cuando menos paradójico calificar las diferentes actuaciones procesales y etapas del procedimiento, que operan bajo un sistema de doble instancia, como actos *no* contenciosos, ya que cada una de las partes en la controversia trata de hacer valer ante un tercero sus derechos o beneficios comerciales, sus pretensiones y sus argumentaciones contrapuestas. Según ESPINOSA,

> [...] aquella valoración del ESD sobre lo "no contencioso", debe analizarse en el contexto de sus demás reglas, de las que quizá puede extraerse que los redactores del ESD

---

132 En su obra clásica, el profesor MALINVERNI señala que ante una controversia las organizaciones internacionales económicas no están interesadas en saber quién es el culpable ni en poner sanciones, sino en conseguir que las infracciones sean más temporales y puedan cesar lo más rápidamente posible. Cfr. GEORGES MALINVERNI. *Le Règlement des Différends dans les Organisations Internationales Economiques*, Geneva, Sijhoff, Leiden et Institut Universitaire de Hautes Etudes Internationales, 1974, pp. 105 a 107.

desearon marcar una diferencia con otras instituciones de jurisdicción internacional, puesto que permite a las partes mantener su poder político para negociar directamente una solución, incluso mientas pende la instancia jurisdiccional del grupo especial[133].

Por tanto, no puede confundirse actos de agresión, o un mecanismo que comporta un ánimo de enemistad, con un *procedimiento contencioso* que trata de resolver a través de instrumentos jurisdiccionales o diplomáticos una controversia comercial de carácter multilateral.

C. AUMENTO CUANTITATIVO Y CUALITATIVO DEL NÚMERO DE ASUNTOS RESUELTOS POR EL PROCEDIMIENTO DE SOLUCIÓN DE DIFERENCIAS DE LA OMC

Desde un análisis cuantitativo los resultados del procedimiento de solución de diferencias previsto en el ESD de la OMC han sido notables, dado que durante el período de vigencia del antiguo GATT (1947-1994) se registraron alrededor de 400 casos, pero solamente 196 procedimientos fueron formalmente presentados[134]. Un gran porcentaje correspondió a los Estados Unidos (30% como demandado y 25% como demandante) y a la Comunidad Europea (que figura casi con el 35% de los casos)[135]. De ahí que algún sector de la literatura especializada cuestione la eficacia del mecanismo desarrollado durante el GATT de 1947, que se polarizó en las dos Partes Contratantes más desarrolladas, con una escasa participación de los demás países, en particular los países en desarrollo[136].

---

133 ÁLVARO ESPINOSA SOTO. "Algunas reflexiones sobre la solución de diferencias en la Organización Mundial del Comercio", cit., nota 39, p. 67.

134 JOHN H. JACKSON. *World Trade and the Law of GATT…*, cit., nota 213, p. 120.

135 ROBERT HUDEC. *Enforcing International Trade Law…*, cit., nota 210, p. 287.

136 Durante la vigencia del procedimiento del antiguo GATT de 1947 los países en desarrollo tan solo participaron en 38 casos, de los cuales 35 fueron en contra de países desarrollados y tres entre países en desarrollo. Para profundizar sobre el tema, cfr. PRETTY ELIZABETH KURUVILA. "Developing Countries and the GATT/WTO Dispute Settlement Mechanism", *Journal of World Trade*, vol. 31, n.° 6, 1997, pp. 178 y 179. Esta circunstancia es descrita por el profesor PESCATORE como: "… very seldom have DAVIDS dared to face Goliaths". Cfr. PIERRE PESCATORE. "The GATT Dispute Settlement Mechanism –Its Present Situation and Its Prospects", cit., nota 84, 1993. En el caso concreto de América Latina y el Caribe se presentaron trece con la participación de estos países como demandante o como demandado (Chile y Brasil fueron los países más activos). El tema que despertó mayor interés en la región fue el de las barreras comerciales a sus productos agrícolas (en especial al azúcar y las manzanas). La gran mayoría de las demandas fueron propuestas contra Estados Unidos y la Comunidad Europea. Concretamente, SALLES ALMEIDA señala: "[e]s interesante observar que el azúcar sigue siendo un producto de alta sensibilidad y el proteccionismo de este producto en el comercio internacional es una preocupación que ha sido demostrada por los países de la región desde el GATT". Cfr. JULIANA

Así por ejemplo, GRANADOS y CASANOVA señalan que el procedimiento del GATT de 1947 se trataba de una

> [...] iniciativa altamente politizada, frecuentemente sujeta al examen "con compresión" del Estado causante de la anulación o menoscabo. Los resultados obtenidos de las resoluciones de los grupos especiales eran bastante impredecibles y la aplicación estaba sujeta a la buena voluntad de la parte infractora o, en ocasiones, a la disposición de la parte más poderosa[137].

El primer quinquenio de funcionamiento del procedimiento de solución de diferencias de la OMC (1995/2000) continuó de cierta forma la tendencia del antiguo GATT, en tanto que estuvo marcado por el gran número de controversias entre los Estados Unidos y la Unión Europea. Este período se caracterizó por la complejidad de los temas y por la diversidad de "acuerdos abarcados" objeto de las controversias. Algunos casos que ilustran este aserto son los asuntos *Comunidades Europeas-Medidas que afectan a la carne y a los productos cárnicos, "Hormonas"* (Acuerdo de medidas sanitarias y fitosanitarias), *Comunidades Europeas-Régimen para la importación, venta y distribución de bananos, "Bananos III"* (Acuerdo sobre el comercio de servicios, GATT, Acuerdo de agricultura), *Estados Unidos-Prohibición de importar ciertos camarones y sus productos* (tema relacionado con la protección del medio ambiente), *Estados Unidos-Trato fiscal aplicado a las "empresas de ventas en el extranjero"* (Acuerdo sobre subvención y medidas compensatorias), *Estados Unidos-Ley Antidumping de 1916* (Acuerdo antidumping), entre otros cuyas partes contendientes eran los Estados Unidos y la Unión Europea, y en algunos casos con otros Miembros diferentes a estas dos potencias económicas.

No obstante esta tendencia de los primeros años, el panorama para los países en desarrollo y menos desarrollados ha cambiado de manera sustancial en los últimos diez años[138], pues las estadísticas recientes indican que esta participación es cada vez más activa, lo cual confiere mayor legitimidad al mecanismo multi-

---

SALLES ALMEIDA. "Una década de funcionamiento del sistema de solución de diferencias comerciales de la OMC: avances y desafíos...", cit., nota 307, p. 31.

137 JAIME GRANADOS y ANN CASANOVA. "Tratamiento de las asimetrías en tamaño y desarrollo en los Acuerdos Comerciales Internacionales: algunas sugerencias para la solución de controversias Norte-Sur", en JULIO LACARTE-MURÓ y JAIME GRANADOS (eds.). *Solución de controversias comerciales intergubernamentales...*, cit., nota 207, pp. 240 y 241. En el mismo sentido, cfr. PIERRE PESCATORE. "The GATT Dispute Settlement Mechanism...", cit., nota 84.

138 Para actualizar, o para una mayor información, cfr. la *Base de datos integrada de controversias comerciales de la Comisión Económica para América Latina y el Caribe* –CEPAL,–. Disponible en [http://idatd.eclac.cl/controversias/omc.htm?perform=estadisticas&numero=5].

lateral de solución de conflictos. Así, por ejemplo, de los 456 procedimientos presentados ante la OMC hasta el mes de mayo del año 2013, en 112 asuntos participaron países de América Latina y el Caribe[139]. Asimismo, los países en desarrollo, y de manera más visible los llamados países emergentes, también vienen logrando más fallos favorables tras la constitución de la OMC y de esta forma una mayor liberalización de los sectores demandados ante el mecanismo multilateral[140]. Es más, para un importante sector de la literatura especializada el aumento de la participación de los países en desarrollo se debe, entre otros factores, a las reformas introducidas por el ESD de OMC, que se resumen en la transformación de la estructura institucional y el reforzamiento del procedimiento de solución de diferencias de la OMC[141]. Esto contribuye a que los países en desarrollo se sientan motivados a iniciar una demanda teniendo en cuenta que la *judicialización* del proceso lo torna más previsible y menos sujeto a cambios según las presiones políticas, aunque no evite que estas sigan existiendo[142].

---

139 Durante el primer lustro de funcionamiento del sistema de solución de diferencias de la OMC se presentaron 182 solicitudes de consultas, 141 cuestiones específicas, 29 asuntos en curso, 25 asuntos finalizados y 37 asuntos resueltos o en suspenso. En este período, los países desarrollados realizaron 135 solicitudes de consultas (72%), de las cuales, 56 se dirigieron en contra de países en desarrollo (41%). Por último, los países en desarrollo presentaron 36 solicitudes (28%), de las cuales 22 (61%) se dirigieron en contra de países desarrollados. Cfr. VALENTINA DELICH. "Latinoamérica y el sistema de solución de diferencias de la Organización Mundial del Comercio", en *La nueva agenda del comercio en la OMC*, Bogotá, Universidad del Rosario, julio de 2000, p. 251; YOUNG PARK y MARION PANIZZON. "WTO Dispute Settlement 1995-2001: A Statistical Analysis", *Journal of International Economic Law*, vol. 5, n.º 1, 2002, pp. 221 a 244.

140 ERNST-ULRICH PETERSMANN. "The GATT/WTO Dispute Settlement System...", cit., nota 67, p. 202; MARC BUSCH y ERIC REINHARDT. "Developing Countries and General Agreement on Tariffs and Trade/World Trade Organization Dispute Settlement", *Journal of World Trade*, vol. 37, n.º 4, 2003; CHAD BOWN. "Developing Countries as Plaintiffs and Defendants in GATT/WTO Trade Disputes...", cit., nota 307, 2004, pp. 60 y 61.

141 GAVIN GOH y DAVID MORGAN. "Trade Negotiations and Trade Disputes: Political Considerations and Pragmatic Outcomes in WTO Dispute Rulings'", *University of New South Wales Law Journal*, vol. 30, n.º 2, 2007, pp. 477 a 503, entre muchos más anteriormente citados. En este punto destaca de forma excepcional el Centro de Asesoría Legal en Asuntos de la OMC (en inglés, *Advisory Centre on WTO Law*), cuyas funciones son proveer de asistencia legal a bajo costo o libre de costos a países en desarrollo y Miembros con economías en transición. Este centro de "asistencia jurídica" es una organización intergubernamental independiente de la OMC, creada en el Acuerdo Internacional firmado por 29 Miembros de la OMC en Seattle el 1.º de diciembre de 1999, en vigor a partir del 15 de junio de 2001.

142 Para BOWN "[f]rom the perspective of developing countries, the 'legalisation' of the process resulted in the establishment of a system that might increase participation and remove many of the earlier barriers impeding the initiation of disputes". Cfr. CHAD BOWN. "Developing Countries as Plaintiffs and Defendants...", cit., p. 64. En el mismo sentido, cfr. JULIO LACARTE-MURÓ y PETINA GAPPAH. "Developing Countries and the WTO Legal and Dispute Settlement System: A View from the Bench", *Journal of International Economic Law*, vol. 3, n.º 3, 2000, pp. 395 a 401.

Otra parte de la literatura especializada matiza que, pese al aumento en la participación de los países en desarrollo en el procedimiento de solución de diferencias de la OMC, los costos políticos y en recursos económicos de este mecanismo dificultan que los Miembros más pobres participen de manera activa. En tal sentido, JESSEN manifiesta que:

> [s]ometimes the solution promised by the dispute settlement process is out of touch with commercial realities. A process frequently lasts two to three years before a possibly favourable decision by a panel or the Appellate Body will bring about changes in regulations. For a producer or exporter the loss in the meantime may be so large that it would be wiser to search for alternative market outlets[143].

En otras palabras, la realidad comercial o económica de los países en desarrollo o menos desarrollados difícilmente podrá causar la "presión" suficiente para lograr el cumplimiento de la decisión u ofrecer una compensación[144].

Continuando con la anterior posición, la aplicación de las medidas para el cumplimiento de la resolución de la diferencia (tanto la compensación como la suspensión de concesiones u otras obligaciones) por lo general acaba perjudicando a los propios países en desarrollo (pequeños o medianos) ganadores en un procedimiento, cuyos mercados de consumidores no logran causar impacto en las exportaciones de los países desarrollados, de ahí que solamente pueden presentar reclamaciones en circunstancias excepcionales[145] o utilizar la estrategia de presionar un acuerdo negociado en la etapa de consultas. Así es evidenciado por SHAFFER, al manifestar que:

> WTO members also settle the vast majority of their disputes over WTO obligations without litigation. Although the percentage of settled WTO claims is much lower than

---

143 MICHAEL FRIIS JENSEN. "Reviewing the SPS agreement: a developing country perspective", en *Working Paper Subseries on Globalization and Economic Restructuring in Africa*, Working Paper 02.3, Centre for Development Research, Copenhagen, 2002, p. 16.

144 La compensación mutuamente aceptable se encuentra regulada en el artículo 22 del ESD de la OMC.

145 MARC BUSCH y ERIC REINHARDT. "Developing Countries and General Agreement on Tariffs and Trade/World Trade Organization Dispute Settlement", cit., nota 346, pp. 719 a 735; CHAD BOWN. "On the economics success of GATT/WTO Dispute Settlement", *The Review of Economics and Statistics*, vol. 86, n.° 3, agosto de 2004, pp. 811 a 823; ANDREW GUZMÁN y BETH SIMMONS. "Power Plays & Capacity Constraints: The Selection of Defendants in WTO Disputes", *Journal of Legal Studies*, vol. 34, n.° 2, junio de 2005, pp. 557 a 598; GREGORY SHAFFER. "How to Make the WTO Dispute Settlement System Work for Developing Countries: Some Proactive Developing Country Strategies", en *Towards A Development-Supportive Dispute Settlement System in the WTOs*, International Centre for Trade and Sustainable Development, Resource paper n.° 5, febrero de 2003, pp. 5 a 65. Disponible en [http://ictsd.net/downloads/2008/6/dsu_3.pdf], entre otros.

in domestic contexts, the WTO's World Trade Report notes that "about three quarters of the complaints raised do not proceed beyond consultations to the panel stage"[146].

Ahora bien, esta situación cambia para los países en desarrollo con economías emergentes (como Brasil, India y Chile, entre otros) quienes cada vez participan más en el procedimiento de solución de diferencias de la OMC y con un mayor peso. Los países en desarrollo, en particular los países latinoamericanos, intervienen de manera estratégica en el procedimiento de solución de diferencias previsto en el ESD de la OMC, puesto que se encuentra vinculado esencialmente a dos factores:

– *Los costos políticos o capacidad de negociación*. Este factor se refiere al poder de retorsión o el grado de presión comercial que tiene el país en desarrollo frente a su adversario, que depende del tamaño de la exportación en juego (aquellos países cuyas exportaciones presentan menor valor agregado y menor variedad tienen menos probabilidades de figurar en una demanda). Al mismo tiempo, se tienen en cuenta *las relaciones políticas internacionales entre ellos*, es decir, se evalúan las relaciones diplomáticas de ambos, la existencia de acuerdos de libre comercio o cualquier otro proceso de integración comercial y las futuras implicaciones de traer una rivalidad al ámbito jurídico.

– *Los costos en recursos o capacidad técnica*. En este factor se tienen en cuenta el poder financiero, institucional, humano y los costes de capital de una controversia[147].

Una vez analizados los aspectos esenciales para el cambio del procedimiento de solución de diferencias, se puede concluir que a partir de su naturaleza *cuasi-judicial* diseña un mecanismo "hecho a la medida", consolidando una estructura institucional basada en el sistema de doble instancia, lo cual refuerza los rasgos *judiciales*[148] y al mismo tiempo mantiene algunos rasgos *diplomáticos* que permiten a

146 GREGORY SHAFFER. "Weaknesses and proposed improvements to the WTO Dispute Settlement System: an economic and market-oriented review", en *WTO at 10. A Look at the Appellate Body*, Sao Paulo, 16 y 17 de mayo, de 2005, p. 14. Disponible en [http://www.ppl.nl/bibliographies/wto/files/5300a.pdf].

147 Es más, BOWN alude a un "sesgo institucional implícito" en detrimento de la participación de los países en desarrollo en el mecanismo de solución de diferencias. Así, entre los determinantes de la baja participación de los países en desarrollo destacarían: a. El volumen de las exportaciones; b. La capacidad de retorsión comercial; c. La capacidad legal, así como d. Otros condicionantes políticos y económicos. Cfr. CHAD BOWN. "Participation in WTO Dispute Settlement: Complainants, Interested Parties, and Free Riders", *The World Bank Economic Review*, 24, de agosto de 2005; CHAD BOWN. *Developing Countries as Plaintiffs and Defendants…*, cit., nota 307; ANDREW GUZMÁN y BETH SIMMONS. "Power Plays & Capacity Constraints…", cit., nota 351, p. 564 y ss.

148 KENNETH ABBOTT, ROBERT KEOHANE, ANDREW MORAVCSIK, ANNE MARIE SLAUGHTER y DUNCAN SNIDAL. "The concept of legalization", en *International Organization*, vol. 54, n.° 3, Cambridge, IO Foundation and the MIT, 2000, pp. 401 a 419.

las partes dentro del procedimiento conservar un margen para negociar la solución de la diferencia. A consecuencia de esta naturaleza del procedimiento de solución de diferencias de la OMC también se produce una mayor participación de los Miembros, lo cual no solo representa un incremento *cuantitativo* sino que, además, genera una mayor legitimidad de este mecanismo o un cambio *cualitativo* en la composición de los Estados reclamantes, concretamente, de los países en desarrollo y países con economías emergentes (entre ellos, países de América Latina como Argentina, México, Chile, Brasil, etc.), a diferencia de lo que ocurría en el antiguo GATT de 1947.

Otra conclusión más general es que, para lograr el objetivo principal del régimen jurídico de la OMC, es decir, una liberalización del comercio internacional[149] en los diversos sectores económicos, se han ideado tres instrumentos fundamentales: una *organización internacional* con una estructura institucional sólida que establece un foro permanente de negociaciones multilaterales, de examen de las políticas comerciales y de solución de las diferencias; un *sistema jurídico* o *corpus normativo* integrado por los llamados "acuerdos abarcados", que profundiza la liberación del comercio y se extiende a nuevos sectores económicos, y un *procedimiento reforzado de solución de diferencias*, esto es, un mecanismo *cuasi-judicial*, unificado y obligatorio, que tiene unas etapas claramente definidas. Es precisamente esta última cuestión el objeto de estudio del siguiente apartado, en el cual se analizarán brevemente las diferentes etapas del procedimiento de solución de diferencias previsto en el ESD de la OMC.

III. ETAPAS DEL PROCEDIMIENTO DE SOLUCIÓN DE DIFERENCIAS DE LA OMC

Las etapas del procedimiento de solución de controversias se encuentran en el Anexo II del Acuerdo de Marrakech de 1994, el cual contiene veintisiete artículos que hacen hincapié en el *imperio del Derecho de la* OMC, y definen reglas y actuaciones procesales aplicables a las controversias entre los Estados Miembros relativas a la aplicación e interpretación de los "acuerdos abarcados" que, como se puede observar en el siguiente cuadro, se desarrolla en cuatro etapas:

149 Según el profesor Fernández Rozas, la liberalización del comercio internacional tiene tres ámbitos: el primero, la búsqueda de un *comercio carente de discriminaciones*, lo cual se materializa jurídicamente en los principios de trato de nación más favorecida y de trato nacional; el segundo, los *obstáculos naturales de la liberalización deben ser superados por medio de la negociación*, es decir, el proceso de liberalización es gradual, de ahí que, la OMC constituya un foro permanente de discusión, finalmente el tercero, la *liberalización debe ser previsible*, esto es, todos los actores del comercio internacional deben confiar en que no se establecerán arbitrariamente obstáculos comerciales. Cfr. José Carlos Fernández Rozas. *Sistema del Comercio Internacional*, cit., nota 214, pp. 43 y 44.

Etapas	Actuaciones procesales	Términos
Etapa de consultas o negociaciones diplomáticas	*Consultas* (art. 4.° ESD) *A partir de esta etapa y durante todo el procedimiento se pueden iniciar buenos oficios, conciliación o mediación* (art. 5.° ESD)	60 días
Etapa ante el Grupo Especial o contenciosa	*Establecimiento del grupo especial* (art. 6.° ESD) Designación de sus miembros máximo en la segunda reunión del OSD (art. 8.° ESD) *Mandato* (art. 7.° ESD)	45 días
	Examen del Grupo Especial Dos reuniones con las partes contendientes (art. 12 ESD) Una reunión con terceros países (art. 10.° ESD) Grupo consultivo de expertos (art. 13 ESD)	Total 6 a 9 meses desde la constitución del panel
	Informe provisional *Reunión de re-examen con el Grupo Especial*, en caso que las partes contendientes lo soliciten (art. 15 ESD)	3 meses en caso de urgencia
	Traslado del informe definitivo a las partes contendientes (art. 12 ESD) El informe definitivo se envía al OSD	3 semanas
	De no haber apelación el OSD adopta el informe (art. 16 ESD)	60 días
Etapa ante el Órgano Permanente de Apelación	*Informe del examen en apelación* (art. 17 ESD)	60 a 90 días
	El OSD adopta el informe del examen en apelación	30 días
		Total 12 meses desde la constitución del panel
Etapa de cumplimiento del informe	*La aplicación del informe por la parte vencida será dentro del plazo prudencial* (art. 21 ESD) Tiempo determinado por la parte vencida y aprobado por el OSD, o de mutuo acuerdo, o por un árbitro	15 a 18 meses máximo
	En caso de incumplimiento del informe por la parte vencida, se podrán aplicar la compensación o las medidas de suspensión de concesiones u otras obligaciones (art. 22 ESD)	60 días tras el vencimiento del "plazo prudencial"

Fuente: elaboración propia.

A. ETAPA DE CONSULTAS O NEGOCIACIONES DIPLOMÁTICAS

Desde el inicio del sistema GATT quedó incorporada una obligación de "comportamiento" o de hacer para las Partes Contratantes en su artículo XXII (1) y (2): la *obligación de celebrar consultas*[150]. En el régimen jurídico de la OMC se recoge nuevamente esta obligación[151] con la finalidad, según lo señala el párrafo 3 del artículo 4.º del ESD, de procurar llegar de buena fe a la "solución mutuamente satisfactoria" de una controversia. De ahí que uno de los efectos de las consultas sea la suspensión temporal o definitiva, cuando se logra un acuerdo, de la facultad de las partes consultantes de solicitar cualquier otra actuación procesal prevista en el procedimiento: en concreto, convocar al Grupo Especial. Así es interpretado por el Órgano de Apelación en el asunto *México-Investigación antidumping sobre el jarabe de maíz con alta concentración de fructosa* cuando sostiene que "[...] por regla general, las consultas son requisito previo de las actuaciones de los grupos especiales. Sin embargo, esta proposición general está sujeta a ciertas limitaciones"[152].

El procedimiento dispuesto por el artículo 4.º del ESD para esta primera etapa es *sumario*[153], toda vez que solo se requiere que un Miembro de la OMC formule la solicitud de celebración de consultas[154]. En esta medida, el escrito de petición

---

150 En efecto, el artículo XXI (1) del GATT de 1947 ordena que "[c]ada parte contratante examinará con comprensión las representaciones que pueda formularle cualquier otra parte contratante, y *deberá* brindar oportunidades adecuadas para la *celebración de consultas* sobre dichas representaciones, cuando éstas se refieran a una cuestión relativa a la aplicación del presente Acuerdo".

151 Las normas del ESD que regulan las consultas son una simple reiteración del régimen preexistente, no incluyen ningún precepto que especifique o detalle las actuaciones procesales en esta etapa. Si se observa el ESD en su artículo 4.2, reproduce el artículo XXI (1) del GATT, al determinar que "Cada Miembro se compromete a examinar con comprensión las representaciones que pueda formularle otro Miembro con respecto a medidas adoptadas dentro de su territorio que afecten al funcionamiento de cualquier acuerdo abarcado y brindará oportunidades adecuadas para la celebración de consultas sobre dichas representaciones".

152 Informe del Órgano de Apelación del asunto *México-Investigación antidumping sobre el jarabe de maíz con la concentración de fructosa procedente de los Estados Unidos, Recurso de los Estados Unidos al artículo 21.5 del Entendimiento de Solución de Diferencias* (WT/DS132/AB/RW), adoptado el 21 de octubre de 2001, párrafo 58.

153 El ESD establece en su artículo 4.6 que "las consultas serán confidenciales y no prejuzgarán los derechos de ningún Miembro en otras posibles diligencias". Además, en el artículo 4.4 se exige que "Todas esas solicitudes de celebración de consultas serán notificadas al OSD y a los Consejos y Comités correspondientes por el Miembro que solicite las consultas. Toda solicitud de celebración de consultas se presentará por escrito y en ella figurarán las razones en que se base, con indicación de las medidas en litigio y de los fundamentos jurídicos de la reclamación".

154 De acuerdo a lo señalado por el ESD, en su artículo 6.2 "[l]as peticiones de establecimiento de grupos especiales se formularán por escrito. En ellas se indicará si se han celebrado consultas, se identifica-

constituye el único requisito procesal para imponer al Miembro consultado el deber de responder con rapidez (en un término de diez días[155], a menos que se convenga de mutuo acuerdo otro plazo) a la solicitud de celebración de consultas. Una vez concluido el término de traslado, se inician propiamente las consultas mediante una serie de negociaciones directas entre las partes por un periodo de sesenta días[156]. Ahora bien, si el Miembro consultado no responde a la solicitud dentro del término de traslado, o no inicia consultas dentro de un plazo superior a treinta días (u otro plazo mutuamente convenido), o simplemente dentro de los sesenta días se acuerda que estas no han permitido resolver la diferencia, el Miembro que las solicita tiene la prerrogativa de proceder a la convocatoria del establecimiento de un Grupo Especial.

Para las partes consultantes la utilidad de la esta primera etapa puede tener dos lecturas encontradas: la primera, que representan un simple *formalismo procesal*, cuando las partes no tienen ninguna intención de solucionar la diferencia a través de vías diplomáticas y su único propósito es cumplir con lo dispuesto por el párrafo 2 del artículo 6.º del ESD (como un requisito para acceder a la siguiente etapa ante el Grupo Especial), y la segunda, que esta etapa permite *delimitar los alcances de una diferencia* y, en ciertos casos, hace posible que *las partes lleguen a una solución*[157]. Esta última es la posición del Órgano de Apelación que, en el asunto *Investigación antidumping sobre las importaciones de jarabe de maíz de alta fructosa*, sostuvo:

---

rán las medidas concretas en litigio y se hará una breve exposición de los fundamentos de derecho de la reclamación, que sea suficiente para presentar el problema con claridad. En el caso de que el solicitante pida el establecimiento de un grupo especial con un mandato distinto del uniforme, en la petición escrita figurará el texto propuesto del mandato especial".

155 Desde luego que este término corre a partir de la fecha en que el Miembro consultado reciba el escrito de la solicitud.

156 La excepción al término de sesenta días son los casos de *urgencia* (como pueden ser los que afecten a productos perecederos), situación en la cual los Miembros inician consultas en un plazo de no más de diez días contados a partir de la fecha de recepción de la solicitud. Ahora bien, si las consultas no resuelven la diferencia (en un plazo de veinte días contados a partir de la fecha de recepción de la solicitud), la parte reclamante puede solicitar que se establezca un Grupo Especial (art. 4.8 del ESD). Esta norma del ESD introduce dos cambios en los casos de urgencia respecto a la Decisión de la Partes Contratantes de 1989 (la reunión a medio camino), ya que regula de forma más detallada los casos de urgencia y reduce el plazo de las consulta de treinta a veinte días para solicitar el establecimiento del Grupo Especial.

157 En esta línea, para BUSCH y REINHARDT es mucho más probable resolver una diferencia en sus instancias iniciales, de ahí que la etapa de consultas constituya una oportunidad para que quien o quienes solicitan la celebración de consultas obtengan importantes concesiones de la futura parte demandada, sin que sea necesario llevar tal asunto a una etapa contenciosa con una decisión definitiva. Cfr. MARC BUSCH L. y ERIC REINHARDT. "Bargaining in the Shadow of the Law. Early Settlement in GATT/WTO Disputes", *Fordham International Law Journal*, vol. 24, n.º 158, 2000-2001, pp. 158 a 172; XAVIER FERNÁNDEZ PONS. *La OMC y el Derecho Internacional. Un estudio sobre el sistema de solución de diferencias de la OMC*..., cit., nota 22, p. 78.

> Mediante las consultas, las partes intercambian información, evalúan los puntos fuertes y débiles de sus respectivos argumentos, reducen el alcance de las diferencias existentes entre ellos y, en muchos casos, llegan a una solución mutuamente aceptable [...]. Además, incluso cuando no se llegue a ninguna solución aceptada, las consultas dan a las partes la oportunidad de definir y delimitar el alcance de la diferencia existente entre ellas[158].

De igual modo el Órgano de Apelación considera que la divulgación de mayor información en las consultas constituye un requisito del *principio del respeto al debido proceso* con implicaciones para las etapas posteriores del procedimiento. Así se interpreta en el asunto *India-Protección mediante patente de los productos farmacéuticos y de los productos químicos para la agricultura* (WT/DS50/AB/R), párrafo 94, donde este órgano resolutorio afirma que:

> Todas las Partes que intervengan en la solución de diferencias con arreglo al ESD deben exponer plenamente desde el principio las alegaciones que configuran la diferencia y los elementos de hecho relacionados con esas alegaciones. Las alegaciones deben exponerse claramente. Los elementos de hecho deben exponerse con libertad. Así debe suceder en las consultas y en las reuniones más formales del procedimiento de los Grupos Especiales. De hecho, la exigencia de un proceso con todas las garantías que está implícita en el ESD hace que esto sea especialmente necesario durante las consultas. Porque las alegaciones que se formulan y los hechos que se establecen durante las consultas configuran en gran medida el fondo y el ámbito del posterior procedimiento del Grupo Especial.

Si bien el propósito original de la etapa de consultas consiste en lograr un acuerdo por las partes a través de una solución consensuada, en el actual contexto del procedimiento de solución de diferencias de la OMC este consenso mutuo es desplazado en favor de acuerdos rápidos y económicamente eficientes. Claro está, el propio ESD subraya que la solución mutuamente aceptable por las partes es legítima solo si esta es respetuosa de las obligaciones incorporadas en los "acuerdos abarcados".

Por último, es necesario subrayar dos aspectos de la etapa de consultas prevista por el ESD: 1. *El reforzamiento del principio de trato preferencial a los Estados en vías de desarrollo* iniciado por la Decisión del 5 de abril de 1966, que luego se mantuvo en el Entendimiento de 1979 (Ronda de Tokio) y se prolongó en la

---

158 Informe del Órgano de Apelación del asunto *México-Investigación antidumping sobre el jarabe de maíz con la concentración de fructosa procedente de los Estados Unidos*, *Recurso de los Estados Unidos al artículo 21.5 del Entendimiento de Solución de Diferencias* (WT/DS132/AB/RW), adoptado el 21 de octubre de 2001, párrafo 54.

Decisión de 12 de abril de 1989. No obstante que el régimen jurídico de la OMC persiste en reconocer este principio, sin duda sus garantías se intensifican con el propósito de mejorar el escenario de los países en vías de desarrollo respecto a su participación en el procedimiento de solución de diferencias. Un ejemplo de este reforzamiento se encuentra el párrafo 10 del artículo 4.º del ESD, que señala "[d]urante las consultas los Miembros deberán prestar especial atención a los problemas e intereses particulares de los países en desarrollo Miembros", y 2. La figura del *Miembro Asociado*, que garantiza la *intervención en el proceso de un tercer país* que no participa desde el inicio en las consultas. Más exactamente, el párrafo 11 del artículo 4.º del ESD, ordena que:

> [c]uando un Miembro que no participe en consultas [...], y considere que tiene un interés comercial sustancial en las mismas, dicho Miembro podrá notificar a los Miembros participantes en las consultas y al OSD, dentro de los 10 días siguientes a la fecha de la distribución de la solicitud de celebración de consultas de conformidad con el mencionado párrafo, su deseo de que se le asocie a las mismas [...].

Asimismo, la norma citada establece que para tener la calidad de *Miembro Asociado* es necesario que la parte a la que se dirija la petición de celebración de consultas acepte que la pretensión del interés sustancial tiene la entidad suficiente o que la solicitud se encuentra suficientemente fundamentada.

B. ETAPA ANTE EL GRUPO ESPECIAL O CONTENCIOSA

Los Grupos Especiales son el resultado de las decisiones, los procedimientos y la práctica consuetudinaria observada por las Partes Contratantes durante la vigencia del GATT de 1947, y en su búsqueda de un mecanismo adjudicativo de solución de controversias recurren, durante los primeros años, a las *reuniones plenarias*, lo cual a la postre consolida la práctica de establecer *grupos de trabajo* (en inglés *working parties*)[159]. Estos órganos *ad hoc* experimentan un cambio significativo al ser sustituidos por los denominados *Grupos Especiales* que,

---

159 Con el paso del tiempo estos incipientes intentos por encontrar un tercero que resuelva la diferencia poco a poco asumen su función con relativa neutralidad, sin tener la obligación de realizar conclusiones definitivas respecto al caso, lo cual permite que los grupos de trabajo se conviertan en *auténticos foros de negociación*, donde sus miembros actúan bajo las instrucciones de sus gobiernos. Cfr. ANTONIO TROMBETTA. "El mecanismo de solución de controversias en el sistema multilateral de comercio (GATT/OMC)", en *Temas de Derecho Industrial y de la Competencia*, Buenos Aires, Ciudad Argentina, 1997, p. 363.

integrados por panelistas independientes[160], permiten de forma progresiva un mayor grado de *objetividad* a la solución de diferencias[161].

El ESD determina que la etapa ante el Grupo Especial se inicia cuando, una vez celebradas las consultas, *no* se llegue a una solución satisfactoria para las partes en el plazo establecido[162]; según el artículo 11 del ESD su función es:

> [...] hacer una evaluación objetiva del asunto que se le haya sometido, que incluya una evaluación objetiva de los hechos, de la aplicabilidad de los acuerdos abarcados pertinentes y de la conformidad con éstos y formular otras conclusiones que ayuden al OSD a hacer las recomendaciones o dictar las resoluciones previstas en los acuerdos[163].

Una evaluación objetiva exige que cada miembro del Grupo Especial reúna algunos requisitos técnicos y personales, y cumpla con un procedimiento de selección, de forma que se garanticen la *independencia* y la *idoneidad* de los integrantes del panel[164]. Algunos ejemplos que garantizan la independencia del panel se encuentran en el párrafo 3 del artículo 8.º del ESD al ordenar que "[l]os nacionales de los Miembros cuyos gobiernos sean parte en la diferencia o terceros en ella [...] no podrán ser integrantes del grupo especial que se ocupe de esa diferencia, salvo que las partes en dicha diferencia acuerden lo contrario", igualmente el párrafo 9 del artículo 8.º del ESD, al establecer que:

---

160 La voz "panel" es definida en inglés como la reunión de un grupo de expertos encargados de realizar un informe objetivo sobre cualquier cuestión de su ámbito de conocimiento técnico, de ahí que la versión en español del GATT de 1994 adopta el término panel especial. Cfr. José Carlos Fernández Rozas. *Sistema del Comercio...*, cit., nota 214, p. 46.

161 John Jackson. "Los procedimientos de solución de controversias en la Organización Mundial del Comercio: una evaluación preliminar", *Revista de Derecho Internacional Económico*, vol. 1, n.º 2, Buenos Aires, Universidad de Buenos Aires, Facultad de Derecho, julio-agosto de 2002, p. 6.

162 La solicitud de establecimiento del Grupo Especial se realiza mediante escrito, en donde se señala: "si se han celebrado consultas, se identificarán las medidas concretas en litigio y se hará una breve exposición de los fundamentos de derecho de la reclamación, que sea suficiente para presentar el problema con claridad. En el caso de que el solicitante pida el establecimiento de un grupo especial con un mandato distinto del uniforme, en la petición escrita figurará el texto propuesto del mandato especial". Cfr. artículo 6.2 del ESD.

163 Desde esta perspectiva, es necesario recordar que el *mandato* del Grupo Especial reside, por una parte, en el *examen de la diferencia comercial* a partir de las normas que conforman el Derecho de la OMC y, por otra, en otorgar ayuda al OSD para formular conclusiones que permiten dictar resoluciones o hacer recomendaciones. Cfr. artículo 7.1 del ESD.

164 El ESD en su artículo 8.1 dispone que "Los grupos especiales estarán formados por personas muy *competentes*, funcionarios gubernamentales o no [...]". Igualmente, en el artículo 8.2 señala que "Los miembros de los grupos especiales deberán ser elegidos de manera que queden aseguradas *la independencia* de los miembros y la participación de personas con formación suficientemente variada y experiencia en campos muy diversos".

> [l]os integrantes de los grupos especiales actuarán a título personal y no en calidad de representantes de un gobierno o de una organización. Por consiguiente, los Miembros se abstendrán de darles instrucciones y de ejercer sobre ellos cualquier clase de influencia con respecto a los asuntos sometidos al grupo especial.

Adicionalmente, para garantizar la idoneidad del panel, el régimen jurídico de la OMC especifica una serie de calidades profesionales o de experiencia técnica para sus miembros[165], como por ejemplo, el ESD ordena que deben ser

> [...] personas que anteriormente hayan integrado un grupo especial o hayan presentado un alegato en él, hayan actuado como representantes de un Miembro o de una Parte Contratante del GATT de 1947 o como representantes en el Consejo o Comité de cualquier acuerdo abarcado o del respectivo acuerdo precedente o hayan formado parte de la Secretaría del GATT, hayan realizado una actividad docente o publicado trabajos sobre derecho mercantil internacional o política comercial internacional, o hayan ocupado un alto cargo en la esfera de la política comercial en un Miembro[166].

También es necesario que el Secretario de la OMC los integre a la llamada *lista indicativa* de panelista[167].

Normalmente los Grupos Especiales se constituyen por tres miembros a menos que, dentro de los diez días siguientes a su establecimiento[168], las partes

---

165 Las calidades que deben tener los miembros del Grupo Especial se concretan en dos tipos de deberes: a. *Deberes de dirección y decisión*, que consisten en la obligación del Grupo Especial de solucionar la diferencia en forma pronta y que cumpla, por lo menos, con los términos o plazos para proferir su decisión, con lo cual se evita que el procedimiento sea ineficaz. En otras palabras, estos deberes exigen al panel que elaboren sus informes dentro de los términos y de acuerdo a las exigencias establecidas por el régimen jurídico de la OMC, y b. *Deberes de reserva*, los cuales ordenan la confidencialidad de la información y de algunas actuaciones dentro del procedimiento ante los Grupos Especiales. Esta exigencia tiene por objeto evitar presiones o bloqueos de Estados miembros o de las propias partes en la diferencia.

166 Artículo 8.1 del ESD.

167 Artículo 8.4 del ESD.

168 De no lograrse un acuerdo sobre los integrantes del panel en los primeros diez días, el artículo 8.7 del ESD establece un plazo de veinte días; empero, el tiempo promedio real entre el establecimiento del grupo especial y su composición es de unos sesenta días. Según HUGHES, esta dilación se da "[...] especialmente cuando en la diferencia intervienen varias partes, porque puede no resultar fácil encontrar personas con la experiencia y los conocimientos necesarios en los países que se perciben como neutrales. Por lo general, los Miembros insisten en que los integrantes de los grupos especiales deben tener experiencia previa en este tipo de grupos" Cfr. VALERIE HUGHES. "El sistema de solución de diferencias de la OMC: una experiencia exitosa", en *Solución de Controversias Comerciales Inter-Gubernamentales: enfoques Multilaterales y Regionales*, Buenos Aires, Instituto para la Integración de América Latina y el Caribe, 2004, p. 68. Si el desacuerdo persiste en cuanto a la composición del Grupo Especial, cualquiera de de las partes podrá solicitar al Director General la elección de uno o más miembros del grupo especial (art. 8.7 del ESD).

en la diferencia convengan que sus integrantes sean cinco. Ahora bien, tanto el establecimiento como el mandato[169] y la composición de los Grupos Especiales son actuaciones procesales *automáticas* que no dependen del consentimiento de las partes contendientes o del OSD, ni cabe la posibilidad de bloquear dichas actuaciones. Otro aspecto importante a destacar en la etapa ante el Grupo Especial es el reforzamiento del *trato especial y diferenciado a los países en vías de desarrollo*, tal como se observa en el párrafo 10 de artículo 8.° del ESD que exige: "[c]uando se plantee una diferencia entre un Estado en desarrollo Miembro y un país desarrollado Miembro, en el grupo especial participará, si el país en desarrollo Miembro así lo solicita, por lo menos un integrante que sea nacional de un país en desarrollo Miembro"[170]. Esta "diferenciación positiva" a favor de los países en vías de desarrollo incorpora una excepción a la regla general de independencia que prohíbe la participación en el Grupo Especial de nacionales de cualquiera de las partes en la diferencia[171].

También llama la atención en la etapa ante el Grupo Especial el derecho a la *intervención de terceros*[172] que confiere a un Miembro que no sea parte reclamante o demandada algunas prerrogativas dentro del procedimiento de solución de diferencias, tales como la posibilidad de recibir los documentos presentados por la partes en la diferencia[173], ser oído por el Grupo Especial y presentar a este comunicaciones por escrito[174]; igualmente, el tercero tiene la posibilidad de

---

169 El mandato o función a desempeñar por el Grupo Especial puede ser acordado por las partes. De ahí que si no se determina un mandato diferente, este será regulado por el párrafo 1.° del artículo 7.° del ESD, es decir, "examinar, a la luz de las disposiciones pertinentes del acuerdo o de los acuerdos abarcados que hayan invocado las partes en la diferencia, el asunto sometido al OSD por (nombre de la parte) en el documento [...] y formular las conclusiones que ayuden al OSD a hacer las recomendaciones o dictar las resoluciones previstas en dicho acuerdo".

170 Igualmente, el artículo 12.10 del ESD determina que "[e]n el marco de las consultas que se refieran a una medida adoptada por un país en desarrollo Miembro, las partes podrán convenir en ampliar los plazos establecidos en los párrafos 7 y 8 del artículo 4"; nuevamente en el artículo 12.11 del ESD se refuerza el trato diferenciado y más favorable a los países en vía de desarrollo, al señalar que "[c] uando una o más de las partes sean países en desarrollo Miembros, en el informe del grupo especial se indicará explícitamente la forma en que se han tenido en cuenta las disposiciones pertinentes sobre trato diferenciado y más favorable para los países en desarrollo Miembros que forman parte de los acuerdos abarcados, y que hayan sido alegadas por el país en desarrollo Miembro en el curso del procedimiento de solución de diferencias".

171 M. E. Footer. "Developing Country Practice in the Matter of WTO Dispute Settlement", *Journal of World Trade*, vol. 35, n.° 1, 2001, p. 55.

172 Los "terceros" es cualquier Miembro que *no* sea parte formalmente en la diferencia, que demuestre tener un *interés sustancial* en un asunto sometido a un Grupo Especial, y además que haya *notificado* al OSD este interés. Cfr. artículo 10.2 del ESD.

173 Sin duda el artículo 10.3 del ESD es progresista respecto al antiguo sistema GATT (punto c de la Decisión de 1989), dado que los terceros no requieren del consentimiento de las partes reclamantes o demandadas para tener derecho al acceso de documentos escritos presentados por estas.

174 Artículo 10.2 del ESD.

iniciar un procedimiento cuando considere que una medida del Grupo Especial anula o menoscaba sus ventajas o beneficios comerciales. Desde luego que esta nueva diferencia presentada por el tercero se remite al Grupo Especial que originalmente conoce o resuelve el asunto[175]. Lógicamente, los derechos de un tercero están más restringidos que los de las partes en la diferencia; por ejemplo, los terceros no pueden concurrir a todas las audiencias y no reciben copias de todas las comunicaciones escritas durante la etapa ante el Grupo Especial[176].

Por otra parte el carácter *cuasi-jurisdiccional* del mecanismo previsto en el ESD significa, tal como ya se señaló, establecer un calendario o plazos, un conjunto de reglas y de actuaciones procesales más precisas para la solución de controversias. Como consecuencia de ello el régimen jurídico de la OMC crea y modifica un buen número de actuaciones procesales de la etapa ante el Grupo Especial que ya existían en el sistema del GATT de 1947[177]. Teniendo en cuenta las principales innovaciones incluidas en esta etapa contenciosa, a continuación se examinarán las diferentes actuaciones o momentos procesales, concretamente: las *actuaciones previas a la primera audiencia*; la *primera audiencia*; la *segunda audiencia de réplicas*; las *consultas a expertos* y la *solicitud de información*; la *elaboración del proyecto inicial*; la *elaboración del informe provisional*; la *tercera o audiencia intermedia de reexamen*, y la *elaboración del informe definitivo*.

1. ACTUACIONES PREVIAS A LA PRIMERA AUDIENCIA

Cada parte en la diferencia, junto con el Grupo Especial, fijan el *calendario de trabajo*, de ser posible en el plazo de una semana después de que se haya convenido en la composición y el mandato del panel que resolverá la controversia[178]; una vez

---

175 Artículo 10.4 del ESD.

176 Artículo 10.3 del ESD.

177 Sin desconocer que un número significativo de las normas que regulan el procedimiento de solución de diferencias del ESD de la OMC son tomadas del Entendimiento de 1979 y de la Decisión de 1989. Así, por ejemplo, los preceptos del ESD relativos al "Mandato de los grupos especiales" (art. 7.º del ESD) o al "Procedimiento aplicable en casos de pluralidad de partes reclamantes", son recogidos literalmente de las letras F.b) y F.d) de la Decisión de 1989; además, las disposiciones que regulan la "Función de los grupos especiales" (art. 11 del ESD) y el "Derecho a recabar información" (art. 13 ESD) reproducen los artículos 16 y 15 del Entendimiento de 1979.

178 El escrito de solicitud para el establecimiento de un Grupo Especial es un acto procesal de primer orden, que debe ser redactado con gran precisión y rigor porque contiene el texto propuesto del *mandato* para el panel que ha de resolver la diferencia (art. 7.º del ESD). Si este escrito omite alguna medida en particular, la parte reclamante no podrá invocarla más adelante en esa diferencia. Cfr. Informe del Órgano de Apelación, asunto *Chile-Sistema de bandas de precios y medidas de salvaguardia aplicados a determinados productos agrícolas* (WT/DS207/AB/R), adoptado el 23 de octubre de 2002, párrafos 129 a 144.

determinado el calendario de trabajo, se establece el término *suficiente* para que las partes reclamantes o demanda expongan sus argumentos por escrito al Grupo Especial[179], los cuales son depositados en la Secretaría dando traslado tanto al panel como a la otra u otras partes en la diferencia[180]. En la primera actuación procesal el ESD incluye la posibilidad de que las partes puedan llegar a una *solución mutuamente satisfactoria*, de tal suerte, que si llegan "a un arreglo de la cuestión entre las partes en la diferencia, el informe del grupo especial se limitará a una breve relación del caso, con indicación de que se ha llegado a una solución"[181].

2. PRIMERA AUDIENCIA

Esta actuación procesal se podrá iniciar solamente en el evento de que las partes en la diferencia no logren una solución mutuamente satisfactoria, momento en el cual el Grupo Especial presenta un informe escrito al OSD con sus conclusiones, es decir, "[...] las constataciones de hecho, la aplicabilidad de las disposiciones pertinentes y las razones en que se basen sus conclusiones y recomendaciones"[182]; claro está, antes de iniciar la elaboración de este informe, el panel deberá analizar en la primera reunión los alegatos o argumentos de la parte reclamante y solicitar la opinión de la parte demandada. Además, se deberán escuchar los argumentos de los terceros que hayan notificado tener interés en la diferencia.

3. SEGUNDA AUDIENCIA DE RÉPLICAS

La audiencia de réplicas es uno de los ejemplos más claros de la materialización jurídica del *derecho de defensa* o *contradicción* por parte del procedimiento de solución de diferencias previsto en el ESD de la OMC[183], puesto que la parte de-

---

179 Artículo 12.5 del ESD, el cual señala que "Los grupos especiales deberán fijar, para la presentación de las comunicaciones escritas de las partes, plazos precisos que las partes en la diferencia han de respetar".

180 El ESD establece en su artículo 12.6 que "La parte reclamante presentará su primera comunicación con anterioridad a la primera comunicación de la parte demandada, a menos que el grupo especial decida, al fijar el calendario mencionado en el párrafo 3 y previa consulta con las partes en la diferencia, que las partes deberán presentar sus primeras comunicaciones al mismo tiempo. Cuando se haya dispuesto que las primeras comunicaciones se depositarán de manera sucesiva, el grupo especial establecerá un plazo en firme para recibir la comunicación de la parte demandada. Las posteriores comunicaciones escritas de las partes, si las hubiere, se presentarán simultáneamente".

181 Artículo 12.7 del ESD.

182 Ídem.

183 La parte demandada en la diferencia es titular del *derecho de contradicción*, el cual le otorga la prerrogativa de oponerse o negar los fundamentos de hecho o de derecho en que apoya la parte reclamante

mandada tiene la posibilidad de presentar sus *objeciones* por escrito y exponer verbalmente sus argumentos en una segunda reunión ante el Grupo Especial, lo que se considera como un elemento más del carácter *cuasi-jurisdiccional* del mecanismo. Existe una diferencia respecto a la primera reunión: se invierte el orden de intervención, pues la parte demandada tiene derecho a hablar en primer lugar, seguida por la reclamante. Para que las partes en la diferencia puedan contestar, objetar o refutar los hechos, pruebas o normas jurídicas presentadas en su contra deberán entregar al panel sus escritos de réplica antes de la reunión. Asimismo, como las reuniones o audiencias son privadas (tiene un carácter confidencial), los Miembros interesados podrán estar presentes solo si tienen la calidad de partes o de terceros en la diferencia.

4. CONSULTAS A EXPERTOS Y SOLICITUD DE INFORMACIÓN

El continuo crecimiento de la complejidad de ámbito jurídico internacional hace insuficiente la especialización en comercio; de hecho, el ingreso en la agenda del OMC de sectores como las telecomunicaciones, los servicios bancarios y las inversiones, entre otros, hace necesario que el grupo o panel especial se apoye en un segundo grado de expertos con conocimientos técnicos en estos nuevos sectores (cooperación interdisciplinaria).

Precisamente por ello, antes de que el grupo especial elabore el proyecto inicial del informe, si una de las partes en la diferencia presenta algún tema de naturaleza científica o técnica, el grupo especial tiene el derecho de consultar a expertos o designar un grupo consultivo de expertos[184], los cuales deben preparar un informe sobre el elemento de hecho de carácter científico o técnico que origina la consulta o la convocatoria. Cabe añadir que los grupos consultivos de expertos tienen la posibilidad de acudir a cualquier fuente que consideren adecuada para realizar consultas, obtener información y/o asesoraría técnica[185]. Antes de obtener esta información o asesoramiento de una fuente sometida a la jurisdicción de un Miembro, el grupo consultivo de expertos lo debe notificar al gobierno de ese Miembro. Los Miembros tienen la responsabilidad de dar

---

su pretensión. Ahora bien, muchas veces el demandado no se limita a adoptar una posición exclusivamente negativa, también se opone presentando contrapropuestas a las pretensiones de la parte reclamante.

184 Artículo 13.2 del ESD. Claro está, según lo ordena el Apéndice 4.1 del ESD, "los grupos consultivos de expertos están bajo la autoridad del grupo especial. Éste establecerá el mandato y los detalles del procedimiento de trabajo de los grupos consultivos de expertos, que le rendirán informe".

185 Apéndice 4.4 del ESD.

una respuesta pronta y completa a toda solicitud que sea dirija por un grupo consultivo de expertos para obtener información que considere necesaria y pertinente.

De igual forma, el panel o grupo especial tiene el derecho de solicitar a las partes en la diferencia (o cualquier otro Miembro del sistema) toda la información requerida para hacer una evaluación objetiva del asunto que se le haya sometido. En esencia, este derecho de los grupos especiales impone la obligación (de hacer o positiva) a los Miembros de "dar una respuesta pronta y completa a cualquier solicitud que les dirija un grupo especial para obtener la información que considere necesaria y pertinente"[186]. A pesar de todo, la información de carácter *confidencial* que proporcionen las partes en la diferencia o cualquier Miembro no se puede hacer pública, a menos que la persona, institución, o autoridad del Miembro de la OMC que haya aportado dicha información, confiera una autorización formal.

5. ELABORACIÓN DEL PROYECTO INICIAL

Para elaborar el proyecto inicial es necesario que el Grupo Especial haya obtenido la *información necesaria*, estudiado los *argumentos escritos*, escuchado los *alegatos y réplicas* de las partes en la diferencia y las intervenciones de los terceros, y, en ocasiones, también se requiere el informe del grupo consultivo de expertos. Una vez verificado lo anterior, el panel ordena el traslado de los *capítulos expositivos* (hechos y argumentación) del primer "borrador" de su informe a las partes en la diferencia, sin referirse a las *constataciones* ni las *conclusiones*, quienes tienen un plazo de dos semanas para formular observaciones[187].

6. ELABORACIÓN DEL INFORME PROVISIONAL

Vencido el plazo de las observaciones al proyecto inicial, entre dos y tres meses después de la segunda audiencia, el Grupo Especial tiene la obligación de trasladar el *informe provisional* a las partes en la diferencia (pero no incluye a los terceros), el cual contiene tanto los capítulos expositivos como las constataciones y conclusiones[188]. En este informe se establece un término de una

---

186 Artículo 13.1 del ESD.

187 Artículo 15.1 del ESD.

188 No obstante que el *informe provisional* tenga un carácter confidencial, a menudo es divulgado, según Hughes, presumiblemente por una de las partes, pues "[n]o olvidemos que las cuestiones sobre las que versan las diferencias tienen por lo general impacto sobre algún poderoso sector empresario de

semana para que cualquiera de las partes solicite por escrito un nuevo examen sobre aspectos específicos de la decisión del panel antes de la distribución del informe definitivo a los demás Miembros de la OMC[189].

7. TERCERA AUDIENCIA O REUNIÓN INTERMEDIA DE REEXAMEN

Si una o varias partes solicitan una tercera reunión para "reexaminar" el informe provisional[190], el Grupo Especial tiene la posibilidad de valorar únicamente aquellos puntos concretos u observaciones puntuales susceptibles de análisis (en un plazo de dos semanas), de tal suerte que las partes no pueden servirse de este momento procesal para conseguir que se modifique la totalidad de su informe[191].

8. ELABORACIÓN DEL INFORME DEFINITIVO

El informe provisional se considera *definitivo* cuando no se presentan observaciones de ninguna de las partes en la diferencia dentro del término previsto, o vencido el plazo para solicitar la reunión intermedia de reexamen[192]. El informe definitivo debe contener necesariamente las constataciones de hecho, la aplicabilidad de las disposiciones pertinentes y las razones en que se basan sus conclusiones y recomendaciones[193]. En esa media, el panel realiza una doble evaluación: de un lado, un *examen objetivo* de los hechos que generan la controversia, y de otro, una *valoración jurídica* o un estudio de conformidad entre los hechos y los "acuerdos abarcados". En este informe el Grupo Especial puede decidir que la medida comercial objeto de la diferencia *constituye una infracción*

los países reclamantes y/o demandados". Cfr. VALERIE HUGHES. "El sistema de solución de diferencias de la OMC: una experiencia exitosa", cit., nota 374, p. 70.

189 Artículo 15.2 del ESD.

190 La reunión intermedia de examen en determinadas controversias no tiene ninguna utilidad, solamente dilata el procedimiento, particularmente si se tiene en cuenta que en la etapa ante el órgano de apelación se cumple con los mismos propósitos de esta tercera reunión; es más, su eliminación podría contribuir a reducir el tiempo en que se resuelve una diferencia bajo el procedimiento previsto en el ESD de la OMC. De ahí que BUSCH y PELC crean que es necesario incorporar grupos especiales permanentes. Cfr. MARC BUSCH L. y KRZYSZTOF J. PELC. "Does the WTO need a Permanent Body of Panelists?", *Journal of International Economic Law*, vol. 12, n.° 3, 2009, pp. 579 a 594.

191 Informe del Órgano de Apelación, en el asunto *Australia-Medidas que afectan la importación del salmón* (WT/DS18/AB/R, WT/DS20/AB/R), adoptado el 20 de octubre de 1998, DSR 1998: VIII, 3327.

192 Precisamente el artículo 15.3 del ESD, determina que "entre las conclusiones del informe definitivo del grupo especial figurará un examen de los argumentos esgrimidos en la etapa intermedia de reexamen".

193 Artículo 12.7 del ESD.

de un acuerdo de la OMC, o un *incumplimiento de una obligación* proveniente de los "acuerdos abarcados", en cualquiera de estos dos eventos las conclusiones del panel pueden *ayudar* al OSD a hacer recomendaciones al Estado "infractor" para que actúe conforme a los preceptos del régimen jurídico OMC, o sugerir la manera en que este Estado puede hacer el ajuste de la medida, o de las actuación que generan la diferencia. El ESD precisa un término de 20 días que comienza a partir de la fecha en que se distribuye el informe definitivo a los Miembros, para que la OSD pueda examinar y adoptar el informe mediante *resolución*[194], todo con el propósito de permitir a los Miembros de la OMC el tiempo necesario para examinar este informe del Grupo Especial.

Finalmente, vale la pena subrayar que el ESD, en su párrafo 8 del artículo 12, garantiza el *principio de la preclusión* al evitar retrasos innecesarios y avalar la celeridad del procedimiento ante los Grupos Especiales; esto es, el ESD determina plazos precisos dentro de los cuales las partes deben presentar sus escritos y el panel notificar sus informes. En palabras del ESD, para

> [...] que el procedimiento sea *más eficaz*, el plazo en que el grupo especial llevará a cabo su examen, desde la fecha en que se haya convenido en su composición y su mandato hasta la fecha en que se dé traslado del informe definitivo a las partes en la diferencia, no excederá, por regla general, de seis meses. En casos de urgencia, incluidos los relativos a productos perecederos, el grupo especial procurará dar traslado de su informe a las partes en la diferencia dentro de un plazo de tres meses.

En igual sentido, el párrafo 9 del artículo 12 del ESD ordena que entre la constitución del Grupo Especial y la distribución del informe definitivo a las partes en la controversia deben transcurrir seis, y en ningún caso más de nueve. En la práctica, sin embargo, se tarda en promedio dos o tres meses más debido a que es necesario realizar la traducción del informe (en los tres idiomas oficiales) antes de la distribución al público.

C. ETAPA ANTE EL ÓRGANO PERMANENTE DE APELACIÓN

Los actos procesales del Grupo Especial, como los de cualquier "juez", son susceptibles de error, bien por fallas en la aplicación o en la interpretación del marco jurídico. Por esta razón, y otras señaladas en líneas anteriores, el régimen jurídico

---

194 Además, si algún Miembro tiene objeciones al informe definitivo del Grupo Especial, el artículo 16.2 del ESD establece que "[t]odo Miembro que tenga objeciones que oponer al informe de un grupo especial dará por escrito una explicación de sus razones, para su distribución por lo menos 10 días antes de la reunión del OSD en la que se haya de examinar el informe del grupo especial".

de la OMC permite que las partes contendientes dispongan de un instrumento adecuado para restablecer la seguridad jurídica, si es que ha sido quebrantada por la decisión del juez de primera instancia. Este mecanismo procesal no se puede concebir sin que alguien, distinto al Grupo Especial, lo interponga (al ser un acto procesal de parte). Así, la apelación se convierte en el último el instrumento técnico para que la parte vencida pueda oponerse al informe del Grupo Especial[195].

Dicho esto, no cabe duda que la etapa ante el Órgano Permanente de Apelación constituye un elemento esencial del carácter *causi-judicial* del procedimiento previsto en el ESD de la OMC, toda vez que entre las finalidades de esta segunda instancia se encuentran la de decidir el asunto sometido a apelación con la pretensión de lograr la coherencia y la de la sistematización en la aplicación del Derecho de la OMC[196]. Por esto, el ESD crea un órgano *permanente* y "de cierre" que tiene la última palabra en la solución de controversias bajo el sistema OMC, cuyos miembros tienen una elección específica[197], un período

---

195 El Órgano de Apelación ha reproducido el modelo de la Corte Suprema de los Estados Unidos, ya que el "Órgano de Apelación es una Corte en todo menos en el nombre". Cfr. JOSEPH H. WEILER. "The Rule of Lawyers and the Ethos of Diplomats: Reflections on the Internal and External Legitimacy of WTO Dispute Settlement", *The American Review of International Arbitration*, vol. 13, 2002, p. 177. Ahora bien, el Órgano de Apelación no puede reenviar la controversia al Grupo Especial, por tanto, está obligado a resolver toda apelación que se presente ante él. Cfr. JULIO LACARTE y FERNANDO PIÉROLA. "Estudio comparativo de los mecanismos de solución de diferencias del GATT y la OMC...", cit., nota 248, pp. 23 y ss. Para un análisis de las posibilidades de implementar reenvío para el Órgano de Apelación, cfr. FERNANDO PIÉROLA. "The Question of Remand Authority for the Appellate Body", en ANDREW MITCHELL (ed.). *Challenges and Prospects for the WTO*, London, Cameron May, 2005 y JOOST PAUWELYN. *Appeal without Remand, A Design Flaw in WTO Dispute Settlement and How to Fix it*, Document n.° 1, International Centre for Trade and Sustainable Development, junio de 2007.

196 La coherencia y la sistematización se explican: primero, por el origen del Órgano de Apelación que se crea como un instrumento de control o una "red de seguridad" frente a los informes del Grupo Especial (cfr. VALERIE HUGHES. "El sistema de solución de diferencias de la OMC: una experiencia exitosa", cit., nota 374, p. 74), más exactamente, el mecanismo de apelación evita que el informe del panel tenga el carácter de *cosa juzgada* para las partes en las diferencias, y al mismo tiempo constituye un segundo filtro jurídico al informe del Grupo Especial; segundo, por la nueva *regla del consenso negativo* del régimen jurídico de la OMC que confiere un mayor poder a los Grupos Especiales respecto de los órganos políticos, toda vez que su informe es aprobado de forma automática por el OSD, con lo cual, la parte a la que sea adversa la decisión solo tiene un camino, cumplir la decisión, y tercero, por la naturaleza *permanente* del Órgano de Apelación que da la posibilidad de que sus miembros, como jueces permanentes, logren una mayor "seguridad y previsibilidad" de la interpretación y aplicación del Derecho de la OMC; ibíd., pp. 74 y ss.

197 En esencia, el ESD regula la elección de los miembros del Órgano de Apelación en su artículo 17.1: "Las personas que formen parte del Órgano de Apelación actuarán por turno. Dicho turno se determinará en el procedimiento de trabajo del Órgano de Apelación". Asimismo, el artículo 17.2 ordena que "[...] el mandato de tres de las siete personas nombradas inmediatamente después de la entrada en vigor del Acuerdo sobre la OMC, que se determinarán por sorteo, expirará al cabo de dos años. Las vacantes se cubrirán a medida que se produzcan. La persona nombrada para reemplazar a otra cuyo mandato no haya terminado desempeñará el cargo durante el período que falte para completar dicho mandato". Los tres miembros de las Secciones son elegidos "[...] por rotación y teniendo en cuenta los principios de selección aleatoria,

determinado[198] y unas particulares calidades[199]. Importa destacar aquí que, en aras de racionalizar el trabajo, se determina que una Sección (compuesta por tres miembros del Órgano de Apelaciones) sea la competente para valorar la solicitud de apelación, pero que la decisión final se toma de forma *colegiada* o plenaria[200], esto es, los siete miembros del Órgano de Apelaciones participan en la elaboración del informe mediante el intercambio de opiniones que juzguen procedentes[201].

Las actuaciones a cumplir en la segunda instancia están contenidas en los *Procedimientos de trabajo para el examen en apelación*, redactados por el Órgano de Apelación. Estos procedimientos de trabajo establecen los plazos para el cumplimiento de las distintas actuaciones procesales, definen los contenidos del Anuncio de Apelación y de las comunicaciones escritas del apelado y del apelante, reglamentan la participación de terceros y disponen un calendario de trabajo y una audiencia oral[202].

El ESD establece algunas reglas y límites respecto del alcance del mecanismo de apelación[203], entre los cuales los más importantes son:

---

imprevisibilidad de la selección y de poder actuar todos los Miembros, con independencia de su origen nacional". Cfr. Regla 6.2 de los Procedimientos de Trabajo (WT/AB/WP/7). El artículo 17.2 del ESD establece que "[e]l OSD nombrará por un período de cuatro años a las personas que formarán parte del Órgano de Apelación y podrá renovar por una vez el mandato de cada una de ellas".

198 Alberto Álvarez-Jiménez. "The WTO Appellate Body's Decision-Making Process: A Perfect Model for International Adjudication...", cit., nota 303, pp. 289 a 331.

199 Efectivamente, los del Órgano de Apelación deben cumplir con los requisitos exigidos por el artículo 17.3 del ESD: "El Órgano de Apelación estará integrado por personas de prestigio reconocido, con competencia técnica acreditada en derecho, en comercio internacional y en la temática de los acuerdos abarcados en general. No estarán vinculadas a ningún gobierno. Los integrantes del Órgano de Apelación serán representativos en términos generales de la composición de la OMC. Todas las personas que formen parte del Órgano de Apelación estarán disponibles en todo momento y en breve plazo, y se mantendrán al corriente de las actividades de solución de diferencias y demás actividades pertinentes de la OMC. No intervendrán en el examen de ninguna diferencia que pueda generar un conflicto directo o indirecto de intereses".

200 Regla 4.1 del Procedimiento de Trabajo (WT/AB/WP/7). Las apelaciones son oídas por Secciones de tres miembros, quienes son seleccionados "por rotación, teniendo en cuenta los principios de selección aleatoria, imprevisibilidad de la selección y poder de actuar de todos los Miembros, con independencia de su origen nacional". Cfr. Regla 6.2 del Procedimiento de Trabajo (WT/AB/WP/7).

201 De hecho, los miembros que no están en la Sección examinan todas las comunicaciones escritas y las transcripciones de la audiencia.

202 Estos procedimientos de trabajo del Órgano de Apelación se encuentran regulados en los documentos WT/AB/WP/1, adoptado el 15 de febrero de 1996; WT/AB/WP/2, adoptado el 28 de febrero de 1997; WT/AB/WP/3, adoptado el 24 de enero de 2002; WT/AB/WP/4, adoptado el 1.º de mayo de 2003; WT/AB/WP/5, adoptado el 1.º de enero de 2005 y WT/AB/WP/6, adoptado el 15 de septiembre de 2010.

203 Para profundizar en este tema, cfr. Claus-Dieter Ehlermann. "Experiences from the Appellate Body", cit., nota 309.

– Solamente se encuentran legitimadas para solicitar este "recurso" las partes contendientes, por lo que los terceros no tienen la posibilidad de apelar el informe del panel[204].

– El objeto de la apelación se reduce a las *cuestiones de derecho*, es decir, a la interpretación y aplicación de normas o conceptos jurídicos tratados en el informe del Grupo Especial[205]. De hecho, el Órgano de Apelación no puede valorar las constataciones de hecho realizadas por el panel, salvo que, la evaluación de los hechos del caso sometidos al mismo no se efectúe de *forma objetiva*[206].

– *El Órgano de Apelación tiene la obligación de resolver todos los asuntos planteados en el petitum* de solicitud del recurso[207], para ello, respecto al informe definitivo, tienen la posibilidad de *modificar*, *confirmar* o *revocar* las constataciones y/o las conclusiones jurídicas del Grupo Especial[208].

– Se garantiza la *autonomía e independencia de los miembros* del Órgano de Apelación[209] a través del carácter *confidencial de sus actuaciones*[210] y del anonimato de sus opiniones[211].

---

204 No obstante, el artículo 17.4 del ESD, señala que "[l]os terceros que hayan notificado al OSD un interés sustancial en el asunto de conformidad con el párrafo 2 del artículo 10 podrán presentar comunicaciones por escrito al Órgano de Apelación, que podrá darles la oportunidad de ser oídos".

205 Cabe destacar las consideraciones que realiza HUGHES sobre el límite de la apelación a cuestiones de derecho, pues señala que en la práctica es difícil diferenciar los aspectos estrictamente jurídicos de los fácticos, y en la mayor parte de los casos son inseparables, lo cual genera algunos problemas de competencia entre el Órgano de Apelación y el panel. Algunos ejemplos de estos conflictos son el asunto *Canadá-Medidas que afectan la importación de leche y las exportaciones de productos lácteos*, recurso interpuesto por Nueva Zelanda y Estados Unidos al parágrafo 5 del artículo 21 del ESD (WT/DS103/AB/RW2, WT/DS113/AB/RW2), adoptado el 17 de enero de 2003, o el Informe del Órgano de Apelaciones adoptado el 19 de diciembre de 2002, en el asunto *Estados Unidos-Derechos compensatorios sobre determinados productos planos del acero al carbono resistente a la corrosión* procedente de Alemania, WT/DS213/AB/R, adoptado el 8 de enero de 2003 entre otros. Cfr. VALERIE HUGHES. "El sistema de solución de diferencias de la OMC: una experiencia exitosa", cit., nota 374, pp. 76 y 77.

206 Artículo 11 del ESD. Sin duda a través de este sistema de doble instancia, donde el Órgano de Apelación tiene la facultad de revisar la interpretación jurídica de los informes de los Grupos Especiales, se ha construido una jurisprudencia que permite clarificar las reglas del juego, incrementando de esta forma la seguridad jurídica, y la calidad del precedente GATT/OMC. Cfr. ERNST-ULRICH PETERSMANN (ed.). *International Trade Law and the GATT/WTO Dispute Settlement System*, Kluwer Law International, 1997, p. 66

207 Reiteramos, el Órgano de Apelaciones debe valorar todas las cuestiones presentadas por el apelante que se refieren a interpretaciones o aplicaciones de normas jurídicas por el grupo especial en su informe definitivo.

208 Artículo 17. 13 del ESD. Pese a la posibilidad de revocación, en ningún caso el Órgano de Apelación ha señalado que permita reenviar el asunto al Grupo Especial. Cfr. FERNANDO PIÉROLA. *Solución de diferencias ante la OMC: presente y perspectivas*, Cameron May, Londres, 2008, p. 136.

209 Así por ejemplo, el artículo 18.1 del ESD consagra que "[n]o habrá comunicaciones *ex parte* con el grupo especial o el Órgano de Apelación en relación con asuntos sometidos a la consideración del grupo especial o del Órgano de Apelación".

210 Artículo 17. 10 del ESD. En el mismo sentido, el artículo 18.2 del ESD, protege la confidencialidad de la información, al ordenar que "[l]as comunicaciones por escrito al grupo especial o al Órgano de

– *Se aplica la regla del consenso negativo* a los informes del Órgano de Apelación, pues son aprobados de manera "causi-automática" por el OSD, a menos que decida no adoptarlo mediante votación unánime en un plazo de treinta días contados a partir de su distribución a los Miembros[212].

– Las partes en la diferencia deben aceptar *sin condiciones* el informe que decide el recurso de apelación. Claro está, en el proceso de adopción o aprobación del OSD se debe respetar el derecho de los Miembros a exponer sus opiniones sobre los informes del Órgano de Apelación. Precisamente por ello, dicho órgano, en consenso con el Presidente del OSD y con el Director General establecen los procedimientos específicos del mecanismo de apelación, denominados *Procedimientos de Trabajo*[213], y da traslado de estos a los Miembros para su información[214].

– Se garantiza *el principio de la preclusión*[215], toda vez que el artículo 17.5 del ESD ordena que "[...] la duración del procedimiento entre la fecha en que una parte en la diferencia notifique formalmente su decisión de apelar y la fecha en que el Órgano de Apelación distribuya su informe no excederá de 60 días". De allí que el ESD señale que el plazo para adoptar una recomendación no puede exceder[216], por regla general, de nueve meses cuando no se solicite el examen de apelación contra el informe del grupo especial, o de 12 meses cuando el informe es apelado[217].

Apelación se considerarán confidenciales, pero se facilitarán a las partes en la diferencia. Ninguna de las disposiciones del presente Entendimiento impedirá a una parte en la diferencia hacer públicas sus posiciones. Los Miembros considerarán confidencial la información facilitada al grupo especial o al Órgano de Apelación por otro Miembro a la que éste haya atribuido tal carácter. A petición de un Miembro, una parte en la diferencia podrá también facilitar un resumen no confidencial de la información contenida en sus comunicaciones escritas que pueda hacerse público".

211 Artículo 17. 11 del ESD.

212 Artículo 17. 14 del ESD. Además, si no hay prevista una reunión del Órgano de Solución de Diferencias durante este período, se celebrará una reunión para tal efecto.

213 Estos procedimientos se encuentran regulados por el documento WT/AB/WP/7 del 1.º de mayo de 2003.

214 Artículo 17. 9 del ESD. Con lo cual respetan el principio del debido proceso y de publicidad.

215 Conviene señalar además, que el artículo 12.8 del ESD, entre otros, materializa el principio de preclusión, cuando establece que: "[c]on objeto de que el procedimiento sea más eficaz, el plazo en que el grupo especial llevará a cabo su examen, desde la fecha en que se haya convenido en su composición y su mandato hasta la fecha en que se dé traslado del informe definitivo a las partes en la diferencia, no excederá, por regla general, de seis meses".

216 El término máximo de duración de la etapa ante el Grupo Especial se cuenta desde la fecha de establecimiento del panel hasta la fecha en que el OSD examine el informe del panel o el informe del examen en apelación.

217 Artículo 20 del ESD.

– Las constataciones y recomendaciones del Grupo Especial y del Órgano de Apelación *no* pueden incluir *el aumento o la reducción de los derechos y obligaciones* establecidas en los "acuerdos abarcados"[218].

– Para terminar, el Órgano de Apelación *carece de poder de reenvío*, es decir, no puede devolver el asunto a los Grupos Especiales para que lo examinen nuevamente cuando revoca alguna de sus conclusiones. Por consiguiente, según Rivera "[...] cuando el Órgano de Apelación revoca la conclusión de un Grupo Especial por cuestiones de legalidad, en la práctica, y al no poder devolver el asunto, su propio examen se convierte en un nuevo juicio que sustituye el criterio del Grupo Especial"[219].

D. ETAPA DE CUMPLIMIENTO DEL INFORME O EJECUCIÓN DE LAS RECOMENDACIONES

Transcurridos sesenta días, contados desde la fecha de distribución del informe definitivo a los Miembros de la OMC, el OSD tiene la obligación de adoptar el informe definitivo del panel[220] o del Órgano de Apelación, bien sea por medio de una resolución o de una recomendación. Este acto confiere *validez jurídica* al informe del panel[221], a menos que el OSD *rechace por consenso* el adoptarlo[222]. La aplicación de la regla del consenso negativo hace que esta intervención del OSD sea un simple "formalismo", ya que para poder rechazar el informe del panel es necesario que los miembros del OSD voten la objeción de forma unánime, situación que en la práctica resulta bastante difícil[223]. De esta manera,

218 Artículo 3.2 del ESD.

219 Gustavo Rivera. "Desarrollos jurisprudenciales sobre procedimientos de solución de diferencias en la OMC", en *Revista Electrónica de Estudios Internacionales*, n.º 6, Universidad de La Rioja, 2003, p. 18. En esta línea, cfr. David Palmeter. "The WTO Appellate Body Needs Remand Authority", *Journal of World Trade*, vol. 32, n.º 1, 1998, pp. 41-44

220 El informe se adopta en una reunión del OSD, si no hay prevista una reunión dentro de los 60 días, en una fecha que permita cumplir las prescripciones de los párrafos 1 y 4 del artículo 16, se celebra una reunión del OSD para tal efecto.

221 Es necesario aclarar que la naturaleza de las recomendaciones que realizan las organizaciones internacionales, concretamente los órganos de la OMC, es opuesto al concepto de "decisión" o al fallo emitido por un juez o árbitro, que tiene el carácter de *cosa juzgada* para las partes y con fuerza ejecutoria inmediata. Bajo este contexto, el informe y las recomendaciones del panel y/o del Órgano de Apelación para ser vinculantes a las partes en la diferencia serán remitidas primero al OSD que, en ausencia del consenso negativo, adoptará este informe de los órganos resolutorios previstos en el ESD.

222 También suspende la validez jurídica del informe en el evento que una de las partes en la diferencia *notifique su decisión de apelar*. Así se regula en el artículo 16.4 del ESD que determina: "[s]i una parte ha notificado su decisión de apelar, el informe del grupo especial no será considerado por el OSD a efectos de su adopción hasta después de haber concluido el proceso de apelación".

223 Como lo manifiesta Komuro, la posibilidad de la no adopción no es una opción real, es solo una

el régimen jurídico de la OMC evita el *bloqueo* de los Estados que son partes en la diferencia y, adicionalmente, confiere una mayor vinculación jurídica al procedimiento y una fuerza obligatoria a la decisión de los Grupos Especiales y/o del Órgano de Apelación[224].

Ahora bien, durante esta última etapa se presenta uno de los mayores retos para el nuevo procedimiento previsto en el ESD de la OMC: el *cumplimiento* de las recomendaciones y de las resoluciones por la parte vencida[225]. En palabras de HUGHES, "[...] el sistema de solución de diferencias de la OMC es como cualquier otro sistema, en el cual la justicia lenta no es justicia"[226]. Precisamente, el párrafo 1 del artículo 21 del ESD señala que "[p]ara asegurar la eficaz solución de las diferencias en beneficio de todos los Miembros, es esencial el pronto cumplimiento de las recomendaciones o resoluciones del OSD"[227], lo cual explica por qué la decisión del Grupo Especial, del Órgano de Apelación o del OSD no tiene un carácter punitivo o indemnizatorio, sino "[...] aportar seguridad y previsibilidad al sistema multilateral de comercio [...]", es más, el "[...] sistema sirve para preservar los derechos y obligaciones de los Miembros en el marco de los 'acuerdos abarcados'"[228].

Asegurar el cumplimiento inmediato de las recomendaciones o resoluciones del OSD, e inclusive del informe del panel, resulta un objetivo de primer orden para el nuevo procedimiento previsto en el ESD de la OMC. Para ello se determina, dentro de las potestades del OSD, la *supervisión* del cumplimiento

---

curiosidad intelectual. Cfr. NORIO KOMURO. "The WTO Dispute Settlement Mechanism. Coverage and Procedures of the WTO Understanding", *Journal of World Trade*, vol. 29, n.º 4, 1994, p. 41.

224 El hecho de que el informe sea aprobado prácticamente de forma *automática* por el OSD significa para el sistema de solución de diferencias el desplazamiento del poder de decisión de los órganos políticos a favor de los órganos jurisdiccionales. Cfr. MIQUEL MONTAÑÁ MORA. *La OMC y el reforzamiento del sistema GATT...*, cit., nota 3, p. 115. Finalmente, las partes en la diferencia gozan, durante la etapa de cumplimiento, del derecho a participar en el examen que realiza el OSD del informe, y sus intervenciones deben incluirse en acta.

225 Bajo el ESD de la OMC la implementación o cumplimiento consiste en poner la medida incompatible en conformidad con las disposiciones específicas del "acuerdo abarcado", ya sea con la supresión total de la medida o mediante su modificación. Cfr. YUKA FUKUNAGA. "Securing Compliance through the WTO Dispute Settlement System: Implementation of DSB Recommendations", *Journal of International Economic Law*, vol. 9, n.º 2, 2006, pp. 383 a 426.

226 VALERIE HUGHES. "El sistema de solución de diferencias de la OMC...", cit., nota 374, p. 82. De hecho, para MONTAÑÁ MORA desde la creación del nuevo sistema de solución de diferencias la mayoría de sus problemas han estado ligados al cumplimiento de las recomendaciones. Cfr. MIQUEL MONTAÑÁ MORA. "A GATT with Teeth...", cit., nota 50, pp. 153 y ss.

227 En este sentido el artículo 21.1 del ESD consagrar que: "Para asegurar la eficaz solución de las diferencias en beneficio de los Miembros, es esencial el pronto cumplimiento de las recomendaciones o resoluciones de OSD".

228 Artículo 3.2 del ESD.

de las resoluciones y recomendaciones[229], y al mismo tiempo se incorpora una regulación detallada de las medidas que puede adoptar el mecanismo para garantizar que la parte vencida en el proceso cumpla con la decisión que se tome por los órganos resolutorios. Piénsese para ilustrar este aserto en el párrafo 1 del artículo 19 del ESD, el cual ordena que:

> [c]uando un grupo especial o el Órgano de Apelación lleguen a la conclusión de que una medida es incompatible con un acuerdo abarcado, recomendarán que el Miembro afectado[230] la ponga en conformidad con ese acuerdo. Además de formular recomendaciones, el grupo especial o el Órgano de Apelación podrán sugerir la forma en que el Miembro afectado podría aplicarlas.

Adicionalmente, el régimen jurídico de la OMC prolonga hasta esta última etapa la tendencia de garantizar del *principio de la preclusión* y por esto fija un plazo para el cumplimiento de la recomendación. Así se ordena en el párrafo 3 del artículo 21 del ESD, al establecer que:

> [e]n una reunión del OSD que se celebrará dentro de los 30 días siguiente a la adopción del informe del grupo especial o del Órgano de Apelación, el Miembro afectado informará al OSD de su propósito en cuanto a la aplicación de las recomendaciones y resoluciones del OSD. En caso de que no sea factible cumplir inmediatamente las recomendaciones y resoluciones, el Miembro afectado dispondrá de un plazo prudencial para hacerlo.

Lógicamente, no siempre es posible para la parte vencida cumplir las recomendaciones y/o las resoluciones inmediatamente o dentro del plazo determinado, por ello el ESD crea la figura del cumplimiento en un "plazo prudencial". A partir del Laudo Arbitral, en el asunto *Comunidades Europeas-Medidas que afectan a la carne y a los productos cárnicos*, *"Hormonas"*, Arbitraje de conformidad con el artículo 21.3(c) del ESD, se determina que el plazo prudencial "debe ser el más breve posible, en el marco del ordenamiento jurídico del Miembro, para aplicar las recomendaciones y resoluciones de la OSD". Bajo esta interpretación, el árbitro tan solo puede decir el plazo en el cual se debe cumplir la decisión y en ningún caso tiene la facultad de valorar la manera en que se cumpla la decisión, pues esta facultad solo está en cabeza de la parte sobre la que recae la obligación de cumplir la recomendación y/o la resolución[231].

---

229 Artículo 2.1 y 21.6 del ESD.

230 El "Miembro afectado", según el régimen jurídico de la OMC, es la parte en la diferencia a la que vayan dirigidas las recomendaciones del Grupo Especial o del Órgano de Apelación.

231 VALERIE HUGHES. "Arbitration within the WTO", en F. ORTINO y E.-U. PETERSMANN (eds.). *The WTO Dispute Settlement System 1995-2003*, *Studies in Transnational Economic Law*, vol. 18, 2002, pp. 75 a 86.

Puestas así las cosas, el plazo prudencial constituye un avance significativo del procedimiento respecto al antiguo sistema GATT, en tanto que el Entendimiento de 1979 se limitaba a señalar que las Partes Contratantes debían supervisar los asuntos sobre los que se hicieran recomendaciones, y si estas recomendaciones no eran cumplidas dentro de un período de "tiempo razonable", la parte reclamante podía solicitar a las Partes Contratantes que realizaran los esfuerzos necesarios con la finalidad de encontrar una "solución adecuada"[232]. Este aspecto del GATT de 1947 representaba una de las mayores preocupaciones para las Partes Contratantes, ya que ninguna norma jurídica definía qué debe entenderse por "período de tiempo razonable", ni establecía las medidas concretas que podían adoptarse para asegurar el cumplimiento de las recomendaciones[233]. Al respecto el ESD prevé que el plazo prudencial[234] puede ser fijado de la siguiente manera:

– El término propuesto por el *Miembro afectado*, esto es, la parte en la diferencia a la que vayan dirigidas las recomendaciones, pero este plazo prudencial debe ser aprobado por el OSD[235].

– De no ser aprobado por el OSD, se define como el plazo establecido de *común acuerdo por las partes en la diferencia* (dentro de los cuarenta y cinco días siguientes a la fecha de adopción de las recomendaciones y resoluciones).

En cualquier caso, si las partes no llegan a un acuerdo, el plazo prudencial es determinado *mediante arbitraje* vinculante dentro de los noventa días siguientes a la fecha de adopción de las recomendaciones y resoluciones[236]. Existe una regla básica para el árbitro:

---

232 Artículo 22 del Entendimiento de 1979.

233 Según MONTAÑÁ MORA, el problema de la indeterminación del tiempo razonable para cumplir las recomendaciones se evidencia con mayor precisión en la *Recomendación 12 del Informe Leutwiler*, en la cual se recomienda fijar previamente plazos concretos para el cumplimiento de las recomendaciones de los grupos especiales. Cfr. MIQUEL MONTAÑÁ MORA. *La OMC y el reforzamiento del sistema GATT...*, cit., nota 3, p. 139.

234 Una vez más, el ESD garantiza el *principio de la preclusión*, ya que en su artículo 21.4, ordena que "[a] no ser que el grupo especial o el Órgano de Apelación hayan prorrogado, de conformidad con el párrafo 9 del artículo 12 o el párrafo 5 del artículo 17, el plazo para emitir su informe, el período transcurrido desde el establecimiento del grupo especial por el OSD hasta la fecha en que se determine el plazo prudencial no excederá de 15 meses, salvo que las partes en la diferencia acuerden otra cosa. Cuando el grupo especial o el Órgano de Apelación hayan procedido a prorrogar el plazo para emitir su informe, la duración del plazo adicional se añadirá a ese período de 15 meses, con la salvedad de que, a menos que las partes en la diferencia convengan en que concurren circunstancias excepcionales, el período total no excederá de 18 meses".

235 Esta decisión del OSD se realiza por consenso; cfr. artículo 2.4 del ESD

236 Ahora bien, si las partes en la diferencia no se ponen de acuerdo para nombrar el árbitro (en un término de diez días después de haber sometido la cuestión a arbitraje), este será elegido por el Director General en un plazo de diez días, después de consultarlo con las partes. Para profundizar

> ... el plazo prudencial para la aplicación de las recomendaciones del grupo especial o del Órgano de Apelación no deberá exceder de quince meses a partir de la fecha de adopción del informe del grupo especial o del Órgano de Apelación. Ese plazo podrá, no obstante, ser más corto o más largo, según las circunstancias del caso[237].

Para evitar un cumplimiento que a veces puede considerarse "subjetivo", esta última etapa del procedimiento de solución de diferencias se propone *asegurar la idoneidad de las medidas adoptadas* para observar la recomendación del Grupo Especial. Por esta razón, el ESD dispone en su artículo 21.5 que:

> [e]n caso de desacuerdo en cuanto a la existencia de medidas destinadas a cumplir las recomendaciones y resoluciones o a la compatibilidad de dichas medidas con un acuerdo abarcado, esta diferencia se resolverá conforme a los presentes procedimientos de solución de diferencias, con intervención, siempre que sea posible, del grupo especial que haya entendido inicialmente en el asunto.

Ahora bien, con el propósito de asegurar la idoneidad de las medidas se creó la regla del *pleno cumplimiento de las recomendaciones*; así, la norma del ESD antes mencionada determina que el Grupo Especial que inicialmente resuelve la diferencia se aboca al conocimiento de cualquier reclamación por la parte afectada sobre el incumplimiento de las recomendaciones. De manera que nuevamente el Grupo Especial debe realizar un informe que resuelva estas reclamaciones dentro de los noventa días siguientes a la fecha en que se le haya sometido el asunto, a menos que el panel justifique su retraso por escrito al OSD, indicando el plazo en que considera puede presentar tal informe. Sin olvidar que tanto la parte reclamante como los demás Miembros de la OMC tienen el derecho, en cualquier tiempo después de la adopción de la decisión, de proponer al OSD "[...] la cuestión de *aplicación condicionada o incompleta* de las recomendaciones o resoluciones"[238].

Posteriormente, el OSD también garantiza la regla del *pleno cumplimiento de las recomendaciones*, pues debe verificar, seis meses después de la fecha en que

---

en este tema, cfr. CARMEN OTERO GARCÍA-CASTRILLÓN. "El arbitraje en el sistema de solución de controversias de la Organización Mundial del Comercio", en *Arbitraje. Revista de Arbitraje Comercial y de Inversiones* vol. 3, n.º 1, 2010, pp. 151 a 159.

237 Artículo 21.3 del ESD. Según la interpretación de la OMC, se debe entender el término "árbitro", como la designación de una persona o de un grupo de personas. Hasta este momento, todos los arbitrajes bajo el párrafo 3 c del artículo 21 del ESD han sido realizados por un miembro del Órgano de Apelación actuando a título personal, y según la información publicada hasta el 2008 por la OMC se presentaron 24 laudos que definen el plazo prudencial, como mínimo de 6 meses y máximo 15 y una semana. Disponible en [http://www.wto.org/spanish/tratop_s/dispu_s/arbitrations_s.htm].

238 Artículo 21.6 del ESD.

se haya establecido el plazo prudencial, la aplicación de las recomendaciones o resoluciones adoptadas, y si surgen observaciones respecto al cumplimiento, se mantiene en el orden del día de las reuniones hasta que se resuelva. Desde luego que dicha verificación no exime a la parte afectada de su deber de presentar al OSD un informe escrito sobre los avances realizados en la aplicación de las recomendaciones o resoluciones, por lo menos diez días antes de cada reunión[239]. Existe una excepción a la regla del *pleno cumplimiento de las recomendaciones* que aplica para las diferencias donde *países en desarrollo* son la parte afectada o vencida en el procedimiento. En este tipo de diferencias el OSD debe valorar qué otras medidas o disposiciones se ajustan a las circunstancias económicas del país en desarrollo[240].

Si el Miembro afectado no cumple de algún modo dentro del plazo prudencial determinado o condiciona el cumplimiento de las recomendaciones y resoluciones del OSD, el ESD dispone que la parte reclamante puede acudir, como medida "transitoria"[241], a la *compensación* y a la *suspensión de concesiones* u *otras obligaciones*. Como es fácil de imaginar, estas medidas *no son preferentes* a la aplicación plena de una recomendación o resoluciones del OSD. De ahí que la jurisprudencia de la OMC se haya encargado de dejar bien clara la naturaleza *compensatoria*, no sancionadora, de estos medios para lograr el cumplimiento. Por ejemplo, en el asunto *Comunidades Europeas-Régimen para la importación, venta y distribución de bananos*, *"Bananos III"*, señala que:

> ... no hay nada que tenga que ver en el ESD con imposición de sanciones o con medidas de coerción, ni siquiera este procedimiento de suspensión de concesiones u otras obligaciones que contempla el artículo 22 ESD[242].

---

239 *Ibídem.*

240 Es más, si el procedimiento de solución de diferencias es iniciado por un país en desarrollo Miembro, el OSD "[...] al considerar qué disposiciones adecuadas podrían adoptarse, tendrá en cuenta no solo el comercio afectado por las medidas objeto de la reclamación sino también su repercusión en la economía de los países en desarrollo Miembros de que se trate". Cfr. artículo 21.8 del ESD.

241 Artículo 22.8 del ESD. Uno de los rasgos de la compensación y la suspensión de concesiones es su carácter *transitorio* o *temporal*, pues su duración depende de a. Que se suprima la medida declarada incompatible; b. Que la parte afectada cumpla las recomendaciones o resoluciones por medio de una solución a la anulación o menoscabo de ventajas, o c. Que se llegue a una solución mutuamente satisfactoria. Para profundizar en este tema, cfr. JAIME TIJMES. "Los objetivos del monto de las sanciones en la OMC: dos modelos explicativos", *Indret: Revista para el Análisis del Derecho* n.º 4, 2010, pp. 8-16; IRENE BLÁZQUEZ NAVARRO. "Cumplimiento del Derecho Internacional en el sistema de solución de diferencias de la OMC", *Revista Española de Derecho Internacional*, vol. LVIII- 2006, n.º 1, Boletín Oficial del Estado, Madrid, 2007, pp. 175 a 204.

242 Decisión de los Árbitros, en el asunto *Comunidades Europeas-Régimen para la importación, venta y distribución de bananos "Banano III", recurso al artículo 22.6 ESD* (WT/DS27/ARB), adoptado el 24 de marzo de 2000, párrafo 6.3; cfr. asimismo asunto *Estados Unidos-Medida de salvaguardia de transición aplicada a los hilados peinados de algodón procedentes del Pakistán* (WT/DS192/AB/R), adoptado el 8

Bajo este contexto, las medidas de compensación y de suspensión de concesiones u otras obligaciones son la *ultima ratio* para el régimen jurídico de la OMC, ya que el objetivo del procedimiento de solución de diferencias es lograr una solución satisfactoria de la cuestión por medio del cumplimiento de las recomendaciones y resoluciones del OSD, y de ninguna manera tiene como fin llegar a compensaciones ni lograr la suspensión de concesiones. Por el contrario, se busca conseguir que una medida declarada incompatible por la parte afectada se *adecue*, *respete* y *preserve* los derechos o beneficios comerciales de los Miembros.

Las medidas de compensación[243] tienen un carácter *voluntario*, esto es, son el resultado del acuerdo negociado entre la parte que incurre en el incumplimiento y el Miembro que resulta favorecido con la decisión[244]. Empero, si en el término de veinte días contados a partir del vencimiento del plazo prudencial, no se logra acordar entre las partes una compensación *satisfactoria*, cualquiera de ellas puede solicitar al OSD la autorización para la suspensión a la parte afectada de concesiones u otras obligaciones que provengan de los "acuerdos abarcados"[245].

La suspensión de concesiones u otras obligaciones[246] no constituye una forma de cumplimiento alternativo, sino una medida de *coerción comercial*[247] que tiene

---

de octubre de 2001, párrafo 120. También es importante mencionar el artículo 3.7 del ESD que ordena "[n]o se debe recurrir a la compensación sino en el caso de que no sea factible suprimir inmediatamente las medidas incompatibles con el acuerdo abarcado y como solución provisional hasta su supresión. *El último recurso previsto* en el presente Entendimiento para el Miembro que se acoja a los procedimientos de solución de diferencias es la posibilidad de suspender, de manera discriminatoria contra el otro Miembro, la aplicación de concesiones o el cumplimiento de otras obligaciones en el marco de los acuerdos abarcados siempre que el OSD autorice la adopción de estas medidas".

243 Definición de "cuotas compensatorias" del Glosario de términos de la OMC: "Son las que toma un país importador, generalmente en forma de un aumento de los derechos, con objeto de contrarrestar las subvenciones concedidas en el país exportador a los productores o a los exportadores". Disponible en [http://www.wto.org/spanish/thewto_s/glossary_s/glossary_s.htm].

244 Obviamente, en caso de llegar a una compensación, esta no podrá vulnerar el régimen jurídico de la OMC (art. 22.1 del ESD). La compensación, a diferencia de la suspensión de concesiones u otras obligaciones, es una forma de *cumplimiento alternativo* que se inicia en tanto la parte afectada no cumpla las recomendaciones y resoluciones adoptadas o no ponga en conformidad, con un acuerdo abarcado, la medida declarada incompatible dentro del *plazo prudencial* determinado. Cfr. JULIO LACARTE-MURÓ y JAIME GRANADOS (eds.). *Solución de controversias comerciales inter-gubernamentales...*, cit., nota 207, p. 82.

245 Artículo 22.2 del ESD. Según RIVERA, la polémica más importante surgida con respecto a la aplicación de la suspensión de concesiones ha sido determinar la correcta relación entre los artículos 21.5 y 22 ESD, ya que "[...] el problema ha radicado en que no ha existido unanimidad a la hora de considerar si previo a suspender concesiones, tal como lo autoriza el artículo 22, debe necesariamente haberse agotado el procedimiento que establece el artículo 21.5 que remite al arbitraje cuando no hay acuerdo entre las partes sobre el grado de cumplimiento efectivo". Cfr. GUSTAVO RIVERA. "Desarrollos jurisprudenciales sobre procedimientos de solución de diferencias en la OMC", cit., nota 426, p. 21.

246 En términos generales, la suspensión de concesiones u otras obligaciones tiene como antecedente inmediato el artículo XXIII, capítulo II del Acuerdo General sobre Aranceles Aduaneros y Comercio –GATT– de 1947, el cual regula los casos de anulación o menoscabo de una ventaja de la parte reclamante

como propósito presionar al Estado demando para que adapte plenamente la medida interna declarada incompatible al informe o a las recomendaciones del órgano resolutorio, de ahí que "[...] en el Derecho y la práctica de la OMC, la suspensión de concesiones carece de una intención punitiva"[248]. En este sentido, la propia jurisprudencia de la OMC señala que el objeto fundamental de la suspensión de concesiones u otras obligaciones es "inducir el cumplimiento"; así se determina, por primera vez, en el arbitraje sobre el asunto *Comunidades Europeas-Régimen para la importación, venta y distribución de bananas* "*Banano III*", y desde entonces otros arbitrajes han reiterado este objetivo de las medidas de coerción[249].

Así las cosas, el procedimiento de suspensión se inicia cuando cualquiera de las partes, mediante petición escrita, solicita al OSD la autorización de suspensión de concesiones u otras obligaciones, dentro de los treinta días siguientes a la terminación del plazo prudencial, a menos que por consenso este órgano decida lo contrario[250]. La parte reclamante tiene cierta preeminencia en esta

---

o de un objetivo del Acuerdo. Importa destacar aquí, que el nuevo régimen reglamenta de manera detallada el procedimiento de suspensión y, además, incluye un catálogo de reglas que debe ser respetado por la parte reclamante cuando realiza la suspensión de concesión u otras obligaciones. Para profundizar en las diferencias entre la compensación y la suspensión, cfr. BRYAN MERCURIO. "Why compensation cannot replace trade retaliation in the WTO Dispute Settlement Understanding", *World Trade Review* vol. 8, Issue 2, 2009, pp. 315-338.

247 Sin embargo, para algunos autores como SCHWARTZ y SYKES, la suspensión de concesiones u otras obligaciones tiene la calidad de *sanción "contractual"*, que supone una respuesta del Estado reclamante frente al incumplimiento de obligaciones por parte del Estado demandado. De hecho, para llegar a esta conclusión parten de la premisa de que el Acuerdo de la OMC es un contrato, que puede ser objeto de incumplimiento, y en este caso el Miembro que incumple está dispuesto a hacerse cargo de los costos de la suspensión o de cualquier otra medida de retorsión. Cfr. WARREN SCHWARTZ y ALAN SYKES. "The Economic structure of Renegotiation and Dispute Resolution in the World Trade Organization", *Journal of legal Studies*, vol. XXI, 2002, p. 179.

248 STEVE CHARNOVITZ. "Rethinking WTO Trade Sanctions", *America Journal of International Law*, vol. 95, n.º 792, 2001, pp. 793 y 794; en el mismo sentido, cfr. ÍD. "Dejar que entre el sol: una opinión sobre el examen del Entendimiento sobre Solución de Diferencias", en *Solución de Controversias Comerciales Inter-Gubernamentales: Enfoques Multilaterales y Regionales*, Instituto para la Integración de América Latina y el Caribe, Buenos Aires, 2004, pp. 96.

249 Informe del Arbitraje, en el asunto *Comunidades Europeas-Régimen para la importación, venta y distribución de bananas "Banano III"* (WT/DS27/ARB), adoptado el 9 de abril de 1999, párrafo 6.3; posteriormente se reitera en el Informe del Arbitraje, en el asunto *Estados Unidos-Ley Antidumping de 1916* (WT/DS167/ARB), adoptado el 28 de febrero de 2001, párrafos 5.4 a 5.8; en el Informe del Arbitraje, en el asunto *Canadá-Créditos a la exportación y garantías de préstamos para las aeronaves regionales* (WT/DS222/ARB), adoptado el 17 de febrero de 2003, párrafo 3.105. Así lo subraya el profesor CONDON, al manifestar que el objetivo principal de la suspensión de concesiones es dar a la Parte que trata de efectuarla, la facultad de asegurase de que la suspensión tenga una repercusión fuerte y produzca el resultado deseado, siendo esto, inducir al cumplimiento. Cfr. BRADLY J. CONDON. *El derecho de la Organización Mundial de Comercio. Tratados, jurisprudencia y práctica*, London, Cameron May, 2007, p. 175.

250 Artículo 22.6 del ESD.

última actuación procesal, toda vez que para obtener la autorización del OSD solo es necesario efectuar la petición; es más, para MONTANÁ MORA "[...] si las partes no llegan a un acuerdo respecto a la compensación equivalente, la autorización de suspensión de concesiones u otras obligaciones será prácticamente *automática*"[251].

Por otra parte, el ESD incorpora un serie de "reglas"[252] que rigen la aplicación de suspensión de concesiones u otras obligaciones con el propósito de evitar que esta medida pueda perjudicar a sectores productivos del Miembro afectado (Estado demandado) que no tienen ninguna relación con el sector que originó la diferencia. La primera regla consiste en que la parte reclamante debe suspender *con preferencia* las concesiones u otras obligaciones referentes *al mismo sector*[253] *o sectores* en que se manifieste la infracción u otra anulación o menoscabo. La segunda regla, hace referencia a que solamente si la parte reclamante considera impracticable o ineficaz suspender concesiones u otras obligaciones relativas al mismo sector o sectores, puede suspender concesiones u otras obligaciones *en otros sectores en el marco del mismo acuerdo*[254]. Por último, la tercera regla ordena que si la parte reclamante considera que es impracticable o ineficaz suspender concesiones u otras obligaciones relativas a otros sectores en el marco del mismo acuerdo, y toda vez que la situación sea grave, puede suspender concesiones u otras obligaciones *en el marco de otro "acuerdo abarcado"*[255].

---

251 MIQUEL MONTAÑÁ MORA. *La OMC y el reforzamiento del sistema GATT...*, cit., nota 3, p. 144.

252 La parte reclamante debe tener en cuenta en la aplicación de estas reglas lo siguiente: "i) el comercio realizado en el sector o en el marco del acuerdo en que el grupo especial o el Órgano de Apelación haya constatado una infracción u otra anulación o menoscabo, y la importancia que para ella tenga ese comercio; ii) los elementos económicos más amplios relacionados con la anulación o menoscabo y las consecuencias económicas más amplias de la suspensión de concesiones u otras obligaciones". Cfr. artículo 22.3 d del ESD.

253 El artículo 22.3 f del ESD, especifica lo que se entiende por "sector", como: "i) en lo que concierne a bienes, todos los bienes; ii) en lo que concierne a servicios, un sector principal de los que figuran en la versión actual de la 'Lista de Clasificación Sectorial de los Servicios' en la que se identifican esos sectores; iii) en lo que concierne a derechos de propiedad intelectual relacionados con el comercio, cualquiera de las categorías de derechos de propiedad intelectual comprendidas en la sección 1, la sección 2, la sección 3, la sección 4, la sección 5, la sección 6 o la sección 7 de la Parte II, o las obligaciones dimanantes de la Parte III o la Parte IV del Acuerdo sobre los ADPIC (el Comercio de Mercancías Falsificadas) ".

254 Por su parte, el ESD define en su artículo 22.3 g lo que se debe entender como "acuerdo", de la siguiente manera: "i) en lo que concierne a bienes, los acuerdos enumerados en el Anexo 1A del Acuerdo sobre la OMC, tomados en conjunto, así como los Acuerdos Comerciales Plurilaterales en la medida en que las partes en la diferencia de que se trate sean partes en esos acuerdos; ii) en lo que concierne a servicios, el AGCS; iii) en lo que concierne a derechos de propiedad intelectual, el Acuerdo sobre los ADPIC".

255 El artículo 22.3 e del ESD señala el procedimiento que debe seguir la parte reclamante en esta situación. "Si la parte decide pedir autorización para suspender concesiones u otras obligaciones en

Además de estas "reglas", el ESD limita la posibilidad de suspensión y garantiza los derechos de la parte afectada con el criterio de la "proporcionalidad", el cual exige una igualdad entre el nivel de suspensión de concesiones u otras obligaciones autorizadas por el OSD y el nivel de la anulación o menoscabo. Finalmente, si la parte afectada se opone al nivel de la suspensión propuesta, o afirma que *no se han seguido los principios y procedimientos*[256] establecidos en el ESD para suspender concesiones u otras obligaciones, el asunto debe ser sometido a arbitraje. Este procedimiento arbitral estará a cargo, siempre que sea posible, del Grupo Especial que resuelve inicialmente la diferencia (si sus miembros se encuentren disponibles) o por un árbitro nombrado por el Director General[257]; en cualquier caso, este procedimiento tiene como término los sesenta días siguientes a la fecha de expiración del plazo prudencial, y concluye con un laudo arbitral que es *obligatorio* y *definitivo* para las partes[258].

Pese a que el artículo 22 del ESD incorpora algunas novedades a la etapa de cumplimiento del informe o ejecución de las recomendaciones con respecto al anterior artículo XIII del GATT de 1947, sin embargo ha sido objeto de severas críticas que califican la suspensión de concesiones de *excesivamente lenta* o *ineficaz*. De hecho, los cuestionamientos más notorios tienen como centro a los países en vías de desarrollo que resultan favorecidos en un procedimiento de solución de diferencias contra países desarrollados, ya que los países económicamente más débiles se perjudican aún más en la práctica al aplicar estas medidas de coerción para el cumplimiento del informe o de las recomendaciones[259]. También es

virtud de lo dispuesto en los apartados b) o c), indicará en su solicitud las razones en que se funde. Cuando se traslade la solicitud al OSD se dará simultáneamente traslado de la misma a los Consejos correspondientes y también en el caso de una solicitud formulada al amparo del apartado b), a los órganos sectoriales correspondientes".

256 Por tanto, esta impugnación (que se resuelve mediante arbitraje) no tiene como finalidad examinar la naturaleza de la medidas propuestas por la parte reclamante sino garantizar la proporcionalidad entre el nivel de suspensión propuesto y el nivel del perjuicio sufrido por la parte reclamante, asimismo, se examina si en la elección de tales medidas la parte reclamante cumplió con los principios consagrados en el ESD.

257 Artículo 22.6 del ESD.

258 El artículo 22.7 del ESD ordena: "[l]as partes aceptarán como definitiva la decisión del árbitro y no tratarán de obtener un segundo arbitraje". Para profundizar en este tema, cfr. SHERZOD SHADIKHODJAEV. *Retaliation in the WTO dispute settlement system*, Global Trade Law Series, vol. 19, Kluwer Law International, 2009; ALAN O. SYKES. "The remedy for breach of obligations under the WTO dispute settlement understanding: damages or specific performance?", en *New Directions in International Economic Law. Kluwer Law International*, vol. 347, 2000, pp. 347 a 357.

259 R. RAJESH BABU. *Remedies Under the WTO Legal System*, Nijhoff International Trade Law Series vol. 11, Martinus Nijhoff Publishers, Leiden, Boston, 2012, pp. 343 a 438; CLAUS D. ZIMMERMANN. "Strengthening the WTO by replacing trade retaliation with stronger informal remedies?", *Journal of International Trade Law and Policy*, vol. 11, Issue 1, 2012, pp. 82 a 102; PHOENIX CAI. "Making

importante destacar que el incumplimiento de los informes finales de solución de diferencias del ESD de la OMC es bastante bueno en términos cuantitativos, pero existen algunos asuntos o casos célebres, que en su mayoría concluyen con decisiones contrarias a los Estados Unidos o a la Unión Europea, cuya ejecución no ha sido adecuada o simplemente se ha dilatado a lo largo de los años, planteando así un problema de fondo al panorama general del cumplimiento del informe o de las recomendaciones. Con todo, según VAN DEN BROEK, existe una amplia evidencia de que los Miembros de la OMC prestan una considerable atención a las medidas de cumplimiento del ESD, las cuales han sido generalmente persuasivas, logrando que líderes políticos nacionales adopten medidas para cumplir con las decisiones contrarias a su país[260].

A partir de las anteriores concreciones se puede concluir que el reforzamiento del procedimiento de solución de diferencias en la Ronda Uruguay proporcionó al régimen multilateral de comercio un elemento importante de destacar en materia de seguridad jurídica y previsibilidad en el comportamiento de los Estados de respeto al denominado Derecho de la OMC. Asimismo, la jurisprudencia desarrollada por los *paneles* (tanto los Grupos Especiales como el Órgano de Apelación) en sus informes incorpora también ciertos principios procesales de actuación, tales como el *principio de la economía procesal*, *la doble instancia*, *el derecho de defensa*, *la delimitación de su ámbito de competencias*, *la carga de la prueba*, *el principio de confidencialidad* y *la presunción de anulación o menoscabo*, entre otros[261]. De esta manera, las obligaciones, concesiones o beneficios comerciales no solo pueden identificarse en las normas de los "acuerdos abarcados" de la OMC, sino que además su alcance e interpretación puede apreciarse en la actuación de los Grupos Especiales y del Órgano de Apelación.

No cabe duda que este reforzamiento de los rasgos jurisdiccionales en cada una de las etapas del procedimiento de solución de diferencias de la OMC todavía

---

WTO Remedies Work for Developing Nations: The Need for Class Actions", *Emory International Law Review*, vol. 25, 2011, pp. 151 a 195; HOLGER SPAMANN. "The Myth of 'Rebalancing' Retaliation in WTO Dispute Settlement Practice", *Journal of International Economic Law*, vol. 9, Issue 1, 2006, pp. 31 a 79; ANDREA BIANCHI; LORENZO GRADONI y MÉLANIE SAMSON. *Developing Countries, Countermeasures and WTO Law: Reinterpreting the DSU against the Background of International Law*, International Centre for Trade and Sustainable Development –ICTSD–, Geneva, Switzerland, 2010, entre otros.

260 NABOTH VAN DEN BROEK. "Power paradoxes in enforcement and implementation of World Trade Organization Dispute Settlement Reports", *Journal of World Trade*, vol. 37, Issue 1, February 2003, p. 127.

261 Para profundizar en este tema, cfr. PHILIP NICHOLS. "GATT Doctrine", *Virginia Journal of International Law*, vol. 36, n.º 2, 1996, p. 379; EDMOND MCGOVERN. "Dispute Settlement in the GATT-Adjudication or Negotiation?", cit., nota 98, p. 78; ANDREW MITCHELL. "The Legal Basis for Using Principles in WTO Disputes", cit., nota 189, pp. 145 y ss.; ROBERT HUDEC. "The GATT Legal System...", cit., nota 96, pp. 63 y ss.

tiene muchos objetivos por conseguir y aspectos por mejorar. Precisamente por ello, el expresidente del Órgano de Apelación, CLAUS-DIETER EHLERMANN, destaca que:

> El sistema de solución de diferencias negociado durante la Ronda Uruguay es aún hoy, a mi juicio, un logro extraordinario, cuya existencia es casi milagrosa. Me parece prudente no dar por sentada su existencia ni su permanencia. Por el contrario, debemos fomentar su consolidación y desarrollo en el camino emprendido con discreción y cautela, a la vez que con valor y total independencia, camino que hasta ahora ha demostrado ser realmente fructífero[262].

---

262 CLAUS-DIETER EHLERMANN. "Six Years on the Bench of the 'World Trade Court', Some Personal Experiences as a Member of the Appellate Body of the World Trade Organization", *Journal of World Trade*, vol. 36, n.° 4, 2002, p. 639, citado por VALERIE HUGHES. "El sistema de solución de diferencias de la OMC...", cit., nota 374, p. 86.

CAPÍTULO TERCERO

El "modelo" de solución de controversias en los TLC entre los Estados Unidos y algunos países latinoamericanos

Dentro de las características del actual sistema económico internacional se encuentra la creciente integración del comercio mundial[1] que, de hecho, constituye uno de los fenómenos más comentados de la vida económica de la sociedad internacional gracias a la expansión que ha logrado por la llamada *globalización* de los mercados, de los flujos de inversión, así como la expansión de otros flujos transfronterizos en el sector de servicios financieros, seguros, telecomunicaciones y de otros servicios. El fenómeno de la integración se hace visible de múltiples maneras, entre ellas se destaca la proliferación en los últimos años de acuerdos comerciales que tienen una "morfología heterogénea", es decir, comprenden ámbitos muy diversos de las relaciones internacionales económicas, con un grado de integración y objetivos a menudo divergentes, y una variada tipología de tratados de carácter bilateral o plurilateral (entre otros, los acuerdos comerciales preferenciales, las uniones aduaneras, las zonas de libre comercio, etc.), de cuyas negociaciones se tiene noticia diariamente[2].

En el contexto de esta liberalización comercial, los Estados necesitan, más allá del grado de integración alcanzado un marco jurídico, una estructura institucional básica y, además, prever mecanismos adecuados para dirimir las cuestiones que pudieran suscitarse con motivo de incumplimientos o de violaciones de sus acuerdos. Desde luego que estos requerimientos se convierten en un aspecto importante de la integración económica, especialmente la inclusión de procedimientos de solución de diferencias como instrumentos que garantizan la seguridad jurídica y la previsibilidad del *corpus normativo*, así como para reforzar el cumplimiento de las obligaciones previstas en estos acuerdos comerciales.

Diversos son los esquemas de procedimientos de solución de diferencias que se incorporan en los acuerdos de integración, y aunque se observen algunas líneas comunes, cada mecanismo en cada acuerdo responde a las necesidades, objetivos e intereses de las partes signatarias. Precisamente por ello los procedimientos de solución de controversias en los TLC son como un traje "a la medida" que

---

1 El régimen económico internacional es cada vez *menos* la suma de economías individuales, para tornarse en *una* economía integrada a nivel global, fundado en la interacción o interdependencia organizada entre una variedad de estas economías. En términos del profesor Twining, en nuestra sociedad internacional asistimos a un proceso dialéctico entre el "regionalismo" y el "multilateralismo", es decir, el desarrollo económico depende menos de un país particular y más de los acuerdos multilaterales y de la integración regional, que puede ser útil para evitar los efectos negativos de la especulación financiera que la "globalización" fomenta. Cfr. William Twining. "Globalization and Legal Theory. Some Local Implications", en *Current Legal Problems*, vol. II, 1996, p. 3 y ss.

2 Walter Mattli. *The Logic of Regional Integration: Europe and Beyond*, Cambridge, Cambridge University Press, 1999; Arvind Panagariya y Ronald Findlay. "A Political Economy Analysis of Free Trade Areas and Customs Unions", en R. Feenstra, D. Irwin y G. Grossman (eds.). *The Political Economy of Trade Reform: Essays in Honour of Jagdish Bhagwati*, Cambridge, MIT Press, 1996, pp. 265 a 287.

combina diferentes técnicas, las cuales se materializan en mecanismos híbridos con soluciones que dependen del mutuo acuerdo de las partes contendientes o de la decisión de un grupo *ad hoc* que en ocasiones tienen carácter vinculante.

Por otra parte, los TLC, y particularmente sus mecanismos de solución de controversias, no existen en forma *aislada* unos de otros pues aunque regulen áreas temáticas complementarias o alternativas sus efectos difícilmente se limitan a sus propios dominios. Existen, sin duda, influencias o relaciones entre los mecanismos de solución de controversias que pueden generar algunas *sinergias*, o también *afectar* y *alterar* la eficacia del tratado. De ahí que la interacción entre los diferentes instrumentos que regulan el comercio internacional se puede emplear para mejorar la *gobernanza* internacional[3] aunque, al mismo tiempo, pueda originar algunas dificultades[4]; por ejemplo, en las últimas décadas una de las principales dificultades que ha debido enfrentar la estructura jurídica e institucional de la "gobernanza" del comercio internacional es su creciente

---

3 La creciente internacionalización del sistema productivo, que se estudia en el marco del denominado proceso de globalización económico plantea un agudo problema: ¿alguien o algo gobierna este proceso? Cfr. Georges Soros. *La crisis del capitalismo global. La sociedad abierta en peligro*, Madrid, Debate, 1999, pp. 21 y 22. Al parecer es pronto para resolver este cuestionamiento, ya que en el proceso globalizador no se dan las circunstancias filosóficas, políticas, sociales, ideológicas ni económicas para que un gobierno mundial de esta naturaleza sea posible, ni ahora ni a mediano plazo. Sin embargo, la ausencia de un gobierno de la economía mundial, como señala Attiná, "[...] no excluye que exista, para los problemas comerciales financieros o monetarios, un sistema distinto de reglas, doctrinas, teoría e incluso acuerdos y organismos, aunque estos arreglos institucionales sean incompletos o estén en proceso de cambio". Cfr. Fulvio Attiná. *El sistema político global. Introducción a las relaciones internacionales*, Barcelona, Paidós Ibérica, 2001, pp. 37 y 38. En este sentido, el proceso de globalización económico y, por tanto, su gobierno, se estructura a través de organizaciones internacionales económicas, sobre todo cuando estas han sido dotadas de ciertos poderes coactivos y tienen la posibilidad de generar normas jurídicas en un área o sector económico. Entre todas las organizaciones internacionales económicas, la OMC es la que más claramente disciplina y coordina las políticas comerciales de los Estados, generando un auténtico régimen jurídico internacional homogéneo o "Derecho de la OMC", que facilita la gobernanza de los intercambios económicos en el proceso de globalización. Cfr. Ernst-Ulrich Petersmann. "From the Hobbesian International Law of Coexistence to Modern Integration Law: The WTO Dispute Settlement System", *Journal of International Economic Law*, vol. 1, 1998, pp. 175 a 198.

4 La literatura especializada se plantea el interrogante respecto de qué tipo de interrelación y cuál es la dinámica entre el nivel regional (TLC) y el nivel multilateral (OMC). Esta cuestión juega un papel estratégico en la construcción del concepto sobre la *gobernanza global*, de ahí la importancia del debate *multilateralismo vs. regionalismo*, y la determinación como vías complementarias o alternativas en la consecución de un orden comercial internacional. No obstante que los Estados resignen parte de sus competencias soberanas a favor de las estructuras regionales, como los TLC, ganan mayor capacidad de acción frente a los desafíos de la globalización. En este sentido, Stuhldreher señala que el regionalismo se transforma en un elemento constitutivo del nuevo orden global, asumiendo la intermediación entre la estandarización forzada por la globalización y la creciente diferenciación y fragmentación estatal, lo que determina el surgimiento de un "régimen mixto". Cfr. Amalia Stuhldreher. "Interregionalismo y 'gobernanza global'", *Revista Centro de Estudios y Documentación Internacionales de Barcelona –CIDOB–, d'Afters internationals*, n.° 69, Miscelánea, 2003, p. 126.

fragmentación[5]. Esto se evidencia en la OMC donde la mayoría de sus Miembros han celebrado algún TLC y cada nuevo instrumento que se adopta entra en un marco jurídico internacional que ya está densamente poblado, fenómeno que la literatura especializada ha denominado *spaghetti bowl*[6]. Este número cada vez mayor de acuerdos[7] establece por separado nuevas instituciones u organizaciones internacionales, normas del comercio internacional y mecanismos de solución de controversias. No es de extrañar, por tanto, que en las negociaciones multilaterales los Miembros de la OMC tengan como una de sus prioridades abordar las cuestiones de *coordinación interinstitucional*, particularmente con los TLC[8].

Junto a la consolidación institucional y al reforzamiento del procedimiento de solución de diferencias en los intercambios comerciales regulados por la OMC,

---

5 Para profundizar en el tema de la fragmentación del Derecho internacional, cfr. MARTTI KOSKENNIEMI y PÄIVI LEINO. "Fragmentation of International Law? Post-moderne Anxiétés", *Leiden Journal of International Law*, vol. 15, n.° 3, 2002, pp. 554 a 556; PIERRE-MARIE DUPUY. "Un débat à l'ère de la globalisation: sur la fragmentation du droit international", *European Journal of Legal Studies –EJLS–*, vol. 1, 2007, entre otros.

6 JAGDISH BHAGWATI. "Regionalism versus Multilateralism", *World Economy*, 1992, pp. 535 a 555; JOOST PAUWELYN. "Editorial Comment: Adding Sweeteners to Softwood Lumber: the WTO–NAFTA 'Spaghetti Bowl' is Cooking", *Journal of International Economic Law*, vol. 9, n.° 1, 2006, pp. 197-206; MIA MIKIC. "Preferential trading agreements: Adding spices and noodles to a spaghetti bowl", *Cahiers de Commerce International* 3, 2002; RICHARD BALDWIN. "Multilateralising regionalism: spaghetti bowls as building blocks on the path to global free trade", en *The World Economy*, vol. 29, n.° 11, 2006, pp. 1451 a 1518; DAISUKE HIRATSUKA, IKUMO ISONO, HITOSHI SATO y SO UMEZAKI. "Escaping from FTA Trap and Spaghetti Bowl Problem in East Asia: An Insight from the Enterprise Survey in Japan", en H. SOESASTRO (ed.). *Deepening Economic Integration. The ASEAN Economic Community and Beyond*, IDE-JETRO, Chiba, 2008, pp. 304 a 327; RICHARD BALDWIN. "Managing the noodle bowl: The fragility of East Asian regionalism", *The Singapore Economic Review*, vol. 53, n.° 3, 2008, pp. 449 a 478; JAYANT MENON. "Dealing with the proliferation of bilateral free trade agreements", *The World Economy*, vol. 32, n.° 10, 2009, pp. 1381 a 1407; GABRIELLE MARCEAU y JULIAN WYATT. "Dispute Settlement Regimes Intermingled: Regional Trade Agreements and the WTO", *Journal of International Dispute Settlement*, vol. 1, n.° 1, 2010, pp. 67 a 95, entre otros.

7 Las estadísticas de la OMC sobre los acuerdos comerciales regionales que se basan en los requisitos de notificación, no en el número real, hasta junio de 2013 registraban 246 acuerdos sobre el comercio de mercancías y de servicios. Disponible en [http://rtais.wto.org/UI/publicsummarytable.aspx].

8 En la Declaración Ministerial de Doha, adoptada el 14 de noviembre de 2001, se señala: "[...] 4. Recalcamos nuestra fidelidad a la OMC como único foro para la elaboración de normas comerciales y la liberalización del comercio a escala mundial, reconociendo asimismo que los acuerdos comerciales regionales pueden desempeñar un papel importante en la promoción de la liberalización y expansión del comercio y en el fomento del desarrollo". Cfr. Documento WT/MIN(01)/DEC/1, 20 de noviembre de 2001. En este sentido, según el profesor WITKER "... la multiplicación de estos esquemas [TLC], constituye una fuente de preocupación ya que como se dijo no todos se ajustan a las reglas de la OMC, por ellos al lanzarse la ronda del desarrollo Doha, Qatar, las partes contratantes acordaron iniciar negociaciones dirigidas a clarificar los procedimientos de la OMC aplicables a los acuerdos y tratados de libre comercio. Dichas negociaciones, están muy adelantadas y han sido implementadas al grupo negociador de reglas, perteneciente al comité de negociaciones comerciales de la OMC". Cfr. JORGE WITKER. "Solución de controversias comerciales en América", *Revista Seqüência*, n.° 50, 2005, p. 264.

que logra cambios fundamentales como su creciente empleo y número de decisiones, o su mayor legitimación con la mayor partición de países en desarrollo y de manera más visible los llamados países emergentes, casi simultáneamente se ha presentado en el continente americano una expansión de instrumentos bilaterales y sub-regionales que ha venido creando foros específicos para que los Estados signatarios resuelvan sus diferencias comerciales. Uno de los principales promotores de estas fórmulas novedosas para la solución de controversias es, sin lugar a duda, los Estados Unidos, quien las incorpora a los tratados que regulan sus vínculos económicos con el continente americano[9]. Estos tratados estadounidenses se diseñan bajo los esquemas de *zonas de libre comercio*, que jurídicamente se formalizan en los denominados *TLC*[10]. Al tratarse de normas internacionales, los TLC regulan y organizan espacios comerciales que pueden tener un alcance *regional*, como el Tratado de Libre Comercio de América del Norte (TLCAN) de 1994, o el Tratado de Libre Comercio entre la República Dominicana, Centroamérica y los Estados Unidos o (CAFTA-RD) de 2004, y también pueden tener un alcance bilateral, como los tratados de Libre Comercio celebrados por los Estados Unidos con Chile (TLC Chile-EEUU) en 2004, Perú (TLC Perú-EEUU) en 2009, Colombia (TLC Colombia-EEUU) en 2012 y Panamá (TLC Panamá-EEUU) en 2012.

En este marco, los TLC estadounidenses introducen un *nuevo modelo* de solución de controversias cuyos elementos fundamentales, que cada instrumento concreta, se ven influenciados por la experiencia de más de cincuenta años del sistema de solución de diferencias multilateral, pues también tienen como finalidad garantizar el cumplimiento de los compromisos adquiridos por las partes signatarias, y proporcionar previsibilidad y seguridad jurídica a las relaciones económicas a través de un conjunto de actuaciones, reglas y principios procesales. Por ello, el objetivo de los siguientes apartados consistirá en definir la *estructura institucional* y la *tipología* de los procedimientos de

---

9 Los Estados Unidos, ante las dificultades de alcanzar sus objetivos en las negociaciones multilaterales de la OMC, concretamente bajo la Ronda Doha, y frente a la interrupción del proceso de integración ALCA a fines de 2003, decidieron impulsar una política de negociación bilateral, iniciada con el Acuerdo de Libre Comercio entre Canadá y Estados Unidos (en adelante ALCCEU) de 1989 y con el posterior Tratado de Libre Comercio de América del Norte (TLCAN) de 1994, esta alternativa ha continuado ininterrumpidamente desde entonces hasta la firma del TLC Colombia-EEUU en 2012. Para profundizar en este tema, cfr. María Cristina Rosas. *Crisis del multilateralismo clásico: política comercial externa estadounidense y zonas de libre comercio*, México, Instituto de Investigaciones Económicas, Facultad de Ciencias Políticas y Sociales, Universidad Nacional Autónoma de México –UNAM–, 1995.

10 Los TLC se encuentran condicionados por las reglas del artículo XXIV del GATT y otros compromisos asumidos con el régimen jurídico de la OMC. Cfr. Pablo Zapatero. *Derecho del Comercio Global*..., cit., nota 69, pp. 145 a 166.

solución de controversias previstos en los diferentes TLC celebrados entre los Estados Unidos y algunos países latinoamericanos, a efectos de determinar si existe una arquitectura procesal común o un mecanismo "global" en el que se integra cada una de las etapas procesales necesarias para fijar la competencia de una "instancia común" que resuelva todas las diferencias resultantes de los diversos contenidos de estos TLC[11].

I. ESTRUCTURA INSTITUCIONAL DE LA SOLUCIÓN DE CONTROVERSIAS EN LOS TLC ESTADOUNIDENSES

No cabe duda que la estructura de la sociedad internacional se ha transformado[12]; como sostiene el profesor SOBRINO HEREDIA, se encuentra en una constante interrelación de tipo *horizontal* y *vertical*, con una diversificación e incremento del número de sujetos que han logrado introducir sus intereses y exigencias en la vida de la sociedad internacional[13]. La participación de nuevos sujetos, en concreto, de las *organizaciones interestatales* constituye un "signo de identidad" de la sociedad internacional contemporánea[14], ya que significan nuevos instrumentos

11 El carácter global del mecanismo de solución de controversias o *modelo TLC* estadounidense, no implica forzosamente la "unificación" de los procedimientos (entendida en el sentido literal), ya que a las controversias producto de la práctica o interpretación del tratado se aplican *ipso jure* y en su integridad el procedimiento general, mientras que para las controversias suscitadas en otras materias o sectores económicos específicamente señalados en cada TLC, se aplican mecanismos autónomos o excepciones parciales previstos por las partes. Algunos autores hacen referencia al *principio de la unicidad*, o carácter integrado de la solución de controversias, entre ellos: LUIS MIGUEL DÍAZ y ANTONIO GARZA. "Los mecanismos de solución de controversias del Tratado de Libre Comercio de América del Norte", *Revista de Investigaciones Jurídicas, Escuela Libre de Derecho*, año 17, n.° 17, México, 1993, p. 89; RODOLFO CRUZ MIRAMONTES y ÓSCAR CRUZ BARNEY. "Diez años del Capítulo XX: solución de controversias entre las partes del Tratado de Libre Comercio de América del Norte", en J. WITKER (coord.). *El tratado de Libre Comercio de América del Norte. Evaluación jurídica: diez años después*, Universidad Nacional Autónoma de México –UNAM–, 2005, p. 165.

12 La sociedad internacional ya no gira exclusivamente en torno a relaciones *horizontales* o *interestatales*, con una fuerte homogeneidad política, social y cultural, entre un número no muy significativo de Estados de origen europeo-occidental. Como bien lo señala el Tribunal de Justicia, las estructuras de la sociedad internacional en nuestros días no se encuentran regidas por un orden jurídico destinado a "[...] regular la coexistencia entre colectividades independientes o para la prosecución de fines comunes". Cfr. Tribunal Permanente de Justicia Internacional, en el caso *Lottus*, Sentencia del 7 de septiembre de 1927 (Francia *vs.* Turquía). Publications de la Cour Permanente de Justice Internationale, *Recueil des Arrêts*, Serie A, n.° 10, p. 18.

13 JOSÉ MANUEL SOBRINO HEREDIA. "Las Organizaciones internacionales: generalidades", en MANUEL DÍEZ DE VELASCO. *Las Organizaciones Internacionales*, 16.ª ed., Madrid, Tecnos, 2010, p. 37.

14 El profesor REMIRO BROTÓNS afirma que independientemente de "[...] su ámbito universal o regional y sus fines generales o específicos, lo cierto es que las Organizaciones interestatales cubren hoy prácticamente todo el espectro de las relaciones humanas. Haciendo números, gracias a su rápido crecimiento en los últimos 50 años estas Organizaciones son hoy alrededor de 400, algo más del doble de Estados existentes.

de integración o de cooperación para hacer frente a los retos y las dificultades que plantea la llamada *globalización*[15]. Ante esta realidad, los Estados han otorgado amplias potestades a instituciones supranacionales, de manera que estas no solamente constituyen agentes especializados al servicio de sus objetivos y de los Estados, sino que, en principio, están llamadas a desempeñar un papel estratégico en el proceso de integración[16]; sin embargo, los Estados Unidos, desde el inicio de las primeras negociaciones de los TLC, establecieron dos reglas fundamentales sobre la arquitectura de estos tratados: la primera, que sería solo un acuerdo de libre comercio, y la segunda, que se restringirían al mínimo las instituciones y sus mecanismos de gobierno[17]. Esta arquitectura permitió, según BIGGS, que no se requirieran en los TLC estructuras institucionales complejas con incidencia en la soberanía nacional y altos costos para los gobiernos que participan en el proceso de integración[18]. Por tanto, el esquema institucional de los TLC estadounidenses está basado en una estructura con instancias de decisión y coordinación exclusivamente intergubernamentales y, como tal, no comprende instituciones supranacionales con personería jurídica propia. Así pues, las principales instituciones del *modelo TLC* estadounidense con funciones jurisdiccionales son la Comisión de Libre Comercio y los Órganos técnicos y administrativos.

A. COMISIÓN DE LIBRE COMERCIO EN LOS TLC ESTADOUNIDENSES

El ALCCEU de 1989 creó una de las primeras instituciones con atribuciones en materia de solución de controversias, la *Comisión Mixta de Comercio canado-*

Su perfil demográfico permite así advertir [...] un llamativo índice de trasmigración en la medida en que a la desaparición de una Organización suele seguir la creación de otra adaptada a la condiciones del presente". Cfr. ANTONIO REMIRO BROTÓNS *et al. Derecho Internacional*..., cit., nota 7, p. 140.

15 Sobre el nuevo papel de las instituciones internacionales en la sociedad globalizada existe una amplia literatura, así por ejemplo, cfr. CLIVE ARCHER. *International Organizations*, 3.ª ed., London, Routledge, 2001; JAN KLABBERS. *An Introduction to International Institutional Law*..., cit., nota 193; HENRY SCHERMERS y NIELS BLOKKER. *International Institutional Law*, 4.ª ed., Boston, Leiden University, 2003, entre otros.

16 Empero, la autonomía de las instituciones supranacionales para ejercer ese papel estratégico depende de las reglas que se establezcan y del alcance del mandato que se les otorgue. Cfr. WALTER MATTLI. "Institutional Models for Regional Integration. Theory and practice", en, R. DEVLIN y A. ESTEVADEORDAL (eds.). *Bridges for Developments. Policies and Institutions for Trade and Integration*, Washington, Inter-American Development Bank, 2003.

17 ROBERTO ECHANDI y CAROLYN ROBERT. "Instituciones regionales y mecanismos de solución de controversias", en *Más allá de las fronteras: el nuevo regionalismo en América Latina*, Banco Interamericano de Desarrollo, 2002, pp. 96 y ss.; SIDNEY WEINTRAUB. *NAFTA: What Comes Next?*, Washington, The Center for Strategic and International Studies, 1994, p. 27.

18 GONZALO BIGGS. "Aspectos institucionales y jurídicos de una eventual incorporación de Chile al NAFTA", *Estudios públicos* n.º 57, 1995, pp. 144 y 145.

americana[19]. Esta institución, pese a no tener un carácter permanente[20], tiene unas funciones de primer orden en materia "jurisdiccional", entre las que se destacan la supervisión y vigilancia de la ejecución y desarrollo del acuerdo por la partes, la resolución de los conflictos que conciernan tanto a la interpretación como a la aplicación del acuerdo, y debe reunirse para resolver cualquier asunto que puede afectar el funcionamiento del mismo[21]. Adicionalmente, la Comisión dispone de un mecanismo novedoso en el ámbito de la solución de controversias, las consultas, que cumplen un rol protagónico en la prevención de los conflictos, esencialmente porque representan un instrumento importante para el mantenimiento de las relaciones armónicas y trasparentes entre los dos países miembros en el ámbito de la resolución de conflictos[22].

Los TLC estadounidenses posteriores al acuerdo con Canadá de 1989 (TLCAN, TLC Chile-EEUU, CAFTA-RD, TLC Perú-EEUU, TLC Colombia-EEUU y TLC-Panamá-EEUU) reproducen esta institución a través del establecimiento de la *Comisión de Libre Comercio* (en adelante la Comisión) que se convierte en el órgano central del *modelo TLC* estadounidense, compuesto por los Ministros o Secretarios de comercio de los Estados signatarios, obligada a reunirse anualmente, con un carácter internacional y sin personería jurídica[23]. Se trata una institución cuyas competencias *funcionales* y *especiales* corresponden al ámbito de materias

---

19 Debra Steger. "El Tratado de Libre Comercio Canadá-Estados Unidos: abriendo nuevos caminos", en J. Witker (coord.). *Aspectos jurídicos del Tratado de Libre Comercio*, México, Instituto de Investigaciones Jurídicas, Universidad Nacional Autónoma de México, 1992, p. 143 y ss.

20 Según el profesor Stone, esta naturaleza de la *Comisión Mixta de Comercio canado-americana* se debe a la oposición de Estados Unidos a crear un órgano permanente e independiente, de carácter binacional. Cfr. Frank Stone. "Dispute Resolution Under a North American Free Trade Agreement", *Canada-United States Law Journal*, vol. 12, 1987, p. 319 y ss.

21 Los miembros de la Comisión son delegados de ambos países, y este organismo debe reunirse al menos una vez al año en sesión ordinaria, la cual se realiza alternativamente en cada país con el objetivo de estudiar el funcionamiento del Acuerdo (art. 1802.3 del ALCCEU). Además, todas las decisiones de la Comisión se toman por consenso.

22 Las consultas son convenidas por las partes cuando juzguen que una medida adoptada o cualquier otro asunto pueda afectar el funcionamiento del Acuerdo, independientemente de que la medida o el asunto haya o no sido notificado. Cfr. artículo 1804.1 del ALCCEU.

23 No existe, según Biggs, en los TLC "[...] la típica delegación de soberanía en un órgano supranacional que caracteriza a los convenios multilaterales de financiamiento o de integración, sino la reiteración de un procedimiento *sui géneris* en que las Partes contratantes, ya sea directamente o a través de sus representantes, conservan un poder de decisión colectivo en todas las instancias necesarias para la ejecución del Acuerdo". Cfr. Gonzalo Biggs. "Aspectos institucionales y jurídicos de una eventual incorporación de Chile al NAFTA...", cit., nota 486, p. 144; asimismo cfr. Fernando Serrano Migallón. "El Capítulo XX: disposiciones institucionales y procedimientos para la solución de controversias", en J. Witker (coord.). *Tratado de Libre Comercio de América del Norte. Análisis, diagnóstico y propuestas jurídicas*, t. II, Serie I, Estudios de Derecho Económico, n.º 22, México, Instituto de Investigaciones Jurídicas, Universidad Nacional Autónoma de México –UNAM–, 1993, p. 276.

abarcado por el respectivo tratado y a las finalidades u objetivos perseguidos por cada TLC[24]. Así, tomando en consideración las funciones básicas que debe cumplir la Comisión en el *modelo TLC* estadounidense[25], las competencias que le son atribuibles se agrupan en las siguientes categorías:

Competencia ejecutiva. La Comisión tiene potestades de *control* y *vigilancia*, dirigidas tanto a la legalidad de los actos jurídicos de los órganos incorporados en los TLC como al cumplimiento de las normas por parte de los sujetos destinatarios de las mismas; además tiene potestades *técnicas* y *administrativas* que tienen relación con la facultad de preparar o presentar propuestas a efectos del ejercicio de las funciones de otros órganos de los TLC, como los paneles, Comités, etc.

Competencia reglamentaria. La Comisión determina tanto las *Reglas Modelo de Procedimiento de Solución de Controversias*, con el fin de puntualizar los preceptos y actuaciones procesales del TLC, como el *Código de Conducta* de las panelistas. Las potestades reglamentarias están asociadas a las funciones atribuidas a la Comisión para desarrollar el "derecho derivado" dentro del régimen jurídico del *modelo TLC* estadounidense, pues no tiene una *competencia normativa propia* o *inherente*.

Competencia jurisdiccional. En materia de solución de controversias la Comisión participa activamente, ya que, entre otros, cumple una función de "órgano de conciliación" en la etapa de consultas[26], puede utilizar cualquier mecanismo alternativo de resolución de disputas (negociación, conciliación, mediación, etc.) y tiene la facultad de acumular procedimientos y controlar la suspensión de beneficios[27].

---

24 No obstante que la Comisión de Libre Comercio tiene competencias de primer orden para el *modelo TLC* y en especial para la solución de controversias, estas competencias no son *originarias* ni *generales*, sino poderes "delegados" por los Estados signatarios. Para profundizar sobre la competencias "delegadas" y "especiales", cfr. ANTONIO TIZZIANO. "Las competencias de las Comunidades Europeas", en Comisión de las Comunidades Europeas, *Treinta años de Derecho comunitarios*, Luxemburgo, Oficina de Publicaciones Oficiales de la Comisión de las Comunidades Europeas, 1984.

25 Artículos 2001 y 2007 del TLCAN, 21.1 y 22.5 del TLC Chile-EEUU, 19.1 y 20.5 del CAFTA-RD, 20.1 y 21.5 del TLC Perú-EEUU, 20.1 y 21.5 del TLC Colombia-EEUU y 19.1 y 20.5 del TLC Panamá-EEUU.

26 La Comisión puede resolver la controversia entre la etapa posterior a las consultas entre gobiernos y antes del establecimiento de un grupo arbitral, para lo cual está en capacidad de convocar a los asesores técnicos o crear los grupos de trabajo o grupos de expertos que considere necesarios; recurrir a los buenos oficios, la conciliación o a otros procedimientos de solución de controversias, o formular recomendaciones para apoyar a las partes a alcanzar una solución mutuamente satisfactoria.

27 En el evento que la parte demandada decide pagar una *multa anual*, con el objeto de evitar la suspensión de beneficios, la Comisión tiene la facultad de disponer que la multa se entregue a un fondo que se utilizará bajo su dirección. Asimismo, en caso de incumplimiento en las obligaciones laborales o ambientales, si la parte reclamante solicita que el grupo arbitral imponga una *contribución monetaria anual*, esta se entregará a un fondo que se utilizará bajo la dirección de la Comisión.

Pese a este considerable abanico de competencias, su función principal es servir de "agente técnico" de los gobiernos y realizar fielmente las preferencias internas de los Estados signatarios del TLC[28]. En otras palabras, esta institución posibilita las negociaciones entre los países participantes con el fin de lograr los arreglos necesarios para llevar adelante el proyecto de integración económica acordado en la *zona de libre comercio*[29].

B. ÓRGANOS TÉCNICOS Y ADMINISTRATIVOS EN LOS TLC ESTADOUNIDENSES

El modelo TLC estadounidense incorpora una segunda institución, el *Secretariado*, con una naturaleza exclusivamente administrativa, cuyo cometido es prestar apoyo técnico a la Comisión[30] y a los paneles arbitrales en el desarrollo de sus funciones. Dentro de las competencias del Secretariado, en materia de solución de controversias, se destacan la conservación del *expediente del procedimiento* (los escritos de solicitud de consulta, de convocatoria del panel, de participación del tercer país, los informes del panel, etc.), el traslado o notificación de todos los documentos e información que envíe un país a los otros, etc. Para cumplir con estas funciones técnicas el Secretariado previsto en el TLCAN se divide en tres secciones, con presencia física permanente en cada Estado signatario[31]. Con el propósito de evitar la complejidad e ineficiencia estructural del *modelo TLC* estadounidense, y sobre todo la burocracia innecesaria, los tratados posteriores al TLCAN establecen una "estructura institucional directa"[32], pues no incorporan

---

28 La Comisión es un "verdadero" organismo intergubernamental, que en términos del profesor ZELADA, significa un órgano "integrado por representantes de los países involucrado participantes que, obviamente, actúan con arreglo a las instrucciones de sus gobiernos y a los intereses nacionales de sus países". Cfr. ALBERTO ZELADA CAICEDO. "Competencias legales y toma de decisiones en la integración en América Latina", en *Serie Integración Latinoamericana*, n.º 196, Instituto para la Integración de América Latina y el Caribe –INTAL–, Banco Interamericano de Desarrollo, diciembre de 1993.

29 La Comisión trata de conciliar en un foro común el interés colectivo y particular de cada Estado signatario del TLC mediante un proceso continuo de negociaciones y adopción de decisiones conjuntas. Esta función tiene una mayor importancia en el *modelo TLC* europeo, ya que el Comité además de aplicar las reglas de comercio pertinentes, debe impulsar las acciones de cooperación y diálogo político pactadas en el acuerdo y sus instrumentos jurídicos abarcados.

30 El profesor SERRANO destaca que tanto el Secretariado como la Comisión *no* son órganos administrativos *supranacionales*, cada país conserva la independencia en su política comercial frente a los demás Estados. Cfr. FERNANDO SERRANO MIGALLÓN. "El Capítulo XX...", cit., nota 491, pp. 276 y 277.

31 Artículo 2002 del TLCAN.

32 No obstante la *estructura institucional directa* o de *mínimos*, los artículos 21.2 del TLC Chile-EEUU, 19.3 del CAFTA-RD, 20.2 del TLC Perú-EEUU, 20.2 del TLC Colombia-EEUU y 19.3 del TLC Panamá-EEUU determinan que cada Estado signatario designará una oficina que proporcionará asistencia administrativa a los grupos arbitrales establecidos de conformidad con las normas del procedimiento de solución de

ningún Secretariado o cualquier otro órgano de naturaleza permanente y en su lugar establecen comités técnicos, o grupos de trabajo y de expertos, que se encargan de observar a un nivel especializado la aplicación de las obligaciones concretas convenidas en el tratado, de proponer a la Comisión recomendaciones puntuales en relación con distintos asuntos y de efectuar estudios técnicos. Algunos ejemplos de estos Comités, se encuentran en el CAFTA-RD, el TLC Perú-EEUU, el TLC Colombia-EEUU y el TLC Panamá-EEUU que establecen un Comité para la creación o el fortalecimiento de las capacidades comerciales como "[...] un catalizador para las reformas y la inversión necesarias para fomentar el crecimiento económico impulsado por el comercio, la reducción de la pobreza y el ajuste a un comercio más libre"[33]; adicionalmente, los TLC Perú-EEUU y Colombia-EEUU crean un grupo de trabajo que evalúa

> [...] los impactos del tratado sobre las pequeñas y medianas empresas y hacer las recomendaciones relevantes a la Comisión, incluyendo planes de trabajo enfocados en las necesidades de las pequeñas y medianas empresas. Toda recomendación de los grupos de trabajo que esté relacionada con el fortalecimiento de capacidades comerciales deberá ser sometida a consideración del Comité de Fortalecimiento de Capacidades Comerciales...[34].

No obstante esta simplificación institucional, resulta inevitable para el *modelo TLC* estadounidense la presencia de algunos órganos administrativos, pues, como mínimo cuenta con la Comisión, que atenúa dos problemas prácticos del esquema asumido: la *supervisión* y el *incumplimiento* de estos tratados[35]. En este sentido, para el profesor SBERRO, la organización institucional de los TLC por básica que sea, tiene un éxito innegable al cumplir con su objetivo de ordenar y armonizar las relaciones comerciales entre los Estados parte del tratado y, además, por sus bajos costos de funcionamiento[36]. Empero, existe una cuestión

---

controversias y realizará las demás funciones que indique la Comisión. Adicionalmente, crean la figura de los *Coordinadores* del Tratado.

33 Artículos 19.4 del CAFTA-RD, 20.4 del TLC Perú-EEUU, 20.4 del TLC Colombia-EEUU y 19.4 del TLC Panamá-EEUU.

34 Artículos 20.1.5 del TLC Perú-EEUU y 20.1.5 del TLC Colombia-EEUU.

35 Para profundizar en estas características del modelo institucional intergubernamental, cfr. WALTER MATTLI. "Institutional Models for Regional Integration...", cit., nota 484, pp. 161 y ss.

36 STÉPHAN SBERRO. "TLCAN, ¿una convergencia inesperada con la UE?", en *Mercosur y NAFTA: instituciones y mecanismos de decisión en procesos de integración asimétricos de segunda generación*, Hamburgo, Alemania, Institut Für Iberoamerika Kunde, 2002, p. 11. Claro está, este éxito en los costos mínimos institucionales se debe matizar, en tanto que la ventaja en la práctica genera mayores costos en términos económicos. Dicho en otras palabras, al encontrarse sometidas las decisiones institucionales a los intereses económicos de los gobiernos, resultan en algunos casos más costosas para la eficacia económica del

importante que no tiene en cuenta SBERRO: ni la Comisión u otro órgano del *modelo TLC* estadounidense tienen el poder necesario para impulsar el proceso de integración a un ritmo distinto del que deseen los Estados signatarios.

Algún sector de la literatura especializada ha observado con preocupación la existencia de un área de integración económica, como los TLC, sin aparato institucional alguno, que aunque no constituya una unión aduanera supera claramente los límites de una zona de libre comercio tradicional. Particularmente, ABBOTT, FITZPATRICK, GRATIUS, BOUZAS y SBERO destacan la necesidad que tienen los TLC estadounidenses de incorporar mecanismos que puedan conducir a un mayor grado de *homogeneidad* y *unificación* de las normas aplicables a los intercambios transfronterizos de bienes y servicios[37]. La ausencia de un órgano institucional que desarrolle los preceptos jurídicos contenidos en estos TLC, que pueda adaptar y mejorar la normativa convencional de referencia o, al menos, reducir las divergencias entre los ordenamientos nacionales de cada uno de los Estados signatarios, representa un obstáculo importante para una futura profundización de la integración económica entre los países latinoamericanos y los Estados Unidos[38].

Una *estructura institucional de directa* o *de mínimos* como la del *modelo TLC* estadounidense no indica *per se* eficacia, dado que estos tratados incorporan un conjunto de órganos (comités y subcomités) sin jerarquías claramente establecidas, cuyo funcionamiento y decisiones dependen en última instancia

---

modelo TLC. A manera de ejemplo, podemos señalar el caso de México con en el Subcomité de Normas de Transportes por Tierra, en el cual el representante estadounidense logró en el último momento impedir la entrada de camiones mexicanos en Estados Unidos, alegando normas de seguridad. El costo para los transportistas mexicanos y las víctimas de eventuales represalias en Estados Unidos rebasarían seguramente los ahorros obtenidos en el funcionamiento intergubernamental de este Subcomité. Cfr. Informe final del Panel del TLCAN, Asunto *Estados Unidos-Servicios de transporte transfronterizo* (USA-98-2008-01), adoptado el 6 de febrero de 2001.

37 FREDERICK M. ABBOT. "Integration without Institutions: The NAFTA Mutation of the EC Model and the Future of the GATT Regime", *American Journal of Comparative Law*, vol. 40, n.° 4, 1992, pp. 917 a 944; JOHN P. FITZPATRICK. "The Future of the North American Free Trade Agreement: A Comparative Role of Regional Economic Institutions and the Harmonization of Law in North America and Western Europe", *Houston Journal of International Law*, vol. 19, n.° 1, 1996, pp. 1 a 93, entre otros.

38 En la actualidad, las reuniones de la Comisión en la mayoría de TLC estadounidenses son irregulares, no se reúnen anualmente, y por lo general, su propósito no es dar un impulso a la integración, sino evitar conflictos entre los Estados signatarios del tratado. Por ejemplo, las decisiones finales sobre el funcionamiento del TLCAN están, por ende, en manos de los ministros, y no existe ningún mecanismo trilateral propiamente dicho. Los representantes gubernamentales ni siquiera disponen de la autoridad para hacer propuestas. Por ello, no es posible hablar de toma de decisiones intergubernamentales en un marco institucional. Cfr. ROBERTO BOUZAS, SUSANNE GRATIUS, HERNÁN SOLTZ y STÉPHAN SBERRO. "Teoría y práctica de las instituciones y procesos de decisión", en S. GRATIUS (ed.). *Mercosur y NAFTA: instituciones y mecanismos de decisión en procesos de integración asimétricos*, vol. 3, Madrid, Iberoamericana, 2008, p. 71.

de decisiones políticas (relacionadas con intereses económicos nacionales), circunstancias que pueden afectar la transparencia y la certeza del propio modelo. Otro cuestionamiento importante de la *estructura institucional de directa* o *de mínimos*, se halla en la prevalencia de la *autocomposición de las controversias* que confiere a las partes la "última palabra" en el procedimiento previsto, esto es, tienen la posibilidad de resolver la diferencia de forma bilateral y diplomática en cualquier momento procesal. Situación que puede conllevar el riesgo de que las partes promuevan arreglos no compatibles con el espíritu o el texto de los TLC, sin que exista un órgano o institución que asegure una aplicación o interpretación uniforme del régimen jurídico que vincule a los Estados signatarios[39], lo cual no contribuye a la seguridad jurídica y previsibilidad de los beneficios, derechos y obligaciones incorporadas en los TLC.

En definitiva, no contar con una *institución jurisdiccional* permanente e independiente comporta un procedimiento de solución de controversias exclusivamente *intergubernamental*, que tiene mayores posibilidades de que cualquier disputa comercial se convierta en un conflicto *político-diplomático* (con repercusiones en las más altas instancias), tal como ocurrió en las disputas sobre el atún o el azúcar[40] entre México y Estados Unidos, o controversias sobre la madera entre Canadá y Estados Unidos. Precisamente por ello, el profesor MATTLIN, señala que:

> [...] in the intergovernmental model, institutions are agents on a "short leash" from the principals (that is, the member states' governments). As such, they are essentially ineffective in forcing sovereign states to adopt a pace of integration that does not conform to the states' own interests and priorities; they simply assist in the execution of treaty provisions and rules formulated by the member states of a regional group[41].

Para responder a la diversidad y complejidad de las obligaciones pactadas en los tratados[42], la estructura institucional del *modelo TLC* estadounidense traza como

---

39 JOHN P. FITZPATRICK. "The Future...", cit., p. 91 y ss.

40 KEVIN MA. "A Bittersweet Recipe: Candy, Sugar, NAFTA, and the Struggle for a North American Sweetener Store", *Revista Mexicana de Estudios Canadienses*, Nueva Época, México, Asociación Mexicana de Estudios sobre Canadá, 2004, pp. 31 a 49.

41 WALTER MATTLI. "Institutional Models for Regional Integration...", cit., nota 484, p. 162.

42 En este sentido, el profesor SBERRO manifiesta que incorporar los acuerdos paralelos laboral y ambiental del TLCAN ha provocado una mayor *institucionalización* y la *supranacionalidad* parcial del mecanismo especial de solución de controversias, pues "[...] existen tres mecanismos que permiten a los socios del TLCAN ejercer una influencia directa sobre la política ambiental de uno de ellos. En primer lugar, existe la posibilidad de elaborar informes sobre cualquier asunto en el ámbito del programa de cooperación de la Comisión para la Cooperación Ambiental (art. 13). Se espera así que un Estado se sienta obligado a actuar. En segundo lugar, los ciudadanos pueden presentar peticiones sobre la aplicación efectiva de la

objetivo fundamental evitar que cualquier asunto sometido al procedimiento de solución de controversias sea resuelto por los Estados a través de medidas coercitivas unilaterales. Con el fin de lograr tal objeto el *modelo TLC* estadounidense hace uso de una amplia gama de técnicas o métodos de resolución de diferencias, con actuaciones procesales preestablecidas, ante diversas instancias o etapas.

II. ANÁLISIS DE LA TIPOLOGÍA DE LA SOLUCIÓN DE CONTROVERSIAS EN LOS TLC ESTADOUNIDENSES

El *modelo TLC* estadounidense de solución de controversias, integrado por el TLCAN, el TLC Chile-EEUU, el CAFTA-RD, el TLC Perú-EEUU, el TLC Colombia-EEUU y el TLC-Panamá-EEUU, tiene un carácter *interestatal* e incorpora un procedimiento que surge con las consultas o negociaciones entre Estados y finaliza con el establecimiento de instancias resolutorias de índole internacional (grupo o panel arbitral), y está provisto de un conjunto de disposiciones jurídicas que limitan en cierto grado la voluntad de los Estados parte en el tratado. Este modelo tiene un diseño de tipo *radial*: en su centro se encuentra el *procedimiento general* sobre aplicación e interpretación de los tratados, que actúa de manera residual, y en la periferia se localizan diferentes procedimientos de carácter *autónomo* y *cláusulas especiales*, que se retroalimentan del mecanismo general.

Si bien acordar la manera como se deben solucionar las controversias durante la negociación de un TLC es como hablar de las opciones de divorcio en la ceremonia de una boda, en el contexto de los actuales TLC resultan trascendentales tanto las disposiciones que contienen las obligaciones entre los Estados signatarios como las que contienen las instituciones y los procedimientos necesarios para resolver futuras controversias[43]. De ahí que el diseño de esta tipología del *modelo TLC* de solución de controversias sea la respuesta jurídica de los Estados signatarios a la ampliación de los sectores regulados en estos tratados[44]. La inclusión de nuevas

---

legislación ambiental (art. 14 y 15). Se trata de una 'presión moral' interna, pero también por parte de los ciudadanos de otro país del TLCAN. También se trata de obtener la participación de la sociedad civil, ya que este mecanismo solo puede ser activado por ciudadanos, organizaciones no gubernamentales o empresas. Pero sobre todo, el Capítulo 5 del Acuerdo prevé un mecanismo de solución de disputas ambientales entre gobiernos. En este caso, se pueden aplicar en teoría sanciones comerciales". Cfr. STÉPHAN SBERRO. "TLCAN, ¿una convergencia inesperada con la UE?", cit., nota 504, p. 13.

43 Sobre la importancia de incorporar mecanismos de solución de controversias en instrumentos internacionales de comercio, cfr., por ejemplo: MICHAEL REISMAN y MARK WIEDMAN. "Contextual Imperatives of Dispute Resolution Mechanisms. Some Hypotheses and their Applications in the Uruguay Round and NAFTA", *Journal of World Trade Law*, vol. 29, n.° 3, junio de 1995, p. 5.

44 En el ámbito de los escenarios comerciales globales se han superado los intercambios de mercancías para sumar otras áreas. Esta es la realidad de los TLC estadounidenses que dejan de tener el antiguo carácter

esferas jurídicas, como los servicios, las compras públicas, el medio ambiente, los derechos laborales, etc., que tradicionalmente pertenecen a la competencia del Derecho interno, tiene como consecuencia el incremento de la complejidad de los mecanismos que resuelven las controversias en los TLC. Por ello, determinar la tipología común de estos mecanismos es una labor difícil y circunstancial, pues cada TLC estadounidense se valora a la luz de su alcance, sus objetivos y sus propósitos. No obstante que cualquier clasificación puede llegar a ser en cierta medida arbitraria, para configurar un *modelo compartido* o *común* de solución de controversias en los TLC este ejercicio racional resulta provechoso.

Existen diferentes criterios de aproximación al estudio de los mecanismos de solución de controversias, concretamente para determinar su tipología. Uno de los más frecuentes es el análisis en función a los sujetos que intervienen en el procedimiento, el *criterio subjetivo*[45], que define tres tipos de mecanismos de solución de controversias: particular *vs.* Estado, particular *vs.* particular y Estado *vs.* Estado. Otro criterio utilizado son los sectores o áreas económicas objeto de la controversia, *criterio objetivo*[46] a partir del cual es posible determinar diferentes tipos de procedimientos en materia de comercio de mercancías, de inversiones, de propiedad intelectual, etc. También existe el *criterio formal* o *estructural*[47], mediante el cual la tipología de los mecanismos de solución de controversias se define desde elementos estrictamente procesales: se parte del análisis de los principios, las reglas y actuaciones procesales para establecer la prevalencia de técnicas diplomáticas o de mecanismos jurisdiccionales.

Teniendo en cuenta estos tres criterios, se puede construir una estructura o un "modelo común" de solución de controversias para los TLC entre los Estados Unidos y algunos países latinoamericanos, aunque de cada uno de ellos también incluyen características propias que reflejan las diversas posiciones alcanzadas por

---

unidimensional del comercio exclusivo de bienes, establecido por el artículo XXIV del GATT de 1947, para adquirir un carácter *multidimensional*, que comprende el comercio de bienes y servicios, los flujos de inversión y financieros, así como otros temas específicos que promueven y protegen la expansión del capital, como son la protección de la propiedad intelectual, las inversiones, las compras públicas, entre otras.

45 JORGE ADAME GODDARD. "Las controversias en el Tratado de Libre Comercio de América del Norte", *Revista de Derecho Internacional Privado*, n.º 18, 1995; HUGO PÉREZCANO DÍAZ. "La solución de controversias en el marco del Tratado de Libre Comercio de América del Norte", en S. LÓPEZ AYLLÓN (coord.). *El fututo del libre comercio en el continente Americano. Análisis y perspectivas*, Serie I, Estudios de Derecho Económico, n.º 29, México, Universidad Nacional Autónoma de México –UNAM–, 1997.

46 DEBRA STEGER. "Solución de Controversias en el Tratado de Libre Comercio de América del Norte (TLCAN)", en JULIO LACARTE-MURÓ y JAIME GRANADOS (eds.). *Solución de controversias comerciales inter-gubernamentales...*, cit., nota 207

47 HÉCTOR ROJAS. "The Dispute Resolution Process Under NAFTA", *United States-Mexico Law Journal*, vol. 1, n.º 1, Albuquerque, The University of New Mexico School of Law, 1993; JULIO LACARTE-MURÓ y JAIME GRANADOS (eds.). *Solución de controversias comerciales inter-gubernamentales...*, cit., nota 207.

los Estados signatarios del tratado y oscilan entre el control político o un *sistema diplomático* y el control más institucionalizado de las controversias o un *sistema jurisdiccional*, o también aseguran intereses nacionales en sectores económicos o políticos concretos (como es el caso de las inversiones, o medidas laborales o ambientales, etc.). Así, como elemento central del *modelo TLC* estadounidense se erige el "procedimiento general" para los asuntos sobre interpretación y aplicación que afecten el funcionamiento del tratado[48]. Junto a este eje se encuentra el procedimiento autónomo de *arbitraje entre inversionistas-Estado* para resolver controversias relacionadas con las obligaciones en materia de inversiones[49], que se inspira en la experiencia del Centro de Internacional de Arreglo de Diferencias relativas a las Inversiones –CIADI– del grupo del Banco Mundial e integra novedosos elementos a los mecanismos de solución de controversias en los TLC, como no podía ser de otra manera tratándose de acuerdos en los que está involucrado el mayor inversor mundial, los Estados Unidos. El TLCAN adiciona otro procedimiento autónomo en materia de derechos *antidumping* y *compensatorios* en el Capítulo XIX, que regula un mecanismo *sui géneris* de revisión internacional, mediante el cual los paneles analizan las decisiones de autoridades administrativas nacionales a partir del derecho interno de las partes contendientes.

A. PROCEDIMIENTOS AUTÓNOMOS DE SOLUCIÓN DE CONTROVERSIAS

1. PROCEDIMIENTO AUTÓNOMO DE ARBITRAJE INVERSIONISTAS-ESTADO

La regulación de las inversiones extranjeras sobresale como un pilar más en la construcción de espacios económicos internacionales liberalizados[50], particularmente en los últimos quince años en los que se ha presentado una progresiva estandarización de las normas sobre inversiones extranjeras en el Derecho in-

---

48 Previsto en los Capítulos XX, artículos 2001 a 2022 del TLCAN; XXII, artículos 22.1 a 22.21 del TLC Chile-EEUU; XX, artículos 20.1 a 20.22 del CAFTA-RD; XXI, artículos 21.1 a 21.21 del TLC Perú-EEUU, XXI, artículos 21.1 a 21.22 del TLC Colombia-EEUU y XX, artículos 20.1 a 20.20 del TLC Panamá-EEUU.

49 Reguladas por los Capítulos XI, artículos 1118 a 1139 del TLCAN; X, artículos 10.14 a 10.27 del TLC Chile-EEUU; X, artículos 10.15 a 10.28 del CAFTA-RD; X, artículos del 10.15 a 10.28 del TLC Perú-EEUU; X, artículos 10.15 a 10.28 del TLC Colombia-EEUU, y X, artículos 10.15 a 10.29 del TLC Panamá-EEUU. Debemos indicar, además, que el TLCAN señala que este procedimiento también es aplicable en materia de servicios financieros, previsto en el Capítulo XIV del Tratado.

50 El término "inversiones extranjeras" abarca mucho más que las aportaciones en términos de dinero, también incluye otras formas como reinversión de utilidades, aportes de tecnología, patentes, instalación de sucursales, o participación en sociedades ya constituidas, en suma, todo tipo de activos.

ternacional público[51]. Sin duda, dos son los instrumentos internacionales más utilizados en este proceso de estandarización normativa: por un lado, los denominados *Acuerdos para la Promoción y la Protección Recíproca de inversiones* (en adelante APPRI)[52], y por otro, los TLC. El incremento en el flujo de las inversiones extranjeras trae consigo una proliferación de APPRI y de TLC que generan una mayor conflictividad[53] y un aumento de los asuntos sometidos a los métodos de solución de controversias entre Estados e inversores extranjeros[54]. Otro aspecto que se destaca del proceso de estandarización normativa es el reconocimiento de las garantías o principios de Derecho internacional que rigen el tratamiento de las inversiones de nacionales de otro Estado, como son el *trato nacional*[55], el *trato de nación más favorecida*[56] y la *expropiación o nacionalización*[57].

---

51 El profesor SBERT señala que en el Derecho de las inversiones extranjeras existe una estandarización o generalización progresiva "[...] porque se trata de un proceso todavía no concluido definitivamente, está siguiendo la vía de la consagración de los parámetros normativos contenidos en los TPPI que, desde los años cincuenta de nuestro siglo, han venido celebrando a nivel bilateral los países exportadores y los receptores de capital". Cfr. HÉCTOR SBERT. "Las inversiones extranjeras en América Latina y la integración regional", *Revista Electrónica de Estudios Internacionales*, n.° 2, 2001, p. 3.

52 Además de los APPRI o Tratados Bilaterales de Inversión (en inglés *Bilateral Investment Treaties* –BIT–) existe un extenso catálogo de disposiciones normativas que se encargan de regular el Derecho de las inversiones extranjeras, el cual se encuentra disperso entre los distintos ordenamientos jurídicos internos y el Derecho internacional público (tratados internacionales, resoluciones de organizaciones internacionales, leyes y reglamentos internos, principios generales del Derecho, etc.) de ahí que "[...] en esta medida puede hablarse del carácter intersistémico de ese sector, que exige al operador jurídico internacional la interpretación y aplicación conjunta de normas de fuente internacional, contratos y legislaciones internas". Cfr. JULIO A. VIVES CHILLIDA. *El Centro Internacional de Arreglo de Diferencias Relativas a Inversiones*, Madrid, McGraw-Hill, 1998, p. XXIII; XAVIER FERNÁNDEZ PONS. "Derecho Internacional Económico", en V. M. SÁNCHEZ (dir.). *Derecho Internacional Público*, Barcelona, Huygens Editorial, 2009.

53 Las controversias clásicas en este ámbito se refieren principalmente a medidas sobre la indemnización en casos de expropiación o nacionalización, el derecho a la disposición, uso y goce de la propiedad (incluso al momento de la liquidación y repatriación del capital producido por las inversiones), la posibilidad de recurrir a otros foros internacionales o al arbitraje internacional, a medidas que condicionan el establecimiento o manejo de una inversión a la imposición de requisitos de desempeño, etc. Para profundizar en el estudio del tema cfr. RUDOLF DOLZER y MARGRETE STEVENS. *Bilateral Investment Treaties*, the International Centre for Settlement of Investment Disputes, Martinus Nijhoff Publishers, 1995.

54 En los informes del CIADI de los últimos años puede verse el incremento del número de conflictos en relación a esta problemática. Cfr. Centro Internacional de Arreglo de Diferencias Relativas a Inversiones –CIADI–, Informe Anual 2010, pp. 21 y ss. Disponible en [http://www-wds.worldbank.org/external/default/WDSContentServer/WDSP/IB/2010/10/27/000334955_20101027065926/Rendered/PDF/574970ARospani10Box353760B01PUBLIC1.pdf]. Así mismo para un análisis de estas cuestiones cfr. BERNARDO CREMADES y DAVID CAIRNS. "El arbitraje en la encrucijada entre la globalización y sus detractores", *Revista La Ley*, n.° 5538, 7 de mayo de 2002, pp. 2 y 3.

55 Los Estados se obligan a otorgar a los inversionistas y a las inversiones de otro Estado parte, un trato no menos favorable que el concedido a sus propios inversionistas en lo referente al establecimiento, adquisición, expansión, administración, conducción, operación, venta u otra disposición de inversiones. Cfr. artículos 1102 del TLCAN, 10.2 del TLC Chile-EEUU, 10.3 del CAFTA-RD, 10.3 del TLC Perú-EEUU, 10.3 del TLC Colombia-EEUU y 10.3 del TLC Panamá-EEUU.

En los TLC estadounidenses se incorpora un APPRI, que se incorpora a un marco más amplio de una *zona de libre comercio*, con el propósito de que la integración económica entre los Estados signatarios se extienda no solo a las mercancías y los servicios, sino también a los capitales. De hecho, entre los objetivos generales de estos TLC hallamos referencias a las inversiones, en concreto, los Estados signatarios se proponen aumentar substancialmente las oportunidades de inversión, en y entre sus respectivos territorios, mediante la creación de un marco comercial previsible para el planeamiento de las actividades productivas y de inversión[58].

Entre los aspectos fundamentales del procedimiento arbitral de solución de controversias sobre inversiones del *modelo TLC* estadounidense, regulados en los Capítulos XI del TLCAN y X del TLC Chile-EEUU, del CAFTA-RD, del TLC Perú-EEUU, del TLC Colombia y del TLC Panamá-EEUU, se encuentran:

El objeto del procedimiento. Restituir la propiedad de la inversión al inversionista, o resarcirlo de los daños pecuniarios que le fueron ocasionados por la violación del TLC y, en su caso, de las costas del procedimiento, constituye el propósito esencial del procedimiento de arbitraje *inversionista-Estado*. Precisamente por ello, el inversor puede iniciar el procedimiento cuando juzgue que existe una relación causal entre la violación de una obligación contenida en el TLC por un Estado parte, y la existencia de pérdidas o daños sufridos por un inversor[59].

La legitimación activa. Radicada en cabeza de los inversionistas extranjeros, se fundamenta en el *principio de la reciprocidad*, esto es, los inversionistas no

---

56 El *trato de nación más favorecida* incorporadas en los TLC otorga un nivel mínimo de trato a los inversionistas de la otra parte, que exige al país receptor de la inversión relacionarse con los inversionistas extranjeros y sus inversiones de una manera "no menos favorable" que los inversores nacionales o inversores de cualquier otro país (que sean o no parte del Tratado) "en circunstancias similares" en lo referente al establecimiento, adquisición, expansión, administración, conducción, operación, venta u otra disposición de inversiones. Cfr. artículos 1103 del TLCAN, 10.3 del TLC Chile-EEUU, 10.4 del CAFTA-RD, 10.4 del TLC Perú-EEUU, 10.4 del TLC Colombia-EEUU y 10.4 del TLC Panamá-EEUU.

57 Artículos 1110 del TLCAN, 10.9 del TLC Chile-EEUU, 10.7 del CAFTA-RD, 10.7 del TLC Perú-EEUU, 10.7 del TLC Colombia-EEUU y 10.7 del TLC Panamá-EEUU. Sobre el tema de expropiación indirecta, cfr. *Case Pope & Talbot, Inc. and the Government of Canada*, Interim award on the Merits (Laudo), June 26, 2000, y *Case S.D. Myers, Inc. and the Government of Canada*, Partial award (Laudo), November 13, 2000. Además, el *modelo TLC* incluye anexos que definen la *expropiación indirecta*. Asimismo, cfr. Anexos 10-D del TLC Chile-EEUU, 10-C del CAFTA-RD, 10-B del TLC Perú-EEUU, 10-B del TLC Colombia-EEUU y 10-B del TLC Panamá-EEUU.

58 JAIME SABLUDOSVSKY y SERGIO GÓMEZ. *Principales retos de la negociación de un Tratado de Libre Comercio con Estados Unidos: Disciplinas en materia de inversiones*, Argentina, Instituto para la Integración de América Latina y el Caribe y Banco Interamericano de Desarrollo, Documento de Divulgación IECI-09, julio 2005.

59 Artículos 1116.1 del TLCAN, 10.15 (1) del TLC Chile-EEUU, 10.16 (1) del TLC CAFTA-RD, 10.16 (1) del TLC Perú-EEUU, 10.16 (1) del TLC Colombia-EEUU y 10.16 (1) del TLC Panamá-EEUU.

pueden demandar al Estado del cual son nacionales, pero sí tienen el derecho a acudir al procedimiento previsto en el tratado respecto a sus inversiones en otro país signatario[60]. Ahora bien, el inversor tiene un plazo de caducidad de tres años para presentar su reclamación, contado desde que tuvo o debió tener conocimiento de la violación y de la pérdida o daño. Además, cada una de las partes contendientes (tanto Estado como inversionista) deben consentir en someter las reclamaciones al arbitraje con apego a los procedimientos establecidos en TLC.

La etapa de consultas o *negociaciones diplomáticas*. Obliga a las partes contendientes a intentar, en primer lugar, dirimir el conflicto por vía de las negociaciones o autocomposición. En el evento que estos esfuerzos sean infructuosos, el inversor debe notificar por escrito al Estado demandado su intención de someter una reclamación a arbitraje, cuando menos noventa días antes de que presente formalmente la reclamación[61]. En este caso, deberá además renunciar a seguir la vía interna de la reclamación judicial o administrativa.

La etapa ante el grupo arbitral o *contenciosa*. El inversor puede someter la reclamación a arbitraje transcurridos al menos seis meses desde que tuvieron lugar los actos que originan la reclamación, las reglas aplicables a la etapa ante el grupo arbitral serán las del *Convenio del CIADI*, siempre que tanto el Estado demandado como el Estado del que sea nacional el inversor sean signatarios del mismo; o las reglas del *Mecanismo Complementario del Centro de Internacional de Arreglo de Diferencias relativas a las Inversiones* –CIADI– del Grupo del Banco Mundial, cuando el Estado demandado o el Estado del que sea nacional el inversor, pero no ambos, sean Parte del Convenio del CIADI[62]; o las Reglas de *Arbitraje de la Comisión de las Naciones Unidas de Derecho Mercantil Internacional* –UNCITRAL–; o finalmente, ante cualquier otra institución de arbitraje o bajo cualesquiera otras reglas de arbitraje, si el reclamante y el demandado así lo acuerdan[63].

La etapa de cumplimiento o ejecución del laudo. En primer lugar, puede ser solicitada en los tribunales nacionales de cada Estado, lo cual es una garantía esencial del procedimiento arbitral de solución de controversias sobre inver-

---

60 PÉREZCANO DÍAZ, HUGO. "La solución de controversias en el marco del Tratado de Libre Comercio", cit., nota 512, p. 287.

61 Artículos 1119 del TLCAN, 10.15 (4) del TLC Chile-EEUU, 10.16 (3) del TLC CAFTA-RD, 10.16 (3) del TLC Perú-EEUU, 10.16 (3) del TLC Colombia-EEUU y 10.16 (3) del TLC Panamá-EEUU.

62 Se debe subrayar que resulta extraña la referencia del TLCAN al CIADI, cuando ni México ni Canadá son países miembros de este mecanismo internacional, por tanto, solo disponen del Reglamento del Mecanismo Complementario del CIADI y de la CNUDMI para sustanciar los arbitrajes. Para un análisis más detallado de estas cuestiones, cfr. DEBRA STEGER. "Solución de Controversias en el Tratado de Libre Comercio de América del Norte (TLCAN)", cit., nota 514, p. 190.

63 Artículos 1120 del TLCAN, 10.15 (5) del TLC Chile-EEUU, 10.16 (2) del TLC CAFTA-RD, 10.16 (2) del TLC Perú-EEUU, 10.16 (2) del TLC Colombia-EEUU y 10.16 (2) del TLC Panamá-EEUU.

siones incorporado en el *modelo TLC* estadounidense, pues exige con carácter general a cada uno de los Estados signatarios la debida ejecución de los laudos en sus territorios[64]; en segundo lugar, los TLC prevén la solicitud de ejecución del laudo, por parte de un inversor, conforme a la Convención de Nueva York de 1958 sobre el reconocimiento y la ejecución de sentencias arbitrales extranjeras y a la Convención Interamericana de 1975 sobre arbitraje comercial internacional[65], y, en tercer lugar, el *modelo TLC* establece, en el supuesto de que un Estado demandado no cumpla o ejecute el laudo definitivo, la posibilidad de iniciar el procedimiento interestatal previsto en el mecanismo general de solución de controversias sobre interpretación y aplicación del tratado, a solicitud del Estado del que es nacional el inversor afectado por el desacato del laudo[66]. En este nuevo procedimiento el panel arbitral puede concluir en su informe final que existe incumplimiento de las obligaciones que se derivan del tratado. Situación que otorga al Estado reclamante el derecho a imponer contramedidas, como la aplicación de suspensión de beneficios de efecto equivalente al Estado demandado, o también, el panel puede formular una mera recomendación en el sentido de que el Estado demandado se ajuste y observe el laudo definitivo, en cuyo caso no procederá ninguna medida coercitiva.

En conclusión, la incorporación del arbitraje *inversionista-Estado* como un procedimiento autónomo constituye una de las grandes innovaciones del *modelo TLC* estadounidense[67], en tanto que se inspira en el sistema jurídico del CIADI, creado por el Convenio de Washington de 1965 bajo el patrocinio del Banco Mundial, y en la experiencia, tanto de los Estados Unidos como de los países latinoamericanos, en la celebración de APPRI[68]. Asimismo, el proceso de

---

64 Artículos 1136 (4) del TLCAN, 10.25 (7) del TLC Chile-EEUU, 10.26 (7) del TLC CAFTA-RD, 10.26 (7) del TLC Perú-EEUU, 10.26 (7) del TLC Colombia-EEUU y 10.26 (7) del TLC Panamá-EEUU.

65 Artículos 1136 (6) y (7) del TLCAN, 10.25 (9) y (10) del TLC Chile-EEUU, 10.26 (9) y (10) del TLC CAFTA-RD, 10.26 (9) y (10) del TLC Perú-EEUU, 10.26 (9) y (10) del TLC Colombia-EEUU y 10.26 (9) y (10) del TLC Panamá-EEUU.

66 Artículos 1136 (5) del TLCAN, 10.25 (8) del TLC Chile-EEUU, 10.26 (8) del TLC CAFTA-RD, 10.26 (8) del TLC Perú-EEUU, 10.26 (8) del TLC Colombia-EEUU y 10.26 (8) del TLC Panamá-EEUU. Para el profesor SBERT la posibilidad de acudir al procedimiento general es "[...] una prolongación, que tan solo debería producirse en casos extremos, de la técnica de la más tradicional protección diplomática". Cfr. HÉCTOR SBERT. "Las inversiones extranjeras en América Latina...", cit., nota 446, p. 48

67 RAY C. JONES. "NAFTA Chapter 11: Investor-to-State Dispute Resolution: A Shield to Be Embraced or a Sword to Be Feared?", *Brigham Young University Law Review*, n.° 527, 2002, pp. 529 a 531; DAVID GANTZ. "Potential Conflicts Between Investor Rights and Environmental Regulation under NAFTA's Chapter 11", *The George Washington International Law Review*, n.° 651, January 1st, 2001, pp. 719 y 720; DAVID GANTZ. "The Evolution of FTA Investment Provisions: From NAFTA to the United States-Chile Free Trade Agreement", *American University International Law Review*, n.° 679, vol. 19, Issue 4, 2004.

68 Según el profesor FERNÁNDEZ PONS, los APPRI o Tratados Bilaterales de Inversión "[...] responden generalmente a un mismo modelo y, sin perjuicio de las diferencias que puede haber entre los mismos,

estandarización normativa del sector de las inversiones en los TLC tiene notorios efectos para los países latinoamericanos que durante un período prolongado fueron garantes de la "doctrina Calvo" (como reacción a los abusos en el ejercicio de la protección diplomática de los Estados exportadores de capital en el siglo XIX)[69], que aboga por una reglamentación estricta de la inversión extranjera y además, por la solución o adjudicación de las controversias solo ante los tribunales nacionales[70].

El *modelo TLC* propuesto por los Estados Unidos se aparta del régimen jurídico de la OMC, que no concede a los inversores privados extranjeros el derecho a invocar directamente o a participar en casos de solución de diferencias. Ciertamente, los nuevos TLC estadounidenses han reconocido expresamente a los inversores privados el acceso directo al mecanismo de solución de controversias[71], lo cual convierte al arbitraje *inversionista-Estado* en un mecanismo que sigue la misma lógica de los APPRI[72].

---

se caracterizan por ocuparse 'transversalmente' de las principales cuestiones que afectan a la inversión extranjera". Cfr. Xavier Fernández Pons. *La OMC y el Derecho Internacional*..., cit., nota 22, p. 459.

69 Francisco García-Amador. "Calvo Doctrine, Calvo Clause", en R. Bernhardt (ed.). *Encyclopedia of Public International Law*, Amsterdam, Max Planck Institute, 1985.

70 En virtud de la "doctrina Calvo" los inversores extranjeros no tenían derecho al recurso de la protección diplomática o a demandar ante los Tribunales de sus Estados. Así, por ejemplo, México en 1973 promulgó la Ley de Inversión Extranjera, en la que estableció una regulación estricta que limitaba el capital extranjero a un máximo de 49% de la inversión. Igualmente, la Comisión Nacional de Inversiones Extranjeras –NFIC– seleccionaba las inversiones. Solo hasta 1993 una nueva ley de inversión extranjera permitió que los inversionistas extranjeros participaran de forma propia en corporaciones mexicanas, sin embargo, varios sectores fueron exceptuados en las reformas. De ahí que las disposiciones en materia de inversión del TLCAN tenga una gran relevancia, ya que fueron el inicio de un cambio importante en la política mexicana hacia los inversionistas extranjeros, al liberalizar sus normas de inversión y aceptar el marco internacional de solución de controversias del Capítulo 11. Cfr. Gary Clyde Hufbauer y Jeffrey Schott. "NAFTA Dispute Settlement Systems", en *NAFTA Revisited: Achievements and Challenges*, Washington, Institute for International Economics, 2005, p. 201.

71 El hecho de que un gobierno parte en un TLC pueda tener que compensar a los inversionistas extranjeros por el cumplimiento de una norma interna o la ejecución de una política pública que ha tomado para alcanzar objetivos ambientales, económicos, sociales, etc., ha sido un motivo especial de preocupación en el debate sobre la constitucionalidad de la solución de controversias en materia de inversiones. Cfr. Charles H. Brower. "NAFTA's Investment Chapter: Initial Thoughts about Second-Generation Rights", *Vanderbilt Journal of Transnational Law*, vol. 36, 2003; Julie Soloway. "*NAFTA's Chapter 11: Investor Protection, Integration and the Public Interest*, en Montreal, Institute for Research and Public Policy, 2003. Disponible en [http://www.irpp. org/choices/archive/vol9no2.pdf]; Samrat Ganguly. "Investor-State Dispute Mechanism (ISDM) and a Sovereign's Power to Protect Public Health", *Columbia Journal of Transnational Law*, vol. 38, 1999.

72 Dicho de otra manera, las reglas y los principios del procedimiento autónomo de arbitraje *inversionista-Estado* del *modelo TLC* se alimentan de la experiencia del sistema de solución de controversias del CIADI y de los APPRI. Estos procedimientos, además, coinciden con el malogrado Acuerdo Multilateral de Inversiones –AMI– de la OCDE. De ahí el poco protagonismo del sistema jurídico sobre Medidas de Inversión relacionadas con el Comercio –MIC– de la OMC, que solamente se refiere a desempeños.

2. PROCEDIMIENTO AUTÓNOMO EN MATERIA DE DERECHOS ANTIDUMPING Y COMPENSATORIOS

Las prácticas desleales de comercio internacional representan uno de los temas "más candentes y conflictivos en la agenda internacional, tanto para las propias empresas como en la relación comercial y aun diplomática entre los países involucrados"[73]. El debate y las controversias sobre este aspecto del comercio internacional seguirán en aumento en tanto no se logren consensos en el marco de las negociaciones multilaterales de la OMC, que contribuyan a reforzar y aclarar las normas que regulan las medidas antidumpling o el sistema contra prácticas desleales de comercio[74].

Ante este panorama, la regulación de los derechos antidumping en el TLCAN representa otra novedad del esquema de integración económica estadounidense, en tanto que es el único tratado del *modelo TLC* estadounidense que regula esta materia y, aún más importante, obliga a los Estados signatarios a modificar su legislación interna para posibilitar el acceso al mecanismo de revisión establecido en el Capítulo XIX[75]. Precisamente, en el párrafo 15 del Anexo 1904 se incluyen las reformas que Estados Unidos, México y Canadá se comprometen a llevar a cabo en sus leyes y reglamentos en materia de *derechos antidumping y medidas compensatorias*[76].

El TLCAN determina cuatro ámbitos objeto del procedimiento del Capítulo XIX (arts. 1901 a 1911), que excluyen total o parcialmente cualquier otro procedimiento de solución de controversias: la *revisión de resolución definitiva de*

---

73 JESÚS SEADE. "Las prácticas comerciales desleales en el GATT de hoy y de mañana", en AA.VV. *Prácticas desleales del comercio internacional (*antidumping*)*, Serie I, Estudios de Derecho Económico n.° 26, México, Universidad Nacional Autónoma de México, Instituto de Investigaciones Jurídicas, 1995, p. 399; asimismo cfr. RODOLFO CRUZ MIRAMONTES. "El capítulo XIX del Tratado Trilateral de Libre Comercio", en AA.VV. *Prácticas desleales del comercio internacional (*antidumping*)*, cit., pp. 57 y 58.

74 MICHAEL FINGER J. "The Origins and Evolution of Antidumping Regulation", en *Antidumping: How it Works and Who Gets Hurt*, The University of Michigan Press, 1993, pp. 20 y 21.

75 CRAIG R, GIESZE. "Los desafíos jurídicos de México, Canadá y Estados Unidos bajo el nuevo sistema de solución de controversias en materia de antidumping y cuotas compensatorias del capítulo XIX del Tratado de Libre Comercio de América del Norte. Segunda parte", en AA.VV. *Prácticas desleales del comercio internacional (*antidumping*)*, cit., pp. 252 y ss.

76 El Capítulo XIX del Acuerdo de Libre Comercio entre Estados Unidos y Canadá –ALCCEU– de 1989 es el antecedente inmediato del mecanismo de solución de controversias en materia de medidas antidumping y cuotas compensatorias del TLCAN, en tanto que el objetivo de las negociaciones fue extender la aplicación de dicho mecanismo a México, de ahí que se reproduzca este último, con algunas adhesiones y modificaciones, que sin duda superará lo negociado en esta materia en el acuerdo de 1989. Cfr. GUSTAVO A. URUCHURTU. "Revisión de Resoluciones Definitivas en materia de prácticas desleales ante los paneles binacionales del TLCAN", *Nuevo Consultorio Fiscal*, año 13, n.° 235, junio de 1999, p. 77.

la autoridad investigadora[77]; la *impugnación extraordinaria*[78]; la *salvaguarda del sistema de revisión ante un panel*[79], y la *revisión de reformas legislativas*[80]. De estos cuatro mecanismos, el más notable cuantitativa y cualitativamente es el procedimiento *sui géneris* de revisión de resolución definitiva de la autoridad investigadora en materia de *derechos antidumping* y *medidas compensatorias*, regulado por el artículo 1904 del TLCAN[81]. El Capítulo XIX del TLCAN crea un mecanismo o foro alternativo a los Tribunales nacionales[82] de la parte importadora con la facultad de investigar y juzgar las resoluciones definitivas en casos de derechos antidumping. Este procedimiento de revisión de derechos antidumping está a cargo de paneles independientes[83], convocados por el Estado del exportador o empresa afectada mediante una solicitud ante el Secretariado del TLCAN[84], cuyo

77 Artículo 1904 del TLCAN.

78 Anexo 1904.13 del TLCAN.

79 Artículo 1905 del TLCAN.

80 Artículos 1902 y 1903 del TLCAN.

81 El argumento esencial que originó el procedimiento autónomo en este sector fue la preocupación y la presión de Canadá y de México por la aplicación de la legislación en materia de derechos *antidumping* y *compensatorios* por parte de los Estados Unidos. En otras palabras, la perspectiva de Canadá al negociar el sistema de paneles binacionales como solución de controversias de prácticas desleales de comercio internacional era que este sistema haría el proceso de revisión judicial norteamericano más transparente y que aseguraría al escrutinio público una aplicación más leal y consistente del derecho estadounidense, en especial si se tiene en cuenta el largo conflicto comercial sobre la madera procedente de Canadá. Cfr. Eric J. Pan. "Assessing the NAFTA Chapter 19 Binational Panel System: An Experiment in International Adjudication", *Harvard International Law Journal*, vol. 40, n.° 2, 1999, pp. 206 y 384; Héctor Fix Fierro y Sergio López Ayllón. "Comunicación entre culturas jurídicas: los paneles binacionales del Capítulo XIX del TLCAN", *Revista de Derecho Privado*, año 8, n.° 23, mayo-agosto de 1997, p. 23.

82 La revisión judicial en Canadá se encuentra en manos de la *Corte Federal de Canadá* (en inglés Federal Court of Canada); por su parte en Estados Unidos la realiza el *Tribunal de Comercio Exterior* (en inglés Court of International Trade), y en México la hace el *Tribunal Fiscal de la Federación*. Según Gantz, este tipo de intrusión en la aplicación del Derecho interno por un panel binacional puede ocasionar preocupaciones en materia de soberanía. De hecho, se han planteado impugnaciones constitucionales en los Estados Unidos, aunque todos los esfuerzos han fracasado hasta la fecha. Cfr. David Gantz. "The United States and Dispute Settlement under the North American Free Trade Agreement: Ambivalence, Frustration, and Occasional Defiance" en C. Romano (ed.). *The Sword and the Scales: The United States and International Courts and Tribunals*, Cambridge, Cambridge University Press, 2009, pp. 356 a 381; para el caso mexicano, cfr. Óscar Cruz Barney. "El control constitucional de las resoluciones antidumping y los paneles del artículo 1904 del Tratado de Libre Comercio de América del Norte", en *Anuario mexicano de derecho internacional*, vol. 9, México, Universidad Nacional Autónoma de México, 2010, pp. 167-190.

83 Jorge Witker y Susana Hernández. "Resolución de Controversias en materia de antidumping y cuotas compensatorias en el TLCAN", *Revista Latinoamericana de Derecho*, año II, n.° 3, Universidad Nacional Autónoma de México –UNAM–, enero-junio de 2005, pp. 273 a 314.

84 Si bien es una controversia entre Estados, el particular exportador o empresa afectada tiene un papel decisivo en el procedimiento, ya que puede solicitar a su Estado que inicie el mecanismo del Capítulo XIX. Cfr. artículo 1904.5 del TLCAN.

propósito es lograr el examen de una decisión emitida por cualquier autoridad competente relacionada con el sector de importaciones[85].

Lógicamente, el TLCAN en el procedimiento de revisión de la resolución definitiva de la autoridad investigadora reconoce y respeta el derecho de cada Estado signatario a adoptar sus propias normas jurídicas en materia de *derechos antidumping* y *medidas compensatorias* a los bienes que se importen del territorio de cualquiera de las otras partes, por esto, el Derecho aplicable al mecanismo se limita al ordenamiento jurídico según corresponda a cada Estado miembro del TLCAN y a las normas específicas del Capítulo XIX[86]. En tal contexto, para algún sector de la doctrina, a diferencia del procedimiento ante el Grupo Especial del ESD de la OMC o del procedimiento general establecido en el Capítulo XX del TLCAN, el mecanismo de revisión en materia de *derechos antidumping* y *medidas compensatorias* no aplica las disposiciones jurídicas del tratado, ni el Derecho de la OMC o el Derecho internacional, los paneles se limitan a utilizar la *normativa interna* de la parte que emitió la resolución definitiva[87]. Es por esta razón, que el panel únicamente puede confirmar las resoluciones de los órganos nacionales, o devolver dichas resoluciones con el propósito de que se adopten medidas compatibles con su decisión[88].

---

85 La autoridad competente en Canadá es la *Agencia de Servicios Transfronterizos de Canadá* (en inglés Canada Border Services Agency) que emite las resoluciones sobre dumping y subsidios, y corresponde al *Tribunal Canadiense de Comercio Exterior* (en inglés Canadian International Trade Tribunal) determinar si el dumping o el subsidio ha causado algún daño o retraso o si amenaza con causar daño a la industria nacional. En Estados Unidos, corresponde a la *Administración de Comercio Exterior* (en inglés International Trade Administration) del Departamento de Comercio, encargado de la determinación de dumping y subsidios, mientras que la *Comisión de Comercio Exterior* (en inglés International Trade Commission) realiza las investigaciones del daño. En México, es la *Unidad de Prácticas Comerciales Internacionales* de la Secretaría de Economía quien determina tanto el dumping y los subsidios como la existencia del daño.

86 Se entiende por sistema normativo interno, las leyes pertinentes, los antecedentes legislativos, las reglamentaciones, los actos administrativos y los precedentes judiciales (art. 1902 del TLCAN). Cfr. RODOLFO CRUZ MIRAMONTES. "El capítulo XIX del Tratado Trilateral de Libre Comercio", cit., nota 468, p. 59 y ss.

87 En palabras de GUSTAVO VEGA el mecanismo de resolución de disputas del Capítulo XIX del TLCAN es muy singular, sin ningún precedente existente en el derecho internacional. Esta singularidad resulta de las siguientes características: a. Los paneles binacionales revisan decisiones de las autoridades administrativas nacionales; b. Las revisiones se basan en el derecho interno de las Partes Contratantes y no en reglas de derecho internacional; c. Las personas privadas físicas y morales (empresas, etc.) cuentan con la potestad de solicitar la revisión ante los paneles, y d. Dichas personas físicas y morales pueden participar por sí mismas o mediante representantes en el juicio de revisión ante los paneles. Cfr. GUSTAVO VEGA CÁNOVAS. "Resolución de Controversias en materia de Prácticas desleales de Comercio en el TLCAN la experiencia de Capítulo XIX", en S. LÓPEZ AYLLÓN y G. VEGA CÁNOVAS. *Las prácticas desleales de comercio en el proceso de integración comercial en el continente americano: la experiencia de América del Norte y Chile*, IIJ, México, Universidad Nacional Autónoma de México, 2001, p. 200.

88 Artículo del 1904.8 del TLCAN.

Otros autores, como ADAME GODDARD, entienden que, al contrario de una instancia judicial nacional que aplicaría la ley de la materia simplemente como ley nacional, al incorporarse las leyes nacionales en materia de *derechos antidumping* y *medidas compensatorias* al TLC, el resultado es que en la revisión de la resolución del panel binacional se aplica una ley internacional, que es la propia ley nacional incorporada al tratado[89].

No obstante estas dos posiciones, tal vez lo más acertado es afirmar que se aplican tanto el Derecho nacional como el Derecho internacional. Según lo establecido en el párrafo 2 del artículo 1904 del TLCAN, la decisión de los paneles binacionales se basará en las disposiciones jurídicas en las que se hubiera apoyado la autoridad revisora del proceso judicial interno de la Parte importadora, que pueden ser tanto disposiciones jurídicas internacionales (como, por ejemplo, normas de la OMC) como disposiciones jurídicas nacionales, para emitir su resolución[90].

Otro aspecto significativo del procedimiento en materia de derechos *antidumping* y *compensatorios* del TLCAN son los más de cien casos que se han sometido al mismo[91]. Este éxito cuantitativo del procedimiento autónomo[92] ha llevado consigo algunas críticas relacionadas, entre otras, con la norma de examen[93],

---

89 JORGE ADAME GODDARD. "¿Debe un panel binacional, que examina una resolución en materia de cuotas AD o CC, revisar la competencia de la autoridad que la dictó?", *Revista de Derecho Privado*, año 7, n.° 20, McGraw-Hill, mayo-agosto de 1996, p. 89. En este sentido, GANTZ descata que "los representantes legales del gobierno de Canadá han argumentado que el proceso del Capítulo XIX, creado por un tratado internacional tal como el TLCAN, ha internacionalizado las leyes de cada uno de sus países miembros al aplicar sus leyes correspondientes sobre antidumping y subsidios para los propósitos del proceso de revisión, y que por lo tanto los paneles binacionales operan bajo el derecho internacional". Cfr. DAVID GANTZ. "Resolution of Trade Disputes under Nafta's Chapter 19: The Lesson of the Extending the Binational Panel Process to Mexico", *Law and Policy in International Business*, vol. 29, n.° 3, 1998, p. 308.

90 Es necesario precisar que por regla general el panel en el procedimiento en materia de antidumping y cuotas compensatorias no aplica explícitamente el Derecho internacional en sus decisiones. Solo podrían llegar a utilizar disposiciones internacionales *indirectamente*, esto es, en el evento de que la *autoridad revisora* del proceso judicial interno de la parte importadora se apoye en una norma internacional como un *criterio auxiliar de interpretación* (art. 1094.2 del TLCAN). Cfr. DAVID GANTZ. "Resolution of Trade Disputes under Nafta´s Chapter 19: The Lesson of the Extending the Binational Panel Process to Mexico", cit., p. 308.

91 Para una mayor información sobre el número de decisiones e informes, cfr. Secretariado del TLCAN. Disponible en [http://www.nafta-sec-alena.org/sp/DecisionsAndReports.aspx?x=312].

92 ANABEL GONZÁLEZ. "La solución de controversias en los acuerdos regionales de América Latina con países desarrollados", *Serie Comercio Internacional* n.° 68, Santiago de Chile, Comisión Económica para América Latina y el Caribe –CEPAL–, abril de 2006.

93 Las críticas a las normas de examen giran en torno al grado de vinculación que el panel debe otorgar a las decisiones de los tribunales o autoridades estatales. En efecto, el TLCAN determina que la norma de examen a seguir es la legislación de cada país, de ahí que la decisión del panel sigue un modelo diferente en relación con cada Parte. Algunos autores, como CAVAZOS VILLANUEVA y MARTÍNEZ SERNA, han propuesto la incorporación de una norma de *examen común*. Cfr. GABRIEL CAVAZOS VILLANUEVA

con la duración de los procedimientos[94], con la carencia de una estructura institucional más fuerte que le dé soporte al procedimiento y con la imposibilidad de solventar algunas de estas controversias en el marco de un mecanismo de solución de controversias entre Estados. Con todo, resulta cuando menos sorprendente que los Estados signatarios del TLCAN, pese a conservar y a ser celosos de su potestad normativa, en tanto mantienen la titularidad del derecho de modificar, derogar o cambiar su regulación en materia de *derechos antidumping y medidas compensatorias* en cabeza de sus autoridades ejecutivas y legislativas, se haya producido un número significativo de casos bajo el procedimiento de revisión de derechos antidumping.

Desde esta perspectiva es posible concluir que la potestad legislativa de los Estados signatarios debe respetar las exigencias previstas en el propio tratado, adaptando su legislación interna a las mismas. Para ello, el propio Capítulo XIX del TLCAN incorpora otro procedimiento para la *revisión de reformas legislativas*, que "restringe" parcialmente la potestad legislativa de los Estados signatarios en materia de derechos antidumping y medidas compensatorias mediante el establecimiento de una serie de obligaciones, como son las consultas con el Estado al que afecte la reforma legislativa, la notificación de las modificaciones o derogaciones legislativas a las otros Estados partes, y la congruencia con el tratado, en particular el Capítulo XIX, y con el régimen jurídico multilateral, es decir, el GATT de 1994 y los Códigos antidumping y de subsidios de la OMC[95].

Ahora bien, para la selección del panel, las partes contendientes elaboran una lista de candidatos que deben ser nacionales de Estados Unidos, Canadá o México. Los paneles se integran con cinco miembros, dos por cada parte y el quinto de común acuerdo (quien será el presidente según el art. 1091.2) y cada miembro debe firmar un compromiso de confidencialidad respecto de la información que recibe de los países. El fallo u *opinión declarativa*, que se realiza por escrito y debidamente motivado, es presentado junto con las opiniones disidentes o coincidentes y la decisión del panel se adopta por mayoría[96]. El panel

---

y LUIS F. MARTÍNEZ SERNA. *Private Parties in the NAFTA Dispute Settlement Mechanisms: The Mexican Experience*, New Orleans, LOUISiana, Tulane Latin America Law Institute, 2002.

94 La duración del procedimiento constituye otra de las críticas más reiteradas ya que se materializa en la efectividad del mismo, es decir, este problema rompe con la celeridad del mecanismo, principalmente con la falta de automaticidad para designar panelistas (que podría resolverse con el establecimiento de una autoridad encargada de la designación). Cfr. BEATRIZ LEYCEGUI. "Análisis del marco jurídico de las prácticas desleales en México", en B. LEYCEGUI *et al.* (coord.). *Comercio a golpes. Las prácticas desleales de Comercio Internacional bajo el TLCAN*, México, Instituto Tecnológico Autónomo de México –ITAM–,1997.

95 Artículo 1902.2 del TLCAN.

96 Anexos 1901.2 y 1903.2 del TLCAN.

tiene la prerrogativa de establecer sus propias reglas de procedimiento, sus actuaciones son confidenciales (salvo acuerdo en contrario entre las partes) y sus resoluciones se fundan únicamente en los argumentos y comunicaciones de las dos partes.

Si en la *opinión declarativa* el panel llega a conclusiones afirmativas, procede a incluir en el dictamen las recomendaciones[97]. Una vez el panel realiza dichas recomendaciones, las partes inician consultas de inmediato e intentan una solución mutuamente satisfactoria. Claro está, la decisión del panel es obligatoria para las partes y no puede estar sujeta a ningún tipo de revisión judicial en los tribunales de ninguna de las mismas. En el evento de que la legislación correctiva no sea aprobada y no se alcance ninguna otra solución que satisfaga a las partes contendientes, quien solicita la integración del panel puede adoptar medidas legislativas o administrativas equiparables, o denunciar el tratado respecto de la parte que hizo la reforma.

Esta singularidad del procedimiento de revisión de resolución definitiva de autoridad investigadora en materia de *derechos antidumping* y *medidas compensatorias* se aparta de la experiencia del régimen jurídico de la OMC, que establece un mecanismo de examen de las medidas antidumping ante tribunales internos de cada Estado y, también, ante un panel; sin duda el Capítulo XIX del TLCAN evidencia una desconfianza hacia lo que se pudiera decidir internamente por parte de los órganos resolutorios de los diferentes Estados signatarios[98]. También es importante destacar que los TLC posteriores al TLCAN no incluyen dentro del ámbito de aplicación del tratado un procedimiento de solución de controversias en materia de *derechos antidumping* y *medidas compensatorias*, de

---

97 Emitida la opinión declarativa preliminar, la parte en desacuerdo puede presentar una declaración escrita con sus objeciones motivadas y razonadas. El panel pedirá opinión a ambas partes, reconsiderará su decisión y formulará su opinión definitiva, junto con las opiniones disidentes o concurrentes, dentro de los treinta días de presentada la reconsideración. Si ninguna de las partes solicita reconsideración, la opinión preliminar del panel se convertirá en opinión declarativa definitiva. Cfr. Reglas Modelo de Procedimiento del TLCAN.

98 Ciertamente, el profesor PEREZCANO sostiene que el origen del Capítulo XIX del TLCAN es "[...] una iniciativa canadiense en el curso de las negociaciones del acuerdo de libre comercio de 1988, celebrado entre Canadá y Estados Unidos, por considerar que el sistema de prácticas desleales estadounidenses era sumamente proteccionista y las resoluciones de la autoridad en la materia respondían a las presiones de la industria nacional y no a criterios objetivos". Cfr. HUGO PEREZCANO DÍAZ. "La solución de controversias en el marco del Tratado de Libre Comercio de América del Norte", en S. LÓPEZ AYLLÓN (coord.). *El futuro del libre comercio en el continente americano. Análisis y perspectivas*, Estudios de Derecho Económico, Serie I, n.º 29, México, Universidad Nacional Autónoma de México, 1997, p. 290 y 291.

ahí que cada Estado conserve sus derechos y obligaciones de conformidad con lo establecido en la OMC[99].

Una vez realizado el análisis de los procedimientos autónomos, es conveniente tener en cuenta otro aspecto de la tipología de solución de controversias del *modelo TLC* estadounidense: los *procedimientos parciales* o *cláusulas especiales* al procedimiento general, las cuales responden a la diversidad y complejidad de las obligaciones pactadas en estos TLC.

B. CLÁUSULAS ESPECIALES O EXCEPCIONES PARCIALES AL PROCEDIMIENTO GENERAL SOBRE APLICACIÓN E INTERPRETACIÓN DE LOS TLC ESTADOUNIDENSES

La liberalización de diferentes sectores económicos mediante los TLC ha creado un marco jurídico fundado en un conjunto heterogéneo de normas que trascienden las tradicionales áreas del comercio internacional de mercancías, y cuyo objetivo central es garantizar la protección de todos estos sectores, sus prerrogativas, beneficios e intereses económicos de los posibles actos de discriminación o distorsión por parte de cualquier Estado signatario a través de la previsión de mecanismos de solución de controversias. De acuerdo con este objetivo, surge la pregunta de si pueden o deben resolverse todas las controversias con referencia a un único procedimiento. El *modelo TLC* estadounidense claramente opta por diferentes mecanismos (procedimiento general y procedimientos autónomos), y además prevé algunas cláusulas especiales, también conocidas como *excepciones parciales* al procedimiento general, que traen consigo la "fragmentación" de la solución de controversias[100]. Para ilustrar este aserto, a continuación se mencionan algunos ejemplos de estas cláusulas reguladas en los diferentes TLC estadounidenses.

1. CLÁUSULAS ESPECIALES EN MATERIA DE SERVICIOS FINANCIEROS

Las disposiciones jurídicas sobre servicios financieros en los TLC estadounidenses, a pesar de regular un mecanismo conforme al procedimiento general

---

99 Sección B, Capítulo VIII del TLC Chile-EEUU. De manera análoga, cfr. CAFTA-RD (Sección B, Capítulo VIII), TLC Perú-EEUU (Sección B, Capítulo VIII), TLC Colombia-EEUU (Sección B, Capítulo VIII) y TLC Panamá-EEUU (Sección B, Capítulo VIII).

100 Estas *cláusulas especiales* o *excepciones al procedimiento general* también las podemos encontrar en el régimen jurídico de la OMC; por ejemplo, con respeto al Acuerdo sobre Subvenciones existen algunas diferencias en su procedimiento y en el alcance de las medidas coercitivas.

de solución de diferencias, establecen normas o cláusulas especiales en la etapa de consultas, en la etapa ante el panel (la lista y constitución del panel) y aun en la etapa de cumplimiento del informe (con algunas modificaciones para la suspensión de beneficios en caso de incumplimiento del tratado)[101].

La mayoría de las excepciones se encuentran en la etapa de consultas en la que se prevé, por ejemplo, la participación de funcionarios de las autoridades de servicios financieros (superintendencias de bancos, de seguros, de valores, Banco Central, etc.), que forman parte del Comité de Servicios Financieros. Las partes, además, deben informar al Comité los resultados de las consultas. A su vez, en el TLC Chile-EEUU se suprime la fase de intervención de la Comisión de Libre Comercio y se amplían los plazos para celebrar las consultas. En el evento de que las partes realicen consultas y estas no resuelvan la controversia, la parte reclamante tiene la posibilidad de solicitar el establecimiento de un grupo arbitral; asimismo, cuando se incumpla una decisión arbitral que tenga que ver con una medida que solo afecte al sector de servicios financieros, la parte reclamante únicamente podrá suspender beneficios en ese sector[102].

2. CLÁUSULAS ESPECIALES EN MATERIAS LABORALES Y AMBIENTALES

Los tratados en el *modelo TLC* estadounidense regulan aspectos laborales y ambientales mediante normas especiales[103] o *Acuerdos Paralelos de Cooperación* del TLCAN[104], en los cuales se incorporan excepciones al procedimiento general en sus diferentes etapas. Para ser sometidos asuntos laborales o ambientales a este procedimiento es necesario que la parte demandada incumpla la obligación de aplicar "efectivamente" su propia legislación en estas materias. Además, se requiere que

---

101 Así, por ejemplo, los artículos 1415 del TLCAN, 12.16 y 12.17 del TLC Chile-EEUU, 12.17 y 12.18 del CAFTA-RD, 12.17 y 12.18 del TLC Perú-EEUU, 12.17 y 12.18 del TLC Colombia-EEUU y 12.17 y 12.18 del TLC Panamá-EEUU.

102 Ahora bien, cuando la medida afecte al sector de servicios financieros y a cualquier otro sector, la parte reclamante puede suspender los beneficios en el sector de servicios financieros que tengan un efecto equivalente al efecto de la medida en el sector de servicios financieros de la parte.

103 Artículos 18.6, 18.7, 19.6 y 19.7 del TLC Chile-EEUU, 16.6, 16.7, 17.6 y 17.7 del CAFTA-RD, 17.6 y 18.9 del TLC Perú-EEUU, 17.6 y 18.11 del TLC Colombia-EEUU y 16.7, 16.8, 17.11 y 17.12 del TLC Panamá-EEUU.

104 Artículos 27 al 41, Quinta Parte del Acuerdo de cooperación Laboral del TLCAN y 22 al 36, Quinta Parte del Acuerdo de cooperación Ambiental del TLCAN. Para profundizar en estos procedimientos especiales en materia laboral y ambiental, cfr. José Luis Siqueiros. "La solución de controversias en el marco del NAFTA", *Boletín de la Facultad de Derecho de la UNED*, n.º 4,1993, pp. 261 a 292; Louis Perret. "La solución de controversias en los acuerdos paralelos del TLC", en J. Witker (coord.). *Resolución de controversias comerciales en América del Norte*, cit., pp. 215 a 221.

la inaplicación de su propia legislación sea en el curso de una acción o inacción sostenida o recurrente, que afecte al comercio entre las partes[105]. Por tanto, las normas y cláusulas especiales en materia laboral o ambiental no imponen cambios en las legislaciones nacionales sino que buscan garantizar una competencia leal.

Una vez cumplidos estos requisitos procedimentales, la parte requirente puede solicitar la realización de consultas "cooperativas" y evaluaciones "colaborativas", mediante la notificación por escrito a la parte consultada. De no lograrse resolver el asunto, las partes consultantes tienen la posibilidad de convocar al Consejo de Asuntos Ambientales o al Consejo de Asuntos Laborales, según corresponda, para examinar las circunstancias objeto de consultas. Estos Consejos se establecen para solucionar la cuestión mediante *las consultas con expertos externos* o *procedimientos alternativos* tales como buenos oficios, conciliación y mediación. En el evento de que las partes consultantes no consigan llegar a un acuerdo dentro de los sesenta días siguientes a la solicitud de consultas "cooperativas", la parte requirente tiene la posibilidad de solicitar la realización de nuevas consultas, de conformidad con el procedimiento general de solución de controversias, o puede, a su elección, solicitar directamente que la Comisión de Libre Comercio se reúna[106].

Existen diversas razones *internas* y *externas* para que en el *modelo* TLC estadounidense se establezcan procesos autónomos o la exclusión parcial de algunas de las instancias o etapas del procedimiento general sobre aplicación e interpretación del tratado. Entre las principales razones internas se pueden señalar las siguientes:

Razones políticas o de *soberanía nacional*[107], por ejemplo, cláusulas especiales en materia de política de competencia[108], compras del sector público, etc.;

---

105 Artículos 18.2 (1)(a) y 19.2 (1) (a) del TLC Chile-EEUU; 16.2 (1)(a) y 17.2 (1)(a) del CAFTA-RD; 17.2 (1)(a) y 18.2 (1) (a) del TLC Perú-EEUU; 17.2 (1) (a) y 18.2 (1)(a) del TLC Colombia-EEUU, y 16.3 (1) (a) y 17.3 (1)(a) del TLC Panamá-EEUU.

106 El *modelo* TLC estadounidense prevé otras *cláusulas especiales*, en particular el TLCAN establece excepciones al procedimiento general en materias relacionadas con Compras del Sector Público (Capítulo X); Derechos de Propiedad Intelectual relacionados con el comercio (Capítulo XVII), la normalización técnica (Capítulo IX) y medidas de urgencia cuando solo sean proyectos, circunstancia en la cual las partes no puede acudir a la etapa contenciosa (Capítulo VII).

107 Beatriz Leycegui. "Acordar para diseñar: la solución de controversias en el Tratado de Libre Comercio de América del Norte", en *¿Socios naturales? Cinco años del Tratado de Libre Comercio de América del Norte*, México, Instituto Tecnológico Autónomo de México –ITAM–, 2000, p. 548 y ss.

108 Es importante destacar que el mecanismo general de solución de controversias se aplica a los monopolios y empresas designadas, la transparencia y las solicitudes de información. El *modelo* TLC de solución de controversias incluye normas o cláusulas especiales cuando se trata de medidas que toman las autoridades de los gobiernos signatarios en las que se prohíben prácticas contrarias a la competencia, políticas de negocios anticompetitivas, y las medidas relacionadas con la aplicación

Razones económicas, que tienen como finalidad proteger los intereses y necesidades comerciales de los diversos grupos de presión o *lobbies* nacionales, como sucede con las excepciones en materia de protección al medio ambiente, o las normas laborales[109], y

Razones técnicas, con normas especializadas para atender cierto tipo de controversias con intervención directa de actores o expertos privados, como en las controversias sobre servicios financieros, normalización técnica, etc.

La incorporación de cláusulas especiales también se explica por *razones externas*, que corresponden a las materias más novedosas o especialmente sensibles en las relaciones económicas internacionales y de las cuales difícilmente se ocupa la OMC; empero, los Estados signatarios de los TLC prefieren optar por mecanismos más técnicos que se relacionan con determinadas instancias especializadas en el tema, como es el caso del procedimiento autónomo sobre del arbitraje *inversionista-Estado* que se inspira en la experiencia del CIADI. Por otra parte, está claro que aquellos sectores económicos que tienen una cierta tradición en el régimen multilateral del comercio, en cuanto a las materias típicamente reguladas por los instrumentos del GATT de 1947 y de la OMC, coinciden con el ámbito de aplicación del procedimiento general para la solución de controversias. Se tiene, por consiguiente, que el diseño de la tipología del *modelo TLC* estadounidense de solución de controversias difícilmente puede elaborarse a partir de un único procedimiento, ya que su estructura se encuentra vinculada a las necesidades e intereses de las relaciones económicas de los Estados Unidos y de los países latinoamericanos, concretados en disímiles áreas o sectores regulados por los TLC, cuya lógica obedece a la progresiva liberalización del comercio.

C. PROCEDIMIENTO GENERAL DE SOLUCIÓN DE CONTROVERSIAS SOBRE APLICACIÓN E INTERPRETACIÓN DE LOS TLC ESTADOUNIDENSES

El adjetivo "general" de este procedimiento se explica porque, en principio, es aplicable a todas las controversias derivadas del tratado[110], y porque, además,

---

efectiva de la legislación o políticas en materia de competencia, circunstancias para las cuales se determinan grupos de trabajo y consultas específicas. Cfr. artículos 1501 y 1504 del TLCAN; 16.7 del TLC Chile-EEUU; 13.4 y 13.9 del TLC Perú-EEUU, y 13.4 y 13.9 del TLC Colombia-EEUU.

109 LOUIS PERRET. "La solución de controversias en los acuerdos paralelos del TLC", cit., nota 572, p. 215 y ss.; GARVEY, JACK, "Trade law and quality of life-dispute resolution under the NAFTA side accords on labor and the environment", en *The American Journal of International Law*, vol. 89, American Society of International Law, 1995, p. 439 y ss.

110 S. PICKE. *The NAFTA Chapter 20 Dispute Resolution Process: A view from the Inside*, Canada-United States Law Institute Conference NAFTA Revisited, n.º 23, Cleveland, Ohio, April 18-20, 1997, pp. 525-

en él se encuentran las disposiciones sobre las instituciones que se encargan de vigilar el cumplimiento y desarrollo de la solución de controversias del *modelo TLC* estadounidense. Así, el procedimiento general conoce de los conflictos sobre un amplio conjunto de materias o sectores económicos, como son el comercio de mercancías (normas sobre trato nacional y acceso de mercancías al mercado, reglas de origen y procedimientos de origen, normas sobre administración aduanera y facilitación del comercio, medidas sanitarias y fitosanitarias, obstáculos o barreras técnicas al comercio, etc.[111]), el sector de servicios (comercio transfronterizo de servicios[112], telecomunicaciones, etc.), política de competencia, monopolios designados y empresas del Estado, entrada temporal de personas de negocios, comercio electrónico y propiedad intelectual[113].

Bajo este panorama, el procedimiento general en el *modelo TLC* estadounidense tiene un carácter *residual*, procede siempre que el tratado no disponga de un procedimiento autónomo o una cláusula especial de solución de controversias[114]. Los sujetos legitimados para iniciar este mecanismo son exclusivamente los gobiernos signatarios (no se regula la posibilidad de la participación de particulares) y solo por controversias derivadas de la aplicación o interpretación del tratado ya sea por medidas *vigentes* o *en proyecto*, o cuando sin violar expresamente las disposiciones del TLC las medidas adoptadas por una de las Partes causen *anulación* o *menoscabo*. Asimismo, el procedimiento general se erige sobre el *principio de autocomposición*, típico del Derecho internacional general[115], que tiene su origen en el principio de

---

540. J. Huerta. *Mexico in the WTO and NAFTA: litigating international trade disputes*, The Netherlands, Kluwer Law International, 2010, pp. 13 a 16.

111 [http://www.sice.oas.org/Trade/nafta_s/CAP10_1.asp - Cap.Xcompras del sector público] [http://www.sice.oas.org/Trade/nafta_s/CAP10_1.asp - Sec.Bprocedimientos de licitación o http://www.sice.oas.org/Trade/CAFTA/CAFTADR/chapter6_12s.asp - Cap%C3%ADtulo9contratación pública].

112 [http://www.sice.oas.org/Trade/nafta_s/cap14.asp - CAP.XIVservicios financieros].

113 Cada uno de estos ámbitos coincide esencialmente con los "acuerdos abarcados" de la OMC y los temas previstos en la agenda de negociación de Doha (Conferencia Ministerial de 2001), las mejoras posteriores que se hicieron en Ginebra el 1.º de agosto de 2004 (el "paquete de julio de 2004") y en la Conferencia Ministerial de Hong Kong en 2005. Cfr. Organización Mundial del Comercio. "Temas tratados en el marco del Programa de Doha para el Desarrollo". Disponible en [http://www.wto.org/spanish/tratop_s/dda_s/dohasubjects_s.htm].

114 La naturaleza *residual* del procedimiento general sobre aplicación e interpretación obedece a la necesidad de preservar las competencias atribuidas por los TLC a las diferentes materias o sectores económicos, mediante una gama variada de procedimientos autónomos, como es el caso de la inversiones y los derecho antidumping, o cláusulas especiales en materia laboral, medio ambiental, servicios financieros, etc.

115 El *principio de la autocomposición* se encuentra presente en todo el ordenamiento jurídico internacional como consecuencia de la naturaleza fundamentalmente inorgánica de la sociedad internacional. Cfr. Angelo Sereni. *Diritto Internazionale*, Milano, Giuffré, 1966, p. 94; Xavier Fernández Pons. *La OMC y el Derecho Internacional*..., cit., nota 22.

la libre elección por las partes de los medios de arreglo de diferencias y la tradicional preferencia por posibles soluciones negociadas[116]. De ahí que los Estados partes en la controversia deban intentar, en todo momento, llegar a una solución mutuamente satisfactoria en cualquier asunto que pueda afectar el funcionamiento del TLC[117], mediante cooperación y consultas.

Junto a los mecanismos diplomáticos de cooperación y consultas, el modelo prevé diversas actuaciones de tipo jurisdiccional o contencioso[118] que revelan el carácter "híbrido" del *modelo TLC* estadounidense, con el objetivo de responder a la diversidad y complejidad de las obligaciones, beneficios y derechos pactados en las zonas de libre comercio. El diseño de un *régimen flexible* de solución de controversias[119] es heredado de la experiencia del sistema de solución de diferencias del GATT de 1947, particularmente sus artículos XXII y XIII[120], y de los Capítulos XVIII y XIX del ALCCEU de 1989[121].

A efectos de situarla metodológicamente, la estructura del procedimiento general de solución de controversias sobre la interpretación y aplicación de los TLC de los Estados Unidos con países latinoamericanos, se divide en tres etapas: consultas o negociaciones diplomáticas, ante el panel o contenciosa y de cumplimiento del informe o ejecución de las recomendaciones.

---

116 Millán Requena Casanova. *Arreglo pacífico de controversias en los convenios multilaterales de codificación*, Valencia, Tirant Lo Blanch, 2009; José Juste Ruiz y Mireya Castillo Daudí. *Lecciones de Derecho internacional público*, Valencia, Tirant Lo Blanch, 2005; Ana María Badia Martí. *El arreglo pacífico de controversias en la organización de las Naciones Unidas*, Barcelona, Bosch, 1994.

117 Artículos 2003 del TLCAN; 22.1 del TLC Chile-EEUU; 20.1 del TLC CAFTA-RD; 21.1 del TLC Perú-EEUU; 21.1 del TLC Colombia-EEUU y 20.1 del TLC Panamá-EEUU. Este rasgo del *modelo TLC* estadounidense tiene como propósito responder de una manera pronta y eficaz a la complejidad de las obligaciones pactadas y a los intereses tanto políticos como económicos de las partes.

118 El procedimiento general de solución de controversias del *modelo TLC* da preeminencia a las técnicas diplomáticas, para responder a las diferentes estrategias, circunstancias políticas y económicas de cada uno de los Estados partes.

119 Beatriz Leycegui. "Acordar para diseñar...", cit., nota. 108, p. 552.

120 Fernando Serrano Migallón. "El Capítulo XX: disposiciones institucionales y procedimientos para la solución de controversias...", cit., nota 491, p. 279.

121 Armand de Mestral. "NAFTA Dispute Settlement: Creative experiment or confusion?", Paper en *Regional Trade Agreements and the WTO Legal System*, Edinburgh, British Branch of the International Law Association, 27 y 28 de mayo de 2005. A su vez, el Capítulo XVIII del ALCCEU se basó en los avances en solución de controversias del GATT de 1947 y en el artículo 19 del Acuerdo de Libre Comercio entre Estados Unidos e Israel. Cfr. José Luis Siqueiros. "La resolución de controversias en el Tratado Trilateral de Libre Comercio entre México, Estados Unidos de América y Canadá", en *Panorama Jurídico del TLC. Memorias*, México, Universidad Iberoamericana, Departamento de Derecho, enero de 1992, p. 70. Obviamente la naturaleza trilateral del TLCAN obligó a que se tuviera que regular una serie de soluciones nuevas. Para profundizar sobre las diferencias entre el procedimiento general del ALCCEU de 1989 y el del TLCAN, cfr. Beatriz Leycegui. *Reflexiones en torno al régimen general de prevención, administración y solución de controversias previsto en los capítulos 18 y 20 del Tratado de Libre Comercio*, México, Escuela Libre de Derecho, 1993.

1. ETAPA DE CONSULTAS O DE NEGOCIACIONES DIPLOMÁTICAS

a. CONSULTAS ENTRE GOBIERNOS

Las consultas diplomáticas han sido históricamente, desde el GATT de 1947, el método más común de prevenir o anticiparse a las controversias comerciales[122], en tanto que por medio de ellas se puede resolver la eventual controversia[123], o en las diferencias más complejas, contribuyen a reducir los problemas a proporciones más razonables, o simplemente prepara a las partes para la resolución por los mecanismos formales obligatorios. Los antecedentes normativos de este mecanismo diplomático son los párrafos 1 y 2 del artículo XXII del GATT de 1947[124], que posteriormente es incorporado en el artículo 4.º del ESD de la OMC[125], y además los procedimientos de solución pacífica de controversias del Derecho internacional público[126].

Desde esta perspectiva, vale la pena mencionar que el método de las consultas entre gobiernos conlleva una "obligación de comportamiento"[127] o de hacer, en la cual las partes tienen la oportunidad de realizar una valoración jurídica a partir de un proceso de *intelligence gathering*[128]. Esto comporta, en

---

122 FERNANDO SERRANO MIGALLÓN. "Solución de controversias en el Tratado de Libre Comercio para América del Norte", *Revista Jurídica de Petróleos Mexicanos*, n.º 73-74, México, Pemex Lex, julio-agosto de 1994, p. 25.

123 Las consultas entre gobiernos, como etapa de naturaleza *autocompositiva*, tienen dentro de sus objetivos procurar que las dependencias gubernamentales competentes de las partes consultantes resuelvan por medio del diálogo los conflictos que surjan en la aplicación e interpretación del TLC.

124 El artículo XXII.1 del GATT ordena que "[c]ada parte contratante examinará con comprensión las representaciones que pueda formularle cualquier otra parte contratante, y deberá brindar oportunidades adecuadas para la celebración de consultas sobre dichas representaciones, cuando éstas se refieran a una cuestión relativa a la aplicación del presente Acuerdo".

125 El artículo 4.º del ESD de la OMC exige la celebración de consultas como paso preliminar *obligatorio* del procedimiento de solución de diferencias. Asimismo, este mecanismo suspende definitiva o temporalmente, de lograrse una solución, el recurso a otras medidas previstas en el mismo. Para profundizar en este tema, cfr. MIQUEL MONTAÑÁ MORA. "La OMC y el reforzamiento del sistema del GATT", cit., nota 3.

126 MANUEL DÍEZ DE VELASCO VALLEJO. *Instituciones de Derecho Internacional Público*, cit., nota 3; ANTONIO REMIRO BROTÓNS *et al. Derecho Internacional Público...*, cit., nota 7; J. G. MERRILLS. *International Dispute Settlement*, cit., nota 3, entre otros.

127 Las consultas entre gobiernos contienen una obligación de "medio" y no de resultado, puesto que el deber de las partes consultantes termina cuando celebran la consulta, en la que no siempre se alcanza la solución pacífica de la controversia. Cfr. JOSÉ JAVIER VILLAMARÍN. "El mecanismo de solución de diferencias en el sistema GATT/OMC. La práctica latinoamericana y la internacionalización del modelo", cit., nota 2, p. 4.

128 Las consultas diplomáticas son un proceso de *intelligence gathering*, es decir, permiten a las partes

palabras del profesor LAFER, por un lado, que las partes consultantes organicen y seleccionen la información pertinente, y por otro, tienen la oportunidad de conocer aquellos aspectos relevantes de una situación, que puede constituir una eventual controversia[129]. Como se advierte, entre las finalidades de las consultas se encuentra dilucidar los hechos del caso, de ahí que la información obtenida durante esta etapa puede permitir a las partes delimitar el alcance del asunto en controversia respecto al cual se podrá solicitar el establecimiento del panel. Adicionalmente, las partes que intervengan en las consultas exponen plenamente, en lo posible, las cuestiones de derecho, esto es, las alegaciones o fundamentos jurídicos que configuran la controversia[130].

Este mecanismo diplomático del procedimiento general no está exento de cuestionamientos y debates doctrinales, en particular, en torno a su eficacia como etapa obligatoria preliminar. Así por ejemplo, el profesor KIRTON considera que:

> [c]hapter 20 has been used less frequently than Chapter 19. But on the whole Chapter 20 can be considered a success. Several difficult, politically charged cases have been resolved through consultations (for example uranium 1994, sugar 1995, tomatoes 1996, the Helms Burton Act against Cuba in 1996, and avocados in 1996-7). In Nine years only three cases have had to be taken all the way to a formal panel...[131].

Para este sector de la literatura especializada, las consultas no son una *formalidad* en el *modelo TLC* estadounidense; por el contrario, señalan que el buen funcionamiento de esta etapa es una de las posibles razones que explicaría el escaso número de procedimientos sustanciados por los paneles[132].

---

suministrar e intercambiar información y conocimientos para evitar que surja una controversia, y en algunos casos, abarcar otros aspectos como el examen y la aplicación del Tratado.

129 Para el Derecho internacional económico las consultas afincan una forma estructurada de *reflexión conjunta*, que puede llevar, por la negociación directa entre las partes, a la solución pacífica de la controversia. Cfr. CELSO LAFER. *El Sistema de Solución de Controversias de la Organización Mundial del Comercio*, Documentos Debates Estudios, Federación y Centro de las Industrias del Estado de São Paulo, Instituto Roberto Simonsen, Doc. n.º 3, 1996, pp. 17-18.

130 Por consiguiente, las partes tratan mediante las consultas de aclarar las cuestiones *de hecho* y *de derecho*, con lo cual se puede reducir el alcance de la controversia.

131 JOHN KIRTON. "NAFTA Dispute Settlement Mechanisms: an overview", Paper en *NAFTA and its implications for ASEAN's Free Trade Area*, Toronto, Asian Institute, Munk Centre for International Studies, 27 de mayo de 2004, p. 4. Asimismo, cfr. GUSTAVO VEGA CÁNOVAS. "The Experience of NAFTA Dispute Settlement Mechanisms: Lessons for the FTAA", Paper en *Atelier Alena*, Montreal, Institute D'Etudes Internationales, University of Quebec, 2003.

132 En concreto, este sector de la doctrina entiende que el éxito de las consultas es una de las razones por las cuales las Partes signatarias del TLCAN, no han acudido al procedimiento general de solución de controversias regulado en su Capítulo XX. Cfr. GUSTAVO VEGA CÁNOVAS. "The Experience of NAFTA....", cit.

Para otros autores, la poca transparencia o publicidad del número de las consultas iniciadas y de las actuaciones procesales realizadas, representa un obstáculo importante al momento de valorar la eficacia de esta etapa[133]. La naturaleza *autocompositiva* entre las dependencias gubernamentales competentes que procuran resolver, por medio del diálogo e intercambio de información, los conflictos que surgen en la aplicación e interpretación del TLC hace que las consultas entre gobiernos tengan un carácter reservado, que impide realizar un examen objetivo de sus efectos.

Con todo, la valoración de la eficacia de la etapa de consultas en el procedimiento general debe ser básicamente cualitativa, sin considerar el número de asuntos resueltos, pues este mecanismo diplomático no comporta para las partes una "obligación de resultado" que prejuzgue los derechos de las partes consultantes. En consecuencia, el *modelo TLC* de solución de controversias no concede efectos jurídicos a las consultas cuando estas fracasan, las posiciones mantenidas por las partes durante esta actuación procesal son reservadas y no pueden ser usadas para resolver o fundamentar jurídicamente una controversia llevada ante panel[134], siempre que no se haya logrado un acuerdo o una solución del asunto.

Por otra parte, la etapa de consultas del procedimiento general de solución de controversias en el *modelo TLC* estadounidense se funda en el *principio de la autocomposición de las controversias*[135], ya que tiene como finalidades esenciales

---

133 Para la profesora STEGER, es desafortunado "[...] que en el TLCAN se encuentre "escasa información confiable sobre cuántas controversias han sido resueltas mediante medios diplomáticos o métodos de solución alternativas de controversias". Cfr. DEBRA STEGER. "La solución de controversias en el Tratado de Libre Comercio", cit., nota 514, p. 192.

134 La jurisprudencia de la OMC ha interpretado que las posiciones mantenidas por las partes durante la etapa de consultas no podrán ser usadas para resolver o fundamentar jurídicamente ningún asunto llevado ante Grupo Especial, concretamente, en el asunto *Estados Unidos-Restricciones aplicadas a las importaciones de ropa interior de algodón y fibras sintéticas o artificiales*, cuando Costa Rica en su calidad de reclamante alegaba que mientras los Estados Unidos imponían una medida de restricción de importaciones, alegando "daño o perjuicio" a su rama de producción nacional al amparo de una salvaguardia de transición en textiles, el hecho era que en la etapa de consultas habían estado dispuestos a otorgar un límite muy superior al de la medida restrictiva como forma de arreglo concertado, con lo cual querían demostrar que el límite de la restricción era muy inferior al que realmente permitían las circunstancias. Por supuesto, los Estados Unidos reaccionaron contra dicha argumentación que claramente se fundamentaba en una posición sostenida en la etapa de consultas, invocando esta norma que impide otorgar efecto vinculante a las actuaciones realizadas en esa etapa. La solución del Grupo Especial fue afirmar que la argumentación de Costa Rica y su información no podían conceder efecto jurídico vinculante y por tanto no sería considerada ni utilizada para apoyar sus conclusiones. Cfr. Informe del Grupo Especial, en el asunto *Estados Unidos-Restricciones aplicadas a las importaciones de ropa interior de algodón y fibras sintéticas o artificiales* (WT/DS24/R), adoptado el 8 de noviembre de 1996, párrafo 7.27

135 El principio *de la autocomposición de la controversia* tiene como fuentes normativas, en primer lugar, los principios del Derecho internacional general de la "libre elección de los medios" y del "consentimiento internacional" como condición previa para la adjudicación internacional. De ahí que ningún

prevenir el surgimiento de la controversia, acondicionar el torno del conflicto y resolver la controversia. Estas finalidades se evidencian en los tres aspectos más importantes de las consultas: el ámbito de aplicación, las obligaciones de las partes consultantes y la tipología.

– ÁMBITO DE APLICACIÓN DE LAS CONSULTAS

El *modelo TLC* estadounidense de solución de controversias determina que la parte consultante puede solicitar por escrito a la otra u otras partes la realización de consultas respecto de cualquier medida *vigente o en proyecto*[136], o cuando se trate de *cualquier otro asunto* que considere puede afectar el funcionamiento del tratado[137]. Como se puede observar, el ámbito de aplicación conferido por el *modelo TLC* a las consultas dispensa la posibilidad a las partes consultantes de, en cualquier momento, realizar negociaciones e intercambiar información[138] y opiniones, con independencia de la naturaleza del asunto[139].

Esta expansión del ámbito de aplicación de las consultas respecto del ESD de la OMC[140], puede generar algunas dificultades para los países latinoamericanos que son parte de un TLC. Según SMITH, las consultas sobre proyectos de medidas limitan la *potestad legislativa* o capacidad para proponer nuevas mediadas de naturaleza normativa[141]. Sin embargo, el hecho de estar sujeto a

---

método de solución de controversias tiene prioridad jurídica respecto de cualquier otro (a menos que los Estados acuerden lo contrario), por tanto, el único límite de esta libertad de los Estados es la obligación general de arreglar "sus controversias internacionales por medios pacíficos [...]". Cfr. artículo 2.3 de la Carta de las Naciones Unidas.

136 Se debe entender el término "medida", según lo dispuesto por los artículos 201 del TLCAN, 2.1 del TLC Chile-EEUU, 2.1 del CAFTA-RD, 1.3 del TLC Perú-EEUU, 1.3 del TLC Colombia-EEUU y 2.1 del TLC Panamá-EEUU.

137 Artículos 2006.1 del TLCAN; 22.4 (1) del TLC Chile-EEUU; 20.4 (1) del CAFTA-RD; 21.4 (1) del TLC Perú-EEUU; 21.4 (1) del TLC Colombia-EEUU y 20.4 (1) del TLC Panamá-EEUU.

138 La información suministrada por la parte consultada debe ser suficiente para realizar un examen completo de la manera en que el asunto sometido a consulta podría afectar el funcionamiento y aplicación del Tratado.

139 El TLCAN es el único tratado que establece la intervención en las consultas entre gobiernos de la sección del Secretariado del país consultante (art. 2006.2).

140 El artículo 4.2 del ESD de la OMC solo incorpora las *medidas vigentes*, pues señala que "cada Miembro se compromete a examinar con comprensión las representaciones que pueda formularle otro Miembro con respecto a *medidas adoptadas* dentro de su territorio que afecten al funcionamiento de cualquier acuerdo abarcado y brindará oportunidades adecuadas para la celebración de consultas sobre dichas representaciones".

141 Algunos autores han señalado, desde la celebración del ALCCEU de 1989 hasta los últimos TLC estadounidenses, que uno de los posibles riesgos del modelo TLC es el límite a la soberanía de los países signatarios. Así, por ejemplo, el profesor SMITH sostiene que el compromiso de someterse a las disposiciones del ALCCEU implica *ceder soberanía*, en tanto que Canadá reduce su libertad para regular algunos sectores de la actividad económica que, hasta el momento, habían sido prioridad para el

cualquier norma o *proyecto* de este mecanismo supone anticiparse a una futura controversia comercial, es decir, iniciar negociaciones o intercambio de información entre las autoridades competentes no significa necesariamente que el *modelo TLC* estadounidense limite la actividad legislativa de un Estado, en tanto que la finalidad de las partes signatarias es garantizar el carácter *preventivo* del procedimiento general de solución de controversias.

– OBLIGACIONES DE LAS PARTES CONSULTANTES

El procedimiento general del *modelo TLC* estadounidense impone diferentes cargas comunes a las partes consultantes como, por ejemplo, aportar la información suficiente que permita un examen completo de la manera en que la medida vigente o en proyecto[142], o cualquier otro asunto, pueda afectar el funcionamiento del tratado, o dar a la información confidencial que se intercambie en las consultas el mismo trato que el otorgado por la parte que la haya proporcionado[143]. En esta primera etapa del procedimiento también se exige a la parte que pretende iniciar consultas que presente un escrito donde incluya las *razones de la solicitud*, la identificación de la *medida* u *otro asunto* de que se trate y los *fundamentos jurídicos* de la reclamación, y, además, la notificación o entrega a quien se dirigen las consultas (en adelante parte consultada)[144]. Asimismo, la parte consultada tiene varias obligaciones, entre ellas, poner a disposición el personal de sus agencias gubernamentales o de otras entidades reguladoras que tengan conocimiento del asunto objeto de las consultas[145], responder en el menor tiempo posible a la solicitud, e iniciar las consultas respetando el *principio de la buena fe en el cumplimiento de las obligaciones* asumidas en los TLC[146]. Finalmente, el tercer país que desee participar en las consultas, al considerar que tiene un *interés comercial sustancial* en el asunto que las origina,

---

país. Cfr. MURRAY SMITH. "The Free Trade Agreement in Context: A Canadian Perspective", en J. SCHOTT y M. SMITH (comps.). *The Canada-United States Free Trade Agreement: The Global Impact*, Washington, Institute for International Economics, 1998, p. 59.

142 El *modelo TLC* interpreta la palabra "medida" de manera amplia, en tanto que puede ser cualquier ley, reglamento u otra disposición jurídica, así como cualquier procedimiento, requisito o práctica. Aún más, las oportunidades para que las partes soliciten las consultas entre gobiernos no se limitan a medidas *plenamente vigentes* en el país consultado.

143 Artículos 2206.5 del TLCAN; 22.4 (4) del TLC Chile-EEUU; 20.4 (5) del CAFTA-RD; 21.4 (5) del TLC Perú-EEUU; 21.4 (5) del TLC Colombia-EEUU y 20.4 (4) del TLC Panamá-EEUU.

144 Artículos 22.4 (2) del TLC Chile-EEUU; 20.4 (5) del CAFTA-RD; 21.4 (2) del TLC Perú-EEUU; 21.4 (2) del TLC Colombia-EEUU y 20.4 (2) del TLC Panamá-EEUU.

145 Artículos 22.4 (5) del TLC Chile-EEUU; 20.4 (6) del CAFTA-RD; 21.4 (6) del TLC Perú-EEUU; 21.4 (6) del TLC Colombia-EEUU y 20.4 (5) del TLC Panamá-EEUU.

146 Artículos 21.4 (1) del TLC Perú-EEUU y 21.4 (1) del TLC Colombia-EEUU

debe notificar por escrito tal interés a las partes consultantes dentro de los siete días siguientes a la fecha en que se entrega la solicitud de consultas[147].

– TIPOLOGÍA DE LAS CONSULTAS

El *modelo TLC* estadounidense de solución de controversias establece dos tipos de consultas entre gobiernos: las consultas *directas* y las consultas *indirectas*. El primer caso se presenta cuando intervienen en las negociaciones y en el intercambio de opiniones y de información únicamente las partes[148]. En el segundo caso, las consultas son realizadas con la intervención de grupos de expertos o de asesoría técnica[149]. Algunos ejemplos de las consultas indirectas o especiales, son:

– Consultas en materia de *mercancías perecederas*[150];

– Consultas *laborales* cooperativas[151];

– Consultas *ambientales* colaborativas[152], y

– Consultas *técnicas* para el Comité de Obstáculos Técnicos al Comercio[153], es decir, los procedimientos de aduanas[154], las medidas sanitarias y fitosanitarias[155] y las medidas de normalización[156], entre otras.

Tras analizar estos aspectos de la etapa de las consultas, es posible concluir que su flexibilidad intrínseca no permite que sean reguladas de manera detallada con plazos o actuaciones rígidas[157]. Precisamente por ello, el *modelo*

---

147 Adicionalmente, el Tercer país debe incorporar en su notificación una explicación sobre su interés comercial sustancial en el asunto; al respecto cfr. artículos 2206.3 del TLCAN, 20.4 (3) del CAFTA-RD, 21.4 (3) del TLC Perú-EEUU, 21.4 (3) del TLC Colombia-EEUU y 20.4 (2) del TLC Panamá-EEUU. El Tercer país, como sujeto procesal, no se regula en las consultas entre gobiernos del TLC Chile-EEUU dado su carácter exclusivamente bilateral.

148 Las consultas directas se encuentran reguladas en el procedimiento general de solución de controversias sobre interpretación y aplicación del tratado.

149 MARÍA DEL CARMEN CARMONA LARA. "Integración económica y Acuerdo de libre Comercio con América del Norte. Mecanismos de solución de controversias", *Boletín Mexicano de Derecho Comparado*, Nueva Serie, año XXVIII, n.º 82, enero-abril de 1995, p. 200.

150 Artículos 2006.4 del TLCAN; 22.4(3) del TLC Chile-EEUU; 20.4 (4) del CAFTA-RD; 21.5 (1)(b) del TLC Perú-EEUU; 21.5 (1)(b) del TLC Colombia-EEUU, y 20.4 (3) del TLC Panamá-EEUU.

151 Artículos 18.6 del TLC Chile-EEUU; 16.6 del CAFTA-RD; 17.6 del TLC Perú-EEUU; 17.6 del TLC Colombia-EEUU, y 16.7 del TLC Panamá-EEUU.

152 Artículos 19.6 del TLC Chile-EEUU; 17.10 del CAFTA-RD; 18.9 del TLC Perú-EEUU; 18.9 del TLC Colombia-EEUU y 17.11 del TLC Panamá-EEUU.

153 Artículos 7.8 del TLC Chile-EEUU; 7.8 del CAFTA-RD; 7.7 del TLC Perú-EEUU; 7.7 del TLC Colombia-EEUU y 7.8 del TLC Panamá-EEUU.

154 Artículo 513 del TLCAN.

155 Artículo 723 del TLCAN.

156 Artículo 914 del TLCAN.

157 La etapa de consultas no se diseña como una serie de conductas formales que deben respetar las partes y los terceros que intervienen en el proceso de solución de diferencias. Dicho en otras pala-

TLC estadounidense establece como regla general que solamente se regule el término dentro del cual debe iniciar y concluir este mecanismo diplomático de negociaciones e intercambio de información. Así, una vez más se evidencia la prevalencia del *principio de la autocomposición* en el procedimiento general[158], al establecer en las consultas únicamente un plazo de cuarenta y cinco días (TLCAN) o sesenta días (TLC Chile-EEUU, CAFTA-RD, TLC Perú-EEUU, TLC Colombia-EEUU y TLC Panamá-EEUU) para pasar a la siguiente etapa y convocar a la Comisión. Claro está, en el evento que no logren resolver la controversia.

Un aspecto final, que resulta novedoso al no encontrarse en los demás Tratados, son las disposiciones jurídicas del TLC Perú-EEUU y del TLC Colombia-EEUU que regulan la posibilidad de realizar consultas

> [...] de manera presencial o por cualquier medio tecnológico disponible para las Partes. Si son en persona, las consultas deberán realizarse en la capital de la Parte consultada, a menos que se acuerde otra cosa[159].

b. CONSULTAS ANTE LA COMISIÓN DE LIBRE COMERCIO DEL TRATADO

Al igual que las consultas entre gobiernos, las actuaciones de las partes consultantes ante la Comisión de Libre Comercio[160] no tienen una naturaleza *contenciosa*. Por tanto, el objetivo de este órgano se limita a la utilización de una serie de instrumentos diplomáticos que permitan a las partes desarrollar negociaciones o diálogos sobres asuntos relativos al tratado, los cuales no implicarán necesariamente una diferencia en el sentido jurídico[161]. De ahí que la Comisión adquiera su verdadera importancia como conciliador o mediador en

---

bras, el *modelo TLC* no establece para las negociaciones diplomáticas entre gobiernos una cadena de actos preestablecidos a los cuales están sometidos todos los sujetos procesales, que en su conjunto se denominan *actuaciones procesales.*

158 El *modelo TLC* no determina los plazos para que se produzca la respuesta a la solicitud de consultas de la parte consultada a diferencia del ESD de la OMC. En efecto, en el procedimiento de la OMC se estipula un plazo de diez días para contestar la solicitud y otros diez para iniciar las consultas entre gobiernos.

159 Artículos 21.4 (4) del TLC Perú-EEUU y 21.4 (4) del TLC Colombia-EEUU.

160 La Comisión es una institución *político-administrativa* de carácter *no* permanente, que se integra por los representantes de las Partes a nivel de Ministros, Secretarios de Estado o sus designados. Cfr. artículos 2001.1 del TLCAN; 21.1 (1) del TLC Chile-EEUU; 19.1 (1) del CAFTA-RD; 21.1 (1) del TLC Perú-EEUU; 21.1 (1) del TLC Colombia-EEUU y 19.1 (1) del TLC Panamá-EEUU.

161 MANUEL DÍEZ DE VELASCO. "Instituciones de Derecho Internacional Público", cit., nota 3, p. 916.

el procedimiento a partir del momento en que las partes no logren un acuerdo, dentro de los plazos máximos establecidos para las consultas entre gobiernos[162].

La facultad de convocar a la Comisión es exclusiva de las partes consultantes, un tercer país en ningún caso podría hacerlo. El *modelo TLC* estadounidense exige, asimismo, que el escrito que convoca a la Comisión deba contener las *razones* de la solicitud, la identificación de la *medida* u *otro asunto* que sea objeto de la reclamación, y los *fundamentos jurídicos* de la misma[163]. Una vez sea presentada esta solicitud ante la Comisión, se reúne a más tardar dentro de los diez días siguientes a su entrega y dispone de un plazo de treinta días (después de la reunión) o un máximo de setenta y cinco días (cuando se convoque un grupo de expertos, se formule recomendaciones o se recurra a cualquier medio alternativo de solución de controversias) para *coadyuvar* a las Partes a resolver las controversias que puedan surgir respecto a la interpretación o aplicación del tratado[164]. Para cumplir esta función de *coadyuvar* a las partes, la Comisión cuenta con amplio margen de acción[165] que le permite, entre otras cosas: convocar asesores técnicos o crear los grupos de trabajo o de expertos que considere necesarios; recurrir a los buenos oficios, la conciliación, la mediación o a otros mecanismos de solución de controversias, o formular recomendaciones[166].

Al formular recomendaciones, la Comisión tiene la posibilidad de establecer y modificar algunos aspectos formales del tratado, que se implementan según el orden jurídico interno de cada país. La Comisión también puede emitir inter-

---

162 Los plazos máximos para iniciar las consultas ante la Comisión son: a: 60 días después de la entrega de la solicitud para las consultas; b. 15 días después de la entrega de una solicitud de consultas en asuntos relativos a bienes perecederos, o c. Otro que acuerden las Partes (arts. 22.5 [1] del TLC Chile-EEUU; 20.5 [1] del CAFTA; 21.5 [1] del Perú-EEUU; 21.5 [1] del TLC Colombia-EEUU, y 20.5 [1] del TLC Panamá-EEUU). Por su parte, el artículo 2007.1 del TLCAN señala que las partes consultantes podrán solicitar la intervención de la Comisión, una vez vencidos los siguientes plazos: a. 30 días después de la entrega de la solicitud para las consultas; b. 45 días después de la entrega de esa solicitud, cuando cualquier otra de las Partes haya solicitado consultas subsecuentemente o participado en las relativas al mismo asunto; c. 15 días después de la entrega de una solicitud de consultas en asuntos relativos a bienes agropecuarios perecederos, o d. Otro que acuerden.

163 El TLC Chile-EEUU no exige indicar en el escrito *las disposiciones del Tratado que considere aplicables* a la reclamación (art. 22.5 [3] del Tratado). Adicionalmente, el TLCAN exige que se *entregue la solicitud a su sección del Secretariado y a las otras Partes* (art. 2007.3 del Tratado).

164 Artículos 2001.2 (c) del TLCAN; 21.1 (2) (c) del TLC Chile-EEUU; 19.1 (2) (c) CAFTA-RD; 21.1 (2) (c) del TLC Perú-EEUU; 21.1 (2) (c) del TLC Colombia-EEUU y 19.1 (2) (c) del TLC Panamá-EEUU

165 Comisión de Libre Comercio constituye un foro de reunión para las partes, en el cual adoptan decisiones relativas a la pronta ejecución, evaluación, resolución de controversias, supervisión de comités así como la ágil y oportuna administración del Tratado. Además, es importante destacar que tanto el Secretariado (del TLCAN) como la Comisión *no* son órganos administrativos *supranacionales*, ya que cada país conserva la independencia en su política comercial frente a los demás Estados. Cfr. FERNANDO SERRANO MIGALLÓN. "El Capítulo XX…", cit., nota 491, p. 276 y ss.

166 Artículos 2007.5 del TLCAN; 22.5 (4) del TLC Chile-EEUU; del 20.5 (4) CAFTA-RD; 21.5 (4) del TLC Perú-EEUU; 21.5 (4) del TLC Colombia-EEUU y 20.5 (4) del TLC Panamá-EEUU.

pretaciones sobre las disposiciones jurídicas previstas en el TLC. Sin embargo, esta prerrogativa *prima facie* no crea Derecho, en tanto que las "recomendaciones interpretativas" carecen de carácter vinculante. Otra potestad de la Comisión que vale la pena destacar, es la *acumulación de procesos*, cuya finalidad es dar solución al mayor número de controversias y, de esta forma, evitar resoluciones contradictorias en procedimientos que posean los mismos elementos; en otras palabras, controversias con los mismos hechos (medidas o cualquier otro asunto que puedan afectar el funcionamiento del tratado), objeto (con las mismas pretensiones) e inclusive sujetos (parte reclamante y parte demandada)[167].

La acumulación de procesos, en opinión del profesor RIVERA, se fundamenta

> [...] en el hecho del carácter cada vez más interdependiente del comercio internacional, integrado en una compleja red de relaciones multilaterales, donde una medida de política comercial afecta no a uno, sino a muchos Miembros a la vez, lo que produce con bastante frecuencia más de una reclamación sobre el mismo asunto[168].

Esta atribución, además, tiene una naturaleza *discrecional*, pues procede cuando de la Comisión considera conveniente examinar conjuntamente dos o más procedimientos[169]. Adicionalmente, se destaca los TLC Perú-EEUU y Colombia-EEUU al incluir en la etapa de consultas una innovación que confiere a la Comisión la posibilidad de reunirse

> [...] de manera presencial o no presencial, pudiendo utilizar en este último caso cualquier medio tecnológico que se encuentre a disposición de las Partes que les permita cumplir con esta etapa del procedimiento[170].

En contraste con lo que sucede en el Derecho internacional general respecto de la solución pacífica de controversias, la etapa de consultas en el *modelo TLC* estadounidense es un requisito que debe, previa y necesariamente, ser agotado antes acudir al recurso contencioso o ante el panel. De manera que las consultas vienen a ser, según WANG, "el punto real de partida de todo el ejercicio

---

167 El requisito esencial para la acumulación de procedimientos en el *modelo TLC* estadounidense es que las controversias sean *relativas a una misma medida* o se refieran a *un mismo asunto*.

168 GUSTAVO RIVERA. "Desarrollos jurisprudenciales sobre procedimientos de solución de diferencias en la OMC", cit., nota 426, p. 6.

169 Artículos 2007.6 del TLCAN; 20.5 (5) del CAFTA-RD; 21.5 (5) del TLC Perú-EEUU 21.5 (5) del TLC Colombia-EEUU. Se debe destacar que el TLC Chile-EEUU y el TLC Panamá-EEUU no incorporan la figura de la *acumulación de procesos*.

170 Artículos 21.5 (6) del TLC Perú-EEUU y 21.5 (6) del TLC Colombia-EEUU.

de adjudicación"[171], más allá del ánimo conciliatorio que informa todo el procedimiento general de solución de controversias y de la voluntad expresa de mantener el carácter primordialmente negociado.

Una observación final de esta etapa: a diferencia del sistema de solución de diferencias de la OMC donde con frecuencia las consultas se convierten en una formalidad y las partes reclamantes suelen desear pasar directamente a la etapa ante Grupo Especial, en el *modelo TLC* estadounidense la Comisión tiene como objetivo fundamental agotar todos los medios diplomáticos existentes para resolver la controversia entre las partes. Según LACARTE, esto puede ser una de las posibles razones que explicaría el escaso número de procedimientos sustanciados por paneles, pues las Partes suelen recurrir a los medios diplomáticos, incluidas las consultas y el establecimiento de grupos de trabajo o de expertos, para ayudar a resolver la controversia[172].

2. ETAPA ANTE EL PANEL O CONTENCIOSA

El grupo *ad-hoc* que analiza y resuelve la controversia es indiscutiblemente el elemento fundamental de la etapa contenciosa, al cual los instrumentos internacionales que establecen un mecanismo de solución de controversias asignan diferentes denominaciones; así, por ejemplo, algunos tratados hacen referencia al *panel arbitral* (TLCAN, TLC Chile-EEUU, TLC Colombia-EEUU y TLC Perú-EEUU), otros hacen alusión al *grupo arbitral*[173] (TLC Panamá-EEUU y CAFTA-RD), o lo llaman *grupo especial* (ESD de la OMC), o *grupo de trabajo* (antiguo GATT de 1947), etc.[174]. Para esta pluralidad terminológica en adelante se utilizara la expresión

---

171 LEI WANG. "Some observations on the Dispute Settlement System in the World Trade Organization", *Journal of World Trade*, vol. 29, n.º 2, 1995, p. 176.

172 JULIO LACARTE-MURÓ y JAIME GRANADOS (eds.). *Solución de controversias comerciales inter-gubernamentales*, cit., nota 207, p. 192. Dado que los Miembros del TLCAN no tienen un registro de los asuntos que se han llevado a consultas, es difícil saber con exactitud el número de asuntos que se han resuelto en esta instancia. Desafortunadamente, existe escasa información confiable sobre cuántas controversias han sido resueltas mediante medios diplomáticos o métodos de solución alternativa de controversias. Cfr. DEBRA STEGER. "La Solución de Controversias en el Tratado de Libre Comercio de América del Norte (TLCAN)", cit., nota 514.

173 La denominación panel "arbitral" no responde a la naturaleza del *modelo TLC* estadounidense de solución de controversias, en tanto que estos tratados incorporan un mecanismo mucho más cercano a la *conciliación* que al *arbitraje internacional*.

174 A propósito de esta multiplicidad de nombres, el profesor WITKER sostiene que en las negociaciones del TLCAN se discutió la posibilidad de dos tipos de paneles, un *panel "arbitral"* y un *panel de expertos*, regulados en el Acuerdo de Libre Comercio entre Canadá y Estados Unidos (ALCCEU) de 1989, en sus artículos 1806 y 1807. Finalmente, los países miembros del TLCAN decidieron no contemplar dos tipos de paneles, uno que emite laudos y otro que emite recomendaciones, pues podría propiciar el

"panel", definida en el inglés como "la reunión de un grupo de expertos encargados de realizar un informe objetivo sobre cualquier cuestión de su ámbito de conocimiento técnico"[175].

Con independencia de la denominación que se atribuya al panel en cada uno de los TLC estadounidenses, el interrogante más importante es determinar si son *verdaderos* tribunales arbitrales. En tanto que el grado de obligatoriedad, los fundamentos (soluciones basadas en derecho o políticas) y los efectos jurídicos que tienen sus decisiones configuran la propia naturaleza de este órgano que resuelve la controversia. Así, en caso de que los informes del panel tengan la condición jurídica de *laudo arbitral*, se les atribuye una naturaleza vinculante para las partes en la controversia y, por el contrario, si estas decisiones tienen el carácter de *recomendaciones*, no obligan a las partes contendientes a ejecutar estrictamente su contenido[176], pues su cumplimiento es voluntario (traducido en una "invitación" a las partes) y su valor jurídico es de índole moral y política[177]. Antes de resolver este cuestionamiento, es necesario analizar algunos elementos fundamentales de la etapa ante el panel: a. Los requisitos procedimentales para convocarlo; b. El proceso de selección del panel arbitral; c. Las Reglas Modelo del Procedimiento, y d. Las actuaciones procesales fundamentales de la etapa contenciosa.

a. REQUISITOS PROCEDIMENTALES PARA CONVOCAR AL PANEL

Como se precisó anteriormente, a partir de la etapa ante el panel el procedimiento general del *modelo TLC* estadounidense asume una clara naturaleza "contenciosa", que exige a las partes contendientes el cumplimiento de cuatro exigencias procedimentales: legitimación de parte, cumplimiento de los plazos para solicitar la integración del panel, presentación por escrito de la petición, y notificación a la contraparte. Ahora corresponde estudiar con mayor detalle cada uno de estos requisitos para el establecimiento del panel.

---

debilitamiento de éste último. Cfr. JORGE WITKER. *El Tratado de Libre Comercio de América del Norte: Resolución de controversias comerciales*, Chile, Universidad Valparaíso, Edit. Edevar, 1995, p. 55.

175 Definición tomada de JOSÉ CARLOS FERNÁNDEZ ROZAS. *Sistema del Comercio Internacional...*, cit., nota 214, p. 46.

176 CÉSAR SEPÚLVEDA. *Derecho internacional*, 26.ª ed., México, Porrúa, 2009, p. 111.

177 CHARLES ROUSSEAU. *Droit International Public*, Introduction et sources, t. I, 2.ª ed., París, Sirey, 1976, p. 434.

– LEGITIMACIÓN DE PARTE

Este requisito procedimental determina que solamente las *partes consultantes* que hayan solicitado o participado en la reunión ante la Comisión tienen la facultad de convocar al panel para que considere el asunto[178]. De modo que a partir de esta etapa cambia el *status* de quienes participan en el procedimiento, pues se convierten en *partes contendientes*. Otro sujeto procesal que se encuentra legitimado para intervenir en el procedimiento general es el tercer país, siempre y cuando demuestre tener un "interés sustancial" en el asunto objeto de controversia[179]. En este sentido, el *modelo TLC* estadounidense es más exigente con quienes están legitimados a participar en la etapa ante el panel que el ESD de la OMC, que no incorpora ningún requisito procesal de interés legítimo para poder presentar una reclamación[180]. Es más, en el ESD existe una disposición que otorga a cada Miembro de la OMC el "derecho" de decidir sobre la utilidad de su propia reclamación[181].

Adicionalmente, el *modelo TLC* estadounidense cambia la naturaleza de este tercer país que tiene un interés jurídico para accionar, pues a partir del momento

---

178 Artículos 2008.1 del TLCAN; 20.6 del CAFTA-RD; 21.6 del TLC Perú-EEUU; 21.6 del TLC Colombia-EEUU y 20.6 del TLC Panamá-EEUU. El artículo 22.6 del TLC Chile-EEUU no menciona expresamente este requisito de legitimidad, pues presume que la parte consultante es quien convoca al panel, debido a su naturaleza bilateral.

179 Dicho de otra manera, el tercer país es aquel que no ha participado durante las consultas ni en la reunión de la Comisión, pero considera que la controversia compromete algún beneficio o interés comercial. El *modelo TLC* estadounidense de solución de controversias suma un elemento de carácter *subjetivo* que consiste en la *voluntad de integrarse* un tercero en la etapa contenciosa del procedimiento. Este aspecto subjetivo resulta importante para los demás Estados signatarios del TLC que no han actuado como partes consultantes, ya que tienen la libertad de decidir si intervienen o no como parte reclamante.

180 Claramente, el ESD de la OMC no exige ningún requisito procesal de interés legítimo para poder presentar una reclamación. Es más, en la práctica tan solo se ha presentado un caso en que un Miembro ha objetado abiertamente el interés legítimo de otro Miembro para reclamar. Precisamente, en el asunto *Comunidades Europeas. "Banano III"*, la parte demandada, en este caso las Comunidades Europeas, cuestionaron el interés legal de los Estados Unidos para presentarse como parte reclamante, alegando que la producción de bananos estadounidense era mínima y que nunca había sido exportador de bananos a ningún destino por lo que no podía ser afectado directamente por el reglamento sobre importación, venta y distribución de bananos dictado por la Comunidad Europea, que en esencia era la medida contra la cual se fundamentaba la reclamación. Finalmente, el Órgano de Apelación resolvió confirmando favorablemente la participación de los Estados Unidos como parte reclamante, fundamentándose en que no existe ninguna exigencia de interés jurídico para accionar en el ESD y sí existe en cambio una clara disposición que entrega a cada Miembro el derecho de decidir sobre la utilidad de su propia reclamación (art. 3.7 del ESD). Cfr. Informe del Órgano de Apelación, asunto *Comunidades Europeas-Régimen para la importación, venta y distribución de bananos* (WT/DS27/AB/R), adoptado el 9 de septiembre de 1997, párrafo 132 y 135.

181 Específicamente, el artículo 3.7 ESD que señala: "Antes de presentar una reclamación, los Miembros reflexionarán sobre la utilidad de actuar al amparo de los presentes procedimientos".

que presente ante el panel el escrito donde manifieste su intención de intervenir en el mecanismo y notifique a las partes contendientes[182], modifica su condición dentro del procedimiento y se convierte en parte reclamante. Si el tercer país no interviene como parte reclamante en la oportunidad señalada por los tratados, se entiende que renuncia a participar o a iniciar un nuevo procedimiento de solución de controversias conforme al TLC, o bajo el ESD de la OMC, respecto al mismo asunto objeto de la diferencia[183]. El objetivo de esta prohibición en el *modelo TLC* estadounidense es evitar procedimientos paralelos o decisiones contradictorias, de ahí que si el tercer país decide no intervenir como parte reclamante "*generalmente se abstendrá* de iniciar o continuar un nuevo procedimiento con *causales sustancialmente equivalentes*"[184], ya que puede alegarlas en el mecanismo que ya ha iniciado su etapa contenciosa, a menos que sobrevenga un cambio significativo en las circunstancias económicas o comerciales, que no existían en este momento del procedimiento[185].

Pese al objetivo del *modelo TLC* estadounidense de evitar procedimientos paralelos o decisiones contradictorias, esto no restringe el *derecho al establecimiento del Grupo Especial* en el marco del sistema de solución de diferencias de la OMC. La jurisdicción multilateral no queda cerrada para las partes, al menos no de forma explícita, dado que el *modelo TLC* no prohíbe expresamente un nuevo procedimiento sino que tan solo señala que el tercer país "generalmente se abstendrá". Esta libertad de selección del foro multilateral no exime al tercer país de una posible responsabilidad internacional por violación del TLCAN. Entonces ¿hasta qué momento el tercer país puede participar como parte reclamante en el procedimiento general? Para el *modelo TLC* de solución de controversias la respuesta es durante todo el desarrollo del procedimiento[186], ya que el tercer país puede incorporarse en diferentes momentos o etapas procesales, y cambiar su status dentro del proceso:

---

182 La intención del tercer país ajeno al proceso debe notificarse a las partes en la controversia antes de siete días contados a partir de la fecha en que una de las partes haya entregado la solicitud de convocatoria del panel. Cfr. artículos 2008.3 del TLCAN; 20.6 (3) del CAFTA-RD; 21.6 (3) del TLC Perú-EEUU y 21.6 (3) del TLC Colombia-EEUU. El TLC Panamá-EEUU y el TLC Chile-EEUU no incluyen este precepto debido a su carácter bilateral, donde no existen terceros países.

183 Artículos 2008.4 del TLCAN; 20.6 (4) del CAFTA-RD; 21.6 (4) del TLC Perú-EEUU y 21.6 (4) del TLC Colombia-EEUU. El TLC Panamá-EEUU y el TLC Chile-EEUU no incluyen este precepto debido a su carácter bilateral, donde no existen terceros países.

184 Artículos 2008.4 del TLCAN; 20.6 (4) del CAFTA-RD; 21.6 (4) del TLC Perú-EEUU y 21.6 (4) del TLC Colombia-EEUU. En este evento se requiere que el tercero resulte afectado por alguna resolución o decisión que adopte el panel.

185 En este evento se requiere que el tercero resulte afectado por alguna resolución o decisión que adopte el panel.

186 RODOLFO CRUZ MIRAMONTES. *El TLC: controversias, soluciones y otros temas conexos*, 2.ª ed., México, Porrúa, 2002, pp. 3 y 4; FERNANDO SERRANO MIGALLÓN. "Los mecanismos de solución de contro-

i. En la etapa de consultas, cuando demuestre tener un "interés sustancial" en el asunto objeto de controversia en calidad de *parte consultante*[187], o más adelante, ii. En la etapa ante el panel, cuando demuestre tener un "interés sustancial" en el asunto objeto de controversia como *parte reclamante*[188], y finalmente, iii. En cualquier momento del procedimiento como *un tercero*, cuando considere que debe estar enterado de las actuaciones del procedimiento, con la posibilidad de acudir a todas las audiencias, presentar y recibir comunicaciones[189].

No obstante que el *modelo TLC* estadounidense incluye la carga probatoria del "interés sustancial" en el asunto, reproduce en gran medida las garantías de la *intervención de terceros* que se regulan en el régimen multilateral del comercio, en particular el derecho de acceso a los documentos[190].

– PLAZOS PARA CONVOCAR EL PANEL

El segundo requisito procedimental para convocar el panel exige que las partes contendientes no hayan solucionado el asunto en algunos de los siguientes plazos: dentro de los treinta días siguientes a la entrega de la solicitud de consultas respecto de *asuntos concernientes a mercancías perecederas* (cuando la Comisión no se haya reunido)[191]; dentro de los setenta y cinco días siguientes *a la entrega de la solicitud de consultas por una de las partes*, cuando la Comisión no se haya reunido[192]; dentro de los treinta días siguientes *a la reunión de la Comisión de Libre Comercio*[193]; dentro de los treinta días siguientes a la reunión para tratar

versias en el Tratado de Libre Comercio de América del Norte", en WITKER. (coord.). *Resolución de controversias comerciales en América del Norte*, cit., p. 90.

187 Artículos 2206.3 del TLCAN; 20.4 (3) del CAFTA-RD; 21.4 (3) del TLC Perú-EEUU; 21.4 (3) del TLC Colombia-EEUU y 20.4 (2) del TLC Panamá-EEUU. El Tercer país, como sujeto procesal, no se regula en las consultas entre gobiernos del TLC Chile-EEUU dado su carácter exclusivamente bilateral.

188 Artículos 2008.3 del TLCAN; 20.6 (3) del CAFTA-RD; 21.6 (3) del TLC Perú-EEUU y 21.6 (3) del TLC Colombia-EEUU.

189 El *modelo TLC* regula esta figura procesal de los "terceros" en los artículos 2013 del TLCAN, 20.11 del CAFTA-RD, 21.11 del TLC Perú-EEUU y 21.11 del TLC Colombia-EEUU.

190 El artículo 10.º del ESD de la OMC es progresista, respecto al sistema GATT de 1947, ya que los terceros no requieren del consentimiento de las partes en la diferencia para tener derecho al acceso de documentos escritos presentados por la partes (Punto [e] de la Decisión de 1989).

191 Artículos 22.6 (1) (c) del TLC Chile-EEUU; 20.6 (1) (c) del CAFTA-RD; 21.6 (1)(c) del TLC Perú-EEUU; 21.6 (1)(c) del TLC Colombia-EEUU y 20.6 (1)(b) del TLC Panamá-EEUU. El TLCAN no establece este plazo en su artículo 2008.1.

192 Artículos 22.6 (1) (b) del TLC Chile-EEUU; 20.6 (1) (d) del CAFTA-RD; 21.6 (1)(d) del TLC Perú-EEUU; 21.6 (1)(d) del TLC Colombia-EEUU y 20.6 (1)(c) del TLC Panamá-EEUU. El TLCAN no establece este plazo en su artículo 2008.1.

193 Artículos 2008.1 (a) del TLCAN; 22.6 (1) (a) del TLC Chile-EEUU; 20.6 (1) (a) del CAFTA-RD; 21.6 (1) (a) del TLC Perú-EEUU; 21.6 (1) (a) del TLC Colombia-EEUU y 20.6 (1) (a) del TLC Panamá-EEUU.

el asunto más reciente que le haya sido sometido, cuando se hayan *acumulado varios procedimientos*[194], o en otro período que las partes consultantes en la controversia acuerden[195].

En definitiva, estos plazos para convocar el panel garantizan el *principio del respeto al debido proceso*, pues el *modelo TLC* estadounidense procura que el procedimiento general de solución de controversias se desarrolle sin dilaciones injustificadas y dentro de unos términos preestablecidos.

– CONTENIDO DE LA SOLICITUD DE CONVOCATORIA DEL PANEL

El tercer requerimiento obliga a la parte reclamante a presentar por escrito las razones que motivaron la solicitud de establecimiento del panel y exige determinar, en primer lugar, la *medida* u *otro asunto* que sea objeto de la reclamación[196]. El alcance del concepto "medidas" dentro del *modelo TLC* estadounidense es interpretado en un sentido amplio, en tanto que pueden ser cualquier acción de los poderes públicos estatales que se concrete en una ley, acto administrativo u otras disposiciones jurídicas, así como, todo procedimiento, requisito o práctica. No obstante, es preciso aclarar que en la etapa ante el panel, las medidas deberán estar *plenamente vigentes* en el país consultado[197]. Además, los TLC entienden el término "asuntos", como omisiones que implican violación o incumplimiento a las obligaciones establecidas en los tratados. En definitiva, existe un deber de identificar "las medidas concretas en litigio" en el escrito de solicitud de convocatoria del panel, fundamental para fijar los términos de referencia o mandato que, de no hacerse, o de no expresarse con suficiente claridad, conlleva el rechazo de la reclamación por tal motivo[198]. Ahora bien, si la identificación de las medidas es requisito procesal indispensable, también

194 Artículos 2008.1 (b) del TLCAN; 20.6 (1)(b) del CAFTA-RD; 21.6 (1)(b) del TLC Perú-EEUU y 21.6 (1)(b) del TLC Colombia-EEUU. Este término no es regulado por el TLC Chile-EEUU ni por el TLC Panamá-EEUU, pues no establecen la posibilidad de acumular de procesos por parte de la Comisión.

195 Artículos 2008.1 (c) del TLCAN; 22.6 (1) (d) del TLC Chile-EEUU; 20.6 (1) (e) del CAFTA-RD; 21.6 (1) (e) del TLC Perú-EEUU; 21.6 (1) (e) del TLC Colombia-EEUU y 20.6 (1) (d) del TLC Panamá-EEUU.

196 Artículos 22.6 (1) del TLC Chile-EEUU; 20.6 (1) del CAFTA-RD; 21.6 (1) del TLC Perú-EEUU; 21.6 (1) del TLC Colombia-EEUU y 20.6 (1) del TLC Panamá-EEUU. El artículo 2008.1 (c) del TLCAN no regula el contenido del escrito que convoca el panel.

197 Por consiguiente, se prohíbe convocar al panel para resolver una controversia fundada en una medida *en proyecto*, que puede ser alegada exclusivamente durante las consultas entre gobiernos. Cfr. artículos 20.6 (6) del CAFTA-RD; 21.6 (6) del TLC PERÚ-EEUU; 21.6 (6) del TLC Colombia-EEUU y 20.6 (4) del TLC Panamá-EEUU. El TLC Chile-EEUU no regula las medidas en proyecto en ninguna de sus etapas.

198 Igualmente, este deber de identificar "las medidas concretas en litigio" comprende la necesaria identificación de los productos comprendidos en la misma. Cfr. Informe del Órgano de Apelación, en el

es indefectible hacerlo en el momento procesal oportuno, que no es otro que la presentación misma de la solicitud de establecimiento del panel[199].

Exige, además, establecer los fundamentos jurídicos de la reclamación o, en otras palabras, *las disposiciones del tratado* que considere han sido incumplidos. En este punto, es necesario hacer algunas precisiones sobre las diferencias entre las "alegaciones" y los "argumentos jurídicos". Por un lado, los fundamentos jurídicos son las "alegaciones" esgrimidas desde el escrito de solicitud de consultas hasta el escrito de establecimiento del panel, que son incorporados formalmente al procedimiento en los *términos de referencia* o *mandato* y que, como se verá más adelante, configuran el ámbito de autoridad del panel y determinan las disposiciones sustantivas del tratado que las partes consideren vulneradas. Los "argumentos jurídicos", a su turno, son presentados y aclarados progresivamente en las comunicaciones escritas iniciales, los escritos de réplica y las audiencias del panel con las partes contendientes. De ahí que, los "argumentos jurídicos" sean el medio por el cual una parte gradualmente desarrolla y justifica jurídicamente sus alegaciones[200]. Desde esta perspectiva, se puede concluir que el *modelo TLC* estadounidense ordena a la parte reclamante que el escrito de convocatoria del panel sea "preciso" en sus alegaciones, pues este documento constituye la base de los *términos de referencia* y, además, define la parte o partes contra quien o quienes se dirige la reclamación y proporciona información a estas y a los terceros sobre el objeto de la controversia, como una garantía del *principio del respeto al debido proceso*. Así, la "jurisprudencia" del *modelo TLC* estadounidense ha determinado, por ejemplo, en el informe final del Panel del TLCAN asunto *Estados Unidos-Medida de salvaguarda impuesta a las escobas de mijo mexicanas*, que las reclamaciones, para poder ser examinadas en un procedimiento de solución de controversias, deben proporcionar un resumen breve y suficiente del sustento legal del conflicto, que presente el problema de manera clara, y ser notificadas oportunamente a la contraparte (tanto en las consultas entre gobiernos como en las consultas ante la Comisión), lo cual no debe interpretarse como un requerimiento riguroso que exija que cada dispo-

---

asunto *Guatemala-Investigación antidumping sobre el cemento Portland procedente de México "Cemento I"* (WT/DS60/AB/R), adoptado el 2 de noviembre de 1998, párrafos 81 a 89.

199 En este punto la jurisprudencia de la OMC ha establecido que las reclamaciones contra medidas concretas en litigio que no se hagan en el escrito de solicitud de convocatoria del panel *no* pueden ser conocidas por el Grupo Especial y esta obligación no admite subsanación posterior. Cfr. Informe del Órgano de Apelación, asunto *Comunidades Europeas-Régimen para la importación, venta y distribución de bananos* (WT/DS27/AB/R), adoptado el 9 de septiembre de 1997, párrafo 94

200 Precisamente por esto, los "argumentos jurídicos" se pueden exponer en el escrito de establecimiento del panel y en las demás comunicaciones presentadas al mismo.

sición pertinente debe ser citada, o como una exigencia que invalide o limite la actuación del panel cuando se presente una conclusión errónea con respecto a alguno de los fundamentos jurídicos[201]. En esa línea, la jurisprudencia de la OMC se ha pronunciado sobre el grado que requiere la correcta "identificación" de la normativa que se considera vulnerada. Básicamente, es suficiente la simple enumeración de los artículos del tratado en que se fundamenta la reclamación, pero al menos debe cumplirse el requisito de citarlos uno a uno individualmente para que puedan ser identificados[202].

– NOTIFICACIÓN DE LA SOLICITUD DE CONVOCATORIA DEL PANEL

La última exigencia procedimental es la notificación, que consiste en el acto procesal de entregar directamente la solicitud a la parte demandada[203]. Efectuado dicho acto, se desencadenan una serie de consecuencias importantes para el procedimiento general de solución de controversias, como son: la movilización el órgano resolutorio del mecanismo, dado que el panel no actúa de oficio y la delimitación del alcance de los informes del panel, pues junto al mandato, definen el objeto de la *litis*. En concreto, por medio de la notificación se informa al demandado, tercer país y a los órganos del TLC la medida u otro asunto que ocasiona la infracción (incumplimiento o daño o menoscabo) de las disposiciones del tratado que se consideren aplicables, los sujetos procesales (la parte reclamante y la parte demandada) y el establecimiento de la *competencia* o la vía procesal por la cual se resuelve la controversia, pues, hasta el momento de la presentación del escrito de solicitud de constitución del panel, la parte reclamante tiene la posibilidad de cambiar el foro por el mecanismo de la OMC o de otro tratado en el que sean parte[204].

---

201 Informe final del Panel del TLCAN, en el asunto *Estados Unidos-Medidas de salvaguarda impuesta a las escobas de mijo mexicanas* (USA-97-2008-01), adoptado el 30 de enero de 1998, párrafos 46 a 56.

202 Por este motivo, según RIVERA, la jurisprudencia ha considerado inadmisibles expresiones genéricas tales como "incluidas pero no limitadas a...", "y demás disposiciones pertinentes relativas..." pues no cumplen ese deber mínimo de identificación del reclamo. Cfr. GUSTAVO RIVERA. "Desarrollos jurisprudenciales sobre procedimientos de solución de diferencias en la OMC", cit., nota 426, p. 9.

203 Artículos 2008.2 del TLCAN; 22.6 (1) del TLC Chile-EEUU; 20.6 (2) del CAFTA-RD; 21.6 (2) del TLC Perú-EEUU; 21.6 (2) del TLC Colombia-EEUU y 20.6 (2) del TLC Panamá-EEUU. En el caso del TLCAN también se deberá notificar al Secretariado.

204 CRISTIÁN DELPIANO LIRA. "La cláusula de exclusión de foros del Acuerdo de Asociación entre Chile y la Unión Europea...", cit., nota 126; GABRIELLE MARCEAU. "NAFTA and WTO Dispute Settlement Rules. A Thematic Comparison", *Journal of World Trade*, vol. 31, n.º 2, 1997, pp. 25 a 81; SANFORD GAINES. "Comments on Dispute Settlement Issues Under NAFTA", *United States-Mexico Law Journal*, vol. 1, n.º 1, The University of New Mexico School of Law, 1993, p. 3.

Agotados los requisitos procedimentales de legitimación (plazos, presentación del escrito de solicitud y notificación), las partes contendientes se convierten en titulares del "derecho" a que se constituya el denominado *panel*[205], con un procedimiento especial de selección que incorpora una serie de mecanismos objetivos con el fin de garantizar una mayor independencia e imparcialidad del panel, ya que sus miembros están menos comprometidos y desvinculados de sus gobiernos por no haber participado en su nombramiento.

b. PROCESO DE SELECCIÓN DEL PANEL ARBITRAL

El procedimiento de selección del panel arbitral hace parte del denominado por MONTAÑÁ y ZAPATERO, "derecho" al establecimiento del panel[206], por ello el *modelo TLC* estadounidense preceptúa una serie de garantías procesales que vigorizan este derecho. Estas garantías se pueden resumir así: *sistema cerrado de elección*, *presupuestos habilitantes del panelista* y *procedimiento de selección objetiva del panel.*

– GARANTÍA DEL SISTEMA CERRADO DE ELECCIÓN

El sistema cerrado de elección de los miembros del panel[207] en el *modelo TLC* de solución de controversias tiene como finalidad preservar su idoneidad e independencia, por esta razón, los tratados exigen que las partes elaboren una lista de quienes podrán ser integrantes de los futuros paneles. El número de miembros de esta lista varía prácticamente en todos tratados. Así por ejemplo, el TLCAN (art. 2009.1) señala treinta miembros, el TLC Chile-EEUU (art. 22.7 [1]) establece veinte miembros, el CAFTA-RD (art. 22.7 [1]) determina setenta miembros, el TLC Panamá-EEUU (art. 21.7) regula veinte miembros, y finalmente,

---

205 Ciertamente, la parte reclamante puede elegir hasta el establecimiento del panel el mecanismo del TLC (del que sean signatarias las partes) o el procedimiento de solución de diferencias del ESD de la OMC. Cfr. artículos 2005.2 del TLCAN; 22.3 del Chile-EEUU; 20.3 del CAFTA-RD; 21.3 del TLC Perú-EEU; 21.3 del TLC Colombia-EEUU y 20.3 del TLC Panamá-EEUU.

206 Para algunos autores, en especial MONTAÑÁ MORA, el establecimiento del panel se configura como un *"verdadero" derecho subjetivo* para las partes contendientes. Cfr. MIQUEL MONTAÑÁ MORA. *La OMC y el reforzamiento del sistema...*, cit., nota 3, p. 120; también PABLO ZAPATERO. "La invención de los panels del GATT...", cit., nota 224 y DEBRA STEGER. "La Solución de Controversias en el Tratado de Libre Comercio de América del Norte (TLCAN)", cit., nota 514, entre otros.

207 OMAR CAMARILLO. "El TLC y el Sistema de Resolución de Controversias", en *Seminario Internacional sobre Resolución de Controversias Comerciales en América del Norte*, México, Instituto de Investigaciones Jurídicas, Universidad Nacional Autónoma de México –UNAM–, 1993.

en los TLC Perú-EEUU (art. 21.7) y Colombia-EEUU (art. 21.7) no se menciona el número de miembros de la lista indicativa.

Ahora bien, uno de los primeros cuestionamientos de la etapa contenciosa del procedimiento general sobre aplicación e interpretación del tratado se presenta en las listas indicativas o sistema cerrado de elección, pues algún sector de la literatura especializada destaca que no determina que los miembros del panel tengan la nacionalidad de alguno de los países signatarios, lo cual permite interpretar, según el profesor WITKER, que los integrantes de la lista pueden tener cualquier nacionalidad[208], cuestión que suele estar presente en las normas de las instituciones de arbitraje, como es el caso del artículo 15 del Reglamento de la *American Assosiation Arbitration*, el cual determina que en el evento de que una de las partes posea una nacionalidad o una residencia distinta a la americana, el árbitro único o el tercer árbitro será, a solicitud de una de las partes, escogido entre los nacionales de un tercer país[209]. Para la profesora STEGER, más que representar un problema la nacionalidad de los miembros de la lista, el inconveniente se encuentra en su elaboración; por ejemplo,

> [...] en la práctica ha resultado muy difícil integrar paneles según lo dispuesto por el Capítulo XX [ya que] las Partes del TLCAN no llegaron a un acuerdo respecto a la lista. [...] Por consiguiente, los problemas y demoras registradas en la selección de los panelistas han representado serios obstáculos para el correcto funcionamiento del Capítulo XX y para la eficacia real del derecho al establecimiento del panel. Ésta constituye una de las razones fundamentales por las cuales las partes han optado por los procedimientos de solución de diferencias de la OMC antes que por el Capítulo XX del TLCAN[210].

---

208 Esta discusión no se presenta ni en el sistema de solución de diferencias de la OMC ni en el Capítulo XIX (*sobre Revisión y Solución de Controversias en materia de Antidumping y Cuotas Compensatorias*) del TLCAN, pues se exige que los miembros del panel sean nacionales de los países partes. Cfr. JORGE WITKER. "Panorama general de solución de controversias...", cit., nota 121, p. 40. Ahora bien, una vez establecida la lista de panelistas permanecerá esta vigente por un período mínimo de tres años, y seguirá en vigor hasta que las Partes constituyan una nueva lista. Las Partes podrán remplazar un panelista cuando un miembro de la lista no esté disponible para seguir funcionando como tal.

209 Otro ejemplo se encuentra en el artículo 9.3 del Reglamento de la Cámara de Comercio Internacional que dispone: "Cuando incumbe a la Corte el nombramiento de un árbitro único o de un Presidente del tribunal arbitral, elige el Comité Nacional de la Cámara de Comercio Internacional [...] será de un país distinto al de las partes. Sin embargo, si las circunstancias lo justifican, y salvo que una de las partes se oponga, el árbitro único o el presidente del tribunal arbitral será de uno de los países partes". Para profundizar en el tema, cfr. NEIL PEARSON. "Nationalité et attaches de l'arbitre", *Revue de l'Arbitrage*, n.º 239, 1970, pp. 239 y ss.

210 Es más, la profesora STEGER sostiene que hasta el 2004 "[...] no se ha convenido ninguna lista [por tanto] se han seleccionado por otros medios. En algunos casos, los paneles no se han podido integrar debido a la imposibilidad de las Partes contendientes de llegar a un acuerdo con respecto a los panelistas". Cfr. DEBRA STEGER. "La Solución de Controversias en el Tratado de Libre Comercio de América del Norte (TLCAN)", cit., nota 514, p. 193.

Las críticas de la lista indicativa son mayores en el TLC Chile-EEUU, pues al carecer de una Secretaría General, o un órgano independiente de las partes, deja exclusivamente en el ámbito político la fijación de la lista de árbitros, lo cual ha permitido el retraso para constituirlas. Añádase a esto, que en el TLC Chile-EEUU existe un vacío normativo para el caso en que las partes contendientes *no* logren ponerse de acuerdo en la elección de los componentes de la lista, situación que puede generar posibles bloqueos del sistema, cuando uno de los Estados signatarios no desee que se integren dichas listas. Para resolver estos inconvenientes, el *modelo TLC* estadounidense ordena, en los tratados posteriores, que las partes en la controversia puedan utilizar la lista indicativa, aun cuando esta no se haya completado[211], con lo cual se evitan posibles bloqueos o dilaciones en la constitución del panel.

Un último aspecto a destacar es el que refuerza la garantía del sistema cerrado de elección por el *modelo TLC* estadounidense al establecer la *recusación* sin manifestación de causa; mediante esta figura las partes contendientes tienen la posibilidad de solicitar la remoción de cualquier persona que no figure en la lista y que sea propuesta como panelista por una de las partes contendientes dentro de los quince días siguientes a la propuesta[212]. También es importante señalar que esta garantía no reproduce el mecanismo institucionalizado para elaborar la lista indicativa del ESD de la OMC, que otorga exclusivamente tal función al Secretariado y las partes solamente tienen la posibilidad de sugerir nuevos miembros, previa aprobación del Órgano de Solución de Controversias[213].

– GARANTÍA DE LOS PRESUPUESTOS HABILITANTES PARA ACCEDER A LA CONDICIÓN DE PANELISTA

Los miembros del panel, como sujetos que producen diversos actos jurídicos, deben ser jurídicamente capaces y estar revestidos de una serie de cualidades

---

211 Artículos 21.7 (2) del TLC Perú-EEUU y 21.7 (2) del TLC Colombia-EEUU.

212 Artículos 2011.3 del TLCAN; 22.9 (2) del TLC Chile-EEUU; 20.9 (2) del CAFTA-RD y 22.9 (2) del TLC Perú-EEUU. En palabras de LEYCEGUI y FERNÁNDEZ DE CASTRO, la lista indicativa permite "[r]esolver el problema de la falta de especialistas. Al estar identificados de antemano en una lista pequeña y por consenso las personas más capacitadas, se agilizarían los trámites relativos a su designación". Y además, se logra "[f]omentar que sean las mismas personas las que participen en los casos, lo que permitirá que se especialicen, al adquirir experiencia en un lapso menor. Se pensó que esto también contribuirá a lograr la unificación de criterios, lo que se traduce en una mayor certeza para el Estado que somete la controversia respecto a la forma como resolverá el panel". Cfr. BEATRIZ LEYCEGUI y RAFAEL FERNÁNDEZ DE CASTRO (coord.). *TLCAN ¿socios naturales?: cinco años del Tratado de Libre Comercio de América del Norte*, ITAM-M.A., México, Porrúa, 2000, pp. 556 y 557.

213 Artículo 8.4 del ESD de la OMC.

o aptitudes específicas, que legitimen su actividad como *órgano resolutorio* de la controversia. En este sentido, el *modelo TLC* estadounidense exige que los miembros de la lista indicativa posean ciertas *calidades objetivas* y *subjetivas*, que "[...] están situadas más cerca de los códigos éticos que del carácter de auténticas normas jurídicas"[214]. Entre las calidades objetivas o de calificación profesional se encuentra que los candidatos a panelistas están obligados a tener *conocimientos especializados* o *experiencia* en derecho, comercio internacional, o solución de controversias provenientes de Acuerdos comerciales internacionales u otros ámbitos del tratado[215]. Así, por ejemplo, el TLC Perú-EEUU y el TLC Colombia-EEUU (literal (d) del artículo 21.9 [1]) ordenan que:

> Cada parte en controversia deberá esforzarse por seleccionar panelistas que tengan *experiencia relevante en la materia de la disputa*. Adicionalmente, en cualquier disputa que surja bajo el Artículo 17.2.1(a) (Cumplimiento de la Ley Laboral) o Artículo 18.2.1(a) (Cumplimiento de la Ley Ambiental), los panelistas distintos a los seleccionados por sorteo deberán tener conocimiento y experiencia en la materia sometida a disputa (cursiva fuera de texto).

Por su parte, como calidades subjetivas o éticas, el *modelo TLC* estadounidense de solución de controversias determina que los candidatos deben tener objetividad, imparcialidad, confiabilidad y buen juicio, ser independientes, esto es, no tener vínculos con cualquiera de las Partes y no recibir instrucciones de las mismas, y cumplir el código de conducta que establezca la Comisión[216]. Desde luego que en estas calidades subjetivas de los miembros de la lista indicativa se evidencian algunas dificultades al incorporar elementos "ambiguos" que facilitan a los gobiernos de los Estados signatarios actuar de una manera discrecional. Precisamente por ello, el *modelo de TLC* ordena que los candidatos de la lista deberán realizar una declaración inicial, conforme a lo estipulado en el Código de conducta de cada tratado y, además, prohíbe que las personas que hayan participado en las consultas ante la Comisión como asesores técnicos, miembros

---

214 José María Chillón Medina y José Fernando Merino Merchán. *Tratado de Derecho arbitral*, 3.ª ed., Madrid, Civitas, 2006, p. 1994.

215 Artículos 2009.2 (a) del TLCAN; 22.7 (2) (a) del TLC Chile-EEUU; 20.7 (2) (a) del CAFTA-RD; 21.8 (1) (a) del TLC Perú-EEUU; 21.8 (1) (a) del TLC Colombia-EEUU y 20.7 (2) (a) del TLC Panamá-EEUU. La exigencia de conocimientos especiales puede ser considerada como un *presupuesto de admisión* de los miembros de la lista indicativa, y su ausencia, en el nombramiento como panelista, puede significar la desaprobación final por las partes en la controversia mediante la *recusación*.

216 Artículos 2009.2 (a), (b) y (c) del TLCAN; 22.7 (2) (b), (c) y (d) del TLC Chile-EEUU; 20.7 (2) (b), (c) y (d) del CAFTA-RD; 21.8 (1) (b), (c) y (d) del TLC Perú-EEUU; 21.8 (1) (b), (c) y (d) del TLC Colombia-EEUU y 20.7 (2) (b), (c) y (d) del TLC Panamá-EEUU.

de los grupos de trabajo o expertos puedan ser designados panelistas[217], de esta manera se evita repetir experiencias del pasado, como sucedió en el asunto *Estados Unidos-Regulación de la Langosta* (USA 89-1807-01), adoptado el 25 de mayo 1990, donde en el panel integrado conforme al ALCCEU, cada uno de los panelistas votó a favor del país de su nacionalidad, lo cual generó suspicacia y descontento por parte de los canadienses, quienes se encontraban en minoría.

El código de conducta, como conjunto de preceptos éticos, representa uno de los elementos fundamentales en el proceso de selección al establecer como principio rector que el candidato de la lista o miembro de un panel debe revelar cualquier interés, relación o asunto que pueda afectar su integridad e imparcialidad, o que genere una apariencia de deshonestidad o parcialidad[218].

– GARANTÍA DEL PROCEDIMIENTO DE SELECCIÓN OBJETIVA DEL PANEL

Otra consecuencia de la naturaleza *contenciosa* de la etapa ante el panel es la aparición de dos mecanismos o métodos para lograr su constitución. El primero, *el método de la elección cruzada*[219], cuando el panel se integra por cinco miembros. Este mecanismo, regulado por el artículo 2011 del TLCAN, depende del número de partes en la controversia, es decir, del carácter bilateral o trilateral de la diferencia. Cuando sean dos partes en contienda, se aplican los siguientes lineamientos:

– Las partes en controversia designan por mutuo acuerdo el presidente del panel dentro de los quince días siguientes a la entrega de la solicitud para la integración del mismo. Empero, si las partes no llegan a un acuerdo dentro del tiempo señalado, se elige por sorteo a la parte que designará al presidente (con un plazo de cinco días), quien no puede ser nacional de la parte que designa.

– Posteriormente, dentro de los quince días siguientes a la elección del presidente, cada parte selecciona dos panelistas que sean nacionales de la contraparte.

---

217 Artículos 2010 del TLCAN; 22.8 del TLC Chile-EUU; 20.8 del CAFTA-RD; 21.8 (2) del TLC Perú-EEUU; 21.8 (2) del TLC Colombia-EEUU y 20.8 del TLC Panamá-EEUU.

218 La violación del Código de Conducta es causal de remoción o destitución del panelista, y es establecida en los artículos 2011.4 del TLCAN; 22.9 (3) del TLC Chile-EEUU; 20.9 (3) del CAFTA-RD; 21.8 (2) del TLC Perú-EEUU; 21.8 (2) del TLC Colombia-EEUU y 22.9 (3) del TLC Panamá-EEUU.

219 Para un mayor estudio del proceso de selección cruzada, cfr. RODOLFO CRUZ MIRAMONTES. *El TLC: controversias, soluciones y otros temas conexos*, México, Porrúa, 2002; JAVIER GARCIADIEGO (coord.), *El TLC día a día*, México, Porrúa, 1994, p. 707; OMAR CAMARILLO. "El TLC y el Sistema de Resolución de Controversias…", cit., nota 673.

– Por último, si una de las partes en la controversia no selecciona a sus panelistas dentro del término establecido, estos se designan por sorteo entre los miembros de la lista, siempre y cuando no sean nacionales de la contraparte.

Cuando hay más de dos partes en la controversia, el artículo 2011 del TLCAN asigna el siguiente procedimiento:

– Las partes pueden acordar mutuamente la designación del presidente del panel dentro de los quince días siguientes a la entrega de la solicitud de su integración. En el evento que no lleguen a dicho acuerdo en el plazo señalado, se elige por sorteo a la parte o partes que designarán al presidente (con un término de diez días), quien no puede ser nacional de la parte o partes que lo designan.

– Con todo, dentro de los quince días siguientes a la elección del presidente, la parte demandada[220] seleccionará dos panelistas, los cuales deben ser nacionales de cada una de las partes reclamantes. A continuación, las partes reclamantes eligen dos panelistas que deben ser nacionales de la parte demandada.

– Finalmente, si alguna de las partes contendientes no designa a un panelista en el término establecido, este se elige por sorteo entre los miembros de la lista. Claro está, se deberá respetar la regla de la *elección cruzada*, esto es, que no sean nacionales de la contraparte[221].

La *elección cruzada* es una garantía del *principio de la imparcialidad* del panel[222], en tanto que cada una de las partes contendientes selecciona a panelistas nacionales de la otra u otras partes, con el propósito de evitar que los miembros del panel sean elegidos por sus gobiernos. Este mecanismo de elección es una evolución del *modelo TLC* estadounidense de solución de controversias, en tanto que busca remediar dos dificultades recurrentes en el procedimiento general del ALCCEU de 1989: por un lado, los compromisos políticos asumidos por los

---

220 Desde la lógica procesal internacional debe entenderse que solamente puede existir una parte demanda, toda vez que en los mecanismos de solución de controversias comerciales existe *unidad procesal*, es decir, en una controversia se presenta un mismo sujeto pasivo (el Estado demandado), el objeto de la diferencia (medida o asunto que vulnera el Tratado) y las pretensiones (anulación de la medida y compensación del daño), de lo contrario estamos en presencia de varias controversias. Es posible que dos o más partes adopten medidas similares que violen disposiciones normativas del Tratado, no obstante, siempre serán actos diferentes, que originan distintas controversias.

221 Artículos 2011.1 y 2011.2 del TLCAN.

222 Sobre el *principio de la imparcialidad*, cfr., entre otros, SCOTT DONAHEY. "The independence and neutrality of arbitrators", *Journal of International Arbitration*, vol. 9, n.º 4, 1992, p. 31; JACQUELINE LINSMEAU. "L'arbitrage sectoriel et les principes généraux du Droit", en *Les Modes non Judiciarisés de Règlement des Conflits. Actes de la Journée d'études du 27 avril 1994*, Bruxelles, Bruylant, 1995, p. 39 ; BERTRAND MOREAU. "Intervention aux débats in Arbitrage et Propriété Intellectuelle", en *Colloque IRPI Henri-Desbois*, 26 de enero de 1994, Librairies Techniques, *Collection Le droit des affaires. Propriété intellectuelle*, n.º 12, 1994, p. 35; GIORGIO BERNINI. "Cultural Neutrality: A prerequisite to Arbitral Justice", *Michigan Journal of International Law*, vol. 10, n.º 1, 1989, p. 39.

miembros del panel para su elección, que les restaba eficacia y credibilidad[223], y por otro, evitar las coaliciones entre dos países[224].

El segundo es *el método de la elección directa*, cuando el panel se integra por tres miembros[225]. Este proceso de constitución del panel se inicia con la designación del presidente mediante el consenso entre las partes contendientes, dentro de los quince días siguientes a la entrega del escrito de solicitud para el establecimiento del panel. En caso de que las partes no lleguen a un acuerdo sobre el nombramiento del presidente dentro del período establecido, la elección se hace por *sorteo* (en un término de tres días) entre los integrantes de la lista de árbitros, que *no sean nacionales* de las partes en la controversia[226]. Se trata, por tanto, de la sustitución de la elección cruzada del TLCAN por una elección directa de los panelistas, puesto que una vez se elige el presidente del panel, cada una de las partes contendientes debe escoger de la lista indicativa los dos árbitros restantes del panel[227] de su propia nacionalidad. Ahora bien, si una parte no selecciona a su árbitro dentro del plazo indicado, este se elige por sorteo entre los integrantes de la lista que sean nacionales de la parte.

Otro cambio ocurre en los TLC Perú-EEUU y Colombia-EEUU, los cuales invierten el orden de elección del presidente del panel respecto al TLCAN, al TLC Chile-EEUU y al CAFTA-RD, es decir, cada una de las partes, tanto reclamante

---

223 Una de las críticas más frecuentes que se realizaban al procedimiento de solución de controversias del ALCCEU de 1989 es que las decisiones del Grupo Arbitral reflejaban las preferencias políticas de los panelista y no la legalidad del tema en disputa.

224 Por esta razón, el mecanismo de selección incorporado en el ALCCEU de 1989 fue objetado por los Estados Unidos, ya que al gobierno estadounidense le preocupaba una posible alianza entre México y Canadá para tomar las decisiones y que siempre fueran mayoría. Es más, según RUBIO, en el evento de que el TLCAN hubiera continuado con este sistema de elección del ALCCEU, el número de miembros sería de siete, al incorporar dos panelistas mexicanos. Cfr. LUIS RUBIO. *¿Cómo va a afectar a México el Tratado de Libre Comercio?*, México, Fondo de Cultura Económica, 1994, pp. 145 y 146.

225 Este número impar tiene por objetivo evitar empates a la hora de la votación y que la decisión quede reflejada de forma clara y sin lugar a dudas. Además, en el caso del arbitraje comercial internacional se han venido desechando las ventajas del arbitraje "unipersonal", prefiriendo los tribunales "pluripersonales" como órganos que garantizan que cada aspecto del litigio sea debatido colegiadamente. En relación a la composición, la tendencia es la del número impar, cfr. LUIS FRANCISCO CARRILLO POZO. "El arbitraje comercial internacional", *Boletín Económico de Información Comercial Española* (ICE), n.° 2456, del 22-28 de mayo de 1995, pp. 65 y 66. Ahora bien, esta tendencia se ha venido siguiendo no solo por el arbitraje internacional en general, sino que también ha sido adoptada por las instituciones nacionales de arbitraje, por ejemplo, la Corte Española de Arbitraje. Cfr. JOSÉ LUIS ROCA AYMAR. "Cómo prevenir y resolver los conflictos en el comercio exterior: el arbitraje internacional", *Boletín Económico de Información Comercial Española* (ICE), n.° 2447, del 13-19 de marzo de 1995, pp. 66 a 68.

226 Artículos 22.9 (1) (b) del TLC Chile-EEUU; 20.9 (1) (b) del CAFTA-RD y 20.9 (1) (b) del TLC Panamá-EEUU.

227 La elección de los dos panelistas se realiza dentro de los 15 días siguientes a la selección del presidente. *Ibídem*.

como reclamada, designan a un panelista en consulta entre ellas y, después, se efectúa la elección del presidente del panel por consenso, dentro de los quince días siguientes a la fecha de selección del segundo panelista[228].

El *principio de la imparcialidad* del panel en la etapa contenciosa también se materializa en el conjunto normativo llamado *Reglas Modelo de Procedimiento*. Así por ejemplo, la Regla n.° 36 del TLCAN, ordena que "el panel se abstendrá de reunirse con una Parte involucrada y de establecer contacto con ella en ausencia de las otras Partes involucradas". De manera análoga, la Regla n.° 37 del TLCAN determina que "ningún panelista discutirá con una o más de las Partes involucradas asunto alguno relacionado con el procedimiento en ausencia de los otros panelistas"[229]. En consecuencia, la actuación parcial o dependiente del panel tiene efectos incontestables no solo en el ámbito de los TLC sino en cualquier instrumento, en tanto que atenta contra el derecho de defensa establecido en el orden público internacional y sancionado además por el Derecho positivo de las Convenciones. Son precisamente las *Reglas Modelo de Procedimiento* el objeto de examen del próximo apartado, que tiene como finalidad destacar su importancia para el *modelo TLC* estadounidense de solución de controversias.

C. REGLAS MODELO DEL PROCEDIMIENTO

Todos los procedimientos de la solución de controversias, inclusive en materia comercial, se fundamentan en el desarrollo de relaciones jurídicas entre el órgano de adjudicación o jurisdiccional y las *partes*, quienes buscan por medio de fórmulas procesales la efectividad de derecho material y de las garantías debidas a las partes que en él intervienen. El *modelo TLC* estadounidense de solución de controversia incorpora a tal efecto las denominadas *Reglas Modelo de Procedimiento*[230]. Dicho conjunto normativo es creado, derogado o modificado por la Comisión de Libre Comercio[231], a menos que las partes en la controversia

228 Artículos 21.9 (1) (b) y (c) del TLC Perú-EEUU y 21. 9 (1) (b) y (c) del TLC Colombia-EEUU.

229 Sobre las relaciones entre las partes y el panel existe un amplio desarrollo en materia de Arbitraje internacional, así por ejemplo, cfr. JEAN ROBERT. "Influence sur la validité de l'arbitrage, des rapports antérieurs des arbitres avec les parties", *Revue de l'Arbitrage*, 1969, pp. 43 a 45; EUGENIO MINOLI. "Relations entre partie et arbitre", *Revue de l'Arbitrage*, 1970, p. 221 y ss.

230 En el Derecho internacional las *Reglas Modelo de Procedimiento* son una práctica generalizada, particularmente en el arbitraje, la conciliación, etc. El propósito de estas normas en los TLC es reglamentar o desarrollar los preceptos del procedimiento general de solución de controversias que, en últimas, representan los cánones que debe seguir el panel para cumplir con sus funciones.

231 Artículos 22.10 (3) del TLC Chile-EEUU; 20.10 (3) del CAFTA-RD y 20.10 (3) del TLC Panamá-EEUU), salvo en los artículos 21.10 (3) del TLC Perú-EEUU y 21.10 (3) del TLC Colombia-EEUU. A diferencia del régimen jurídico de la OMC que regula expresamente los procedimientos que deben seguir los Grupos

acuerden mutuamente aplicar otras reglas[232], con la finalidad de puntualizar alguna norma procesal de los tratados[233].

Las Reglas Modelo de procedimiento cumplen, además, una tarea de primer orden como garantías procesales[234] que completan el sistema jurídico del *modelo TLC* estadounidense, pues limitan el poder de los Estados signatario y las potestades de los órganos (comisión, panel, asesores o grupo de expertos, entre otros) que participan en el procedimiento general de solución de controversias. En efecto, el propósito de estas reglas es tutelar el sistema de principios y los mandatos jurídicos incorporados en los TLC; concretamente se procura una mayor efectividad del conjunto de garantías procesales del *principio del respeto al debido proceso*, entre las cuales se hallan:

– *El derecho de defensa*, que determina dos obligaciones del panel frente a las partes contendientes: la primera, exige que el panel garantice el respeto a los derechos y las obligaciones de las partes contendientes[235], tales como, el derecho a una audiencia pública ante el panel[236], el derecho a presentar alegatos iniciales y de réplica por escrito[237], el derecho a que todos los escritos presentados por la partes sean públicos[238], el derecho a la protección de la in-

---

Especiales en disputas relativas a la garantía de la calidad de los informes del grupo especial, al finamiento de calendarios de trabajo claros y efectivos para que las partes puedan hacer sus comunicaciones y reclamaciones, y a un plazo no mayor de seis meses inicialmente para la presentación de su informe final, los tratados del *modelo TLC* estadounidense determinan que dentro de las potestades normativas de la Comisión se encuentra definir las *Reglas de Procedimiento*, lo cual deja abierta la posibilidad para que este órgano político negocie unas reglas que pueden generar mayores trabas al mecanismo de solución de diferencias, toda vez que Estados Unidos, como el país fuerte, preferirá un procedimiento menos claro o transparente, lo cual le dará mayor espacio para manejar los conflictos de manera política.

232 Esta prerrogativa es exclusiva de las partes contendientes y no de la Comisión de Libre Comercio, en tanto que pueden existir procedimientos o, en estricto sentido, controversias donde solo participan dos países, los cuales pueden ser signatarios de tratados plurilaterales, como es el caso del CAFTA-RD en donde la Comisión está formada por tres o más Estados. Cfr. JORGE WITKER. "Panorama general de solución de controversias...", cit., nota 121, p. 43.

233 Artículos 2012.2 del TLCAN; 22.10 (2) del TLC Chile-EEUU; 20.10 (2) del CAFTA-RD; 21.10 (2) del TLC Perú-EEUU; 21.10 (2) del TLC Colombia-EEUU y 20.10 (2) del TLC Panamá-EEUU.

234 El artículo 2012.1 del TLCAN menciona expresamente que las reglas de procedimiento garantizan los *principios* del procedimiento de solución de controversias. Los Tratados subsiguientes omiten el término "principios", lo cual no significa que el *modelo TLC* pase por alto este conjunto normativo, o que estos no se protejan.

235 El *modelo TLC* de solución de controversias garantiza un amplio catálogo de derechos, en los artículos 2012.2 del TLCAN; 22.10 (2) del TLC Chile-EEUU; 20.10 (2) del CAFTA-RD; 21.10 (2) del TLC Perú-EEUU; 21.10 (2) del TLC Colombia-EEUU y 20.10 (2) del TLC Panamá-EEUU.

236 El TLCAN regula las "audiencias" desde la Regla Modelo n.º 21 hasta la n.º 29, asimismo, el TLC Chile-EEUU reglamenta este derecho desde la regla n.º 27 hasta la n.º 51.

237 El escrito o "alegato inicial" y las "réplicas" son desarrolladas en las Reglas Modelo n.os 7, 27 y 29 del TLCAN. De igual forma, en el TLC Chile-EEUU en sus Reglas Modelo n.os 8, 9 y 36.

238 Reglas Modelo de Procedimiento del n.º 13 al n.º 19 del TLC Chile-EEUU.

formación confidencial, y el derecho a que entidades no-gubernamentales de las partes contendientes presenten opiniones que puedan ayudar al panel en la evaluación de los argumentos de las partes[239]; la segunda obligación ordena al panel a cumplir sus "funciones asignadas" en la forma como se regule en los tratados, limitando así el margen de acción o ámbito de competencia del panel mediante normas procesales específicas que garantizan el *principio del respeto al debido proceso*. Piénsese, para ilustrar este aserto, en la Regla de Procedimiento n.º 36 del TLC Chile-EEUU que esquematiza la estructura de la audiencia ante el panel, en los siguientes términos:

> *La audiencia será dirigida por el grupo arbitral de la siguiente manera, asegurándose de que la Parte reclamante y la Parte demandada dispongan de igual tiempo:*
> *Argumento*
> *(i) Alegato de la Parte reclamante.*
> *(ii) Alegato de la Parte demandada.*
> *Refutación*
> *(iii) Réplica de la Parte reclamante.*
> *(iv) Contrarréplica de la Parte demandada* (cursiva fuera del texto)[240].

– *La confidencialidad*, que tiene como objetivo fundamental mantener el procedimiento, en la medida de lo posible, alejado de las presiones e intereses privados o públicos. Así, el *modelo TLC* estadounidense de solución de controversias protege toda la información presentada por las partes que sea de naturaleza *reservada*[241]. Los TLC restringen entre otros actos procesales: la divulgación de las audiencias ante el panel, las deliberaciones, los informes y los escritos que tengan carácter de confidencial[242].

– *La publicidad o transparencia de las actuaciones y la información*. Esta garantía procesal permite a terceros países tener acceso a las diferentes actuaciones y documentos procesales, entre otros, las audiencias ante el panel, los alegatos escritos de cada una de las parte participantes, las versiones escritas de sus de-

239 Artículos 21.10 (1) (d) del TLC Perú-EEUU y 21.10 (1) (d) del TLC Colombia-EEUU.

240 El artículo 21.10 (f) del TLC Colombia-EEUU determina que "las Partes tienen el derecho a presentar y recibir peticiones escritas y presentar y oír argumentos orales en inglés o en castellano [...]".

241 El *modelo TLC* protege la información específica que las partes designan como confidenciales. Cfr. artículos 2012. (1) (b) del TLCAN; 22.10 (1) (e) del TLC Chile-EEUU; 20.10 (1) (e) del CAFTA-RD; 21.10 (1) (e) del TLC Perú-EEUU; 21.10 (1) (e) del TLC Colombia-EEUU y 20.10 (1) (e) del TLC Panamá-EEUU.

242 La Regla Modelo de Procedimiento n.º 35 del TLCAN establece que las partes deben mantener la confidencialidad de las audiencias ante un panel, las deliberaciones y el informe preliminar, así como de todos los escritos y las comunicaciones con el panel, conforme a los procedimientos acordados periódicamente entre los representantes de las Partes. En el mismo sentido, cfr. Regla Modelo de Procedimiento n.º 14 del TLCAN.

claraciones orales y las respuestas escritas a solicitud o a las preguntas del panel y el informe final, dentro del término establecido en los tratados. Para terminar, la publicidad o transparencia de las actuaciones y la información no se incluyen en el texto del TLCAN, es tan solo a partir del TLC Chile-EEUU (art. 22.10[1] [c])[243] que se incorporan al modelo de solución de controversias y posteriormente, se reproduce en el CAFTA (20.10[1] [c]), el TLC Perú-EEUU (art. 21.10[1]), el TLC Colombia-EEUU (art. 21.10[1]) y el TLC Panamá-EEUU (art. 20.10[1] [c]).

– *La preclusión del procedimiento*, por su parte, prevé términos específicos para cada una de las actuaciones o etapas del procedimiento general de solución de controversias con el fin de procurar un proceso sin dilaciones y eficaz[244]. La incorporación de términos o plazos procesales dota de certeza y previsibilidad jurídica al *modelo TLC* estadounidense, acercándolo un poco más a los métodos o técnicas de resolución de controversias con apego a la norma jurídica, llamados procedimientos adjudicatarios o de resolución jurídica. Por consiguiente, desde el momento en que las partes decidan acudir al procedimiento previsto en los TLC, y de no existir ninguna interrupción entre la etapa de consultas entre gobiernos, la intervención de la Comisión y esta etapa ante el panel, y hasta la decisión que resuelve la controversia, transcurren aproximadamente 250 días.

A través del conjunto de garantías del *principio del respeto al debido proceso* antes mencionado se concretan los "mínimos" procesales que permiten asegurar un procedimiento general de solución de controversias que sirve adecuadamente a su objetivo final: procurar la previsibilidad y seguridad jurídica de todas las obligaciones y derechos acordados en sus tratados. De ahí que la validez y legitimidad del *modelo TLC* estadounidense estén condicionadas por el respeto a este sistema de garantías y principios procesales, que componen el fundamento teleológico de la solución de controversias y representan una evidencia más del carácter *contencioso* de esta etapa. Claro está, no se puede olvidar que el panel tiene amplias prerrogativas para dirigir el procedimiento general, es decir, reglamentar las cuestiones relativas a su propia actuación y la de las partes, por ejemplo, resolver sobre su propia competencia, solicitar información de expertos y decidir si recibe o no informes de particulares, solicitar información a las partes, decidir sobre los plazos de presentación de pruebas, ampliar los plazos de presentación de sus informes, etc. Estas facultades

243 El TLC Chile-EEUU establece que: "Todas la audiencias serán abiertas al público para su observación, excepto que el grupo arbitral cierre la audiencia durante la discusión de información confidencial" (Regla Modelo de Procedimiento n.º 31).

244 No obstante, la Regla Modelo de Procedimiento n.º 17 del TLCAN, establece que "En lo no previsto por estas Reglas, el panel podrá aplicar las reglas procesales que estime apropiadas, siempre que no sean incompatibles con el Tratado".

discrecionales del panel están limitadas a que sus actuaciones no contravengan las Reglas Modelo de Procedimiento y las normas del propio TLC.

d. TÉRMINOS DE REFERENCIA

Los términos de referencia en el *modelo de TLC* solución de controversias se inspiran en la figura del "mandato" regulado por el párrafo 2 del artículo XXII del GATT de 1947 y el párrafo 1 del artículo 7.º del ESD de la OMC, y constituye una pieza clave en la organización del procedimiento general de solución de controversias[245], pues es un acto procesal que determina los elementos esenciales de la *controversia* con carácter previo al desarrollo de la etapa contenciosa propiamente dicha. En otras palabras, los términos de referencia preparan la misión del panel a partir de un escrito que señala el nombre completo y calidad en que intervienen las partes, la dirección de las partes donde se podrán efectuar válidamente las notificaciones o comunicaciones durante el arbitraje, una exposición de los nombres y apellidos completos de los panelistas, sede del panel arbitral, etc., al mismo tiempo que permite a las partes contendientes precisar y defender sus pretensiones mediante la presentación de sus alegatos y pruebas.

No cabe duda que los términos de referencia son una expresión más del carácter *contencioso* de esta etapa, en tanto que las partes contendientes[246] asig-

---

245 Este acto procesal, con independencia de su denominación, bien sea "acta misión" (art. 2012.3 del TLCAN), "fijación de la causa", "mandato" (art. 7.º del ESD de la OMC) o "términos de referencia", tiene su origen en la normas convencionales del Arbitraje internacional. Así, por ejemplo, el artículo 15 del Reglamento de la Cámara de Comercio Internacional –CCI– define el acta misión como un documento firmado por las partes y los árbitros, que tiene por objeto exponer las pretensiones de las partes, identificar los puntos sobre los que el tribunal arbitral deberá pronunciarse y fijar las principales reglas que regirán el desempeño del procedimiento arbitral. Para profundizar en el alcance y contenido de este acto procesal, cfr. ERICK SCHÄFER. "Terms of Reference in the past and at present", en *The International Chamber Commerce (ICC) International Court of Arbitration Bulletin*, 1992, p. 8 y ss.; SERGE LAZAREFF. "L'acte de mission selon le Règlement d'arbitrage de la ICC de 1988, un guide pratique de son usage", en *The International Chamber Commerce (ICC) International Court of Arbitration Bulletin*, vol. 3, n.º 1, 1992, p. 24 y ss.; JEAN-JACQUES ARNÁLDEZ. "L'acte déterminant la mission de l'arbitre", en *Etudes offertes à Pierre Bellet*, Paris, Litec, 1992, p. 1 y ss.

246 El *modelo TLC* asigna un término de 20 días siguientes a la fecha de entrega de solicitud de establecimiento del panel como regla general para presentar los términos de referencia, a menos que las partes en la controversia acuerden mutuamente otra cosa. Precisamente, la Regla Modelo de Procedimiento n.º 5 del TLCAN determina: "Si las Partes contendientes no hubiesen convenido el acta de misión después de los 20 días siguientes a la fecha de entrega de la solicitud de establecimiento del panel, la Parte reclamante podrá notificar esta circunstancia a la sección responsable del Secretariado. Cuando reciba dicha notificación, esta sección entregará de la manera más expedita posible un acta de misión en los términos del Artículo 2012(3) a las Partes involucradas, a las otras secciones del Secretariado y, una vez designado el último de los panelistas, al panel". En el mismo sentido, cfr. la Regla Modelo de Procedimiento n.º 5 del TLC Chile-EEUU.

nan al panel tres obligaciones "de hacer": la primera, analizar la controversia a que se hace referencia en la solicitud de establecimiento del panel o sometida a la Comisión[247], lógicamente a la luz de las disposiciones aplicables del tratado; la segunda, realizar conclusiones, determinaciones y recomendaciones[248], y la tercera, presentar informes escritos, tanto el inicial como el final[249].

Este acto procesal, además, forma parte del sistema de garantías del *principio del respeto al debido proceso*, al proporcionar a las partes y a los terceros la información suficiente respecto a las alegaciones o fundamentos jurídicos que se formulan en la controversia. Así pues, los términos de referencia tienen dos finalidades: por un lado, permitir configurar el *ámbito de autoridad del panel*, y por otro, *garantizar el derecho de defensa de las partes contendientes*.

– CONFIGURACIÓN DEL ÁMBITO DE AUTORIDAD DEL PANEL

Pese a que el panel cuenta con cierta "discrecionalidad" para establecer sus propios procedimientos de trabajo, esta facultad se encuentra limitada por las disposiciones jurídicas del tratado, y en particular, por los términos de referencia que impiden al panel modificar los elementos de "fondo" o la *litis*. Por ejemplo, las conclusiones del panel sobre el alcance de los efectos comerciales adversos generados a la contraparte, que sean consecuencia de una medida u otro asunto, que juzgue ser incompatible con las obligaciones del tratado o haya causado anulación o menoscabo, solamente puede referirse el panel cuando la parte reclamante lo solicite e indique explícitamente en el mandato[250].

– GARANTÍA DEL DERECHO DE DEFENSA DE LAS PARTES CONTENDIENTES

El procedimiento general de solución de controversias en los TLC estadounidenses protege, una vez más, el *principio del respeto al debido proceso* al otorgar a la contraparte la oportunidad de responder a los argumentos jurídicos de la

---

247 Al regular los *términos de referencia* el TLCAN incluye la Comisión, pues solo este órgano puede convocar al panel, tal como se regula en su artículo 2008.2.

248 Las recomendaciones pueden ser de dos tipos: las conclusiones sobre el nivel de los *efectos comerciales adversos* y las recomendaciones para la *solución de la controversia* que se incorporan en el informe final.

249 Artículos 2012.3 del TLCAN; 22.10 (4) del TLC Chile-EEUU; 20.10 (4) del CAFTA-RD; 21.10 (4) del TLC Perú-EEUU; 21.10 (4) del TLC Colombia-EEUU y 20.10 (4) del TLC Panamá-EEUU.

250 Artículos 2012.4 del TLCAN; 22.10 (5) del TLC Chile-EEUU; 20.12 del CAFTA-RD; 21.10 (5) del TLC Perú-EEUU; 21.10 (5) del TLC Colombia-EEUU y 20.10 (5) del TLC Panamá-EEUU.

parte reclamante, una vez se definan las reclamaciones concretas planteadas en la controversia, que individualizan la infracción del tratado. Se tiene por consiguiente que el procedimiento ante el panel se inicia oficialmente cuando las partes contendientes definen los términos de referencia dentro de los veinte días siguientes a la fecha de entrega de la solicitud de establecimiento de un panel[251].

e. INFORME INICIAL O PRELIMINAR

El informe preliminar o inicial regulado en el *modelo* TLC estadounidense de solución de controversias retoma la idea del "informe provisional" establecido en el párrafo 2 del artículo 15 del ESD de la OMC. Esta decisión preliminar representa la primera evaluación objetiva que realiza el panel de las cuestiones fácticas y jurídicas con el propósito de determinar la conformidad de la medida impugnada con las disposiciones jurídicas del tratado. Para lograr una valoración de este tipo, el panel cuenta con diferentes instrumentos, como la asesoría técnica y los grupos de expertos, que le ayudan a alcanzar la comprensión y la valoración íntegra de las pruebas presentadas, además de los argumentos expuestos por las partes y de la conformidad de estos con los preceptos jurídicos del tratado.

Bajo este panorama, el *modelo* TLC estadounidense de solución de controversias afronta uno de sus grandes retos: la "solidez" jurídico-técnica de las decisiones del panel[252]. Para conseguir tal "solidez", el modelo permite la participación de otros sujetos ajenos al procedimiento, concretamente, el grupo de expertos o los asesores técnicos, a fin de facilitar una comprensión más completa del asunto que se haya sometido al procedimiento. Así, ya sea por solicitud de una parte contendiente o por iniciativa del panel, es posible recabar la información y la asesoría técnica de cualquier persona, entidad o de "cualquier fuente pertinente", que valore convenientemente la solución de la controversia[253]. Esta prerrogativa no se limita meramente a la elección o a la

---

251 Las Reglas de Procedimiento n.ºs 4 y 5 del TLCAN, ordenan: "[...] las Partes entregarán sin demora cualesquier términos de referencia acordado a la oficina responsable [y] si las Partes no hubieren acordado términos de referencia dentro de los 20 días siguientes a la solicitud de establecimiento del grupo arbitral, la Parte reclamante podrá notificar a la oficina responsable. Una vez recibida tal notificación, esa oficina entregará los términos de referencia establecidos en el Artículo 22.10 a las Partes y al grupo arbitral, una vez designado el último árbitro, por el medio más expedito posible".

252 La búsqueda de informes o decisiones del panel, rigurosos en su hermenéutica *jurídico-técnica*, constituye un aspecto que el sistema jurídico de la OMC trata de resolver en sus artículos 13.1 y 13.2 del ESD.

253 Artículos 2014 del TLCAN; 22.11 del TLC Chile-EEUU; 20.12 del CAFTA-RD; 21.12 del TLC Perú-EEUU; 21.12 del TLC Colombia-EEUU y 20.11 del TLC Panamá-EEUU. En el mismo sentido, cfr. la Regla Modelo de Procedimiento n.° 30 del TLCAN, la cual faculta a que "*en cualquier momento del procedimiento*, el

evaluación de la *fuente* de la información o del asesoramiento que pueda recabar un panel, incluye también la posibilidad de decidir *rechazar* tal información o asesoramiento que hayan requerido o recibido, a menos que ambas partes contendientes lo desaprueben[254]. Un ejemplo de la posibilidad de acudir a la asesoría técnica de un grupo de expertos lo constituye el *Comité de Revisión Científica*[255]. Este Comité de expertos, regulado en el artículo 2015 del TLCAN, permite a las partes y al panel solicitar un informe escrito del Comité , referente a cualquier asunto relacionado con el medio ambiente, la salud, la seguridad u otros temas de carácter científico.

Ahora bien, antes de que el panel requiera la información o la asesoría técnica debe determinar los procedimientos a seguir por el grupo de expertos para emitir su informe en consulta con las partes contendientes[256]. Una vez definidos dichos procedimientos, el panel tiene diferentes prerrogativas, entre ellas, determinar *la necesidad de información y asesoramiento* en un caso concreto, establecer la *aceptabilidad* y *pertinencia* de la información o del asesoramiento recibido, y decidir *qué peso atribuye a tal información o asesoramiento* o concluir que no se debería conferir importancia alguna al material recibido[257]. En el evento que el panel arbitral tenga en cuenta la información o la asesoría técnica en la preparación de su propio informe, se obliga a incluir también cualquier comentario presentado por las partes en la controversia sobre esta información o asesoría[258]. No obstante la anterior regla, algunos tratados (CAFTA-RD, TLC

---

panel podrá formular preguntas escritas a una o más de las Partes involucradas. El panel entregará las preguntas escritas a la parte o partes a quienes estén dirigidas a través de la sección responsable del Secretariado. De la manera más expedita posible, la Sección responsable del Secretariado dispondrá la entrega de las copias de las preguntas a las otras secciones del Secretariado y a cualquier otra Parte involucrada".

254 Limitar la posibilidad de solicitar la asesoría técnica o grupo de expertos, al consenso de las Partes, podría generar la anulación del mecanismo que coadyuva a clarificar el asunto o elemento en controversia.

255 Según lo dispuesto por el artículo 2015.2 del TLCAN "el Comité será seleccionado por el panel de entre expertos independientes altamente calificados en materias científicas, después de consultar con las Partes contendientes y con los organismos científicos listados en las Reglas Modelo de Procedimiento establecidas conforme al Artículo 2012(1)".

256 En este sentido, el artículo 22.11 (2) del TLC Chile-EEUU establece que el grupo debe proporcionar a las partes: a. Notificación previa y oportunidad para formular observaciones ante el grupo arbitral respecto de solicitudes de información y asesoría técnica en virtud del párrafo 1, y b. Una copia de cualquier información o asesoría técnica presentada en respuesta a una solicitud realizada de conformidad con el párrafo 1, y la oportunidad de presentar comentarios. En el mismo sentido, cfr. artículos 2015.3 del TLCAN; 20.12 del CAFTA-RD; 21.12 del TLC Perú-EEUU; 21.12 del TLC Colombia-EEUU y 20.11 del TLC Panamá-EEUU.

257 Con independencia de que el panel haya solicitado o no la información, o el asesoramiento, este tiene la facultad discrecional para aceptar o bien para rechazar dicha información o el asesoramiento.

258 Artículos 2015.4 del TLCAN y 22.11 (3) del TLC Chile-EEUU.

Perú-EEUU, TLC Colombia-EEUU y TLC Panamá-EEUU) presentan vacíos normativos en este tema, pues tan solo regulan que se realice según los términos y condiciones que las partes convengan.

Por tanto, con ayuda de la información recabada y de la asesoría del grupo de expertos el panel presenta a las partes contendientes el *informe preliminar* o *inicial*, dentro de alguno de los siguientes términos: en el plazo establecido en el tratado[259], que se cuenta a partir del nombramiento del último árbitro[260], en cualquier otro plazo que determinen las Reglas Modelo de Procedimiento[261], o en el plazo que las partes convengan.

El carácter *contencioso* de la etapa ante el panel establece algunas exigencias y límites para la elaboración del informe preliminar por el panel; concretamente, se delimitan los fundamentos de su decisión y se determina la estructura o el contenido de la misma.

– FUNDAMENTOS DEL INFORME

El informe preliminar del panel, como actuación procesal que dirime la controversia, requiere un juicio racional previo del panel[262]. El *modelo TLC* estadounidense exige un razonamiento a partir de los elementos fácticos y jurídicos del caso concreto representados en los *preceptos jurídicos de los TLC*, *las actuaciones procesales de las partes* y *la información presentada por terceros o cualquier grupo de expertos*[263].

---

259 Artículos 2016 del TLCAN (90 días); 22.12 (3) del TLC Chile-EEUU (120 días); 20.13 (3) del CAFTA-RD (120 días); 21.13 (3) del TLC Perú-EEUU (120 días); 21.13 (3) del TLC Colombia-EEUU (120 días) y 20.12 (3) del TLC Panamá-EEUU (120 días). Tanto el CAFTA-RD como el TLC Panamá-EEUU, establecen que "Cuando el grupo arbitral considere que no puede emitir su informe inicial dentro de un plazo de 120 días, informará a las Partes contendientes por escrito de las razones de la demora y facilitará al mismo tiempo una estimación del plazo en que emitirá su informe. En ningún caso el plazo para emitir el informe deberá exceder de 180 días". Cfr. artículos 20.13 (4) del CAFTA-RD y 20.12 (4) del TLC Panamá-EEUU.

260 El término corre a partir de la elección del último árbitro, debido a que desde el nombramiento del primer árbitro hasta el último, pueden transcurrir varias semanas.

261 Es más, la Regla Modelo de Procedimiento n.° 20 del TLCAN establece que "Previa consulta con las Partes contendientes, el panel podrá modificar los plazos procesales y realizar cualquier otro ajuste procesal o administrativo que sea necesario en el procedimiento, como sería por causa de sustitución de un panelista o cuando las Partes deban responder por escrito a las preguntas que el panel les formule". En el mismo sentido, cfr. la Regla Modelo de Procedimiento n.° 26 del TLC Chile-EEUU.

262 IGNACIO COLOMER HERNÁNDEZ. *La motivación de las sentencias. Sus exigencias constitucionales y legales*, Valencia, 2003; VICTORIA ITURRALDE SESMA. *Aplicación del Derecho y justificación de la decisión judicial*, Valencia, Tirant lo Blanch, 2003; JUAN MORESO, PABLO NAVARRO y MARÍA REDONDO. "Argumentación jurídica, lógica y decisión judicial", *Revista Doxa*, n.° 11, Universidad de Alicante, 1992.

263 Los paneles no tienen como único elemento de juicio para resolver las controversias el recurso de su simple y propia intuición, por el contrario, los TLC exigen un "razonamiento judicial", que tenga en

Respecto al primer elemento, *los preceptos jurídicos pertinentes o relevantes del tratado*, las partes contendientes se encuentran obligadas a determinar, en los términos de referencia, la reclamación contra la pretendida violación que la medida de un Estado signatario hace de ciertas obligaciones que se encuentran comprendidas en determinados preceptos jurídicos del TLC. Lógicamente esto no significa que la reclamación se haga en "abstracto", respecto de toda la normativa del tratado. De ahí que ningún panel está autorizado a pronunciarse sobre la compatibilidad o incompatibilidad de una medida respecto la totalidad de las disposiciones del TLC, sino exclusivamente sobre las normas que hayan sido expresamente invocadas por la parte reclamante[264].

A propósito de qué tipos de normas del tratado son fundamentos del informe, existen algunas discrepancias entre cada instrumento del *modelo TLC* estadounidense. Así, por ejemplo, en el párrafo 1 del artículo 2016 del TLCAN se omite este elemento jurídico dentro de la valoración racional del panel para elaborar su informe; solamente se hace mención a los argumentos y comunicaciones presentados por las partes, y a cualquier información que haya recibido del grupo de expertos o del Comité científico. A su vez, el CAFTA-RD, el TLC Perú-EEUU, el TLC Colombia-EEUU y el TLC Panamá-EEUU hacen referencia a los preceptos jurídicos que tienen un carácter "relevante", y finalmente, el TLC Chile-EEUU en su párrafo 1 del artículo 22.12, señala como fundamentos del informe las disposiciones jurídicas que sean "pertinentes"[265]. Ahora bien, la interpretación de estos vocablos no es un simple problema lingüístico (de diversos adjetivos), sino que es importante para el desarrollo del propio procedimiento en tanto que determina el ámbito de acción del panel o su actividad hermenéutica de aplicación e interpretación y, además, fija el alcance de la controversia a través de las posibles normas violadas que son objeto del mecanismo.

---

cuenta la idea de la justificación y la motivación de las resoluciones. En otras palabras, una decisión fundamentada consiste en explicar e interpretar los preceptos jurídicos aplicables al caso concreto que se juzga, y la motivación de una resolución supone una justificación racional-no arbitraria de la misma. Cfr. artículos 2014 del TLCAN; 22.11 (1) del TLC Chile-EEUU; 20.13 (1) del CAFTA-RD; 21.13 (1) del TLC Perú-EEUU; 21.13 (1) del TLC Colombia-EEUU y 20.12 (1) del TLC Panamá-EEUU.

264 En este sentido, la jurisprudencia de la OMC ha interpretado que el órgano resolutorio incurre en claro error de *derecho* si, transponiendo los límites de su mandato, se pronuncia sobre la compatibilidad de la medida respecto de normas no invocadas expresamente por las partes. Cfr. Informe del Órgano de Apelación, en el asunto *India-Protección mediante patente de los productos farmacéuticos y los productos químicos para la agricultura* (WT/DS50/AB/R), adoptado el 19 de diciembre de 1997, párrafos 87 y 88; Informe del Órgano de Apelación, en el asunto *Estados Unidos-Medidas aplicadas a la importación de determinados productos procedentes de las Comunidades Europeas* (WT/DS165/AB/R), 11 de diciembre de 2000, párrafo 114.

265 En el mismo sentido, se regula en el artículo 12.7 de ESD de la OMC.

El segundo elemento, *las comunicaciones, alegatos y argumentos presentados por las partes contendientes* como fundamentos del informe, hacen referencia a todo tipo de actividad procesal que solicite el panel o presenten las partes contendientes en ejercicio de su *derecho defensa*. En términos generales, estas actuaciones procesales pueden ser clasificadas en actos de instancia o a petición del panel. Los primeros son aquellos actos o información solicitada por el panel en ejercicio de sus funciones y los segundos son todos los documentos o actos aportados durante el procedimiento por voluntad de las partes contendientes.

El tercer elemento, *la información recibida de terceros, del grupo de expertos o del Comité de Revisión Científica*, como ya se analizó anteriormente, la asesoría técnica de cualquier persona, entidad o de "cualquier fuente pertinente" constituye otro fundamento del informe una vez el panel los valore conveniente para la solución de la controversia. Estos tres fundamentos fácticos y jurídicos dotan de validez al informe del panel y legitiman sus recomendaciones.

– ESTRUCTURA DEL INFORME

El informe inicial regulado por el *modelo* TLC estadounidense de solución de controversias, además de estar motivado y fundamentado jurídicamente, determina una estructura que se encuentra dividida como mínimo en tres partes.

En la *primera parte* o "conclusiones de hecho", el panel debe señalar en su informe aquellas inferencias que corresponden a situaciones jurídicamente relevantes en que se fundamentan las comunicaciones, los alegatos y los argumentos de las partes contendientes. Para determinar la relevancia jurídica de estos hechos o situaciones, es necesario que el panel efectúe un ejercicio hermenéutico a la luz de las disposiciones jurídicas ("relevantes" o "pertinentes") del tratado y del material probatorio presentado dentro de las diferentes etapas procedimiento general de solución de controversias. La trascendencia de esta primera parte del informe inicial reside en la determinación de las normas del tratado que son aplicables a la controversia y en la presentación de una síntesis de las principales piezas procesales, esto es, el escrito de solicitud del panel o "demanda", los términos de referencia o mandato, la contestación y alegatos de la parte demandada, junto con la correspondiente valoración preliminar de las pruebas.

En las conclusiones de hecho el panel debe también incluir los resultados sobre el grado de efectos comerciales adversos que haya generado una medida u otro asunto que sea incompatible con las obligaciones del tratado o cause anulación o menoscabo[266]. Claro está, se requiere que una de las partes contendientes formule esta solicitud al panel en los términos de referencia[267]. Una vez el panel determine en su informe el grado de efectos comerciales adversos, las partes contendientes tienen la posibilidad en una etapa posterior del procedimiento general de llegar a un acuerdo sobre una *compensación*, o determinar el *nivel de beneficios* que la parte reclamante puede *suspender*, o también llegar a un acuerdo sobre el *monto de la contribución monetaria anual* en caso de que no se cumpla la decisión del panel.

En la *segunda parte* o "medida que genera la controversia", el panel debe precisar en su informe inicial si la medida es o puede ser incompatible con las obligaciones derivadas del tratado, o si es causa de anulación o menoscabo, o cualquier otra determinación solicitada en los términos de referencia. Para establecer la existencia de la infracción y su naturaleza, el panel realiza un examen interpretativo entre los posibles preceptos jurídicos vulnerados, los hechos jurídicamente relevantes del proceso y las obligaciones incumplidas o anuladas o menoscabadas contenidas en el tratado.

Puestas así las cosas, el informe tiene como marco el contenido específico de los términos de referencia que se define por el contenido del escrito de solicitud para el establecimiento del panel, a menos que expresamente se disponga otra cosa en el tratado[268]. Por ello, según la jurisprudencia de la OMC, la parte reclamante debe de identificar "las medidas concretas en litigio" que de no hacerse o de no expresarse con suficiente claridad conlleva el rechazo de la reclamación por ese motivo[269]. Empero, esta identificación de la norma no se debe interpretar de manera "rígida" sino, como lo señala el Órgano de Apelación en el asunto *Guatemala-Investigación antidumping sobre el cemento Portland procedente de México* "*Cemento I*", en un sentido que permita ejercer el derecho de defensa a la contraparte sin excesivas complicaciones, por lo que no cabe exigir una identificación tan precisa más allá de lo estrictamente razonable[270].

---

266 Artículos 2016.2 (a) del TLCAN; 22.12 (3) (a) del TLC Chile-EEUU; 20.13 (3) (a) del CAFTA-RD; 21.13 (3) (a) del TLC Perú-EEUU; 21.13 (3) (a) del TLC Colombia-EEUU y 20.12 (3) (a) del TLC Panamá-EEUU.

267 Artículos 2012.5 del TLCAN; 22.10 (6) del TLC Chile-EEUU; 20.10 (6) del CAFTA-RD; 21.10 (6) del TLC Perú-EEUU; 21.10 (6) del TLC Colombia-EEUU y 20.10 (6) del TLC Panamá-EEUU.

268 Es indispensable identificar las medidas en el momento procesal señalado por el tratado, que no es otro que el de la presentación misma de la solicitud de establecimiento de panel. Cfr. Informe del Órgano de Apelación, en el asunto *India-Protección mediante patente de los productos farmacéuticos y los productos químicos para la agricultura* (WT/DS50/AB/R), adoptado el 19 de diciembre de 1997, párrafo 94.

269 Informe del Órgano de Apelación, en el asunto *Guatemala-Investigación antidumping sobre el cemento Portland procedente de México "Cemento I"* (WT/DS60/AB/R), adoptado el 2 de noviembre de 1998, párrafos 81-89.

270 Informe del Órgano de Apelación, en el asunto *Comunidades Europeas-Clasificación aduanera de determinado equipo informático* (WT/DS62/AB/R; WT/DS67/AB/R; WT/DS68/AB/R), adoptado el 5 de junio de 1998, párrafo 71.

El *modelo TLC* estadounidense de solución de controversias garantiza la "congruencia" entre las pretensiones de las partes contendientes (fijadas en los términos de referencia) y la decisión del panel. A tales efectos, se puede concluir que este modelo, al limitar el margen de actuación o el poder de decisión del panel a las cuestiones señaladas en los términos de referencia, proscribe los informes *ultra petita* o decisiones que van más allá de lo pedido y los informes *extra petita* o decisiones con un objeto distinto a lo pretendido.

La *tercera parte* o "recomendaciones" consiste en la posibilidad que tiene el panel de formular sugerencias e indicaciones para la solución de la controversia solo en caso de que las partes contendientes así lo acuerden en los términos de referencia[271]. No obstante lo anterior, el artículo 2016.2 (c) del TLCAN, como excepción a la regla, establece que el panel puede presentar recomendaciones de manera "discrecional", ya que solamente dependerán de las necesidades de la controversia.

Por último, es preciso señalar, que el *modelo TLC* estadounidense de solución de controversias permite a cualquier miembro del panel formular "votos particulares" sobre cuestiones en las que no exista un acuerdo unánime en el informe[272]. El valor de los "votos particulares" reside en que el panelista propone en su disenso una tesis diferente, que no es simplemente aclaratoria, sino una separación que posee un criterio interpretativo diferente o que separa de la mayoría. Sin embargo, para el profesor Ezquiaga Ganuzas, "[...] el voto particular no posee ninguna eficacia jurídica, ya que la decisión mayoritaria no pierde fuerza jurídica por más opiniones disidentes que la acompañen"[273].

– ACLARACIONES Y OBSERVACIONES DEL INFORME

Otro aspecto significativo del informe inicial se encuentra en la prerrogativa que tienen las partes contendientes de presentar por escrito observaciones o solicitar aclaraciones relativas a la decisión preliminar del panel dentro de los catorce días siguientes a la presentación del informe o en otro plazo acordado

---

271 Esta condición de las recomendaciones del panel revela, una vez más, la importancia del *principio de la autocomposición de las controversias* para el *modelo TLC*. Es más, para que no quede duda los TLC ordenan en dos numerales del mismo artículo esta exigencia; artículos 22.12 (2) y (3) (c) del TLC Chile-EEUU; 20.13 (2) y (3) (c) del CAFTA-RD; 21.13 (2) y (3) (c) del TLC Perú-EEUU; 21.13 (2) y (3) (c) del TLC Colombia-EEUU y 20.12 (2) y (3) (c) del TLC Panamá-EEUU.

272 Artículos 2016.3 del TLCAN; 22.12 (4) del TLC Chile-EEUU; 20.13 (5) del CAFTA-RD; 21.13 (4) del TLC Perú-EEUU; 21.13 (4) del TLC Colombia-EEUU y 20.12 (5) del TLC Panamá-EEUU.

273 Francisco Javier Ezquiaga Ganuzas. *El voto particular*, Madrid, Centro de Estudios Constitucionales, 1990, p. 18.

por la partes[274]. La naturaleza jurídica de la solicitud de observaciones o aclaraciones no tiene el carácter de un auténtico "recurso de reposición", toda vez que el *modelo TLC* estadounidense no establece ningún medio de impugnación en el procedimiento general, ni estas actuaciones tienen por objetivo revocar o reformar la decisión tomada por el panel en el informe inicial. De hecho, las partes contendientes en la solicitud de observaciones o aclaraciones pueden realizar comentarios positivos, donde están de acuerdo con las valoraciones del panel con el propósito simplemente de precisar algún aspecto del informe.

A pesar de no ser un verdadero "recurso de reposición", las observaciones o aclaraciones en el *modelo TLC* estadounidense obligan al panel a responder dichas peticiones y a considerar los comentarios de las partes, en la medida que lo juzgue apropiado, antes de adoptar su informe definitivo. Adicionalmente, el panel tiene la facultad de solicitar observaciones de cualquier parte "involucrada"[275], reconsiderar su informe, o realizar cualquier análisis adicional o examen posterior que se considere oportuno[276].

f. INFORME FINAL DEL PANEL

Una vez presentado el informe inicial, al panel le corresponde preparar una informe final[277], que debe comunicar a las partes contendientes en un plazo de treinta días contados a partir de la notificación del primer informe[278]. Así,

---

274 Artículos 2016.4 del TLCAN; 22.12 (5) del TLC Chile-EEUU; 20.13 (6) del CAFTA-RD; 21.13 (5) del TLC Perú-EEUU; 21.13 (5) del TLC Colombia-EEUU y 20.12 (6) del TLC Panamá-EEUU.

275 Según la Regla Modelo de Procedimiento n.º 2 del TLCAN, las "partes involucradas" son las partes contendientes y el tercer país que no es parte reclamante ni demandado. El tercero puede intervenir como un "litisconsorcio facultativo", que, en términos del profesor LÓPEZ, se autoriza por razones de conveniencia o economía procesal la participación de una pluralidad de reclamantes en un solo proceso, quienes se suman voluntariamente, sin que su presencia constituya un requisito necesario para la debida integración del contradictorio. Cfr. HERNÁN FABIO LÓPEZ BLANCO. *Derecho procesal civil colombiano*, 7.ª ed., t. I, Bogotá, Dupré, 1997, p. 284.

276 Artículos 2016.5 del TLCAN; 22.12 (6) del TLC Chile-EEUU; 20.13 (7) del CAFTA-RD; 21.13 (6) del TLC Perú-EEUU; 21.13 (6) del TLC Colombia-EEUU y 20.12 (7) del TLC Panamá-EEUU. Un rasgo final de la solicitud de observaciones o aclaraciones es la garantía al *sub-principio de la imparcialidad del panel*, que ordena que el informe preliminar solamente puedan conocerlo las partes contendientes, a fin de evitar las presiones públicas o de intereses particulares. Cfr. artículo 2012.1 del TLCAN y Regla Modelo de Procedimiento n.º 14 del TLC Chile-EEUU.

277 En la trascripción en inglés del texto del TLCAN se encuentra la expresión *final report*, la cual se tradujo como "determinación final". No obstante esta confusión terminológica, en el mismo texto del Tratado se hace referencia a la locución informe final.

278 En esta decisión el panel es responsable de definir la solución de la controversia a partir de las normas jurídicas relevantes o pertinentes del tratado, las principales piezas procesales, las pruebas recopiladas, los informes del grupo de expertos o Comité científico y las valoraciones u observaciones de las partes.

esta decisión final exige una reflexión por parte del panel que debe incluir una motivación razonada de los *preceptos jurídicos* "pertinentes" o "relevantes" del TLC, de los hechos contenidos en las *comunicaciones*, *alegatos y argumentos* presentados por las partes contendientes y en la información recibida *de terceros*, *del grupo de expertos o del Comité de Revisión Científica*[279].

En el informe final se materializa un conjunto de principios y de garantías procesales, entre los cuales se puede mencionar como uno de los más importantes el *principio del respeto al debido proceso*[280]. Este principio se compone de una serie de garantías, como por ejemplo:

La publicidad de la información y del informe, que es tutelado por el *modelo* TLC estadounidense al ordenar que el informe final se debe divulgar públicamente por la partes dentro de los quince días siguientes[281]. Claro está, la información que sea confidencial o de carácter reservado que se encuentre en este informe no puede ser difundida por las partes o el panel. El TLCAN limita esta garantía procesal al disponer que antes de difundir la decisión del panel las partes contendientes deben enviarlo de forma reservada a la Comisión, junto con cualquier otro informe del Comité de revisión científica, y todas las consideraciones escritas que las partes deseen enviar[282]. Además, el TLCAN regula, en su artículo 2017.4, que la Comisión puede decidir otro término para divulgar públicamente tal informe[283]. Un aspecto final a tener en cuenta es la obligación de las partes en la controversia acerca de difundir los votos particulares sobre las cuestiones en las que no haya habido decisión unánime, a menos que estas convengan otra cosa[284]. En consecuencia, la publicación del informe final y de los demás documentos presentados por las partes en el transcurso del procedimiento y las audiencias ante el panel constituyen un reconocimiento al interés que tiene

---

279 Por tanto, el informe final debe dar respuesta a las pretensiones de las partes contendientes, como una exigencia lógica del *principio de la congruencia* o la prohibición de la *reformatio in peius*. Se trata de un informe que tiene los mismos fundamentos y estructura del informe inicial, analizado en el apartado anterior.

280 La garantía a este principio se concreta mediante la exposición de las "razones" en que el panel basa las conclusiones y recomendaciones del informe final. Esta exigencia, además, ayuda a las partes contendientes a comprender la naturaleza y el alcance de los derechos y las obligaciones establecidos en el tratado, y a decidir, con conocimiento de causa, sobre lo que hay que hacer para dar cumplimiento a las eventuales recomendaciones del panel

281 Para dar cumplimiento con esta garantía procesal el Secretariado del TLCAN cuenta con una página web donde se publican las diferentes decisiones e informes. Disponible en [http://www.nafta-sec-alena.org/sp/DecisionsAndReports.aspx?x=312].

282 Artículo 2017.3 del TLCAN.

283 Artículo 2017.4 del TLCAN

284 Artículos 2017.1 del TLCAN; 22.13 (1) del TLC Chile-EEUU; 20.14 (1) del CAFTA-RD; 21.14 (1) del TLC Perú-EEUU; 21.14 (1) del TLC Colombia-EEUU y 20.13 (1) del TLC Panamá-EEUU.

la opinión pública y los terceros países sobre las controversias comerciales que se derivan del tratado y, al mismo tiempo, es un elemento que contribuye a la transparencia del modelo.

El anonimato del Panel. Esta garantía procesal se materializa en las normas de los TLC que prohíben la divulgación de la identidad de los miembros del panel que votaron con la mayoría o la minoría, tanto en el informe inicial como en el final[285]. El anonimato de los panelistas facilita que los árbitros voten libremente en contra de sus países y que cuando voten a favor de su país, no se dude de la imparcialidad del procedimiento de solución de controversias[286].

Otro aspecto importante a tener en cuenta es la innovación prevista por los TLC Chile-EEUU (párrafo 3 art. 22.14) y Panamá-EEUU (párrafo 3 art. 20.14), que junto al informe final incorporan la figura del llamado "plan de acción", como un medio más para solucionar la controversia. Este mecanismo alternativo de negociación facilita alcanzar una fórmula o un acuerdo mutuamente satisfactorio que, normalmente, se adecua a las determinaciones y recomendaciones del informe final[287]. Se tiene, por tanto, un *modelo TLC* estadounidense de solución de controversias que corresponde o es más cercano al mecanismo de la *conciliación internacional*[288], con una decisión o informe final que requiere la aprobación de las partes contendientes para que tenga algún grado de vinculación jurídica.

En último lugar, antes de terminar el estudio de la etapa contenciosa, es necesario mencionar la omisión del mecanismo de revisión del informe por una segunda instancia o por un Órgano de Apelación similar al previsto en el ESD de la OMC[289]. Según el profesor WITKER, en los TLC se "[...] contempla un modelo de solución de controversias 'uninstancial'. Es el mismo tribunal

---

285 Artículos 2017.2 del TLCAN; 22.13 (2) del TLC Chile-EEUU; 20.14 (2) del CAFTA-RD; 21.14 (2) del TLC Perú-EEUU; 21.14 (2) del TLC Colombia-EEUU y 20.13 (2) del TLC Panamá-EEUU.

286 JORGE WITKER. "Panorama general de solución de controversias...", cit., nota 121, p. 44.

287 Si no se cumple el plan de acción, los TLC Chile-EEUU y CAFTA-RD establecen, entre otros avances, un procedimiento para negociar o determinar, mediante una fórmula, la compensación, que incluye la posibilidad de una contribución monetaria. Cfr. artículos 22.14 (3) del TLC Chile-EEUU y 20.15(3) del CAFTA-RD

288 J. G. MERRILLS. *International Dispute Settlement...*, cit., nota 3, pp. 58 a 79; MANUEL DÍEZ DE VELASCO VALLEJO. *Instituciones de Derecho Internacional Público*, cit., nota 3, pp. 924 y 925; ANTONIO REMIRO BROTÓNS *et al. Derecho Internacional Público...*, cit., nota 7, p. 839; JEAN-PIERRE COT. *La Conciliation Internationale*, Paris, A. Pedone, 1968. El profesor CARNELUTTI incluye la conciliación entre las instituciones denominadas de "autocomposición de la litis", es decir, la terminación del proceso por un acto de parte, en donde se requiere el consentimiento de ambas partes para la composición de la *litis*. Cfr. FRANCESCO CARNELUTTI. *Sistema de Derecho procesal civil*, t. I, NICETO ALCALÁ ZAMORA Y CASTILLO y SANTIAGO SENTÍS MELENDO (trads.), Buenos Aires, Uteha, 1944, pp. 154, y 168 a 178.

289 DAVID GANTZ. "The United States and Dispute Settlement under the North American Free Trade Agreement...", cit., nota 550, pp. 388.

arbitral o panel el que decide la controversia". Para establecer un Órgano de Apelación, señala este autor, se requieren recursos permanentes y una secretaría administrativa que brinde apoyo a este órgano[290]. Esta omisión también hace posible concluir que en la etapa ante el panel, y en general el procedimiento general del *modelo* TLC estadounidense, tiene una mayor influencia el antiguo sistema GATT de 1947, con una estructura menos "legalista" y más flexible que el ESD de la OMC[291], que confiere una cierta preponderancia al *principio de la autocomposición de las controversias*, fundamento del esquema *diplomático/político* de solución de diferencias.

3. ETAPA DE CUMPLIMIENTO DE LA SOLUCIÓN ACORDADA

a. CUMPLIMIENTO DEL INFORME O EJECUCIÓN DEL ACUERDO

Pese a que la sociedad internacional progresivamente ha logrado un mayor grado de institucionalización[292], el cumplimiento del Derecho internacional sigue dependiendo de la actuación aislada y descentralizada de los Estados[293]. Por esta razón, la ejecución de la decisión final del panel, grupo o tribunal representa uno de los mayores escollos que tienen los mecanismos de solución de controversias incorporados en los instrumentos internacionales, tanto del Derecho internacional general (el procedimiento del Tribunal Internacional

---

290 JORGE WITKER. "Solución de controversias comerciales en América...", cit., nota 476, pp. 268 y 269.

291 En palabras de STEGER, "[u]na *ventaja* de los procedimientos contemplados en el Capítulo XX del TLCAN con respecto al sistema de solución de diferencias de la OMC es la flexibilidad que ofrecen a las Partes contendientes. Los procedimientos del TLCAN son más similares al antiguo sistema de solución de diferencias del GATT que al sistema más legalista y judicial de la OMC". Es más, para esta autora "[...] [e]l mecanismo de solución general de controversias del Capítulo XX se basó en el sistema de solución de diferencias del GATT en vigor al momento de la negociación del TLCAN. En consecuencia, las Partes tienen un alto grado de flexibilidad para solucionar sus controversias. Si bien esto puede sonar bien en teoría, en la práctica las Partes parecen haber preferido llevar a la OMC aquellas controversias para las cuales deseaban resoluciones vinculantes". Cfr. DEBRA STEGER. "La Solución de Controversias en el Tratado de Libre Comercio de América del Norte (TLCAN)", cit., nota 514, p. 195, 201.

292 Tal como se mencionó líneas atrás, un ejemplo del mayor grado de institucionalización de la sociedad internacional es la creación de la OMC, ya que el sistema GATT adquiere un marco institucional estable después de un largo recorrido, desde 1947 hasta el 1.º de enero de 1995, y transforma a una organización internacional *de facto* en una organización internacional *de iure*, con personalidad jurídica y una estructura institucional de carácter permanente, que consolida una nueva era en las relaciones comerciales internacionales, la era del *multilateralismo.* Cfr. MIQUEL MONTAÑÁ MORA. *La OMC y el reforzamiento del sistema GATT...*, cit., nota 3.

293 JUAN ANTONIO CARRILLO SALCEDO. *El Derecho internacional en la perspectiva histórica*, Madrid, Tecnos, 1991; ORIOL CASANOVAS Y LA ROSA. "Unidad y pluralismo en el Derecho internacional público", en *Curso Euromediterráneo Bancaja de Derecho Internacional*, vol. 2, 1998.

de Justicia y del Tribunal Europeo de Derechos Humanos, entre otros) como en el Derecho internacional económico (el ESD de la OMC, los mecanismos de solución de controversias de los TLC, etc.). El procedimiento general del *modelo TLC* estadounidense no escapa a esta realidad, de ahí que uno de sus cuestionamientos más reiterados sea la determinación de la naturaleza jurídica de las decisiones del panel o el valor jurídico de sus *recomendaciones*[294].

Es bajo este panorama que en la última etapa del procedimiento general de solución de controversias del *modelo TLC* estadounidense se examina la implementación del arreglo convenido por las partes, el cual, como regla general, se ciñe a las determinaciones y recomendaciones formuladas por el panel en el informe final[295]. Sin embrago, las recomendaciones dependen, en un primer momento procesal, de que sean solicitadas por las partes en los términos de referencia o mandato, y segundo, que en el acuerdo de solución de la controversia las partes contendientes las tomen en cuenta.

Debe subrayarse, en cualquier caso, que la regla general en la etapa de cumplimiento de la solución acordada es que si el panel establece la existencia de alguna violación de los compromisos pactados en el tratado, las partes contendientes adoptarán como primera solución la eliminación del incumplimiento o la medida que según el informe del panel causa la anulación o el menoscabo de los beneficios comerciales[296] y, únicamente si esto no es posible se podrán aplicar otros mecanismos temporales, como las compensaciones mutuas, la suspensión de beneficios de efecto equivalente o el pago de una contribución monetaria[297].

---

294 Así, por ejemplo, el profesor SERRANO destaca que en el caso de México, aun cuando se acepte cumplir una recomendación, este Estado tiene la posibilidad de utilizar el *juicio de amparo*, por medio del cual es posible impugnar el acto de ejecución –de la resolución del panel– celebrado por las autoridades administrativas. Esto es posible, en tanto que la Constitución mexicana señala en su artículo 133 que los derechos consignados en los Tratados internacionales *no* poseen la misma jerarquía que los derechos establecidos (expresamente) en la Constitución Federal, y además, el artículo 15 determina que "Los derechos contenidos en los Tratados internacionales incorporados a nuestro Derecho interno, son complementarios a los de la Constitución y no pueden contradecir u oponerse a estos últimos", por consiguiente, el control de constitucionalidad sigue estando en el Poder Judicial, de tal suerte que los particulares podrán acudir al juicio de amparo cuando consideren vulneradas sus garantías individuales con motivo de la aplicación de un Tratado. Cfr. FERNANDO SERRANO MIGALLÓN. "El Capítulo XX..., cit., nota 491, p. 286.

295 En los términos en que se regula la etapa del cumplimiento de la decisión final en el *modelo TLC* no se establece una *vinculación jurídica directa* de la recomendación, solo se indica que la solución puede ajustarse a la decisión del panel. Cfr. artículos 2018.1 del TLCAN; 22.14 (1) del TLC Chile-EEUU; 20.15 (1) del CAFTA-RD; 21.15 (1) del TLC Perú-EEUU; 21.15 (1) del TLC Colombia-EEUU y 20.14 (1) del TLC Panamá-EEUU.

296 Artículos 2018.2 del TLCAN; 22.14 (2) del TLC Chile-EEUU; 20.15 (2) del CAFTA-RD; 21.15 (2) del TLC Perú-EEUU; 21.15 (2) del TLC Colombia-EEUU y 20.14 (2) del TLC Panamá-EEUU.

297 Para lograr el cumplimiento del informe o la ejecución de las recomendaciones del panel existen dos remedios jurídicos y una contramedida en el marco del *modelo TLC* de solución de controversias: por un

Por tanto, en el evento que las partes en la diferencia no lleguen a una solución por mutuo acuerdo, el primer objetivo del *modelo TLC* estadounidense será, en general, conseguir la supresión de la medida ilícita, esto es, según el informe del panel, la medida que incumple el TLC o causa la anulación o el menoscabo de los beneficios comerciales. La noción de "supresión de la medida ilícita", conlleva en primer lugar la abrogación o derogación de la norma que implementa tal medida y, en segundo lugar, denota la posibilidad de reformar dicha norma de manera que sea compatible con el TLC. Con todo, más allá de la posible abrogación o derogación y de la reforma de la norma que implementa la medida, la supresión de la medida ilícita consiste en un *remedio jurídico* que obliga al Estado "vencido" a dejar de aplicar materialmente el acto internacionalmente ilícito que por acto u omisión viola el tratado en cuestión. De ahí que, en teoría, la supresión de la medida ilícita incluye también la posibilidad de crear una norma.

Teniendo en cuenta lo anterior, según PAUWELYN, la supresión de la medida ilícita no debería ser considerada como un *remedio jurídico* en sentido estricto, sino más bien como una obligación secundaria derivada del incumplimiento de una obligación internacional[298] asumida en un TLC, en tanto que no tiene el propósito de reparar el daño emergente ni el lucro cesante, sino de prevenirlos a futuro. En esta línea se debe entender que en el derecho de la OMC y en el *modelo TLC* estadounidense solamente se encuentra una figura que pudiera considerarse como un remedio jurídico: las *medidas de compensación*[299].

En la etapa de cumplimiento del informe o ejecución del acuerdo se encuentra también una de las diferencias más reveladoras entre el *modelo TLC* de solución de controversias y el ESD de la OMC, ya que a los informes definitivos de los Grupos Especiales y del Órgano de Apelaciones en la OMC se les aplica la *regla*

---

lado, las compensaciones mutuas y la compensación monetaria, y por otro, la suspensión de beneficios comerciales u otras obligaciones. Esta última, que no constituye un remedio jurídico en sí misma, ya que tiene la finalidad de inducir al Estado "vencido" a cumplir con sus obligaciones internacionales y no de reparar el daño causado al Estado demandante. Claro está, difícilmente en el contexto del *modelo TLC* estadounidense o en el propio sistema de solución de diferencias de la OMC se puede dar el alcance o sentido tradicional de una compensación que repara los daños causados en el pasado. Para profundizar en estas cuestiones, cfr. JOOST PAUWELYN. "Enforcement and Countermeasures in the WTO: Rules are Rules-Toward a More Collective Approach", *American Journal of International Law*, vol. 94, n.º 2, abril de 2000, p. 339.

298 *Ibídem.*

299 Claro está, según MAVROIDIS y SYKES, tampoco puede afirmarse que la compensación es un *remedio jurídico* en sentido estricto, no por lo menos de acuerdo con el concepto de remedio jurídico que existe en el Derecho internacional general. Cfr. PETROS C. MAVROIDIS y ALAN O. SYKES (comps.). *The WTO and International Trade Law/Dispute Settlement: Critical perspectives on the global trading system and the WTO*, Reino Unido, Estados Unidos, Edward Elgar Publishing Limited, 2005, p. 428.

del consenso negativo. En consecuencia, dichas decisiones son el resultado de una ratificación "cuasi-automática" por el OSD, salvo que este decida no adoptarlo mediante votación unánime[300]. En el *modelo TLC* estadounidense, por el contrario, una vez que el panel entregue el informe final a las partes contendientes, estas tienen que convenir la solución, excluyéndose la participación de la Comisión (o cualquier otro órgano institucional) y del tercer país[301].

Tras estas observaciones, se puede concluir que el *modelo TLC* estadounidense incorpora un mecanismo de *conciliación internacional*, las decisiones del panel no poseen una fuerza vinculante en sentido estricto, ni son una sentencia judicial ni son un laudo arbitral, y el grado de obligatoriedad depende esencialmente de la aceptación de las partes contendientes[302]. A este respecto, el *modelo TLC* estadounidense, como un mecanismo de *conciliación*, no tiene un único objetivo cual es poner fin a la controversia, también procura evitar una agravación de dicha controversia y garantizar el respeto de los compromisos asumidos[303]. En consecuencia, la función del *modelo TLC* de solución de controversias no consiste en determinar quien es culpable o quien tiene la razón sino, ante todo, allanar una diferencia que pudiera representar un obstáculo para el funcionamiento adecuado del TLC. Esto explica la relevancia del *principio de la autocomposición de las controversias* en el *modelo TLC* estadounidense, ya que las partes contendientes tienen la "última palabra" en procedimiento general sobre aplicación e interpretación del tratado. Situación que, según la profesora STEGER, es considerada por algún sector de la literatura especializada como "un motivo [más] por el cual los procedimientos del TLCAN sean invocados tan ocasionalmente y las Partes han preferido recurrir al sistema de la OMC, a pesar de que las normas de aplicación contempladas en el ESD disten de ser perfectas"[304].

---

300 Artículo 22.6 del ESD de la OMC.

301 Añádase a lo anterior, que en el *modelo TLC* de solución de controversias no se incorpora ninguna norma que fije plazos para el cumplimiento de la recomendación, ni mecanismos para la vigilancia o para asegurar el cumplimiento eficaz de la recomendación, como ocurre en el sistema OMC, en sus artículos 19, 20 y 21 del ESD.

302 HANS VON MANGOLDT. "Arbitration and Conciliation", en *Judicial Settlement of International Disputes: International Court of Justice other Courts and Tribunal, Arbitration and Conciliation: An International Symposium*, Berlin, Nueva York, Max Planck Institute for Comparative Public Law and International Law, Springer Verlag, 1974, pp. 430 y ss.

303 GEORGES MALINVERNI. *Le règlement des différends dans les organisations internationales économiques*, cit., nota 338, pp. 136 a 143.

304 DEBRA STEGER. "La solución de controversias en el Tratadode Libre Comercio", cit., nota 514, p. 195.

b. REMEDIOS JURÍDICOS ANTE EL INCUMPLIMIENTO DEL INFORME

Está visto que la incorporación de algunos rasgos jurisdiccionales al *modelo TLC* estadounidense de solución de controversias no garantiza por sí sola que los Estados parte en una controversia se vean compelidos a cumplir la decisión final o a ejecutar las recomendaciones del panel. La existencia de un órgano resolutorio o panel independiente que resuelve la diferencia influencia positivamente en el ánimo del Estado "vencido" a cumplirlas. Empero, no hay duda que el factor más determinante para que se verifique el cumplimiento no se halla en la rigidez del procedimiento general sobre aplicación e interpretación del tratado, o la naturaleza *contenciosa* de alguna de sus etapas, sino en la *capacidad de retorsión* del Estado reclamante o vencedor. Es por esto que los remedios jurídicos frente al incumplimiento no siempre responden a las expectativas de las partes contendientes, de hecho, en la mayoría de los casos resultan difíciles de acordar.

En tal contexto, no es extraño que ocasiones el Estado "vencido" no elimine el incumplimiento, o no derogue ni modifique la medida disconforme con el tratado, lo cual causa la anulación o menoscabo de beneficios comerciales. Esta libertad de las partes contendientes de escoger entre cumplir con sus obligaciones o seguir infringiéndolas es denominada por algunos autores *option to buy out*[305], y consiste en "[...] un cálculo de costes-beneficios, de manera que el Miembro responsable [Estado signatario del TLC] puede valorar en cada caso si le sale más a cuenta cumplir o 'pagar' con una compensación o soportando la suspensión"[306]. En este sentido, los profesores SCHWARTZ y SYKES hacen referencia a un "incumplimiento eficiente", como elemento central de la solución de controversias en el sistema OMC, es decir, que:

> [...] the WTO provisions respecting renegotiation and the settlement of disputes over breach of obligations are carefully designed to facilitate efficient adjustments to unanticipated circumstances. We also conclude that formal sanctions in the WTO system are relatively unimportant to the other goal of contract remedies- the deterrence of inefficient breach[307].

---

305 JOHN H. JACKSON. "International Law status of WTO Dispute Settlement Report: Obligation to Comply or Option to 'Buy Out'?", *American Journal of International Law*, vol. 98, n.º 1, 2004, pp. 109 a 125; XAVIER FERNÁNDEZ PONS. *La OMC y el Derecho Internacional. Un estudio sobre el sistema de solución de diferencias de la OMC*, cit., nota 22, pp. 318 y 319.

306 XAVIER FERNÁNDEZ PONS. *La OMC y el Derecho Internacional...*, cit., p. 318.

307 WARREN F. SCHWARTZ y ALAN O. SYKES. "The Economic Structure of Renegotiation and Dispute Resolution in the World Trade Organization", *Journal of Legal Studies*, vol. 31, The University of Chicago Press, 2002, p. 122.

Pese a la posibilidad de incumplir el informe o las recomendaciones por la parte "vencida", conforme a los principios del Derecho internacional general, la violación de un compromiso internacional puede generar daños materiales y morales a terceros Estados, surgiendo la obligación de repararlos. Así, la Corte Permanente de Justicia Internacional, hoy Corte Internacional de Justicia de la Organización de las Naciones Unidas, desde 1927 establece en el caso *Fábrica de Chorzow* que: "es un principio de derecho internacional que la violación de un compromiso trae aparejada la obligación de reparar [el daño] en una forma adecuada. La reparación, por tanto, es el complemento indispensable de una falla a aplicar una convención y no hay necesidad de que esto sea establecido en [una] convención"[308]. Según la costumbre internacional, codificada en el proyecto de la Comisión de Derecho Internacional –CDI– sobre responsabilidad de los Estados, una vez constatada la existencia de un acto internacionalmente ilícito o, en términos del sistema de solución de diferencias de la OMC o del *modelo* TLC estadounidense, cuando el panel confirma el incumplimiento del tratado, el Estado "vencido" se encuentra obligado a, primero, cesar la violación del compromiso internacional si esta continúa, segundo, a otorgar garantías de que no la repetirá (si las circunstancias así lo requieren), y tercero, de ser necesario el Estado "vencido" debe compensar la anulación o el menoscabo de los beneficios comerciales causados al Estado reclamante[309].

Ahora bien, no se puede olvidar que el Derecho de la OMC y el propio *modelo* TLC estadounidense de solución de controversias adolece de los defectos compartidos por numerosos instrumentos del Derecho internacional, esto es, del riesgo de ser inefectivo por virtud de la falta de medios coercitivos de ejecución[310].

---

308 Corte Permanente de Justicia Internacional, caso *Fábrica de Chorzow*, Alemania *vs.* Polonia, Series A, n.° 12, 21 de noviembre 1927. Para profundizar en el tema de la responsabilidad de los Estados por hechos internacionalmente ilícitos, cfr. James Crawford. "Modos de hacer efectiva la responsabilidad internacional del Estado", en *Los artículos de la Comisión de Derecho Internacional sobre la responsabilidad internacional del Estado. Introducción, texto y comentarios*, Sección Tercera, Capítulo II, Cambridge, Universidad de Cambridge y Dykinson 2004; Aurelio Pérez Giralda. "El proyecto de la Comisión de Derecho Internacional sobre Responsabilidad de los Estados, al final del camino", *Revista Electrónica de Estudios Internacionales*, n.° 4, 2002.

309 Artículos 31 y 32 del Proyecto de la Comisión de Derecho Internacional sobre responsabilidad de los Estados. Lógicamente, estos artículos no hacen referencia a la anulación o menoscabo de beneficios comerciales, sino a reparar íntegramente el daño material y/o moral causado al Estado reclamante o a sus nacionales con el acto ilícito. Para una mayor información acerca de los comentarios que la misma Comisión de Derecho Internacional hace sobre su proyecto en responsabilidad de los Estados, cfr. [untreaty.un.org/ilc/texts/instruments/english/commentaries/9_6_2001.pdf].

310 En un sistema *cuasi jurisdiccional*, como el régimen jurídico de la OMC, o en un sistema más cercano a técnicas *diplomáticas*, como el *modelo* TLC, donde no existe un poder de imperio efectivo que, a través de mecanismos de coerción, incentiven a dar cumplimiento inmediato a lo resuelto en el informe final o desincentiven la desobediencia a la norma. El cumplimiento, en el fondo, quedará entregado

Precisamente por ello, existen diferentes remedios jurídicos[311] que intentan paliar la posible ineficacia del procedimiento de solución de controversias, entre ellos se encuentra las llamadas *medidas de compensación*, que al tratar de poner fin al incumplimiento o infracción de los derechos u obligaciones asumidas en estos instrumentos internacionales garantizan el *principio de la buena fe en el cumplimiento de las obligaciones* y el *principio de reciprocidad* y dotan de cierta coerción al Derecho internacional general, y en particular al antiguo GATT de 1947[312], a la OMC y también a la mayoría de los TLC modernos.

Por otra parte, los mencionados instrumentos que regulan el comercio internacional se han encargado de dejar claro que ni los remedios jurídicos ni las contramedidas se han pensado con un *carácter punitivo* o como una sanción para el Estado "vencido" que incumple con su obligación de acatar la decisión final del panel[313]. En este sentido, la jurisprudencia de la OMC en diferentes ocasiones ha interpretado que no hay nada que tenga que ver en el sistema multilateral con *imposición de sanciones* o con *medidas de coerción*, ni siquiera el procedimiento de suspensión de concesiones u otras obligaciones que contempla el artículo 22 del ESD de la OMC[314]. Al mismo tiempo, desde el inicio del GATT

---

a los tiempos y buena voluntad que le dé el mismo Estado infractor. Cfr. ALEJANDRO DE LA PEÑA. "Principales retos para el sistema multilateral de comercio en los próximos años", en *Foro Internacional*, vol. XLI, n.° 2, México, Colegio de México, 2001, p. 253; GONZALO BIGGS. "El procedimiento de solución de controversias de la OMC. La experiencia de América Latina y el Caribe", *Revista de la CEPAL*, n.° 86, Santiago de Chile, agosto de 2005, p. 71.

311 Los remedios jurídicos en el Derecho internacional general están encaminados a evitar que el acto ilícito se repita en el futuro y a reparar, tanto como sea posible, el daño ocasionado al reclamante desde el primer momento en que se cometió la violación (arts. 31 y 32 del Proyecto de la Comisión de Derecho Internacional sobre responsabilidad de los Estados). Existen tres formas de reparación: la *restitución*, la *compensación* y la *satisfacción*. En el Derecho internacional económico, particularmente en el sistema de solución de diferencias de la OMC y en el *modelo TLC*, la finalidad de los remedios jurídicos no es la reparación retrospectiva del daño sino solo una reparación prospectiva, es decir, solo se busca evitar que el Estado demandado continúe aplicando la medida ilícita (con la supresión de la misma) y compensar la anulación o el menoscabo ocasionado al reclamante desde la expiración del plazo para cumplir con el informe del panel.

312 En palabras de MAVROIDIS, ni el GATT de 1947 ni los Acuerdos de la Ronda Tokio de 1979 incorporaban alguna disposición especial que regulara los remedios jurídicos en el antiguo sistema. En su lugar, las Partes Contratantes dejaron a discreción de los Grupos Especiales la posibilidad de recomendar el remedio jurídico que fuera más apropiado para el caso concreto. El único límite que tenían estos panales era cumplir con la regla *non ultra petita*, determinada en su mandato. Cfr. PETROS C. MAVROIDIS. "Remedies in the WTO Legal System: Between a Rock and a Hard Place", *European Journal of International Law*, vol. 11, n.° 4, 2000, p. 774.

313 STEVE CHARNOVITZ. "Dejar que entre el sol: una opinión sobre el examen del Entendimiento sobre Solución de Diferencias", cit., nota 454, p. 96; ÍD. "Rethinking WTO Trade Sanctions…", cit., nota 454, pp. 792 a 794.

314 Informe del Arbitraje, en el asunto *Comunidades Europeas-Régimen para la importación, venta y distribución de bananas-Recurso de las comunidades europeas al arbitraje previsto en el párrafo 6 del artículo*

de 1947 se ha excluido la *reparación de los daños causados por el incumplimiento* de la finalidad de los remedios jurídicos y de las contramedidas, pues dado que su naturaleza ha sido fundamentalmente el "restablecimiento de un equilibrio *pro futuro* entre las partes"[315] se descarta cualquier elemento indemnizatorio en los procedimientos de solución de diferencias[316]. Siguiendo esta línea, el profesor READ manifiesta que:

> [...] neither compensation nor the suspension of concessions however, can be applied retrospectively. This means that there is no recompense for any harm caused by an illegal trade measure prior to and during the implementation of dispute procedures[317].

Otras características de las medidas de compensación son su naturaleza *instrumental*, pues son medidas esencialmente provisionales que en lo posible serán *reversibles* en términos de las futuras relaciones jurídicas entre los Estados[318], y su aplicación *residual*, en tanto constituyen la *ultima ratio* del procedimiento y en ningún evento tienen preferencia respecto a la aplicación del informe, una recomendación o el acuerdo de las partes que soluciona la controversia. Esta característica se reconoce, por ejemplo, en el párrafo 2 del artículo 2018 del TLCAN, al señalar que:

> [s]iempre que sea posible, la resolución [acordada por las partes en la controversia] consistirá en la no ejecución o en la derogación de la medida disconforme con este tratado o que sea causa de anulación o menoscabo en el sentido del Anexo 2004. A falta de resolución, podrá otorgarse una compensación [o la suspensión de beneficios].

---

22 del ESD (WT/DS27/ARB), adoptado el 9 de abril de 1999, párrafo 6.3; Informe del Órgano de Apelación, en el asunto *Estados Unidos-Medida de salvaguardia de transición aplicada a los hilados peinados de algodón procedentes del Pakistán* (WT/DS192/AB/R), adoptado el 08 de octubre de 2001, párrafo 120; e Informe del Arbitraje, en el asunto *Brasil-Programa de financiación de las exportaciones para aeronaves-Recurso del Brasil al arbitraje previsto en el párrafo 6 del artículo 22 del ESD y el párrafo 11 del artículo 4 del Acuerdo SMC* (WT/DS46/ARB), adoptado el 20 de agosto de 2000, párrafo 3.55.

315 XAVIER FERNÁNDEZ PONS. *La OMC y el Derecho Internacional...*, cit., nota 283, p. 321.

316 Ahora bien, en el sector de los derechos antidumping y de los derechos compensatorios a subvenciones existieron excepcionalmente algunos casos en los que Grupos Especiales recomendaron la restitución a aquellos derechos que hubiesen sido ilícitamente percibidos, es decir, la *reparación de los daños causados por el incumplimiento*. Cfr. ERNST-ULRICH PETERSMANN. "GATT Dispute Settlement Proceedings in the Field of Anti-Dumping Law", *Common Market Law Review*, vol. 28, 1991, pp. 60 a 113.

317 ROBERT READ. "Dispute Settlement, Compensation and Retaliation under the WTO", en J. D. GAISFORD y W. A. KERR (eds.). *Handbook on International Trade Policy*, Massachusetts, 2007, p. 503.

318 JAMES CRAWFORD. "Modos de hacer efectiva la responsabilidad internacional del Estado", cit., nota 775, pp. 329-348.

– COMPENSACIÓN COMERCIAL

En el lenguaje del régimen jurídico de la OMC[319], la compensación no se refiere a pagos monetarios, como se entiende en la mayoría de sistemas jurídicos[320]. En su lugar se regula este remedio como un "aumento de concesiones" a la parte reclamante que sufrió el cumplimiento o la anulación o menoscabo de beneficios, es decir, se procura un mayor acceso al mercado del Estado "vencido" o un incremento en las reducciones arancelarias. Hasta al momento la opción de la compensación se ha utilizado en muy raras ocasiones[321], aunque en la práctica es posible que los Miembros hayan acordado una compensación sin notificar formalmente a la OMC[322]. Efectivamente, la primera vez que se utilizó esta medida fue en el asunto *Japón-Impuestos sobre las bebidas alcohólicas*[323], por

319 En el marco del GATT de 1947 (art. XXIII:2) no había ningún precepto jurídico que regulara cualquier tipo de compensación en el caso de una negativa a retirar una medida incompatible. Únicamente era aplicable la "*suspensión de beneficios*" una vez se hubiera sido autorizada. Sin embargo, a partir del informe de las Partes Contratantes de 1955 este término se utilizó por primera vez, cuando se interpretó que "[...] the alternative of providing compensation for damage suffered should be resorted to only if the immediate withdrawal of the measures was impracticable and only as a temporary measure pending the withdrawal of the measures which were inconsistent with the Agreement". Cfr. Review Report of the Working Parties, *Reports Relating to the Review of the Agreement on Organization and Functional Questions*, 64, L/327, Feb. 28 and Mar. 5 & 7, 1955, pp. 231 y 251. Posteriormente, en el párrafo 4 del Anexo del Entendimiento de 1979 se incluiría este enunciado de la compensación. Pese a estos dos precedentes, en la práctica las Partes Contratantes y los paneles se negaron a darle efectos a la compensación para que fuera reconocida jurídicamente como un remedio ante el incumplimiento. La compensación requirió su desarrollado bajo la OMC, concretamente, los artículos 22.1 y 22.2 del ESD de la OMC.

320 De hecho, desde la definición clásica de compensación de MODESTITO, "*debiti et crediti inter se contributio*", se entiende que comprende la contribución de una deuda y de un crédito entre sí.

321 Entre los pocos casos existentes se puede mencionar al Acuerdo de compensación en los asuntos *Japón-Impuestos sobre las bebidas alcohólica* (WT/DS8/17/Add.1,WT/DS10/17/Add.1, WT/DS11/15/Add.1), adoptado el 12 de enero de 1998; *Turquía-Restricciones a las importaciones de productos textiles y de prendas vestir* (WT/DS34/14), adoptado el 19 de julio de 2001 y *Estados Unidos-Medida de salvaguardia definitiva contra las importaciones de tubos al carbono soldados de sección circular procedentes de Corea* (WT/DS202/18), adoptado el 31 de julio de 2002. Otro caso que ha sido ampliamente comentado por la literatura especializada es asunto *Estados Unidos-Artículo 110(5) de la Ley de Derecho de Autor de los Estados Unidos "Copyright"* (WT/DS160/R), adoptado el 15 de junio de 2000, ya que se acuerda una compensación monetaria. Para una información más completa de todos los casos del sistema de solución de diferencias de la OMC y sus medidas tanto de compensación como de suspensión, cfr. [http://www.wto.org/spanish/tratop_s/dispu_s/dispu_subjects_index_s.htm].

322 ARWEL DAVIES. "Reviewing Dispute Settlement at the World Trade Organization: A Time to Reconsider the Roles of Compensation", *World Trade Review* vol. 5, Issue 1, 2006; KYLE BAGWELL. "Remedies in The WTO: An Economic Perspective", en *Discussion Paper Series* n.º 0607-09, New York, Department of Economics, Columbia University, 2007, pp. 11 y 12. Disponible en [http://www.columbia.edu/cu/economics/discpapr/DP0607-09.pdf].

323 Informe del Órgano de Apelación, en el asunto *Japón-Impuestos sobre las bebidas alcohólicas* (WT/DS8/AB/R, WT/DS10/AB/R, WT/DS11/AB/R), adoptado el 4 de octubre de 1996.

el retraso en la aplicación de la recomendación del OSD. En este asunto Japón logró un acuerdo de compensación con los Estados Unidos para aplicar tipos reducidos de aranceles y, en algunos casos, arancel cero sobre temas específicos. Posteriormente se extendió dicho acuerdo a las Comunidades Europeas y Canadá, quienes recibirían concesiones arancelarias por lo menos comparables a las otorgadas a los Estados Unidos[324].

Una posible explicación a la poca utilización de la compensación es su naturaleza *voluntaria*, en tanto que, después de numerosos intentos fracasados por alcanzar una solución negociada durante las diferentes etapas del procedimiento de solución de diferencias, se requiere nuevamente un esfuerzo por lograr el mutuo acuerdo entre el Estado "vencido" (quien ofrece una compensación) y el Estado reclamante (quien deberá aceptarla). A este respecto, el profesor ADEBUKOLA señala que:

> [...] a Member that has refused to remove the inconsistent measure could dig in its heels and offer terms which are obviously unacceptable to the winning party. Again, by the provisions of Article 22, compensation is to be 'consistent with the covered agreements' [...] where a party goes through the entire process of securing a positive ruling from the DSB, the remedy which it receives from the process is to be enjoyed by all the Members of the WTO. This reeks of unfairness and is probably one of the more compelling reasons why compensation is not usually resorted to. It is unusual that a party would not mind going through the entire dispute settlement process and then have to share its spoils with every other Member[325].

La compensación comercial en el *modelo TLC* estadounidense comparte las mismas características del sistema de solución de diferencias de la OMC (*provisional* y *voluntaria*), y en caso de que se otorgue el acuerdo de compensación debe ser compatible con el tratado. También es importante subrayar que procede solamente cuando el panel determine que el Estado demandado incumplió con sus obligaciones establecidas en los tratados o que una medida de esa parte "vencida" es causa de anulación o menoscabo. A partir de este momento el Estado "vencido" se encuentra autorizado para iniciar negociaciones o consultas con

---

324 La compensación fue realizada por la aplicación de Japón de los impuestos discriminatorios durante cinco años; sin embargo, vale la pena destacar que esta medida fue mucho más allá de los 15 meses establecidos como "plazo prudencial". El texto del acuerdo de compensación se puede consultar en los Documentos WT/DS8/17/Add.1, WT/DS10/17/Add.1 y WT/DS11/15/Add.1, adoptado el 12 de enero de 1998. Disponible en [http://www.wto.org/spanish/tratop_s/dispu_s/8-17a1.pdf].

325 ELESO ADEBUKOLA A. "WTO Dispute Settlement Remedies: Monetary Compensation as an Alternative for Developing Countries", en *The Berkeley Electronic Press*, *Legal Series*, Paper 1378, 2006, pp. 12-13. Disponible en [http://law.bepress.com/expresso/eps/1378].

su contraparte, durante un cierto plazo después de la recepción del informe final[326], con miras a establecer una compensación mutuamente aceptable[327]. Se trata, por consiguiente, de remedios jurídicos que, a diferencia de la suspensión de concesiones u otras obligaciones que constituyen una contramedida, son una forma de *cumplimiento alternativo* y *consensuado*[328]. *Así, las compensaciones mutuas en el modelo TLC* estadounidense residen generalmente en un acuerdo para mejorar el acceso al mercado del Estado "vencido" a través del aumento de concesiones; por ejemplo, el país A (demandado) retira una restricción a las importaciones de carne del país B (reclamante), o puede ofrecer concesiones comerciales por la suma de X $ (X $ es el valor de la anulación y menoscabo sufrido por el reclamante) mediante la reducción de los aranceles sobre otros productos de interés para el Estado "vencedor".

Ahora bien, como lo señalan acertadamente PALMETER y MAVROIDIS, las medidas de compensación generalmente conllevan importantes desventajas para las partes en la controversia: por un lado, para el Estado reclamante, este remedio jurídico, frente al incumplimiento que se concreta en la disminución de barreras comerciales en áreas ajenas a la disputa, no incentiva al Estado demandado a cumplir en el área en la que se presenta la violación, y por otro, al Estado "vencido" le resulta considerablemente difícil persuadir al sector económico en el que se disminuirán las barreras comerciales, para que se conforme con tal disminución y con una mayor competencia extranjera que surgirá a partir que esta disminución[329].

Por último, vale la pena reiterar un aspecto del sistema de solución de diferencias de la OMC que reproduce el *modelo TLC* estadounidense: la exclusión de

---

326 Si las partes en la controversia no llegan a un acuerdo dentro de los 45 días siguientes a la recepción del informe final, el Estado "vencido" iniciará negociaciones con el otro u otros Estados reclamantes con miras a establecer una compensación mutuamente aceptable. Para ello tendrán 30 días como máximo.

327 Para la aplicar esta medida, el *modelo TLC* exige que las partes contendientes acuerden cualquier medio adecuado de compensación respecto a los efectos desfavorables sobre el comercio que genera la medida o asunto declarado incompatible. Cfr. artículos 2018.2 del TLCAN; 22.15 (1) del TLC Chile-EEUU; 20.16 (1) del CAFTA; 21.16 (1) del TLC Perú-EEUU; 21.16 (1) del TLC Colombia-EEUU y 20.15 (1) del TLC Panamá-EEUU.

328 En otras palabras, el remedio prescrito para la resolución de cualquier controversia en el *modelo TLC* es la retirada de la medida que vulnera el tratado; empero, si un Estado se niega o es incapaz de eliminar dicha medida en el plazo establecido, solo hasta entonces, la alternativa ante el incumplimiento es que las partes contendientes negocien una compensación comercial.

329 Según PALMETER y MAVROIDIS, el sector económico afectado por la compensación puede opinar que es injusto que un sector ajeno a la disputa pague los daños ocasionados por otro sector que se está viendo beneficiado por la medida ilegal. Cfr. DAVID PALMETER y PETROS MAVROIDIS. *Dispute Settlement in the World Trade Organization. Practice and procedure*, cit., nota 75, pp. 265 y 266.

cualquier efecto *retroactivo*[330] o del carácter *indemnizatorio* de las medidas compensatorias, puesto que esta medida temporal persigue esencialmente presionar al Estado "vencido" a un "cumplimiento pleno" del informe, lo que implica la ejecución de la decisión dictada en su contra, incluyendo la recomendaciones, de manera que se neutralicen los daños o menoscabos que esté causando su infracción[331]. En definitiva, el *modelo TLC* estadounidense trata de garantizar el restablecimiento del equilibrio de los derechos y obligaciones incorporadas en los tratados dotando de previsibilidad a las oportunidades comerciales en el futuro[332].

– COMPENSACIÓN MONETARIA

Al igual que los demás remedios jurídicos y contramedidas, la compensación monetaria no constituye un fin en sí mismo, puesto que eliminar la violación o lograr el cumplimiento del informe o el acuerdo entre las partes será siempre la finalidad del procedimiento general sobre aplicación e interpretación del *modelo TLC* estadounidense. Este tipo de compensación, denominado por los diferentes TLC "contribución monetaria anual", representa el remedio más novedoso ante el incumplimiento, al incorporar una *alternativa pecuniaria* cuando no sea viable la compensación comercial ni la suspensión de beneficios y, además, constituye un precedente para el propio sistema multilateral de comercio, en tanto que implementa una propuesta presentada en diferentes ocasiones a lo largo de las negociaciones de los acuerdos del GATT de 1947 y de las negociaciones de la Ron-

330 ALDO LIGUSTRO. *Le controversie tra Stati nel Diritto del Commercio Internazionale: dal GATT all'OMC*, Padova, CEDAM, 1996, p. 546. En este sentido, Estados Unidos, como tercero interesado en el asunto *"Cemento II"*, sostiene que: "[…] las medidas correctivas retroactivas son incompatibles con la práctica establecida de los Grupos Especiales de no recomendar medidas correctivas que de alguna manera traten de restablecer el *status quo ante* o que de otro modo concedan a la parte ganadora una reparación por las medidas incompatibles con la OMC". Cfr. Informe del Grupo Especial, asunto *Guatemala-Investigación antidumping sobre el cemento Portland procedente de México "Cemento II"* (WT/DS156/R), adoptado el 24 de noviembre de 2000, párrafo 5.174

331 Sobre los efectos *ex nunc* o *pro futuro* de la compensación, cfr. PIETER JAN KUIJPER. "The Law of GATT as a Special Field of international Law. Ignorance, further refinement or self-contained system of international law", *Netherlands Journal of International Law*, vol. 25, 1994, pp. 250 y 251; ALDO LIGUSTRO. "Le Controversia tra stati…", cit., p. 546; CLAUDIO COCUZZA y ANDREA FORABOSCO. "Il sistema di risoluzione delle controversie commerciali tra stati dopo l'Uruguay Round del GATT", *Diritto del Commercio Internazionale*, vol. 10, n.º 1, 1996, p. 160.

332 La compensación comercial no incorpora medidas de reparación con efecto *ex tunc*, porque ello significaría que las obligaciones establecidas en los TLC son simplemente un deber de pagar por los daños causados, más que el deber de respetar a la normas del Tratado. Cfr. ROBERT HUDEC. "The GATT Legal System: A Diplomat's Jurisprudence", cit., nota 96; ROBERT HUDEC. *Essays on the Nature of International Trade Law*, London, Cameron May, 1999, pp. 28 a 30.

da de Doha[333]. Así, por ejemplo, en las sesiones de negociación sobre el ESD de la Ronda Uruguay se propuso, como parte del trato especial y diferenciado, que:

> At the request of a less-developed contracting party which has only limited retaliatory power vis-à-vis major trading partners, panel reports may include an appropriate recommendation on the amount of compensation due in case the main panel findings are not implemented by a developed contracting party within such time-limit[334].

En las actuales negociaciones sobre el ESD de la Ronda de Doha, el grupo de los Países Menos Adelantados –PMA– ha continuado impulsando la propuesta sobre la compensación monetaria. De hecho, estos países plantean que:

> [a] strong case of monetary compensation can be made. This remedy is important for developing and least developed countries, and for any economy that suffers for the time that an offending measure remains in place[335].

Desde el punto de vista procesal, la compensación monetaria o contribución monetaria anual es una medida que *interrumpe* la aplicación de cualquier otro remedio o contramedida ante el incumplimiento de un informe o del acuerdo entre las partes. Así, el Estado "vencido" tiene la potestad, mediante notificación por escrito al Estado o Estados reclamantes, de comunicar su decisión de pagar esta suma anual. Con el objetivo de lograr un acuerdo respecto a la cantidad a pagar las partes contendientes realizan consultas, a más tardar dentro de los diez días después de que la parte demandada realiza dicha notificación. En el evento en que las partes contendientes no logren llegar a un acuerdo dentro de los treinta días posteriores al inicio de las consultas, el panel fija el monto de dicha contribución monetaria en dólares americanos y en un nivel correspondiente a un 50% del nivel de los beneficios que el mismo panel haya determinado de

---

333 BRYAN MERCURIO. "Retaliatory Trade Measures in the WTO Dispute Settlement Understanding: Are There Really Alternatives?", en J. C. HARTIGAN (ed.). *Trade Disputes and the Dispute Settlement Understanding of the WTO An Interdisciplinary Assessment*, Frontiers of Economics and Globalization, vol. 6, Chapter 16, Emerald Group Publishing Limited, 2009, pp. 414 a 419; ROBERT HUDEC. "The Adequacy of WTO Dispute Settlement Remedies: A Developing Country Perspective", en *Development, Trade, and the WTO: A Handbook*, Washington, World Bank, 2002, pp. 81 a 91

334 Negotiating Group on Dispute Settlement, *Differential and more favorable treatment of developing countries in the GATT Dispute Settlement System* (MTN.GNG/NGl3/W/27 and MTN.GNG/NGl3/W/l9), p. 6, 15(e), 30 de junio de l988. Disponible en [http://www.worldtradelaw.net/history/urdsu/urdsu.w27.pdf].

335 WORLD TRADE ORGANIZATION. "Negotiations on the Dispute Settlement Understanding: Proposal by the LDC Group", TN/DS/W/17, 9 de octubre de 2002.

efecto equivalente, o bien, si el panel no ha determinado tal nivel, en un 50% del nivel que la parte reclamante pretenda o haya suspendido[336].

De todas formas, a partir del momento en que el Estado "vencido" deje de pagar la suma pactada mediante consultas, el Estado reclamante podrá aplicar nuevamente la suspensión de beneficios u otras obligaciones. Como se puede observar, en la compensación del *modelo TLC* estadounidense siempre está presente el elemento del consentimiento o de la voluntad, lo cual significa que ninguna de las partes contendientes puede obligar a otra a ofrecer o aceptar este remedio jurídico como alternativa ante el incumplimiento.

Por otro lado, las sumas pagadas por concepto de compensación monetaria tienen como propósito el desarrollo de iniciativas apropiadas para facilitar el comercio entre las partes contendientes, bajo la dirección de la Comisión de Libre Comercio. Estas iniciativas se orientan, por ejemplo, a la reducción de obstáculos injustificados al comercio o al apoyo de las partes para lograr el cumplimiento de sus obligaciones conforme al tratado[337]. La compensación monetaria incorporada en el *modelo TLC* estadounidense representa, además, para los países latinoamericanos, el remedio más importante ante el incumplimiento, ya que como países con economías más débiles sienten en un mayor grado los efectos de las violaciones del TLC en su comercio y para ellos la aplicación de una contramedida como la suspensión de beneficios u otras obligaciones no es una opción suficientemente eficaz o viable en términos comerciales y económicos. Desafortunadamente, el hecho de no ser obligatoria la compensación monetaria en el *modelo TLC* estadounidense deja, en cierto modo, una vía de escape para las partes y la convierte en un remedio poco fiable.

No obstante, la compensación monetaria contribuye al objetivo fundamental de facilitar el comercio entre los Estados parte en el *modelo TLC* estadounidense, en tanto que al aplicar este remedio jurídico no hay ningún elemento restrictivo del comercio, lo que sí ocurre con las medidas de compensaciones mutuas que exigen la prestación de concesiones adicionales. Uno de los futuros riesgos de la aplicación de la compensación monetaria se encuentra en que el país econó-

---

336 La decisión de pagar la suma anual debe ser comunicada a. Dentro de los 30 días siguientes a la notificación de la parte reclamante, de su intención de suspender beneficios o si el grupo arbitral vuelve a constituirse, o b. Dentro de los 20 días siguientes a la fecha en que el panel entregue su determinación. Cfr. artículos 22.15 (5) del TLC Chile-EEUU; 20.16 (6) del CAFTA-RD; 21.16 (6) del TLC Perú-EEUU; 21.16 (6) del TLC Colombia-EEUU y 21.15 (6) del TLC Panamá-EEUU. En definitiva, el *modelo TLC* amplía las competencias del panel, ya que debe fijar el monto de la contribución monetaria en caso de que las partes no logren un acuerdo.

337 Artículos 22.15 (6) del TLC Chile-EEUU; 20.16 (7) del CAFTA-RD; 21.16 (7) del TLC Perú-EEUU; 21.16 (7) del TLC Colombia-EEUU y 21.15 (7) del TLC Panamá-EEUU.

micamente más poderoso en la controversia podría negarse a eliminar la medida incompatible, si considera que es más útil mantener la violación del tratado, y optar por pagar en su lugar la cantidad que estime como contribución monetaria anual, es decir, podría de alguna manera "comprar" sus obligaciones. De ahí que las diferentes propuestas para incorporar este remedio en el régimen jurídico de la OMC[338] señalan que, en principio, la compensación monetaria debe ser aplicable solo por los países en vía de desarrollo y no contra ellos, ya que su propósito es que los países que se encuentran en una relación de desigualdad comercial tengan un recurso alternativo eficaz a su disposición frente al incumplimiento de los Miembros con mayor poder económico. Al respecto el profesor ADEBUKOLA advierte que:

> [...] only poor WTO Members should be able to request for financial compensation, and they should only be able to request this against the richer Members and not against one another. Where there is a dispute among amongst the beneficiaries of financial compensation, then they should resort to the traditional remedy of retaliation where there is refusal to comply with a ruling[339].

En este sentido, vale la pena recordar que muchos de los problemas de la eficacia de los remedios jurídicos y de las contramedidas en el foro multilateral de la OMC radican en que sus Miembros son *socios comerciales desiguales*. De ahí que solamente cuando las partes en una diferencia tienen el mismo nivel económico los remedios jurídicos y las contramedidas constituyen una verdadera "amenaza" o una presión efectiva que induce al Estado "vencido" al cumplimiento del informe o recomendaciones del panel.

Finalmente, el *modelo TLC* estadounidense de solución de controversias regula, de manera específica, el incumplimiento de las obligaciones en las controversias de naturaleza *laboral* y *ambiental*[340]. El Estado reclamante puede solicitar que el panel

---

338 La obligatoriedad de la compensación es una de las propuestas presentadas por los Países Menos Adelantados –PMA– en las negociaciones sobre el ESD de la Ronda de Doha. Cfr. WTO. "Negotiations on the Dispute Settlement Understanding...", cit., nota 802.

339 ELESO ADEBUKOLA A. "WTO Dispute Settlement Remedies: Monetary Compensation...", cit., nota 727, p. 33.

340 Es necesario señalar que cuando se trata de incumplimiento relacionado con obligaciones de los capítulos laboral y ambiental, el *modelo TLC* de solución de controversias introduce algunas variables al procedimiento, dado que si las partes contendientes no logran un acuerdo acerca del cumplimiento del informe, el Estado reclamante puede solicitar al grupo arbitral que imponga una contribución monetaria anual a la otra Parte, la cual no podrá superar US$15 millones. Además, esta contribución se depositará en un fondo establecido por la Comisión, que lo podrá utilizar en iniciativas en la materia, incluidos esfuerzos para mejorar la aplicación de la legislación laboral o ambiental. Si la Parte "vencida" no cumple con la obligación de pagar la contribución, la parte reclamante tiene la

se constituya nuevamente para que imponga una contribución monetaria anual cuando juzgue que el Estado "vencido" ha incumplido con los términos del acuerdo entre las partes o del informe del panel[341]. De esta manera, los TLC incorporan una serie de parámetros para que el panel determine el monto de la compensación monetaria en materia laboral y medio ambiental como, por ejemplo, los *efectos sobre el comercio bilateral* generados por el incumplimiento, la *persistencia* y *duración* del incumplimiento, las *razones* del incumplimiento, el *nivel* de cumplimiento que razonablemente puede esperarse de la parte, claro está, de acuerdo con la limitación de sus recursos, y los *esfuerzos realizados* por la parte para *iniciar a corregir* el incumplimiento (posteriores a la notificación del informe final del panel), además de cualquier otro factor pertinente[342]. Como se puede observar, estos parámetros dan un mayor margen de acción al panel para determinar la contribución monetaria anual del Estado "vencido", pues no se limita al factor económico o al 50% del nivel de los beneficios que el mismo panel haya determinado de efecto equivalente.

C. CONTRAMEDIDAS ANTE EL INCUMPLIMIENTO DEL INFORME

La suspensión de beneficios u otras obligaciones hace parte de las llamadas contramedidas[343], o *retaliation measures*[344], que el Derecho internacional define

posibilidad de adoptar otras acciones, incluyendo la suspensión de beneficios arancelarios en la medida necesaria para cobrar la contribución. Cfr. artículos 22.16 del TLC Chile-EEUU; 20.17 del CAFTA-RD; 21.17 del TLC Perú-EEUU; 21.17 del TLC Colombia-EEUU y 21.16 del TLC Panamá-EEUU.

341 Artículos 22.16 (1) del TLC Chile-EEUU; 20.17 (1) del CAFTA-RD; 21.17 (1) del TLC Perú-EEUU; 21.17 (1) del TLC Colombia-EEUU y 21.16 (1) del TLC Panamá-EEUU.

342 Artículos 22.16 (2) del TLC Chile-EEUU; 20.17 (2) del CAFTA-RD; 21.17 (2) del TLC Perú-EEUU; 21.17 (2) del TLC Colombia-EEUU y 21.16 (2) del TLC Panamá-EEUU.

343 La naturaleza de las contramedidas es eminentemente "procesal", puesto que se refieren a procedimientos autorizados por los instrumentos internacionales para forzar el cumplimiento de una obligación. El profesor BENADAVA, refiriéndose a las represalias o contramedidas, señala: "[...] es un acto ilícito realizado por un Estado en contra de otro Estado y que encuentra su justificación excepcional en el hecho de que responde a un acto ilícito cometido previamente por el Estado contra el cual se dirige. Las represalias tienden a poner término a una lesión jurídica, a obtener una reparación por ella o a prevenir una nueva [...] En el ámbito internacional, en que no hay un sistema judicial y coercitivo orgánico, los Estados pueden reaccionar por sí mismos ante la violación de sus derechos, pero dentro de los límites que el derecho internacional les impone". Cfr. SANTIAGO BENADAVA. *Derecho Internacional Público*, 6.ª ed., Santiago, Editorial Jurídica Cono Sur, 1999, p. 151. Así, el objetivo esencial de estas *medidas auto-tutelares* es ejercer cierta coacción sobre el Estado infractor para que cese en su conducta, por esto, la finalidad punitiva ha sido completamente desterrada del campo de las contramedidas. Además, debido al carácter provisional de estas contramedidas deben ser en lo posible "reversibles", esto es, que no se transformen en un hecho de imposible retractación.

344 En la práctica del antiguo sistema GATT, ya desde 1952 el Presidente de los períodos de sesiones del Comité utilizaba el término *retaliatory action*. Cfr. WORLD TRADE ORGANIZATION. *Analytical Index.*

como aquellas acciones temporales individuales que la parte "vencedora" de un conflicto o diferencia está autorizada a adoptar en respuesta a una infracción que involucre el incumplimiento derechos u obligaciones comprendidas en un instrumento internacional[345]. Concretamente, en los trabajos de la Comisión de Derecho Internacional sobre responsabilidad internacional de los Estados se precisan las "contramedidas" como el incumplimiento por el Estado lesionado de una o más obligaciones internacionales que se justifican como respuesta al hecho internacionalmente ilícito cometido por el Estado responsable[346].

Ahora bien, según los trabajos de la Comisión de Derecho Internacional sobre responsabilidad internacional de los Estados, para que el Estado reclamante pueda aplicar una contramedida es necesario que cumpla y respete algunos límites o condiciones para su uso: la aplicación de toda contramedida presupone y responde a la existencia de un acto internacionalmente ilícito previo[347]; se

---

Guide to GATT *Law and Practice*, 2.ª ed., Ginebra, 2004, p. 693. Posteriormente, el término *retaliation* comenzó a ser ampliamente utilizado para describir una acción del artículo XXIII del GATT, a partir del uso repetido de este término en el libro del profesor DAM en 1970, que de cierta manera puede haber popularizado la *retaliation* como un principio del sistema GATT. Cfr. KENNETH W. DAM. "The GATT: Law and the International Economic Organization", cit., nota 175, pp. 366 y 367.

345 La Comisión de Derecho Internacional se refiere a la suspensión de concesiones u otras obligaciones del sistema OMC como "del tipo de las contramedidas en respuesta a una violación probada". Cfr. NACIONES UNIDAS. *Informe de la Comisión de Derecho Internacional sobre su 53º período de sesiones*, Doc. A/56/10, 2001, p. 361.

346 Según lo dispuesto en el artículo 94 de la Carta de las Naciones Unidas, cada Miembro se compromete a cumplir la decisión de la Corte Internacional de Justicia en todo litigio en que sea parte. Si una de las partes en un litigio deja de cumplir las obligaciones que le imponga un fallo de la Corte, la otra parte podrá recurrir al Consejo de Seguridad, el cual está habilitado para, si lo cree necesario, hacer recomendaciones o dictar medidas con el objeto de que se lleve a efecto la ejecución del fallo. De esta manera, en el marco de la Organización de las Naciones Unidas, cuando la decisión de la Corte Internacional de Justicia no sea cumplida por el Miembro que perdió la disputa, la otra parte podrá solicitar al Consejo de Seguridad que haga recomendaciones a efectos de que se lleve a cabo la ejecución de la sentencia correspondiente y podrá solicitar la aplicación de contramedidas en su contra. Una contramedida es una acción gubernamental tomada unilateralmente por el Estado que ha resultado lesionado por un hecho internacionalmente ilícito, en contra del Estado responsable del mismo, con la finalidad de inducir a este último a que cese el hecho ilícito, si todavía existe, y a que repare el daño derivado de la comisión del mismo. Cfr. NACIONES UNIDAS. *Informe de la Comisión de Derecho Internacional sobre su 53º período de sesiones*..., cit., p. 356.

347 Antes de imponer una contramedida, el Estado lesionado deberá emplazar al Estado responsable a cumplir con su obligación de cesar su ilicitud y a reparar el daño que le ha ocasionado, y tendrá que notificarle la decisión de imponer contramedidas en su contra y ofrecerse a negociar con ese Estado. Cfr. artículo 52 del Proyecto de la Comisión de Derecho Internacional sobre Responsabilidad de los Estados. Para profundizar en estas cuestiones, cfr. Proyecto de la Comisión de Derecho Internacional de 2001, Tercera Parte; jurisprudencia de la Corte Internacional de Justicia, en el caso relativo al proyecto *Gabcíkovo-Nagymaros* (Hungría *vs.* Eslovaquia), adoptado el 25 de septiembre de 1997, párrafo 83-87. Disponible en [http://www.icj-cij.org/]; XAVIER FERNÁNDEZ PONS. *La* OMC *y el Derecho Internacional*..., cit., nota 283, p. 373, GARY CLYDE HUFBAUER, JEFFREY SCHOTT, KIMBERLY

aplican mientras el perdedor de la disputa se encuentre en incumplimiento y terminarán en cuanto dicho Estado cese el hecho ilícito y repare el daño[348]; son medidas proporcionales al daño ocasionado, para lo cual se toma en consideración la gravedad del ilícito y los derechos afectados[349], y, por último, su aplicación no anula la existencia de las obligaciones que han sido suspendidas temporalmente, dado que su cumplimiento vuelve a ser exigible en cuanto haya cesado el hecho ilícito[350].

Bajo este marco del Derecho internacional general, la suspensión de beneficios u otras obligaciones como única contramedida del régimen jurídico multilateral ha experimentado una serie de cambios o condiciones para su uso tras años de convivencia con diferentes problemas, como la aplicación de medidas unilaterales sustraídas al control institucional del régimen jurídico del GATT del 1947[351], concretamente su artículo XXIII.2, la presencia de abusos que favorecían a los países con mayor poder comercial y, además, en medio de las denominadas

---

Ann Elliott y Barbara Oegg. *Economic Sanctions Reconsidered. History and current policy*, 3.ª ed., Institute for International Economics, noviembre 2007; Margaret P. Doxey. *International Sanctions in Contemporary Perspective*, New York, St. Martin's Press, 1987; David Leighton-Brown (ed.). *The Utility of International Economic Sanctions*, New York, St. Martin's Press,1987.

348 No obstante que las contramedidas son una sanción internacional, no tienen la intención de imponer daños punitivos al Estado responsable, pues el único propósito es *inducir al perdedor de la disputa a que cumpla con sus obligaciones internacionales* de cesar la ilicitud de sus actos u omisiones y de reparar el daño ocasionado al Estado lesionado como consecuencia de ellos; de lo que se deriva su carácter transitorio. Cfr. artículos 49 y 53 del Proyecto de la Comisión de Derecho Internacional sobre Responsabilidad de los Estados. La doctrina ha diferenciado claramente entre las "contramedidas" y las "sanciones institucionalizadas". Las primeras, constituyen acciones *auto-tutelares* que en sí mismas son una conducta ilícita, pero el Derecho internacional general las transforma en lícitas en tanto que responden a una previa violación probada de las normas internacionales. Las segundas, también llamadas medidas centralizadas, se entienden siempre como un modo de reacción colectiva institucionalizada frente al acto ilícito, pues, son adoptadas por una organización internacional (pueden ser decretadas y ejecutadas por ella, o una vez decretadas ser delegadas para su ejecución por los Estados miembros). La causa jurídica inmediata de las sanciones está en el acto de la organización y en su estatuto fundacional, no en el acto de violación precedente. Cfr. James Crawford. "The Relationship between Sanctions and Countermeasures", Colloquium of the Graduate Institute of International Studies, Geneva, *United Nations Sanctions and International Law*, junio de 1999; Louis. Henkin, Richard Crawford Pugh, Oscar Schachter y Hans Smith. *International Law: Cases and Materials*, 3.ª ed., Minnesota, West Publishing Co., 1993, pp. 541 y 542; Georges Abi-Saab. "De la sanction en Droit International. Essay de clarification", en J. Makarczyk (ed.). *Theory of International Law at the Threshold of the 21st Century*, The Hague, Kluwer Law Internacional, 1996.

349 Artículo 51 del Proyecto de la Comisión de Derecho Internacional sobre Responsabilidad de los Estados.

350 Por tanto, el Estado lesionado debe aplicar contramedidas que sean *reversibles* en sus efectos y que permitan en el futuro el ejercicio de las obligaciones en cuestión. Cfr. artículo 49 del Proyecto de la Comisión de Derecho Internacional sobre Responsabilidad de los Estados.

351 Aldo Ligustro. *Le controversie tra Stati*..., cit., nota 797, p. 277 y ss.

"guerras comerciales"[352]. Precisamente por ello esta contramedida constituye uno de los aspectos esenciales en las negociaciones sobre la incorporación de un nuevo mecanismo de solución de diferencias de la Ronda de Uruguay[353]. En efecto, los Miembros de la OMC decidieron plasmar en los artículos 3.7, 21.5, 22 y 23 del ESD un conjunto de límites y garantías jurídicas para la aplicación de las contramedidas con el propósito de paliar estos problemas del antiguo régimen. Según CHARNOVITZ, existe un cambio sustancial del antiguo sistema del GATT de 1947, donde la suspensión de concesiones fue considerada esencialmente como una medida de "reequilibrio" pues el Estado reclamante aplicaba una "solución satisfactoria para él" del problema comercial derivado de la violación de un precepto del GATT, al contrario del régimen jurídico de la OMC donde, en palabras de CHARNOVITZ, la suspensión de concesiones tiene un "propósito externamente dirigido", inducir al Estado "vencido" al cumplimiento[354].

Teniendo en cuenta el objeto, los límites y las condiciones para el uso de la contramedida regulada en el Derecho de la OMC, la jurisprudencia ha interpretado que:

> [...] la autorización de suspender concesiones u otras obligaciones es una medida temporal en espera de la aplicación plena de las recomendaciones y resoluciones por el Miembro de que se trate [...] ese carácter temporal indica que las contramedidas tienen por finalidad inducir al cumplimiento, pero ello no significa que el OSD deba conceder una autorización para suspender concesiones en un nivel que exceda del equivalente al nivel de la anulación o menoscabo. A nuestro parecer, no hay en el párrafo 1 del

352 CHERISE VALLES y BRENDAN P. MCGIVERN. "The Right to Retaliate under the WTO Agreement. The Sequencing Problem", *Journal of World Trade*, vol. 34, n.º 2, 2000, pp. 63-84; ROBERT HUDEC. *Reforcing International Trade Law: The Evolution of the Modern GATT Legal System*, Salem, New Hampshire, Butterworth Legal Publishers, 1993, pp. 504 y 505.

353 XAVIER FERNÁNDEZ PONS. *La OMC y el Derecho Internacional...*, cit., nota 22, p. 384. La suspensión de concesiones u otras obligaciones fue la única contramedida contemplada en la era GATT. Sin embargo, esta contramedida se solicitó únicamente en dos casos, en el primero, el Grupo de Trabajo autorizó la retaliación pero nunca fue ejercida por parte de los Países Bajos (asunto *Países Bajos-Acción bajo el artículo XXIII:2 para suspender obligaciones a los Estados Unidos*, Documento GATT /BISD/1S/62, adoptado el 8 de noviembre de 1952). En el segundo, los Estados Unidos, actuando como parte demandada utilizó la regla del consenso positivo y bloqueó la solicitud hecha por Canadá y las Comunidades Europeas para aplicar la contramedida (asunto *Estados Unidos-Impuestos sobre el Petróleo y Ciertas Substancias Importadas*, Documento GATT /BISD/34S/136, adoptado el 17 de junio de 1987). En el ESD de la OMC se sustituye la regla del consenso positivo de la era GATT por la del consenso negativo: no se requiere de la aprobación de todas las Partes Contratantes para suspender concesiones u otras obligaciones. Para PAUWELYN, la autorización "automática" para aplicar esta contramedida permite perseguir aquellos casos políticamente sensibles, y protege a los Miembros de la OMC más débiles que anteriormente eran incapaces o insuficientemente intimidantes como para cabildear un consenso positivo. Cfr. JOOST PAUWELYN. *Enforcement and Countermeasures in the WTO...*, cit., nota 764, p. 336.

354 STEVE CHARNOVITZ. "Rethinking WTO Trade Sanctions...", cit., nota 454, pp. 802 a 804.

artículo 22 del ESD, ni menos aún en los párrafos 4 y 7 de ese mismo artículo, ninguna disposición que pueda entenderse que justifique contramedidas de carácter punitivo[355].

De la misma forma que en el régimen jurídico de la OMC, la suspensión de beneficios u otras obligaciones se incorpora como una contramedida del *modelo TLC* estadounidense de solución de controversias[356] que no concreta un *derecho* del Estado reclamante, sino un mecanismo o instrumento de ejecución cuyo objeto es lograr que el Estado "vencido" cese en el incumplimiento de ciertas obligaciones incorporadas en los tratados[357]. Por esta razón la contramedida tiene un carácter *reversible* y *transitorio* y su aplicación no anula la existencia de la obligación que se ha suspendido; es más, el cumplimiento de la obligación o del beneficio vuelve a ser exigible en cuanto haya cesado el hecho ilícito que la autoriza, es decir, tendrá vigencia hasta que el Estado "vencido" cumpla con la compensación pactada, el plan de acción acordado o elimine la disconformidad o la anulación o menoscabo que el panel haya constatado.

Cabe subrayar que los beneficios comerciales son compromisos específicos por sectores económicos que los Estados signatarios del TLC han contraído para con las demás partes, y pueden consistir, por ejemplo, en una concesión por la que se aumente el acceso al mercado para cierto producto, en una concesión

---

355 Decisión de los árbitros en el asunto *Comunidades Europeas-Régimen para la Importación, Venta y Distribución de Bananos "Bananos III"*, Arbitraje 22.6-CE (WT/DS27/ARB), párrafo 6.3.; cfr. también la Decisión de los árbitros en los asuntos *Comunidades Europeas-Medidas que afectan a la carne y a los productos cárnico "Hormonas"*, Arbitraje 22.6-Canadá (WT/DS48/ARB), párrafo 39 y *Canadá-Créditos a la exportación y garantías de préstamos para las aeronaves regionales*, Arbitraje 22.6-Canadá (WT/DS222/ARB), párrafo 3.105.

356 Las contramedidas constituyen en principio la institución probablemente más importante de la responsabilidad, clásica y característica en el contexto de un ordenamiento internacional descentralizado, hasta el punto de que KELSEN, manteniendo la terminología tradicional de las "sanciones", veía en ellas el rasgo que consagraba el carácter plenamente jurídico del Derecho. Cfr. HANS KELSEN. *General Theory of Law and State*, Massachusetts, Harvard University Press, 1946, p. 18.

357 Si bien el *modelo TLC* no establece una definición del término "contramedidas", la jurisprudencia de la OMC en el asunto *Estados Unidos-Trato fiscal aplicado a las empresas de ventas en el extranjero "EVE"* (WT/DS108/ARB), adoptado el 30 de agosto de 2002, párrafos 5.4 a 5.6, ha utilizado el *New Oxford English Dictionary* para desentrañar el sentido ordinario de dicho término, concluyendo que se trata de un acto cuya finalidad es contrarrestar (neutralizando, dificultando o impidiendo mediante un acto contrario) un acto internacionalmente ilícito en la forma de una subvención prohibida y los efectos de esta sobre la parte reclamante. En este sentido, el profesor CHARNOVITZ sostiene que con el GATT se podría ver la suspensión de concesiones u otras obligaciones como una *decisión interna* de volver a equilibrar las tarifas o cuotas en la ausencia de un ajuste satisfactorio logrado bilateralmente. Pero con la OMC, la suspensión tiene un *propósito externo* dirigido a inducir el cumplimiento. Cfr. STEVE CHARNOVITZ. "Rethinking WTO Trade Sanctions...", cit., nota 454, p. 803; cfr. también la Decisión de los árbitros en el asunto *Brasil-Programa de financiación de las exportaciones para aeronaves* (WT/DS46/ARB), adoptado el 28 de agosto de 2000, párrafo 3.44.

para reducir tarifas arancelarias o en otra para reducir subvenciones, etc.[358]. Ejemplos de "otro" tipo de obligaciones que tradicionalmente no son consideradas beneficios comerciales y que pueden ser objeto de suspensión son los compromisos asumidos por los Estados de proteger los derechos de propiedad intelectual, o la obligación relativa a respetar la cláusula de nación más favorecida en materia de servicios, o los deberes de protección en materia de inversiones extranjeras, entre otras.

Así pues, con el propósito de evitar que la contramedida de suspensión de beneficios tenga cualquier rasgo punitivo, el *modelo* TLC estadounidense de solución de controversias establece algunas restricciones o condiciones para su uso, y garantías jurídicas que la legitiman y le confieren validez.

– REQUISITOS O CONDICIONES PARA EL USO DE LAS MEDIDAS DE SUSPENSIÓN DE BENEFICIOS U OTRAS OBLIGACIONES

Con el fin de evitar que el Estado "vencedor" aplique arbitrariamente la contramedida o que el nivel de beneficios u otras obligaciones[359] que se pretende suspender sea "manifiestamente" excesivo, el *modelo* TLC estadounidense determina algunos requisitos o condiciones para su uso. El primero consiste en el *plazo para la imposición de la medida*, que exige al Estado reclamante, antes de suspender cualquier beneficio u otra obligación, agotar: a. El plazo para que las partes contendientes logren un acuerdo sobre la solución de la controversia, dentro de los cuarenta y cinco días siguientes a la recepción del informe final o dentro de otro plazo que las partes convengan[360], o sobre el plan de acción

---

358 De la misma forma que toda norma internacional creada por consenso entre Estados, todo beneficio comercial constituye una obligación internacional y, por consiguiente, su incumplimiento trae como consecuencia la responsabilidad internacional del Estado en cuestión. Cfr. JOOST PAUWELYN. *Enforcement and Countermeasures in the* WTO..., cit., nota 764, pp. 335 a 347.

359 Existen diferentes beneficios o concesiones comerciales que las partes pueden suspender, así, por ejemplo, encontramos *los compromisos legales de un país importador* de no aumentar su derecho de aduana sobre un producto importado por encima de un determinado nivel arancelario acordado, de ahí que la aplicación de la contramedida signifique que el país importador aumentaría dicho arancel. Por otro lado, un tipo de obligaciones que las partes pueden suspender son *las responsabilidades jurídicas* de un país de otorgar protección a los derechos de propiedad intelectual, tales como las patentes y los derechos de autor, entre otros. La suspensión de esta obligación supondría que el país quedaría liberado de esta responsabilidad jurídica de protección. Al igual que cualquier norma internacional creada por consenso entre Estados, todo beneficio o concesión constituye una obligación internacional y, por tanto, su incumplimiento traerá como consecuencia la responsabilidad internacional del Estado en cuestión. Cfr. PETROS C. MAVROIDIS y ALAN O. SYKES (comps.)- *The* WTO *and International Trade Law/Dispute Settlement*..., cit., nota 766, pp. 424 a 436.

360 Artículos 22.15 (1) del TLC Chile-EEUU; 20.16 (1) del CAFTA; 21.16 (1) del TLC Perú-EEUU; 21.16 (1) del TLC Colombia-EEUU y 20.15 (1) del TLC Panamá-EEUU.

mutuamente satisfactorio[361], y b. El plazo para que las partes contendientes alcancen un acuerdo sobre la compensación dentro de los treinta días establecidos por los TLC o cualquier otro término que las partes establezcan[362].

A propósito de esta primera condición para el uso de la suspensión de beneficios, una de las diferencias entre el Derecho de la OMC y el *modelo TLC* estadounidense de solución de controversias es que este último no establece un "plazo prudencial" para el cumplimiento del informe o el acuerdo que resuelve la controversia, tal como sucede en el artículo 21.3 del ESD de la OMC, que ordena "[e]n caso de que no sea factible cumplir inmediatamente las recomendaciones y resoluciones, el Miembro afectado dispondrá de un plazo prudencial para hacerlo"[363].

El segundo requisito que legitima la aplicación tanto de los remedios jurídicos (compensación comercial o monetaria) o contramedidas (suspensión de beneficios u otras obligaciones) es que *el panel resuelva la controversia a favor del Estado reclamante*. Para ello el informe debe determinar si la parte demandada incurrió en incumplimiento de las obligaciones incorporadas en el tratado o si la medida causa una anulación o menoscabo de los beneficios comerciales. Esta condición para el uso de la contramedida asigna cierto grado de "vinculación" al informe final, pues en el evento de que dicha decisión del panel no favorezca al Estado reclamante, y las partes no logren un acuerdo mutuo, no podrá unilateralmente aplicar ninguna medida de retaliación. Es más, el Estado reclamante solamente puede suspender beneficios u otras obligaciones hasta el nivel que el panel haya determinado o, si no lo hace, hasta el nivel equivalente de la anulación o menoscabo que ese Estado pretenda suspenderlos.

El tercer requisito, *determinar el nivel de beneficios que se pretende suspender*, exige que el Estado reclamante señale el grado de concesiones establecidas en el TLC cuya suspensión considera que tiene un *efecto equivalente* a la anulación o

---

361 Artículos 22.14 (3) del TLC Chile-EEUU y 20.15 (2) CAFTA-RD.

362 Artículos 2019.1 del TLCAN; 22.15 (2) del TLC Chile-EEUU; 20.16 (2) del CAFTA; 21.16 (2) del TLC Perú-EEUU; 21.16 (2) del TLC Colombia-EEUU y 20.15 (2) del TLC Panamá-EEUU. El TLCAN no establece ningún plazo para la compensación, de ahí que, si el Estado "vencido" no propone dentro de los 30 días siguientes a la recepción del informe final una compensación comercial, el Estado reclamante podrá suspender la aplicación de beneficios.

363 El plazo prudencial puede ser fijado por mutuo acuerdo o mediante arbitraje; cfr. artículo 21.3 (b) y (c) del ESD de la OMC. No cabe duda que el *plazo prudencial* constituye un avance significativo del sistema de solución de diferencias OMC respecto al antiguo GATT de 1947, en tanto que el artículo 22 del Entendimiento de 1979 se limitaba a señalar que las Partes Contratantes supervisarían los asuntos sobre los que se hicieran recomendaciones, y si estas no eran cumplidas dentro de un período de "tiempo razonable", la parte reclamante podía solicitar a las Partes Contratantes que realizaran los esfuerzos necesarios con la finalidad de encontrar una "solución adecuada".

menoscabo que origina la medida bajo controversia. Con el fin de garantizar la *proporcionalidad*, que descarta cualquier efecto punitivo de la contramedida, los TLC disponen que cuando el Estado "vencido" juzgue que el nivel de beneficios que se pretende suspender es *manifiestamente excesivo*, o que ha eliminado la disconformidad o la anulación o menoscabo constatada por el panel, tiene la facultad de convocar nuevamente al panel para que revise si la contramedida tiene un efecto equivalente[364]. Así también lo ha interpretado la jurisprudencia de la OMC que, por ejemplo, en el asunto *Comunidades Europeas-Medidas que afectan a la carne y a los productos cárnicos "Hormonas"* señala que para que proceda la solicitud de suspensión de beneficios u otras obligaciones, el reclamante debe indicar en su solicitud por lo menos los siguientes dos elementos: a. El nivel específico de suspensión que pretende aplicarle al demandado, el cual será equivalente al nivel de la anulación o menoscabo causados por la medida incompatible, y b. Especificar el acuerdo y el sector o sectores en cuyo marco se suspenderán concesiones u obligaciones[365].

La *notificación a la contraparte* es el cuarto requisito o condición para el uso de la contramedida, y además constituye una garantía al principio del debido proceso, pues el *modelo TLC* estadounidense determina que el Estado reclamante podrá iniciar la suspensión de beneficios treinta días después de la notificación por escrito a la contraparte, o la fecha en que el panel emita su determinación que examina si el nivel de beneficios suspendidos es manifiestamente excesivo o se ha eliminado la disconformidad, la anulación o el menoscabo[366].

– GARANTÍAS JURÍDICAS DE LAS MEDIDAS DE SUSPENSIÓN DE BENEFICIOS U OTRAS OBLIGACIONES

Otro aspecto relevante de la suspensión de beneficios u otras obligaciones regulada por el *modelo TLC* estadounidense son las garantías jurídicas que tutelan algunos principios básicos del procedimiento general sobre aplicación e interpretación del tratado, entre otros, la buena fe en el cumplimiento de las obligaciones pactadas y el respeto al debido proceso. Los TLC de los Estados

---

364 Artículos 22.15 (3) del TLC Chile-EEUU; 20.16 (3) párrafo 1 del CAFTA-RD; 21.16 (3) párrafo 1 del TLC Perú-EEUU; 21.16 (3) del TLC Colombia-EEUU y 20.15 (3) del TLC Panamá-EEUU.

365 Decisión de los árbitros en el asunto *Comunidades Europeas-Medidas que afectan a la carne y a los productos cárnico "Hormonas"*, Arbitraje 22.6-Canadá (WT/DS48/ARB), adoptado el 12 julio de 1999, párrafo 21.

366 Artículos 22.15 (2) párrafo 1 del TLC Chile-EEUU; 20.16 (2) párrafo 1 del CAFTA-RD; 21.16 (2) párrafo 1 del TLC Perú-EEUU; 21.16 (2) párrafo 1 del TLC Colombia-EEUU y 20.15 (2) párrafo 1 del TLC Panamá-EEUU.

Unidos con algunos países latinoamericanos incorporan esencialmente dos tipos de garantías. La primera tiene que ver con *las reglas de aplicación de la contramedida*, y su finalidad es crear una serie de pautas y establecer unos grados o prioridades de los sectores comerciales en los que las partes pueden suspender beneficios u obligaciones. Al respecto las reglas del *modelo TLC* estadounidense establecen: a. Los beneficios suspendidos deberán serlo dentro del *mismo sector* o sectores que se vean afectados por la medida o cualquier otro asunto que el panel considere incompatible con el tratado, o que sean causa de anulación o menoscabo de beneficios comerciales, y b. Se autoriza a suspender beneficios en *otros sectores comerciales*, en caso de que la parte reclamante juzgue que no es factible ni eficaz suspender beneficios en el mismo sector afectado por la medida o cualquier otro asunto[367]. No cabe duda que estas dos reglas de aplicación de las medidas de suspensión de beneficios u obligaciones aportan seguridad jurídica y una cierta racionalidad al *modelo TLC* estadounidense, pues evitan que las controversias tengan un efecto expansivo, el cual puede ser potencialmente nocivo para el comercio del Estado "vencido". En última instancia, estas reglas tratan de reducir las posibilidades de que se produzcan las llamadas "guerras comerciales", como las que se han presentado en el pasado en el sector de los azúcares (México *vs.* Estados Unidos) o de la madera (Canadá *vs.* Estados Unidos). La autorización a suspender beneficios en *otros sectores comerciales* o "suspensión cruzada"[368] opera subsidiariamente en los TLC, además, se exige que no se aplique tal suspensión en ciertas áreas del comercio donde no existen

---

367 Artículos 2019.2 del TLCAN; 20.16 (5) del CAFTA; 21.16 (5) del TLC Perú-EEUU; 21.16 (5) del TLC Colombia-EEUU y 20.15 (5) del TLC Panamá-EEUU. Conviene subrayar, además, que una de las dificultades de la suspensión de beneficios establecida en el TLC Chile-EEUU es la omisión de reglas para su aplicación.

368 La segunda regla denominada "retaliación cruzada", o en inglés "*cross-retaliation*", se puede describir como una situación en la que el Estado reclamante utiliza contramedidas en el marco de un sector económico que no había sido infringido por el Estado "vencido". Cfr. KYM ANDERSON. *Peculiarities of Retaliation in WTO Dispute Settlement*, Centre for International Economic Studies, Discussion Paper n.º 0207, Australia, Adelaide University, 2002; ROBERT HUDEC. "The Adequacy of WTO Dispute Settlement Remedies...", cit., nota 800, pp. 81 a 91. La jurisprudencia de la OMC, concretamente en la Decisión de los árbitros en el asunto *Comunidades Europeas-Medidas que afectan a la carne y a los productos cárnico "Hormonas"*, Arbitraje 22.6-Canadá (WT/DS48/ARB), adoptado el 12 julio de 1999, párrafos 14-15, ha declarado válida la práctica estadounidense de rotar sobre una lista de varios productos la suspensión de concesiones de uno a otro producto en la forma y en el momento que el Estado reclamante quiera, lo que se ha denominado "medidas de carrusel". Para poder aplicar la suspensión de beneficios en "carrusel" basta tan solo indicar cuáles productos pueden ser susceptibles de esas medidas y que el monto final de suspensión en su conjunto se mantenga dentro del nivel de retorsión autorizado.

simultáneamente exportaciones afectadas por la medida ilegal o importaciones que sean susceptibles a tal suspensión[369].

Es claro que el Estado reclamante goza de cierta discrecionalidad para valorar si la suspensión en el mismo sector es impracticable, o ineficaz en el caso concreto, para inducir al demandado al pronto cumplimiento; empero, una vez iniciado, el proceso de arbitraje formará parte del mandato del panel: comprobar si es o no correcta la valoración del Estado reclamante sobre aquella impracticabilidad o ineficacia[370].

La segunda garantía, *la equivalencia de la suspensión de beneficios u otras obligaciones*[371], materializa el principio de la proporcionalidad[372], pues el nivel o efecto de la suspensión se encuentra limitado a la equivalencia al daño o nivel de anulación o menoscabo causado (valoración cuantitativa). Esta garantía del *modelo* TLC estadounidense protege al Estado "vencido" frente a los posibles abu-

---

369 A propósito de estas *reglas de aplicación de la contramedida* en el contexto de procedimiento previsto en el ESD de la OMC, el profesor CONDON señala que el objetivo principal de la suspensión de concesiones es dar a la Parte que trata de efectuarla la facultad de asegurase de que la suspensión tenga una repercusión fuerte y produzca el resultado deseado, siendo esto, inducir al cumplimiento. Cfr. BRADLY J. CONDON. *El derecho de la Organización Mundial de Comercio...*, cit., nota 455, p. 175

370 Según lo interpretado por los árbitros en el asunto *Comunidades Europeas-Bananos III*, "El examen sobre la 'practicabilidad' de una suspensión alternativa atañe a la cuestión de [1] si esa alternativa está disponible para aplicarse en la práctica y [2] también si es adecuada para utilizarse en un caso en particular". Por otro lado, en el mismo asunto se establece que el sentido principal de "ineficaz" es dar al Estado reclamante la facultad de asegurarse de que la suspensión tendrá una repercusión fuerte y producirá el resultado deseado, esto es, inducir al Estado demandado a que cumpla con las resoluciones y recomendaciones que le han sido dirigidas por el OSD. Cfr. Decisión de los árbitros en el asunto *Comunidades Europeas-Régimen para la Importación, Venta y Distribución de Bananos "Bananos III"*, Arbitraje 22.6-CE (WT/DS27/ARB), párrafo 72 y 52.

371 La garantía *de la equivalencia de la suspensión de beneficios u otras obligaciones* se adecua a los preceptos del Derecho internacional general, particularmente al artículo 51 del Proyecto de la Comisión de Derecho Internacional sobre la responsabilidad del Estado por hechos internacionalmente ilícitos que dispone: "Las contramedidas deben ser proporcionales al perjuicio sufrido, teniendo en cuenta la gravedad del hecho internacionalmente ilícito y los derechos en cuestión".

372 El *principio de la proporcionalidad* es ampliamente reconocido en la práctica de los Estados, la doctrina y la jurisprudencia; de hecho, en el Proyecto de la Comisión de Derecho Internacional (CID) sobre Responsabilidad de los Estados sobre responsabilidad de 2001, se establece que las contramedidas "[...] deben ser proporcionales al prejuicio sufrido, teniendo en cuenta la gravedad del hecho internacionalmente ilícito y los derechos en cuestión". Cfr. NACIONES UNIDAS. *Informe de la Comisión de Derecho Internacional sobre su 53º período de sesiones...*, cit., nota 812, p. 379. Igualmente, el *principio de la proporcionalidad* se encuentra omnipresente en la jurisprudencia del régimen multilateral del comercio. Así, por ejemplo, cfr. el Informe del Órgano de Apelación en el asunto *Corea-Medida de salvaguardia definitiva impuesta a las importaciones de determinados productos lácteos* (WT/DS98/AB/R), adoptado el 14 de diciembre de 1999, párrafo 96 y el Informe del Órgano de Apelación en el asunto *Estados Unidos-Medida de salvaguardia definitiva contra las importaciones de tubos al carbono soldados de sección circular procedentes de Corea* (WT/DS202/AB/R), adoptado el 15 de febrero de 2002, párrafo 259.

sos en la aplicación de suspensión de beneficios u obligaciones, y precisamente por ello puede convocar nuevamente al panel para que examine mediante un arbitraje, dentro de un plazo señalado en el tratado[373], los posibles excesos en el nivel de suspensión. La carga de la prueba en esta situación la tiene el Estado "vencido", quien deberá probar que el nivel de beneficios suspendido o que pretende suspender el Estado reclamante es "manifiestamente excesivo" o que la disconformidad o la anulación o menoscabo constatado por el panel fueron ya eliminados[374]. Bajo este proceso de arbitraje el panel realizará un análisis cuantitativo basado en un juicio de adecuación o equilibrio entre la gravedad de la infracción en las obligaciones del tratado que origina la controversia y los efectos negativos de la suspensión de beneficios que aplica el Estado reclamante[375]. En la jurisprudencia de la OMC, particularmente el asunto *Estados Unidos-Trato fiscal aplicado a las Empresas de Ventas en el Extranjero "EVE"* se establece que para determinar la proporcionalidad entre el acto internacionalmente ilícito y la contramedida propuesta es necesario un análisis casuístico el cual implica una valoración de la gravedad de la infracción y la naturaleza de la alteración del equilibrio de derechos y obligaciones en cuestión[376]. Con todo, la proporcionalidad de la suspensión de beneficios u otras obligaciones

---

373 Artículos 2019.3 y Regla Procedimiento n.° 59 del TLCAN; 22.15 (3) y Regla de Procedimiento n.° 75 del TLC Chile-EEUU; 20.16 (3) del CAFTA-RD; 21.16 (3) del TLC Perú-EEUU; 21.16 (3) del TLC Colombia-EEUU y 20.15 (3) del TLC Panamá-EEUU.

374 En este supuesto el panel efectúa *un análisis fáctico*, en el cual debe determinar si la parte "vencida" eliminó la disconformidad o la anulación o menoscabo, situación que de ser positiva imposibilita la suspensión de cualquier beneficio a la parte reclamante. Antes que nada la parte reclamante debe someter el asunto al panel mediante notificación escrita a la contraparte. Cumplida la notificación, el panel debe presentar un informe sobre el asunto y en el evento que se determine que la parte "vencida" ha eliminado la disconformidad o la anulación o menoscabo, la parte reclamante debe restablecer en el menor tiempo posible los beneficios suspendidos o, en el caso de la contribución monetaria, el Estado demandado queda relevado de la obligación de pagar la suma acordada. Cfr. artículos 20.17 (1) y (2) del TLC Chile-EEUU; 20.18 del CAFTA-RD; 21.18 del TLC Perú-EEUU; 21.18 del TLC Colombia-EEUU y 20.16 del TLC Panamá-EEUU. Importa destacar aquí, que a partir del TLC Chile-EEUU el *modelo TLC* de solución de controversias reforzó el *principio de igualdad entre las partes* y otorgó mayores garantías a los derechos del Estado "vencido", pues ahora puede solicitar la constitución del grupo arbitral no solo cuando considere que el nivel de beneficios son manifiestamente excesivos, como se establece en el artículo 2019.3 del TLCAN; también puede convocar al grupo cuando juzgue que ya eliminó la disconformidad o la anulación o menoscabo constatada por el grupo arbitral.

375 El panel original que resuelve la controversia es el más indicado para determinar *el nivel de efectos equivalentes*, puesto que tiene los antecedentes claros del caso sin tener necesidad de hacer una nueva investigación plenaria. Por tanto, el panel tiene la tarea de verificar, en primer lugar, *la desproporción de la contramedida* y, luego, *establecer el nivel de beneficios que considere de efecto equivalente*. De ahí que una vez se fije este efecto equivalente de la contramedida, la parte reclamante está obligada a modificar el nivel aplicado hasta el determinado por el panel.

376 Decisión de los árbitros en el asunto *Estados Unidos-Trato fiscal aplicado a las empresas de ventas en el extranjero "EVE", Arbitraje 22.6-Estados Unidos* (WT/DS/108/ARB), adoptado el 30 de agosto de 2002, párrafo 5.61.

constituye uno de los problemas cruciales del *modelo TLC* estadounidense de solución de controversias, dado que los Estados pueden utilizarla para reducir las importaciones de otro Estado o para cualquier otro objetivo proteccionista[377].

Se puede pensar, *prima facie*, que este intento de corrección de la proporcionalidad mediante un proceso de arbitraje es innecesario, pues si un Estado reclamante suspende beneficios en forma excesiva se vulnera el precepto jurídico de los TLC que garantiza un efecto equivalente en la contramedida, en cuyo caso se podría iniciar un nuevo procedimiento general de solución de controversias para que se determine la incompatibilidad de la medida de suspensión con el tratado. Sin embargo, la propia teleología del *modelo TLC* estadounidense exige un proceso de arbitraje, pues si no existiera se violaría el principio del *respecto al debido proceso* que garantiza *un proceso sin dilaciones*. En otras palabras, iniciar un procedimiento general dejaría al primer procedimiento que originó la controversia comercial sin la posibilidad de presionar el cumplimiento de su informe, hasta tanto el nuevo procedimiento determine si el nivel de beneficios suspendido es o no "manifiestamente excesivo".

Estos principios del *modelo TLC* estadounidense resuelven una importante polémica surgida respecto de la aplicación de la suspensión de beneficios u otras obligaciones en el marco de la OMC: si con anterioridad a la aplicación de tal contramedida (art. 22 del ESD) se debe o no agotar el procedimiento ante el panel cuando no hay acuerdo entre las partes sobre el grado de cumplimiento efectivo (que establece el art. 21.5 del ESD)[378]. En efecto, los TLC estadounidenses determinan que existe un derecho unilateral del Estado "vencedor" de valorar si ha habido o no pleno cumplimiento del informe, por lo que no es necesario

---

377 Sin embargo, determinar la proporcionalidad de la suspensión de beneficios no es una tarea fácil; como señala el profesor FERNÁNDEZ PONS, tanto el concepto como los factores a tener en cuenta para evaluar la proporcionalidad "tienen unos contornos imprecisos". Cfr. XAVIER FERNÁNDEZ PONS. *La OMC y el Derecho Internacional...*, cit., nota 283, p. 405; igualmente, ENZO CANNIZZARO. *Il principio della proporzionalità nell' ordinamento internazionale*, Milano, Giuffrè, 2000.

378 Uno de los aspectos más criticados del procedimiento de solución de diferencias de la OMC es que no se ha establecido ningún orden temporal obligatorio entre el recurso al *procedimiento abreviado* (art. 21.5 del ESD) y la solicitud de *compensación o suspensión de concesiones* (art. 22 del ESD). Cfr. VALENTÍN BOU FRANCH (coord.). *Nuevas controversias internacionales y nuevos mecanismos de solución*, Valencia, Tirant Lo Blanch, 2005, pp. 320 y 321. El origen del problema de la secuencialidad es la falta de referencia cruzada entre el artículo 21.5 y el 22.2 del ESD. Se trata de un problema de plazos procesales que pone en peligro la vigencia del derecho del reclamante a solicitar autorización para suspender concesiones u otras obligaciones. El asunto *Comunidades Europeas-Bananos III* constituye el primer precedente en que las partes solicitaron la revisión de una medida bajo el artículo 21.5 del ESD. En aquel caso, tanto las Comunidades Europeas, alegando que ya habían cumplido con las resoluciones y recomendaciones del OSD, como Ecuador, quien alegaba lo contrario, solicitaron un procedimiento 21.5. Ambas solicitudes fueron anteriores a la expiración del plazo prudencial.

acudir previamente a un mecanismo, como en el párrafo 5 del artículo 21 del ESD, para determinar el grado de cumplimiento efectivo y luego aplicar la contramedida. Ahora bien, el Estado "vencido" tiene el derecho a convocar al panel cuando juzgue que ha eliminado la disconformidad o anulación o menoscabo.

Por otra parte, vale la pena recordar algunas de las dificultades que podría enfrentar la aplicación de futuros remedios jurídicos o contramedidas bajo el *modelo* TLC estadounidense. En primer lugar los efectos de la compensación para el comercio del Tercer país, caso en el cual las partes contendientes, al acordar una compensación, como por ejemplo la reducción de aranceles sobre un producto procedente del Estado reclamante, generan una disminución o menoscabo de beneficios comerciales en otros países exportadores del mismo producto al Estado "vencido", en tanto deben pagar el arancel más elevado que genera un mayor costo final para sus productos[379]. En segundo lugar, la compensación monetaria como *buy-out of obligations*: en este caso el Estado "vencido" puede decidir que le es más conveniente mantener la violación de una obligación del TLC y pagar en su lugar la cantidad acordada como contribución monetaria anual, que eliminar la medida incompatible o dar cumplimiento al informe del panel. Así, una de las principales objeciones a este remedio ante el incumplimiento es que favorece a los países más poderosos económicamente. Bajo el *modelo* TLC estadounidense esta objeción significa en la práctica que los Estados Unidos pueden "comprar" sus obligaciones y mantener medidas que distorsionan el comercio con los países latinoamericanos; sin embargo, se debe recordar que cualquier remedio jurídico o contramedida es un mecanismo transitorio que nunca elimina el cumplimiento de la obligación principal del Estado "vencido": poner sus medidas en conformidad con el TLC[380]. En tercer lugar, la suspensión de beneficios u otras obligaciones por definición discriminatoria, puede comprender, por ejemplo, la imposición de aranceles a un sector económico en particular del Estado reclamante, hasta que la medida del Estado "vencido" declarada incompatible por el panel sea retirada[381]. Cualquier aumento de aranceles significa necesariamente el aumento de los precios de los productos

---

379 Ciertamente, los remedios ante el incumplimiento podrían anular las ventajas o beneficios comerciales de otros Estados signatarios, en especial cuando se trata de TLC plurilaterales, aunque la contramedida no sea contraria a ninguna disposición del tratado.

380 En el contexto del Derecho de la OMC, el reequilibrio, o indemnización, desempeña un papel cada vez menor. Es más, para el profesor JACKSON un gobierno que viola una norma de la OMC tiene la obligación de cumplirla y no puede simplemente pagar por su incumplimiento o la denominada *option to buy out*. Cfr. JOHN H. JACKSON. "International Law status of WTO Dispute Settlement Report...", cit., nota 772, pp. 120 y 121.

381 Como una acción unilateral tomada por el Estado "ganador", la suspensión no es una medida de carácter voluntario, ni depende del Estado declarado infractor.

internos del Estado reclamante, con repercusiones en sus consumidores y en la economía nacional. Ahora bien, otro inconveniente en su aplicación es que con alguna frecuencia un sector ajeno a la controversia sufre la acción de tal contramedida, y no el sector económico en el que ocurrió la violación.

Pese a que los remedios jurídicos y contramedidas contempladas en el procedimiento general del *modelo TLC* estadounidense parecen similares a aquellos previstos en el ESD de la OMC, hasta la fecha no ha habido ningún caso en el cual un Estado reclamante haya suspendido beneficios como respuesta al incumplimiento del informe de un panel. Algunas explicaciones a esta ausencia se encuentran en la proximidad del *modelo TLC* estadounidense al GATT de 1947, más exactamente al procedimiento de solución de diferencias regulado por la Decisión del 12 de abril de 1989[382], cuya naturaleza jurídica se acerca a la *conciliación internacional*, con técnicas *flexibles* de resolución del conflicto, donde prima la voluntad de los Estados y no el mecanismo. Así, los Estados Unidos, al diseñar este *modelo* de solución de controversias, con la misma secuencia en sus etapas, actuaciones procesales y principios, que se reproduce de manera sucedánea desde el ALCCEU de 1989 y en cada uno de sus posteriores TLC (independientemente del número de Estados signatarios o de la importancia económica-política que tenga el país latinoamericano), también tiene en cuenta o se adapta progresivamente a sus necesidades e interés económicos; por ello, existen algunas particularidades relacionadas fundamentalmente con el carácter bilateral o plurilateral de los tratados, como es el caso del TLCAN o el CAFTA-RD, que regulan la acumulación de procedimientos, la participación de terceros Estados Parte, etc.

Finalmente, es necesario reconocer que el *modelo TLC* estadounidense está "hecho a la medida" para resolver las diferencias resultantes de la multiplicidad de materias y sectores económicos de estos novedosos instrumentos internacionales. Precisamente por esto se establece un mecanismo para las diferencias resultantes de la aplicación o interpretación del tratado, o *procedimiento general*, mientras que para sectores específicamente señalados en los TLC se prevén *procedimientos autónomos* y *cláusulas especiales*, que se integran y se sirven del procedimiento general.

---

382 En diciembre de 1988, las Partes Contratantes del GATT celebraron una reunión en Montreal, conocida como "la Reunión a medio camino", con el objetivo de evaluar el desarrollo de las negociaciones en los distintos sectores. Esta reunión dio lugar a la Decisión del 12 de abril de 1989, relativa a mejora de las normas y procedimientos de solución de diferencias del GATT (Secretaría del GATT, IBBD 36S/61, 1990, pp. 66 y ss) que fue la precursora del ESD, pues incorpora un conjunto de avances aplicables a título experimental hasta la finalización de la Ronda Uruguay. Para profundizar en esta Decisión, más conocida en el argot del GATT como "las mejoras de 1989", cfr. MIQUEL MONTAÑÁ MORA. "A GATT with Teeth…", cit., nota 50, p. 136 y ss.; ERNST-ULRICH PETERSMANN. "The Mid-term Review Agreement of the Uruguay Round…", cit., nota 50, p. 280 y ss.;

CAPÍTULO CUARTO

El "modelo" de solución de controversias en los TLC *entre la Unión Europea y algunos países latinoamericanos*

En más de cuatro décadas de relaciones institucionalizadas entre Europa y Latinoamérica[1] se han producido considerables resultados y convergencias en el terreno diplomático, y en el de la cooperación para el fortalecimiento de la democracia y los derechos humanos, así como en la cooperación para el desarrollo[2]. De hecho, este último ámbito se convierte en el principal elemento para respaldar el diálogo político y para formalizar en acciones concretas la voluntad de acercamiento entre estos dos bloques regionales[3]. En el ámbito

---

1 Por más de 500 años América Latina y el viejo continente han mantenido un permanente contacto a través de sus vínculos comerciales y políticos: los lazos culturales han evolucionado considerablemente desde la época de la Colonia y Europa ha estado atenta a los cambios en los países latinoamericanos, los cuales a su vez han buscado, particularmente a partir del último siglo fortalecer lazos políticos y económicos que les permita contrapesar la influencia de Estados Unidos. En tal contexto, según MARTIN, "[....] las relaciones entre Europa y América Latina han experimentado diversas etapas, siempre al interior de un marco de amistad y conducidas principalmente a nivel bilateral hasta la década de 1980". En efecto, "[....] hasta la década de 1970, el énfasis de la relación era principalmente comercial. Sin embargo, a partir de los 1980s, Europa comenzó a adquirir mayor interés en los aspectos sociales y políticos de América Latina, demostrado especialmente con el respaldo al Proceso de Paz Centro Americano en la década de 1980". Cfr. CARLOS MARTIN. "Las relaciones América Latina-Unión Europea: antecedentes de la importancia e institucionalización del diálogo político", *Revista de Ciencia Política*, vol. XXII, n.° 2, 2002. Ahora bien, para establecer un límite cronológico la doctrina especializada generalmente parte del surgimiento de la Comunidad Económica Europea, debido a que esta entregó los primeros mecanismos para institucionalizar la relación de los países europeos con los latinoamericanos. Así, los principales foros de diálogo que institucionalizan las relaciones entre la Unión Europea y América Latina son las Conferencias Interparlamentarias PE-Parlamento Latinoamericano que comienzan en 1974, las Conferencias Ministeriales UE-Grupo de Río iniciadas en 1987, y las Cumbres de Jefes de Estado y de Gobierno (I Cumbre, Río de Janeiro de 1999, II Cumbre de Madrid de 2002 y III Cumbre de Guadalajara de 2004). Para un mayor estudio sobre este tema, cfr. MARÍA MAESSO CORRAL y RAQUEL GONZÁLEZ BLANCO. "Las relaciones comerciales entre la Unión Europea y América Latina: de la marginación al entendimiento", en *Boletín económico de Información Comercial Española* (ICE), n.° 2649, 2000; JOSÉ ANTONIO SANAHUJA. "25 años de cooperación interparlamentaria entre la Unión Europea y América Latina, 1974-1999", en *Serie Política*, POLI 107 (ES), Luxemburgo, Parlamento Europeo, Dirección de Estudios, marzo 1999; CARLOS R. FERNÁNDEZ LIESA. "América Latina y la Unión Europea: especial referencia a la práctica convencional", *Cuadernos Jurídicos*, n.° 3, 1992; ALFONSO NAJERA IBÁÑEZ. "Europa y América Latina. Un lento proceso de acercamiento", *Revista de Estudios Internacionales*, vol. 7, n.° 2, España, Centro de Estudios Políticos y Constitucionales –CEPC–, Ministerio de la Presidencia, abril-junio de 1986.

2 FRANCESC GRANELL TRÍAS. *La Coopération au développement de la Communauté Européenne*, 2.ª ed., Bruxelles, Université Libre, Collection Le Droit de la CE et de l'Union Européenne, 2005; MANFRED WILHELMY y ROBERTO DURÁN. "Los principales rasgos de la política exterior chilena entre 1973 y el 2000", *Revista Ciencia Política*, vol. 23, n.° 2, Santiago-Chile, 2003, pp. 273 a 286; JOAQUÍN ROY (comp.). *La reconstrucción de Centroamérica: el papel de la Comunidad Europea*, Miami, Lynne Rienner/North-South Center, 1992; HAZEL SMITH. *European Union Foreign Policy and Central America*, New York, St. Martin's Press, 1995; CELESTINO DEL ARENAL. "Los Acuerdos de Cooperación entre la Unión Europea y América Latina (1971-1997): evolución, balance y perspectivas", *Revista Española de Desarrollo y Cooperación* n.° 1, otoño-invierno de 1997, pp. 111 a 138; JOSÉ ÁNGEL SOTILLO. "La Cumbre Unión Europea-América Latina y Caribe: fin de trayecto o punto de partida?", *Revista Española de Desarrollo y Cooperación* n.° 3, otoño-invierno 1998-1999, pp. 47 a 63, entre otros.

3 ENRIQUE GONZÁLES SÁNCHEZ. "El Diálogo Político de la Unión Europea con Países Terceros", *Revista de Derecho comunitario Europeo*, n.° 1, enero-junio de 1997, pp. 69 a 94.

de las relaciones comerciales, sin embargo, se presentan progresos limitados y algunas diferencias[4] que responden a la lógica de las relaciones *Norte-Sur* y a sus considerables asimetrías económicas. Es más, históricamente existe un considerable desequilibrio entre los compromisos políticos asumidos por el bloque de países europeos y el contenido económico de sus acuerdos realizados, en tanto que ha imperado para las relaciones *Europa-Latinoamérica* un esquema clásico de "ayuda sin comercio" o *Aid, not Trade*[5].

A finales de la década de los noventa la Unión Europea, con el objetivo de adaptar sus políticas de integración a las transformaciones que atravesaban las relaciones económicas internacionales, con noveles dinámicas entre multilateralismo y regionalismo[6], y en particular, con el fin de dar respuesta al *modelo TLC* y al ALCA propuestos por los Estados Unidos para América Latina desde 1990[7], trazó una "nueva estrategia" para los países latinoamericanos. Dicha

---

4 Uno de los principales problemas en la apertura del mercado comunitario no se logró resolver en los años ochenta mediante los llamados Acuerdos de cooperación "de primera", "segunda" y "tercera generación" que la Comunidad realizó con distintos países y grupos sub-regionales de América Latina. En efecto, las dificultades más significativas se presentan en torno a las resistencias de los países miembros de la entonces Comunidad Europea en la liberalización del sector agrícola (y en el denominado *acceso al mercado*, que preocupa por sus efectos en el incremento del déficit comercial latinoamericano respecto al mercado comunitario). Cfr. Instituto para las Relaciones Europeo-Latinoamericanas, *Los Acuerdos de Tercera Generación entre la UE y América Latina: ¿Plataforma para un nuevo tipo de cooperación?*, Madrid, abril de 1997; Asociación Latinoamericana de Integración. *Las negociaciones de la Unión Europea y sus relaciones comerciales con la ALADI*, Documento ALADI/SEC/dt 404, septiembre de 1998, pp. 6 y 7.

5 José Antonio Sanahuja. "Asimetrías económicas y concertación política en las relaciones Unión Europea-América Latina: un examen de los problemas comerciales", *Revista Electrónica de Estudios Internacionales*, n.° 1-2000, p. 3. Disponible en [http://www.reei.org/index.htm]; Roberto Smith. "La relación económica entre América Latina y la Unión Europea", *Revista de la Comisión Económica para América Latina y el Caribe (CEPAL)*, n.° 56, agosto de 1995, pp. 97 a 110; Susan Kaufman y Françoise Simon (eds.). *Europe and Latin America in the World Economy*, Boulder (CO), Lynne Rienner Publishers, 1995.

6 Debido a las dificultades y escasos avances de las negociaciones multilaterales de la Ronda Doha y sus Conferencias Ministeriales, los países desarrollados cambiaron su estrategia hacia la celebración de acuerdos bilaterales que les proporcionaran no solo un mejor acceso a los mercados, sino también la posibilidad de negociar y regular temas de especial relevancia económica, como, por ejemplo, entre otros, las inversiones, y las políticas de competencia y de compras gubernamentales, que han sido discutidos desde la Conferencia Ministerial de Singapur (1996) y que no lograron el consenso para incorporarlos en la agenda multilateral de una futura Ronda de Negociación.

7 Celestino del Arenal. "Las relaciones entre la UE y América Latina:¿ abandono del regionalismo y apuesta por una nueva estrategia de carácter bilateralista?", *Boletín Elcano* n.° 116, Madrid, Real Instituto Elcano, 2009; Stephen Woolcock. "European Union policy towards Free Trade Agreements", *Working Paper n.° 3*, Brussels, European Centre for International Political Economy –ECIPE–, 2007, p. 3; Lincoln Bizzozero y Marcel Vaillant. "El Acuerdo de Asociación entre Mercosur y la Unión Europea: una lenta y larga negociación", *Revista de Economía*, n.° 806, Información Comercial Española (ICE), Relaciones Económicas UE-América Latina, abril de 2003, p. 119; Joakim Reiter. "The EU-Mexico Agreement",

estrategia se institucionalizó en los vigentes Acuerdos de Asociación Económica entre México y la Unión Europea (TLC México-UE) de 2000[8] y en el Acuerdo de Asociación Económica entre Chile y la Unión Europea (TLC Chile-UE) de 2005[9], en las negociaciones iniciadas en 1999 con el Mercado Común del Sur (Mercosur)[10], y más recientemente con la Comunidad Andina de Naciones (CAN), cuyo Acuerdo de Asociación Económica fue firmado por jefes negociadores de la Unión Europea, Perú y Colombia en Bruselas el 26 de junio de 2012 (TLC Andino-UE)[11], y con los países centroamericanos, cuyo Acuerdo de Asocia-

---

en G. Sampson y S. Woolcock (eds). *Regionalism, multilateralism and economic integration: the recent experience*, New York, UN University Press, 2003; Francesc Granell Trías. "El ALCA, Estados Unidos y Europa", *Política Exterior*, vol. XV, n.º 82, julio-agosto de 2001, pp. 73 a 86.

8 Andreu Olesti Rayo. "La intensificación de las relaciones entre la Comunidad Europea y México: el Acuerdo de Asociación económica, concertación política y cooperación", *Il Diritto dell'Unione Europea*, vol. VII, n.º 2, Milano, 2002, pp. 297 a 326.

9 Los efectos del TLC Chile-UE son particulares, ya que se firmó en noviembre de 2002 y solo entró en vigor en marzo de 2005. Sin embargo, gran parte del capítulo sobre comercio, el marco institucional y las disposiciones relacionadas con la cooperación comercial se han aplicado provisionalmente desde 2003.

10 Desde 1999 la Unión Europea y el Mercosur están negociando con poco éxito la implementación del Acuerdo Marco Interregional de Cooperación, suscrito en Madrid en 1995, debido a las enormes dificultades surgidas durante las dieciséis rondas negociadoras, en particular, por las profundas diferencias en materia agrícola por parte de los países europeos, y servicios, propiedad intelectual y productos industriales por parte de los países del Cono Sur, lo cual hace imposible el establecimiento de la futura asociación. Sin embargo, en la Cumbre UE-América Latina y el Caribe, celebrada en Madrid en mayo de 2010 las partes decidieron relanzar las negociaciones estancadas en 2004. Para un mayor estudio de los problemas del TLC Mercosur-UE, cfr. Valeria Marina Valle. "Las negociaciones del Acuerdo de Asociación Interregional entre la Unión Europea y el Mercosur", *Ciclos en la historia, la economía y la sociedad*, vol. 19, n.º 37, enero-junio de 2011; Manuel Cienfuegos Mateo. "La asociación entre la Unión Europea y el Mercosur: ¿una historia interminable?", en *Revista General de Derecho Europeo* n.º 20, 2010; Fernando González Guyer. "Los Acuerdos UE/Mercosur: Balance y perspectivas del Mercosur respecto al proceso de Asociación con la Unión Europea", en *Acuerdos Unión Europea / América Latina: El diseño de la Asociación estratégica Birregional*, Santiago, Centro Latinoamericano para las Relaciones con Europa –CELARE–, 2005, pp. 147 y ss.; Ramón Torrent. *El marco institucional de las relaciones económicas UE-Mercosur*, Working group on EU-Mercosur negotiations Experts, Paris, Works Institut d'Études Politiques-Science Po, 2000; Lincoln Bizzozero. "El Acuerdo de Asociación entre Mercosur y la Unión Europea: una lenta y larga negociación", cit., p. 121 y ss.

11 El Acuerdo de Asociación Económica entre la Comunidad Andina de Naciones –CAN– y la Unión Europea (TLC Andino-UE) se inició con unas negociaciones preliminares: la primera ronda se llevó a cabo en Bogotá el 17 de setiembre de 2007; la segunda se realizó en Bruselas el 14 de diciembre de 2007, y la tercera se concluyó en Quito el 25 de abril de 2008. El 17 de mayo de 2008, durante la V Cumbre América Latina y Caribe-UE, la Comunidad Andina y la Unión Europea llegaron a un "acuerdo marco flexible" para la asociación de ambos bloques. En tal sentido, se acordó que el TLC Andino-UE regula tres aspectos: *comercial*, *político* y *de cooperación*. Cada uno de los países de la Comunidad Andina, es decir, Bolivia, Colombia, Ecuador y Perú, podrán elegir si entran o no a cada uno de los aspectos del referido acuerdo según sus posibilidades, intensidades, plazos y velocidades. Bajo el denominado "acuerdo marco flexible" a finales de enero 2009, Colombia, Ecuador y Perú se reunieron en Bruselas con los países de la Unión Europea para avanzar en las negociaciones del TLC Andino-UE. Este segundo

ción Económica fue firmado el 10 de mayo de 2010[12]. Entre estos instrumentos habría que mencionar también el Acuerdo de Asociación Económica entre el Foro del grupo de países de África, del Caribe y el Pacifico (CARIFORUM, por sus siglas en inglés)[13] y la Comunidad Europea y sus Estados miembros, del 29 de

---

periodo de negociaciones se inició en Bogotá el 13 de febrero de 2009; la segunda ronda se llevó a cabo en Lima, del 23 al 27 de marzo; la tercera en Quito, del 22 al 25 de abril; la cuarta concluyó el 19 de junio de 2009; la quinta se realizó en Lima del 20 al 24 de julio; la sexta del 21al 25 de setiembre en Bruselas; la séptima se llevó a cabo del 16 al 20 de noviembre de 2009 en Bogotá; la octava se realizó del 18 al 22 de enero de 2010, en la misma ciudad; la novena se realizó en Bruselas del 22 al 28 de febrero de 2010, y finalmente, el 19 de mayo de 2010, en Madrid, en el marco de la VI Cumbre de Jefes de Estado y Gobierno de la Unión Europea, América Latina y el Caribe, concluyeron las negociaciones del TLC entre Colombia y Perú con la Unión Europea, respectivamente. Una vez firmado este instrumento por los jefes negociadores en Bruselas los días 23 y 24 de marzo de 2011, se inició en cada uno de los Estados signatarios el proceso de traducción, firma y adopción del TLC para que pudiera entrar en vigor. Así, el 16 de marzo de 2012, el Consejo de la Unión Europea aprobó el TLC con Colombia y Perú en el ámbito de la sesión del Consejo de Asuntos Exteriores. Posteriormente, el TLC Andino-UE fue suscrito en Bruselas, el 26 de junio de 2012, y el Parlamento Europeo aprobó el acuerdo el 11 de diciembre de 2012. Una vez finalizados los procedimientos necesarios para la aplicación provisional del Acuerdo comercial de la Unión Europea con Perú, la Comisión Europea confirmó que el acuerdo se aplicaría provisionalmente con respecto a Perú, a partir del 1.º de marzo de 2013 y hasta que se complete el proceso de ratificación por los 27 Estados miembros de la Unión Europea. Cfr. ALAN FAIRLE REINOSO. "Relaciones comerciales con la Unión Europea en el *spaghetti-bowl* de la Comunidad Andina de Naciones", *Economía* vol. XXX, n.º 59-60, 2012, pp. 11 a 74; ILDIKÓ SZEGEDY-MASZÁK. "Association/ Free Trade Agreement-Bi-regional partnership between European Union and Andean Community", *Revista de Derecho* n.º 32, 2010; ANGÉLICA GUERRA BARÓN. "La naturaleza de las relaciones entre ALC-UE, con miras a la suscripción de un acuerdo de asociación CAN-UE", *Contexto, Revista de Derecho y Economía* n.º 27, 2009.

12 Si bien desde 1971 la Comunidad Europea concede preferencias comerciales de manera autónoma y unilateral a los países en desarrollo, distintas de las concedidas a los integrantes del grupo ACP, mediante su denominado Sistema Generalizado de Preferencias –SGP–, con algunos Acuerdos de Diálogo Político y Cooperación (2003), fue solo hasta la Cumbre de Jefes de Estado de Guadalajara en 2004 cuando la Unión Europea inició las negociaciones para llegar a un Acuerdo de Asociación Económica, bajo dos condiciones: primera, negociar de región a región (negociaciones en bloque) y lograr un avance sustancial en el proceso de integración centroamericana, donde uno de los elementos esenciales era y continúa siendo la conformación de una unión aduanera, planteando además la conveniencia de incluir a Panamá en las negociaciones del acuerdo. No obstante que el 19 de mayo de 2010 se firmara el Acuerdo de Asociación Económica entre la Unión Europea y Centroamérica, para junio de 2013 aún no había entrado en vigor, pues no había sido ratificado por los órganos legislativos de los países centroamericanos ni por las instancias correspondientes de la Unión Europa. Para profundizar en este tema, cfr. CINTIA DÍAZ-SILVEIRA SANTOS. "Un tratado histórico: el acuerdo de asociación entre la Unión Europea y Centroamérica", *Investigación & Desarrollo* vol. 18, n.º 2, 2011; RÓMULO CABALLEROS. "Centroamérica: los retos del Acuerdo de Asociación con la Unión Europea", *Serie Estudios y Perspectivas*, n.º 102, México, CEPAL, julio de 2008; JUAN MANUEL VILLASUSO. *Tensiones en la negociación del Acuerdo de Asociación entre Centroamérica y la Unión Europea*, Latin American Trade Network, agosto de 2008; JORGE BALVIS. "¿Algo más que un TLC? Los Acuerdos de Asociación Centroamérica–Unión Europea", *Nueva Sociedad* n.º 209, Buenos Aires, mayo-junio de 2007.

13 El Foro del grupo de países de África, del Caribe y el Pacífico –CARIFORUM– es un espacio de diálogo político creado en 1992 con el propósito de coordinar la ayuda financiera proveniente de la Unión Europea a los países caribeños signatarios de las Convenciones de Lomé, cfr. FRANCESC GRANELL

diciembre de 2008[14]. A través de estos instrumentos la Unión Europea formuló un modelo de integración económica, o mejor de "asociación", con los países latinoamericanos fundado en tres pilares: "el diálogo político, la cooperación económica 'reforzada' y, lo más novedoso, en la apertura de negociaciones para la liberalización progresiva y recíproca de los intercambios comerciales"[15].

En definitiva, la Unión Europea, con el fin de regular la "nueva estrategia" de integración económica con los países latinoamericanos, ideó los llamados "Acuerdos de Asociación Económica"[16], que incluyen disímiles sectores o campos de trabajo, entre otros, el fortalecimiento de la democracia, la migración, la lucha contra las drogas, los derechos fundamentales, el desarrollo económico y social sostenible, y que constituyen principios rectores o un elemento teleológico esencial de los Acuerdos de Asociación Económica (en adelante TLC europeos), cuyo incumplimiento viola la denominada "cláusula democrática o de derechos humanos" y legitima la suspensión del acuerdo[17]. Además, incorporan una zona

---

TRÍAS. "Los países ACP del Caribe ante la Cumbre UE-ALC de Lima", *Revista Española de Desarrollo y Cooperación*, n.º monográfico sobre la V Cumbre entre la Unión Europea y América Latina y el Caribe, Perú, 16 de mayo de 2008, pp. 85 a 99.

14 Sin embargo, dado que de los países miembros del *Caribbean Community*, o CARICOM, solamente la República Dominicana sea considerada un "país latinoamericano", hace que el mecanismo de solución de controversias regulado en los artículos 202 al 223 de este instrumento no sea objeto de análisis

15 JOSÉ ANTONIO SANAHUJA. "Asimetrías económicas y concertación política en las relaciones Unión Europea-América Latina", cit., nota 854, pp. 3 y 4; cfr. igualmente, FÉLIX PEÑA. "Las experiencias de Chile y México en sus acuerdos de libre comercio con la Unión Europea", en *El Mercosur y la Unión Europea. Delegación de la Comisión Europea en la República Argentina*, Capítulo II, Buenos Aires, Centro de Estudios y Formación Pública Provincia de Buenos Aires –CEFOP–, Universidad Nacional de Tres de Febrero –UNTREF–, 2004; JAIME SABLUDOSVSKY y SERGIO GÓMEZ LORA. *La ventana europea: retos de la negociación del tratado de libre comercio de México con la Unión Europea*, Buenos Aires, Banco Interamericano de Desarrollo, Instituto para la Integración de América Latina y el Caribe –INTAL–, 2004; ALICIA LEBRIJA y STEPHAN SBERRO. *El Acuerdo de Asociación Económica, Concertación Política y Cooperación. Sus aspectos fundamentales*, México, Miguel Ángel Porrúa e Instituto Tecnológico Autónomo de México, 2002.

16 Para profundizar en el concepto de "Acuerdos de Asociación", cfr. RODRIGO MADRAZO GARCIA DE LOMANA. "El Acuerdo de Asociación entre la UE y Chile", *Boletín de Información Comercial Española*, n.º 2748, 2002, pp. 7 a 20; ANA MANERO SALVADOR. "El Acuerdo de Asociación entre la Unión Europea y Chile firmado en Bruselas el 18 de noviembre de 2002", *Revista Española de Derecho Internacional* vol. LIV, n.º 2, 2002, pp. 1047 a 1052; ANTONIO BLANC ALTEMIR. "El Acuerdo de Asociación entre la Unión Europea y Chile: algo más que un Tratado de Libre Comercio", cit., nota 126, pp. 35 a 110.

17 El origen de "cláusula democrática o de derechos humanos" se encuentra en los tratados de ayuda al desarrollo de la Comunidad Europea con las antiguas colonias de sus Estados miembros. Desde 1992, la incorporación de estas cláusulas son una condición indispensable para todos los acuerdos concluidos por la Unión Europea con terceros Estados. Así, por ejemplo, en el artículo 1.º del TLC México-EU, del TLC Chile-UE y del TLC Andino-EU se establece que: "El respeto a los principios democráticos y a los derechos humanos fundamentales, tal como se enuncian en la Declaración Universal de los Derechos Humanos de las Naciones Unidas, y al principio del Estado de Derecho inspira las políticas internas e internacionales de las Partes y constituye un *elemento esencial* del presente Acuerdo". Al mismo tiem-

de libre comercio (condicionada por las reglas del artículo XXIV del GATT y otros compromisos asumidos con el régimen jurídico de la OMC), con normas claras y consensuadas respecto al comercio de bienes y servicios entre uno o varios de los países latinoamericanos y la Unión Europea, y otros sectores relacionados con el comercio, como los derechos de propiedad intelectual, la contratación pública, el desarrollo sostenible, etc.[18]. De ahí que se puede concluir que los TLC europeos son tratados mucho más *generales* que los TLC estadounidenses; en palabras del profesor BLANC ALTEMIR, "[...] el Acuerdo con la Unión Europea es algo más que un tratado de libre comercio, pues abarca igualmente el diálogo político y las distintas manifestaciones de la cooperación, en particular la técnica y financiera". En definitiva, "incorpora, de forma integral, todas las demás manifestaciones de las relaciones entre ambas partes"[19].

Ahora bien, la Unión Europea regula un mecanismo para garantizar, de una manera ágil, la solución de los futuros problemas en la aplicación de los derechos u obligaciones "multidimensionales" que han sido acordadas con los países latinoamericanos, al igual que en los TLC estadounidenses. Es más, pese a la escasa o nula utilización de los procedimientos de solución de controversias en los TLC estadounidenses y europeos, este mecanismo es un instrumento de "disuasión" ineludible que, como requisito típico o cláusula de estilo en estos

po, para garantizar una eficiente aplicación de la "cláusula democrática o de derechos humanos", se requiere también una "cláusula de suspensión de los tratados" que normalmente se incorpora al final de los TLC europeos y tiene como objetivo dar la posibilidad de reaccionar de forma rápida y eficaz a una violación de una parte esencial del tratado. Para profundizar en el tema de la "cláusula democrática o de derechos humanos" en los TLC europeos, cfr. GERHARD NIEDRIST. "Las cláusulas de los derechos humanos en los tratados de libre comercio de la Unión Europea", en *Anuario Mexicano de Derecho Internacional*, vol. 11, México, Universidad Nacional Autónoma de México, 2011; LORAND BARTELS. *Human Rights Conditionality in the EU's International Agreements*, Oxford, Oxford University Press, 2005; PETER HIPOLD. "Human Rights Clauses in EU-Association Agreements", en S. GRILLER y B. WEIDEL (comps.). *External Economic Relations and Foreign Policy in the European Union*, Vienna, 2002.

18 Al integrarse el ámbito comercial con uno de los pilares de los TLC europeos se constituye también en el principal factor que determina su *velocidad* de negociación, ya que se produce un cambio en la naturaleza de los vínculos que Europa había mantenido tradicionalmente con los países latinoamericanos, pues hasta finales de la década de los noventa los países europeos se habían enfocado en la cooperación para el desarrollo casi como única dirección de las relaciones con Latinoamérica. Cfr. JEAN GRUGEL y BORJA GUIJARRO. "Entre las perspectivas y las posibilidades: las relaciones económicas Unión Europea-América Latina tras treinta años", *Pensamiento Iberoamericano* n.º 8, 2011, pp. 39 a 56; CHRISTIAN L. FRERES y JOSÉ A. SANAHUJA. *América Latina y la Unión Europea: estrategias para una asociación*, Barcelona, Icaria Editorial, 2006; LUIS XAVIER GRISANTI. *El nuevo interregionalismo trasatlántico: la asociación estratégica Unión Europea-América Latina*, Buenos Aires, Banco Interamericano de Desarrollo –INTAL–, 2004.

19 ANTONIO BLANC ALTEMIR. "El Acuerdo de Asociación entre la Unión Europea y Chile: algo más que un Tratado de Libre Comercio", cit., nota 126, p. 37; cfr. también al respecto FRANCESC GRANELL TRÍAS. *La Coopération au développement de la Communauté Européenne*, cit., nota 851, pp. 199 a 281 y 283 a 334.

acuerdos, aporta seguridad y previsibilidad jurídica[20] y estimula una mayor confianza para que los Estados continúen en la profundización de sus relaciones internacionales[21]. Precisamente por ello los TLC entre la Unión Europea y algunos países latinoamericanos diseñan un "modelo" de solución de controversia "hecho a la medida", que no se crea de manera aislada, pues es influenciado por el sistema de solución de diferencias previsto en el ESD de la OMC, por el procedimiento general del *modelo TLC* estadounidense y por el propio el Derecho comunitario europeo. Así, por ejemplo, el procedimiento de solución de controversias del *modelo TLC* europeo se inspira en el régimen jurídico de la OMC al incorporar un "procedimiento unificado" que contempla todas las normas y las etapas procesales imprescindibles para resolver las controversias provenientes de la aplicación e interpretación de los diversos derechos y obligaciones regulados en estos acuerdos. Al contrario del *modelo TLC* estadounidense, los tratados europeos no contiene ningún procedimiento autónomo (de arbitraje Estado-inversionista o en materia de derechos antidumping), tan solo establecen un mecanismo para todas las controversias suscitadas bajo los acuerdos, con independencia de los sectores económicos en donde se generen. Claro está, se establecen algunas *excepciones parciales* o *cláusulas especiales* al procedimiento general que son específicamente reguladas en sus acuerdos. Adicionalmente, en el caso del TLC México-UE se duplica el mecanismo: un procedimiento en *materias exclusivas de la Unión Europea* y un procedimiento en *materias com-*

20 En este sentido, la literatura especializada (JACKSON, PETERSMANN, CAMERON y CAMPBELL, entre otros) ha afirmado que un mecanismo efectivo de solución de controversias debe cumplir con dos funciones: la primera, que dote de seguridad jurídica al Tratado, es decir, el procedimiento debe asegurar en la medida de lo posible el cumplimiento de las obligaciones asumidas por los Estados, y la segunda, que incorpore una tercera instancia imparcial para adjudicar las diferencias. Cfr. JOHN H. JACKSON. *The World Trading System. Law and Policy of International Economic Relations*, cit., nota 207; ERNST-ULRICH PETERSMANN. "The GATT/WTO Dispute Settlement System. International Law, International Organizations and Dispute Settlement", cit., nota 67; JAMES CAMERON y KAREN CAMPBELL (eds.). *Dispute Resolution in the World Trade Organization*, London, Cameron May, 1998. Así, el procedimiento unificado de solución de controversias sobre interpretación y aplicación de los TLC europeos tiene esencialmente dos finalidades: la primera, que le corresponde a priori *disuadir* a los Estados signatarios de transgredir los preceptos jurídicos de estos acuerdos, y la segunda, que en caso de presentarse una posible violación, el procedimiento debe *impedir* a las partes contendientes aplicar de inmediato cualquier contramedida, sin que previamente el órgano resolutorio haya comprobado tal violación y autorice la medida de coerción.

21 El *modelo TLC* europeo de solución de controversias tiene dentro de sus objetivos fundamentales reforzar la credibilidad general del proceso de integración económica, pues se regula un mecanismo que trata de atenuar los efectos de las relaciones asimétricas *norte-sur* (en términos de poder económico entre los Estados signatarios), e impedir que los futuros conflictos se resuelvan mediante acciones unilaterales de naturaleza política o comercial. Además, permite esclarecer el alcance y la interpretación de los contenidos y las reglas jurídicas en los acuerdos celebrados, dando lugar a una aplicación coherente con la teleología del proceso de integración.

partidas entre la Unión y sus Miembros[22], donde se evidencia la importancia e influencia del Derecho comunitario en este acuerdo.

Dicho lo anterior, la premisa inicial es que el *modelo TLC* europeo de solución de controversias se erige sobre un "procedimiento unificado" que se aplica a cualquier diferencia sobre aplicación y/o interpretación de estos instrumentos internacionales[23]. Lógicamente, este ámbito de aplicación se encuentra limitado a reclamaciones concernientes a los sectores o a los compromisos asumidos en el marco del TLC o de los denominados "instrumentos jurídicos abarcados"[24]. Para entender mejor estas consideraciones a continuación se analizará la estructura institucional y la tipología de la solución de controversias prevista en el *modelo TLC* europeo.

I. ESTRUCTURA INSTITUCIONAL DE LA SOLUCIÓN DE CONTROVERSIAS EN LOS TLC EUROPEOS

Desde la creación de la Comunidad Europea del Carbón y del Acero –CECA–, por el Tratado de París de 1951, de la Comunidad Europea de la Energía Atómica –CEEA– y de la Comunidad Económica Europea –CEE–, por los Tratados de Roma de 1957, este proceso de integración de los países europeos vino acompañado por la formación de cuatro instituciones[25]: el *Consejo de Ministros* (como órgano legislativo); la *Comisión Europea* (con iniciativa legislativa y poderes ejecutivos)[26]; una *Asamblea Parlamentaria* (inicialmente con poderes consultivos y hoy co-legislativo, actualmente denominado Parlamento Europeo)[27], y el *Tribunal de Justicia*, que actúa como órgano de cierre para juzgar cualquier

---

22 Sobre el tema *materias compartidas entre la Unión Europea y sus Miembros*, cfr. JEAN-CLAUDE PIRIS. *El Tratado Constitucional para Europa: un análisis jurídico*, FRANCISCO MUÑOZ MARTÍN y MARÍA VALDIVIESO BLANCO (trads.), Madrid, Marcial Pons, 2006, p. 109 y ss.

23 El procedimiento de solución de controversias tiene un ámbito de aplicación general que se refiere, fundamentalmente a cualquier asunto, cuestión o medida que afecte o pueda afectar el funcionamiento adecuado de los TLC europeos. Cfr. artículos 299 del TLC Andino-UE; 182 del TLC Chile-UE; 41.2 de la Decisión n.° 2/2000 del Consejo Conjunto México-UE y 37.2 de la Decisión n.° 2/2001 del Consejo Conjunto México-UE.

24 El TLC México-UE denomina "instrumentos jurídicos abarcados" a la Decisión n.° 2/2000, la Decisión 2/2001 del Consejo Conjunto, el Acuerdo Global y el Acuerdo Interino.

25 Ahora bien, estas cuatro instituciones (Consejo, Comisión, Parlamento y Tribunal) se convertirían en cinco a principios de los años noventa, con la elevación a rango de institución del *Tribunal de Cuentas*, realizada por el Tratado de la Unión Europea.

26 ARACELI MANGAS MARTÍN. "El ejecutivo de la Unión Europea: la Comisión", *Temas para el debate*, n.° 155, Fundación Sistema, 2007.

27 DIEGO LIÑÁN NOGUERAS. "El Parlamento europeo y el papel de los Parlamentos nacionales", en B. BECERRIL ATIENZA y J. M. BENEYTO PÉREZ (coords.). *El gobierno de Europa: diseño institucional de la Unión Europea*, Dykinson, 2003.

conflicto jurídico en el ámbito comunitario, es decir, garantizar el respeto del ordenamiento jurídico comunitario en la aplicación e interpretación[28]. La Unión Europea, por tanto, se apartó totalmente desde su origen de los modelos clásicos de organizaciones internacionales, pues su fundamento se encuentra en la *cesión del ejercicio de competencias soberanas* de sus Estados miembros sobre algunos sectores determinados[29], que son regulados por el llamado Derecho comunitario. De ahí que la tradición en la solución de controversias de la Unión Europea responde a una configuración que se puede calificar de "única", a semejanza de la del propio ordenamiento jurídico y el sistema institucional comunitario[30]. La sólida posición institucional del Tribunal de Justicia europeo difícilmente puede ser encuadrada en alguno de los modelos jurisdiccionales tradicionales, se trate de sistemas de justicia internacional o de sistemas jurisdiccionales internos o estatales[31], pues se construye a partir de elementos *mixtos* tomados de estas jurisdicciones[32]. Lógicamente esta estructura jurisdiccional de la Unión Europea también influye en algunos aspectos de su *modelo TLC* de solución de controversias.

Aunque hasta la fecha no existe ningún caso, ni siquiera el inicio de consultas, entre la Unión Europea y alguno de los países latinoamericanos, el *modelo TLC* de solución de controversias tiene una importante tarea jurídica, interpretar

---

28 Dado el complejo entramado de relaciones económicas, jurídicas y políticas subyacentes en la creación de las Comunidades Europeas, los autores de los Tratados constitutivos fueron conscientes de que dicha organización no podría funcionar sin la existencia de un órgano judicial dotado de todas las características propias de un auténtico poder judicial, en particular las de independencia e imparcialidad. Cfr. Monserrat Pi Llorens, Mar Campis Eritja y Esther Zapater. "Estructura orgánica", en V. Abellán Honrubia, B. Vilà Costa (dir.) y A. Olesti Rayo (coord.). *Lecciones de Derecho comunitario Europeo*, 4.ª ed., Barcelona, Ariel, 2005, p. 102. Finalmente, conviene no olvidar que el sistema judicial comunitario no reside exclusivamente en el Tribunal de Justicia de la Unión Europea (entendido aquí en sentido amplio, incluyendo sus diversas jurisdicciones), sino en un conjunto jurisdiccional mucho más vasto, que engloba también a los órganos jurisdiccionales de los Estados miembros. Efectivamente, el Tribunal de Justicia de la Unión Europea comparte el ejercicio de su función con los jueces nacionales, llamados a aplicar en primer lugar el Derecho comunitario. Cfr. Araceli Mangas Martín. *Instituciones y derecho de la Unión Europea*, 6.ª ed, Madrid, Tecnos, 2010.

29 Araceli Mangas Martín. "Algunas reflexiones en torno al proceso jurídico de la integración europea",*Revista de Instituciones Europeas*, vol. 4, n.º 2, 1977.

30 Rafael García-Valdecasas y Fernández y José María Carpi Badía. "El Tribunal de Justicia de la Unión Europea. Algunas consideraciones respecto a su papel en el marco de la construcción europea", *Revista Jurídica de Castilla y León*, n.º 3, mayo de 2004, pp. 22 a 25.

31 Gil Carlos Rodríguez Iglesias. "El Tribunal de Justicia de las Comunidades Europeas", en G. Rodríguez Iglesias y D. Liñán Nogueras (dirs.). *El Derecho comunitario Europeo y su Aplicación Judicial*, Madrid, Civitas, 1993, p. 374.

32 D. Ruiz-Jarabo. "El juez nacional como juez comunitario. Valoración de la práctica española", en G. Rodríguez Iglesias y D. Liñán Nogueras (coords.). *Derecho comunitario europeo y su aplicación judicial*, Madrid, Civitas, 1993, p. 653.

y aplicar los contenidos normativos, que de llegarse a utilizar adquirirían una gran relevancia para las relaciones económicas de los países parte en el TLC, ya que estos acuerdos y procedimientos "internacionalizan" asuntos que tradicionalmente pertenecían a la esfera de las políticas nacionales o comunitarias. De hecho, los TLC generan retos insospechados para la nueva dimensión institucional de las relaciones entre la Unión Europea y los países latinoamericanos, al regular tres ámbitos (el diálogo político, la cooperación y el comercio) que supondrían, en particular para los países latinoamericanos, una *relectura* del concepto de soberanía y de su política exterior.

Antes de iniciar el estudio de los diferentes órganos de la estructura institucional del *modelo TLC* de solución de controversias es necesario realizar algunas consideraciones teóricas sobre este tema, con el objetivo de determinar si estos TLC europeos incorporan un esquema *institucional intergubernamental*, también denominado "minimalista", o, por el contrario, si este modelo europeo propuesto para los países latinoamericanos tiende a incluir los rasgos del esquema *institucional supranacional* o "maximalista"[33], que en el ámbito del Derecho internacional general explica hasta qué grado la resolución de la controversia se desplaza de los ámbitos nacionales a los niveles regionales o internacionales.

La literatura especializada[34] coincide en que en los *TLC* regulan una estructura institucional a partir de un enfoque "minimalista". En este esquema

---

33 Según ECHANDI y ROBERT, el esquema institucional *intergubernamental* o "minimalista" se opone al esquema institucional *supranacional* o "maximalista". Este último por lo general se presenta en organizaciones internacionales regionales con personería jurídica internacional, esto es, aquellas que tienen poderes o competencia que trascienden a los Estados miembros y que incluyen varias instancias permanentes de decisión y ejecución: la primera es el *órgano de dirección política*, la segunda el *órgano ejecutivo*, y la tercera un *órgano jurisdiccional*, y en algunos casos un *órgano parlamentario*. Un ejemplo de este esquema en el continente americano se encuentra en la CAN, que está integrada por un conjunto de órganos e instituciones: el Consejo Presidencial Andino, órgano máximo del sistema; un Consejo de Ministros de Relaciones Exteriores y una Comisión, órganos de dirección y decisión; el órgano ejecutivo, la Secretaría General, con capacidad propositiva y encargado de velar por el cumplimiento de los compromisos, y el órgano jurisdiccional, el Tribunal Andino de Justicia, encargado de controlar la legalidad de las normas comunitarias y dirimir las controversias. Cfr. ROBERTO ECHANDI y CAROLYN ROBERT. "Instituciones regionales y mecanismos de solución de diferencias", en *Más allá de las fronteras. El nuevo regionalismo en América Latina*, Nueva York, Banco Interamericano de Desarrollo, Informe 2002, "Progreso económico y social en América Latina", Capítulo 4, 2002, p. 98.

34 Entre los autores que analizan las estructuras institucionales de los TLC se encuentran: ROBERTO ECHANDI. "Solución de Diferencias Comerciales entre Estados: la experiencia de los países Centroamericanos", en JULIO LACARTE-MURÓ y JAIME GRANADOS (eds.). *Solución de Controversias Comerciales Inter-gubernamentales...*, cit., nota 207, p. 173 y ss.; STÉPHAN SBERRO. "TLCAN, ¿una convergencia inesperada con la UE?", cit., nota 504; WALTER MATTLI. "Institutional Models for Regional Integration: Theory and Practice", cit., nota 483; LAWRENCE HERMANN. "Making NAFTA better. Comments on the Evolution of Chapter 19", *Occasional Papers in International Trade Law and Policy* n.° 57, Center for Trade Policy and Law, University of Ottawa-Carleton University, 2005, p. 6 y ss.; ANABEL GONZÁLEZ. "La solución

institucional, según el profesor MATTLI, el proceso de integración se desarrolla sobre la base de la interacción entre los gobiernos, quienes conservan el poder y las iniciativas de decisión y acción. La intensidad y la cadencia de las relaciones económicas en el proceso de integración son determinadas exclusivamente por los intereses y las prioridades estatales[35]. Así, en el caso de los TLC europeos el proceso de integración se limita a regular el diálogo político, la cooperación y la liberalización de algunos sectores económicos, sin contemplar de ninguna manera una unión aduanera que obligue a las países latinoamericanos o a los miembros de la Unión Europea a abandonar una política comercial independiente, y además se evita la creación de instituciones supranacionales[36]. En otras palabras, en la estructura institucional del *modelo TLC* europeo el mecanismo de solución de controversias se construye fundamentalmente sobre la base de la interacción de los gobiernos y sus instituciones con pocas potestades.

Ahora bien, las características y las funciones de la estructura institucional de los TLC, tanto europeos como estadounidenses, no se explican únicamente por la subordinación a un esquema o enfoque institucional (más exactamente, el "minimalista"), sino también por las finalidades del proceso de integración económica que se pretenda en estos instrumentos internacionales, es decir, la creación de un área de libre comercio. Adicionalmente, son importantes para el diseño institucional del *modelo TLC* aquellos factores económicos y políticos que rodean el proceso de integración económica, puesto que los Estados con

---

de controversias en los acuerdos regionales de América Latina con países desarrollados", cit., nota 560, p. 27; RAFAEL FERNÁNDEZ DE CASTRO e CLAUDIA IBARGÜEN. "Las instituciones del TLCAN: una evaluación a cinco años", en B. LEYCEGUI y R. FERNÁNDEZ DE CASTRO (coord.). *TLCAN ¿socios naturales?: cinco años del Tratado de Libre Comercio de América del Norte*, ITAM-M.A., México, Porrúa, 2000.

35 Según el profesor MATTLI, la experiencia de los procesos de integración regionales evidencia dos esquemas de estructuras institucionales en lo que respecta a la dimensión vertical de la integración: uno *minimalista* para los TLC y otro *maximalista* para las uniones aduaneras. Cfr. WALTER MATTLI. "Institutional Models for Regional Integration", cit., pp. 161 a 163.

36 STÉPHAN SBERRO. "TLCAN, ¿una convergencia inesperada con la UE?", cit., nota 504, p. 4. Por ello, desde el punto de vista del profesor MORAVCSIK, el esquema "minimalista" constituye el mecanismo institucional más apropiado para un exitoso y pacífico desarrollo de las relaciones internacionales, ya que permite manejar la interdependencia económica a través de una coordinación política negociada. A propósito de la participación de los socios con mayor poder en un proceso de integración, MORAVCSIK manifiesta que no solo los gobiernos nacionales son los más importantes actores, sino que también existe una jerarquía de poderes entre ellos. Por tanto, únicamente los Estados grandes cuentan realmente en el sistema intergubernamental, los Estados pequeños son compensados mediante retribuciones, o son presionados a aceptar los acuerdos globales. Cfr. ANDREW MORAVCSIK. "Preferences and power in the European Community: A liberal intergovernmentalist approach", *Journal of Common Market Studies*, vol. 31, n.° 4, University Association for Contemporary European Studies –UACES–, diciembre de 1993, pp. 496 a 507; cfr., además, ADRIANA PAGANI. "Negociación y legalidad en la estructura institucional del Mercosur. El sistema de solución de controversias comerciales", *Revista de la Facultad de Ciencias Empresariales*, n.° 3, año 2, Universidad Católica del Uruguay, octubre de 2004.

mayor poder normalmente ejercen *de facto* un veto sobre las reglas del área de libre comercio, de ahí que el marco jurídico en que se desarrollan sus relaciones económicas y su esquema institucional tiendan a converger, con cierta frecuencia, con los intereses de estos países. Una prueba del anterior aserto es, en términos de WEINTRAUB, la construcción institucional del *modelo TLC* estadounidense resultado de una elección deliberada, que se explica por la reticencia del gobierno y del Congreso estadounidense a crear cualquier institución de carácter supranacional[37].

En definitiva, la estructura institucional "minimalista" del *modelo TLC* europeo incorpora diferentes órganos que, como simples agentes o representantes de los gobiernos, no poseen una naturaleza supranacional ni personería jurídica propia y, consecuentemente, sus potestades son insuficientes para profundizar el nivel de integración económica preestablecido. Dicho de otra manera, los TLC europeos, como instrumentos jurídicos que regulan ámbitos multidimensionales (el diálogo político, la cooperación y el comercio), tratan de asegurar la permanencia y eficacia del proceso de integración, para lo cual establecen una estructura institucional *intergubernamental* y un procedimiento de solución de controversias que obedece al nivel de integración pretendido y a la extensión de sus objetivos, de ahí que "[...] a mayor complejidad del intercambio, mayor necesidad de reglas jurídicas que permitan la operación previsible del sistema y los mecanismos eficientes de solución de controversias"[38].

A. ÓRGANO CENTRAL EN LOS TLC EUROPEOS

La estructura institucional del *modelo TLC* europeo tiene un órgano central, denominado *Consejo Conjunto*, de *Asociación* o *Comité de Comercio*[39], provisto de potestades ejecutivas reglamentarias y jurisdiccionales con el objetivo de

---

37 SIDNEY WEINTRAUB. *NAFTA: What Comes Next?*, Washington, The Center for Strategic and International Studies, 1994, p. 28. Asimismo, FRANK STONE. "Dispute Resolution Under a North American Free Trade Agreement", cit., nota 488. Para el profesor FERNÁNDEZ DE CASTRO no se requieren estructuras institucionales complejas para mantener el interés de los gobiernos en el proceso la negociación del TLCAN, ya que constituyó para Estados Unidos, México y Canadá una de las iniciativas de política internacional más trascendentales en términos económicos, políticos y sociales. Cfr. RAFAEL FERNÁNDEZ DE CASTRO. *Las consecuencias institucionales del TLCAN*, Mimeo, mayo de 2001.

38 SERGIO LÓPEZ AYLLÓN. *El futuro del Libre Comercio en el Continente Americano, análisis y perspectivas*, México, Instituto de Investigaciones Jurídicas, Universidad Nacional Autónoma de México –UNAM–, 1997, p. 216.

39 El *Consejo Conjunto* (TLC México-UE), o *Comité de Comercio* (TLC Andino-EU), o *Consejo de Asociación* (TLC Chile-UE) se encuentra integrado, de un lado, por miembros del Consejo de la Unión Europea y de la Comisión Europea, y de otro, por miembros del gobierno de los países andinos, chileno o mexicano, que se reúne "a nivel Ministerial" (arts. 12.2 del TLC Andino-UE; 3.2 del TLC Chile-UE y

profundizar las relaciones entre los Estados signatarios en todos los ámbitos de aplicación de estos tratados[40]. Dentro de sus *potestades ejecutivas* está encargado de supervisar la aplicación de los acuerdos, de examinar todas las cuestiones principales que surjan en el marco de los TLC o instrumentos jurídicos abarcados o cualquier otra materia bilateral, multilateral o internacional de interés mutuo y de crear otros comités especiales[41]. En cuanto a las *potestades reglamentarias*[42], el Consejo es competente para tomar decisiones con carácter vinculante para los Estados signatarios, quienes deben adoptar las medidas necesarias para cumplirlas. Este órgano central puede formular, igualmente, las recomendaciones pertinentes con el acuerdo previo entre los Estados[43].

Las decisiones del órgano central son vinculantes para los Estados parte[44] y originan normas ejecutivas o *secundum legem* que desarrollan los contenidos normativos de cada TLC, de tal forma que se promueva una aplicación e inter-

---

45 del Acuerdo Global México-UE). La presidencia de este Consejo se efectúa de manera alternativa o rotativa entre la Unión Europea y los países andinos, Chile o México dependiendo de cada acuerdo.

40 Los TLC entre la Unión Europea y algunos países latinoamericanos tienen un *ámbito de aplicación multidimensional* que abarca el terreno político, comercial, económico y financiero, científico, tecnológico, social, cultural y de cooperación. Cfr. artículos 4.° del TLC Andino-UE; 2.3 del TLC Chile-UE y 2.° del Acuerdo Global México-UE.

41 En el artículo 13.2 del TLC Andino-EU se regula de manera detallada cada una de las *potestades ejecutivas*: "supervisar y facilitar el funcionamiento de este Acuerdo y la correcta aplicación de sus disposiciones, y considerar otras maneras de alcanzar sus objetivos generales; evaluar los resultados obtenidos de la aplicación del presente Acuerdo, en particular, la evolución de las relaciones comerciales y económicas entre las Partes; supervisar el trabajo de todos los órganos especializados establecidos de conformidad con este Acuerdo y recomendar las acciones necesarias; supervisar el desarrollo ulterior de este Acuerdo; explorar la manera más apropiada para prevenir o resolver cualquier dificultad que pudiera surgir en relación con asuntos cubiertos por este Acuerdo; establecer la remuneración y los gastos que se pagarán a los árbitros; considerar cualquier otra cuestión de interés relativo a una materia cubierta por este Acuerdo".

42 Artículos 12 y 13 del TLC Andino-UE; 3.° y 4.° del TLC Chile-UE; 14 del TLC México-UE y la Decisión n.° 1/2001 del Consejo Conjunto México-UE del 27 de febrero de 2001 por la que se establece el reglamento interno del Consejo Conjunto México-UE y el reglamento interno del Comité Conjunto México-UE.

43 Entre los ejemplos más significativos de la *potestad reglamentaria*, encontramos la Decisión n.° 2/2000 y la Decisión n.° 2 /2001 del Consejo Conjunto México-UE, que desarrollan el artículo 12 del Acuerdo Interino y el artículo 50 del Acuerdo Global, mediante el cual se establecen la competencia del Consejo para establecer un procedimiento específico de la solución de controversias comerciales sobre bienes y servicios, o cuestiones relacionadas con el comercio (que sean compatibles con las disposiciones pertinentes de la OMC en la materia). Esta *potestad reglamentaria* también se establece en los artículos 13.1 del TLC Andino-EU; 5.2 del TLC Chile-UE y 47 del Acuerdo Global México-UE donde se faculta al órgano central a adoptar las Reglas de Procedimiento y el Código de Conducta para los árbitros, a fijar sus propias reglas de procedimiento, así como su programa de reuniones y el orden del día de dichas reuniones y, finalmente, evaluar y adoptar decisiones sobre cualquier asunto que le sea referido por los órganos especializados.

44 Artículos 14.2 del TLC Andino-UE y 5.2 del TLC Chile-UE.

pretación eficaz que concrete los beneficios u obligaciones de carácter abierto o ambiguo. Estas decisiones del órgano central adquieren una naturaleza *cuasi-legislativa*, por vincular *de facto* a las posiciones o situaciones jurídicas de los Estados signatarios[45]. Finalmente, el órgano central tiene una *potestad jurisdiccional* que le confiere un papel importante para el procedimiento de solución de controversias del *modelo TLC* europeo, ya que en ejercicio de esta potestad puede celebrar consultas, como un auténtico "órgano de conciliación" y, además, se encarga de elaborar la lista de los candidatos a panelistas, convocar al panel arbitral, seleccionar por sorteo miembros del panel y modificar las reglas de procedimiento, entre otras funciones[46].

Con todo, difícilmente puede calificarse a este órgano central como una institución en el sentido del Derecho internacional general, máxime cuando no tiene ni sede permanente, ni periodicidad fija para sus reuniones. Más que crear una nueva institución, el *modelo TLC* europeo trata de institucionalizar un proceso de integración. En este sentido se puede concluir que sus reuniones son irregulares y como regla general no se llevan a cabo en aras de dar un impulso a la integración, sino de evitar posibles conflictos en el área de libre comercio.

B. ÓRGANO TÉCNICO Y ADMINISTRATIVO DEL MODELO TLC EUROPEO

El órgano central se encuentra asistido en el cumplimiento de sus competencias por el *Comité Consultivo Conjunto* en el TLC Chile-UE, o *Comité de Asociación* en el TLC México-UE[47], o por los *Coordinadores del Acuerdo* en el TLC Andino-EU[48].

---

45 El carácter derivado de la potestad reglamentaria delimita la validez o legalidad de las Decisiones del Consejo, esto es, dependen de su conformidad formal y sustancial con las estipulaciones del o los acuerdos marcos. Las determinaciones políticas de los Estados que impulsan un proceso de integración no podrían alcanzar la realidad sobre la que pretenden operar, si no contaran con los imprescindibles instrumentos jurídicos que trasforman la voluntad política en normas jurídicamente vinculantes.

46 Artículos 183.2 del TLC Chile-UE y 42.1 Decisión 2/2000, y 38.1 Decisión 2/2001. Además, el órgano central del *modelo TLC* europeo se encarga de resolver, a través de un mecanismo de consultas diplomáticas y políticas, las controversias en el diálogo político y la cooperación que puedan surgir durante la aplicación del acuerdo. Cfr. artículos 13 del TLC Chile-EU y 3.1 del TLC México-EU.

47 El Comité Consultivo Conjunto o Comité de Asociación está compuesto por representantes de los gobiernos mexicano y chileno, normalmente a nivel de altos funcionarios, por representantes de los miembros del Consejo de la Unión Europea, por miembros de la Comisión Europea en el caso del artículo 48 del Acuerdo Global México-UE y por miembros del Comité Económico y Social de las Comunidades Europeas según el artículo 6.1 del TLC Chile-UE.

48 Artículo 16 del TLC Andino-EU. Además, se regulan varios Sub-comités compuestos por representantes del gobierno de los países andinos y por representantes de los miembros de la Unión Europea, y, de acuerdo con su artículo 15, se establecen para las siguientes áreas: acceso a los mercados; agricultura;

Este órgano tiene un carácter técnico-administrativo ya que se reúne en cualquier momento con el objetivo de tomar las medidas necesarias para el correcto funcionamiento del TLC[49] y demás funciones asignadas en el reglamento interno del órgano central las cuales comprenden, entre otras: la preparación del orden del día y la coordinación de los preparativos para las reuniones del órgano central; el seguimiento de las decisiones tomadas por el Comité de Comercio, según corresponda; actuar como puntos de contacto para facilitar las comunicaciones entre las Partes sobre cualquier asunto cubierto por los TLC; recibir todas las notificaciones y la información; atender a solicitud del órgano central cualquier otro asunto que pueda afectar el funcionamiento del TLC, y, en general, todas aquellas competencias (ejecutivas, reglamentarias o jurisdiccionales) que sean delegadas por el órgano central del *modelo TLC* europeo.

También vale la pena subrayar que estos órganos técnico-administrativos se encuentran subordinados al órgano central, lo cual genera que, en ciertos casos, las autoridades nacionales están obligadas a decidir sobre temas que son fundamentalmente técnicos. Así, se puede concluir que en el *modelo TLC* europeo, al igual que en *modelo TLC* estadounidense, existe una prevalencia de esquema "minimalista", en donde los intereses y presiones nacionales juegan un papel tan importante como la legalidad. Precisamente por ello, en el ámbito de la solución de la controversia se trata de prescindir de la injerencia de cualquier aspecto que no corresponda al terreno de la legalidad, esto se comprueba en la naturaleza jurídica del panel arbitral, como se verá en seguida.

C. PANELES ARBITRALES

Las actuaciones ante el panel arbitral en el *modelo TLC* europeo constituyen un auténtico mecanismo de *arbitraje internacional*[50]; es decir, un método por

---

obstáculos técnicos al comercio; aduanas, facilitación del comercio y reglas de origen; compras públicas; comercio y desarrollo sostenible; medidas sanitarias y fitosanitarias, y propiedad intelectual.

49 Artículos 16.3 del TLC Andino-UE y 48 de la Decisión n.° 1/2000 del Consejo Conjunto del TLC México-UE y, además, en el caso del artículo 6.5 del TLC Chile-UE, "el Comité de Asociación se reunirá, generalmente, una vez al año para realizar una revisión global de la aplicación del presente Acuerdo, en una fecha y con un orden del día acordado previamente por las Partes, un año en Bruselas y el siguiente en Chile".

50 GIUDITTA CORDERO-MOSS (ed.). *International Commercial Arbitration: Different Forms and their Features*, Cambridge, Cambridge University Press, 2013; MARGARET L. MOSES. *The principles and practice of International Commercial Arbitration*, Cambridge, Cambridge University Press, 2012; GARY BORN. *International Commercial Arbitration*, vol. I, Londres, Kluwer Law International, 2009; Y. DERAINS y E. SCHWARTZ. *Guide to the ICC Rules of Arbitration*, 2.ª ed., Londres, Kluwer Law International, 2005; JULIAN L. LEW, LOUKAS A. MISTELIS *et al. Comparative International Commercial Arbitration*, Kluwer Law International, 2003.

medio del cual las partes convienen en someter sus diferencias a un tercero o a un tribunal *ad hoc* con el objeto de que sea resuelta conforme a normas de Derecho internacional y en el entendido de que la decisión o laudo debe ser aceptado por las partes como arreglo final[51]. Esta naturaleza jurídica del panel arbitral en el *modelo* TLC europeo sin lugar a dudas cambia la orientación del *modelo* TLC estadounidense, mucho más cercano a la *conciliación internacional*, que se enfrenta a cuestionamientos importantes en cuanto a la ausencia de un órgano jurisdiccional con potestades suficientes para realizar recomendaciones o tomar decisiones con fuerza jurídica que vincule a las partes en la controversia, y especialmente un órgano que asegure una interpretación y aplicación uniforme del TLC[52]. El panel arbitraje del *modelo* TLC europeo ofrece un foro neutral amoldado a las necesidades de sus relaciones respecto al diálogo político, a la cooperación y al comercio internacional, en donde los panelistas o árbitros, tal como se verá más adelante, tienen plena potestad para decidir de forma que el laudo arbitral despliega efectos de *cosa juzgada*, configurándolo como un título ejecutivo que lo equipara a la sentencia judicial[53].

En definitiva, la estructura institucional del *modelo* TLC europeo, a pesar de no haber logrado el grado de institucionalización alcanzado por los órganos de la OMC, muestra que estos instrumentos internacionales parecen estar ganando cierto terreno como técnicas para intentar procesos de integración económica o, cuando menos, sistemas de regulación de las transacciones económicas

---

51 En este sentido, el artículo 37 de la Convención de 1907 para la resolución pacífica de controversias internacionales señala: "El arbitraje internacional tiene por objeto la resolución de controversias entre Estados por jueces de su propia elección y sobre la base del respeto a la ley. El recurso al arbitraje implica la obligación de someterse al Laudo de buena fe". Para profundizar en las características del arbitraje internacional y sus diferencias con otros mecanismos alternativos de solución controversias, cfr. Víctor M. Sánchez. "Arreglo pacífico de controversias: medios políticos y jurídicos", en V. M. Sánchez, S. Beltrán, X. Fernández Pons *et al. Derecho internacional público*, Huygens Editorial, 2009, pp. 337 a 339.

52 Se debe subrayar que los panelistas pertenecen a distintas profesiones y no son miembros permanentes de los paneles, sino que son designados caso por caso, tal y como en el arbitraje internacional. Por ello, la decisión de un panel arbitral previo sobre una determinada cuestión fáctica o jurídica no tiene la consideración de *precedente* para otros paneles ni es vinculante en procedimientos posteriores: solo sirven como referencia para resolver cuestiones específicas. Es más, no existe la doctrina del *precedente* en Derecho internacional, si por *precedente* se entiende la regla por la que las decisiones de un solo tribunal son vinculantes. No existe jerarquía de los tribunales internacionales, e incluso si la hubiera, no existiría una buena razón para permitir al primer tribunal en el tiempo que resuelva cuestiones para tribunales posteriores. Para profundizar en estas cuestiones, cfr. Bernardo M. Cremades y Ignacio Madalena. "Procedimientos paralelos en el Arbitraje Internacional", *Revista de la Corte Española de Arbitraje*, 2008, pp. 13 a 70.

53 José F. Merino Merchán y José María Chillón Medina. *Tratado de Derecho Arbitral*, cit., nota 680, p. 1732.

internacionales entre los países latinoamericanos y la Unión Europea[54]. Además, se puede concluir que la estructura institucional del *modelo* TLC europeo examinada impone a los Estados signatarios un pequeño costo político en términos de soberanía, que de cierta forma explica su expansión e importancia en las relaciones de la sociedad internacional. En este sentido, el profesor SZEPESI considera que entre los TLC celebrados por la Unión Europea existe un acuerdo innovador y ambicioso en materia de estructura institucional, como el TLC Chile-UE, que regula un marco jurídico fuerte y detallado para prevenir o solventar conflictos entre las partes. Estos elementos del *modelo* TLC europeo dotan al procedimiento de solución de controversias de rasgos *jurisdiccionales* o *legalistas* que se evidencian en el establecimiento de plazos más cortos, un mecanismo más automatizado, con menor control político de las partes, en la naturaleza de panel y en su decisión[55].

Esta tendencia a incorporar un esquema institucional "minimalista" del *modelo* TLC europeo no lo exime de algunos inconvenientes; así, por ejemplo, cuando existe oposición política o bloqueo de los Estados (en inglés, *veto player*), incluso leve, o la simple anticipación de tal oposición, puede debilitar la eficacia de los tratados internacionales. Adicionalmente, en el evento que sea necesario llegar a decisiones por unanimidad y exista un estricto control de las mismas por los gobiernos de los Estados, puede ocurrir que las acciones de las instituciones del *modelo* TLC europeo no tengan preferencia por profundizar el proceso de integración o que sus actuaciones excedan las delimitaciones dadas por los intereses y necesidades internas de cada Estado parte del tratado. Por consiguiente, al igual que el *modelo* TLC estadounidense, las instituciones de los TLC celebrados por la Unión Europea con algunos países latinoamericanos, por básicas que sean, cumplen con su objetivo de ordenar y apaciguar las relaciones comerciales entre los Estados partes, con bajos costos de funcionamiento, lo cual puede entenderse como un éxito. Empero, la débil institucionalización de estos acuerdos no es sinónimo de eficacia, en tanto que se regulan otro tipo de organismo (comités y subcomités) sin jerarquías, que funcionan y dependen

---

54 Entre los efectos prácticos de la celebración de TLC se encuentra que los Estados signatarios asumen compromisos de sumas significativas de recursos cuyo rendimiento se pretende obtener en el mediano y largo plazo, también cambios o ajustes en las instituciones y los sistemas normativos nacionales, sin olvidar las tensiones sociales, económicas y políticas. En este contexto, los procedimientos de solución de controversias cumplen un papel fundamental al contribuir para que los diferentes agentes económicos y sociales de los Estados parte puedan contar con un ambiente lo suficientemente previsible y seguro para obtener los beneficios acordados y en general desarrollar sus actividades en el marco del TLC.

55 STEFAN SZEPESI. "Comparing EU free trade agreements. Dispute Settlement", *Brief*, n.º 6G, Maastricht, European Centre for Development Policy Management –ECDPM–, julio de 2004.

en última instancia de decisiones burocráticas, estrechamente relacionadas con intereses nacionales.

II. ANÁLISIS DE LA TIPOLOGÍA DE LA SOLUCIÓN DE CONTROVERSIAS EN EL MODELO TLC EUROPEO

El *modelo TLC* de solución de controversias europeo tiene un carácter *interestatal* que se inicia con las consultas o negociaciones entre Estados y finaliza con el informe del órgano resolutorio, tal como ocurre con el procedimiento de la OMC y el *modelo TLC* estadounidense. Sin embargo, el diseño de tipo *radial* del *modelo TLC* europeo reproduce el sistema de solución de diferencias del ESD de la OMC: en su centro el procedimiento unificado sobre aplicación e interpretación del tratado que ha sido reforzado, pues no actúa de manera residual como en el *modelo TLC* estadounidense, sino de forma ordinaria, y en su periferia tan solo algunas *cláusulas especiales* o *excepciones parciales* que en ningún momento adquieren una naturaleza *autónoma*[56], y por el contrario se retroalimentan del procedimiento unificado.

En este diseño de tipo *radial* del *modelo TLC* de solución de controversias se presentan algunas divergencias entre el TLC México-UE y los posteriores TLC Chile-UE y TLC Andino-EU, que están condicionadas por el desarrollo del Derecho comunitario. Precisamente por ello el TLC México-UE comprende el *Acuerdo Interino* de 1998 sobre comercio[57], el cual incluye las materias de "competencia exclusiva" de la comunidad, y el *Acuerdo Global* de Asociación Económica, Concertación Política y Cooperación de 2000[58] que reglamenta las competencias tanto comunitarias como de los Estados miembros o "competencias compartidas"[59]. Los tratados sucesivos del *modelo TLC* europeo regulan un

---

56 Estas cláusulas son una respuesta a la inserción de nuevas esferas jurídicas, que por su carácter técnico o su interés nacional o por pertenecer tradicionalmente a la competencia del Derecho interno, incrementan la complejidad de la solución de la diferencia.

57 La principal finalidad del Acuerdo Interino, según el artículo 2.°, "... es establecer un marco para fomentar el desarrollo de los intercambios de bienes, incluyendo una liberalización bilateral y preferencial progresiva y recíproca del comercio de bienes que tenga en cuenta la sensibilidad de determinados productos y de conformidad con las normas pertinentes de la Organización Mundial del Comercio (OMC)".

58 Los propósitos fundamentales del Acuerdo Global entre la Unión Europea y México son, conforme a su artículo 2.°, la institucionalización del diálogo político, el fortalecimiento de las relaciones comerciales y económicas a través de la liberalización del comercio de conformidad con las normas del sistema OMC, y la ampliación y el reforzamiento de la cooperación.

59 Respecto al tema de competencias comunitarias, cfr. FRANCISCO ALDECOA LUZÁRRAGA y MERCEDES GUINEA LLORENTE. *La Europa que viene: el Tratado de Lisboa*, 2.ª ed., Madrid, Marcial Pons, 2010; VALENTÍN BOU FRANCH. *Normativa y jurisprudencia básica de Derecho de la Unión Europea*, Tirant lo

único acuerdo que contiene todas las competencias de la Unión Europea, las cuales se han visto modificadas por el Tratado de Lisboa[60], que se compone de dos cuerpos normativos: el *Tratado de la Unión Europea* y el *Tratado de Funcionamiento de la Unión Europea* (en adelante TFUE)[61].

En este nuevo marco normativo comunitario se reordenan las categorías y los ámbitos de competencias de la Unión basados en los principios de *atribución* (lo que no esté atribuido a la Unión corresponde a los Estados miembros), de *subsidiaridad* (en los campos en los que no tiene competencia exclusiva la Unión interviene utilizando todas las medidas necesarias para alcanzar los objetivos cuando los Estados miembros no pueden hacerlo mejor) y de *proporcionalidad*[62].

Dentro de las "competencias exclusivas" de la Unión Europea se determinan taxativamente, en el artículo 3.º del TFUE, los siguientes temas: unión aduanera; establecimiento de las normas sobre competencia necesarias para el funcionamiento del mercado interior; política monetaria de los Estados miembros cuya moneda es el euro; conservación de los recursos biológicos marinos

---

Blanch, 2010; Luis Miguel Hinojosa Martínez. *El reparto de las competencias entre la Unión Europea y sus Estados miembros*, Valencia, Tirant lo Blanch, 2006; Araceli Mangas Martín. "Delimitación y modo de ejercicio de las competencias en el Tratado Constitucional de la Unión Europea", *Revista del Ministerio de Trabajo e Inmigración*, n.º 57, 2005; José Martín y Pérez de Nanclarez. *El sistema de competencias de la Comunidad Europea. Germen iusinternacionalista versus vocación federal*, Madrid, McGraw-Hill, 1997.

60 El Tratado de Lisboa firmado 13 de diciembre de 2007 que entró en vigor el 1.º de diciembre de 2009 fue resultado de más de dos años de reflexión, fruto de la Conferencia Intergubernamental constituida para superar el impasse que supuso la fallida Constitución para Europa. Para un mayor análisis de estas cuestiones, cfr. Jean-Claude Piris. *The Lisbon Treaty. A legal and Political Analysis*, Studies in European Law and Policy, Cambridge, Cambridge University Press, 2010; Francisco Aldecoa Luzárraga y Mercedes Guinea Llorente. *La Europa que viene: el Tratado de Lisboa*, cit.; Jean-Claude Piris. *El Tratado Constitucional para Europa: un análisis jurídico...*, cit., nota 871; Araceli Mangas Martín. "El rescate del Tratado Constitucional: ¿qué y cómo se puede salvar?", *Análisis del Real Instituto Elcano* –ARI–, n.º 17, 2007; Francesc Granell Trías. "Del intento de Constitución al Tratado de Reforma", *Separata de la Revista Economía Exterior*, n.º 42, 2007.

61 De las diferentes políticas y procedimientos de la Unión Europea que se regulan en el *Tratado de Funcionamiento de la Unión Europea* (en adelante TFUE), nos interesan para el objeto de nuestro estudio, la *primera parte* que regula los principios y la distribución de competencias entre la Unión Europea y los Estados miembros de la Unión, y la *quinta parte* que se refiere a la *Acción Exterior de la Unión*, la cual incluye la política comercial común (en los artículos 206 y 207 del TFUE). Un estudio más profundo de este nuevo marco normativo de la Unión Europea, denominado Tratado de Lisboa, se encuentra en Zoltán Horváth y Bálnt Ódor. *The Union after Lisbon. The Treaty reform of the EU*, Budapest, HVG-ORAC Publishing House Ltd., 2010; José Manuel Sobrino Heredia (dir.) *et al. El desarrollo del Tratado de Lisboa: un balance de la Presidencia española*, Décimas Jornadas Extraordinarias Escuela Diplomática-Asociación Española de Profesores de Derecho Internacional y Relaciones Internacionales, Madrid, 22 de junio de 2010.

62 José Carlos García de Quevedo Ruiz. "Implicaciones del Tratado de Lisboa sobre la política comercial comunitaria", *Revista de Información Española* (ICE), "El comercio exterior como motor de la recuperación", noviembre-diciembre de 2009, p. 80.

dentro de la política pesquera común, y política comercial común. La Unión dispondrá también de competencia exclusiva para la celebración de un acuerdo internacional: a. Cuando dicha celebración esté prevista en un acto legislativo de la Unión; b. Cuando sea necesaria para permitirle ejercer su competencia interna, o c. En la medida en que pueda afectar normas comunes o alterar el alcance de las mismas[63]. Sin duda esta distribución de competencias, en el marco jurídico de la Unión Europea, se refleja e influye en el contenido y en la estructura normativa de los TLC celebrados entre la Unión Europea y algunos países latinoamericanos. Un ejemplo de este aserto es la estructura normativa del TLC México-UE, que podría explicarse a partir de algunos *razonamientos jurídicos* y *políticos*.

En cuanto a los *razonamientos jurídicos*, el contenido del TLC México-UE se encuentra condicionado por el propio Derecho comunitario, que regula una lista cerrada de competencias exclusivas comunitarias y unos mecanismos para tomar decisiones con respecto a estos ámbitos a través de la mayoría cualificada de los Estados miembros (art. 113.4 Tratado de la Unión Europea de 1992), sin prever la participación del Parlamento Europeo en el proceso de decisión[64]. Esta norma comunitaria simboliza una especie de *vía rápida* o *fast track* que permitió anticipar un acuerdo provisional, denominado Acuerdo Interino México-UE de 1998 sobre comercio, sin esperar a la aprobación por unanimidad de cada uno de los Estados miembros de la Unión y la posterior ratificación por sus Parlamentos, como ocurre con las decisiones sobre materias de competencia compartida[65]. La política comercial común de la Unión Europea se funda

---

63 El Tratado de Lisboa también regula expresamente las competencias compartidas en el artículo 4.° del Tratado de Funcionamiento de la Unión Europea. Cfr. Francina Esteve García. "Alcance de las competencias externas de la Unión Europea en el Tratado de Lisboa", *Revista General de Derecho comunitario*, n.° 16, 2008; José Martín y Pérez de Nanclares. "La nueva regulación del régimen de competencias en el Tratado de Lisboa: especial referencia al control del principio de subsidiariedad", en *Jornadas de la Asociación Española de Profesores de Derecho Internacional –AEPDIRI–*, Madrid, 17 y 18 de diciembre de 2007, "El Tratado de Lisboa: la salida de la crisis constitucional", Iustel, 2008, pp. 273 a 294.

64 Miquel Palomares Amat. *Los Acuerdos Internacionales concluidos por las Comunidades Europeas y los terceros países del Mediterráneo*, Barcelona, CEDECS, 2002, pp. 39 a 53. El Dictamen 1/94 que ha quedado, de hecho, superado por la realidad de las negociaciones en la OMC en donde se trata no solo de temas comerciales cubiertos por el GATT y a los que el Dictamen circunscribía la competencia de la Comunidad sino al resto de las cuestiones que constituyen el campo problemático del régimen multilateral del comercio. Cfr. Tribunal de Justicia de la Unión Europea, *Convenio OMC. Reparto de las competencias*, Dictamen 1/94, Recopilación I-5389, adoptado 15 de noviembre de 1994.

65 Francisco Álvarez y Juan Francisco Moltalbán Carrasco. "Un nuevo modelo de relaciones Unión Europea-México (II)", *Boletín Económico de Información Comercial Española* (ICE), n.° 2518, 14 al 20 de octubre de 1996, p. 28; Luis Norberto González Alonso. *Política comercial y relaciones exteriores de la Unión Europea*, Madrid, McGraw-Hill, 1998; Irene Blázquez Navarro. "La distribución de com-

en principios comunes, especialmente respecto de la regulación de aranceles aduaneros y la celebración de Tratados comerciales (antiguo art. 133 del TCE, actualmente art. 207 del TFUE), y por ello, las *instituciones comunitarias* tienen competencias exclusivas en materias de comercio de bienes y cuestiones relacionas con el mismo[66].

En relación con los *razonamientos políticos*, la estructura normativa TLC México-UE es producto de las diferentes posiciones políticas de los Estados miembros de la Unión Europea[67] que dividen el proceso de integración con México en dos fases: una de negociación y ratificación del *Acuerdo Interino* sobre el comercio de mercancías (competencias exclusivas), en vigor desde el 1.º de julio de 1998[68], y una final para celebrar el *Acuerdo Global* entre México, la Unión Europea y cada uno de sus Estados miembros, que se refiere a la cooperación económica, el diálogo político y la liberalización de sectores económicos de competencias compartidas[69]. El *Acuerdo Global* regula y liberaliza progresiva-

---

petencias económicas en la UE. Aplicabilidad de los principios de subsidiariedad y proporcionalidad", *Revista de Economía, Información Comercial Española* (ICE), El modelo económico de la UE, n.º 820, enero-febrero de 2005, pp. 49 a 51.

66 Entre las cuestiones relacionas con el comercio de bienes se encuentran la cobertura y los períodos transitorios, los derechos de aduana sobre importaciones, y las exportaciones y gravámenes de efecto equivalente, las restricciones cuantitativas a las importaciones y exportaciones, y medidas de efecto equivalente, el trato nacional incluyendo la prohibición de la discriminación fiscal con respecto a los impuestos con que se gravan los bienes y la apertura del mercado de contratación pública, entre otros.

67 Algunos Estados miembros de la Unión Europea (Francia e Italia) se oponen a una liberalización inmediata del comercio (de mercancías o de servicios) por el temor a que sentará un precedente que obligará a la Unión Europea a modificar sus Acuerdos de Cooperación con otros países y regiones. Cfr. Jacques Lecomte. "Las relaciones entre México y la Unión Europea. Tres generaciones de Acuerdos de Cooperación", en *La Unión Europea y México: una nueva relación política y económica*, Madrid, Instituto de Relaciones Europeo-Latinoamericanas –IRELA–, 1997, pp. 86 a 88; Luis Fernando Lobejón Herrero. "El comercio México-Unión Europea ante la perspectiva de la creación de una zona de libre comercio", *Boletín Económico de Información Comercial Española* (ICE), n.º 795, noviembre-diciembre de 2001, p. 79.

68 El *Acuerdo Interino* sobre el comercio de mercancías establece los mecanismos y el formato para lograr la liberalización de este sector económico, de ahí que su propósito sea adelantar el proceso de integración y servir de transición para el acuerdo de liberalización definitivo. Cfr. Francisco Álvarez y Juan Francisco Moltalbán Carrasco. "Un nuevo modelo de relaciones...", cit., nota 914, p. 27. El marco jurídico-institucional del Acuerdo Interino, vigente hasta la ratificación del Acuerdo Global, permitiría a las partes aplicar con rapidez las disposiciones de este instrumento referidas al comercio de bienes y cuestiones relacionadas con el comercio. Este acuerdo fue aprobado por el Senado mexicano y por Parlamento Europeo el 23 de abril de 1998 y el 13 de mayo de 1998, respectivamente. Después del intercambio de los instrumentos de ratificación correspondientes entre las partes, el Acuerdo entró en vigor el 1.º de julio de 1998. Así, el *Acuerdo Interino* constituyó el mecanismo que facilitó la negociación de aquellos sectores de competencia compartida, respecto de los cuales se necesitaba un mayor esfuerzo político de los Estados. Cfr. *Diario Oficial de la Comunidades Europeas*, n.º de información L 226/25 del 13 de agosto de 1998, Legislación, Edición en lengua española.

69 El *Acuerdo Global* fue aprobado por el Parlamento Europeo el 6 de mayo de 1999 y por el Senado mexicano el 20 de marzo de 2000. Después del intercambio de los instrumentos de ratificación correspondientes entre

mente ámbitos de la política comercial común de *competencias compartidas* entre la Unión Europea y sus Estados miembros, como son el comercio de servicios, la supresión de restricciones al movimiento de capital y de pagos (inversiones), la propiedad intelectual y el procedimiento de solución de controversias[70]. Los sectores incorporados en el acuerdo tienen especial trascendencia para la Unión Europea, por ello se necesitó el respaldo de todos de los Parlamentos nacionales de cada uno de los miembros de la Unión para su aprobación[71].

Ahora bien, las competencias *exclusivas*, *compartidas* y *concurrentes* de la Unión Europea y de sus Estados miembros determinan la política comercial común[72] y garantizan el funcionamiento del ámbito externo de la unión aduanera[73]. Por ello, bajo el artículo 133 del TCE[74], el diseño del *modelo TLC* europeo

---

las partes, el 1.º de julio de 2000 entraron en vigor las disposiciones comerciales en áreas de competencia comunitaria, y el 1.º de marzo de 2001 entraron en vigor los sectores comerciales de competencia de los Estados miembros, diálogo político y cooperación. Cfr. *Diario Oficial de la Comunidades Europeas*, n.º de información L 276/44 del 28 de octubre de 2000, Legislación, Edición en lengua española.

70 El artículo 50 del Acuerdo Global determina que "[e]l Consejo conjunto decidirá sobre el establecimiento de un procedimiento específico para la solución de controversias comerciales y relacionadas con el comercio, compatible con las disposiciones pertinentes de la OMC en la materia". Precepto que se encuentra desarrollado por el Título V, artículos 37 al 43 de la Decisión n.º 2/2001 del Consejo Conjunto del TLC México-UE del 27 de febrero de 2001, por lo que se aplican los artículos 6.º y 9.º, la letra b) del apartado 2 del artículo 12 y el artículo 50 del Acuerdo de Asociación Económica, Concertación Política y Cooperación. Para ello, se realizó una Declaración Conjunta en materia de servicios, movimientos de capital y pagos, y propiedad intelectual del 13 de agosto de 1998 (incluida en el Acta Final del acuerdo Global).

71 Luis Fernando Lobejón Herrero. *El Comercio Internacional*, Madrid, Akal Economía Actual, 2001, p. 80; Manuel Varela Bellido. "El Acuerdo de Libre Comercio entre la UE y México", ***Boletín** Económico de Información Comercial Española* (ICE), n.º 2647, marzo de 2000, 31.

72 La política comercial común es regulada por el título IX de la Tercera Parte del Tratado constitutivo de la Comunidad Europea (arts. 131 a 134 TCE). Para profundizar en el tema, cfr. Andreu Olesti Rayo. "La noción y el ámbito de aplicación material de la política comercial comunitaria", en *La Unión Europea en los albores de un nuevo siglo*, Euroius Editorial Jurídica, 1997, pp. 265 a 281; Luis Norberto González Alonso. "Política comercial y relaciones exteriores de la Unión Europea", cit., nota 914.

73 La política comercial común también facilita que los Estados miembros realicen una progresiva liberalización de sus economías y que se desarrollen en armonía del comercio mundial. De ahí que uno de los cuestionamientos del Derecho comunitario es la determinación del concepto de política comercial común y el alcance de la competencia atribuida a la Comunidad en materia comercial. El artículo 133 TCE formula una aproximación sobre el ámbito de aplicación de esta política, sin embargo, solo contiene una serie de principios generales –no exhaustivos– sobre los que se debe basar esta política. Cfr. Enrique Linde Paniagua. "Sistema de distribución de competencias y racionalización del sistema normativo", *Revista de Derecho de la Unión Europea*, n.º 3, semestre II, 2002, pp. 264; Javier Díez-Hochleitner Rodríguez. "El futuro del sistema competencial comunitario: algunas propuestas de reforma", en *La encrucijada constitucional de la Unión Europea*, Madrid, Civitas, 2002; Alicia Cebada Romero. "La redefinición de la política comercial común en el Tratado de Niza", *Gaceta Jurídica de la UE y de la Competencia*, n.º 212, Madrid, 2001, pp. 12 a 21.

74 En el apartado 6 del artículo 133 del TCE se exigía el común acuerdo, o consenso unánime, de los Estados miembros en el seno del Consejo (en determinados ámbitos como inversiones, servicios audiovisuales,

tiene una naturaleza "mixta", configurada por la división de competencias de la Unión Europea[75], bien sea estructurada de manera conjunta, en un único acuerdo (TLC Chile-UE y TLC Andino-UE), o de forma separada, con dos acuerdos y dos procedimientos de solución de controversias exactamente iguales en el TLC México-UE (uno en el Acuerdo Interino y otro en el Acuerdo Global México-UE). Sin embargo, este escenario ha cambiado con el Tratado de Lisboa al establecer una definición amplia de la política comercial, que resuelve algunas tensiones del pasado entre la Comisión y los Estados miembros, generadas por la delimitación de las competencias exclusivas, ejercidas por la Comisión, y las competencias compartidas que exigen una negociación intergubernamental con los Estados miembros[76]. En tal sentido, el apartado 1 del artículo 207, señala que "la política comercial [...] se refiere a las modificaciones arancelarias, la celebración de acuerdos [...] de mercancías y de servicios y los aspectos comerciales de la propiedad intelectual e industrial, las inversiones extranjeras directas [...]". Como se puede observar, el nuevo tratado añade expresamente estas tres áreas a la definición de la política comercial, que pasan a ser "competencia exclusiva" de la Unión, como no podía ser de otro modo teniendo en cuenta que en la actualidad la OMC ya no se limita a las materias GATT, sino también a las GATS, ADPIC y otras. Con el Tratado de Lisboa ya no es necesario lograr un acuerdo entre la Comunidad y sus Estados miembros para regular ciertas materias consideradas de competencia compartida por la

---

culturales y educativos, y servicios sociales y relacionados con la salud humana). Cfr. José Carlos García de Quevedo Ruiz. "Implicaciones del Tratado de Lisboa...", cit., nota 911, p. 85.

75 Los TLC entre la Unión Europea y algunos países latinoamericanos tienen una *doble naturaleza*, por un lado, constituyen un acuerdo bilateral sobre todo en materia comercial, en la cual la Unión Europea tiene *competencia exclusiva*, pero también formalizan un acuerdo plurilateral, ya que este instrumento fue negociado y firmado por cada uno de los Estados miembros de la Unión (con la aprobación de sus Parlamentos), respecto a los ámbitos económicos de inversiones, propiedad intelectual, etc. Cfr. Fernando De Mateo. "México y la búsqueda de espacios: hacia un TLC con la Unión Europea", *Comercio Exterior*, vol. 49, n.º 6, junio-1999, p. 571; Miquel Palomares Amat. "Los Acuerdos Internacionales...", cit., nota 913, pp. 113 y 114; Patricio Leiva Lavalle. *Asociación estratégica Chile-Unión Europea*, Santiago de Chile, Centro Latinoamericano para las Relaciones con la Unión Europea –CELARE–, 2003, p. 26.

76 Esta tensión ha conducido a que la delimitación de competencias se deba resolver en el Tribunal de Justicia de la Unión Europea. Así pues, en materia de servicios existen dos casos pendientes: el C-13/07 sobre la aprobación por el Consejo de la adhesión de Vietnam a la OMC y C-1/08 sobre consolidación GATS a 25 por la ampliación. En materia de propiedad intelectual en el caso C-431/05 TRIPS (patentes sobre genéricos), la sentencia dictamina que esta materia es competencia principal de los Estados miembros en la medida en que la Comunidad no ha ejercido completamente sus competencias internamente armonizando. Cfr. José Martín y Pérez de Nanclarez. "El nuevo sistema de competencias en el Proyecto de Constitución Europea", *Cuadernos Europeos Deusto*, n.º 30, 2004, pp. 75 a 114; José Carlos García de Quevedo Ruiz. "Implicaciones del Tratado de Lisboa...", cit., nota 911.

anterior normativa comunitaria, y además, se establecen nuevas condiciones de mayorías para la adopción de decisiones por el Consejo[77].

Puestas así las cosas, a partir del TLC Chile-UE, y en los futuros acuerdos con países latinoamericanos (como los que se encuentran en proceso de negociación con los centroamericanos, del Caribe y del Mercosur), dejarían de ser TLC divididos por las competencias compartidas y exclusiva de la Unión Europea, o de naturaleza *mixta*[78]. Es más, el Tratado de Lisboa abriría "nuevas puertas" para las futuras negociaciones; así, por ejemplo, en el ámbito de las inversiones directas extranjeras, como una *competencia exclusiva comunitaria*, es posible que en los próximos TLC europeos se establezca un marco jurídico que regule este tema e incluyan un procedimiento autónomo sobre *arbitraje inversionista-Estado*, similar al establecido en el *modelo TLC* estadounidense[79].

A. CLÁUSULAS ESPECIALES O EXCEPCIONES PARCIALES AL PROCEDIMIENTO UNIFICADO SOBRE APLICACIÓN E INTERPRETACIÓN DE LOS TLC EUROPEOS

Los acuerdos del *modelo TLC* europeo establecen la prioridad de liberalizar diferentes ámbitos económicos de interés para las relaciones entre los países europeos y los países latinoamericanos, creando un marco jurídico compuesto por un conjunto heterogéneo de normas que regulan una "multidimensionalidad" de sectores no solo de índole económica, sino también políticos y de cooperación. Para asegurar esta "multidimensionalidad", y la eficacia del propio modelo de solución de controversias, se reconocen algunas *cláusulas especiales* que excluyen parcialmente determinadas actuaciones procesales o etapas del procedimiento unificado sobre aplicación e interpretación de los TLC europeos. Estas cláusulas, al igual que en el *modelo TLC* estadounidense, se explican a partir

---

77 Con el Tratado de Lisboa la regla general pasó a ser la mayoría cualificada aunque se traten temas que antes requerían siempre la unanimidad. En otras palabras, se modificó el apartado 6 del artículo 133 del Tratado de Ámsterdam, que exigía el común acuerdo o consenso unánime de los Estados miembros en el seno del Consejo, además de la unanimidad comunitaria en determinados sectores como inversiones, servicios audiovisuales, culturales y educativos y servicios sociales y relacionados con la salud humana.

78 Claro está, quedarán algunos aspectos o ámbito *mixtos* en los futuros TLC, particularmente en determinados temas que continúan siendo de competencias compartidas, como el diálogo político, o ciertas políticas de cooperación, como en materia de narcotráfico.

79 Los TLC suscritos por la Unión Europea no incluyen un capítulo de inversión, ni incorporan un mecanismo de solución de controversias *inversionistas-Estado*. Empero, ante las modificaciones que el nuevo Tratado de Lisboa realiza a las competencias de la Unión Europea este panorama podría cambiar. Cfr. JAVIER DÍEZ-HOCHLEITNER RODRÍGUEZ. "El incierto futuro de los acuerdos bilaterales sobre protección de inversiones celebrados por los Estados Miembros de la Unión Europea", *Revista Española de Derecho Europeo*, n.º 33, Civitas, 2010.

de *razones políticas* o de *soberanía nacional* fijadas por los Estados signatarios como, por ejemplo, excepciones en compras del sector público, pero también por *razones económicas*, que tienen como finalidad proteger los intereses y necesidades comerciales de los diversos grupos de presión o *lobbies* nacionales, *verbi gratia*, las cláusulas en materia de protección al medio ambiente, normas laborales, etc., y, finalmente, por *razones técnicas*, con normas especializadas para atender ciertos tipos de controversias que requieren la intervención directa de expertos, como ocurre en las controversias respecto a los servicios financieros, la normalización técnica, etc. Junto a estas razones de carácter interno las cláusulas especiales también se explican a partir de razones externas, que corresponden a las materias más novedosas o especialmente sensibles en las relaciones económicas internacionales de las que no se ocupa o no existe un consenso en el foro multilateral de la OMC. Para entender mejor estas cláusulas, a continuación se analizan dos ejemplos.

1. CLÁUSULAS ESPECIALES EN MATERIA DE SERVICIOS FINANCIEROS

Los servicios se han convertido en la forma dominante de la actividad económica que tiende a concentrar la mayor parte de la ocupación y valor de la producción en los Estados más desarrollados, a tal punto que existe una tendencia generalizada a considerar la progresiva sustitución de las sociedades industriales por las nuevas *sociedades de servicios*[80]. De ahí que el sector de los servicios, especialmente el de los servicios financieros, represente uno de los aspectos claves para el proceso de integración económica entre la Unión Europea y algunos países latinoamericanos. La importancia del sector se evidencia en los TLC al determinar algunas *cláusulas especiales* o *excepciones parciales* en la etapa de consultas, permitiendo que un Estado pueda solicitar la celebración de las mismas respecto de cualquier asunto relacionado con el sector de servicios financieros[81] e informar sus resultados al Comité Especial de Servicios Financieros[82]. Asimismo, con la finalidad de efectuar un control sobre el sector, las autoridades financieras de cualquier Estado signatario tienen la posibilidad de

80 STEPHEN S. COHEN y JOHN ZYSMAN. *Manufacturing matters: The Myth of the Pos-industrial economic*, New York, Basic Books, 1987; ANDRÉ BARCET y JOËL BONEMY. "Services rendus aux entreprises et dynamique du système productif", en J. BANT (comp.). *Les Services dans les sociétés industrielles*, Paris, Économie, 1985, pp. 109 a 137.

81 Artículos 128 del TLC Chile-UE y 24 de la Decisión 2/2001 del Consejo Conjunto México-UE.

82 Artículos 127 del TLC Chile-UE y 23 de la Decisión 2/2001 del Consejo Conjunto México-UE.

requerir información sobre un proveedor de servicios financieros en el territorio de otro Estado. Dicha información suministrada por un Estado está sujeta a los términos, condiciones y limitaciones existentes en su régimen jurídico o cualquier convenio previo entre las autoridades financieras. De esta forma el *modelo TLC* europeo garantiza la *confidencialidad* al ordenar que ningún Estado, o sus autoridades financieras que intervengan en las consultas, está obligado a divulgar información que pueda interferir en acciones específicas en materia de regulación, supervisión, administración o aplicación de medidas financieras[83]. En caso de que el asunto sometido a consultas no se resuelva dentro del plazo establecido, la parte consultante tiene la posibilidad de solicitar por escrito el establecimiento de un grupo arbitral.

Las cláusulas especiales del sector de servicios financieros, además de regular algunos aspectos de las consultas, incluyen unas excepciones en la etapa contenciosa del procedimiento unificado sobre aplicación e interpretación, concretamente para la selección de los miembros del panel. Por ejemplo, el *modelo TLC* europeo garantiza la *imparcialidad* del panel mediante el establecimiento de algunos requisitos objetivos y subjetivos para los árbitros encargados de analizar las controversias sobre asuntos financieros, quienes deberán tener conocimientos especializados o experiencia en derecho financiero y capacidades técnicas sobre el servicio financiero específico objeto de la disputa, y también, ser independientes y respetar el Código de Conducta pactado por las partes[84].

Por último, las cláusulas especiales fijan un proceso para la selección del panel, en el cual dentro de los tres días siguientes a la solicitud de establecimiento del panel arbitral el Comité elige a su presidente por sorteo entre las personas de la lista de al menos cinco personas (que no sean nacionales de ninguna de las partes consultantes), que tienen la capacidad de actuar como presidente y resolver la controversia sobre servicios financieros. El Comité selecciona por sorteo a partir de la lista de panelistas del procedimiento unificado a los otros dos miembros del panel arbitral, uno entre las personas propuestas al Comité de Asociación por la parte consultante y otro por la parte consultada[85]. No obstante estas excepciones, las controversias que se planteen bajo las cláusulas especiales del sector de servicios financieros se resuelven de conformidad con

---

83 Artículo 24.3 de la Decisión 2/2001 del Consejo Conjunto México-UE.

84 Artículo 25 de la Decisión 2/2001 del Consejo Conjunto México-UE. En términos del artículo 120.3 del TLC Chile-UE, la independencia del panel arbitral significa que sus miembros actúen por su propia capacidad y no estén afiliados con, ni aceptar instrucciones de, ninguna Parte u organización, además, solo exige que tenga conocimientos especializados en el sector de servicios financieros el presidente del panel.

85 Artículo 129.3 (c) del TLC Chile-UE.

las disposiciones del procedimiento unificado sobre aplicación e interpretación del TLC, a menos que las partes contendientes lo acuerden de otro modo.

2. CLÁUSULAS ESPECIALES EN MATERIA DE PRÁCTICAS Y PROCESOS ENOLÓGICOS

Otro ejemplo de una *cláusula especial* en el *modelo TLC* europeo se encuentra en el TLC Chile-UE, más exactamente en las relaciones del sector vinícola, que tiene gran importancia, pues estas disposiciones acordadas son el inicio formal para desbloquear las negociaciones con el resto de países pertenecientes al Grupo de Productores de Vino del Nuevo Mundo (en inglés *New World Wine Producers* –NWWP–)[86]. En efecto, Chile es el primer país de este Grupo que reconoce las menciones tradicionales comunitarias en la producción vinícola y pacta normas, reglamentos técnicos y procedimientos de evaluación de la conformidad, medidas sanitarias y fitosanitarias sobre el comercio de vinos y de bebidas espirituosas[87]. Concretamente, en este acuerdo se regula: a. La *protección de las denominaciones de origen*, renunciando Chile a la utilización de genéricos que coincidan con indicaciones geográficas comunitarias[88]; b. La *lista positiva de prácticas enológicas*, las cuales obligan a los Estados a comunicar la inclusión de una nueva práctica[89], y caso de que no sea aceptada se someterá a un arbitraje internacional, cuyo laudo será vinculante para ambas partes[90]; c. El *reconocimiento del sistema comunitario de menciones tradicionales*, esto es especialmente importante en el caso de Chile, cuya legislación vitivinícola se basa fundamentalmente en el sistema de marcas comerciales[91], y d. La *liberalización recíproca de los intercambios o del acceso al mercado*, que se producirá en períodos de cuatro años y cinco años para la Unión Europea y para Chile.

Además de la importancia política que supone para el sector vinícola, el TLC Chile-UE tiene una relevancia jurídica que se evidencia en las *cláusulas especiales* sobre *arbitraje en las prácticas y los procesos enológicos*. Estas cláusulas

---

86 Grupo de Productores de Vino del Nuevo Mundo formado por Estados Unidos, Canadá, Australia, Nueva Zelanda y Chile. Este Grupo mantiene una filosofía en la producción, elaboración y comercialización de vinos diferente de la concepción comunitaria.

87 Artículo 55 (b) y 90 del TLC Chile-UE y sus Anexos V Acuerdo sobre el comercio de vinos y VI Acuerdo sobre el comercio de bebidas espirituosas.

88 Artículos 5.°, 6.°, 7.°, 8.°, 12 y 15 del Anexo V del TLC Chile-UE.

89 Artículos 17, 18, 19 y 20 del Anexo V del TLC Chile-UE.

90 Artículos 21 y 23 del Anexo V del TLC Chile-UE.

91 Artículos 9.°, 10.° y 11 del Anexo V del TLC Chile-UE. Las marcas comerciales chilenas que coincidan con indicaciones geográficas o menciones tradicionales comunitarias serán eliminadas en un período de cinco años para la exportación y de doce años para el mercado nacional chileno.

establecen, entre otras cosas, algunas modificaciones o adiciones en las diferentes etapas del procedimiento unificado sobre aplicación e interpretación del TLC, así, por ejemplo:

– En la *etapa de consultas* se incorpora una excepción para los casos de violación de las "normas de calidad", esto es, cuando una práctica enológica tuviera la potencialidad de ocasionar un daño a la salud humana o disminuir la eficacia de medidas de control de fraude, etc. Ante esta situación, el Estado signatario afectado o en peligro, tiene el derecho, sin consulta previa, de aplicar con carácter provisional las *medidas precautorias*, que considere pertinentes. Después de la ejecución de dichas medidas, la parte afectada está obligada a la celebración de consultas entre gobiernos, tan pronto como sea posible[92]. Las medidas precautorias, también pueden aplicarse en el evento en que las partes no hubieran logrado un acuerdo tras la celebración de las consultas[93].

– En *la etapa ante el panel arbitral* se introducen otras cláusulas especiales que ordenan al Comité fijar una lista de 15 individuos como mínimo, capacitados para desempeñarse como *árbitros enológicos*. En otras palabras, estos árbitros deben tener experiencia y conocimientos en prácticas enológicas, ser independientes (ejercerán su función a título individual y no reciben instrucciones de las partes en la controversia, ni de ninguna organización), y están obligados a cumplir con el Código de Conducta[94]. Adicionalmente, el TLC Chile-UE regula una cláusula especial para la selección del panel, en tanto que una vez se presenta la solicitud del procedimiento arbitral enológico, en un plazo de tres días, el presidente del Comité debe nombrar mediante sorteo a los tres árbitros del panel (de la lista de 15 árbitros enólogos). Cada una de las partes contendientes tiene el derecho a proponer al Comité a un candidato y, el presidente se determina entre los expertos identificados en la lista para este cargo[95]. Otro aspecto significativo del arbitraje en las prácticas y los procesos enológicos se presenta en los términos de referencia o mandato encomendado al panel, cuyo propósito es comprobar la adecuación entre la nueva práctica enológica (señalada en la solicitud que convoca al panel) y las *normas de calidad* para la producción de vino (fijadas en el art. 19 del Anexo V). Estas normas son básicamente las siguientes: la protección de la

---

92 Artículo 32.3 del Anexo V del Acuerdo sobre el comercio de vino, que desarrolla el artículo 90 del TLC Chile-UE.

93 Artículo 32.4 del Anexo V del Acuerdo sobre el comercio de vino.

94 Un tercio de estos árbitros no podrán ser nacionales de ninguna de las partes y serán identificados como presidentes de los grupos arbitrales, además, la lista podrá modificarse cada tres años (art. 23.2 del Anexo V del Acuerdo sobre el comercio de vino).

95 Artículo 23.3 del Anexo V del Acuerdo sobre el comercio de vino.

salud humana, la protección del consumidor contra prácticas fraudulentas y el respeto de las buenas prácticas enológicas[96].

– En la *etapa de cumplimiento del informe* el TLC Chile-UE ordena que el laudo del panel sea notificado a las partes contendientes a más tardar tres meses desde la fecha de la solicitud de convocatoria del panel[97].

Vistos estos dos ejemplos sobre las cláusulas especiales, se puede concluir que la tipología del procedimiento de solución de controversias en el *modelo TLC* europeo constituye un "traje a la medida", diseñado a partir de las diferentes influencias del mecanismo multilateral de la OMC[98], del Derecho internacional general, de las estructuras jurídicas y políticas de la Unión Europea o Derecho comunitario, de la experiencia acumulada por los países latinoamericanos con el *modelo TLC* estadounidense y de las finalidades determinadas en cada uno de los tratados de integración económica. Cada uno de estas cuestiones, como se verá en los siguientes apartados, determinan las diferentes etapas y actuaciones procesales del *modelo TLC* europeo.

B. PROCEDIMIENTO UNIFICADO DE SOLUCIÓN DE CONTROVERSIAS SOBRE APLICACIÓN E INTERPRETACIÓN DE LOS TLC EUROPEOS

La solución de controversias en el *modelo TLC* europeo incorpora algunas actuaciones procesales inspiradas en el Derecho comunitario en esta materia, particularmente, en la naturaleza jurisdiccional del *Tribunal de Justicia de la Unión Europea*[99] que juzga, entre otras cosas, cualquier conflicto jurídico entre Estados

---

96 El artículo 19 del Anexo V del TLC Chile-UE entiende por buenas prácticas enológicas los "procesos, tratamientos, y técnicas de vinificación autorizadas por las leyes y los reglamentos de cada Parte [que] no impliquen un cambio inaceptable en la composición del producto tratado y aseguren la preservación de las características naturales y esenciales del vino, mejorando al mismo tiempo su calidad".

97 Artículo 23.5 del Anexo V del Acuerdo sobre el comercio de vino.

98 Especialmente en los sectores económicos que tienen una cierta tradición en el régimen multilateral del comercio, en cuanto a las materias típicamente reguladas por los instrumentos del antiguo GATT de 1947 y de la OMC, donde los Estados ya están más habituados al mecanismo de los paneles, que coinciden con el ámbito de aplicación del procedimiento para la solución de controversias del *modelo TLC* europeo.

99 Desde el origen del "Estado de Derecho" se hallan la tradición la *tradición continental* de control de la Administración por los Tribunales, cuyo ejemplo más notable es la evolución del *Conseil d'État* francés, tradición que se evidencia en los antecedentes de los mismos tratados de la actual Unión Europea. Cfr. ALEXANDER MACKENSIE STUART. "The European Communities and the rule of Law", en *The Hamlyn Lectures*, 29th Series, London, Stevens & Sons, 1977, p. 8. El Tribunal de Justicia de la Unión Europea, en su condición de Institución jurisdiccional de la Comunidad, constituye el eje de este dispositivo de protección. A los jueces les incumbe la tarea de evitar que cada uno interprete y aplique este Derecho a su propia manera, de garantizar que la ley común mantenga su carácter y su

miembros en el ámbito comunitario e interpreta cualquier precepto del Derecho comunitario[100]. Esta influencia configura sin duda un procedimiento "hecho a la medida", que lo diferencia respecto al *modelo TLC* estadounidense. El establecimiento de un control jurisdiccional de los tratados y de la normativa de aplicación del Derecho comunitario es una de sus características fundamentales, de ahí que el párrafo 1 del artículo 19 del Tratado de la Unión Europea prevé que "[e]l Tribunal de Justicia de la Unión Europea [...] [g]arantizará el respeto del Derecho en la interpretación y aplicación de los Tratados"[101]. Junto a estos fundamentos del Derecho comunitario, el Derecho internacional general y el régimen jurídico de la OMC también ayudan a idear el *modelo TLC* europeo de solución de controversias, el cual contiene avances importantes en relación con el *modelo TLC* estadounidense y otros convenios suscritos anteriormente por la Unión Europea, como los TLC Euro-mediterráneos y el Acuerdo de Comercio, Desarrollo y Cooperación entre la Unión Europea y Sudáfrica, celebrado en 2004[102].

---

naturaleza comunitarios, y de asegurar que siga siendo la misma para todos y en todas las circunstancias. Cfr. JEAN-CLAUDE PIRIS. *The Lisbon Treaty. A legal and Political Análisis*, cit., nota 909, pp. 230 a 234; DOMINIK LASOK y JOHN WILLIAM BRIDGE. *Law of Institutions in the European Communities*, 5.ª ed., London, Butterworths, 1991; KOEN LENAERTS. "Some reflections on the separation of powers in the European Community", *Common Market Law Review* n.º 31, 1991; ARACELI MANGAS MARTÍN. *Instituciones y derecho de la Unión Europea*, cit., nota 120.

100 Dicho monopolio excluye expresamente el uso de otras vías para solucionar controversias entre Estados miembros, entre las instituciones comunitarias, entre las instituciones y los Estados y en los demás supuestos de conflicto. Bajo este contexto, la integración de los miembros de la Unión no ha sido solo una construcción jurídica, sino que persigue sus objetivos utilizando exclusivamente un nuevo Derecho, llamado *Derecho comunitario*, que se caracteriza por ser un Derecho autónomo, uniforme para todos los países miembros, distinto del Derecho nacional, a la vez que superior a este, y cuyas disposiciones son en gran parte directamente aplicables en todos los Estados miembros. Cfr. PAOLO MENGOZZI. "La Rule of Law e il Diritto Comunitario di Formazione Guirisprudenciale", *Rivista di Diritto Europeo*, n.º 3, 1992, p. 514; ARACELI MANGAS MARTÍN. "Reflexiones sobre el sistema de actos legislativos y no legislativos en el *non nato* Tratado constitucional", en *Derecho internacional y comunitario ante los retos de nuestro tiempo*, homenaje a la profesora Victoria Abellán Honrubia, vol. 2, Madrid, Marcial Pons, 2009.

101 Versión consolidada del Tratado de la Unión Europea, en el *Diario Oficial de la Unión Europea*, publicado el 9 de mayo de 2008. Ahora bien, con el objetivo de materializar esta garantía, el Derecho comunitario determina tres tipos de controles jurisdiccionales: a. Control sobre el *cumplimiento* o no por parte de un Estado, promovido por la Comisión o por algún Estado Miembro; b. Control sobre la *legalidad comunitaria*, que tiene por objeto revisar la conformidad de los actos normativos generales nacionales con los Tratados constitutivos, y c. Control o *competencia prejudicial*, para interpretar el Derecho comunitario y apreciar la validez de los actos de las instituciones comunitarias. Cfr. KURT REICHENBERG. "El Tribunal de Justicia de las Comunidades Europeas", en JULIO LACARTE-MURÓ y JAIME GRANADOS (eds.). *Solución de Controversias Comerciales Inter-gubernamentales...*, cit., nota 207, pp. 207 y ss.

102 Para profundizar en el estudio de los tlc celebrados por la Unión Europea, cfr. BICHARA KHADER. *Europa y el Mediterráneo: del paternalismo a la asociación*, Barcelona, Icaria, 1995.

Uno de los elementos teleológicos fundamentales del procedimiento unificado sobre aplicación e interpretación del *modelo TLC* europeo es el *principio del respeto al debido proceso*, que exige a los Estados signatarios someter todas sus actuaciones a un conjunto preestablecido de reglas procesales para llegar a una solución que ponga fin al asunto que puede afectar el funcionamiento de estos acuerdos. No obstante la presencia de los anteriores rasgos *adjudicativos* o *jurisdiccionales*, el mecanismo europeo también se nutre de elementos *diplomáticos* o *políticos*, que descubren la estructura flexible e "híbrida" de este modelo de solución de controversias. Aspectos inspirados en la experiencia del sistema de solución de diferencias del GATT de 1947 (que se basa en un mecanismo de conciliación internacional)[103] y en especial del actual Entendimiento de Solución de Diferencias –ESD– de la OMC, que gracias a la capacidad de tornar exigibles los compromisos asumidos en su ámbito han dado lugar a un régimen jurídico "con dientes", o en otras palabras, el Derecho de la OMC es garantizado por un mecanismo *causi-judicial* suficientemente eficaz como para lograr el cumplimiento de las obligaciones asumidas por los Miembros[104].

Otro aspecto a destacar del *modelo TLC* europeo es que gran parte de la redacción del texto de sus TLC que prevé el procedimiento unificado sobre aplicación e interpretación de estos acuerdos tiene un carácter "general", lo que, según ZABLUDOVSKY y GÓMEZ, indica las posiciones *encontradas* de las partes signatarias, por un lado México y Chile, y más recientemente los países andinos, que se inclinan hacia el establecimiento de mecanismos similares o iguales a los regulados por los Capítulos XIX y XX del TLCAN, XX del TLC Chile-EEUU, o XXI del TLC Colombia-EEUU y TLC Perú-EEUU, y por otro, la posición de la Unión Europea que trataba de apoyarse en el régimen jurídico de la OMC y su propia experiencia en estos temas[105].

Teniendo en cuenta las anteriores observaciones, el procedimiento unificado sobre interpretación y aplicación de los TLC europeos se encuentra regulado por un conjunto normativo integrado por los Acuerdos de Asociación Económica (Acuerdo Global México-UE art. 50, TLC Chile-UE arts. 181 a 188, TLC Andino-UE arts. 298 a 313), las Decisiones del Consejo Conjunto México-UE[106],

---

103 Particularmente, los artículos XXII y XIII del GATT.

104 Un ejemplo de la estrecha interrelación entre el *modelo TLC* europeo y el Derecho de la OMC es la incorporación de la cláusula de *selección de foros*, que posibilita a las partes acudir al sistema de solución de diferencias previsto en el ESD de la OMC, no obstante que se incorpore un procedimiento propio de solución de controversias en sus acuerdos.

105 JAIME SABLUDOSVSKY y SERGIO GÓMEZ LORA. *La ventana europea: retos de la negociación del tratado de libre comercio de México con la Unión Europea*, cit., nota 864.

106 Así, por ejemplo, la Decisión n.° 2 de marzo de 2000 del Consejo Conjunto México-UE, regula: a. La liberalización del comercio de bienes; b. La apertura de los mercados de compras gubernamentales

del Consejo de Asociación Chile-UE y del Comité de Comercio Andino-UE, mediante las cuales se regulan el procedimiento de solución de controversias comerciales sobre bienes y servicios, o cuestiones relacionadas con el comercio, y los Anexos que establecen las Reglas Modelo de procedimiento y los Apéndices que determinan el Código de Conducta de los panelistas. Estas son las normas básicas que determinan la norma aplicable del *modelo TLC* europeo, es decir, son el régimen jurídico con el cual se debe administrar justicia en el procedimiento unificado sobre interpretación y aplicación del acuerdo. Hechas estas breves concreciones, y con el propósito de profundizar en el examen del *modelo TLC* europeo, a renglón seguido se examina la estructura de este procedimiento que, como en el *modelo TLC* estadounidense y el sistema de solución de diferencias de la OMC, se ha dividido en tres etapas: consultas o negociaciones diplomáticas, consultas ante el panel o contenciosa y de cumplimiento del informe o ejecución de las recomendaciones

1. ETAPA DE CONSULTAS O NEGOCIACIONES DIPLOMÁTICAS

El procedimiento unificado sobre aplicación e interpretación de los TLC europeos se inicia con la solicitud de consultas entre Estados; en esta primera instancia del *modelo TLC* europeo se trata de resolver la diferencia mediante mecanismos diplomáticos de cooperación, intercambio de información y negociaciones. De no lograse una solución, el procedimiento regula una segunda instancia, que tiene una serie de actuaciones procesales adjudicativas, en donde un tercero (panel arbitral) resuelva la controversia mediante una decisión *vinculante* para las partes contendientes[107].

Ahora bien, esta primera instancia de prevención de la controversia establece una obligación de "comportamiento" para las partes, que consiste en procurar llegar de

---

de las dos partes; c. La cooperación en el campo de la competencia; d. El mecanismo de consulta en materia de asuntos relacionados con la propiedad intelectual, y e. El mecanismo de solución de controversias. La Decisión n.º 2 de marzo de 2001 del Consejo Conjunto México-UE, estableció una zona de libre comercio en el sector de servicios y dispuso: a. La liberalización del comercio en el sector de servicios; b. La liberalización de las inversiones y los pagos conexos; c. La protección de los derechos de propiedad intelectual, y d. Un mecanismo de solución de controversias.

107 En la práctica las consultas representan una *fase de regateo* entre los Estados, donde se amenaza con acudir a la *fase contenciosa*. Para los profesores REISMAN y WEIDMAN, las consultas despliegan toda su capacidad al existir un procedimiento de solución de diferencias, como el de la OMC, ante el que las partes consultantes puedan reclamar en caso de que no tengan éxito. Cfr. MICHAEL REISMAN y MARK WEIDMAN. "Contextual imperative of Dispute Resolution Mechanisms. Some Hypothesis and Application in the Uruguay Round and NAFTA", *Journal of World Trade*, vol. 29, n.º 3, junio de 2005, pp. 5 a 38.

buena fe a una solución mutuamente satisfactoria del asunto que genera las consultas. Se trata, por consiguiente, de una etapa *autocompositiva de la controversia*[108], que en el evento de lograr un acuerdo suspende temporal o definitivamente la facultad de las partes consultantes de solicitar cualquier otra actuación procesal o instancia prevista en el procedimiento unificado sobre aplicación e interpretación del TLC, en concreto, imposibilita convocar al panel arbitral[109]. Así, la regla general es que las consultas constituyen un requisito procesal *previo* al establecimiento del panel[110], a menos que las partes convengan en renunciar a las ventajas que podría reportar la continuación de las consultas o que el tratado así lo prescriba[111]. Es por esto que la ausencia de consultas no es un *vicio* que, por su propia naturaleza, despoje al panel de su autoridad para examinar y resolver un asunto.

Consecuente con lo anterior, el *modelo TLC* europeo, en el párrafo 1 de cada uno de los siguientes artículos: 42 de la Decisión 2/2000; 38 de la Decisión 2/2001 del Consejo Conjunto México-UE; 183 del TLC Chile-UE y 301 del TLC Andino-UE, se señala que las Partes procurarán en todo momento llegar a un consenso sobre la interpretación y aplicación del acuerdo, y en general el Derecho aplicable, mediante la cooperación y las consultas de buena fe, y se esforzarán por evitar y resolver las controversias, y lograr una solución mutuamente satisfactoria[112].

---

108 Ciertamente, según la jurisprudencia de la OMC "las consultas son un asunto reservado a las partes. El OSD no está involucrado en ellas y tampoco lo está ningún grupo especial; las consultas se celebran sin la participación de la Secretaría [...] Si bien se ha de preferir una solución mutuamente convenida, en algunos casos no resulta posible que las partes la alcancen. En esos casos, consideramos que la función de un grupo especial solo consiste en determinar que las consultas, si fueran necesarias, se habrían realmente celebrado". Cfr. Informe del Grupo Especial, en el asunto *Comunidades Europeas-Régimen para la importación, venta y distribución de bananos "Banano III"* (WT/DS27/R/ECU), adoptado el 22 de mayo de 1997, párrafos 7.18 y 7.19.

109 La práctica del GATT de 1947, así como del párrafo 7 del artículo 4.° y del párrafo 2 del artículo 6.° del ESD, determinan que solo se puede establecer un grupo especial *después* de haberse celebrado consultas y de que las consultas no hayan permitido solucionar la diferencia.

110 El mecanismo de consultas es requisito previo de las actuaciones de los grupos especiales, a menos que, como lo disponen los artículos 43.1 de la Decisión n.° 2/2000 y 39.1 de la Decisión n.° 2/2001 del Consejo Conjunto México-UE; 184.2 del TLC Chile-UE y 302.1 del TLC Andino-UE. Asimismo, cfr. artículo 4.3 del ESD de la OMC.

111 Por ejemplo, el artículo 301.4 del TLC Andino-UE establece que "Las partes en la controversia podrán acordar no iniciar consultas de conformidad con este artículo, y recurrir directamente al procedimiento del grupo arbitral, de conformidad con el artículo 302. Tal decisión será notificada por escrito al Comité de Comercio en un plazo no mayor a cinco días antes de la solicitud de establecimiento de un grupo arbitral".

112 Estas disposiciones jurídicas del *modelo TLC* europeo reproducen el artículo 3.7 del ESD de la OMC, que determina: "[e]l objetivo del mecanismo de solución de diferencias es hallar una solución positiva a las diferencias. Se debe dar *siempre preferencia a una solución mutuamente aceptable para las partes en la diferencia* y que esté en conformidad con los acuerdos abarcados".

Ahora bien, esta etapa de negociaciones diplomáticas del *modelo TLC* europeo no solo cumple la función de evitar (al constatar su existencia y explorar las posibilidades iniciales de solución) o resolver una controversia[113], con las ventajas procesales de ser flexible, sumaria, reservada[114], sino que también es el momento procesal ideal para utilizar otros métodos o técnicas de resolución pacífica de conflictos, como son las negociaciones directas, los buenos oficios, la mediación, etc.[115]. En este sentido, la jurisprudencia de la OMC ha reconocido, tanto explícita como implícitamente, en reiteradas oportunidades la "utilidad" de actuar al amparo del mecanismo de las consultas[116]. Sin embargo, no hay que

113 Un estudio de BRUSCH y REINHARDT sugiere que tiene una mayor probabilidad la resolución de una diferencia en sus instancias iniciales, de ahí que las consultas sean una gran oportunidad para que la parte reclamante obtenga importante concesiones de la parte demandada, sin que sea necesario llevar la cuestión hasta una decisión definitiva. Cfr. MARC BRUSCH y ERIC REINHARDT. "Bargaining in the Shadow of the Law. Early Settlements in GATT/WTO Dispute", *Fordham International Law Journal* n.º 24, 2001, pp. 158 a 172.

114 La jurisprudencia de la OMC ha señalado que "[e]l único requisito que establece el ESD es que se celebren de hecho las consultas [...] Lo que ocurra en esas consultas no interesa a los grupos especiales". En consecuencia, examinar lo ocurrido en las consultas parecería contrario a lo que dispone el párrafo 6 del artículo 4.º del ESD: "Las consultas serán confidenciales y no prejuzgarán los derechos de ningún Miembro en otras posibles diligencias". Cfr. Informe del Grupo Especial, en el asunto *Corea-Impuestos a las bebidas alcohólicas* (W/DS75/R, WT/DS84/R), adoptado el 17 de septiembre de 1998, párrafo 10.19.

115 Las consultas son el método más utilizado para solucionar pacíficamente los litigios internacionales económicos o de cualquier naturaleza, en tanto que pueden asumir la forma de intercambios de información entre los gobiernos, o conversaciones u explicaciones verbales entre los representantes de los gobiernos litigantes (negociaciones diplomáticas), o puede participar un tercero como mediador o conciliador de la diferencias, entre otras. Esta posibilidad de recurrir a métodos alternativos de resolución de controversias se encuentra contemplada en el artículo 323 del TLC Andino-UE, y también en el *modelo TLC* estadounidense en los artículos 2007.5 del TLCAN; 22.5 (4) del TLC Chile-EEUU; 20.5 (4) del CAFTA-RD; 21.5 (4) del TLC Perú-EEUU; 21.5 (4) del TLC Colombia-EEUU y 20.5 (4) del TLC Panamá-EEUU.

116 Por ejemplo, cfr. Informe del Grupo Especial del GATT, en el asunto *Recurso del Uruguay al artículo XXIII* (IBDD 11S/100), adoptado el 16 de noviembre de 1962, párrafo 10; Informe del Grupo Especial del GATT, en el asunto *Estados Unidos-Imposición de derechos antidumping a las importaciones de salmón del Atlántico, fresco y refrigerado, procedentes de Noruega* (IBSD 41S/248), adoptado el 27 de abril de 1994, volumen I/229, párrafo 333; Informe del Grupo Especial, en el asunto *Brasil-Medidas que afectan al coco desecado* (WT/DS22/R), adoptado el 17 de octubre de 1996, párrafo 287; Informe del Grupo Especial, en el asunto *Comunidades Europeas-Régimen para la importación, venta y distribución de bananos...*, cit., párrafos 7.17 a 7.20; Informe del Grupo Especial, en el asunto *Corea-Impuestos a las bebidas alcohólicas* (W/DS75/R, WT/DS84/R), adoptado el 17 de septiembre de 1998, párrafo 10.19; Informe del Grupo Especial, en el asunto *Brasil-Programa de financiación de las exportaciones para aeronaves* (WT/DS46/R), adoptado el 14 de abril de 1999, párrafo 7.10; Informe del Grupo Especial, en el asunto *Estados Unidos-Medidas de salvaguardia respecto de las importaciones de carne de cordero fresca, refrigerada o congelada procedentes de Nueva Zelanda y Australia* (WT/DS177/R, WT/DS178/R), adoptado el 21 de diciembre de 2000, párrafo 5.40; Informe del Órgano de Apelación, en el asunto *Canadá- Medidas que afectan a la importación de leche y a las exportaciones de productos lácteos. Segundo recurso de Nueva Zelanda y los Estados Unidos al párrafo 5 del artículo 21 del ESD*

perder de vista que los resultados de las consultas dependen exclusivamente de la buena voluntad de los Estados y del equilibrio de fuerzas entre ellos.

Puestas así las cosas, las consultas, junto a la cooperación entre gobiernos, representan una vía diplomática directa, con los métodos más sencillos y primeros a utilizar, para eliminar las situaciones de tensión entre los Estados signatarios de estos acuerdos[117]. Suponen la búsqueda por las partes de la solución del litigio, o autocomposición del posible conflicto, después de estudiar los puntos divergentes en una o más reuniones. De ahí que este mecanismo diplomático cumpla las siguientes funciones:

– Prevenir el surgimiento de la controversia o función *disuasiva*;

– Facilitar el intercambio de información sobre el asunto que genera la controversia o función *comunicativa*, y

– Resolver la controversia o función de *equilibrio de poderes*.

A este respecto, la jurisprudencia del Órgano de Apelación de la OMC ha interpretado que:

> … mediante las consultas, las partes intercambian información, evalúan los puntos fuertes y débiles de sus respectivos argumentos, reducen el alcance de las diferencias existentes entre ellos y, en muchos casos, llegan a una solución mutuamente aceptable […]. Además, incluso cuando no se llegue a ninguna solución aceptada, las consultas dan a las partes la oportunidad de definir y delimitar el alcance de la diferencia existente entre ellas[118].

De igual manera, el profesor Díez de Velasco sostiene que:

> … el concepto de "consultas" es de suyo mucho más amplio que el de negociaciones, pues incluye actividades que no suponen una transacción ni siquiera la existencia de una diferencia, tales como peticiones de información, contactos informales o la expresión de puntos de vista[119].

(WT/DS103/AB/R, WT/DS113/AB/R), adoptado el 20 de diciembre de 2002, párrafos 120 y ss., y, finalmente, Informe del Órgano de Apelación, en el asunto *México-Investigación antidumping sobre el jarabe de maíz con alta concentración de fructosa (JMAF) procedente de Estados Unido-Párrafo 5 del artículo* <(WT/DS132/AB/RW), adoptado el 22 de octubre de 2001, párrafo 54 y ss.

117 El profesor Bou Franch explica las "consultas" en términos de una negociación diplomática directa entre los Estados partes en la diferencia. Cfr. Valentín Bou Franch. "El mecanismo de solución de diferencias en la Organización Mundial del Comercio", en íd. (coord.). *Nuevas controversias internacionales y nuevos mecanismos de solución*, Valencia, Tirant lo Blanch, 2005, pp. 281 y ss.

118 Informe del Órgano de Apelación del asunto *México-Investigación antidumping sobre el jarabe de maíz con la concentración de fructosa procedente de los Estados Unidos*, *Recurso de los Estados Unidos al artículo 21.5 del Entendimiento de Solución de Diferencias* (WT/DS132/AB/RW), adoptado el 21 de octubre de 2001, párrafo 54.

119 Manuel Díez de Velasco Vallejo. *Instituciones de Derecho Internacional Público*, cit., nota 3, p. 1002.

También vale la pena destacar que el *modelo TLC* europeo diseña un mecanismo de consultas "elástico", que se adapta a las necesidades de las partes en el caso concreto. Es por esto que, según el párrafo 5 del artículo 301 del TLC Andino-UE, las consultas podrán realizarse previo acuerdo de las partes en la controversia por cualquier medio tecnológico disponible, sin un procedimiento con actuaciones y términos predeterminados. El carácter "elástico" de las consultas no se limita a las cuestiones formales, y además tiene efectos sustanciales como consecuencia de sus funciones de *prevención*, *facilitación* y *resolución* de la controversia. De ahí que resulte lógico que los TLC celebrados entre la Unión Europea y algunos países latinoamericanos dispongan que cada Parte podrá solicitar la celebración de consultas ante el órgano central (Consejo de Asociación, Comité de Asociación o Comité de Comercio) respecto de cualquier *medida existente* o *en proyecto*, o cualquier otro asunto que considere que puede afectar el funcionamiento del TLC[120], esto es, cuando un Estado signatario juzgue que los beneficios o ventajas comerciales resultantes para él se hallan menoscabadas como consecuencia de las medidas o prácticas adoptadas por otro Estado.

Al utilizar las palabras "cualquier medida", el *modelo TLC* europeo se centra en la *percepción* o *interpretación* del Estado perjudicado. De ahí que las consultas en el procedimiento unificado sobre aplicación e interpretación del TLC solamente exigen para su celebración que se afecte o se pueda afectar el funcionamiento de este acuerdo. El término "afectar" se refiere esencialmente a la forma en que las medidas, las prácticas o cualquier asunto sometido a este mecanismo se relacionan con el acuerdo, cuyos efectos deberán tener repercusiones actuales en el funcionamiento del TLC; obviamente, se descarta cualquier elemento retroactivo. Empero, esto no excluye la posibilidad de que un Estado solicite la celebración de consultas cuando considere que tiene razones para creer que una medida sigue menoscabando sus ventajas o beneficios comerciales, aunque su base legislativa haya expirado o sean *medidas derogadas* con un "efecto ultractivo"[121].

En tal contexto, las medidas o prácticas que pueden ser objeto de consultas deben cumplir por lo menos con dos requisitos: el primero, como ha señalado la jurisprudencia de la OMC[122], es que debe existir un vínculo o "relación causal"

120 Artículos 42.2 de la Decisión n.º 2/2000 y 38.2 de la Decisión n.º 2/2001 del Consejo Conjunto México-UE; 183.2 del TLC Chile-UE y 301.7 del TLC Andino-UE.

121 Para profundizar en la aplicación de la norma en el tiempo, cfr. BEATRIZ VERDERA IZQUIERDO. *La Irretroactividad. Problemática general*, vol. 1, Dykinson, 2010.

122 Así, por ejemplo, Informe del Órgano de Apelación, en el asunto *Estados Unidos-Medidas Antidumping sobre determinados productos de acero laminado en caliente procedentes del Japón* (WT/DS184/AB/R), adoptado el 23 de agosto de 2001, párrafo 81.

entre el Estado demandado y la medida o práctica, de tal modo que esta, ya sea un acto o una omisión, pueda *atribuirse* a ese Estado, y el segundo, que la medida o práctica objeto de consultas debe ser la *fuente* del supuesto menoscabo o anulación de beneficios comerciales, siendo este, a su vez, el *efecto* resultante de la existencia o aplicación de dicha medida o práctica[123].

El ámbito de aplicación de las consultas en el *modelo* TLC europeo tiene las mismas dimensiones del *modelo* TLC estadounidense que, como ya se mencionó en el Capítulo anterior, tienen un mayor alcance y son más flexibles o "elásticas" respecto de las consultas reguladas por el sistema de solución de diferencias previsto en el ESD de la OMC. Ciertamente, debido a la importancia que tiene la *autocomposición* en el *modelo* TLC europeo y estadounidense se confiere a las partes consultantes la posibilidad de realizar negociaciones e intercambiar información y opiniones sobre medidas *vigentes*, en *proyecto* o *derogadas* que afecten o puedan llegar a afectar el funcionamiento adecuado del TLC.

Ahora bien, antes de iniciar el análisis del procedimiento de consultas vale la pena señalar que el *modelo* TLC europeo unifica e institucionaliza los dos tipos de consultas (entre gobiernos y ante la Comisión) del *modelo* TLC estadounidense en *una* sola, que se debe realizar en el seno del órgano central (Consejo de Asociación, Comité de Asociación o Comité de Comercio). Así las cosas, en el procedimiento unificado las consultas se celebran en el marco del órgano central, que actúa como un intermediario u "órgano de conciliación" de las partes en conflicto, y cuyas funciones y competencias se encuentran limitadas por las propias partes y por las disposiciones de los TLC. Esta "conciliación" del órgano central tiene gran importancia para el procedimiento, puesto que además de cumplir sus objetivos de *prevención*, *facilitación* y *resolución* de la controversia, en algunos casos puede llenar una laguna jurídica del acuerdo e incluso modificar una regla existente; así se deduce del literal e, párrafo 2 del artículo 13 del TLC Andino-UE, que establece como una de las funciones del Comité de Comercio "adoptar las interpretaciones de las disposiciones de este Acuerdo. Dichas interpretaciones serán tomadas en consideración por los grupos arbitrales establecidos bajo el Título XII (Solución de controversias)". Esta es una de las consecuencias de que el órgano central del *modelo* TLC europeo esté integrado por las más altas autoridades de las partes, quienes tratan de examinar y resolver el futuro conflicto en la esfera de la cooperación política.

---

123 En este sentido, Informe del Órgano de Apelación, en el asunto *Estados Unidos-Medidas que afectan el suministro transfronterizo de servicios de juegos de azar y apuestas* (WT/DS285/AB/R, AB-2005-1), adoptado el 7 de abril 2005, párrafo 121.

La etapa de consultas también se rige por el *principio del respeto al debido proceso* que exige, antes de iniciar consultas, presentar un escrito de solicitud ante el órgano central y realizar la *notificación* o entrega a la parte consultada. Dicha solicitud debe cumplir con las siguientes obligaciones: identificar la *medida* u *otro asunto* de que se trate y señalar los *fundamentos jurídicos* de la reclamación[124]. Estos requisitos de presentación del escrito y la notificación, compartidos con el *modelo TLC* estadounidense, legitiman a cualquier Estado a iniciar las consultas y garantizan el *derecho de defensa*, dado que permite al Estado consultado conocer previamente las razones jurídicas y fácticas en que se basa el Estado que presenta la solicitud de consultas para activar dicho mecanismo de solución de controversias.

Para determinar el alcance de estas obligaciones o requisitos del escrito de solicitud, se debe tener en cuenta que si fracasan las consultas las partes tienen la posibilidad de solicitar mediante un escrito el establecimiento del panel arbitral. Aquí se presenta el primer cuestionamiento: ¿deben o no coincidir las medidas o el asunto que generan las consultas con el escrito de solicitud del panel? En principio resulta lógico que las medidas sean las *mismas* tanto en la primera instancia (las consultas) como en la segunda (ante el panel arbitral), toda vez que los escritos que solicitan estas dos actuaciones procesales determinan el objeto del conflicto. Sin embargo, el procedimiento unificado sobre aplicación e interpretación del *modelo TLC* europeo no exige una *coincidencia exacta* entre las medidas que fueron discutidas en las consultas celebradas y las medidas señaladas en la solicitud de establecimiento del panel, ya que es posible que en la primera etapa se esclarezcan situaciones fácticas y jurídicas del caso, y también es lógico que esa nueva información adquirida durante las consultas le permita al Estado reclamante ajustar el alcance del asunto o, concretamente, la controversia para la cual solicita el establecimiento del panel[125].

Ahora bien, respecto a la obligación o requisito de identificación formal del *fundamento jurídico* este tiene una interpretación más flexible que el alcance dado

---

124 Artículos 183.2 del TLC Chile-UE y 302.2 del TLC Andino-UE. Estas obligaciones de las partes para iniciar consultas no se regulan en el TLC México-UE.

125 En este sentido, la jurisprudencia del Órgano de Apelación de la OMC ha señalado que no considera que "los artículos 4 y 6 del ESD [...] exijan una *identidad precisa y exacta* entre las medidas específicas que fueron objeto de las consultas celebradas y las medidas específicas identificadas en la solicitud de establecimiento de un grupo especial". Cfr. Informe del Órgano de Apelación, en el asunto *Brasil-Programa de financiación de las exportaciones para aeronaves* (WT/DS46/AB/R), adoptado el 2 de agosto de 1999, párrafo 132; Informe del Órgano de Apelación, en el asunto *Estados Unidos-Medidas aplicadas a la importación de determinados productos procedentes de las Comunidades Europeas* (WT/DS165/AB/R), 11 de diciembre de 2000, párrafos 69-75.

a la *identificación de la medida*, puesto que no se exige una coincidencia entre las disposiciones sustantivas del acuerdo que las partes consideran vulneradas en el escrito de solicitud de consultas y las normas jurídicas que fundamentan el escrito de solicitud de establecimiento del panel arbitral[126]; por consiguiente, para ser examinadas en cualquier etapa del procedimiento solamente se necesita que las reclamaciones legales proporcionen un resumen breve y suficiente del sustento jurídico de la controversia. Este requisito no se puede interpretar, como ya ha sido interpretado por la jurisprudencia del *modelo* TLC estadounidense[127], una exigencia rigurosa de citar cada precepto jurídico.

La interpretación de estas obligaciones del escrito de solicitud de consultas representa un elemento significativo para el *modelo* TLC europeo, ya que definen el *objeto* de la futura diferencia y tutelan el *principio del respeto al debido proceso*. Precisamente por ello, una vez se presenta la solicitud de consultas el órgano central se reúne dentro de un plazo de treinta días con el propósito de resolver la controversia rápidamente mediante una decisión que procure poner fin a tal[128]. De esta forma, el órgano central del *modelo* TLC europeo participa de manera más activa en la resolución de la controversia que la Comisión en el *modelo* TLC estadounidense, pues su actividad no se limita a buscar una simple aproximación entre las partes consultantes, sino que también conduce directamente el mecanismo de consultas hasta lograr una solución o decidir el fracaso del mismo. En el evento que se llegue a una solución en la etapa de consultas, el órgano central emite una *decisión obligatoria* en la cual se especifican las medidas de ejecución necesarias o las recomendaciones que deben adoptar las partes consultantes para resolver el conflicto y el plazo para su cumplimiento.

Otra obligación común a todos los acuerdos que integran el *modelo* TLC europeo es que las partes consultantes tienen el compromiso de proporcionar la información necesaria que permita examinar de qué forma una medida o cualquier otra cuestión podrían afectar al funcionamiento y la aplicación del acuerdo. Aquí es importante destacar que las partes consultantes deben garantizar la *confidencialidad*, o sea, se exige tratar de manera reservada la información que se intercambie durante las consultas.

---

126 Esta interpretación también se encuentra en el jurisprudencia de la OMC, así por ejemplo, cfr. Informe Grupo Especial, en el asunto *Brasil-Programa de financiación de las exportaciones para aeronaves...*, cit.

127 Esta posición tiene como propósito evitar que la actuación del panel se invalide o limite cuando se presente una conclusión errónea respecto alguno de los fundamentos jurídicos. Cfr. Informe final del Panel del TLCAN, en el asunto *Estados Unidos-Medidas de salvaguarda impuestas a las escobas de mijo mexicanas* (USA-97-2008-01), adoptado el 30 de enero de 1998, párrafo del 46 al 56.

128 Artículos 42.3 de la Decisión n.º 2/2000 y 38.3 de la Decisión n.º 2/2001 del Consejo Conjunto México-UE, y 183.3 del TLC Chile-UE.

Es preciso señalar que el artículo 301 del TLC Andino-UE contiene algunas diferencias respecto a los TLC europeos previos, pues regula de manera más detallada las diferentes actuaciones procesales que se deben realizar en la etapa de consultas. Así, por ejemplo, establece un término (dentro de los diez días siguientes a la notificación) para la contestación de la solicitud de consultas por parte del Estado consultado, con copia al Comité de Comercio[129]. Además, las Estados pueden acordar no iniciar consultas y recurrir directamente al procedimiento del grupo arbitral, decisión que debe ser notificada por escrito al Comité de Comercio en un plazo no mayor a cinco días antes de la solicitud de establecimiento de un grupo arbitral. Otro aspecto a subrayar es que en las consultas del TLC Andino-UE cada Estado debe asegurar la participación del personal de sus autoridades gubernamentales competentes que tenga conocimiento relevante del asunto objeto de las mismas. Finalmente, salvo que los Estados en consultas acuerden algo distinto, al igual que en el TLC México-UE y el TLC Chile-UE, esta primera instancia se realiza y se considera concluida dentro de un plazo de treinta días desde la fecha de recepción de la solicitud, y tiene como cede el territorio del Estado consultado. Ahora bien, es necesario aclarar que no existe ninguna norma en el TLC Andino-UE en la cual se establezca que el órgano central resuelve las consultas mediante una decisión, como ocurre en el TLC México-UE y el TLC Chile-UE.

Una última cuestión procesal es que las actuaciones que se surten en la etapa de consultas del *modelo TLC* europeo no prejuzgan los derechos de ninguno de las Estados en la controversia, debido a su naturaleza *autocompositiva* y no contenciosa[130]. Dicho de otra manera, las posiciones mantenidas por los Estados durante esta primera instancia no tienen efectos jurídicos, en particular cuando estas fracasan, y no pueden ser utilizadas para resolver o fundamentar jurídicamente ninguna pretensión alegada ante el panel arbitral[131].

---

129 En los casos de urgencia el plazo para la contestación será de cinco días. Cfr. Artículo 301.3 del TLC Andino-UE.

130 En este punto, la jurisprudencia de la OMC ha sido clara al señalar que "[e]l único requisito que establece el ESD es que se celebren de hecho las consultas [...] Lo que ocurra en esas consultas no interesa a los grupos especiales". Cfr. Informe del Grupo Especial, en el asunto *Corea-Impuestos a las bebidas alcohólicas* (W/DS75/R, WT/DS84/R), adoptado el 17 de septiembre de 1998, párrafo 10.19. En consecuencia, bajo el Derecho de la OMC, examinar lo ocurrido en las consultas parecería contrario a lo que dispone el párrafo 6 del artículo 4.º del ESD: "Las consultas serán confidenciales y no prejuzgarán los derechos de ningún Miembro en otras posibles diligencias".

131 Estas características de las consultas son compartidas por el régimen jurídico de la OMC. Cfr. Informe del Grupo Especial, en el asunto *Estados Unidos-Restricciones aplicadas a las importaciones de ropa interior de algodón y fibras sintéticas o artificiales* (WT/DS24/R), adoptado el 8 de noviembre de 1996, párrafo 7.27.

Un aspecto que se aparta de ámbito estrictamente procesal pero que es importante mencionar, es que las consultas cumplen una función relevante frente a los efectos negativos de las relaciones asimétricas de los TLC, en especial las desigualdades en la capacidad de negociación. En efecto, el mecanismo diplomático tiene una función de *equilibrio de poderes* en las relaciones entre la Unión Europea y algunos países latinoamericanos, al tratar de evitar que las asimetrías de poder se materialicen en soluciones basadas en razonamientos exclusivamente políticos. Las consultas, al desarrollarse en el marco del procedimiento unificado sobre aplicación e interpretación del acuerdo, confieren a los Estados con menor poder de negociación la posibilidad de resolver sus diferencias conforme a consideraciones jurídicas[132], aportando seguridad y previsibilidad al modelo de integración económica.

Hechas las anteriores observaciones es posible concluir que, pese a las similitudes existentes en la etapa de consultas entre el modelo estadounidense y europeo, como la primera oportunidad de llegar a una solución "amistosa" de la controversia, el *modelo TLC* europeo contiene dos diferencias importantes respecto al *modelo TLC* estadounidense: por un lado, la ausencia de un precepto que regule expresamente *las consultas entre gobiernos*, y por otro, el reforzamiento de la participación del órgano central, que representa a un verdadero "órgano de conciliación"[133], cuya función es ayudar mediante sus recomendaciones o asistir a los Estados en su intento de encontrar de mutuo acuerdo un solución del conflicto semejante al procedimiento previsto en el ESD de la OMC[134].

2. ETAPA ANTE EL PANEL ARBITRAL O CONTENCIOSA

Cada una de las actuaciones procesales que realizan las partes, ahora llamadas partes "contendientes" o "en la controversia", durante la segunda instancia o etapa

---

132 Las consultas, en palabras del profesor ZAPATERO, despliegan toda su potencialidad antes de solicitar la constitución del panel, ya que cuando "[...] operan bajo la sombra de un mecanismo como el SSD, aquella parte con menor 'poder de regateo' se encuentra en mejor posición para negociar y resolver el asunto conforme a consideraciones legales". Cfr. PABLO ZAPATERO. *Derecho del Comercio Global...*, cit., nota 69, p. 44. En el mismo sentido, JOHN JACKSON. "The World Trade Organization...", cit., nota 208, p. 298; ERNST-ULRICH PETERSMANN. "From the Hobbesian International Law of Coexistence to Modern Integration Law: The WTO Dispute Settlement System", *Journal of International Economic Law*, vol. 1, 1998, pp. 193 y 194.

133 MANUEL DÍEZ DE VELASCO VALLEJO. *Instituciones de Derecho Internacional Público*, cit., nota 3, pp. 924 y 925; ANTONIO REMIRO BROTÓNS *et al. Derecho Internacional Público...*, cit., nota 7, p. 839; JEAN-PIERRE COT. *La Conciliacion Internationale*, Paris, Éditions A. Pedone, 1968.

134 La etapa de consultas del *modelo TLC* europeo también se inspira en el procedimiento del Tribunal de Justicia de la Unión Europea que regula una *fase pre-contenciosa* en el artículo 259 del Tratado Funcionamiento de la Unión Europea.

ante el panel arbitral, son mucho más restrictivas o formales que en la anterior etapa[135], debido a su condición *contenciosa* que la aproxima a un mecanismo de tipo adjudicativo, restringido por la normativa de los acuerdos y una serie de reglas y garantías procedimentales cuyo objeto central es dotar al *modelo TLC* europeo de cierta previsibilidad y seguridad jurídica. Así, la actividad procesal a lo largo de esta etapa se crea por medio de manifestaciones de voluntad concretas, emitidas por los sujetos procesales (el panel, las partes y terceros) en el desarrollo del procedimiento de solución de controversias. Existen dos momentos básicos en el desarrollo de la actividad procesal de la etapa ante el panel arbitral: en primer lugar, *el momento preliminar*, donde se fijan los partes contendientes y se define el asunto o cuestión objeto del procedimiento, que comprende la determinación de la "pretensión procesal" mediante el escrito de solicitud de convocatoria del panel y su notificación a la contraparte[136], actuaciones que posibilitan al Estado demandado la defensa de sus derechos e intereses frente a la pretensión planteada, dentro de un término específico para su respuesta, y en segundo lugar, *el momento para las actuaciones sustanciales de esta etapa*, que abarca la "instrucción", las alegaciones o conclusiones de las partes contendientes y, finalmente, el laudo o informe final del panel.

Obviamente, el panel arbitral u órgano *ad hoc*[137] es el elemento central de esta etapa del procedimiento unificado sobre aplicación e interpretación del TLC, y, de la misma manera que en el *modelo TLC* estadounidense, la experiencia del sistema de solución de diferencias de la OMC ejerce una importante influencia. Para el profesor ZAPATERO, a partir del momento en que se inició la exitosa práctica de los paneles en el antiguo sistema GATT de 1947 "[...] los procedimientos serán objeto de una progresiva y paulatina formalización. Así es como se forma

---

135 Según UNZURRUNZAGA, "The difference between the consultations and the arbitral stage is that the latter can only be used for the matters that each Agreement specifically establishes, while the consultations can be held for any of the included matters". Cfr. MARÍA ESTER UNZURRUNZAGA VALLE. "Trade Disputes Settlement in the European Union Agreements with Mexico and Chile", Washington, Inter-American Development Bank (IADB), 2005. Disponible en [http://www.iadb.org/intal/aplicaciones/uploads/ponencias/Foro_ELSNIT_2005_02_Unzurrunzaga.pdf]. Para un mayor estudio sobre las diferencias entre estas dos etapas, cfr. GABRIELLE MARCEAU. "Consultations and the panel process in the WTO Dispute Settlement System", en *Key Issues in WTO Dispute Settlement System, the First Ten Years*, 2005.

136 Otra cuestión trascendental del escrito de solicitud del panel es la *determinación del foro competente*. Así, por ejemplo, el artículo 189.4 (d) del TLC Chile-UE señala que: "Toda cuestión sobre la jurisdicción de los grupos arbitrales establecidos en virtud del presente Título se planteará en un plazo de 10 días a partir de la constitución del grupo y se resolverá mediante una decisión preliminar del grupo en un plazo de 30 días a partir de la constitución del grupo".

137 El *modelo TLC* europeo, al igual que los TLC estadounidenses, incorpora en sus acuerdos diferentes denominaciones para referirse al "panel", entre ellas *grupo arbitral* (TLC Chile-UE y TLC Andino-UE) o *panel arbitral* (TLC México-UE).

este peculiar órgano causi-judicial, híbrido, casi en tierra de nadie"[138]. No es de extrañar, entonces, que el mecanismo del "panel", creado bajo el GATT de 1949[139] y reforzado en el actual sistema de solución de diferencias previsto en el ESD de la OMC, sea considerado por algunos autores, entre ellos PESCATORE, como "uno de los más notables y pragmáticos logros del Derecho internacional"[140], ya que su tarea es producir "modelos de solución razonada" útiles para resolver las espinosas controversias del comercio internacional[141], y muy particularmente para las nuevas controversias que surgen bajo los cada vez más numerosos TLC.

Para valorar esta actividad del panel en el procedimiento unificado sobre aplicación e interpretación del TLC se debe empezar por resolver uno de los interrogantes más discutidos del *modelo TLC* estadounidense: ¿constituye ese órgano *ad hoc* un verdadero tribunal arbitral? Aclarar tal cuestionamiento exige determinar el *grado de obligatoriedad* y de los *efectos jurídicos* que tienen las decisiones del panel en el *modelo TLC* europeo. En este orden de ideas, en los siguientes apartados se tratarán todas y cada una de las actuaciones procesales de la etapa ante el panel y, especialmente, el alcance jurídico de sus decisiones o informes, con el fin de establecer su naturaleza jurídica.

a. REQUISITOS PROCEDIMENTALES PARA CONVOCAR AL PANEL ARBITRAL

De la misma forma que en los TLC estadounidenses, el mecanismo ante el panel arbitral del *modelo TLC* europeo determina cuatro requisitos procedimentales para la convocatoria del mismo:

– AGOTAMIENTO DE LAS CONSULTAS

El primer requisito para convocar el panel arbitral exige que la cuestión, ya sea una medida, práctica o cualquier otro asunto, determinada en las consultas *no*

---

138 PABLO ZAPATERO. *Derecho del Comercio Global*, cit., nota 69, p. 98. En este mismo sentido, cfr. ROBERT HUDEC. *The GATT Legal System...*, cit., nota 239, pp. 70 a 81.

139 La profesora PLANK, describe esta experiencia de la formación del panel bajo el antiguo sistema GATT de 1947, como "[...] una invención, o casi una *conspiración*, ideada por la Secretaría para aflojar el control de las grandes potencias que dominaban los grupos de trabajo en aquella época, y para reforzar su propio papel en la orientación y la redacción de las decisiones o recomendaciones a presentar a la sesión plenaria". Cfr. ROSINE PLANK. "An Unofficial Description of How a GATT Panel Works and Does Not", *Journal of International Arbitration*, n.º 4, 1987, p. 55

140 PIERRE PESCATORE. "Drafting and Analyzing Decisions on Dispute Settlement...", cit., nota 21, p. 7.

141 PIERRE PESCATORE. "The GATT Dispute Settlement Mechanism. Its Present Situation and its Prospects", cit., nota 84, p. 35.

haya sido resuelta dentro de los términos establecidos en los acuerdos (dentro de los quince días siguientes a la reunión del órgano central, o en los cuarenta y cinco días siguientes a la entrega de la solicitud de consultas)[142]. Estos términos no operan, o están sujetos a ciertas excepciones, como cuando la parte consultada *no responde a la solicitud* de celebración de consultas o se niega a celebrarlas o en el evento de que las partes *convengan acortar el plazo* fijado para las consultas y renuncien a sus ventajas, o si las partes deciden mediante una declaración expresa *no celebrar consultas*, circunstancias en las cuales el Estado solicitante puede prescindir de este mecanismo diplomático y pedir que se convoque el panel arbitral[143].

– PROHIBICIÓN DE LAS MEDIDAS EN PROYECTO

El Estado reclamante deberá señalar en el escrito de solicitud de convocatoria del panel tan solo las *medidas vigentes* que considere infringen el TLC[144], o sea, las medidas o prácticas que hayan producido efectos jurídicos, que sean *efectivas* o *aplicadas*, lo cual excluye directamente todas aquellas que se encuentren "en proyecto" aunque sean medidas o prácticas que hayan sido discutidas durante las consultas. Por consiguiente, pese a que generalmente las medidas que fueron objeto de las consultas celebradas en la primera instancia son las mismas medidas señaladas en la solicitud de establecimiento del panel arbitral, el procedimiento unificado sobre aplicación e interpretación del *modelo TLC* europeo no exige una coincidencia exacta, ya que en la primera instancia de negociaciones diplomáticas se pueden esclarecer situaciones fácticas y jurídicas del caso, y esa nueva información adquirida le permite al Estado reclamante determinar nuevas mediadas o prácticas del asunto para el cual solicita el establecimiento del panel.

En este punto, resulta útil la jurisprudencia del GATT de 1947 y de la OMC que ha examinado en diferentes ocasiones la tipología de las medidas que ge-

---

142 Artículos 43.1 de la Decisión n.º 2/2000 y 39.1 de la Decisión n.º 2/2001 del Consejo Conjunto del TLC México-UE, y 184.2 del TLC Chile-UE.

143 Artículo 302.1 del TLC Andino-UE.

144 Artículos 43.2 de la Decisión n.º 2/2000 y 39.2 de la Decisión n.º 2/2001 del Consejo Conjunto del TLC México-UE que hacen referencia a medidas que considere "pertinentes"; articulos 184.3 del TLC Chile-UE que señala "medidas existentes", y 302.2 del TLC Andino-UE que establece la "medida específica en discusión". El Órgano de Apelación de la OMC ha interpretado que "[l]a petición de establecimiento del grupo especial, además de ser el documento presentado al OSD que permite a éste establecer un grupo especial, es generalmente el documento identificado en el mandato del grupo especial como documento que determina la 'cuestión' sometida al OSD [...] Por consiguiente la *cuestión* sometida al OSD consta de dos elementos: las *medidas* concretas en litigio y *los fundamentos de derecho de la reclamación* (o *alegaciones*)". Cfr. Informe del Órgano de Apelación, en el asunto *Guatemala-Investigación antidumping sobre el cemento Portland procedente de México "Cemento I"* (WT/DS60/AB/R), adoptado el 2 de noviembre de 1998, párrafo 72.

neran una diferencia y el alcance del concepto. Por ejemplo, se ha interpretado que "[e]n principio, todo acto u omisión atribuible a un Miembro de la OMC puede ser una medida de ese Miembro a efectos del procedimiento de solución de diferencias"[145]. En consecuencia, cualquier acto u omisión de gobiernos regionales o locales, o incluso las acciones de entidades privadas, serán atribuidas a su Estado miembro, en un procedimiento de solución de diferencias[146]. Asimismo, las medidas consisten no solo en actos concretos aplicados solamente a una situación específica, sino también actos que establecen reglas o normas destinadas a ser aplicadas de manera general y prospectiva[147]. La jurisprudencia, como se puede observar, establece un concepto amplio del término "medidas" con el propósito de tutelar no solo el comercio actual entre sus miembros, sino también la seguridad y previsibilidad necesarias para llevar a cabo el comercio futuro. Este objetivo de la OMC, según el Órgano de Apelación, en el asunto *Estados Unidos-Examen por extinción de los derechos antidumping sobre los productos planos de acero al carbón resistente a la corrosión procedente de Japón*, *párrafo 82*,

> [...] quedaría frustrado si los instrumentos que establecen reglas o normas incompatibles con las obligaciones de un Miembro no pudieran someterse a un grupo especial una vez que hayan sido adoptados y con independencia de cualquier caso concreto de aplicación de tales reglas o normas.

En otras palabras, no obstante que en la práctica del mecanismo se suelen tratar solamente *medidas aplicadas*, también podría ser objeto de examen cualquier legislación obligatoria de un Miembro, aunque no esté en vigor o no se aplique[148].

---

145 Informe del Órgano de Apelación, en el asunto *Estados Unidos-Examen por extinción relativo al acero resistente a la corrosión procedente de Japón* (WT/DS244/AB/R), adoptado el 15 de diciembre de 2003, párrafo 79.

146 Así, por ejemplo, las medidas pueden ser tanto las determinaciones específicas realizadas por los organismos ejecutivos de un Miembro como los reglamentos promulgados por su poder ejecutivo que pueden constituir actos atribuibles a ese Miembro. Cfr. Informe del Grupo Especial, en el asunto *Estados Unidos-Imposición de derechos antidumping a semiconductores para memorias dinámicas de acceso aleatorio "DRAM" procedente de Corea* (WT/DS99/R), 29 de enero de 1999.

147 Informe del Grupo Especial, en el asunto *Argentina-Medidas que afectan a las importaciones de calzado, textiles, prendas de vestir y otros artículos* (WT/DS56/R), adoptado el 25 noviembre de 1997; Informe del Grupo Especial, en el asunto *Canadá-Medidas que afectan a la exportación de aeronaves civiles* (WT/DS70/R), adoptado el 14 de abril 1999; Informe del Grupo Especial, en el asunto *Turquía-Restricciones a las importaciones de productos textiles y de prendas de vestir* (WT/DS34/R), adoptado el 31 de mayo de 1999; Informe del Grupo Especial, en el asunto *Estados Unidos-Empresas de Ventas en el Exterior* (WT/DS108/R), adoptado el 8 de octubre de 1999; Informe del Grupo Especial, en el asunto *Estados Unidos-Artículos 301 a 310 de la Ley de Comercio Exterior* (WT/DS152/R), adoptado el 22 de diciembre de 1999; entre otros.

148 Esta interpretación del tipo de medidas que pueden presentarse ante el panel se encuentra en un significativo número de decisiones desde el antiguo sistema GATT de 1947, por ejemplo, cfr. Informe

Finalmente, el *modelo TLC* europeo pone de relieve que una medida atribuible a un Estado puede ser sometida al procedimiento de solución de diferencias con la única condición de que el Estado reclamante haya considerado, de buena fe, que esta infringe una obligación incorporada en el acuerdo, sin establecer otro requisito que la *vigencia* de la medida. Dicho de otra forma, solamente se reconocen las reclamaciones por "violación" y las reclamaciones de "situación", cuando la parte reclamante juzgue que cualquier otra cuestión puede afectar el funcionamiento del acuerdo, sin mencionar las reclamaciones de "sin infracción" (en inglés, *non-violation complaints*) cuando un Estado aplica una medida que sin ser contraria a las obligaciones del TLC, anula o menoscaba alguna de las ventajas resultantes de estos acuerdos.

– CONCRECIÓN DE LAS ALEGACIONES

La etapa contenciosa obliga a que en el escrito de solicitud de convocatoria del panel arbitral se especifiquen las "alegaciones" de forma suficiente para que la parte contra la que se dirige la reclamación y los terceros (en el caso de los TLC de carácter plurilateral) puedan conocer los fundamentos jurídicos de la reclamación y además, como se analizará más adelante, estas alegaciones constituyen con gran frecuencia la base del *mandato* o de los *términos de referencia* del panel arbitral. En este sentido, vale la pena mencionar que la jurisprudencia de la OMC ha aclarado que: "[...] en caso de que no se especifique en la solicitud una alegación, los defectos de la solicitud no pueden ser 'subsanados' posteriormente"[149]. Estos fundamentos jurídicos no son otros que las normas sustantivas o el Derecho aplicable de cada TLC europeo que el Estado reclamante considere ha vulnerado la medida, la práctica o cualquier otra cuestión que genere la controversia. La jurisprudencia de la OMC, aclara que "[...] tanto 'alegaciones' como 'argumentos' son elementos distintos de las 'pruebas' que el reclamante presenta para apoyar sus afirmaciones fácticas y argumentos"[150].

---

de Grupo Especial del GATT, en el asunto *Estados Unidos-Impuestos sobre el petróleo y sobre determinadas substancias importadas* (BISD 34S/136), adoptado por el Consejo General del GATT el 17 junio de 1987 (Doc. GATT L/6175, de 5 de junio de 1987), párrafos 5.2.1 y 5.2.2; Informe del Grupo Especial del GATT, en el asunto *Comunidades Europeas-Reglamento Relativo a la Importación de Piezas y Componentes* (IBDD 37S/147), adoptado el 16 de mayo de 1990, párrafos 5.25 y 5.26; e Informe del Grupo Especial del GATT, en el asunto *Estados Unidos-Medidas que afectan a las bebidas alcohólicas y derivadas de la malta* (IBDD 39S/242), adoptado el 19 de junio de 1992, párrafo 5.39.

149 Informe del Órgano de Apelación, en el asunto *Comunidades Europeas-Régimen para la importación, venta y distribución de bananos "Banano III"* (WT/DS27/AB/R), adoptado el 9 de septiembre de 1997, párrafo 143.

150 Informe del Órgano de Apelación, en el asunto *Corea-Medida de salvaguardia definitiva impuesta a las importaciones de determinados productos lácteos* (WT/DS98/AB/R), adoptado el 14 de diciembre de 1999, párrafo 139.

Por otra parte, el procedimiento unificado sobre aplicación e interpretación previsto en el *modelo TLC* europeo exige que el Estado reclamante señale las disposiciones del acuerdo que considera "pertinentes", de ahí que no baste con identificar brevemente las alegaciones de la reclamación, sino que la exposición debe presentar el problema con claridad[151]. Así, en el artículo 302.2 del TLC Andino-UE se ordena:

> La Parte reclamante identificará en su solicitud la medida específica en discusión, y explicará cómo esa medida constituye una violación de las disposiciones de este Acuerdo de modo que sea suficiente para presentar los fundamentos de derecho de la reclamación con claridad.

Con este requisito procedimental se garantiza el *principio del respeto al debido proceso*, en tanto quien inicia la etapa contenciosa debe determinar el nexo causal entre la medida impugnada y las disposiciones del TLC, con el propósito de que, desde el escrito de solicitud del establecimiento del panel, se comunique al Estado demandado y a los terceros sobre el *objeto* de la controversia; concretamente, que se explique la pertinencia de los fundamentos jurídicos o en qué sentido la medida, la práctica o cualquier cuestión afecta el funcionamiento del acuerdo[152].

– PRESENTACIÓN DEL ESCRITO DE CONVOCATORIA Y NOTIFICACIÓN

El último requisito es la notificación u obligación de enviar a la contraparte el escrito de solicitud, una vez se haya presentado al órgano central (Consejo de Asociación, Comité de Asociación o Comité de Comercio), con la finalidad de asegurar el respeto del derecho de defensa y la igualdad de las partes en las diferentes actuaciones procesales ante el panel arbitral. A partir de la presentación del escrito de convocatoria se activa el órgano "judicial" o "contencioso" del

---

151 Informe del Órgano de Apelación, en el asunto *Corea-Productos Lácteos*, cit., párrafo 120; Informe del Órgano de Apelación, en el asunto *República Dominicana-Medidas que afectan a la importación y venta interna de cigarrillos* (WT/DS302/AB/R), adoptado el 25 de abril de 2005, párrafo 121.

152 Artículos 43.2 de la Decisión n.º 2/2000, 39.2 de la Decisión n.º 2/2001 del Consejo Conjunto del TLC México-UE, y 184.3 del TLC Chile-UE. En este punto es necesario hacer algunas consideraciones respecto la *norma aplicable* del procedimiento de solución de controversias en el *modelo TLC* europeo pues, además de sus acuerdos e instrumentos abarcados determina, como parte del Derecho aplicable, las Reglas Modelo de Procedimiento y el Código de Conducta. Adicionalmente, si una actuación procesal no es prevista en las Reglas Modelo o en el procedimiento unificado sobre aplicación e interpretación del acuerdo, el panel arbitral puede adoptar las normas que considere necesarias, y solo se exige que la disposición sea compatible con el TLC. En el caso del TLC Chile-UE, el artículo 182 señala que las partes también podrán acordar la norma aplicable entre ellos.

procedimiento unificado sobre aplicación e interpretación previsto en el *modelo TLC* europeo, ya que el panel arbitral nunca actúa de oficio sino siempre a petición de las partes. Por ello, la notificación es el acto que informa formalmente al demandado, a los terceros y a los demás órganos del TLC acerca de la medida u otro asunto que ocasiona la infracción del acuerdo, sobre las disposiciones jurídicas vulneradas y donde se identifica a las partes contendientes. La presentación del escrito de convocatoria define también la vía procesal por la cual se resuelve la controversia, dado que hasta ese momento las partes que celebraron consultas tienen la posibilidad de cambiar el foro, es decir, elegir el sistema de solución de diferencias previsto en el ESD de la OMC[153]. Otro efecto procesal importante de la presentación del escrito de convocatoria es la posibilidad de *acumular procesos arbitrales*, ya que como se dispone en el artículo 306 del TLC Andino-UE "cuando más de una Parte solicite el establecimiento de un grupo arbitral sobre la misma medida y sobre la base de los mismos fundamentos de derecho, siempre que sea posible, se establecerá un único grupo arbitral para examinar dichas solicitudes".

Una vez cumplidos los requisitos procedimentales mencionados, el Estado reclamante tiene "derecho" al establecimiento del panel, pero antes de ello, el *modelo TLC* europeo regula unos mecanismos específicos de selección de los miembros del panel que garantiza su objetividad e imparcialidad, tal como se analizará a continuación.

b. PROCESO DE SELECCIÓN DEL PANEL ARBITRAL

Como se mencionó en el Capítulo anterior al analizar el *modelo TLC* estadounidense, no cabe duda de que una de las dificultades más importantes en la práctica de los mecanismos de solución de controversias regulados por los TLC es la elección o integración del panel, en especial con el procedimiento del TLCAN. Ante este panorama, para la selección del panel los TLC europeos han explorado diferentes mecanismos buscando que sean eficaces, que no retrasen o entorpezcan el funcionamiento del procedimiento, que sean imparciales y que cuenten con panelistas cualificados e independientes. Es más, el *modelo TLC* europeo ha establecido que una vez se presente el escrito de solicitud de establecimiento del panel y cumplidos todos los requisitos procedimentales antes mencionados se deberán elegir los tres árbitros que componen el panel arbitral a partir de

153 La "*exclusión de foros*" es regulada por los artículos 47.4 de la Decisión n.º 2/2000; 43.4 de la Decisión n.º 2/2001 del Consejo Conjunto del TLC México-UE; 189.4 (d) del TLC Chile-UE y 319.2 del TLC Andino-UE.

una lista indicativa. Este proceso de selección, tal como sucede en el *modelo TLC* estadounidense, prevé una serie de garantías procesales, como son:

– GARANTÍA DEL SISTEMA CERRADO DE ELECCIÓN

La *idoneidad* e *independencia* del panel es una de las preocupaciones fundamentales de cualquier procedimiento de solución de controversias y la etapa contenciosa del *modelo TLC* europeo no es ajena a esa realidad pues determina un *sistema cerrado de elección* que obliga a los Estados a fijar una lista indicativa de quince (TLC Chile-UE)[154] o veinticinco (TLC Andino-UE)[155] panelistas, quienes podrán integrar los futuros paneles[156]. Esta lista tiene algunas particularidades, como son:

• Los TLC Chile-UE y Andino-UE determinan que de los miembros del panel uno no deberá ser nacional de ninguno de los países signatarios; esa tercera parte ocupará el cargo de presidente del panel. De esta manera, el *modelo TLC* europeo protege la independencia del juzgador frente a las autoridades estatales.

• La lista debe presentarse en un plazo no superior a seis meses tras la entrada en vigor del acuerdo o en la primera reunión del órgano central. Sin embargo, esta disposición del TLC Chile-UE tiene el mismo vacío normativo del TLCAN y del TLC Chile-EEUU para el caso en que las partes contendientes *no* logren ponerse de acuerdo en la elección de los componentes de la lista; así, durante la aplicación del *modelo TLC* han generado algunos bloqueos o dilaciones del mecanismo de selección del panel cuando uno de los Estados signatarios ha intentado bloquear que se integren dichas listas. Este posible inconveniente se trata de solucionar en el párrafo 2 del artículo 304 del TLC Andino-UE, al señalar que: "[e]l Comité de Comercio se asegurará de que la lista [...] siempre esté completa. En cualquier caso, la lista podrá ser utilizada [...] aun estando

---

154 Artículo 185.2 del TLC Chile-UE.

155 Artículo 304.1 del TLC Andino-UE.

156 En el TLC México-UE no existe una lista permanente de expertos, pues los Estados signatarios del acuerdo prefieren conservar el control de la selección de los miembros del panel. Además, existen diferentes motivos técnicos y políticos, como la preocupación por un sistema cerrado de lista fija de futuros panelistas que no permita una suficiente flexibilidad para incorporar a un especialista que alguna diferencia en particular requiera; asimismo, algunos Estados se han opuesto a este sistema cerrado al ver con cierto temor que en las listas no tengan una suficiente representación. Finalmente, la ausencia de una norma que regule la lista indicativa en el TLC México-UE, también se debe a los problemas presentados en la práctica para integrar paneles, según lo dispuesto por el Capítulo XX del TLCAN. Los Estados signatarios de ese tratado, tal como se analizó en el Capítulo anterior, tardaron algunos años para acordar una lista, lo que no permitió el correcto funcionamiento del procedimiento, originado por las demoras y los bloqueos para la selección de los panelistas.

incompleta". A su turno, el procedimiento del TLC México-UE, al no incorporar la garantía del sistema cerrado de elección del panel, deja exclusivamente en el ámbito político la elección de los árbitros o panelistas.

• Ninguno de los TLC europeos refuerzan la garantía del sistema cerrado de elección mediante un mecanismo de *destitución* o *recusación*, como ocurre en el *modelo TLC* estadounidense, que permite a las partes contendientes solicitar la remoción de cualquier persona que no figure en la lista. De hecho, el párrafo 5 del artículo 303 del TLC Andino-UE autoriza a las partes en la controversia a seleccionar como árbitros, por mutuo acuerdo y en el plazo de los diez días siguientes a la fecha de recepción de la solicitud de convocatoria, personas que no formen parte de la lista indicativa de árbitros.

Como se puede observar, a pesar de la existencia de algunas similitudes e influencias entre los TLC europeos y estadounidenses, el sistema cerrado de elección previsto en el *modelo TLC* europeo no prevé algunos elementos claves de la experiencia del *modelo TLC* estadounidense que son resultado de superar los inconvenientes u obstáculos presentados en sus primeros acuerdos, en particular, el TLCAN de 1994 y el ALCCEU de 1989. En principio, el *modelo TLC* europeo reproduce el mecanismo institucionalizado (que se encuentra en manos del Secretariado) previsto por el ESD de la OMC para elaborar la lista indicativa.

– GARANTÍA DE LOS PRESUPUESTOS HABILITANTES PARA ACCEDER A LA CONDICIÓN DE PANELISTA

El valor que tiene el mecanismo del panel arbitral en la solución de la controversia está en las personas que lo integran pues, con independencia del reconocimiento o grado de vinculación que los TLC otorguen al laudo o informe final, el árbitro o panelista representa el elemento esencial de la segunda instancia o etapa contenciosa. Por esa razón, los acuerdos celebrados entre la Unión Europea y los países de América Latina exigen que concurran en los miembros del panel determinadas condiciones de honorabilidad y de conocimientos especiales que constituyen "presupuestos habilitantes" o de "admisión".

No es de extrañar, entonces, que los TLC tanto estadounidenses como europeos incorporen una serie de disposiciones y códigos de conducta que garantizan la relación de confianza y lealtad entablada entre el panelista y las partes a través de la observancia de ciertas cualidades *objetivas* y *subjetivas* a los miembros del panel[157]. La primera cualidad exigida es la idoneidad de los candidatos a pane-

---

157 A tal efecto, CHILLÓN y MERINO señalan que: "[d]ada la imparable mercantilización del arbitraje [...] es evidente que su credibilidad social como equivalente jurisdiccional, solo podrá mantenerse si las

listas, quienes están obligados a tener *conocimientos especializados* o *experiencia* en derecho, comercio internacional o en otras materias relacionadas con la solución de controversias provenientes de acuerdos comerciales internacionales[158]. A su turno, como cualidad subjetiva, el *modelo* TLC europeo garantiza la *independencia* del panel[159], esto es, sus miembros actúan por su propia capacidad y no están afiliados ni aceptan instrucciones de ningún Estado u organización. En cumplimiento de las normas del Código de Conducta[160] todo candidato o árbitro se obliga a informar al órgano central (Consejo de Asociación, Comité de Asociación o Comité de Comercio), antes y durante todo el procedimiento, la existencia de cualquier interés o relación con las partes contendientes en el mecanismo, o con sus asesores, que pueda afectar su imparcialidad o cree una apariencia de deshonestidad.

En ese marco, el Código de Conducta determina que los árbitros están obligados a informar si se encuentran influenciados tanto por *presiones externas* (consideraciones políticas, presión pública, lealtad a una Parte o temor a la crítica) como por *intereses propios*, es decir, si su juicio o conducta se encuentra vinculado a relaciones o responsabilidades, presentes o pasadas, de índole financiero, comercial, profesional, familiar o social. Precisamente por ello ningún

---

instituciones arbitrales son estrictas en la exigencia y en el cumplimiento de lo que hemos denominado Código de conducta interno". Cfr. José María Chillón Medina y José Fernando Merino Merchán. *Tratado de Derecho Arbitral...*, cit., nota 680, p. 499; en el mismo sentido, cfr. Bernardo Cremades. *Arbitraje comercial internacional*, Madrid, Banco Exterior de España, Servicio de Estudios Económicos, 1981. Además, estas condiciones y cualidades que los TLC exigen a los miembros del panel tienen un amplio desarrollo en las Convenciones internacional sobre arbitraje internacional. Por ejemplo, en el artículo 14 del Convenio de Washington de 1965 se determina que las personas designadas para figurar en las listas de árbitros deben disfrutar de una alta calificación moral y de una competencia reconocida en materia jurídica, comercial, industrial o financiera.

158 Estos presupuestos habilitantes regulados por los artículos 185.2 del TLC Chile-UE y 304.3 del TLC Andino-UE, también se encuentran en el arbitraje internacional, concretamente, en determinadas instituciones permanentes arbitrales que gozan de gran prestigio jurídico, como algunas Cámaras de Comercio internacionales que se han constituido en auténticos foros de resolución de conflictos, con laudos acatados gracias a la autoridad moral y técnica de sus árbitros.

159 El profesor Robert ha diferenciado en el plano de los principios, la *independencia* (que es una situación de hecho) y la *imparcialidad* (que es una predisposición del espíritu). Bajo este contexto, la independencia puede ser susceptible de una valoración objetiva y la imparcialidad no se constata sino a través de la práctica, por esto la independencia constituye una presunción de imparcialidad y le es exigida a los árbitros. Cfr. Jean Robert. *L'arbitrage. Droit Interne. Droit Internacional Privé*, 5.ª ed., Paris, Dalloz, 1985, pp. 114 y ss.

160 En este sentido, la Regla Modelo de Procedimiento n.º 4 del TLC México-UE señala que: "[l]os árbitros deberán ser elegidos de manera que queden aseguradas su independencia e imparcialidad, que tengan una formación suficientemente variada y amplia experiencia en campos diversos. Los árbitros actuarán a título personal y no en calidad de representantes de un gobierno ni de cualquier organización, y *deberán cumplir con el Código de Conducta*" (cursiva fuera de texto).

árbitro puede, directa o indirectamente, adquirir alguna obligación o aceptar algún beneficio que de alguna manera interfiera, o *parezca* interferir, con el cumplimiento de sus deberes[161].

Antes de terminar, vale la pena recordar que el *modelo TLC* europeo prohíbe los "contactos ex parte", por tanto, los miembros del panel arbitral se abstendrán de reunirse con una de las partes contendientes y de establecer contacto con ella en ausencia de la otra. También se proscribe que un árbitro discuta con una o ambas partes cualquier asunto relacionado con el procedimiento en ausencia de los otros miembros del panel[162]. Adicionalmente, el TLC Chile-UE se dota aun de otros instrumentos jurídicos con el fin de hacer efectiva la garantía *de los presupuestos habilitantes para acceder a la condición de panelista*, ya que si alguna de las partes contendientes considera que un árbitro no cumple con los requisitos del Código de Conducta, las partes celebrarán consultas y podrán sustituirlo[163].

En definitiva, las cualidades y funciones de los miembros del panel han de reconducirse bajo la consideración de que cumplen una función *jurisdiccional*, de ahí que en todo momento, en su misión de juzgar, tienen como deber general la *independencia* y la *imparcialidad*, presentes como un principio básico tanto del Derecho interno como del Derecho internacional general[164].

– GARANTÍA DEL PROCEDIMIENTO DE SELECCIÓN IMPARCIAL

Dentro de los elementos del derecho al establecimiento del panel encontramos la garantía del procedimiento de selección imparcial, el cual regula diferentes métodos como la *elección cruzada* y la *elección directa* del *modelo TLC* estadounidense analizados en el Capítulo anterior. Los TLC europeos, por su parte, prevén nuevas formas para establecer el panel:

---

161 Adicionalmente, los árbitros o panelistas se encuentran obligados a evitar tomar acciones que puedan crear la impresión de que otras personas están en una posición especial para influenciarlo, y deben prevenir o desalentar a que otras personas manifiesten que están en tal posición. Cfr. Código de Conducta del TLC México-UE (Apéndice I) y del TLC Chile-UE (Anexo XVI).

162 Regla Modelo de Procedimiento n.° 38 y 39 del TLC México-UE y Regla Modelo de Procedimiento 31 y 32 del TLC Chile-UE.

163 Artículos 185.5 del TLC Chile-UE y 305.1 del TLC Andino-UE. En otras palabras, en el evento de que un árbitro no pueda participar en el procedimiento, renuncie o sea sustituido, se deberá elegir un sustituto dentro de los tres días siguientes, de conformidad con el mecanismo regulado en el TLC. Claro está, los plazos aplicables al procedimiento del panel quedarán suspendidos a un período comprendido entre la fecha en la que el árbitro deja de participar en el procedimiento, dimite o es sustituido, y la fecha de elección del sustituto. Cfr. artículo 185.6 del TLC Chile-UE.

164 FRÉDERIC EISENMANN. "Déontologie de l'arbitre commercial international", *Revue de l'Arbitrage*, 1969, p. 217 y ss.

1. *El método de la elección institucional* incorporado por el TLC Chile-UE, que ordena al presidente del Comité de Asociación elegir por sorteo, a partir de la lista indicada, a los integrantes del panel arbitral en un plazo de tres días después del escrito de convocatoria: el primer árbitro se designa entre las personas propuestas por la parte reclamante, el segundo entre los candidatos sugeridos por la parte demandada y, por último, el presidente del panel es elegido entre los *no* nacionales designados a tal efecto en la lista indicativa. De esta manera el acuerdo le resta importancia al consentimiento de las partes en controversia o *regla del consenso* para designar por mutuo acuerdo al panel arbitral, concediendo mayor valor a la *técnica del sorteo* bajo la dirección y la vigilancia del Comité de Asociación[165].

2. *El método de la elección intergubernamental* regulado por el TLC México-UE y el TLC Andino-UE determinan un mecanismo mediante el cual el Estado reclamante notifica, como máximo doce días después de la presentación del escrito de convocatoria, al Estado demando la designación de un árbitro (en el caso del TLC México-UE se proponen hasta tres candidatos) para actuar como presidente del panel. De la misma forma, el Estado demandado debe designar un segundo árbitro dentro de los quince días siguientes (el TLC México-UE sugiere hasta tres candidatos) para actuar como presidente del panel. En caso de que una de las partes no seleccione a su árbitro, este se designa por sorteo entre los candidatos propuestos para ser presidente o entre los no nacionales inscritos en la lista indicativa[166]. Luego, las partes contendientes tratarán de elegir al presidente de mutuo acuerdo dentro de los quince días posteriores a la designación del segundo árbitro. De no lograrse dicho acuerdo, el presidente se elige por sorteo a la semana siguiente entre los candidatos propuestos por las partes contendientes (TLC México-UE) o entre los *no* nacionales inscritos en la lista indicativa (TLC Andino-UE)[167]. Todas las reuniones o audiencias del panel serán presididas por su presidente, a quien se podrá delegar la facultad de adoptar decisiones administrativas y procesales[168].

En conclusión, los métodos de selección imparcial del panel arbitral en el *modelo TLC* europeo tienen dos enfoques: por un lado, el "intergubernamental"

---

165 De ahí que la fecha de constitución del panel sea la fecha en que se seleccione por sorteo a los tres árbitros. Artículo 185.3 y 4 del TLC Chile-UE.

166 Artículos 44.1 y 4 de la Decisión n.º 2/2000, 40.1 y 4 de la Decisión n.º 2/2001 del Consejo Conjunto del TLC México-UE y 303.2 del TLC Andino-UE.

167 La fecha de establecimiento del panel arbitral será la fecha en que se designe al presidente. Artículos 44.3 de la Decisión n.º 2/2000, 40.3 de la Decisión n.º 2/2001 del Consejo Conjunto del TLC México-UE y 303.2 del TLC Andino-UE.

168 Reglas Modelo de Procedimiento n.º 15 del TLC México-UE y 11 del TLC Chile-UE.

del TLC México-UE y del TLC Andino-UE que incorporan la *regla del consenso* para la selección del panel, con una cierta preeminencia de la autocomposición de la controversia, y por otro, el *institucional* del TLC Chile-UE que diseña un mecanismo bajo la dirección del Comité de Asociación u órgano central.

C. INSTRUMENTOS PROCESALES FUNDAMENTALES DE LA ETAPA ANTE EL PANEL ARBITRAL O CONTENCIOSA

– ACTA MISIÓN

Los TLC europeos no incorporan en sus textos, de manera expresa, el instrumento procesal del *mandato* regulado por el párrafo 2 del artículo XXII del GATT de 1947 y el párrafo 1 del artículo 7.1 del ESD de la OMC, ni los denominados *términos de referencia* o *acta misión* establecidos en el *modelo TLC* estadounidense. Sin embargo, en las Reglas Modelo de Procedimiento de estos acuerdos europeos se regula el *acta misión*, la cual se elabora por las partes contendientes dentro de los veinte días siguientes a la fecha de entrega de la solicitud para el establecimiento del panel arbitral[169]. La profesora MARCEAU destaca que el texto del mandato o acta misión contiene las normas respecto a las que ha surgido la diferencia y se constriñe el Derecho aplicable[170], de ahí que su objetivo sea:

> Examinar a la luz de las disposiciones pertinentes de los instrumentos jurídicos abarcados [o del Acuerdo], el asunto sometido al Comité Conjunto [o de Asociación], y decidir acerca de la congruencia de las medidas en cuestión con los instrumentos jurídicos abarcados [y emitir el laudo][171].

En este sentido, desde el GATT de 1947 la jurisprudencia del régimen multilateral del comercio ha interpretado que la "cuestión" o el "asunto" sometidos al panel están constituidos por las *alegaciones*, es decir, *las medidas concretas en litigio* y *los fundamentos de derecho de la reclamación* formuladas por las partes contendientes en los documentos pertinentes mencionados o contenidos en el mandato[172].

---

169 El TLC Chile-UE no determina un plazo para la presentación del mandato o acta misión, tan solo señala que las partes entregarán "sin demora".

170 Cfr. GABRIELLE MARCEAU. "Conflicts of Norms and Conflicts of Jurisdictions...", cit., nota 38, p. 1103.

171 Reglas Modelo de Procedimiento n.° 5 del TLC México-UE y n.° 9 (a) del TLC Chile-UE; este último acuerdo incorpora dentro de los objetivos del acta misión la decisión o laudo que resuelve la controversia, circunstancia que evidencia el carácter legalista del mecanismo.

172 Informe del Grupo Especial, en el asunto *Brasil-Medidas que afectan al coco desecado* (WT/DS22/R), adoptado el 17 de octubre de 1996, p. 25; Informe del Grupo Especial del GATT, en el asunto *Estados*

Teniendo en cuenta lo anterior, también es posible interpretar que el acta misión en el *modelo TLC* europeo permite determinar el margen de acción o competencia del panel y define el alcance de la controversia que, normalmente, se encuentra determinado a partir del escrito en que se solicita el establecimiento del panel arbitral. Así, la regla general es que los defectos del escrito que contiene el acta misión no pueden ser "subsanados" en las comunicaciones posteriores de las partes contendientes y, además, el panel debe abstenerse en su actividad hermenéutica de abordar alegaciones jurídicas que estén fuera del ámbito del escrito. Pese a esta regla, hay que aclarar que no existe ninguna norma en el procedimiento unificado sobre aplicación e interpretación de los TLC europeos que límite la facultad del panel arbitral para utilizar libremente los argumentos presentados por cualquiera de las partes o desarrollar su propio razonamiento jurídico, con el objetivo de fundamentar sus opiniones y conclusiones sobre la diferencia sometida a su consideración. Por tanto, el acta misión, como un acto procesal que define las pretensiones respectivas de las partes contendientes, elimina aquellas en las cuales es posible que haya acuerdo, clarifica las posiciones de ambas partes y el panel arbitral tiene ocasión de fijar los puntos litigiosos que debe resolver, lo que delimita su competencia *ratione materiae* y en últimas el alcance de su laudo o informe final[173].

– LAUDO O INFORME FINAL DEL PANEL ARBITRAL

Una vez definida el acta misión, y antes de que el panel arbitral emita el laudo, el *modelo TLC* europeo regula una serie de actuaciones procesales que también tienen por finalidad materializar el *principio del respeto al debido proceso* y, en particular, el *derecho de defensa* de las partes contendientes. Primero, la parte reclamante debe entregar su *escrito inicial* dentro de los veinte días siguientes a la fecha del establecimiento del panel en el TLC Chile-UE o veinticinco días en

---

Unidos-Denegación del trato de nación más favorecida con respecto al calzado, distinto del de caucho, procedente del Brasil (IBDD 39S/150), adoptado el 19 de junio de 1992, párrafo 6.2; Informe del Grupo Especial del GATT, en el asunto *Comunidades Europeas-Imposición de derechos antidumping a las importaciones de hilados de algodón procedentes del Brasil* (ADP/137) adoptado el 30 de octubre de 1995, párrafo 456; Informe del Grupo Especial del GATT, en el asunto *Estados Unidos-Imposición de derechos antidumping a las importaciones de salmón del Atlántico, fresco y refrigerado, procedentes de Noruega* (IBSD 41S/248), adoptado el 27 de abril de 1994, volumen I/229, párrafo 212. Además, la jurisprudencia de la OMC señala que "[...] en conjunto, la 'medida' y las 'reclamaciones' formuladas en relación con esa medida constituyen la cuestión sometida al OSD, base del mandato de un grupo especial". Cfr. Informe del Órgano de Apelación, en el asunto *Guatemala-Investigación antidumping sobre el cemento Portland procedente de México "Cemento I"* (WT/DS60/AB/R), adoptado el 2 de noviembre de 1998, párrafo 73 y 76.

173 Pablo Zapatero. *Derecho del Comercio Global...*, cit., nota 69, p. 73

el TLC México-UE[174]; de igual manera, la parte demandada debe presentar su escrito de respuesta a más tardar veinte días después de la fecha de entrega del escrito inicial[175], y luego, el presidente del panel debe fijar la fecha y hora de las *audiencias*, previa consulta con las partes contendientes y los otros árbitros, que podrán estar abiertas al público. La estructura de la audiencia ante el panel arbitral[176] para garantizar el *derecho de defensa* se encuentra esquematizada en los siguientes términos:

> Alegatos orales
> a) Alegato de la Parte requirente.
> b) Alegato de la Parte requerida.
>
> Réplica y dúplica
> a) Réplica de la Parte requirente.
> b) Dúplica de la Parte requerida[177].

El laudo exige una valoración *objetiva* del panel, mediante la cual realiza un ejercicio hermenéutico que tiene en cuenta las cuestiones fácticas y jurídicas presentadas por las partes contendientes durante el procedimiento, con la finalidad de verificar la congruencia de las medidas impugnadas con las disposiciones jurídicas del TLC, tal como lo señala el acta misión. Para lograr una valoración de estas características el *modelo TLC* europeo cuenta con diferentes mecanismos de asesoría técnica para obtener información, de los cuales el más importante son los *grupos de expertos*, integrados por personas u organismos que pueden ser convocados a petición de una parte o por iniciativa del propio panel[178]; ahora bien, cualquier información así obtenida debe ser remitida a las partes contendientes para que formulen sus observaciones[179]. Otro instrumento que

---

174 Por su parte, el TLC Andino-UE no incorpora ninguna norma que regule el informe preliminar del panel arbitral.

175 Reglas Modelo de Procedimiento n.º 11 del TLC México-UE y 10 del TLC Chile-UE.

176 Las Reglas Modelo de Procedimiento n.º 26 del TLC México-UE y 22 del TLC Chile-UE ordenan que: "[a] más tardar cinco días antes de la fecha de la audiencia, cada Parte entregará una lista de las personas que, en su representación, presentarán oralmente alegaciones o alegatos en la audiencia, así como de los demás representantes o asesores que estarán presentes en la audiencia".

177 Reglas Modelo de Procedimiento n.º 27 del TLC México-UE y 24 del TLC Chile-UE. Todos los árbitros deberán estar presentes en las audiencias y, en cualquier momento de la misma, el panel podrá formular preguntas a las partes. Además, previo consentimiento de las partes contendientes, el órgano resolutorio tiene la potestad de celebrar audiencias adicionales.

178 Artículos 186 del TLC Chile-UE y 316.1 del TLC Andino-UE.

179 Reglas Modelo de Procedimiento n.º 40 del TLC México-UE y 33 del TLC Chile-UE. Asimismo, cuando se solicite un informe escrito a un experto, todo plazo procesal será suspendido a partir de

también facilita una valoración *objetiva* del panel son los escritos presentados por el *amicus curiae* o "amigo de la Corte"[180] dentro de los diez días siguientes a la fecha de constitución del mismo, siempre y cuando sean concisos (con un máximos de quince páginas, incluidos los posibles anexos), y directamente pertinentes a las cuestiones de hecho y de derecho sometidas a la consideración del órgano resolutorio[181]. Dicho en palabras de la jurisprudencia de la OMC, la comunicación del *amicus curiae* debe contener información directamente relevante al caso[182], que signifique la aportación de pruebas o argumentos que no hayan ya sido facilitados por las partes[183].

En el contexto del sistema de solución de diferencias previsto en el ESD de la OMC, la figura del *amicus curiae* ha sido objeto de intensos debates entre Miembros en los que algunos han estado a favor de prohibir taxativamente sus escritos[184], y otros de incorporar una norma que señale los parámetros para la presentación y aceptación de esos escritos[185]. Cabría plantearse, en este punto,

---

la fecha de entrega de la solicitud y hasta la fecha en que el informe sea entregado al grupo arbitral. Cfr. Reglas Modelo de Procedimiento n.º 41 del TLC México-UE y n.º 34 del TLC Chile-UE.

180 En el ámbito del Derecho internacional la figura del *amicus curiae* o "amigo de la Corte" ha pasado a ocupar un lugar preponderante. En tal sentido, cada vez es más común que se realicen presentaciones de este carácter ante los diferentes órganos internacionales, teniendo en cuenta el interés público que suscitan las causas o procedimientos que tramitan ante ellos. La aceptación de las alegaciones de *amici curiae*, por tanto, no es una práctica desconocida en el ámbito de las organizaciones internacionales de carácter económico, como ocurre en el Grupo de Inspección del Banco Mundial y el procedimiento de solución de diferencias de la OMC. Cfr. GABRIELLE MARCEAU y MATTHEW STILWELL. "Practical Suggestions for *Amicus Curiae* Briefs before Adjudicating Bodies", *Journal of International Economic Law*, vol. 4, n.º 1, marzo de 2001, pp. 155 a 187. En términos generales, el *amicus curiae* es aquella persona física o jurídica que en el procedimiento de solución de diferencias, no se encuentra legitimada para participar en el procedimiento en calidad de parte o tercero, pero asiste al panel mediante la aportación de fuentes adicionales de información objetiva, ya sea porque tiene un interés válido en la resolución final de la diferencia o un pleno conocimiento técnico de la cuestión. Cfr. LORILLA DE LA CRUZ IGLESIAS. "Las comunicaciones *amicus curiae* en el mecanismo de solución de diferencias de la Organización Mundial del Comercio: el Asunto Amianto", *Revista Española de Derecho Internacional*, vol. 54, n.º 1, 2002, p. 160.

181 Reglas Modelo de Procedimiento 35 del TLC Chile-UE y 316.2 del TLC Andino-UE. El TLC México-UE no hace ninguna mención a la figura del *amicus curiae*, que reproducen los artículos 2014 del TLCAN; 22.11 del TLC Chile-EEUU; 20.12 del CAFTA-RD; 21.12 del TLC Perú-EEUU; 21.12 del TLC Colombia-EEUU y 20.11 del TLC Panamá-EEUU.

182 Informe del Grupo Especial, en el asunto *Australia-Medidas que afectan a la importación del salmón* (WT/DS18/RW), adoptado el 12 de junio de 1998, párrafo 7.9.

183 Informe del Grupo Especial, en el asunto *Estados Unidos-Artículo 110 (5) de la Ley de Derecho de Autor de los Estados Unidos "Copyright"* (WT/DS160/R), adoptado el 15 de junio de 2000, párrafos 6.3 y 6.8.

184 *Propuesta relativa al Entendimiento sobre Solución de Diferencias: Textos jurídicos*, Comunicación de la India en nombre de Cuba, Egipto, Honduras, Jamaica, Malasia y la República Dominicana, TN/DS/W/47, 11 de febrero de 2003, p. 1.

185 *Contribución de las Comunidades Europeas y sus Estados Miembros a la mejora del Entendimiento sobre Solución de Diferencias de la* OMC, Doc. TN/DS/W/1, 13 de marzo de 2002, pp. 7, 11-12; *Contribución*

si la naturaleza *intergubernamental* del procedimiento unificado sobre aplicación e interpretación de los TLC europeos se ve alterada por el acceso al panel de información relevante procedente de fuentes no gubernamentales. La respuesta la da el mismo *modelo TLC* europeo, que no impone ninguna obligación jurídica de aceptar o tomar en consideración las alegaciones no requeridas presentadas por los *amici curiae*: tan solo el panel tienen el deber de aceptar y tomar en consideración las alegaciones procedentes de las partes contendientes.

Estos mecanismos con que cuenta el panel arbitral para valorar objetivamente la cuestión o reclamación en controversia no se limitan a una mera elección y evaluación de la fuente de la información o del asesoramiento, sino que incluyen también la posibilidad de rechazarlos o de disponer de ellos del modo que considere apropiado. Se trata por tanto de una facultad discrecional del panel arbitral que comprende la determinación de la *necesidad*, la *aceptabilidad* y la *pertinencia* de la información o del asesoramiento recibido, y de decidir qué peso atribuir al material probatorio presentado en el caso concreto. La jurisprudencia de la OMC ayuda a entender este punto, al interpretar que:

> [d]el carácter amplio de las facultades conferidas a los grupos especiales para configurar los procesos de esclarecimiento de los hechos e interpretación jurídica se desprende claramente que un grupo especial en realidad *no* se verá saturado de material no solicitado, *a no ser que él mismo permita tal saturación*[186].

Este carácter discrecional de la facultad para recabar información del panel arbitral no le impone ninguna obligación de llevar a cabo su propia labor de averiguación de los hechos, ni de colmar las lagunas en los argumentos presentados por las partes, es decir, la carga de la prueba corresponde exclusivamente a las partes contendientes[187]. De ahí que cualquier Estado que alegue la incompatibilidad de una medida de otro Estado respecto a las disposiciones del TLC tiene la obligación de probar esa incompatibilidad, o también, quien afirme que una

---

de los Estados Unidos a la mejora del Entendimiento sobre Solución de Diferencias de la OMC en relación con la transparencia, Doc. TN/DS/W/13, 22 de agosto de 2002, pp. 7, 11-12

186 Informe del Órgano de Apelación, en el asunto *Estados Unidos-Prohibición de las importaciones de determinados camarones y productos del camarón "Camarones"* (WT/DS58/AB/R), adoptado el 22 de octubre de 2001, párrafo 108.

187 Precisamente, la Regla Modelo de Procedimiento n.° 35 del TLC México-UE determina que: "La Parte que afirme que una medida de otra Parte es incompatible con las disposiciones de la Decisión tendrá la carga de probar esa incompatibilidad". Asimismo, la Regla Modelo de Procedimiento n.° 36 del TLC México-UE regula que: "La Parte que afirme que una medida está sujeta a una excepción conforme a la Decisión tendrá la carga de probar que la excepción es aplicable".

medida se encuentra sujeta a una excepción conforme al acuerdo, tiene la carga de probar que la excepción es aplicable[188].

Dicho lo anterior, es posible concluir que la información del *grupo de expertos* y del *amicus curiae*, y las demás pruebas allegadas al proceso, permiten al panel arbitral alcanzar una comprensión y valoración íntegra de los argumentos expuestos por las partes y de la conformidad de estos con los preceptos jurídicos del acuerdo. Además, la aportación de la información del *grupo de expertos* y del *amicus curiae*, adicional a la presentada por las partes contendientes, permite garantizar la representación de intereses y perspectivas afectadas por la controversia, que a menudo no están representadas por los gobiernos de los Estados implicados[189].

Una vez cumplidas las audiencias entre las partes contendientes y analizado el material probatorio, el *modelo TLC* europeo establece que el panel arbitral deberá realizar el laudo; de modo que una vez aprobado por mayoría de votos[190], el panel arbitral tendrá que presentar a las partes contendientes y al órgano central un escrito que contenga las evidencias y sus conclusiones en alguno de los siguientes plazos: a. Noventa días (TLC México-UE y TLC Chile-UE) o ciento veinte días (TLC Andino-UE) contados desde la fecha de constitución del panel, y en ningún caso después de ciento cincuenta días a partir de esa fecha[191]; b. Noventa días (TLC México-UE), setenta y cinco días (TLC Chile-UE) y sesenta días (TLC Andino-UE) posteriores a la fecha del establecimiento del panel en "casos de urgencia", incluyendo aquellos casos relativos a productos perecederos o que de otra manera involucren mercancías o servicios que rápidamente pierden su valor comercial, como ciertas mercancías y servicios de temporada, y en ningún caso después de ciento veinte días (TLC México-UE y TLC Chile-UE) y setenta y cinco días (TLC

---

188 Reglas Modelo de Procedimiento n.° 35 y 36 del TLC México-EU y 187.4 del TLC Chile-UE. En este sentido, la jurisprudencia de la OMC ha interpretado que "[...] la carga de la prueba incumbe a la parte, sea el demandante o el demandado, que afirma una determinada reclamación o defensa". Cfr. Informe del Órgano de Apelación, en el asunto *Estados Unidos-Medida que afecta a las importaciones de camisas y blusas de tejidos de lana procedentes de la India* (WT/DS33/AB/R), adoptado el 25 de abril de 1997.

189 La información aportada por los *amici curiae* incita al panel a tomar en consideración las implicaciones más amplias de sus decisiones, en particular aquellos asuntos que comportan cuestiones fundamentales de carácter no comercial, como la protección de la salud o del medio ambiente.

190 La redacción de las decisiones y laudos es responsabilidad exclusiva del panel, de ahí que únicamente sus miembros pueden participar en las deliberaciones. Claro está, el panel tiene la facultad de permitir la presencia de sus asistentes, intérpretes o traductores durante dichas deliberaciones. Cfr. Reglas Modelo de Procedimiento n.° 17 del TLC México-UE y n.° 13 y 14 del TLC Chile-UE.

191 Artículos 45.1 de la Decisión n.° 2/2000; 41.1 de la Decisión n.° 2/2001 del Consejo Conjunto del TLC México-UE; 187.1 del TLC Chile-UE y 307.1 del TLC Andino-UE.

Andino-UE)[192], y c. Treinta días contados a partir de la presentación del "informe preliminar" regulado por el TLC México-UE[193].

Una particularidad de la decisión final, que vale la pena mencionar y que resuelve la controversia, es su grado de vinculación jurídica; como ya se analizó en capítulos anteriores este es uno de los cuestionamientos más recurridos por la literatura especializada. Sin duda una de las grandes innovaciones del procedimiento unificado sobre aplicación e interpretación de los TLC europeos se encuentra en la incorporación del término "laudo"[194], dándole a la resolución de la diferencia hecha por el panel arbitral el valor de cosa juzgada o *res judicata*[195]. Así se regula en el párrafo 2 del artículo 318 del TLC Andino-UE, que señala: "cualquier laudo del grupo arbitral será vinculante para las partes en la controversia"[196], sin admitir, *prima facie*, la revisión o cualquier otro recurso por ninguna institución internacional o tribunal nacional, excepto aquellos previstos en el mismo acuerdo.

Precisamente por ello los TLC europeos exigen, para la elaboración del laudo, una valoración *objetiva* previa de las cuestiones fácticas y jurídicas por parte del panel arbitral, con el propósito de determinar la conformidad de la medida impugnada con las disposiciones jurídicas del acuerdo[197]. Para lograr esta

---

192 Artículos 45.3 de la Decisión n.º 2/2000; 41.3 de la Decisión n.º 2/2001 del Consejo Conjunto del TLC México-UE; 187.5 del TLC Chile-UE y 307.2 del TLC Andino-UE.

193 Artículos 45.2 de la Decisión n.º 2/2000; 41.2 de la Decisión n.º 2/2001 del Consejo Conjunto del TLC México-UE. La Regla Modelo de Procedimiento n.º 43, el TLC México-UE regula que: "tras examinar las observaciones escritas presentadas por las Partes al informe preliminar, el panel arbitral podrá, por su propia iniciativa o a instancia de una Parte: a) solicitar las observaciones de cualquier Parte; b) reconsiderar su informe, y c) llevar a cabo cualquier examen ulterior que considere pertinente".

194 Es necesario destacar que los artículos 45 de la Decisión n.º 2/2000 y 41 de la Decisión n.º 2/2001 del Consejo Conjunto del TLC incorporan el término "informe final", sin hacer ninguna mención a la palabra "laudo", tal como ocurre en el TLC Chile-UE y en el TLC Andino-UE.

195 Para profundizar en el tema del valor de la cosa juzgada o *res judicata*, cfr. YUVAL SINAI. "Reconsidering *Res Judicata*: A Comparative Perspective", *Duke Journal of Comparative & International Law*, vol. 21, n.º 2, 2011, pp. 353 a 400. Por otra parte, no se puede olvidar que el carácter obligatorio de la decisión final también se reconoce en el artículo 22.7 del ESD de la OMC, que señala: "Las partes aceptarán como definitiva la decisión del árbitro y no tratarán de obtener un segundo arbitraje". Ahora bien, según la jurisprudencia de la OMC, concretamente en el asunto *India-Medidas que afectan al sector del automóvil* se señala que "[...] para que el principio de *res judicata* sea de algún modo aplicable en la solución de diferencias en la OMC debe haber, como mínimo, una identidad fundamental entre el asunto anteriormente resuelto y el presentado al siguiente grupo especial. Esto exige que haya identidad tanto entre las medidas como entre las alegaciones relativas a ellas. También es imprescindible, a los efectos del principio de *res judicata*, la identidad de las partes". Cfr. Informe del Grupo Especial, en el asunto *India-Medidas que afectan al sector del automóvil* (WT/DS146/R), adoptado el 21 de diciembre de 2001, párrafo 7.66.

196 En este mismo sentido, el TLC Chile-UE señala en su artículo 187.1 que "el laudo será definitivo".

197 Esta evaluación objetiva es realizada por los miembros del panel, y solamente ellos se encuentran legitimados para participar en sus deliberaciones y la redacción del laudo. Cfr. Reglas Modelo de Procedimiento n.º 17 del TLC México-EU y n.º 13 y 14 del TLC Chile-UE.

valoración el panel arbitral cuenta con algunas facultades: por ejemplo, como órgano de instrucción puede recabar información, recurrir a asesoramiento de expertos o cualquier otra fuente pertinente, formular preguntas escritas (en cualquier momento del procedimiento) u orales (en la audiencia) relativas a alegaciones de las partes contendientes[198], etc. En lo que respecta a la actividad de instrucción, el panel arbitral ejerce la actividad hermenéutica de aplicación e interpretación de las disposiciones jurídicas de cada uno de sus acuerdos, la cual se realiza de conformidad con "las reglas" o "normas consuetudinarias" del Derecho internacional público[199], y agrega el TLC Andino-UE, "[...] incluidas en la *Convención de Viena sobre el Derecho de los Tratados*, hecha en Viena el 23 de mayo de 1969"[200], siendo este acuerdo mucho más preciso que el párrafo 2 del artículo 3.° del ESD de la OMC[201].

En este punto resulta conveniente precisar que las ambigüedades normativas del Derecho de la OMC sobre estas reglas de interpretación de la Convención de Viena, parafraseando al profesor PESCATORE, han sido superadas "espontáneamente" por su jurisprudencia[202]. Así, por ejemplo, el Órgano de Apelación de la OMC ha entendido que el artículo 31 de la Convención de Viena

> [...] se ha elevado a la condición de norma del derecho internacional consuetudinario o general. Como tal, forma parte de las "normas usuales de interpretación del derecho internacional público" que el Órgano de Apelación está obligado, en virtud del párrafo 2 del artículo 3 del ESD, a aplicar para aclarar las disposiciones del Acuerdo General y los demás "acuerdos abarcados" [...] Estas directrices son en cierta medida consecuencia del reconocimiento de que no debe leerse el Acuerdo General *aislándolo clínicamente del derecho internacional público*[203].

---

198 Reglas Modelo de Procedimiento n.os 28, 31 y 32 del TLC México-EU; n.os 28 y 29 del TLC Chile-UE y 316 del TLC Andino-UE.

199 Reglas Modelo de Procedimiento n.° 34 del TLC México-EU y n.° 9(b) del TLC Chile-UE.

200 Artículo 317 del TLC Andino-UE.

201 Ciertamente, el artículo 3.2. del ESD de la OMC determina que: "[E]l Sistema de Solución de Diferencias sirve [...] para aclarar las disposiciones vigentes de dichos acuerdos de conformidad con las normas *usuales* de interpretación del Derecho internacional público". Como se observa, la versión en castellano del texto oficial del ESD contiene un error de traducción, al señalar "normas usuales de interpretación" del Derecho internacional. La versión francesa hace referencia a *règles d'interprétation* (normas de interpretación) y la inglesa alude a *customary rules of interpretation* (normas consuetudinarias de interpretación).

202 PIERRE PESCATORE. "Drafting and analyzing decisions on dispute settlement...", cit., nota 21, p. 11.

203 Informe del Órgano de Apelación, en el asunto *Estados Unidos-Pautas para la gasolina reformulada y convencional* (WT/DS2/AB/R), adoptado el 29 de abril de 1996 (cursiva fuera de texto). Ahora bien, el alcance y potencialidad de la reglas de interpretación de la Convención de Viena en la práctica del *modelo TLC* europeo está aún por verse, sobretodo en el ámbito de la norma aplicable. En este punto

La solución de controversias en el *modelo TLC* europeo tampoco se encuentra "aislado clínicamente", sino que se halla en una constante y compleja relación con diferentes regímenes internacionales, en particular, con el Derecho de la OMC y el Derecho internacional público en su conjunto. Así se deduce del párrafo 3 del artículo 187 del TLC Chile-UE, que ordena:

> Los grupos arbitrales interpretarán las disposiciones del presente Acuerdo de conformidad con las normas consuetudinarias de interpretación del Derecho internacional público, teniendo debidamente en cuenta el hecho de que las Partes deben aplicar el presente Acuerdo de buena fe y evitar la elusión de sus obligaciones.

Otro ejemplo se encuentra en el párrafo 1 del artículo 319 del TLC Andino-UE, el cual establece que:

> Las disposiciones contenidas en este Título no afectarán a los derechos y obligaciones de las Partes de conformidad con el Acuerdo sobre la OMC, incluidas las acciones de solución de controversias.

La resolución de una controversia por el panel arbitral en el *modelo TLC* europeo no es un ejercicio de simple intuición o una actividad "arbitraria", por el contrario, exige un "razonamiento judicial" que entraña la justificación y la motivación de su decisión. Es por esto que el laudo o informe final del panel arbitral debe estar *fundamentado* y tener un *contenido* mínimo en el que se expliquen e interpreten los preceptos jurídicos aplicables al caso concreto que se juzga, es decir, su decisión debe tener en cuenta los requisitos de orden formal y las circunstancias de tiempo, modo y lugar.

La finalidad de la prescripción y observancia de la motivación o fundamentos del laudo, o informe final del panel arbitral, responde a la necesidad de que el discernimiento y la solución de los problemas sometidos a conocimiento de este órgano *ad hoc* sean efectuados razonadamente, con argumentos ciertos y definidos, que queden a la vista para el debido conocimiento de las partes y demás interesados en la controversia. Así, la motivación o los fundamentos del laudo e informe constituyen un correctivo contra la posible arbitrariedad en estas decisiones jurídicas, que también permite apartar, en lo posible, cualquier sospecha de parcialización[204]. Estos fundamentos del laudo o informe final

---

existe una dificultad fáctica, la ausencia de "jurisprudencia" o decisiones que permitan analizar dichos aspectos.

204 La necesidad de motivar la decisión que resuelve la controversia, llámese laudo, informe o sentencia, no es igualmente percibida por todos los TLC estadounidenses o europeos, e inclusive por la OMC. Sin em-

representan, dentro del procedimiento unificado sobre aplicación e interpretación de los TLC europeos, un medio de defensa que incorpora, por un lado, las comunicaciones, los alegatos y los argumentos presentados por la partes contendientes, y por otro, toda la información que el panel solicite o que los sujetos procesales presenten[205].

El contenido del laudo o informe final, según el párrafo 2 del artículo 187 del TLC Chile-UE, deberá tener "[...] las evidencias de hecho, la aplicabilidad de las disposiciones pertinentes del presente Acuerdo y la fundamentación básica de sus evidencias y conclusiones". De la misma manera, el párrafo 2 del artículo 318 del TLC Andino-UE señala que el laudo debe incorporar como mínimo "[...] las determinaciones de hecho, la aplicabilidad de las disposiciones pertinentes del presente Acuerdo, la determinación de si la Parte correspondiente ha cumplido o no con sus obligaciones en virtud de este Acuerdo, y las razones básicas de sus determinaciones y conclusiones". El TLC México-UE también exige, en la Regla Modelo de Procedimiento n.º 43, que "a menos que las Partes acuerden otra cosa, el panel arbitral fundará su informe en los argumentos y comunicaciones presentados por las Partes y en cualquier información [...]" y asesoría técnica de cualquier persona u órgano que estime pertinente. Para entender mejor estas normas del *modelo TLC* europeo, se puede dividir el laudo o informe final en tres partes:

1. *Evidencias de hecho.* El panel arbitral deberá procurar expresar con claridad las premisas indispensables para obtener la posterior conclusión, es decir, los hechos relevantes del asunto o cuestión que genera la controversia[206], y a

---

bargo, en el plano del Derecho internacional general la falta de motivación puede constituir una causa de nulidad del laudo o denegación del *exequátur*. Para una visión más amplia de la cuestión, cfr. EMMANUEL GAILLARD. *Aspects philosophiques du droit de l'arbitrage internacional*, La Haya, Martinus Nijhoff Publishers, Académie de Droit International de La Haye, 2008; YVES DERAINS y ERIC SCHWARTZ. *A Guide to ICC Rules of Arbitration*, 2.ª ed., The Hague, Kluwer Law International, 2005; HAMID G. GHARAVI. *The International Effectiveness of the Annulment of an Arbitral Award*, The Hague, Kluwer Law International, 2002; MARÍA VICTORIA CUARTERO RUBIO. *El recurso de anulación contra el laudo arbitral en el arbitraje comercial internacional*, Madrid, Euolex, 1997; JOSÉ MARÍA CHILLÓN MEDINA y JOSÉ F. MERINO MERCHÁN. *Tratado de Derecho Arbitral...*, cit., nota 680. Un ejemplo de este aserto, se encuentra en el artículo V.1 b) de la Convención de Nueva York (sobre arbitraje entre particulares), que permite al juez *exequátur* denegar el reconocimiento por "haber sido imposible a la parte hacer valer sus medios de defensa". Cfr. Convención sobre el Reconocimiento y la Ejecución de las Sentencias Arbitrales Extranjeras, Convención de Nueva York (1958), de Comisión de las Naciones Unidas para el Derecho Mercantil Internacional. Disponible en [http://www.uncitral.org/uncitral/es/uncitral_texts/arbitration/NYConvention.html].

205 Reglas Modelo de Procedimiento n.ºs 42 del TLC México-EU; 187.1 del TLC Chile-UE y 318.2 del TLC Andino-UE.

206 La "cuestión" o "asunto" sometido al panel está constituido por las reclamaciones concretas formuladas, por las partes en la diferencia, en los documentos pertinentes especificados en el acta misión o mandato.

partir de ellas construir los argumentos que permitan entender el sentido de la decisión final. Por ello, el laudo deberá ser congruente con el acta misión y no podrá desbordar las temáticas propias de lo pedido y de los hechos alegados por las partes contendientes, valorados desde el acervo probatorio aportado por las partes contendientes, terceros estados, grupos de expertos o *amicus curiae*. En este orden de ideas, la primera parte del laudo o decisión final resume las principales piezas procesales de la etapa contenciosa o ante el panel, entre ellos, el escrito de solicitud de convocatoria del panel, el acta misión, los escritos de contestación y los alegatos de la parte demandada. También se especifica el material probatorio aportado por las partes de acuerdo con las reglas de la carga prueba, pues en el *modelo* TLC europeo se presume que la medida adoptada por el Estado demandado es *compatible* con el acuerdo hasta que se presenten pruebas suficientes que demuestren lo contrario. Finalmente, una diferencia importante entre el *modelo* TLC europeo y el *modelo* TLC estadounidense se encuentra en la ausencia de preceptos que permitan al panel pronunciarse en el laudo o informe final sobre el grado de efectos comerciales adversos que haya generado una medida u otro asunto que sea incompatible con las obligaciones del tratado o cause anulación o menoscabo[207].

2. *Parte motiva* o *fundamentos jurídicos del laudo.* Al panel arbitral le corresponde valorar las "alegaciones" de las partes contendientes respecto a la *aplicación de las disposiciones* del TLC, establecidas en escrito de solicitud de establecimiento del panel y en el acta misión, y tener en cuenta los "argumentos" presentados progresivamente para desarrollar y justificar dichas alegaciones, los cuales definen el problema jurídico o la *litis* del procedimiento. Así, el laudo en el *modelo* TLC europeo se rige por la necesidad de que el discernimiento y la solución de los problemas sometidos a conocimiento del panel arbitral sean efectuadas razonadamente, con argumentos ciertos y definidos que queden a la vista para el debido conocimiento de los interesados y de la opinión pública[208].

---

207 Esta omisión es importante ya que una vez el panel determine en su informe el grado de efectos comerciales adversos, las partes contendientes tienen la posibilidad, en la siguiente etapa de cumplimiento, de llegar a una acuerdo sobre una *compensación*, o determinar el *nivel de beneficios* que la parte reclamante puede *suspender*, o también llegar a un acuerdo sobre el *monto de la contribución monetaria anual*, en caso de que no se cumpla la decisión del panel. Cfr. artículos 2016.2 (a) del TLCAN; 22.12 (3) (a) del TLC Chile-EEUU; 20.13 (3) (a) del CAFTA-RD; 21.13 (3) (a) del TLC Perú-EEUU; 21.13 (3) (a) del TLC Colombia-EEUU y 20.12 (3) (a) del TLC Panamá-EEUU. Claro está, para que el panel se pueda pronunciar en el laudo o informe final sobre el grado de efectos comerciales adversos se requiere que una de las partes contendientes formule esta solicitud al panel en los términos de referencia o acta misión. Cfr. artículos 2012.5 del TLCAN; 22.10 (6) del TLC Chile-EEUU; 20.10 (6) del CAFTA-RD; 21.10 (6) del TLC Perú-EEUU; 21.10 (6) del TLC Colombia-EEUU y 20.10 (6) del TLC Panamá-EEUU.

208 Al respeto, el artículo 318.2 del TLC Andino-UE señala que: "el laudo arbitral tendrá carácter público, a menos que las partes en la controversia decidan lo contrario", igualmente el artículo 187.1 del TLC Chile-UE determina que el laudo "se pondrá a disposición pública".

El deber de motivar los laudos constituye un correctivo contra la arbitrariedad en las decisiones jurídicas y, en definitiva, es un medio que permite disuadir en lo posible cualquier afán o sospecha de parcialización[209].

Aquí también es importante señalar que en la segunda parte del laudo se determina por el panel arbitral la norma aplicable, que en el *modelo TLC* europeo es definida, como ya se mencionó en líneas anteriores, por las alegaciones específicas y debidamente sometidas por las partes contendientes[210]. Por tanto, a pesar de que los TLC europeos confieran al panel amplias facultades para desarrollar y controlar el proceso de solución de controversias mediante la solicitud de información o asesoramiento sobre los hechos pertinentes de la diferencia[211], o sobre las normas y principios jurídicos aplicables a tales hechos, o los criterios auxiliares para interpretar estas normas, su margen de acción se encuentra limitado por el objeto y la finalidad del *acta misión*.

---

209 La motivación de los laudos es un principio que tienen las partes en el juicio arbitral para conocer las razones por las que el árbitro dictó el laudo en un determinado sentido, y sirven como un medio de control de racionalidad de los argumentos empleados en el contenido del laudo. De ahí que la violación al orden público por la falta de motivación del laudo se prescribe en numerosos países imperativamente; es decir, el laudo, para ser válido, debe ser motivado y contener las razones a partir de las cuales se haya llegado al resultado alcanzado. Cfr. ALBERT JAN VAN DEN BERG. *The New York Arbitration Convention of 1958. Towards a Uniform Judicial Interpretation*, Deventer, Netherlands, Antwerp, Boston, London, Frankfurt, T.M.C. The Hague, Kluwer Law and Taxation Publishers, Asser Institute, 1981, pp. 377-380. Sin embargo, en la práctica internacional existen muchas diferencias a este respecto. Por ejemplo, los países de la *common law*, no suelen motivar los laudos, contrariamente a lo que ocurre en cuanto a las sentencias judiciales extranjeras donde la motivación sí se ha considerado contraria al orden público, *cfr.*, el estudio a este respecto de MIGUEL GÓMEZ JENE. *El arbitraje comercial internacional en la Unión Europea. La eficacia del laudo arbitral*, Madrid, Colex, 2000, p. 273.

210 El profesor PAUWELYN sostiene que la facultad del panel (en el marco del sistema OMC) para determinar la norma aplicable solamente se encuentra delimitada por cuatro factores: a. Por las *alegaciones de la parte reclamante* que, básicamente, son los preceptos jurídicos contenidos en el sistema OMC o sus acuerdos abarcados, señalados en el escrito de solicitud del panel y el mandato; b. Por *normas de la defensa invocadas por la parte demandada*; c. Por las *normas "relevantes" o "pertinentes"*, *ratione materiae*, *ratione personae* y *ratione temporis*, el panel solo puede emplear aquellas normas que se aplican a los hechos y circunstancias del caso planteado, que hayan sido alegadas, ya sea por la parte reclamante o el demandado, y d. Por las *normas de conflicto* al interior de sistema OMC, cuando dos o más preceptos jurídicos se aplican a los hechos y circunstancias del caso y son contradictorios, un panel debe aplicar las normas de conflicto pertinentes. Así, por ejemplo, los conflictos entre el Acuerdo sobre la OMC y los acuerdos comerciales multilaterales (como el GATT, el AGCS, ADPIC, y el ESD) debe ser resuelto a favor del Acuerdo de la OMC (art. XVI: 3). Cfr. JOOST PAUWELYN. "The Role of Public International Law in the WTO", cit., nota 71, pp. 559 a 561.

211 De esta manera lo interpreta la jurisprudencia de la OMC al señalar que "[...] los grupos especiales tienen el mandato de determinar los hechos del asunto y formular constataciones fácticas. En el cumplimiento de su mandato, los grupos especiales están obligados a examinar y tomar en consideración, no solo las pruebas presentadas por una u otra de las partes, sino todas las pruebas a su alcance, y de evaluar la pertinencia y el valor probatorio de cada elemento de prueba". Cfr. Informe del Órgano de Apelación, en el asunto *Corea-Medida de salvaguardia definitiva impuesta a las importaciones de determinados productos lácteos* (WT/DS98/AB/R), adoptado el 14 de diciembre de 1999, párrafo 137.

Finalmente, la parte motiva, regulada por el párrafo 1 del artículo 312 del TLC Andino-UE[212], es importante para la "solicitud de aclaración del laudo" pues otorga la posibilidad, a cualquiera de las partes en la controversia, de presentar por escrito, dentro de los diez días siguientes a la notificación de la decisión final, una petición para que el panel arbitral esclarezca ciertos aspectos específicos de cualquier determinación o recomendación que considere ambiguos, incluidos aquellos relacionados con el cumplimiento. Como una garantía del derecho de defensa, la otra parte en la controversia también podrá exponer sus comentarios sobre esta solicitud, y el grupo arbitral deberá dar una respuesta dentro de los diez días siguientes a la recepción de la misma.

3. *Parte resolutiva* o *conclusiones.* Tras presentar en las dos anteriores partes del laudo los elementos fácticos y jurídicos que apoyan la emisión de la resolución proferida, el panel debe explicar sus conclusiones de manera específica, es decir, expresar si la medida o asunto es incompatible con el TLC, o si se desestima una determinada pretensión. El laudo formaliza el acto procesal que pone fin al proceso de solución de controversias después de haberse superado sus etapas de consultas y contenciosa. Además, no se considera como una verdadera decisión final aquella que solo realice un estudio sobre los requisitos formales del procedimiento, sin hacer un juicio sobre el objeto de la controversia.

Sin duda, las conclusiones del laudo no pueden concebirse como un acto de "mera aplicación", de acuerdo con las reglas de la subsunción y del silogismo, tampoco como una actividad interpretativa que implica un acto de "creación" jurídica[213], sino como una actividad hermenéutica que está sujeta al marco teleológico y normativo del TLC, y en ningún momento se considera que el panel resuelva un determinado asunto apoyado en su mero capricho o en consideraciones subjetivas. Esta actividad hermenéutica del panel arbitral se limita a lo estrictamente negociado en el acuerdo de que se trate, pues su resolución recae únicamente sobre la interpretación de una disposición y no puede crear nuevos derechos u obligaciones. De hecho, difícilmente se puede hablar de creación de

---

212 Los artículos 45.1 de la Decisión n.º 2/2000 y 41.1 de la Decisión n.º 2/2001 del Consejo Conjunto del TLC regulan otra posibilidad donde "cualquier Parte podrá hacer observaciones por escrito al panel arbitral sobre el informe preliminar dentro de los 15 días siguientes a su presentación". Como se puede ver, dichas observaciones tienen como objeto el *informe preliminar*, sin hacer ninguna referencia al laudo o informe final del panel. El TLC Chile-UE, por su parte, no regula la posibilidad de solicitar aclaraciones del laudo (TLC Andino-UE) ni de presentar observaciones al informe preliminar (TLC México-UE).

213 Sobre la creación de derecho por parte del "juez" existe literatura abundante en los diferentes ámbitos del derecho, en particular en la filosofía del derecho contemporánea, como se advierte en la debate Hart-Dworkin. Cfr. Ronald Dworkin. *Los derechos en serio…*, cit., nota 41; Herbert Hart. *El concepto de Derecho*, Genaro Carrillo (trad.), Buenos Aires, Oxford, Abeleodo-Perrot, 1998.

derecho por parte del panel cuando la norma aplicable siempre estará integrada por las reglas y los principios jurídicos del TLC y excepcionalmente por normas del régimen jurídico de la OMC.

Hechas las anteriores observaciones, se puede concluir que el procedimiento unificado de solución de controversias sobre aplicación e interpretación de los TLC europeos generan un cambio en la naturaleza jurídica de la figura del panel que durante un largo tiempo ha tenido una progresión e importancia cada vez mayor tanto a nivel multilateral, en el mecanismo previsto en el ESD de la OMC, como en los procesos de integración regional, en este caso en los TLC. Ciertamente, los TLC Chile-UE y Andino-UE suponen una innovación claramente dirigida hacia un procedimiento de solución de controversias más "jurisdiccional", que cambia el tradicional rol de "órgano conciliador"[214] consolidado bajo el *modelo TLC* estadounidense, y cuyo objetivo central es encontrar una solución negociada a una diferencia. El panel arbitral regulado en los TLC Chile-UE y Andino-UE comparte algunos de los rasgos clásicos de un "órgano arbitral" del arbitraje internacional, por ejemplo: los panelistas no son miembros permanentes de los órganos resolutorios, sino que son designados caso por caso[215] y pertenecen a distintas profesiones; las decisiones del panel no pueden ser invocadas como precedentes de otros paneles[216], solo sirven como referencia para resolver cuestiones específicas entre las partes contendientes; el laudo como acto "jurisdiccional" del panel, una vez notificado a las partes será, en principio, de estricto cumplimiento. Teniendo en cuenta estos rasgos, la decisión del panel, en palabras de MERINO y CHILLÓN, "[...] no es, a diferencia de lo que ocurre con la del mediador o conciliador, una simple propuesta de arreglo sin valor dirimente alguno; es una verdadera decisión obligatoria"[217].

---

214 MIQUEL MONTAÑÁ MORA. *La OMC y el reforzamiento del sistema del GATT*..., cit., nota 3, pp. 69 y 70

215 A este respecto, MERINO y CHILLÓN sostienen que "[...] el árbitro es un titular ocasional de una función atribuida exclusivamente a los órganos públicos del Estado [...]. Y no puede negarse el carácter público pensando en que la función del arbitraje se limita al simple conocimiento de la controversia, sin poderes para ejecutar sus sentencias o laudos, ni disponer de medios coercitivos para cubrir la fase instructora del proceso". Cfr. JOSÉ MARÍA CHILLÓN MEDINA y JOSÉ F. MERINO MERCHÁN. *Tratado de Derecho Arbitral*..., cit., nota 680, p. 218.

216 Esta característica del laudo en el modelo TLC europeo también es compartida por la jurisprudencia de la OMC al señalar que los informes del Grupo Especial "[...] crean expectativas legítimas en los Miembros de la OMC y, por consiguiente, deben tenerse en cuenta cuando son pertinentes para una diferencia. Sin embargo, no son obligatorios sino para solucionar la diferencia específica entre las partes en litigio". Cfr. Informe del Órgano de Apelación, en el asunto *Japón-Impuestos sobre las bebidas alcohólicas* (WT/DS8/AB/R, WT/DS10/AB/R, WT/DS11/AB/R), adoptado el 4 de octubre de 1996, página, p. 16.

217 JOSÉ MARÍA CHILLÓN MEDINA y JOSÉ F. MERINO MERCHÁN. *Tratado de Derecho Arbitral*..., cit., p. 218.

A pesar de este efecto vinculante del laudo para las partes en la controversia, el *modelo TLC* europeo dispone el "derecho al desistimiento" del Estado reclamante, quien podrá retirar su reclamación en cualquier momento antes de la notificación del informe final a las partes o al órgano central; el TLC Chile-UE exige, además, el consentimiento del Estado demandado[218]. Una vez iniciado cualquier proceso judicial internacional o nacional, la regla general es que termine con un acto del órgano resolutorio, llámese sentencia o laudo, en el que se decide acerca de la conformidad o disconformidad de la pretensión con el Derecho objetivo. Sabido es, sin embargo, que tal pronunciamiento tras la celebración del juicio no constituye la única manera de finalizar el proceso, la teoría del Derecho procesal ha desarrollado ampliamente otra formas de terminación, llamadas "anormales" o "anticipadas"[219], entre las cuales se encuentra el *desistimiento*, cuyo fundamento es el *principio dispositivo*. Junto al desistimiento encontramos otros ejemplos de terminación anormal del proceso, como el allanamiento, la renuncia, la transacción, etc., que eluden el desarrollo completo del mismo y provocan el adelantamiento de la resolución judicial en el tiempo.

El *principio dispositivo* como fundamento del "derecho al desistimiento" del Estado reclamante, entraña tres manifestaciones: i. La activación o puesta en marcha del procedimiento solo puede hacerse a petición de parte, ningún Estado está obligado a ejercer su defensa ante el panel arbitral; ii. Para garantizar los derechos u obligaciones de los Estados el panel arbitral está obligado, por medio del procedimiento y del laudo o informe final, a ser congruente con la pretensión y las excepciones formuladas en el acta misión, y iii. Las partes contendientes son titulares del objeto del procedimiento o *domina litis*[220], esto

---

218 Artículos 45.5 de la Decisión n.° 2/2000; 41.5 de la Decisión n.° 2/2001 del Consejo Conjunto del TLC México-UE y 187.7 del TLC Chile-UE. Según ORTÍZ AHLF, esta "[...] disposición por demás desafortunada, ya que permite a la parte reclamante frente al resultado del informe preliminar desistirse y promover nuevamente su petición, lo cual atenta contra el principio de seguridad jurídica y de cosa juzgada, ambos principios generales del derecho aplicables a todo procedimiento jurídico". Cfr. LORETTA ORTÍZ AHLF. "La solución de controversias en los acuerdos celebrados entre la Unión Europea y México", *Revista Jurídica*, Anuario del Departamento de Derecho de la Universidad Iberoamericana, n.° 30, México, 2000, p. 293. Pese a que el TLC Andino-UE no regula el retiro o desistimiento de la reclamación, en su artículo se establece que "Las partes en la controversia podrán acordar terminar los procedimientos ante un grupo arbitral en cualquier momento, mediante notificación escrita conjunta al presidente del grupo arbitral, con copia al Comité de Comercio".

219 FRANCESCO CARNELUTTI. *Derecho procesal civil y penal*, ENRIQUE FIGUEROA (trad.), Colección Clásicos del Derecho, México, Edit. Pedagógica Iberoamericana, 1997, p. 183; VICENTE GIMENO SENDRA. *Introducción al Derecho procesal*, 5.ª ed., Madrid, Edit. Colex, 2007, pp. 275 y 276; JUAN MONTERO AROCA. "Poderes del Juez y poderes de las Partes", en *Codice Tipo di Procedura Civile per l'America Latina*, II, Univercitá degli studi di Roma, Padova, CEDAM, 1990, p. 150.

220 En este sentido, algunos especialistas en Derecho procesal, como la profesora PÉREZ MARÍN, sostienen que "[...] los derechos e intereses jurídicos que se pueden discutir en el proceso [...] son de dominio

es, en cualquier etapa del mismo pueden finalizar la controversia mediante el mutuo acuerdo entre ellas[221] o de manera unilateral, a través del desistimiento. En efecto, la parte reclamante, como dueña de la pretensión y tras dar inicio al procedimiento del *modelo* TLC europeo, puede decidir ponerle fin con anterioridad a la notificación del laudo y solucionar la diferencia a través de la fórmula que estime conveniente.

En este orden de ideas, el desistimiento, como forma de terminación anticipada del procedimiento de solución de controversias sobre aplicación e interpretación de los TLC europeos, también concreta el *principio de la oportunidad*[222], es decir, un acto promovido por la parte reclamante "[...] con el objetivo de abandonar el ejercicio de la pretensión y, por tanto, del procedimiento, sin que tal petición suponga una disposición del derecho subjetivo"[223], o una renuncia al *fundamento* de su pretensión. No se trata, por consiguiente, de una resolución de la controversia, sino de finalizar el procedimiento sin que se produzca una decisión de fondo. Es justamente la anterior observación la que justifica que la parte reclamante siempre pueda esgrimir el mismo "derecho subjetivo" o fundamento jurídico para presentar una nueva controversia respecto a la misma medida o asunto en una fecha posterior.

---

absoluto de las partes, nadie puede ser obligado a impetrar la tutela jurisdiccional, a ejercitar su defensa ante los tribunales o a esperar la sentencia para finalizar el proceso y [...] el órgano jurisdiccional tampoco puede, en un proceso regido por el principio dispositivo, entablar por sí mismo el juicio". Cfr. María Ángeles Pérez Marín. *El desistimiento en el procedimiento civil*, Barcelona, J. M. Bosch, 2001, p. 57.

221 Así, se regula en el artículo 314 del TLC Andino-UE al disponer que "Las partes en la controversia podrán alcanzar una solución mutuamente convenida sobre una controversia sujeta a lo dispuesto en este Título en cualquier momento. Las partes en la controversia notificarán conjuntamente al Comité de Comercio cualquier solución alcanzada. El procedimiento terminará cuando se notifique la solución mutuamente convenida".

222 Según el profesor Ramos Méndez, el principio de la *oportunidad* garantiza que el proceso no resulte obligatorio, sino que viene motivado por criterios de conveniencia. Cfr. F. Ramos Méndez. *Derecho procesal civil*, t. I, 5.ª ed., Barcelona, 1992, pp. 337 y 338.

223 Yolanda Doig Díaz. *Terminación del proceso por satisfacción extraprocesal*, Madrid, La Ley, 2008, p. 41. En el mismo sentido, cfr. las definiciones de Manuel Ortells Ramos. *Derecho jurisdiccional II, Proceso Civil*, Barcelona, 1994, p. 349, quien sostiene que "el desistimiento es un acto procesal del demandante en virtud del cual abandona o hace dejación del proceso iniciado a su instancia"; María Ángeles Pérez Marín. *El desistimiento en el procedimiento civil*, cit., afirma que "el desistimiento es una declaración de voluntad del actor en la que manifiesta al órgano jurisdiccional su intención de concluir anticipadamente el proceso por no interesarle su resolución mediante sentencia de fondo"; María del Carmen Calvo Sánchez. "El Tribunal Supremo y su postura ante la bilateralidad del desistimiento", *La Ley. Revista Jurídica Española de Doctrina, Jurisprudencia y bibliografía*, n.º 1, 1987, pp. 1048 y ss, señala que "es una declaración de voluntad unilateral del demandante, en virtud de la cual manifiesta su intención de desistir del proceso entablado.

Esta forma de terminación anticipada del procedimiento bajo el *modelo TLC* europeo debería estar parcialmente limitada en los futuros acuerdos, en primer lugar, por el consentimiento de la parte demandada tal como sucede en el párrafo 7 del artículo 187 del TLC Chile-UE. En el TLC México-UE se omite este requisito[224], con lo cual se genera un estado de incertidumbre sobre las obligaciones jurídicas que son objeto de la controversia y se desconoce el interés legítimo del Estado demandado sobre la decisión final, especialmente cuando el panel arbitral ha comunicado el sentido del laudo en su informe preliminar. Así pues, ante el desistimiento del Estado reclamante, el sujeto pasivo no tiene poder suficiente para poder impedir, de ninguna forma, la finalización anticipada del proceso, de suerte que solamente se exige, con fundamento en el principio de la *igualdad de partes*, que el demandado tenga conocimiento de dicha actuación para que pueda tomar las medidas oportunas. Además, se debería limitar el desistimiento por un término de caducidad que impida a la parte reclamante restar *eficacia* al procedimiento y, en particular, a la decisión del panel. Ante un informe preliminar desfavorable, resulta lógico que el Estado reclamante retire su pretensión y promueve una nueva controversia (con el mismo objeto y sujetos), evitando de esta manera los *efectos vinculantes* del laudo. De ahí que debería desistirse antes del informe preliminar, para garantizar el *principio de la economía procesal* y el *principio de la buena fe*.

Teniendo en cuenta los aspectos antes señalados de la etapa contenciosa prevista en el TLC México-UE (como la incorporación del informe preliminar, la omisión del término "laudo", los efectos jurídicos del informe final, etc.) es posible concluir que se asemeja al sistema de solución de diferencias de la OMC, sin ser un esquema estrictamente "diplomático" como el *modelo TLC* estadounidense, ni tan cercano al esquema "jurisdiccional" que caracteriza al TLC Chile-UE y al TLC Andino-UE. En este punto es necesario hacer algunas precisiones para entender mejor la naturaleza *cuasi-jurisdiccional* del TLC México-UE, pues este acuerdo, al igual que el Derecho de la OMC, señala expresamente que: "[c]ada Parte estará *obligada* a tomar las medidas pertinentes para cumplir con el informe final"[225]. Además del carácter obligatorio del informe final, este TLC ordena que "[l]a Parte afectada deberá cumplir con el informe final sin demora"[226]. Como se puede observar, comparativamente, el *modelo TLC* europeo, incluso el TLC México-UE,

---

224 Artículos 45.5 de la Decisión n.° 2/2000 y 41.5 de la Decisión n.° 2/2001 del Consejo Conjunto del TLC México-UE.

225 Artículo 46.1 de la Decisión 2/2001 del Consejo Conjunto del TLC México-UE. (cursiva fuera del texto)

226 Artículo 46.4 de la Decisión 2/2001 del Consejo Conjunto del TLC México-UE.

en cuanto al grado de vinculación de la decisión que resuelve la controversia, es más *jurisdiccional* que el sistema de solución de diferencias previsto en el ESD de la OMC, ya que bajo el procedimiento multilateral el informe final del Grupo Especial o del Órgano de Apelación es presentado al Órgano de Solución de Diferencias –OSD–, el cual adoptará esta decisión o no por consenso y velará por su aplicación entre las partes[227]. Respecto al procedimiento general de solución de controversias del *modelo TLC* estadounidense, la comparación con el *modelo TLC* europeo resulta mucho más lejana, pues el informe final en los acuerdos estadounidenses debe ser aprobado por las partes contendientes, con lo cual el cumplimiento de la decisión del panel estaría sujeto a negociación, es decir, las partes contendientes tienen la "última palabra" en la solución de la controversia y los efectos del "fallo en derecho" se encuentran subordinados al ámbito político.

Una vez analizada la etapa ante el panel arbitral o contenciosa, en las próximas líneas se explicará la última etapa del procedimiento unificado de solución de controversias sobre aplicación e interpretación de los TLC europeos, denominada *etapa de cumplimiento del laudo o informe final*, cuyo objetivo es dotar al mecanismo de eficacia, en tanto refuerza la naturaleza jurisdiccional del panel y garantiza el efecto vinculante de sus decisiones, lo que lo acerca a un verdadero *arbitraje internacional*[228].

3. ETAPA DE CUMPLIMIENTO DEL LAUDO O INFORME FINAL

Esta última etapa se rige por el *principio de la buena fe en el cumplimiento de las obligaciones*, garantizado en todo el Derecho internacional[229]. A partir de dicho

---

227 Artículo 21.6 del ESD de la OMC. En el sistema de solución de diferencias previsto en el ESD de la OMC a los informes definitivos de los Grupos Especiales y del Órgano de Apelaciones se les aplica la *regla del consenso negativo*; en consecuencia, dichas decisiones son el resultado de una ratificación "cuasi-automática" por el Órgano de Solución de Diferencias –OSD–, a menos que este órgano decida no adoptarlo por consenso o mediante votación unánime. Cfr. Artículo 22.6 del ESD de la OMC. Para un mayor estudio sobre este tema, cfr. EDNA RAMÍREZ ROBLES. *Political & quasi-adjudicative dispute settlement models in European Union Free Trade Agreements: Is the quasi-adjudicative model a trend or is it just another model?*, *Staff Working Paper*, n.º 2006-09, Economic Research and Statistics Division, WTO, 2006.

228 Algunos autores consideran el procedimiento del modelo TLC europeo como un verdadero arbitraje internacional debido a que los sujetos que participan son exclusivamente Estados, se aplican las normas de interpretación del Derecho internacional público, la decisión del panel tiene una carácter vinculante y definitivo para las partes en la controversia, los remedios frente al incumplimiento y las contramedidas comparten las mismas reglas y principios del Derecho internacional como la proporcionalidad, etc. Cfr., por ejemplo, LORETTA ORTÍZ AHLF. "La solución de controversias en los acuerdos celebrados entre la Unión Europea y México...", cit., nota 1067, pp. 294 a 296.

229 El *principio de la buena fe en el cumplimiento de las obligaciones* tiene como fundamento jurídico el *principio pacta sunt servanda* del Derecho internacional, expresado en el artículo 26 de la Convención de Viena, que señala "[t]odo tratado en vigor obliga a las partes y debe ser cumplido por ellas de buena fe", y

principio, el objetivo fundamental del procedimiento unificado de solución de controversias sobre aplicación e interpretación de los TLC europeos no es otro que la remoción de la medida, la práctica o cualquier asunto que vulnere las obligaciones o derechos incorporados en sus acuerdos, excluyendo cualquier propósito sancionador o indemnizatorio que repare o castigue los efectos negativos de estas medidas incompatibles[230]. De ahí que una vez el panel establece la existencia de alguna violación de los compromisos pactados en el TLC, las partes contendientes podrán adoptar como *primera solución* la eliminación del incumplimiento determinado en el laudo o informe final[231] y, únicamente si esto no es posible, se aplicará cualquier remedio jurídico autorizado por el acuerdo para exigir el cumplimiento de una obligación y ejercer cierta coacción sobre el Estado infractor para que cese en su conducta. Así se ordena en el párrafo 7 del artículo 310 del TLC Andino-UE:

> La compensación o la suspensión de beneficios [...] serán temporales y no eximirán a la Parte reclamada de su obligación de cumplir con el laudo. Tales recursos se aplicarán sólo hasta que toda medida declarada incompatible con este Acuerdo haya sido eliminada

---

en el artículo 2.2 de la Carta de Naciones Unidas, el cual manifiesta que "Todos los miembros, para asegurar a todos los derechos y las ventajas que resultan de la calidad de miembro, satisfarán de buena fe las obligaciones asumidas por ellos de acuerdo con la actual carta". Para profundizar en el tema, cfr. WILLIAM SLOMANSON. *Fundamental perspectives on International Law*, Wadworth, 6.ª ed., Cengage Lerning, 2010, pp. 367 y 368; SEAN D. MURPHY. *Principles of International Law*, Thomson/West, 2006; ANTONIO REMIRO BROTÓNS *et al. Derecho Internacional Público...*, cit., nota 7, pp. 553 y 554; CARLOS ESPÓSITO. "La Organización Mundial del Comercio y los Particulares", cit., nota 336, pp. 15 y ss.

230 En este punto la jurisprudencia de la OMC resulta útil, pues ha sido clara al excluir cualquier propósito sancionador o indemnizatorio en la naturaleza de las contramedidas y de la compensación. Cfr. Informe del Arbitraje, en el asunto *Comunidades Europeas-Régimen para la importación, venta y distribución de bananas "Banano III"* (WT/DS27/ARB), adoptado el 9 de abril de 1999, párrafo 6.3; Informe del Órgano de Apelación, en el asunto *Estados Unidos-Medida de salvaguardia de transición aplicada a los hilados peinados de algodón procedentes del Pakistán* (WT/DS192/AB/R), adoptado el 8 de octubre de 2001, párrafo 120; Informe del Arbitraje, en el asunto *Brasil-Programa de financiación de las exportaciones para aeronaves-Recurso del Brasil al arbitraje previsto en el párrafo 6 del artículo 22 del ESD y el párrafo 11 del artículo 4 del Acuerdo SMC* (WT/DS46/ARB), adoptado el 20 de agosto de 2000, párrafo 3.55.

231 Así se ordena en el artículo 188.1 del TLC Chile-UE, que señala: "Cada Parte estará obligada a adoptar las medidas necesarias para cumplir con el laudo del grupo arbitral". De la misma manera, el artículo 46.1 de la Decisión 2/2001 del Consejo Conjunto del TLC México-UE, dispone que: "Cada Parte estará obligada a tomar las medidas pertinentes para cumplir con el informe final [...]"; y, finalmente, el artículo 308.1 determina que: "La Parte reclamada adoptará todas las medidas necesarias para cumplir sin demora con el laudo del grupo arbitral". Sin duda, estos artículos del *modelo TLC* europeo son mucho más explícitos en la obligación que tienen las partes de cumplir con la decisión final del panel que el *modelo TLC* estadounidense, tal como se observa en los artículos 2018.2 del TLCAN; 22.14 (2) del TLC Chile-EEUU; 20.15 (2) del CAFTA-RD; 21.15 (2) del TLC Perú-EEUU; 21.15 (2) del TLC Colombia-EEUU y 20.14 (2) del TLCA Panamá-EEUU.

o modificada para cumplir con las disposiciones de este Acuerdo o hasta que las partes en la controversia hayan alcanzado una solución mutuamente convenida.

Teniendo en cuenta lo anterior, el Estado "vencido" deberá cumplir en un plazo de treinta días después de la notificación del laudo con tres obligaciones[232].

La primera, *determinar las medidas específicas requeridas para cumplir con el laudo o informe final.* No obstante el mayor grado de institucionalización logrado a través de *modelo TLC* europeo en comparación con el *modelo TLC* estadounidense, el cumplimiento de la obligaciones previstas en estos acuerdos sigue dependiendo de la actuación aislada de los Estados signatarios, ya que ni el panel arbitral ni el órgano central (Consejo de Asociación, Comité de Asociación o Comité de Comercio) tienen algún poder o instrumento propio de coerción para la ejecución de la decisión final; en cierto modo las partes tienen la posibilidad de escoger entre cumplir con sus obligaciones o seguir infringiéndolas, lo que la literatura especializada ha denominado *option to buy out*[233]. Esta práctica del Estado infractor, que le permite elegir entre asumir los efectos de una contramedida o la compensación y la ejecución de las medidas requeridas para cumplir el laudo, representa otro de los aspectos más cuestionados de la solución de controversias, pues resta eficacia y previsibilidad a los instrumentos internacionales. Un remedio a esta práctica, se encuentra en el *modelo TLC* europeo que exige al Estado "vencido" el cumplimiento pleno del laudo o informe y atribuye a las contramedidas y a la compensación una naturaleza instrumental, persuasiva, provisional y residual[234]. El *modelo TLC*

---

232 Artículos 46.2 de la Decisión 2/2001 del Consejo Conjunto del TLC México-UE; 188.3 del TLC Chile-UE y 308.2 del TLC Andino-UE.

233 El profesor JACKSON realiza algunos cuestionamientos a la posición de autores como BELLO, SYKES y SCHWARTZ, quienes señalan abiertamente la viabilidad de *buy out* las obligaciones en el Derecho de la OMC mediante la utilización de la compensación o la aplicación de medidas de suspensión de beneficios u otras obligaciones. Para JACKSON el cumplimiento de las obligaciones en el régimen jurídico GATT/OMC no desaparece, ni es sustituible jurídicamente mediante ninguna contramedida o por compensaciones. Cfr. JOHN H. JACKSON. "International Law status of WTO Dispute Settlement Report: Obligation to Comply or Option to 'Buy Out'?", cit., nota 772, pp. 109 a 125; WARREN F. SCHWARTZ y ALAN O. SYKES. "The economic Structure of Renegotiation and Dispute Resolution in the World Trade Organization", cit., nota 774, pp. 179-204; JUDITH BELLO. "The WTO Settlement Understanding: Less is More", *The American Journal of International Law*, vol. 90, n.º 3, julio de 1996, pp. 416 a 418.

234 Entre los autores que analizan estas características de los remedios frente al incumplimiento se encuentran, entre otros, JAMES CRAWFORD. "Modos de hacer efectiva la responsabilidad internacional del Estado", cit., nota 775, pp. 329 a 348; ROBERT READ. "Dispute Settlement, Compensation and Retaliation Under the WTO", cit., nota 784; ALDO LIGUSTRO. *Le controversie tra Stati nel diritto del commercio internazionale: dal GATT all'OMC*, cit., nota 797; STEVE CHARNOVITZ. "Rethinking WTO Trade Sanctions", cit., nota 454; XAVIER FERNÁNDEZ PONS. *La OMC y el Derecho Internacional*, cit., nota 22.

europeo impone, además, una obligación de hacer que exige al Estado "vencido" adoptar las medidas específicas necesarias para cumplir con el laudo del panel y regula un mecanismo arbitral en caso de discrepancias entre las partes sobre dichas medidas. A tal efecto, el Estado reclamante tiene la posibilidad de solicitar que se convoque nuevamente al panel "original"[235] para que juzgue (dentro de los cuarenta y cinco días siguientes a la presentación de la solicitud en el TLC Chile-UE y el TLC Andino-UE, y dentro de los sesenta días en el TLC México-UE) y emita un laudo sobre la conformidad de las medidas específicas propuestas por el Estado "vencido" con la decisión que resuelve la controversia o el acuerdo de compensación temporal[236].

La segunda, *ejecutar las medidas específicas en un "plazo razonable"*. Para asegurar un procedimiento de solución de controversias eficaz que beneficie a todos los Estados signatarios, el *modelo TLC* europeo señala como segunda obligación del Estado "vencido" el "pronto cumplimiento" de la decisión final. Así se prevé en el artículo 46.4 de la Decisión 2/2001 del Consejo Conjunto del TLC México-UE, al ordenar que: "[l]a Parte afectada deberá cumplir con el informe final sin demora". Sin embargo, el mismo *modelo TLC* europeo reconoce que no siempre es factible un cumplimiento de estas características, de ahí que permite a las partes de común acuerdo (TLC México-UE) o el Estado vencido (TLC Chile-UE y TLC Andino-UE), o mediante arbitraje (en caso de que se presenten discrepancias entre las partes) definir un "plazo razonable" para ejecutar las medidas específicas y eliminar la infracción determinada en el laudo[237]. La determinación de dicho plazo mediante arbitraje se inicia con la solicitud del Estado reclamante, el cual podrá requerir nuevamente el panel "original" para que fije el periodo de tiempo que considere prudente o razonable para cumplir con el laudo o informe final. La decisión se realizará dentro de los quince días (en el TLC México-UE) o cuarenta y cinco días (en los TLC Chile-UE y Andino-UE) posteriores a la solicitud[238]. El "plazo prudencial" para el cumplimiento del

---

235 Los TLC tanto europeos como estadounidenses denominan "panel original" al órgano *ad hoc* que conoce todo el ínter procesal, es decir, ha juzgado y solucionado la diferencia entre las partes contendientes mediante un laudo o informe final.

236 Artículos 46.5 de la Decisión 2/2001 del Consejo Conjunto del TLC México-UE; 188.4 y 5 del TLC Chile-UE, y 308.3 del TLC Andino-UE.

237 El artículo 308.5 del TLC Andino-UE adiciona que "el plazo razonable [...] podrá ampliarse por mutuo acuerdo de las partes en la controversia".

238 *Ibídem.* Adicionalmente, el TLC Andino-UE regula más detalladamente estas actuaciones en su artículo 309, al disponer que: "La Parte reclamada notificará a la Parte reclamante y al Comité de Comercio de cualquier medida adoptada para poner fin al incumplimiento de sus obligaciones en virtud de este Acuerdo, antes de la expiración del plazo razonable determinado", y "si las medidas notificadas por la Parte reclamada [...] no fueran similares a aquellas notificadas previamente por esa Parte [...], o en

laudo o informe final del *modelo TLC* europeo se inspira en el párrafo 3 del artículo 21 del ESD de la OMC[239]. En este punto, los acuerdos europeos se diferencian del *modelo TLC* estadounidense, que reproduce el artículo 22 del Entendimiento de 1979, el cual se limitaba a ordenar a las Partes Contratantes supervisar los asuntos sobre los que se hicieran recomendaciones y si estas decisiones no eran cumplidas dentro de un período de "tiempo razonable", el Estado reclamante podría solicitar a las Partes Contratantes realizar los esfuerzos necesarios con la finalidad de encontrar una "solución adecuada".

La tercera, presentar *una oferta concreta de compensación temporal.* En esta última obligación, al Estado "vencido" le corresponde informar sobre las medidas transitorias, alternativas a aquellas requeridas para cumplir con el laudo o el informe final dentro del "plazo razonable", o hasta el momento de la ejecución completa de las recomendaciones señaladas por el panel para cumplir con el laudo[240].

En el evento en que se generen discrepancias entre las partes contendientes sobre el contenido de estas obligaciones, el Estado reclamante puede solicitar al panel arbitral "original" que juzgue si las medidas propuestas son compatibles con el laudo, o si el plazo puede considerarse "razonable" y si la propuesta de

---

el caso de que la Parte reclamante haya recurrido al arbitraje [...], y dichas medidas notificadas [...] no fueran similares a las que el grupo arbitral ha determinado como compatibles con este Acuerdo, y en caso de desacuerdo entre las partes en la controversia sobre la existencia de las medidas notificadas o su conformidad con este Acuerdo, la Parte reclamante podrá solicitar por escrito al grupo arbitral original que decida sobre el asunto. Dicha solicitud identificará las medidas específicas en discusión y explicará en qué medida son incompatibles con este Acuerdo. El grupo arbitral notificará su laudo dentro del plazo de 30 días desde la fecha de presentación de la solicitud".

239 Existe una abundante jurisprudencia de la OMC sobre el "plazo prudencial". Así, por ejemplo, a partir del Laudo Arbitral, en el asunto *Comunidades Europeas-Medidas que afectan a la carne y a los productos cárnicos*, *"Hormonas"*, Arbitraje de conformidad con el artículo 21.3(c) del ESD, se determina que el plazo prudencial "debe ser el más breve posible, en el marco del ordenamiento jurídico del Miembro, para aplicar las recomendaciones y resoluciones de la OSD", esto es, entre 15 y máximo 18 meses. Cfr. Informe del Arbitraje, en el asunto *Chile-Sistema de bandas de precios y medidas de salvaguardia aplicados a determinados productos agrícolas* (WT/DS207/13), adoptado el 17 de marzo de 2003, párrafo 34; Informe del Arbitraje, en el asunto *Estados Unidos-Artículo 110(5) de la Ley de Derecho de Autor de los Estados Unidos* (WT/DS160/12), adoptado el 9 de enero de 2001, párrafo 46; Informe del Arbitraje, en el asunto *Canadá-Protección mediante patente de los productos farmacéuticos* (WT/DS114/13), adoptado el 18 de agosto de 2000, párrafo 45; Informe del Arbitraje, en el asunto *Australia-Medidas que afectan la importación del Salmón* (WT/DS18/9), adoptado el 23 de febrero de 1999, párrafo 30; Informe del Arbitraje, en el asunto *Corea-Impuestos a las bebidas alcohólicas* (WT/DS75/16, WT/DS84/14), adoptado el 4 de junio de 1999, párrafo 45; entre otros.

240 Tanto el artículo 188.3 (c) del TLC Chile-UE como el artículo 308.2 (c) del TLC Andino-UE, señalan que el Estado "vencido" deberá realizar, en un plazo de 30 días después de la notificación del laudo: "... una propuesta concreta de compensación temporal hasta la ejecución completa de las medidas específicas requeridas para cumplir con el laudo".

compensación es o no manifiestamente desproporcionada. Esta decisión que resuelve las discrepancias en las obligaciones el Estado "vencido" se emitirá dentro de los cuarenta y cinco días siguientes a la presentación de la solicitud. Ahora bien, de persistir el incumplimiento por parte del Estado "vencido" deberá afrontar una serie de remedios establecidos en los TLC europeos, es decir, podrá ser sometido, en un primer momento, a las medidas de compensación o, posteriormente, a la suspensión de beneficios de acuerdo con la voluntad de la partes contendientes[241].

a. COMPENSACIÓN COMERCIAL

La primera medida alternativa que puede proponer el Estado "vencido", en caso de que no notifique la adopción de ninguna medida para cumplir con el laudo antes de la expiración del plazo razonable, o si el panel decide que la medida notificada es incompatible con acuerdo, es la *compensación*. Sin duda, esta es una medida a través de la cual se restablece entre los Estados contendientes el equilibrio de los derechos y obligaciones incorporados en los TLC y se tutelan sus oportunidades comerciales *pro futuro*[242]. Precisamente por ello las medidas de compensación comercial representan un remedio jurídico de solución provisional a las controversias en el *modelo TLC* europeo[243], remedio que garantiza los principios de *buena fe en el cumplimiento de las obligaciones* y de *reciprocidad* mediante el aumento de concesiones al Estado que sufrió el cumplimiento, tales como un mayor acceso al mercado del Estado infractor o reducciones arancelarias.

La compensación comercial en el *modelo TLC* europeo comparte las mismas características reguladas por el *modelo TLC* estadounidense y por el régimen jurídico de la OMC: es una forma de *cumplimiento alternativo* y *consensuado* autorizada

---

241 Es necesario resaltar que en el *modelo TLC* europeo no se presentan los cuestionamientos relativos a la sucesión de los artículos 21.5 (sobre la compatibilidad de las medidas destinadas a cumplir la recomendaciones y los acuerdos abarcados) y 22 del ESD de la OMC (sobre las medidas de compensación y suspensión de beneficios), ya que el procedimiento de solución de controversias de estos acuerdos establece plazos y etapas para el cumplimiento del laudo. En un primer momento se analizan las medidas adoptadas por el Estado "vencido", luego, de no ser compatibles o no cumplirse tales medidas, las partes podrán acudir a la compensación y, por último, se aplicarán medidas de suspensión de beneficios.

242 ALDO LIGUSTRO. *Le controversie tra Stati nel diritto del commercio internazionale: dal GATT all'OMC...*, cit., nota 797, p. 546.

243 Tanto el artículo 188.3 (c) del TLC Chile-UE como el artículo 308.2 (c) del TLC Andino-UE señalan que el Estado "vencido" deberá realizar, en un plazo de 30 días después de la notificación del laudo, "una propuesta concreta de compensación temporal hasta la ejecución completa de las medidas específicas requeridas para cumplir con el laudo".

únicamente en caso de que el Estado "vencido" no cumpla con las obligaciones establecidas en el acuerdo[244]. Solo hasta ese momento las partes en la controversia se encuentran autorizadas para iniciar negociaciones o consultas con el propósito de acordar una compensación mutuamente aceptable[245], que puede ser una continuación de la compensación temporal o una compensación distinta[246]. En caso de discrepancias entre las partes sobre el contenido de tal acuerdo, el Estado reclamante podrá solicitar al grupo arbitral original que dictamine si la propuesta de compensación es "manifiestamente desproporcionada"[247]. Esta particularidad, regulada por el TLC Chile-UE y el TLC Andino-UE, amplia de cierta manera la valoración de las medidas de compensación comercial, pues al contrario de la suspensión de beneficios no exige que sean medidas de "efecto equivalente". Finalmente, si dentro de los veinte días siguientes a la expiración del plazo razonable, o a partir del momento en que el grupo arbitral decida que la medida notificada es incompatible con el TLC, las partes en la controversia no pudieran llegar mediante las consultas a un acuerdo sobre la compensación comercial, la parte reclamante podrá suspender la aplicación de beneficios otorgados en el acuerdo o sus instrumentos jurídicos abarcados[248]. Es claro que la compensación comercial no siempre responde a las expectativas de las partes contendientes y que, en la práctica, resulta mucho más difícil llegar a un consenso después de agotar el procedimiento complejo, con una etapa de consultas entre los gobiernos y una etapa contenciosa donde la predisposición a la negociación de las partes tanto "vencida" como "vencedora" es bastante limitada.

---

244 Como se mencionó anteriormente, son tres las obligaciones establecidas en el *modelo TLC* europeo: la primera, determinar las medidas específicas requeridas para cumplir con el laudo o informe final; segundo, ejecutar las medidas específicas en un "plazo razonable", y tercero, presentar una oferta concreta de compensación temporal hasta el momento de la ejecución completa de las medidas específicas que considere necesarias para cumplir con el laudo.

245 Artículo 46.6 de la Decisión 2/2001 del Consejo Conjunto del TLC México-UE. Asimismo, cfr. artículos 2018.2 del TLCAN; 22.15 (1) del TLC Chile-EEUU; 20.16 (1) del CAFTA; 21.16 (1) del TLC Perú-EEUU; 21.16 (1) del TLC Colombia-EEUU y 20.15 (1) del TLC Panamá-EEUU.

246 Artículo 310.1 (a) del TLC Andino-UE.

247 Artículos 188.4 del TLC Chile-UE y 308.3 del TLC Andino-UE.

248 Artículos 46.6 de la Decisión 2/2001 del Consejo Conjunto del TLC México-UE y 310.2 del TLC Andino-UE. Por su parte, el artículo 188 del TLC Chile-UE no establece, al igual que el artículo 2019.1 del TLCAN, ningún plazo para compensación. Los demás TLC estadounidenses fijan como término los 30 días siguientes a la recepción del informe final, y solo a partir de ese momento la parte "vencedora" podrá suspender la aplicación de beneficios. Cfr. artículos 22.15 (2) del TLC Chile-EEUU; 20.16 (2) del CAFTA; 21.16 (2) del TLC Perú-EEUU; 21.16 (2) del TLC Colombia-EEUU y 20.15 (2) del TLC Panamá-EEUU.

b. SUSPENSIÓN DE BENEFICIOS U OTRAS OBLIGACIONES

La suspensión de beneficios es una contramedida provisional y unilateral, con un cierto grado de control institucional, que el Estado "vencedor" en el procedimiento de solución de controversias del *modelo TLC* europeo está autorizado a adoptar en respuesta a una infracción que involucre el incumplimiento o la anulación o el menoscabo de beneficios o derechos comerciales comprendidos en el TLC o sus instrumentos jurídicos abarcados. Por tanto, el primer propósito de esta contramedida es restaurar el equilibrio de derechos y obligaciones emanados del acuerdo en ausencia de un ajuste satisfactorio logrado bilateralmente, es decir, contrarrestar los efectos *ex nunc* del incumplimiento o la anulación o menoscabo de beneficios comerciales a través de acciones que implican la inobservancia por el Estado reclamante de una o más obligaciones reguladas en el acuerdo, acción que se encuentra justificada como respuesta al hecho internacionalmente ilícito cometido por el Estado "vencido". El segundo objetivo de esta contramedida consiste en resguardar la previsibilidad y eficacia del TLC, garantizando el respecto del *principio de la buena fe en el cumplimiento de las obligaciones*. A partir de estos objetivos se deduce que la suspensión de beneficios, al igual que la compensación comercial, no tiene una naturaleza sancionadora o punitiva[249], principalmente porque el Estado reclamante o "vencedor" que aplica la contramedida tiene unos límites o reglas y una garantías que intentan evitar cualquier medida arbitraria o simplemente que las medias de suspensión excedan los efectos negativos en el comercio generados por el incumplimiento del laudo[250].

Para que el Estado reclamante aplique cualquier medida de suspensión de beneficios deberá presentarse alguna de las siguientes circunstancias: que el Estado "vencido" no haya notificado las medidas específicas tomadas para el cumplimiento del laudo o informe final antes de la expiración del plazo razonable; o que, mediante arbitraje, el panel decida que las medidas específicas notificadas por el Estado "vencido" son incompatibles con las obligaciones previstas en el

---

249 GARY CLYDE HUFBAUER, JEFFREY SCHOTT, KIMBERLY ANN ELLIOTT y BARBARA OEGG. *Economic Sanctions Reconsidered. History and current policy*..., cit., nota 815; MARGARET P. DOXEY. *International Sanctions in Contemporary Perspective*..., cit., nota 814; DAVID LEIGHTON-BROWN (ed.). *The Utility of International Economic Sanctions*..., cit., nota 815; XAVIER FERNÁNDEZ PONS. *La OMC y el Derecho Internacional*..., cit., nota 22, entre otros.

250 Así por ejemplo, se garantiza que el nivel de beneficios que se pretende suspender tengan un "efecto equivalente" a los beneficios u obligaciones afectadas por la medida que el panel arbitral determinó como violatoria del TLC o sus instrumentos jurídicos abarcados, o al nivel de anulación o menoscabo causado por la medida incompatible.

TLC; o, finalmente, que no se haya logrado un acuerdo sobre la compensación comercial dentro del plazo establecido en el acuerdo[251]. Solamente a partir de este momento el Estado reclamante podrá notificar a su contraparte y al órgano central del *modelo TLC* europeo el nivel de beneficios que se propone suspender[252]. Adicionalmente, el párrafo 7 del artículo 46 de la Decisión 2/2000, así como el párrafo 7 del artículo 42 de la Decisión 2/2001 del Consejo Conjunto del TLC México-UE y el párrafo 7 del artículo 188 del TLC-Chile-UE regulan una serie de *reglas* que garantizan la previsibilidad y seguridad jurídica del procedimiento, al dotar de cierta racionalidad a la suspensión de beneficios[253], pues son pautas que definen unos grados o prioridades en los sectores comerciales en que el Estado reclamante puede aplicar dicha contramedida[254].

En tal contexto, el *modelo TLC* europeo[255] señala las siguientes reglas de aplicación:

– Que los beneficios suspendidos por el Estado reclamante sean dentro del *mismo sector* o *título*[256], que se vean afectados por la medida o cualquier otro asunto que el panel considere incompatible con el acuerdo.

– Autorización para suspender beneficios en *otros sectores comerciales* o *títulos del acuerdo*, en caso que el Estado reclamante juzgue que no es factible ni eficaz suspender beneficios en el mismo sector o título afectado por la medida o cualquier otro asunto. El TLC Chile-UE exige además que se justifique por escrito está ineficacia o imposibilidad práctica.

---

251 Artículos 46.6 de la Decisión 2/2000; 42.6 de la Decisión 2/2001 del Consejo Conjunto del TLC México-UE; 188.6 del TLC Chile-UE y 310.1 y 2 del TLC Andino-UE.

252 En cuanto al término para notificar el nivel de suspensión de beneficios, el artículo 46.8 del TLC México-UE determina que sea a más tardar sesenta días, y el artículo 310.4 del TLC Andino-UE dispone que sea diez días antes de que la suspensión tenga lugar. El artículo 188 del TLC Chile-UE no regula ningún plazo para esta notificación.

253 Extrañamente ni el artículo 310 ni el 311 del TLC Andino-UE incorporan estas reglas para aplicar la suspensión de beneficios.

254 Desde el artículo XXII del GATT de 1947 se establece la suspensión de concesiones como una contramedida frente al incumplimiento del informe, sin embargo, es el artículo 22.3 del ESD de la OMC el que regula expresamente las reglas para aplicar cualquier medida de suspensión de beneficios.

255 Artículos 188.7 del TLC-Chile-UE y 46.7 de la Decisión 2/2001 del Consejo Conjunto del TLC México-UE.

256 El TLC Chile-UE aclara el sentido del término "sector comercial", al substituirlo por la expresión "título", ya que tradicionalmente los TLC estadounidenses han incorporado textualmente las reglas de suspensión de beneficios del sistema de solución de diferencias previsto en el ESD de la OMC, que determinan los sectores de acuerdo a su estructura normativa, concretamente sus anexos: Acuerdo Multilateral sobre comercio de mercancías (Anexo 1.A), Acuerdo General sobre comercio servicios (Anexo1.B) y Acuerdo sobre aspectos de propiedad intelectual relacionados con el comercio (Anexo 1.C). Por consiguiente, en los TLC tanto europeos como estadounidenses se debe interpretar que cada sector comercial en el cual podrá suspender beneficios corresponde a la división de títulos que se encuentra en los textos de cada acuerdo.

– En la selección de los beneficios que se vayan a suspender se debe dar prioridad a aquellos que *menos perturben* el funcionamiento del acuerdo[257]. En esta última regla, el TLC Chile-UE garantiza los objetivos y la finalidad del acuerdo antes que los intereses de uno de sus Estados signatarios.

Se puede concluir que las anteriores reglas, sin duda, procuran que el grado de beneficios que se pretenda suspender no tenga un efecto expansivo en el comercio del Estado "vencido", es decir, que no se utilice en determinados sectores del comercio donde no existen simultáneamente exportaciones afectadas por la medida declarada incompatible en el laudo o afecte importaciones que no tengan ninguna relación con el sector donde se generó la controversia.

Existe otra garantía del *modelo TLC* europeo: la suspensión de beneficios con un "efecto equivalente", con la cual se procura tutelar el principio de la proporcionalidad ampliamente reconocido en el Derecho internacional general[258]. Ciertamente, este principio se integra al catálogo teleológico de los TLC europeos, pues se exige que el Estado reclamante, para aplicar la contramedida, precise el grado de concesiones que pretende suspender en un nivel "equivalente" a la anulación o menoscabo que ocasiona la medida bajo controversia[259]. Es claro el objetivo de esta garantía, eliminar cualquier efecto punitivo de las medias de suspensión, y para asegurar su efectividad el propio *modelo TLC* europeo regula un procedimiento arbitral ante el panel arbitral "original", a quien el Estado "vencido" podrá convocar cuando juzgue que el nivel que se propone suspender *no* es equivalente al nivel de la anulación o menoscabo causado[260], o cuando considere que ha eliminado o modificado la medida que se determinó en el laudo como violatoria de las disposiciones del acuerdo o de los instrumentos jurídicos abarcados, dentro de los cinco días (en el TLC Chile-UE), quince días (en el TLC México-UE) o diez días (en el TLC Andino-UE) siguientes a la notificación de suspensión de beneficios[261]. Dentro de los cuarenta y cinco días

---

257 Artículo 188.7 del TLC-Chile-UE.

258 Así, por ejemplo, en el Proyecto de la Comisión de Derecho Internacional –CID– de 2001 sobre Responsabilidad de los Estados se establece que las contramedidas "[...] deben ser proporcionales al prejuicio sufrido, teniendo en cuenta la gravedad del hecho internacionalmente ilícito y los derechos en cuestión". Cfr. NACIONES UNIDAS. *Informe de la Comisión de Derecho Internacional sobre su 53° período de sesiones...*, cit., nota 812, p. 379.

259 Artículos 46.6 de la Decisión 2/2000; 42.6 de la Decisión 2/2001 del Consejo Conjunto del TLC México-UE; 188.6 del TLC Chile-UE y 310.1 (b) y 310.2 del TLC Andino-EU.

260 Debemos destacar que el *modelo TLC* europeo no exige que se solicite en el acta misión o mandato la determinación por parte del panel arbitral del grado de efectos comerciales adversos o de beneficios anulados o menoscabados, como sucede en el *modelo TLC* estadounidense, en concreto, en los artículos 2012.4 del TLCAN; 22.10 (5) del TLC Chile-EEUU; 20.12 del CAFTA-RD; 21.10 (5) del TLC Perú-EEUU; 21.10 (5) del TLC Colombia-EEUU y 20.10 (5) del TLC Panamá-EEUU.

261 Artículos 46.8 de la Decisión 2/2000; 42.8 de la Decisión 2/2001 del Consejo Conjunto del TLC

siguientes a la presentación de la solicitud el panel deberá emitir una decisión, basada en un juicio de adecuación o equilibrio entre el *grado* de la infracción en las obligaciones del acuerdo (causado por incumplimiento o anulación o menoscabo) que origina la controversia y los *efectos negativos* de la suspensión de beneficios que aplica la parte reclamante. Lógicamente, el Estado reclamante no podrá suspender beneficios hasta que el panel haya finalizado su *análisis cuantitativo* y defina, mediante un laudo, el nivel de beneficios que considere de *efecto equivalente*. Así, el Estado reclamante estará obligado a modificar el nivel aplicado hasta el determinado por el panel, ya que dicha decisión tiene efectos jurídicos definitivos y vinculantes para las partes en la controversia.

El *modelo TLC* europeo también regula un procedimiento de arbitraje para que cualquiera de las partes pueda convocar nuevamente al panel "original" y este decida sobre la conformidad entre las *medidas específicas de ejecución* adoptadas después de la suspensión de beneficios y el acuerdo, de forma que, basado en ese laudo, el panel concluirá si la contramedida se debe dar por terminada o debe ser modificada[262]. En caso de que se decida la terminación de la suspensión de beneficios y el Estado reclamante no cumpla con esta obligación, el párrafo 4 del artículo 311 del TLC Andino-UE dispone que el Estado "vencido" también podrá valerse de esta contramedida en un nivel equivalente al aplicado por el Estado reclamante (en inglés, *cross retaliation*).

Una vez analizada cada etapa del procedimiento de solución de controversias de los TLC europeos se puede concluir que es un modelo "hecho a la medida" para resolver los futuros problemas en la aplicación e interpretación de los derechos u obligaciones "multidimensionales" que han sido acordadas con los países latinoamericanos, los cuales incluyen un amplio número de ámbitos relacionados con el diálogo político, la cooperación y el comercio.

Ahora bien, resulta por lo menos paradójico que la Unión Europea, después de muchas décadas de regular mecanismos de solución de controversias en todos sus acuerdos de libre comercio, con una clara prevalencia del enfoque *diplomático* o *político*, particularmente a lo largo de la historia de la solución de diferencias del antiguo GATT de 1947 y en el actual sistema de solución de

---

México-UE; 188.8 del TLC-Chile-UE y 310.5 del TLC Andino-UE. Asimismo, cfr. artículos 22.15 (3) del TLC Chile-EEUU; 20.16 (3) párrafo 1 del CAFTA-RD; 21.16 (3) párrafo 1 del TLC Perú-EEUU; 21.16 (3) del TLC Colombia-EEUU y 20.15 (3) del TLC Panamá-EEUU, por su parte, en el sistema de solución de diferencias de la OMC, cfr. artículo 22.6 del ESD.

262 Los artículos 46.10 de la Decisión 2/2000 y 42.10 de la Decisión 2/2001 del Consejo Conjunto del TLC México-UE determina como plazo para que el panel emita su dictamen o laudo los 30 días siguientes a la fecha de la solicitud. A su turno, los artículos 188.10 del TLC-Chile-UE y 311.2 del TLC Andino-UE establecen un término de 45 días.

diferencias de la OMC, y siendo el bloque de países europeos el principal opositor de incorporar elementos jurisdiccionales, en los TLC celebrados con los países latinoamericanos decidió cambiar a un modelo *cuasi-jurisdiccional*, integrando muchos de los elementos del arbitraje internacional, *verbi gratia*: los sujetos que participan son exclusivamente los Estados; se aplican las normas de interpretación del Derecho internacional público; la decisión del panel tiene una carácter vinculante y definitivo para las partes en la controversia; los remedios frente al incumplimiento y las contramedidas comparten las mismas reglas y principios del Derecho internacional como la proporcionalidad, etc.

También sorprende que, pese a tener el *modelo TLC* europeo un carácter mucho más jurisdiccional que el *modelo TLC* estadounidense, ninguno de los mecanismos para solucionar las controversias ha sido nunca utilizado. No ha existido hasta la fecha una sola disputa bajo cualquiera de los acuerdos estudiados. Esta ausencia de reclamaciones no significa una inexistencia de conflictos en materia comercial entre los países latinoamericanos y la Unión Europea, sino que los Estados contendientes prefieren resolverlos en el foro multilateral de la OMC.

BIBLIOGRAFÍA

LIBROS Y REVISTAS

ABBOTT, FREDERICK M. "The North American Integration Regimen and its Implications for the World Trade System", en J. H. WEILER (ed.). *The EU, the WTO, and the NAFTA: towards a Common Caw of International Trade*, vol. IX/1, Collected courses of the Academy of European Law, Oxford University Press, 2000.

ABBOTT, FREDERICK M. "Integration without Institutions: The NAFTA Mutation of the EC Model and the Future of the GATT Regime", *American Journal of Comparative Law*, vol. 40, n.° 4, 1992.

ABBOTT, KENNETH; ROBERT KEOHANE, ANDREW MORAVCSIK, ANNE MARIE SLAUGHTER y DUNCAN SNIDAL. "The concept of legalization", *International Organization*, vol. 54, n.° 3, Cambridge, IO Foundation and the MIT, summer-2000.

ABI-SAAB, GEORGES. "The Appellate Body and Treaty Interpretation", en JAN BOHANES, GIORGIO SACERDOTI y ALAN YANOVICH. *The WTO at ten: the contribution of the dispute settlement system*, Cambridge, Cambridge University Press, 2006.

ABI-SAAB, GEORGES. "The WTO dispute settlement and general international law", en R. YERXA y B. WILSON (ed.), *Key issues in WTO dispute settlement: the first ten years*, Cambridge, Cambridge University Press, 2005.

ABI-SAAB, GEORGES. "De la sanction en Droit International. Essay de clarification", en J. MAKARCZYK (ed.). *Theory of International Law at the Threshold of the 21st Century*, The Hague, Kluwer, 1996.

ABI-SAAB, GEORGES. "The Proliferation of Adjudicatory Bodies: Dangers and Possible Answers, Implications of the Proliferation of International Adjudicatory Bodies for Dispute Resolution", *ASIL Bulletin: Educational Resources on International Law*, vol. 9, 1995.

ABLIN, EDUARDO. "Del GATT a la OMC: La evolución del régimen multilateral del comercio y su comprensión", *Guía Práctica del Comercio Exterior*, n.° 40, Buenos Aires, 2006.

ADAME GODDARD, JORGE. "¿Debe un panel binacional, que examina una resolución en materia de cuotas AD o CC, revisar la competencia de la autoridad que la dictó?", *Revista de Derecho Privado*, año 7, n.° 20, McGraw-Hill, mayo-agosto 1996.

ADAME GODDARD, JORGE. "Las controversias en el Tratado de Libre Comercio de América del Norte", *Revista de Derecho Internacional Privado*, n.° 18, 1995.

ADEBUKOLA A., ELESO. "WTO Dispute Settlement Remedies: Monetary Compensation as an Alternative for Developing Countries", *The Berkeley Electronic Press*, *Legal Series*, Paper 1378, 2006.

ALDECOA LUZÁRRAGA, FRANCISCO y MERCEDES GUINEA LLORENTE. *La Europa que viene: el Tratado de Lisboa*, 2.ª ed., Madrid, Marcial Pons, 2010.

ALONSO, JOSÉ ANTONIO. "Del GATT a la OMC: la nueva ordenación del Comercio Internacional", *Meridiano Ceri*, n.º 2, marzo, 1995.

ÁLVAREZ, FRANCISCO y JUAN FRANCISCO MOLTALBÁN CARRASCO. "Un nuevo modelo de relaciones Unión Europea-México (II)", *Boletín Económico de Información Comercial Española* –ICE–, n.º 2518, 14 al 20 de octubre de 1996.

ÁLVAREZ-JIMÉNEZ, ALBERTO. "The WTO Appellate Body decision-making process: A perfect model for international adjudication?", *Journal of International Economic Law*, vol. 12, n.º 2, Oxford, Oxford University Press, 2009.

ANDERSON, KYM. *Peculiarities of Retaliation in WTO Dispute Settlement*, Centre for International Economic Studies, Discussion Paper n.º 0207, Adelaide University, Australia, 2002.

ARCHER, CLIVE. *International Organizations*, 3.ª ed., London, Routledge, 2001.

ARNÁLDEZ, JEAN-JACQUES. "L'acte déterminant la mission de l'arbitre", en *Etudes offertes à Pierre Bellet*, Paris, Litec, 1992.

ARNAUD, ANDRÉ-JEAN. "Legal Pluralism and the Building of Europe", en PETERSEN, H. y ZAHLE, H. (eds.). *Legal Polycentricity: Consequences of Pluralism in Law*, Dartmouth, 1995.

ATTINÁ, FULVIO. *El sistema político global. Introducción a las relaciones internacionales*, Barcelona, Paidós Ibérica, 2001.

ÁVILA ÁLVAREZ, ANTONIO; JUAN ANTONIO CASTILLO URRUTIA y MIGUEL ÁNGEL DÍAZ MIER. *Regulación del Comercio Internacional tras la Ronda de Uruguay*, Madrid, Tecnos, 1994.

BABU, R. RAJESH. *Remedies Under the WTO Legal System*, Nijhoff International Trade Law Series, vol. 11, Leiden- Boston, Martinus Nijhoff Publishers, 2012.

BADIA MARTÍN, ANA MARÍA. *el arreglo pacífico de controversias en la organización de las Naciones Unidas*, Barcelona, José María Bosch ed., 1994.

BAGWELL, KYLE. "Remedies in The WTO: An Economic Perspective", en *Discussion Paper Series* n.º 0607-09, New York, Department of Economics, Columbia University, 2007.

BALDWIN, RICHARD. "Managing the noodle bowl: The fragility of East Asian regionalism", *The Singapore Economic Review*, vol. 53, n.º 3, 2008.

BALDWIN, RICHARD. "Multilateralising regionalism: spaghetti bowls as building blocks on the path to global free trade", *The World Economy*, vol. 29, n.º 11, 2006.

BALVIS, JORGE. "¿Algo más que un TLC? Los Acuerdos de Asociación Centroamérica-Unión Europea", en *Nueva Sociedad* n.º 209, Buenos Aires, mayo-junio de 2007.

BARTELS, LORAND. "Applicable Law in WTO Dispute Settlement Proceedings", *Journal of World Trade*, vol. 35, n.º 3, 2001.

BARTELS, LORAND. *Human Rights Conditionality in the EU's International Agreements*, Oxford, Oxford University Press, 2005.

BELLO, JUDITH. "The WTO Settlement Understanding: Less is More", *The American Journal of International Law*, vol. 90, n.º 3, july-1996.

BENADAVA, SANTIAGO. *Derecho Internacional Público*, 6.ª ed., Santiago, Editorial Jurídica Cono Sur, 1999.

BERMAN, PAUL. "Global Legal Pluralism", *Southern California Review*, vol. 80, 2007.

BERMEJO GARCÍA, ROMUALDO y LAURA SAN MARTÍN SÁNCHEZ DE MUNIAIN. "Del GATT a la Organización Mundial de Comercio. Análisis y perspectivas de futuro", *Anuario de Derecho Internacional*, n.º 12, 1996.

BERMEJO GARCÍA, ROMUALDO. "El conflicto agrícola entre los Estados Unidos y la Unión Europea a la luz de la Ronda de Uruguay", *Revista de Instituciones Europeas*, vol. 22, n.º 3, 1995.

BHAGWATI, JAGDISH. "Regionalism versus Multilateralism", *World Economy*, 1992.

BHAGWATI, JAGDISH y HUGH PATRICK (eds.). *Aggressive Unilateralism: America's 301 Trade Policy and the World Trading System*, University of Michigan Press, 1990.

BIANCHI, ANDREA; LORENZO GRADONI y MÉLANIE SAMSON. *Developing Countries, Countermeasures and WTO Law: Reinterpreting the DSU against the Background of International Law*, Geneva, Switzerland, International Centre for Trade and Sustainable Development (ICTSD), 2010.

BIGGS, GONZALO. "El procedimiento de solución de controversias de la OMC. La experiencia de América Latina y el Caribe", *Revista de la Comisión Económica para América Latina y el Caribe* (CEPAL), n.º 86, Santiago de Chile, agosto 2005.

BIGGS, GONZALO. "Aspectos institucionales y jurídicos de una eventual incorporación de Chile al NAFTA", *Estudios Públicos* n.º 57, 1995.

BINDSCHEDLER-ROBERT, DENISE. "Le règlement des différends relatifs au Statut d'un Organisme international", en *Recueil des Cours de l'Académie de Droit International*, vol. 124, 1968-II.

BIZZOZERO, LINCOLN. "El Acuerdo de Asociación entre Mercosur y la Unión Europea: Una lenta y larga negociación", *Revista de Economía*, Información Comercial Española –ICE–, Relaciones Económicas UE-América Latina, n.º 806, abril-2003.

BLANC ALTEMIR, ANTONIO. "El Acuerdo de Asociación entre la Unión Europea y Chile: Algo más que un Tratado de Libre Comercio", *Anuario de Derecho Internacional de la Universidad de Navarra*, vol. XX, 2004.

BLÁZQUEZ NAVARRO, IRENE. "La distribución de competencias económicas en la UE. Aplicabilidad de los principios de subsidiariedad y proporcionalidad", *Revista de Economía*, Información Comercial Española –ICE–, el modelo económico de la UE, n.º 820, enero-febrero, 2005.

BLÁZQUEZ NAVARRO, IRENE. "Cumplimiento del Derecho Internacional en el sistema de solución de diferencias de la OMC", *Revista Española de Derecho Internacional*, vol. LVIII, 2006, n.º 1, Madrid, Boletín Oficial del Estado, 2007.

BLISS, JULIA CHRISTINE. "GATT Dispute Settlement Reform in the Uruguay Round: Problems and Prospects", *Stanford Journal of International Law*, vol. 23, 1987.

BOGDANDY, ARMIN VON. "The Non-Violation Procedure of Article XXII: 2 GATT: Its Operational Rationale", *Journal World Trade*, vol. 26, 4, 1992.

BORN, GARY. *International Commercial Arbitration*, Kluwer Law International, vol. I, 2009; Y. DERAINS y E. SCHWARTZ. *Guide to the ICC Rules of Arbitration*, 2.ª ed., Londres, Kluwer Law International, 2005.

BOU FRANCH, VALENTÍN (coord.), *Nuevas controversias internacionales y nuevos mecanismos de solución*, Valencia, Tirant lo Blanch, 2005.

BOUZAS, ROBERTO; SUSANNE GRATIUS, HERNÁN SOLTZ y STÉPHAN SBERRO. "Teoría y práctica de las instituciones y procesos de decisión", en S. GRATIUS (ed.), *Mercosur y NAFTA: instituciones y mecanismos de decisión en procesos de integración asimétricos*, vol. 3, Madrid, Iberoamericana, 2008.

BOWN, CHAD. "Participation in WTO Dispute Settlement: Complainants, Interested Parties, and Free Riders", *The World Bank Economic Review*, 24 de agosto de 2005.

BOWN, CHAD. "On the economics success of GATT/WTO Dispute Settlement", *The Review of Economics and Statistics*, vol. 86, n.º 3, agosto de 2004.

BOWN, CHAD. "Developing Countries as Plaintiffs and Defendants in GATT/WTO Trade Disputes", *The World Economy*, Blackwell Publishing, vol. 27, n.º 1, 2004.

BRADLEY, A. JANE. "Implementing the Results of GATT Panel Proceedings: An Area for Uruguay Round Consideration", en E.-U. PETERSMANN y M. HILF (eds.). *The New GATT Round of Multilateral Trade Negotiations. Legal and Economic Problems*, Kluwer, 1988.

BRONZ, GEORGE. "An ITO: the Second Attempt", *Harvard Law Review*, vol. 69, n.º 3, January 1956.

BROWER, CHARLES H. "NAFTA's Investment Chapter: Initial Thoughts about Second-Generation Rights", *Vanderbilt Journal of Transnational Law*, vol. 36, 2003.

BROWNLIE, IAN. *Principles of Public International Law*, Oxford University Press, 7th ed., 2008.

BUSCH, MARC L. y KRZYSZTOF J. PELC. "Does the WTO need a Permanent Body of Panelists?", *Journal of International Economic Law*, vol. 12, n.º 3, 2009.

BUSCH, MARC y ERIC REINHARDT. "Developing Countries and General Agreement on Tariffs and Trade/World Trade Organization Dispute Settlement", *Journal of World Trade*, vol. 37, n.º 4, 2003.

BUSCH, MARC y ERIC REINHARDT. "Bargaining in the Shadow of the Law. Early Settlement in GATT/WTO Disputes", en *Fordham International Law Journal*, vol. 24, n.º 158, 2000-2001.

CABALLEROS, RÓMULO. "Centroamérica: los retos del Acuerdo de Asociación con la Unión Europea", en *Serie Estudios y Perspectivas*, n.º 102, Comisión Económica para América Latina y el Caribe (CEPAL), México, julio, 2008.

CAI, PHOENIX. "Making WTO Remedies Work for Developing Nations: The Need for Class Actions", *Emory International Law Review*, vol. 25, 2011.

CAMARILLO, OMAR. "El TLC y el Sistema de Resolución de controversias", en el *Seminario Internacional sobre Resolución de Controversias Comerciales en América del Norte*, México, Instituto de Investigaciones Jurídicas, Universidad Nacional Autónoma de México –UNAM–, 1993.

CAMERON, JAMES y KAREN CAMPBELL (eds.). *Dispute Resolution in the World Trade Organization*, London, Cameron May, 1998.

CANAL-FORGUES, ERIC. "Sur l'interprétation dans de droit de l'OMC", *Revue Générale de Droit International Public*, n.° 2001/1, 1.er trimestre, 2001.

CANAL-FORGUES, ERIC. *L'Institution de la conciliation dans le cadre du GATT. Contribution à l'étude de la structuration d'un mécanisme de règlement des différends*, Bruxelles, Bruylant, 1993.

CANNIZZARO, ENZO. *Il principio della proporzionalità nell' ordinamento internazionale*, Giuffre, Milano, 2000.

CARBAUGH, ROBERT. *Economía internacional*, 12.ª ed., Cengage Learning Editores, 2009.

CARDERERA SOLER, LUIS. "La Organización Mundial del Comercio", *Boletín Económico de Información Comercial Española*, n.° Extraordinario, 1994.

CARMONA LARA, MARÍA DEL CARMEN. "Integración económica y Acuerdo de libre Comercio con América del Norte. Mecanismos de solución de controversias", *Boletín mexicano de Derecho Comparado*, Nueva Serie, año XXVIII, n.° 82, Enero- Abril, 1995.

CARREAU, DOMINIQUE; THIÉBAUT FLORY y PATRICK JUILLARD. *Droit International Économique*, Paris, Dalloz, 3.ª ed., 2007.

CARRILLO POZO, LUIS FRANCISCO. "El arbitraje comercial internacional", en *Boletín Económico de Información Comercial Española* –ICE–, n.° 2456, del 22-28 de mayo de 1995.

CASTEL, JEAN-GABRIEL. "The Uruguay Round and the Improvements to the GATT Dispute Settlements Rules and Procedures", *International & Comparative Law Quarterly*, vol. 38, Cambridge, Cambridge University Press, 1989.

CASTILLO URRUTIA, JUAN ANTONIO. "La Judicialización de la Normativa Multilateral sobre Comercio Internacional", *Noticias de la Unión Europea*, n.° 129, octubre 1995.

CAVAZOS VILLANUEVA, GABRIEL y LUIS F. MARTÍNEZ SERNA. *Private Parties in the NAFTA Dispute Settlement Mechanisms: The Mexican Experience*, New Orleans, Louisiana, Tulane Latin America Law Institute, 2002.

CHARNOVITZ, STEVE. "Dejar que entre el sol: Una opinión sobre el examen del Entendimiento sobre Solución de Diferencias", en *Solución de Controversias Comerciales Inter.-Gubernamentales: En foques Multilaterales y Regionales, Instituto para la Integración de América Latina y el Caribe*, 1.ª ed., Buenos Aires, 2004.

CHARNOVITZ, STEVE. "Rethinking WTO Trade Sanctions", *America Journal of International Law*, vol. 95, n.° 792, 2001.

Chillón Medina, José María y José Fernando Merino Merchán. *Tratado de Derecho Arbitral*, Civitas, 3.ª ed., Madrid, 2006.

Chwartz, Warren F. y Alan O. Sykes. "The Economic Structure of Renegotiation and Dispute Resolution in the World Trade Organization", *Journal of Legal Studies*, vol. 31, The University of Chicago Press, 2002.

Cienfuegos Mateo, Manuel. "La asociación entre la Unión Europea y el Mercosur: ¿una historia interminable?", *Revista General de Derecho Europeo* n.º 20, 2010.

Cocuzza, Claudio y Andrea Forabosco. "Il sistema di risoluzione delle controversie commerciali tra stati dopo l'Uruguay Round del gatt", *Diritto del Commercio Internazionale*, vol. 10, n.º 1, 1996.

Collins, Lawrence; David McClean, Jonathan Harris *et al. Dicey, Morris & Collins on the Conflict of Laws*, 14.ª ed., London, Sweet & Maxwell, 2006.

Combe, Emmanuel. *L'Organisation Mondiale du Commerce*, Paris, Armand Colin, 1999.

Condon, Bradly J. *El derecho de la Organización Mundial de Comercio. Tratados, jurisprudencia y práctica*, London, Cameron May, 2007.

Cordero-Moss, Giuditta (ed.). *International Commercial Arbitration: Different Forms and their Features*, Cambridge, Cambridge University Press, 2013.

Corral, María Maesso y Raquel González Blanco. "Las relaciones comerciales entre la Unión Europea y América Latina: de la marginación al entendimiento", *Boletín Económico de Información Comercial Española* –ice–, n.º 2649, 2000.

Cot, Jean-Pierre. *La Conciliacion Internationale*, Paris, Éditions A. Pedone, 1968.

Cottier, Thomas y Nadakavukaren Schefer. "Non-Violation Complaints in wto/gatt Dispute Settlement: Past, Present and Future", en Petersmann, E.-U. (ed.). *International Trade Law and the wto/gatt Settlement Dispute*, Kluwer Law International, 1997.

Crawford, James. "Modos de hacer efectiva la responsabilidad internacional del Estado", en *Los artículos de la Comisión de Derecho Internacional sobre la responsabilidad internacional del Estado. Introducción, texto y comentarios*, Universidad de Cambridge, Edit. Dykinson, Sección Tercera, Capítulo ii, 2004.

Crawford, James. "The Relationship between Sanctions and Countermeasures", a contribution to the Colloquium of the Graduate Institute of International Studies, Geneva, on *United Nations Sanctions and International Law*, 1999.

CREMADES, BERNARDO M. e IGNACIO MADALENA. "Procedimientos paralelos en el Arbitraje Internacional", *Revista de la Corte Española de Arbitraje*, 2008.

CREMADES, BERNARDO y DAVID CAIRNS. "El arbitraje en la encrucijada entre la globalización y sus detractores", *Revista La Ley*, n.º 5538, 7 de mayo de 2002.

CREMADES, BERNARDO. *Arbitraje comercial internacional*, Banco Exterior de España, Servicio de Estudios Económicos, Madrid, 1981.

CRIDDLE, EVAN. "The Vienna Convention on the Law of Treaties in U.S. Treaty Interpretation", *Virginia Journal of International Law*, vol. 44, n.º 2, 2004.

CRUZ BARNEY, ÓSCAR. "El control constitucional de las resoluciones antidumping y los paneles del artículo 1904 del Tratado de Libre Comercio de América del Norte", en *Anuario mexicano de derecho internacional*, vol. 9, Universidad Nacional Autónoma de México, 2010.

CRUZ MIRAMONTES, RODOLFO y ÓSCAR CRUZ BARNEY. "Diez años del Capítulo XX: solución de controversias entre las partes del Tratado de Libre Comercio de América del Norte", en WITKER, J. (coord.). *El tratado de Libre Comercio de América del Norte. Evaluación jurídica: diez años después*, Universidad Nacional Autónoma de México –UNAM–, 2005.

CRUZ MIRAMONTES, RODOLFO. *Las relaciones comerciales multilaterales de México y el Tratado de Libre Comercio con la Unión Europea*, Instituto de Investigaciones Jurídicas de la Universidad Nacional Autónoma de México, México, 2003.

CRUZ MIRAMONTES, RODOLFO. *El TLC: controversias, soluciones y otros temas conexos*, 2.ª ed., México, Porrúa, 2002.

CRUZ MIRAMONTES, RODOLFO. "El capítulo XIX del Tratado Trilateral de Libre Comercio", en AA.VV., *Prácticas desleales del comercio internacional (*antidumping*)*, Serie I, Estudios de Derecho Económico n.º 26, UNAM, Instituto de Investigaciones Jurídicas, México, 1995.

CURZON, GERARD y VICTORIA CURZON. "GATT: 'Traders' Club'", en COX, R. y JACOBSON, H. (eds.). *The Anatomy of Influence. Decision Making in International Organization*, Yale University Press, 1974.

CURZON, GERARD. *Multilateral Commercial Diplomacy: The General Agreement on Tariffs and Trade and Its Impact on National Commercial Policies and Techniques*, Michael Joseph Books, 1965.

DAM, KENNETH. *The GATT. Law and International Organization*, Chicago, University of Chicago Press, 1970.

Das, Bhagirath. *The wto and the Multilateral Trading System. Past, Present and Future*, Red del Tercer Mundo and Zed Books, 2004.

Davey, William y André Sapir. "The Soft Drinks Case: The wto and Regional Agreements", *World Trade Review*, vol. 8, n.º 1, 2009.

Davey, William. "Dispute Settlement in the wto and rtas: A Comment", en Bartels, L. y Ortino, F. (eds.). *Regional Trade Agreements and the wto Legal System*, New York, Oxford University Press, 2006.

Davey, William. "The wto/gatt World Trading System: An overview", en Pescatore P., Davey, W. y Lowenfeld, A. (eds.). *Handbook of wto/gatt Dispute Settlement*, vol. 1, Kluwer Law International, 1997.

Davey, William. "gatt Dispute Settlement: the Montreal Reforms", en Dearden, Richard G. *et al. Living with Free Trade: Canada, The Free Trade Agreement and the gatt*, Institute for Research on Public Police-Centre for Trade Policy and Law, 1989.

Davey, William. "Dispute Settlement in gatt", *Fordham International Law Journal*, vol. 11, n.º 1, 1987.

Davies, Arwel. "Reviewing Dispute Settlement at the World Trade Organization: A Time to Reconsider the Roles of Compensation", *World Trade Review*, vol. 5, Issue 1, 2006.

Davis, Christina L. y Sarah Blodgett Bermeo. "Who Files? Developing Country Participation in gatt/wto Adjudication", *The Journal of Politic*, vol. 71, n.º 3, 2009.

De la Cruz Iglesias, Lorilla. "Las comunicaciones *amicus curiae* en el mecanismo de solución de diferencias de la Organización Mundial del Comercio: el asunto Amianto", *Revista Española de Derecho Internacional* vol. 54, n.º 1, 2002.

De la Peña, Alejandro. "Principales retos para el sistema multilateral de comercio en los próximos años", *Foro Internacional, vol.* xli, n.º 2, México, Colegio de México, 2001.

Del Arenal, Celestino. "Las relaciones entre la UE y América Latina:¿ abandono del regionalismo y apuesta por una nueva estrategia de carácter bilateralista?", en *Boletín Elcano* n.º 116, Madrid, Real Instituto Elcano, 2009.

Del Arenal, Celestino. "Los Acuerdos de Cooperación entre la Unión Europea y América Latina (1971-1997): evolución, balance y perspectivas", *Revista Española de Desarrollo y Cooperación* n.º 1, otoño-invierno de 1997.

DELICH, VALENTINA. "Latinoamérica y el sistema de solución de diferencias de la Organización Mundial del Comercio", *La nueva agenda del comercio en la OMC*, Bogotá, Universidad del Rosario, 2000.

DELPIANO LIRA, CRISTIÁN. "El mecanismo de solución de diferencias de la OMC. Un elemento de seguridad y previsibilidad en el sistema multilateral de comercio", *Revista de Derecho Universidad Católica del Norte*, Sección Ensayos, año 18, n.º 1, 2011.

DELPIANO LIRA, CRISTIÁN. "La cláusula de exclusión de foros del Acuerdo de Asociación entre Chile y la Unión Europea en el mecanismo de solución de controversias de la OMC", *Revista Chilena de Derecho*, *vol.* 33, n.º 2, 2006.

DEMARET, PAUL. "Metamorphoses of the GATT: From the Havana Charter to the World Trade Organization", *Columbia Journal of Transnational Law*, vol. 34, 1996.

DE MATEO, FERNANDO. "México y la búsqueda de espacios: hacia un TLC con la Unión Europea", *Comercio Exterior*, México, vol. 49, n.º 6, junio-1999.

DE MESTRAL, ARMAND. "NAFTA Dispute Settlement: Creative experiment or confusion?", en Paper presented at the *Regional Trade Agreements and the WTO Legal System* conference, organized by the British Branch of the International Law Association, Edinburgh, 27-28 de mayo 2005.

DENMAN, ROY. "International Trade Disputes Panel, Can GATT Resolve International Trade Dispute?", *American Society of International Law*, vol. 77, 1983.

DERAINS, YVES y ERIC SCHWARTZ. *A Guide to ICC Rules of Arbitration*, 2.ª ed., The Hague, Kluwer Law International, 2005.

DÍAZ, LUÍS MIGUEL y ANTONIO GARZA. "Los mecanismos de solución de controversias del Tratado de Libre Comercio de América del Norte", *Revista de Investigaciones Jurídicas, Escuela Libre de Derecho*, año 17, n.º 17, México, 1993.

DÍAZ MIER, MIGUEL ÁNGEL. *Del GATT a la Organización Mundial del Comercio*, Madrid, Síntesis, 1996.

DÍAZ MIER, MIGUEL ÁNGEL. "La Ronda de Uruguay y la PAC", *Papeles de Economía*, n.º 50, 1994.

DIEBOLD, WILLIAM. "The End of the ITO", en *Essays in International Finance*, n.º 16, New Jersey, Princeton University, 1952.

DÍEZ DE VELASCO VALLEJO, MANUEL. *Instituciones de Derecho Internacional Público*, 16.ª ed., Madrid, Tecnos, 2007.

Díez de Velasco Vallejo, Manuel. *Las Organizaciones Internacionales*, 16.ª ed., Madrid, Tecnos, 2010.

Díez-Hochleitner Rodríguez, Javier. "El incierto futuro de los acuerdos bilaterales sobre protección de inversiones celebrados por los Estados Miembros de la Unión Europea", *Revista Española de Derecho Europeo*, n.º 33, Civitas, 2010.

Doxey, Margaret P. *International Sanctions in Contemporary Perspective*, New York, St. Martin's Press, 1987.

Dupuy, Pierre-Marie. "Un débat à l´ère de la globalisation: sur la fragmentation du droit international", *European Journal of Legal Studies* (*EJLS*), vol. 1, 2007.

Echandi, Roberto y Robert, Carolyn. "Instituciones regionales y mecanismos de solución de controversias", en *Más allá de las fronteras: el nuevo regionalismo en América Latina*, Banco Interamericano de Desarrollo, 2002.

Ehlermann, Claus-Dieter. "Experiences from the Appellate Body", *Texas International Law Journal*, n.º 38, 2003.

Ehlermann, Claus-Dieter. "Six Years on the Bench of the 'World Trade Court', Some Personal Experiences as a Member of the Appellate Body of the World Trade Organization", *Journal of World Trade*, vol. 36, n.º 4, 2002.

Eichmann, Erwim P. "Procedural Aspects of GATT Dispute Settlement: Moving towards Legalism", *International Tax & Business Lawyer*, vol. 8, 1990.

Espinosa Soto, Álvaro. "Algunas reflexiones sobre la solución de diferencias en la Organización Mundial del Comercio", *Revista del Instituto de Estudios Internacionales de la Universidad de Chile*, n.º 162, 2009.

Espósito, Carlos E. *La Organización Mundial del Comercio y los Particulares*, Madrid, Dikinson, 1999.

Esteve Garcia, Francina. "Alcance de las competencias externas de la Unión Europea en el Tratado de Lisboa", *Revista General de Derecho Comunitario*, n.º 16, 2008.

Fawcett, James (ed.). *Declining Jurisdiction in Private International Law*, Oxford Monographs in Private International Law, 1995.

Fernández Casadevante Romaní, Carlos. *La interpretación de las normas internacionales*, Pamplona, Aranzadi, 1996.

Fernández de Castro, Rafael. *Las consecuencias institucionales del TLCAN*, Mimeo, mayo, 2001.

Fernández de Castro, Rafael y Claudia Ibargüen. "Las instituciones del TLCAN: una evaluación a cinco años", en Leycegui, B. y Fernández de Castro, R. (coord.). *TLCAN ¿socios naturales?: cinco años del Tratado de Libre Comercio de América del Norte*, ITAM-M.A., México, Porrúa, 2000.

Fernández Liesa, Carlos R. "América Latina y la Unión Europea: Especial referencia a la práctica convencional", *Cuadernos Jurídicos*, n.º 3, 1992.

Fernández Pons, Xavier. "Derecho Internacional Económico", en Sánchez, V. M. (dir.). *Derecho Internacional Público*, Barcelona, Huygens Editorial, 2009.

Fernández Pons, Xavier. *La OMC y el Derecho Internacional. Un estudio sobre el sistema de solución de diferencias de la OMC y las normas secundarias del Derecho internacional general*, Marcial Pons, Barcelona, 2006.

Fernández Rozas, José Carlos. *Sistema del Comercio Internacional*, Madrid, Civitas, 2001.

Fitzpatrick, John P. "The Future of the North American Free Trade Agreement: A Comparative Role of Regional Economic Institutions and the Harmonization of Law in North America and Western Europe", *Houston Journal of International Law*, vol. 19, n.º 1, 1996.

Fix Fierro, Héctor y Sergio López Ayllón. "Comunicación entre culturas jurídicas: los paneles binacionales del Capítulo XIX del TLCAN", *Revista de Derecho Privado*, año 8, n.º 23, mayo-agosto de 1997.

Flory, Thiébaut. "L'évolution des régimes juridiques du GATT depuis les Accords Tokyo Round de 1979", *Journal du Droit International*, n.º 2, 1986.

Flory, Thiébaut. "Les Accords du Tokyo Round du GATT et la réforme des procédures de règlement de différends dans le système commercial interétatique", *Revue General de Droit International Public*, n.º 2, abril-junio 1982.

Flory, Thiébaut. *Le GATT, Droit International et Commerce Mondial*, Paris, LGDJ, 1968.

Footer, Mary. *An Institutional and Normative Analysis of the World Trade Organization*, Martinus Nijhoff Publishers, 2006.

Footer, Mary. "Developing Country Practice in the Matter of WTO Dispute Settlement", *Journal of World Trade*, vol. 35, n.º 1, 2001.

Freres, Christian L. y José A. Sanahuja. *América Latina y la Unión Europea: estrategias para una asociación*, Barcelona, Icaria Editorial, 2006.

FUKUNAGA, YUKA. "Securing Compliance through the WTO Dispute Settlement System: Implementation of DSB Recommendations", *Journal of International Economic Law*, vol. 9, n.° 2, 2006.

GAILLARD, EMMANUEL. *Aspects philosophiques du droit de l'arbitrage internacional*, La Haya, Martinus Nijhoff Publishers, Académie de Droit International de La Haya, 2008.

GAINES, SANFORD. "Comments on Dispute Settlement Issues Under NAFTA", en *United States-Mexico Law Journal*, vol. 1, n.° 1, The University of New Mexico School of Law, 1993.

GANGULY, SAMRAT. "Investor-State Dispute Mechanism (ISDM) and a Sovereign's Power to Protect Public Health", *Columbia Journal of Transnational Law*, vol. 38, 1999.

GANTZ, DAVID. "The United States and Dispute Settlement under the North American Free Trade Agreement: Ambivalence, Frustration, and OCasional Defiance" en ROMANO, C. (ed.), *The Sword and the Scales: The United States and International Courts and Tribunals*, Cambridge, Cambridge University Press, 2009.

GANTZ, DAVID. "The Evolution of FTA Investment Provisions: From NAFTA to the United States. Chile Free Trade Agreement", *American University International Law Review*, Rev. 679, vol. 19, Issue 4, 2004.

GANTZ, DAVID. "Potential Conflicts Between Investor Rights and Environmental Regulation under NAFTA's Chapter 11", *The George Washington International Law Review*, Rev. 651, January 1st, 2001.

GANTZ, DAVID. "Dispute Settlement under the NAFTA and the WTO: Choice of Forum Opportunities and Risks for the NAFTA Parties", *American University International Law Review*, vol. 14, n.° 4, 1999.

GANTZ, DAVID. "Resolution of Trade Disputes under Nafta's Chapter 19: The Lesson of the Extending the Binational Panel Process to Mexico", *Law and Policy in International Business*, vol. 29, n.° 3, Spring, 1998.

GARCÍA BARCERO, I. "Trade Law, GATT and the Management of Trade Dispute between the US and EEC", *Year-book of European Law*, vol. 5, 1985.

GARCÍA DE QUEVEDO RUIZ, JOSÉ CARLOS. "Implicaciones del Tratado de Lisboa sobre la política comercial comunitaria", *Revista de Información Española* –ICE–, *El comercio exterior como motor de la recuperación*, noviembre-diciembre, 2009.

GARDINER, RICHARD. *Treaty Interpretation*, Oxford International Law Library, 2008.

GARRETT, GEOFFREY. "International Cooperation and Institutional Choice: The European Community's Internal Market", en *International Organization*, vol. 46, n.° 2, Cambridge, Cambridge University Press, spring: 1992.

GARVEY, JACK. "Trade law and quality of life-dispute resolution under the NAFTA side accords on labor and the environment", *The American Journal of International Law*, vol. 89, American Society of International Law, 1995.

GHARAVI, HAMID G. *The International Effectiveness of the Annulment of an Arbitral Award*, The Hague, Kluwer Law International, 2002.

GOH, GAVIN y DAVID MORGAN. "Trade Negotiations and Trade Disputes: Political Considerations and Pragmatic Outcomes in WTO Dispute Rulings", *University of New South Wales Law Journal*, vol. 30, n.° 2, 2007.

GÓMEZ JENE, MIGUEL. *El arbitraje comercial internacional en la Unión Europea, la eficacia del laudo arbitral*, Madrid, Colex, 2000.

GONZÁLEZ, ANABEL. "La solución de controversias en los acuerdos regionales de América Latina con países desarrollados", en *Serie Comercio Internacional* n.° 68, Comisión Económica para América Latina y el Caribe (CEPAL), Santiago de Chile, abril 2006.

GONZÁLEZ GUYER, FERNANDO. "Los Acuerdos UE/Mercosur: Balance y perspectivas del Mercosur respecto al proceso de Asociación con la Unión Europea", en Centro Latinoamericano para las Relaciones con Europa (CELARE), *Acuerdos Unión Europea/América Latina: El diseño de la Asociación estratégica Birregional*, Santiago, Chile, 2005.

GONZÁLEZ ALONSO, LUIS NORBERTO. *Política comercial y relaciones exteriores de la Unión Europea*, Madrid, McGraw-Hill, 1998.

GONZÁLES SÁNCHEZ, ENRIQUE. "El diálogo político de la Unión Europea con Países Terceros", *Revista de Derecho comunitario Europeo*, n.° 1, enero/junio año 1997.

GRAEWERT, TIM. "Conflicting Laws and Jurisdictions in the Dispute Settlement Process of Regional Trade Agreements and the WTO", *Contemporary Asia Arbitration Journal*, n.° 1, 2008.

GRANDO, MICHELLE T. *Evidence, proof, and fact-finding in WTO dispute settlement*, Oxford University Press, 2009.

GRANELL TRÍAS, FRANCESC. "Los países ACP del Caribe ante la Cumbre UE-ALC de Lima", *Revista Española de Desarrollo y Cooperación*, n.° monográfico sobre la V Cumbre entre la Unión Europea y América Latina y el Caribe, Perú, 16 de mayo de 2008.

GRANELL TRÍAS, FRANCESC. "Del intento de Constitución al Tratado de Reforma", *Separata de la Revista Economía Exterior*, n.º 42, otoño, 2007.

GRANELL TRÍAS, FRANCESC. *La Coopération au développement de la Communauté Européenne*, Bruxelles, Université Libre, Collection Le Droit de la CE et de l'Union Européenne, 2.ª ed., 2005.

GRANELL TRÍAS, FRANCESC. "El ALCA, Estados Unidos y Europa", *Política Exterior*, vol. XV, n.º 82, julio-agosto 2001.

GRISANTI, LUIS XAVIER. *El nuevo interregionalismo trasatlántico: la asociación estratégica Unión Europea-América Latina*, Buenos Aires, Banco Interamericano de Desarrollo (INTAL), 2004.

GRUGEL, JEAN y BORJA GUIJARRO. "Entre las perspectivas y las posibilidades: las relaciones económicas Unión Europea-América Latina tras treinta años", *Pensamiento Iberoamericano* n.º 8, 2011.

GUERRA BARÓN, ANGÉLICA. "La naturaleza de las relaciones entre ALC-UE, con miras a la suscripción de un acuerdo de asociación CAN-UE", *Contexto-Revista de Derecho y Economía* n.º 27, 2009.

GUILLAUME, GILBERT. "Advantages and Risks of Proliferation: A Blueprint for Action", *Journal of International Criminal Justice*, vol. 2, 2004.

GUILLAUME, GILBERT. "The Future of International Judicial Institutions", *International and Comparative Law Quarterly*, vol. 44, octubre de 1995.

GUZMÁN, ANDREW y BETH SIMMONS. "Power Plays & Capacity Constraints: The Selection of Defendants in WTO Disputes", *Journal of Legal Studies*, vol. 34, n.º 2, June 2005.

HALLSTRÖM, PAR. *The GATT Panels and the Formation of the International Trade Law*, Stockholm, Jurisförlaget, 1994.

HARRIS, KEVIN. "The Post-Tokyo Round GATT Role in International Trade Dispute Settlement", *International Tax & Business Lawyer*, vol. 1, 1983.

HENCKELS, CAROLINE. "Overcoming Jurisdictional Isolationism at the WTO-FTA Nexus: A Potential Approach for the WTO", *The European Journal of International Law*, vol. 19, n.º 3, 2008.

HENKIN, LOUIS. *International Law: Politics and Values*, Dordrecht-Boston-London, Martines Nijhoff Publishers, 1995.

Henkin, Louis; Richard Crawford Pugh, O. Schachter y H. Smith. *International Law: Cases and Materials*, 3.ª ed., Minnesota, West Publishing Co, 1993.

Heredero de Pablos, María Isabel. "La organización Mundial de Comercio frente al Acuerdo General sobre Aranceles y comercio", *Boletín Económico de ICE*, *Información Comercial Española* n.º 2691, 2001.

Hermann, Lawrence. "Making NAFTA better. Comments on the Evolution of Chapter 19", Center for Trade Policy and Law, *Occasional Papers in International Trade Law and Policy* n.º 57, University of Ottawa-Carleton University, 2005.

Hinojosa Martínez, Luis Miguel. *El reparto de las competencias entre la Unión Europea y sus Estados miembros*, Valencia, Tirant lo Blanch, 2006.

Hipold, Peter. "Human Rights Clauses in EU-Association Agreements", en S. Griller y B. Weidel (comps.), *External Economic Relations and Foreign Policy in the European Union*, Vienna, Springer, 2002.

Hiratsuka, Daisuke; Ikumo Isono, Hitoshi Sato y So Umezaki. "Escaping from FTA Trap and Spaghetti Bowl Problem in East Asia: An Insight from the Enterprise Survey in Japan", en H. Soesastro (ed.), *Deepening Economic Integration- The ASEAN Economic Community and Beyond*, IDE-JETRO, Chiba, 2008.

Hoekman, Bernard M. y Michel M. Kostecki. *The political economy of the world trading system: from GATT to WTO*, New York, Oxford University Press, 1995.

Horváth, Zoltán y Bálnt Ódor. *The Union after Lisbon. The Treaty reform of the EU*, Budapest, HVG-ORAC Publishing House Ltd., 2010.

Howse, Robert. "Adjudicative legitimacy and treaty interpretation in International Trade Law", en Weiler, J. H. (ed.). *The EU, the WTO and the NAFTA*, Oxford University Press, 2000.

Huerta, J. *Mexico in the WTO and NAFTA: litigating international trade disputes*, The Netherlands, Kluwer Law International, 2010.

Hudec, Robert. "The Adequacy of WTO Dispute Settlement Remedies: A Developing Country Perspective", en World Bank, *Development, Trade, and the WTO: A Handbook*, Washington, 2002.

Hudec, Robert. *Essays on the Nature of International Trade Law*, London, Cameron May, 1999.

HUDEC, ROBERT. "The Role of the GATT Secretariat in the Evolution of the WTO Dispute Settlement Procedure", en J. BHAGWATI y M. HIRSCH (eds.). *The Uruguay Round and Beyond. Essays in Honour of Arthur Dunkel*, spring, 1998.

HUDEC, ROBERT. "International Economic Law: The Political Theatre Dimension", en *University of Pennsylvania Journal of International Economic Law*, vol. 17, n.º 1, spring 1996.

HUDEC, ROBERT. *Reforcing International Trade Law: The Evolution of the Modern GATT Legal System*, New Hampshire, Butterworth Legal Publishers, Salem, 1993.

HUDEC, ROBERT. *The GATT Legal System and World Trade Diplomacy*, New Hampshire, Butterworth Legal Publishers, Salem, 1990.

HUDEC, ROBERT. "Transcending the Ostensible: Some Reflections on the Nature of Litigation between Governments", *Minnesota Law Review*, vol. 72, 1987.

HUDEC, ROBERT. "GATT Dispute Settlement after the Round Uruguay: An Unfinished Business", *Cornell International Law Journal*, vol. 13, 1980.

HUDEC, ROBERT. *Adjudication of International Trade Disputes*, Thames Essay, n.º 16, London, Trade Policy Research Centre, 1978.

HUDEC, ROBERT. "The GATT Legal System: A Diplomat's Jurisprudence", *Journal of World Trade Law*, vol. 4, n.º 5, September, 1970.

HUFBAUER, GARY CLYDE y JEFFREY J. SCHOTT. "NAFTA Dispute Settlement Systems", en Institute for International Economics, *NAFTA Revisited: Achievements and Challenges*, Washington, 2005.

HUFBAUER, GARY CLYDE; JEFFREY J. SCHOTT, KIMBERLY ANN ELLIOTT y BARBARA OEGG. *Economic Sanctions Reconsidered. History and current policy*, Institute for International Economics, 3.ª ed., november 2007.

HUGHES, VALERIE. "El sistema de solución de diferencias de la OMC: Una experiencia exitosa", en *Solución de Controversias Comerciales Inter.-Gubernamentales: enfoques multilaterales y regionales*, Buenos Aires, Instituto para la Integración de América Latina y el Caribe, 1.ª ed., 2004.

HUGHES, VALERIE. "Arbitration within the WTO", en F. ORTINO y E.-U. PETERSMANN (ed.). *The WTO Dispute Settlement System 1995-2003*, *Studies in Transnational Economic Law*, vol. 18, 2002.

JACKSON, JOHN H.; WILLIAM DAVEY y ALAN SYKES (eds.). *Legal Problems of International Economic Relations. Cases, Materials and Text on Legal Problems of International Economic Relations*, 5.ª ed, Thomson West Publishers, 2008.

JACKSON, JOHN H. *Sovereignty, the WTO, and changing fundamentals of International Law*, Cambridge, Cambridge University Press, 2006.

JACKSON, JOHN H. "International Law status of WTO Dispute Settlement Report: Obligation to Comply or Option to 'Buy Out'?", *American Journal of International Law*, vol. 98, n.º 1, 2004.

JACKSON, JOHN H. *The Jurisprudence of GATT & the WTO*, Cambridge, Cambridge University Press, 2002.

JACKSON, JOHN H. "Los procedimientos de solución de controversias en la Organización Mundial del Comercio: una evaluación preliminar", *Revista de Derecho Internacional Económico*, vol. 1, n.º 2, Buenos Aires, Universidad de Buenos Aires, Facultad de Derecho, julio y agosto de 2002.

JACKSON, JOHN H. *The World Trading System. Law and Policy of International Economic Relations*, 2.ª ed., Cambridge, 1999.

JACKSON, JOHN H. "Dispute Settlement and the WTO. Emerging problems", *Journal of International Economic Law*, vol. 1, n.º 3, 1998.

JACKSON, JOHN H. *The World Trade Organization: Constitution and Jurisprudence*, Royal Institute of International Affairs, 1998.

JACKSON, JOHN H. "The Birth of the GATT-MTN System: A Constitutional Appraisal", en *Law & Policy in International Businesses*, vol. 12, 1980.

JACKSON, JOHN H. *World Trade and the Law of GATT. A legal Analysis on the General Agreement on Tariffs and Trade*, Indianapolis, Bobbs-Merrill Company, 1969.

JENNINGS, ROBERT. "The Judiciary, International and National, and the Development of International Law", en *International and Comparative Law Quarterly*, vol. 45, n.º 1, 1996.

JENSEN, MICHAEL FRIIS. "Reviewing the SPS agreement: a developing country perspective", *Working Paper Subseries on Globalization and Economic Restructuring in Africa*, Working Paper 02.3, Centre for Development Research, Copenhagen, February 2002.

JONES, KENT. "Voluntary Extort Restraints. Political Economy, History and the role of the GATT", *Journal of World Trade*, n.º 23, 1984.

JONES, RAY C. "NAFTA Chapter 11: Investor-to-State Dispute Resolution: A Shield to Be Embraced or a Sword to Be Feared?", *Brigham Young University Law Review*, Rev. 527, 2002.

JUSTE RUIZ JOSÉ y MIREYA CASTILLO DAUDÍ. *Lecciones de Derecho internacional público*, Tirant Lo Blanch, 2005.

KARAGIANNIS, SYMÉON. *La Multiplication des Juridictions Internationales: Un Système Anarchique?*, Société Française pour le Droit International, 2003.

KAUFMAN, SUSAN y FRANÇOISE SIMON (eds.). *Europe and Latin America in the World Economy*, Lynne Rienner Publishers, Boulder (CO), 1995.

KESSIE, EDWINI. "Enhancing Security and Predictability for Private Business Operators under the Dispute Settlement System of the WTO", *Journal of World Trade*, vol. 34, n.º 6, 2000.

KEGLEY JR., CHARLES W. y EUGENE WITTKOPF. *World Politics: Trends and Transformation*, 11.ª ed., New York, St. Martin's Press, 2007.

KIRTON, JOHN. "NAFTA Dispute Settlement Mechanisms: an overview", en Paper prepared for an Experts Workshop on *NAFTA and its implications for ASEAN's Free Trade Area*, Asian Institute, Munk Centre for International Studies, Toronto, mayo de 27, 2004.

KLABBERS, JAN. *An introduction to the International Institution Law*, Cambridge, Cambridge University Press, 2007.

KOMURO, NORIO. "The WTO Dispute Settlement Mechanism. Coverage and Procedures of the WTO Understanding", *Journal of World Trade*, vol. 29, n.º 4, 1994.

KOSKENNIEMI, MARTTI y PÄIVI LEINO. "Fragmentation of International Law? Post-moderne Anxiétés", *Leid Journal of International Law, vol.* 15, n.º 3, 2002.

KRUEGER, ANNE (ed.). *The WTO as an international organization*, The University of Chicago Press, 1998.

KURUVILA, PRETTY ELIZABETH. "Developing Countries and the GATT/WTO Dispute Settlement Mechanism", *Journal of World Trade*, vol. 31, n.º 6, 1997.

KUIJPER, PIETER JAN. "The Law of GATT as a Special Field of international Law. Ignorance, further refinement or self-contained system of international law", *Netherlands Journal of International Law*, vol. 25, 1994.

KWAK, KYUNG y GABRIELLE MARCEAU. "Overlaps and Conflicts of Jurisdiction between the WTO and RTAS", en BARTELS, L. y ORTINO, F. (eds.). *Regional Trade Agreements and the WTO Legal System*, New York, Oxford University Press, 2006.

LACARTE-MURÓ, JULIO y JAIME GRANADOS (ed.). *Solución de Controversias Comerciales Inter-gubernamentales: Enfoques multilaterales y regionales*, Buenos Aires, Banco Interamericano de Desarrollo –BID–, Instituto para la Integración de América Latina y el Caribe –INTAL–, 2004.

LACARTE-MURÓ, JULIO y PETINA GAPPAH. "Developing Countries and the WTO Legal and Dispute Settlement System: A View from the Bench", *Journal of International Economic Law*, vol. 3, n.º 3, 2000.

LAFER, CELSO. *El Sistema de Solución de Controversias de la Organización Mundial del Comercio*, Documentos Debates Estudios, Federación y Centro de las Industrias del Estado de Sâo Paulo, Instituto Roberto Simonse, Doc. n.º 3, 1996.

LEBRIJA, ALICIA y STEPHAN SBERRO. *El Acuerdo de Asociación Económica, Concertación Política y Cooperación. Sus aspectos fundamentales*, México, Miguel Ángel Porrúa, Instituto Tecnológico Autónomo de México, 2002.

LECOMTE, JACQUES. "Las relaciones entre México y la Unión Europea. Tres generaciones de Acuerdos de Cooperación", en *La Unión Europea y México: una nueva relación política y económica*, Madrid, Instituto de Relaciones Europeo-Latinoamericanas –IRELA–, 1997.

LEIGHTON-BROWN, DAVID (ed.). *The Utility of International Economic Sanctions*, New York, St. Martin's Press, 1987.

LEIVA LAVALLE, PATRICIO. *Asociación Estratégica Chile-Unión Europea*, Santiago de Chile, Centro Latinoamericano para las relaciones con la Unión Europea –CELARE–, 2003.

LENNARD, MICHAEL. "Navigating by the Stars: Interpreting the WTO Agreements", *Journal of International Economic Law*, vol. 5, 2002.

LEEBRON, DAVID. "An Overview of the Uruguay Round Results", en *Columbia Journal of Transnational Law*, vol. 34, n.º 1, 1995.

LERMAN ALPERSTEIN, AIDA. "La institucionalización del comercio mundial: del GATT a la OMC", *Comercio Exterior*, vol. 58, n.º 2, 2008.

LEW, JULIAN L.; LOUKAS A. MISTELIS *et al. Comparative International Commercial Arbitration*, Kluwer Law International, 2003.

LEYCEGUI, BEATRIZ y RAFAEL FERNÁNDEZ DE CASTRO (coord.). *TLCAN ¿socios naturales?: cinco años del Tratado de Libre Comercio de América del Norte*, México, Porrúa, ITAM, 2000.

LEYCEGUI, BEATRIZ. "Acordar para diseñar: la solución de controversias en el Tratado de Libre Comercio de América del Norte", en *¿Socios naturales? Cinco años del Tratado* *de Libre Comercio de América del Norte*, México, Instituto Tecnológico Autónomo de México –ITAM–, 2000.

LEYCEGUI, BEATRIZ. "Análisis del marco jurídico de las prácticas desleales en México", en B. LEYCEGUI *et al.* (coord.). *Comercio a Golpes, Las Prácticas Desleales de Comercio Internacional Bajo el TLCAN*, México, Instituto Tecnológico Autónomo de México –ITAM–, 1997.

LEYCEGUI, BEATRIZ. *Reflexiones en torno al régimen general de prevención, administración y solución de controversias previsto en los capítulos 18 y 20 del Tratado de Libre Comercio*, México, Escuela Libre de Derecho, 1993.

LIGUSTRO, ALDO. *Le controversie tra Stati nel Diritto del Commercio Internazionale: dal GATT all'OMC*, Padova, CEDAM, 1996.

LINDE PANIAGUA, ENRIQUE. "Sistema de distribución de competencias y racionalización del sistema normativo", *Revista de Derecho de la Unión Europea*, n.º 3, 2.º semestre, 2002.

LIÑÁN NOGUERAS, DIEGO JAVIER. "El Derecho Económico Internacional (II): El comercio Internacional", en MANUEL DÍEZ DE VELASCO VALLEJO. *Instituciones de Derecho Internacional*, 16.ª ed., Madrid, Tecnos, 2007.

LOBEJÓN HERRERO, LUIS FERNANDO. *El Comercio Internacional*, Madrid, Akal Economía Actual, 2001.

LOBEJÓN HERRERO, LUIS FERNANDO. "El comercio México-Unión Europea ante la perspectiva de la creación de una zona de libre comercio", *Boletín Económico de Información Comercial Española* –ICE–, noviembre-diciembre, n.º 795, 2001.

LOMANSON, WILLIAM. *Fundamental perspectives on International Law*, 6.ª ed., Wadworth, Cengage Lerning, 2010.

LONG, OLIVIER. *Law and its limitations in the GATT Multilateral Trade System*, Kluwer Academic Publishers, 1985.

LÓPEZ AYLLÓN, SERGIO. *El futuro del Libre Comercio en el Continente Americano, análisis y perspectivas*, México, Universidad Nacional Autónoma de México –UNAM–, Instituto de Investigaciones Jurídicas, 1997.

LÓPEZ LÓPEZ, NICOLÁS. "Las negociaciones comerciales en la OMC", *Revista de Economía*, Información Comercial Española, ICE, n.º 843, julio-agosto, 2008.

LUFF, DAVID. *Le Droit de l'Organisation Mondiale du Commerce. Analyse critique*, Université Libre de Bruxelles, Collection de la Faculté de Droit, Bruxelles et Paris, Bruylant-LGDJ, 2004.

MA, KEVIN. "A Bittersweet Recipe: Candy, Sugar, NAFTA, and the Struggle for a North American Sweetener Store", *Revista Mexicana de Estudios Canadienses*, Nueva Época, México, Asociación Mexicana de Estudios sobre Canadá, 2004.

MADRAZO GARCIA DE LOMANA, RODRIGO. "El Acuerdo de asociación entre la UE y Chile", *Boletín Información Comercial Española*, n.º 2748, 2002.

MANERO SALVADOR, ANA. "El Acuerdo de asociación entre la Unión Europea y Chile firmado en Bruselas el 18 de noviembre de 2002", *Revista Española de Derecho Internacional, vol.* LIV, n.º 2, 2002.

MANGAS MARTÍN, ARACELI. *Instituciones y derecho de la Unión Europea*, 6.ª ed, Madrid, Tecnos, 2010.

MARCEAU, GABRIELLE y JULIAN WYATT. "Dispute Settlement Regimes Intermingled: Regional Trade Agreements and the WTO", *Journal of International Dispute Settlement*, vol. 1, n.º 1, 2010.

MARCEAU, GABRIELLE y MATTHEW STILWELL. "Practical Suggestions for Amicus Curiae Briefs before Adjudicating Bodies", *Journal of International Economic Law*, vol. 4, n.º 1, marzo de 2001.

MARCEAU, GABRIELLE. "A Call for coherence in International Law", *Journal of World Trade*, vol. 33, n.º 1, 1999.

MARCEAU, GABRIELLE. "NAFTA and WTO Dispute Settlement Rules. A Thematic Comparison", *Journal of World Trade*, vol. 31, n.º 2, 1997.

MARCEAU, GABRIELLE. "Consultations and the panel process in the WTO Dispute Settlement System", en *Key Issues in WTO Dispute Settlement System, the First Ten Years*, 2005.

MARCEAU, GABRIELLE. "Conflicts of Norms and Conflicts of Jurisdictions: The Relationship between the WTO Agreement and MEAs and Other Treaties", *Journal of World Trade*, vol. 35, n.º 6, 2001.

MARTIN, CARLOS. "Las relaciones América Latina-Unión Europea: Antecedentes de la importancia e institucionalización del diálogo político", *Revista de Ciencia Política*, vol. XXII, n.º 2, 2002.

MATSUSHITA, MITSOU; THOMAS SCHOENBAUM y PETROS MAVROSIDIS. *The World Trade Organization. Law, Practice, and Policy*, 2.ª ed., The Oxford International Law Library, Oxford University Press, 2006.

MATSUSHITA, MITSOU. "Some Thoughts on the Appellate Body", en P. MACRORY, A. APPLETON y M. PLUMMER (eds.). *The World Trade Organization: Legal, Economic and Political Analysis*, New York, Springer, 2005.

MATTLI, WALTER. *The Logic of Regional Integration: Europe and Beyond*, Cambridge, Cambridge University Press, 1999.

MATTLI, WALTER. "Institutional Models for Regional Integration. Theory and practice", en R. DEVLIN y A. ESTEVADEORDAL (eds.). *Bridges for Developments. Policies and Institutions for Trade and Integration*, Washington, Inter-American Development Bank, 2003.

MAVROIDIS, PETROS C. y ALAN O. SYKES (comp.). *The WTO and International Trade Law / Dispute Settlement: Critical perspectives on the global trading system and the WTO*, Reino Unido, Estados Unidos, Edward Elgar Publishing Limited, 2005.

MAVROIDIS, PETROS C. "Remedies in the WTO Legal System: Between a Rock and a Hard Place", *European Journal of International Law*, vol. 11, n.º 4, 2000.

MERCURIO, BRYAN. "Retaliatory Trade Measures in the WTO Dispute Settlement Understanding: Are There Really Alternatives?", en J. C. HARTIGAN (ed.). *Trade Disputes and the Dispute Settlement Understanding of the WTO An Interdisciplinary Assessment*, Frontiers of Economics and Globalization, vol. 6, Chapter 16, Emerald Group Publishing Limited, 2009.

MCDOUGAL, MYRES; HAROLD LASWELL y JAMES MILLER. *The Interpretation of International Agreements and World Public Order: Principles of Content and Procedure*, Martinus Nijhoff Publishers, New Haven Press and Dordrecht, 1994.

MCGOVERN, EDMOND. *International Trade Regulation*, 3.ª ed., Exeter, Globefield Press, 1995.

MCGOVERN, EDMOND. "Dispute Settlement in the GATT – Adjudication or Negotiation?", en M. HILF, F. JACOBS y E.-U. PETERSMANN (coord.). *The European Community and GATT*, Deventer, Kluwer Law and Taxation Publishers, 1986.

MCRAE, DONALD y C. THAMES. "The GATT and Multilateral Treaty Marking: The Tokyo Round", en *American Journal International Law*, vol. 77, 1983.

MENON, JAYANT. "Dealing with the proliferation of bilateral free trade agreements", *The World Economy*, vol. 32, n.º 10, 2009.

MENGOZZI, PAOLO. "The World Trade Organization Law: An analysis of its first practice", en P. MENGOZZI (ed.). *International Trade Law on the 50th Anniversary of the Multilateral Trade System*, Milán, Giuffré, 1999.

Mercurio, Bryan. "Why compensation cannot replace trade retaliation in the WTO Dispute Settlement Understanding", *World Trade Review*, vol. 8, Issue 2, 2009.

Merrils, John Graham. *International Dispute Settlement*, 5.ª ed., Cambridge, Cambridge University Press, 2011.

Merry, Sally. "Legal Pluralism", *Law and Society Review*, vol. 22, n.º 5, 1988.

Miaja de la Muela, Adolfo. "Nuevas realidades y teorías sobre la efectividad del Derecho Internacional", *Anuario de Derecho Internacional*, n.º 3, 1976.

Mikic, Mia. "Preferential trading agreements: Adding spices and noodles to a spaghetti bowl", *Cahiers de Commerce International*, n.º 3, 2002.

Mitchell, Andrew. "Good Faith in WTO Dispute Settlement", *Melbourne Journal of International Law*, vol. 7, 2006.

Mitchell, Andrew. "The Legal Basis for Using Principles in WTO Disputes", *Journal of International Economic Law*, vol. 10, 2007.

Moinuddim, H. "Gray Area Trade Policies", en Dicke, Ch., Petersmann, E.-U. *et al.* (eds.). *Foreign Trade in the Present and a new International Economic Order; Progress and Undercurrents in a Public International Law*, n.º 4, Fribourg, 1988.

Moon, Bruce Edward. *Dilemmas of International Trade. Dilemmas in Wold Politics*, Westview Press, Boulder, 1996.

Montañá Mora, Miquel. *La OMC y el reforzamiento del sistema GATT. Una nueva era de la solución de diferencias comerciales*, Estudios de Ciencias Jurídicas, Madrid, McGraw-Hill, 1997.

Montañá Mora, Miquel. *Las Comunidades Europeas y el sistema GATT-OMC*, Bellaterra, Institut Universitari d'Estudis Europeus, Universidad Autónoma de Barcelona, 1996.

Montañá Mora, Miquel. "A GATT with teeth: Law win over Politics in the Resolution of International Trade Disputes", en *Columbia Journal Transnational Law*, vol. 31, 1993.

Morgan, David. "Dispute Settlement under PTAs: Political or Legal?", en *Legal Studies Research Paper n.º 341*, University of Melbourne Law School, 2007.

Moses, Margaret L. *The principles and practice of International Commercial Arbitration*, Cambridge, Cambridge University Press, 2012.

Moyano Bonilla, César. *La interpretación de los Tratados internacionales*, Montevideo, MBA, 1985.

Murphy, Sean D. *Principles of International Law*, Thomson/West, 2006.

Najera Ibañez, Alfonso. "Europa y América Latina. Un lento proceso de acercamiento", *Revista de Estudios Internacionales*, vol. 7, n.º 2, España, Centro de Estudios Políticos y Constitucionales –cepc–, Ministerio de la Presidencia, abril-junio 1986.

Nichols, Phillip. "gatt Doctrine", *Virginia Journal of International Law*, vol. 36, n.º 2, 1996.

Niedrist, Gerhard. "Las cláusulas de los derechos humanos en los tratados de libre comercio de la Unión Europea", *Anuario Mexicano de Derecho Internacional*, vol. 11, México, Universidad Nacional Autónoma de México, 2011.

Ojada de Koning, Rodrigo. "Solución de controversias conforme al artículo 2005 del tlcan tras la Ronda Uruguay", en *Memoria del xix Seminario Internacional de Derecho Internacional Privado y Comparado*, Universidad de Guanajuato, 1998.

Olesti Rayo, Andreu. "La intensificación de las relaciones entre la Comunidad Europea y México: el Acuerdo de Asociación económica, concertación política y cooperación", *Il Diritto dell'Unione Europea*, vol. vii, n.º 2, Milano, 2002.

Olesti Rayo, Andreu. "La noción y el ámbito de aplicación material de la política comercial comunitaria", en *La Unión Europea en los albores de un nuevo siglo*, Euroius Editorial Jurídica, 1997.

Oliveira, Barbara. "The Relation between wto Law and Public International Law: The applicable law in Dispute Settlement at the wto", University College London llm Programme, 2005.

Ortells Ramos, Manuel. *Derecho Jurisdiccional ii*, *Proceso Civil*, Barcelona, 1994.

Ortiz Ahlf, Loretta. "La solución de controversias en los acuerdos celebrados entre la Unión Europea y México", *Revista Jurídica*, n.º 30, Anuario del Departamento de Derecho de la Universidad Iberoamericana, México, 2000.

Otero García-Castrillón, Carmen. "El arbitraje en el sistema de solución de controversias de la Organización Mundial del Comercio", *Arbitraje. Revista de arbitraje comercial y de inversiones*, vol. 3, n.º 1, 2010.

Pace, Virgile. *L'Organisation Mondiale du Commerce et le renforcement de la réglementation juridique des échanges commerciaux*, Paris, Le Harmattan, 2000.

Pagani, Adriana. "Negociación y legalidad en la estructura institucional del Mercosur. El sistema de solución de controversias comerciales", *Revista de la Facultad de Ciencias Empresariales*, n.º 3, año 2, Universidad Católica del Uruguay, octubre 2004.

PALMETER, DAVID y PETROS C. MAVROIDIS. *Dispute Settlement in the World Trade Organization: Practice and Procedure*, 2.ª ed., Reino Unido, Cambridge University Press, 2004.

PALMETER, DAVID. "The WTO Appellate Body Needs Remand Authority", *Journal of World Trade*, vol. 32, n.º 1, 1998.

PALMETER, DAVID y PETROS. MAVROIDIS. "The WTO Legal System: Sources of Law", *American Journal of International Law*, vol. 92, n.º 3, julio de 1998.

PALOMARES AMAT, MIQUEL. *Los acuerdos internacionales concluidos por las comunidades europeas y los terceros países del Mediterráneo*, Barcelona, CEDECS, 2002.

PAN, ERIC J. "Assessing the NAFTA Chapter 19 Binational Panel System: An Experiment in International Adjudication", *Harvard International Law Journal*, vol. 40, n.º 2, 1999.

PANAGARIYA, ARVIND y RONALD FINDLAY. "A Political Economy Analysis of Free Trade Areas and Customs Unions", en R. FEENSTRA, D. IRWIN y G. GROSSMAN (eds.). *The Political Economy of Trade Reform: Essays in Honour of Jagdish Bhagwati*, Cambridge, MIT Press, 1996.

PANIZZON, MARION. *Good Faith in the Jurisprudence of the WTO: The Protection of Legitimate Expectations, Good Faith Interpretation and Fair Dispute Settlement*, Studies en International Trade Law, Portland, Hart Publishing Ltd., 2006.

PARK, YOUNG y MARION PANIZZON. "WTO Dispute Settlement 1995-2001: A Statistical Analysis", *Journal of International Economic Law*, vol. 5, n.º 1, 2002.

PATTERSON, GRANDNER y ELIZA PATTERSON. "The Objectives of the Uruguay Round", en J. M. FINGER y A. OLECHOWSKI. *The Uruguay Round. A handbook on the Multilateral Trade Negotiations*, Washington, The World Bank, 1987.

PAUWELYN, JOOST y LUIZ EDUARDO SALLES. "Forum Shopping before International Tribunals: (Real) Concerns (Im) Possible Solutions", *Cornell International Law Journal*, vol. 42, 2009.

PAUWELYN, JOOST. *Appeal Without Remand, A Design Flaw in WTO Dispute Settlement and How to Fix it*, Document n.º 1, International Centre for Trade and Sustainable Development, junio de 2007.

PAUWELYN, JOOST. "Editorial Comment: Adding Sweeteners to Softwood Lumber: the WTO–NAFTA 'Spaghetti Bowl' is Cooking", *Journal of International Economic Law*, vol. 9, n.º 1, 2006.

PAUWELYN, JOOST. "Going Global or Regional or Both? Dispute settlement in the Southern African Development Community –SADC– and Overlaps with other Jurisdictions", *Minnesota Journal of Global Trade*, vol. 13, n.° 2, 2004.

PAUWELYN, JOOST. *Conflict of Norms in Public International Law. How WTO Law Relates to other Rules of International Law*, Cambridge Studies in International and Comparative Law, Cambridge, Cambridge University Press, 2003.

PAUWELYN, JOOST. "The Role of Public International Law in the WTO: How Far Can We Go?", *American Journal of International Law*, vol. 95, n.° 3, 2001.

PAUWELYN, JOOST. "Enforcement and Countermeasures in the WTO: Rules are Rules. Toward a More Collective Approach", *American Journal of International Law*, vol. 94, n.° 2, abril de 2000.

PEÑA, FÉLIX. "Las experiencias de Chile y México en sus acuerdos de libre comercio con la Unión Europea", en *El Mercosur y la Unión Europea, Delegación de la Comisión Europea en la República Argentina*, Capítulo II, Centro de Estudios y Formación Pública Provincia de Buenos Aires –CEFOP–, Buenos Aires, Universidad Nacional Tres de Febrero –UNTREF–, 2004.

PÉREZ GIRALDA, AURELIO. "El proyecto de la Comisión de Derecho Internacional sobre Responsabilidad de los Estados, al final del camino", *Revista Electrónica de Estudios Internacionales*, n.° 4, 2002.

PERRET, LOUIS. "La solución de controversias en los acuerdos paralelos del TLC", en WITKER, J. (coord.). *Resolución de controversias comerciales en América del Norte*, Instituto de Investigaciones Jurídicas, México, Universidad Nacional Autónoma de México –UNAM–,1997.

PESCATORE, PIERRE. "The GATT Dispute Settlement Mechanism –Its Present Situation and Its Prospects", *Journal World Trade*, vol. 27, n.° 1, 1993.

PESCATORE, PIERRE. "Drafting and analyzing decisions on Dispute Settlement", en P. PESCATORE, W. DAVEY y A. LOWENFELD. *Handbook of GATT Dispute Settlement*, New York, Transnational Juris Publications, 1991.

PETERSMANN, ERNST-ULRICH. "From the Hobbesian International Law of Coexistence to Modern Integration Law: The WTO Dispute Settlement System", *Journal of International Economic Law*, vol. 1, 1998.

PETERSMANN, ERNST-ULRICH. "International Trade Law and the GATT/WTO Dispute Settlement System 1948-1996: an introduction", *Studies in Transnational Economic Law*, vol. 11, La Haya, Kluwer Law International, 1997.

PETERSMANN, ERNST-ULRICH. *The GATT/WTO Dispute Settlement System. International Law, International Organizations and Dispute Settlement*, London, The Hague & Boston, Kluwer Law International, 1997.

PETERSMANN, ERNST-ULRICH (ed.). *International Trade Law and the GATT/WTO Dispute Settlement System*, The Hague, Kluwer Law International, 1997.

PETERSMANN, ERNST-ULRICH. "The Dispute System of the World Trade Organization and Evolution of the GATT Dispute Settlement System since 1948", *Common Market Law Review*, vol. 31, 1994.

PETERSMANN, ERNST-ULRICH. "GATT Dispute Settlement Proceedings in the Field of Anti-Dumping Law", *Common Market Law Review*, vol. 28, 1991.

PETERSMANN, ERNST-ULRICH. "Violation Complaints and Non-Violation Complaints in Public International Trade Law", *German Yearbook of International Law*, vol. 34, 1991.

PETERSMANN, ERNST-ULRICH. "The Mid-Term Review Agreements of the Uruguay Round and the 1989 Improvements to the GATT Dispute Settlement Procedures", *German Yearbook International Law*, vol. 32, 1989.

PETERSMANN, ERNST-ULRICH. "Gray Area Trade Policy and the rule of Law", *Journal of World Trade*, 1988.

PETERSMANN, ERNST-ULRICH. "The EEC as a GATT Member. Legal Conflicts between GATT Law and European Community Law", en M. HILF, F. G. JACOBS y E.-U. PETERSMANN. (eds.). *The European Community and GATT*, Deventer, Kluwer Law and Taxation Publishers, 1986.

PICCIOTTO, SOL. "The WTO's Appellate Body: legal formalism as a legitimation of global governance", *School of Public Policy Working Paper Series*, n.° 14, London, University College, 2005.

PICKER, S. *The NAFTA Chapter 20 Dispute Resolution Process: A view from the Inside*, Canada-United States Law Institute, Conference NAFTA Revisited, n.° 23, Cleveland, Ohio, abril 18 a 20 de 1997.

PICONE, PAOLO y ALDO LIGUSTRO. *Diritto dell'Organizzazione Mondiale del Commercio*, Padova, CEDAM, 2002.

PIÉROLA, FERNANDO. *Solución de diferencias ante la OMC: presente y perspectivas*, Londres, Cameron May, 2008.

PIÉROLA, FERNANDO y GARY HORLICK. "Dispute Settlement in the WTO and in 'North-South' Agreements of the Americas: Considerations for the Choice of Forum", *Journal of World Trade*, vol. 41, n.º 5, 2007.

PIÉROLA, FERNANDO. "The Question of Remand Authority for the Appellate Body", en A. MITCHELL (ed.). *Challenges and Prospects for the WTO*, London, Cameron May, 2005.

PIRIS, JEAN-CLAUDE. *The Lisbon Treaty. A legal and Political Analysis*, Studies in European Law and Policy, Cambridge, Cambridge University Press, 2010.

QURESHI, ASIF. *International Economic Law*, 2.ª ed., London, Sweet & Maxwell, 2007.

RAINELLI, MICHEL. *L'Organisation Mondiale du Commerce*, Paris, La Découverte, 2004.

RAMÍREZ ROBLES, EDNA. "Political & quasi-adjudicative dispute settlement models in European Union Free Trade Agreements: Is the quasi-adjudicative model a trend or is it just another model?", *Staff Working Paper*, n.º 2006-09, Economic Research and Statistics Division, WTO, 2006.

READ, ROBERT. "Dispute Settlement, Compensation and Retaliation under the WTO", en J. D. GAISFORD y W. A. KERR (ed.). *Handbook on International Trade Policy*, Massachusetts, 2007.

REINOSO, ALAN FAIRLE. "Relaciones comerciales con la Unión Europea en el Spaghetti-bowl de la Comunidad Andina de Naciones", *Economía*, vol. XXX, n.º 59-60, 2012.

REISMAN, MICHAEL y MARK WEIDMAN. "Contextual Imperatives of Dispute Resolution Mechanisms. Some Hypotheses and their Applications in the Uruguay Round and NAFTA", *Journal of World Trade Law*, vol. 29, n.º 3, 1995.

REITER, JOAKIM. "The EU-Mexico Agreement", en SAMPSON, G. y WOOLCOCK, S. (eds.). *Regionalism, multilateralism and economic integration: the recent experience*, New York, UN University Press, 2003.

REMIRO BROTÓNS, ANTONIO; ROSA RIQUELME CORTADO, ESPERANZA ORIHUELA CALATAYUD *et al. Derecho Internacional Público*, Valencia, Tirant lo Blanch, 2007.

REMIRO BROTÓNS, ANTONIO. "Universalismo, multilateralismo, regionalización y unilateralismo en el nuevo orden internacional", *Revista Española de Derecho Internacional*, vol. LI, n.º 1, 1999.

REMIRO BROTÓNS, ANTONIO. "Pelagattos y Aristogattos de la Comunidad Europea ante el Reino de la OMC", *Gaceta Jurídica de la Comunidad Europea*, Serie D-26, 1996.

REQUENA CASANOVA, MILLÁN. *Arreglo pacífico de controversias en los convenios multilaterales de codificación*, Valencia, Tirant lo Blanch, 2009.

REY, JEAN-JACQUES y JULIE DUTRY. *Institutions Économiques Internationales*, Bruxelles, 2001.

REYES DÍAZ, CARLOS HUMBERTO. *Comercio Internacional. Jurisdicción concurrente en materia de prácticas desleales*, México, Porrúa, 2007.

RIVERA, GUSTAVO. "Desarrollos jurisprudenciales sobre procedimientos de solución de diferencias", *Revista Electrónica de Estudios Internacionales*, n.º 6, Universidad de La Rioja, 2003.

ROBERT, JEAN. *L'arbitrage. Droit Interne. Droit Internacional Privé*, 5.ª ed., Paris, Dalloz, 1985.

ROCA AYMAR, JOSÉ LUIS. "Cómo prevenir y resolver los conflictos en el comercio exterior: el arbitraje internacional", *Boletín Económico de Información Comercial Española –ICE–*, n.º 2447, del 13-19 marzo, de 1995.

ROESSLER, FRIEDER. "The Concept of Nullification and Impairment in the Legal System of the World Trade Organization", en E.-U. PETERSMANN (ed.). *International Trade Law and the GATT/WTO Dispute Settlement System*, Kluwer Law International, 1997.

ROESSLER, FRIEDER y PETINA GAPPAH. "A Re-Appraisal of Non-Violation Complaints under the WTO Dispute Settlement Procedures", en *the World Trade Organization: Legal, Economic and Political Analysis*, Springer, 2005.

ROJAS, HÉCTOR. "The Dispute Resolution Process Under NAFTA", *United States-Mexico Law Journal*, vol. 1, n.º 1, Albuquerque, The University of New Mexico School of Law, 1993.

ROSAS, MARÍA CRISTINA. *Crisis del multilateralismo clásico: política comercial externa estadounidense y zonas de libre comercio*, México, Instituto de Investigaciones Económicas, Facultad de Ciencias Políticas y Sociales, Universidad Nacional Autónoma de México –UNAM–, 1995.

ROWN, WILLIAM ADAMS. *The United States and the Restoration of World Trade: An Analysis and Appraisal of the ITO Charter and the General Agreement on Tariffs and Trade*, Washington, Brooking Institution, 1950.

ROY, JOAQUÍN (comp.). *La reconstrucción de Centroamérica: el papel de la Comunidad Europea*, Miami, Lynne Rienner/North-South Center, 1992.

RUBIO, LUIS. *¿Cómo va a afectar a México el Tratado de Libre Comercio?*, México, Fondo de Cultura Económica, 1994.

SALLES ALMEIDA, JULIANA. "Una década de funcionamiento del sistema de solución de diferencias comerciales de la OMC: avances y desafíos", en *Serie Comercio Internacional* n.º 65, Santiago de Chile, Comisión Económica para América Latina y el Caribe –CEPAL–, División de Comercio Internacional e Integración, abril de 2006.

SANAHUJA, JOSÉ ANTONIO. "25 años de cooperación interparlamentaria entre la Unión Europea y América Latina, 1974-1999", *Serie Política*, *POLI* 107 (ES), Luxemburgo, Parlamento Europeo, Dirección de Estudios, marzo de 1999.

SANAHUJA, JOSÉ ANTONIO. "Asimetrías económicas y concertación política en las relaciones Unión Europea-América Latina: un examen de los problemas comerciales", *Revista Electrónica de Estudios Internacionales*, n.º 1, 2000.

SÁNCHEZ, VÍCTOR M. "Arreglo pacífico de controversias: medios políticos y jurídicos", en V. M. SÁNCHEZ, S. BELTRÁN, X. FERNÁNDEZ PONS *et al. Derecho internacional público*, Huygens Editorial, 2009.

SBERRO, STÉPHAN. "TLCAN, ¿una convergencia inesperada con la UE?", en *Mercosur y NAFTA: Instituciones y Mecanismos de decisión en procesos de integración asimétricos de segunda generación*, Hamburgo, Institut Für Iberoamerika Kunde, 2002.

SCHÄFER, ERICK. "Terms of Reference in the past and at present", *The International Chamber Commerce –ICC– International Court of Arbitration Bulletin*, 1992.

SCHERMERS, HENRY y NIELS BLOKKER. *International Institutional Law*, 4.ª ed., Boston, Leiden University, 2003.

SCHWARTZ, WARREN y ALAN SYKES. "The Economic structure of Renegotiation and Dispute Resolution in the World Trade Organization", *Journal of Legal Studies*, vol. XXI, 2002.

SEADE, JESÚS. "Las prácticas comerciales desleales en el GATT de hoy y de mañana", en AA.VV. *Prácticas desleales del comercio internacional (*antidumping*)*, serie I, Estudios de Derecho Económico n.º 26, México,Universidad Nacional Autónoma de México, Instituto de Investigaciones Jurídicas, 1995.

SEPÚLVEDA, CÉSAR. *Derecho internacional*, 26.ª ed., México, Porrúa, 2009.

SERENI, ANGELO. *Diritto Internazionale*, Milano, Giuffré, 1966.

SERENI, ANGELO. "Conflictti Internazionali", *Diritto Internazionale*, vol. IV, Milano, Giuffrè, 1965.

SERRANO MIGALLÓN, FERNANDO. "Solución de controversias en el Tratado de Libre Comercio para América del Norte", *Revista Jurídica de Petróleos Mexicanos*, n.º 73-74, México, Pemex Lex, julio-agosto de 1994.

Serrano Migallón, Fernando. "Los mecanismos de solución de controversias en el Tratado de Libre Comercio de América del Norte", en *Resolución de controversias comerciales en América del Norte, Instituto de Investigaciones Jurídicas*, México, Universidad Nacional Autónoma de México –UNAM–, 1994.

Serrano Migallón, Fernando. "El Capítulo XX: disposiciones institucionales y procedimientos para la solución de controversias", en J. Witker (coord.). *Tratado de Libre Comercio de América del Norte. Análisis, diagnóstico y propuestas jurídicas*, t. II, serie I, Estudios de Derecho Económico, n.º 22, México, Instituto de Investigaciones Jurídicas, Universidad Nacional Autónoma de México –UNAM–,1993.

Shadikhodjaev, Sherzod. *Retaliation in the WTO dispute settlement system*, Global Trade Law Series, vol. 19, Kluwer Law International, 2009.

Shell, Richard. "Trade Legalism and International Relations Theory: An Analysis of the World Trade Organization", *Duke Law Journal*, vol. 44, 1995.

Sinai, Yuval. "Reconsidering Res Judicata: A Comparative Perspective", *Duke Journal of Comparative & International Law*, vol. 21, n.º 2, 2011.

Siqueiros, José Luis. "La solución de controversias en el marco del NAFTA", *Boletín de la Facultad de Derecho de la UNED*, n.º 4,1993.

Siqueiros, José Luis. "La resolución de controversias en el Tratado Trilateral de Libre Comercio entre México, Estados Unidos de América y Canadá", en *Panorama Jurídico del TLC. Memorias*, México, Universidad Iberoamericana, Departamento de Derecho, enero de 1992.

Smith, Murray. "The Free Trade Agreement in Context: A Canadian Perspective", en J. Schott y M. Smith (comps.). *The Canada-United States Free Trade Agreement: The Global Impact*, Washington, Institute for International Economics, 1998.

Sobrino Heredia, José Manuel (dir.) *et al. El desarrollo del Tratado de Lisboa: un balance de la Presidencia española*, Décimas Jornadas Extraordinarias Escuela Diplomática-Asociación Española de Profesores de Derecho Internacional y Relaciones Internacionales, Madrid, 22 de junio de 2010.

Sobrino Heredia, José Manuel. "Los procedimientos de solución de diferencias previstos en los acuerdos celebrados por la Comunidad Europea", en *Hacia un Nuevo Orden Internacional y Europeo. Estudios en homenaje al profesor Díez de Velasco*, Madrid, 1993.

Sorensen, Max. "Autonomous Legal Orders: Some Considerations Relating to a Systems Analysis of International Organizations in the World Legal Order", *International and Comparative Law Quarterly*, vol. 32, n.º 3, 1983.

SOTILLO, JOSÉ ÁNGEL. "La Cumbre Unión Europea-América Latina y Caribe: ¿fin de trayecto o punto de partida?", *Revista Española de Desarrollo y Cooperación* n.° 3, otoño-invierno 1998-1999.

SMITH, HAZEL. *European Union Foreign Policy and Central America*, New York, St. Martin's Press, 1995.

SMITH, ROBERTO. "La relación económica entre América Latina y la Unión Europea", *Revista de la Comisión Económica para América Latina y el Caribe (CEPAL)*, n.° 56, agosto-1995.

SPAMANN, HOLGER. "The Myth of 'Rebalancing' Retaliation in WTO Dispute Settlement Practice", *Journal of International Economic Law*, vol. 9, Issue 1, 2006.

SREENIVASA RAO, PEMMARAJU. "Multiple International Judicial Forums: A Reflection of the Growing Strength of International Law or its Fragmentation?", *Michigan Journal of International Law*, vol. 25, 2004.

STEGER, DEBRA. "The Jurisdiction of the World Trade Organization", *American Society of International Law Proceeding*, vol. 98, 2004.

STEGER, DEBRA. "El Tratado de Libre Comercio Canadá-Estados Unidos: abriendo nuevos caminos", en J. WITKER (coord.). *Aspectos jurídicos del Tratado de Libre Comercio*, México, Instituto de Investigaciones Jurídicas, Universidad Nacional Autónoma de México, 1992.

STEINBERG WECHSLER, FEDERICO. "Recensión global y tentación proteccionista", *Revista de Economía, Información Comercial Española –ICE–*, n.° 851, 2009.

STEWART, TERENCE P. y CHRISTOPHER CALLAHAN. *The GATT Uruguay Round: A Negotiating History (1986-1992), Dispute Settlement Mechanism*, Kluwer Law and Taxation Publishers, 1993.

STILWELL, MATTHEW y ELISABETH TUERK. "Non-violation complaints and the TRIPS Agreement: Some considerations for WTO Members", *Center for International Environmental Law*, Geneva, Switzerland, mayo de 2001.

STONE, FRANK. "Dispute Resolution Under a North American Free Trade Agreement", *Canada-United States Law Journal*, vol. 12, 1987.

STUHLDREHER, AMALIA. "Interregionalismo y 'gobernanza global'", *Revista Centro de Estudios y documentación Internacionales de Barcelona (CIDOB) d'Afters internationals*, n.° 69, Miscelánea, 2003.

SYKES, ALAN O. "The remedy for breach of obligations under the WTO dispute settlement understanding: damages or specific performance?", *New Directions in International Economic Law*, Kluwer Law International, vol. 347, 2000.

SZEGEDY-MASZÁK, ILDIKÓ. "Association/Free Trade Agreement. Bi-regional partnership between European Union and Andean Community", *Revista de Derecho*, n.º 32, 2010.

SZEPESI, STEFAN. "Comparing EU free trade agreements. Dispute Settlement", *Brief*, n.º 6G, European Centre for Development Policy Management (ECDPM), Maastricht, julio de 2004.

TIJMES, JAIME. "Los objetivos del monto de las sanciones en la OMC: dos modelos explicativos", *Indret. Revista para el Análisis del Derecho*, n.º 4, 2010.

TORRENT, RAMÓN. *El marco institucional de las relaciones económicas UE-Mercosur*, Working group on EU-Mercosur negotiations Experts' Workshop, Paris, Institut d'Études Politiques-Science Po, 2000.

TRACHTMAN, JOEL. "Jurisdiction in WTO dispute settlement", en R. YERXA y B. WILSON (eds.). *Key Issues in WTO Dispute Settlement: The First Ten Years*, Cambridge, Cambridge University Press, 2005.

TRACHTMAN, JOEL. "The Domain of WTO Dispute Resolution", *Harvard International Law Journal*, vol. 40, 1999.

TROMBETTA, ANTONIO. "El mecanismo de solución de controversias en el sistema multilateral de comercio (GATT/OMC)", *Temas de Derecho industrial y de la competencia*, Buenos Aires, Ciudad Argentina, 1997.

URUCHURTU, GUSTAVO A. "Revisión de Resoluciones Definitivas en materia de prácticas desleales ante los paneles binacionales del TLCAN", *Nuevo Consultorio Fiscal*, año 13, n.º 235, junio de 1999.

UNZURRUNZAGA VALLE, MARÍA ESTER. *Trade Disputes Settlement in the European Union Agreements with Mexico and Chile*, Washington, Inter-American Development Bank (IADB), 2005.

VALLE, VALERIA MARINA. "Las negociaciones del Acuerdo de Asociación Interregional entre la Unión Europea y el Mercosur", *Ciclos en la Historia, la Economía y la Sociedad*, vol. 19, n.º 37, enero-junio de 2011.

VALLES, CHERISE y BRENDAN P. MCGIVERN. "The Right to Retaliate under the WTO Agreement. The Sequencing Problem", *Journal of World Trade*, vol. 34, n.º 2, 2000.

Van den Bossche, Peter. *The Law and Policy of the World Trade Organization. Text, case and materials*, Cambridge, Cambridge University Press, 2005.

Van den Bossche, Peter. "The making of the 'World Trade Court': the origins and development of the Appellate Body of the World Trade Organization", en R. Yerxa y N. van den Broek. *Power paradoxes in enforcement and implementation of World Trade Organization Dispute Settlement Reports, Journal of World Trade*, vol. 37, Issue 1, 2003.

Van der Borght, Kim. "The Advisory Center on wto Law: Advancing fairness and quality", *Journal of International Economic Law*, vol. 2, n.º 4, 1999.

Varela Parache, Félix y Miguel Ángel Díaz Mier. "Historia del gatt: desde sus orígenes a la situación actual", *Información Comercial Española*, n.º 770, 1998.

Varela Bellido, Manuel. "El Acuerdo de Libre Comercio entre la UE y México", *Boletín Económico de Información Comercial Española –ice–*, n.º 2647, marzo de 2000.

Vázquez Pando, Fernando. *Aspectos jurídicos del Tratado de Libre Comercio de América del Norte*, Colección Ensayos Jurídicos, México, Themis, 1994.

Vega Cánovas, Gustavo. "The Experience of nafta Dispute Settlement Mechanisms: Lessons for the ftaa", *Atelier Alena*, Montreal, Institute D'Etudes Internationales of the University of Quebec, 2003.

Villamarín, José Javier. "El mecanismo de solución de diferencias en el sistema gatt/omc. La práctica latinoamericana y la internacionalización del modelo", en *iv Seminario Internacional Anual y Acreditable "Integración y Cooperación Atlántico-Pacífico"*, Rosario, Argentina, Comunidad Andina, 2004.

Villasuso, Juan Manuel. *Tensiones en la negociación del Acuerdo de Asociación entre Centroamérica y la Unión Europea*, Latin American Trade Network, agosto de 2008.

Von Mehren, Taylor. "Theory and Practice of Adjudicatory Authority in Private International Law: A Comparative Study of the Doctrine, Policies and Practices in Common and Civil-Law Systems", *Recueil des Cours / Collected Cours of the Hague Academic of International Law*, vol. 295, 2002.

Weiler, Joseph H. "The Rule of Lawyers and the Ethos of Diplomats: Reflections on the Internal and External Legitimacy of wto Dispute Settlement", *The American Review of International Arbitration*, vol. 13, 2002.

Weintraub, Sidney. *nafta: What Comes Next?*, Washington, The Center for Strategic and International Studies, 1994.

WILHELMY, MANFRED y ROBERTO DURÁN. "Los principales rasgos de la política exterior chilena entre 1973 y el 2000", *Revista Ciencia Política*, vol. 23, n.º 2, Santiago de Chile, 2003.

WILSON, BRUCE (ed.). *Key issues in WTO dispute settlement. The first ten years*, Cambridge, Cambridge University Press, 2005.

WINHAM, GILBERT R. "GATT and the International Trade Regime", *International Journal*, vol. XLV, 1990.

WINHAM, GILBERT R. *International Trade and the Tokyo Round Negotiations*, Princeton and New York, Princeton University Press, 1986.

WITKER, JORGE. "Solución de controversias comerciales en América", *Revista Seqüência*, n.º 50, 2005.

WITKER, JORGE y SUSANA HERNÁNDEZ. "Resolución de controversias en materia de *anti-dumping* y cuotas compensatorias en el TLCAN", *Revista Latinoamericana de Derecho*, año II, n.º 3, enero-junio, Universidad Nacional Autónoma de México –UNAM–, 2005.

WITKER, JORGE. "Panorama general de solución de controversias en el comercio internacional contemporáneo", en J. WITKER (coord.). *Resolución de controversias comerciales en América del Norte*, México, Instituto de Investigaciones Jurídicas, Universidad Nacional Autónoma de México, 1997.

WITKER, JORGE. *El Tratado de Libre Comercio de América del Norte: Resolución de controversias comerciales*, Chile, Edit. EDEVAR y Universidad de Valparaíso, 1995.

WOLFRUM, RÜDIGER; PETER-TOBIAS STOLL y KAREN KASER (eds.). *WTO: Institutions and Dispute Settlements*, Max Planck Institute for Comparative Public Law and International Law, Martinus Nijhoff Publishers, 2006.

WOOLCOCK, STEPHEN. "European Union policy towards Free Trade Agreements", *Working Paper n.º 3*, Brussels, European Centre for International Political Economy –ECIPE–,2007.

YOUNG, MICHAEL K. "Dispute Resolution in the Uruguay Round: Lawyers Triumph over Diplomats", *The International Lawyers*, vol. 29, 1995.

ZABLUDOVSKY, JAIME y SERGIO GOMÉZ LORA. *Principales retos de la negociación de un Tratado de Libre Comercio con Estados Unidos: disciplinas en materia de inversiones*, Argentina, Instituto para la Integración de América Latina y el Caribe y Banco Interamericano de Desarrollo, Documento de Divulgación IECI-09, julio de 2005.

ZABLUDOVSKY, JAIME y SERGIO GOMÉZ LORA. *La ventana europea: retos de la negociación del Tratado de Libre Comercio de México con la Unión Europea*, Buenos Aires, Banco

Interamericano de Desarrollo, Instituto para la Integración de América Latina y el Caribe –INTAL–, 2004.

ZAPATERO, PABLO. "La invención de los panels del GATT", *Revista de Economía*, Información Comercial Española –ICE–, n.º 843, julio-agosto, 2008.

ZAPATERO, PABLO. "Modern International Law and the Advent of Special Legal Systems", *Arizona Journal of International & Comparative Law*, vol. 23, n.º 1, 2005.

ZAPATERO, PABLO. *Derecho del Comercio Global*, Madrid, Civitas, 2003.

ZELADA CAICEDO, ALBERTO. *Competencias legales y toma de decisiones en la integración en América Latina*, Serie Integración Latinoamericana, n.º 196, Instituto para la Integración de América Latina y el Caribe –INTAL–, Banco Interamericano de Desarrollo, diciembre de 1993.

ZIMMERMANN, CLAUS D. "Strengthening the WTO by replacing trade retaliation with stronger informal remedies?", *Journal of International Trade Law and Policy*, vol. 11, Issue 1, 2012.

JURISPRUDENCIA CITADA DEL SISTEMA GATT DE 1947

Título completo de la controversia	Número del documento o publicación de referencia	Fecha del informe
Asunto *Comunidades Europeas-Imposición de derechos antidumping a las importaciones de hilados de algodón procedentes del Brasil*	Informe del Grupo Especial del GATT (ADP/137)	30 de octubre de 1995
asunto *Estados Unidos-Imposición de derechos antidumping a las importaciones de salmón del Atlántico, fresco y refrigerado, procedentes de Noruega*	Informe del Grupo Especial del GATT, en el (IBSD 41S/248),	27 de abril de 1994
Asunto *Estados Unidos-Denegación del trato de nación más favorecida con respecto al calzado, distinto del de caucho, procedente del Brasil*	Informe del Grupo Especial del GATT (IBDD 39S/150)	19 de junio de 1992
Asunto *Estados Unidos-Medidas que afectan a las bebidas alcohólicas y derivadas de la malta*	Informe del Grupo Especial del GATT (IBDD 39S/242)	19 de junio de 1992
Asunto *Comunidades Europeas-Reglamento Relativo a la Importación de Piezas y Componentes*	Informe del Grupo Especial del GATT (IBDD 37S/147)	16 de mayo de 1990

Asunto *Japón-Comercio de semiconductores*	Informe del Grupo Especial del GATT, documento L/6309 (BISD 35S/116-163)	4 de mayo de 1988
Asunto *Canadá-Medidas que afectan a las exportaciones de arenque y salmón sin elaborar*	Informe de Grupo Especial del GATT (BISD 35S/98)	22 de marzo de 1988
Asunto *Estados Unidos-Impuestos sobre el petróleo y sobre determinadas substancias importadas*	Informe de Grupo Especial del GATT (BISD 34S/136)	17 de junio de 1987
Asunto *Comunidad Económica Europea-Conservas de Frutas. Ayudas concedidas a la producción de melocotones en lata, peras, cóctel de frutas en conserva y pasas*	Informe del Grupo Especial del GATT, DocumentoL/5778	20 de febrero de 1985
Asunto *Estados Unidos-Importaciones de azúcar de Nicaragua*	Informe del Grupo Especial, Doc. GATT L/5607 (IBDD 31S/74 y C/M/176)	13 de marzo de 1884
Asunto *Canadá- Aplicación de la ley sobre el examen de la inversión extranjera*	Informe de Grupo Especial del GATT, Documento L/5504, C/M/174 (BISD 30S/151-182)	7 de febrero de 1984
Asunto *Canadá-Aplicación de la Ley sobre el examen de la inversión extranjera*	Informe del Grupo Especial del GATT (IBDD 30S/151-182)	7 de febrero de 1984
Asunto *Comunidades Europeas-Programa de precios mínimos de importación, licencias y depósitos de garantía de determinadas frutas y hortalizas*	Informe del Grupo Especial del GATT Documento L/4687 (BISD 25S/68/107)	18 de octubre de 1978
Asunto *Recurso del Uruguay al artículo XXIII*	Informe del Grupo Especial del GATT (IBDD 11S/100)	16 de noviembre de 1962

JURISPRUDENCIA CITADA DEL SISTEMA DE SOLUCIÓN DE DIFERENCIAS DE LA OMC

Título completo de la controversia	Número del documento o publicación de referencia	Fecha del informe
Asunto *México-Medidas fiscales sobre los refrescos y otras bebidas*	Informe del Órgano de Apelación (WT/DS308/AB/R)	6 de marzo de 2006
Asunto Estados Unidos-*Subvenciones al algodón americano "Upland"*	Informe del Órgano de Apelación (WT/DS267/AB/R)	3 de marzo de 2005

Asunto *Estados Unidos-Medidas que afectan el suministro transfronterizo de servicios de juegos de azar y apuestas*	Informe del Órgano de Apelación (WT/DS285/AB/R, AB-2005-1)	7 de abril 2005
Asunto *República Dominicana-Medidas que afectan a la importación y venta interna de cigarrillos*	Informe del Órgano de Apelación (WT/DS302/AB/R)	25 de abril de 2005
Asunto *Comunidades Europeas-Subvenciones a la exportación de azúcar*	Informe del Órgano de Apelación (WT/DS265/AB/R, WT/DS266/AB/R, WT/DS283/AB/R)	28 de abril de 2005
Asunto *México-Medidas fiscales sobre los refrescos y otras bebidas*	Informe del Grupo Especial (WT/DS308/R)	7 de octubre de 2005
Asunto *Canadá-créditos a la exportación y garantías de préstamos para las aeronaves regionales*	Informe del Arbitraje (WT/DS222/ARB)	17 de febrero de 2003
Asunto *Chile-Sistema de bandas de precios y medidas de salvaguardia aplicados a determinados productos agrícolas*	Informe del Arbitraje, en el (WT/DS207/13)	17 de marzo de 2003
Asunto *Comunidades Europeas-Derechos antidumping sobre la importación de ropa de cama de algodón originario de la India, párrafo 5 del artículo 21*	Informe del Órgano de Apelación (WT/DS141/AB/RW)	8 de abril de 2003
Asunto *Comunidades Europeas-Medidas que afectan el comercio de embarcaciones comerciales*	Informe del Grupo Especial (WT/DS301/R)	3 de septiembre de 2003
Asunto *Estados Unidos-Examen por extinción relativo al acero resistente a la corrosión procedente de Japón*	Informe del Órgano de Apelación (WT/DS244/AB/R)	15 de diciembre de 2003
Asunto *Estados Unidos-Trato fiscal aplicado a las "Empresas de Ventas en el extranjero"-párrafo 5 del artículo 21- CE*	Informe del Órgano de Apelación (WT/DS108/AB/R)	14 de enero de 2002
Asunto *Estados Unidos-Medida de salvaguardia definitiva contra las importaciones de tubos al carbono soldados de sección circular procedentes de Corea*	Informe del Órgano de Apelación (WT/DS202/AB/R)	15 de febrero de 2002
Asunto *Chile-Sistema de bandas de precios y medidas de salvaguardia aplicados a determinados productos agrícolas*	Informe del Grupo Especial (WT/DS207/R)	3 de mayo de 2002
Asunto *Estados Unidos-Trato fiscal aplicado a las Empresas de Ventas en el extranjero "EVE", Arbitraje 22.6-Estados Unidos*	Decisión de los Árbitros (WT/DS/108/ARB)	30 de agosto de 2002

Asunto *Chile-Sistema de bandas de precios y medidas de salvaguardia aplicados a determinados productos agrícolas*	Informe del Órgano de Apelación (WT/DS207/AB/R)	23 de septiembre de 2002
Asunto *Chile-Sistema de bandas de precios y medidas de salvaguardia aplicados a determinados productos agrícolas*	Informe del Órgano de Apelación (WT/DS207/AB/R)	23 de octubre de 2002
Asunto *Canadá- Medidas que afectan a la importación de leche y a las exportaciones de productos lácteos segundo recurso de Nueva Zelanda y los Estados Unidos al párrafo 5 del artículo 21 del ESD*	Informe del Órgano de Apelación (WT/DS103/AB/R, WT/DS113/AB/R)	20 de diciembre de 2002
Asunto *Estados Unidos-Artículo 110(5) de la Ley de Derecho de Autor de los Estados Unidos*	Informe del Arbitraje (WT/DS160/12)	9 de enero de 2001
Asunto *Estados Unidos-Ley Antidumping de 1916*	Informe del Arbitraje (WT/DS167/ARB)	28 de febrero de 2001
Asunto *Comunidades Europeas-Medidas que afectan al amianto y a los productos que contienen amianto*	Informe del Órgano de Apelación (WT/DS135/AB/R)	12 de marzo de 2001
Asunto *México-Investigación antidumping sobre el jarabe de maíz con la concentración de fructosa procedente de los Estados Unidos, Recurso de los Estados Unidos al artículo 21.5 del Entendimiento de Solución de Diferencias*	Informe del Órgano de Apelación (WT/DS132/AB/RW)	21 de octubre de 2001
Asunto *Estados Unidos-Medidas Antidumping sobre determinados productos de acero laminado en caliente procedentes del Japón*	Informe del Órgano de Apelación (WT/DS184/AB/R)	23 de agosto de 2001
Asunto *India-Medidas que afectan al sector del automóvil*	Informe del Grupo Especial (WT/DS146/R)	21 de diciembre de 2001
Asunto *Estados Unidos-Medida de salvaguardia de transición aplicada a los hilados peinados de algodón procedentes del Pakistán*	Informe del Órgano de Apelación (WT/DS192/AB/R)	8 de octubre de 2001
Asunto *México-Investigación antidumping sobre el jarabe de maíz con alta concentración de fructosa (JMAF) procedente de Estados Unido-Párrafo 5 del artículo 21*	Informe del Órgano de Apelación (WT/DS132/AB/RW)	22 de octubre de 2001
Asunto *Estados Unidos-Prohibición de las importaciones de determinados camarones y productos del camarón "Camarones"*	Informe del Órgano de Apelación (WT/DS58/AB/R)	22 de octubre de 2001

Asunto *Comunidades Europeas-Europeas-Régimen para la importación, venta y distribución de bananos "Banano III", recurso al artículo 22.6 ESD*	Decisión de los Árbitros (WT/DS27/ARB)	24 de marzo de 2000
Asunto *Estados Unidos-Artículo 110 (5) de la Ley de Derecho de Autor de los Estados Unidos "Copyright"*	Informe del Grupo Especial (WT/DS160/R)	15 de junio de 2000
Asunto *Canadá-Protección mediante patente de los productos farmacéuticos*	Informe del Arbitraje (WT/DS114/13)	18 de agosto de 2000
Asunto *Brasil-Programa de financiación de las exportaciones para aeronaves-Recurso del Brasil al arbitraje previsto en el párrafo 6 del artículo 22 del ESD y el párrafo 11 del artículo 4 del Acuerdo SMC*	Informe del Arbitraje (WT/DS46/ARB)	20 de agosto de 2000
Asunto *Estados Unidos-Ley de 1916*	Informe del Órgano de Apelación (WT/DS136/AB/R)	28 de agosto de 2000
Asunto *Brasil-Programa de financiación de las exportaciones para aeronaves*	Decisión de los Árbitros (WT/DS46/ARB)	28 de agosto de 2000
Asunto *Estados Unidos-Medidas aplicadas a la importación de Determinados productos procedentes de las Comunidades Europeas*	Informe del Órgano de Apelación (WT/DS165/AB/R)	11 de diciembre de 2000
Asunto *Estados Unidos-Medidas de salvaguardia respecto de las importaciones de carne de cordero fresca, refrigerada o congelada procedentes de Nueva Zelanda y Australia*	Informe del Grupo Especial (WT/DS177/R, WT/DS178/R)	21 de diciembre de 2000
Asunto *Estados Unidos-Imposición de derechos antidumping a semiconductores para memorias dinámicas de acceso aleatorio "DRAM" procedente de Corea*	Informe del Grupo Especial (WT/DS99/R)	29 de enero de 1999
Asunto *Australia-Medidas que afectan la importación del Salmón*	Informe del Arbitraje (WT/DS18/9)	23 de febrero de 1999
Asunto *India-Restricciones cuantitativas a la importación de productos agrícolas, textiles e industriales*	Informe del Grupo Especial (WT/DS90/R)	6 de abril de 1999
Asunto *Comunidades Europeas-Régimen para la importación, venta y distribución de bananas-Recurso de las comunidades europeas al arbitraje previsto en el párrafo 6 del artículo 22 del ESD*	Informe del Arbitraje (WT/DS27/ARB)	9 de abril de 1999

Asunto *Canadá-Medidas que afectan a la exportación de aeronaves civiles*	Informe del Grupo Especial (WT/DS70/R)	14 de abril 1999
Asunto *Brasil-Programa de financiación de las exportaciones para aeronaves*	Informe del Grupo Especial (WT/DS46/R)	14 de abril de 1999
Asunto *Turquía-Restricciones a las importaciones de productos textiles y de prendas de vestir*	Informe del Grupo Especial (WT/DS34/R)	31 de mayo de 1999
Asunto *Corea-Impuestos a las bebidas alcohólicas*	Informe del Arbitraje (WT/DS75/16, WT/DS84/14)	4 de junio de 1999
Asunto *Comunidades Europeas-Medidas que afectan a la carne y a los productos cárnico "Hormonas"*, Arbitraje 22.6-Canadá	Decisión de los Árbitros (WT/DS48/ARB)	12 julio de 1999
Asunto *Canadá-Medidas que afectan a la exportación de aeronaves civiles*	Informe del Órgano de Apelación (WT/DS70/AB/R)	2 de agosto de 1999
Asunto *Brasil-Programa de financiación de las exportaciones para aeronaves*	Informe del Órgano de Apelación (WT/DS46/AB/R),	2 de agosto de 1999
Asunto *Estados Unidos-Empresas de Ventas en el Exterior*	Informe del Grupo Especial (WT/DS108/R)	8 de octubre de 1999
Asunto *Turquía-Restricciones a las importaciones de productos textiles y de prendas vestir*	Informe del Órgano de Apelación (WT/DS34/AB/R)	22 de octubre de 1999
Asunto *Corea-Medida de salvaguardia definitiva impuesta a las importaciones de determinados productos lácteos*	Informe del Órgano de Apelación (WT/DS98/AB/R)	14 de diciembre de 1999
Asunto *Estados Unidos-Artículo 301 a 310 de la Ley de Comercio Exterior de 1974*	Informe del Grupo Especial (WT/DS152/R)	22 de diciembre de 1999
Asunto *Comunidades Europeas-Clasificación aduanera de determinado equipo informático*	Informe del Órgano de Apelación (WT/DS62/AB/R, WT/DS67/AB/R, WT/DS68/AB/R)	5 de junio de 1998
Asunto *Australia-Medidas que afectan a la importación del salmón*	Informe del Grupo Especial (WT/DS18/RW)	12 de junio de 1998
Asunto *Comunidades Europeas-Medidas que afectan a la importación de determinados productos avícolas*	Informe del Órgano de Apelación (WT/DS69/AB/R)	13 de julio de 1998
asunto *Corea-Impuestos a las bebidas alcohólicas*	Informe del Grupo Especial (W/DS75/R, WT/DS84/R)	17 de septiembre de 1998

Asunto *Estados Unidos-Prohibición de las importaciones de determinados camarones y productos del camarón "Camarones"*	Informe del Órgano de Apelación (WT/DS58/AB/R)	12 de octubre de 1998
Asunto *Australia-Medida que afectan la importación del salmón*	Informe del Órgano de Apelación (WT/DS18/AB/R, WT/DS20/AB/R)	20 de octubre de 1998
Asunto *Guatemala-Investigación antidumping sobre el cemento Portland procedente de México "Cemento I"*	Informe del Órgano de Apelación (WT/DS60/AB/R)	2 de noviembre de 1998
Asunto *Brasil-Medidas que afectan al coco desecado*	Informe del Órgano de Apelación (WT/DS22/AB/R)	21 de febrero de 1997
Asunto *Estados Unidos-Medida que afecta a las importaciones de camisas y blusas de tejidos de lana procedentes de la India*	Informe del Órgano de Apelación (WT/DS33/AB/R)	25 de abril de 1997
Asunto *India-Protección mediante patente de los productos farmacéuticos y los productos químicos para la agricultura "Patentes"*	Informe del Grupo Especial (WT/DS50/R)	5 de septiembre de 1997
Asunto *Comunidades Europeas-Régimen para la importación, venta y distribución de bananos "Banano III"*	Informe del Órgano de Apelación (WT/DS27/AB/R)	9 de septiembre de 1997
Asunto *Argentina-Medidas que afectan a las importaciones de calzado, textiles, prendas de vestir y otros artículos*	Informe del Grupo Especial (WT/DS56/R)	25 noviembre de 1997
Asunto *India-Protección mediante patente de los productos farmacéuticos y los productos químicos para la agricultura*	Informe del Órgano de Apelación (WT/DS50/AB/R)	19 de diciembre de 1997
Asunto *Estados Unidos-Pautas para la gasolina reformulada y convencional*	Informe del Órgano de Apelación (WT/DS2/AB/R)	29 de abril de 1996
Asunto *Japón-Impuestos sobre las bebidas alcohólicas*	Informe del Órgano de Apelación (WT/DS8/AB/R, WT/DS10/AB/R, WT/DS11/AB/R)	4 de octubre de 1996
Asunto *Brasil-Medidas que afectan al coco desecado*	Informe del Grupo Especial (WT/DS22/R)	17 de octubre de 1996
Asunto *Estados Unidos-Restricciones aplicadas a las importaciones de ropa interior de algodón y fibras sintéticas o artificiales*	Informe del Grupo Especial (WT/DS24/R)	8 de noviembre de 1996

JURISPRUDENCIA CITADA DEL PANEL ARBITRAL DEL TLCAN

Título completo de la controversia	Número del documento o publicación de referencia	Fecha del informe
Asunto *Estados Unidos-Servicios de transporte transfronterizo*	Informe final del Panel del TLCAN (USA-98-2008-01)	6 de febrero de 2001
Asunto *Estados Unidos-Medidas de salvaguarda impuesta a las escobas de mijo mexicanas*	Informe final del Panel del TLCAN (USA-97-2008-01)	30 de enero de 1998
Asunto *Canadá-Aranceles aplicados a ciertos productos Agropecuarios originarios de Estados Unidos*	Informe final del Panel del TLCAN (CDA-95-2008-01)	2 de diciembre de 1996
Asunto *Estados Unidos-Magnesio puro y aleación*	Informe final del Panel del TLCAN (USA-92-1904-03)	16 de agosto de 1993
Asunto *Estados Unidos-Regulación de la Langosta*	Informe final del Panel del TLCAN (USA-89-1807-01)	25 de mayo 1990
Asunto *Canadá-Requerimientos para el desembarco del salmón y del arenque de la costa del pacífico*	Informe final del Panel del TLCAN (CDA-89-1807-01)	18 de octubre de 1989

JURISPRUDENCIA CITADA DEL TRIBUNAL DE JUSTICIA INTERNACIONAL Y DE LA CORTE INTERNACIONAL DE JUSTICIA

Título completo de la controversia	Número del documento o publicación de referencia	Fecha del informe
Tribunal Permanente de Justicia Internacional, en el caso de las *concesiones Palestinas de Mavrommatis*	Sentencia del 30 de agosto de 1924 (Grecia *vs.* Inglaterra)	Publications de la Cour Permanente de Justice Internationale, *Recueil des Arrêts*, Série A, n.º 2
Tribunal Permanente de Justicia Internacional, en el caso *Lottus*	Sentencia del 7 de septiembre de 1927 (Francia *vs.* Turquía)	Publications de la Cour Permanente de Justice Internationale, *Recueil des Arrêts*, Serie A, n.º 10

Tribunal Permanente de Justicia Internacional, en el caso *cuestión de la comunidades greco-búlgaras* de 1930	Sentencia de 31 de julio de 1930 (Grecia *vs.* Bulgaria)	Publications de la Cour Permanente de Justice Internationale, *Recueil des Arrêts*, Série B, n.° 1
Tribunal Permanente de Justicia Internacional, en el caso *trato de los nacionales polacos en el territorio de Dantzig* de 1932	Sentencia de 1932 (Polonia *vs.* Alemania).	Publications de la Cour Permanente de Justice Internationale, *Recueil des Arrêts*, Série A/B, n.° 44
Tribunal Permanente de Justicia Internacional, en el caso *zonas francas de la Alta Samboya y del País del Gex* de 1932	Sentencia de 7 de junio de1932 (Francia *vs.* Suiza)	Publications de la Cour Permanente de Justice Internationale, *Recueil des Arrêts*, Série A/B, n.° 46
Corte Internacional de Justicia, en el caso *Frontera terrestre y marítima entre Camerún y Nigeria*	Sentencia del 30 de junio de 1998 (Camerún *vs.* Nigeria), excepciones preliminares	
Corte Internacional de Justicia, en el caso *Cuestiones relacionadas con la interpretación y la aplicación del Convenio de Montreal de 1971, planteadas de resultas del incidente aéreo de Lockerbie*	Sentencia del 14 de abril de 1992 (La Jamahiriya Árabe Libia *vs.* Estados Unidos) medidas provisionales	
Corte Internacional de Justicia, en el caso relativo al proyecto *Gabcíkovo-Nagymaros*	Sentencia del 25 de septiembre de 1997 (Hungría *vs.* Eslovaquia)	

DOCUMENTOS E INFORMES OFICIALES DE ESTADOS Y DE ORGANIZACIONES INTERNACIONALES

Estado u Organización internacional	Título completo del documento o informe	Número del documento o publicación de referencia	Fecha
Naciones Unidas	*Informe de la Comisión de Derecho Internacional sobre su 53° período de sesiones*	Documento A/56/10	2001
Banco Mundial Centro Internacional de Arreglo de Diferencias relativas a Inversiones (CIADI)	*Informe Anual 2010*		30 de junio de 2010

Organización Mundial del Comercio	*Propuesta relativa al Entendimiento sobre Solución de Diferencias: Textos jurídicos*, Comunicación de la India en nombre de Cuba, Egipto, Honduras, Jamaica, Malasia y la República Dominicana	Documento TN/DS/W/47	11 de febrero de 2003
Organización Mundial del Comercio	*Negotiations on the Dispute Settlement Understanding: Proposal by the LDC Group*	Documento TN/DS/W/17	9 de octubre 2002
Organización Mundial del Comercio	*Contribución de las Comunidades Europeas y sus Estados Miembros a la mejora del Entendimiento sobre Solución de Diferencias de la OMC*	Documento TN/DS/W/1	13 de marzo de 2002
Organización Mundial del Comercio	*Contribución de los Estados Unidos a la mejora del Entendimiento sobre Solución de Diferencias de la OMC en relación con la transparencia*	Documento TN/DS/W/13	22 de agosto de 2002
Organización Mundial del Comercio	*Temas tratados en el marco del Programa de Doha para el Desarrollo*		[www.wto.org/spanish/tratop_s/dda_s/dohasubjects_s.htm]
Organización Mundial del Comercio	Declaración Ministerial de Punta del Este sobre el inicio de las negociaciones de la Ronda Uruguay	Secretaría del GATT, IBDD 33S/44	Declaración del 20 de septiembre de 1986
GATT- Negotiating Group on Dispute Settlement	*Differential and more favorable treatment of developing countries in the GATT Dispute Settlement System*	MTN.GNC/NG13/W/27, MTN.GNC/NG13/W/19	30 de junio de 1988
Estados Unidos-Departamento de Estado	*Analysis of the General Agreement on Tariffs and Trade*	Publicación 2983, Serie Política Comercial n.° 109, Washington D.C	noviembre 1947

Comunidades Europeas	Diario Oficial de la Comunidades Europeas	Número de información L 226/25	13 de agosto de 1998
Comunidades Europeas	Diario Oficial de la Comunidades Europeas	Número de información L 276/44	28 de octubre de 2000
Cámara de Diputados de Chile	Informe de la Comisión de Relaciones Exteriores, Asuntos Interparlamentarios e Integración Latinoamericana de la Cámara de Diputados de Chile, sobre el proyecto de acuerdo aprobatorio del Acuerdo por el que se Establece una Asociación entre la República de Chile, por una parte, y la Comunidad Europea y sus Estados Miembros por la otra	Boletín 3147-10	18 de noviembre de 2002

Editado por el Departamento de Publicaciones
de la Universidad Externado de Colombia
en junio de 2014

Se compuso en caracteres Ehrhardt Regular de 11,5 puntos
y se imprimió sobre propalbond de 70 gramos
Bogotá (Colombia)

Post tenebras spero lucem